独角兽法考应试宝典

刑法

独角兽网校◎组编　杨艳霞◎编著

中国政法大学出版社

2022·北京

图书在版编目（ＣＩＰ）数据

独角兽法考应试宝典：全八册/独角兽网校组编. —北京：中国政法大学出版社，2022.3
ISBN 978-7-5764-0381-7

Ⅰ.①独…　Ⅱ.①独…　Ⅲ.①法律－中国－资格考试－自学参考资料　Ⅳ.①D920.4

中国版本图书馆 CIP 数据核字(2022)第 042734 号

出　版　者	中国政法大学出版社
地　　　址	北京市海淀区西土城路 25 号
邮寄地址	北京 100088 信箱 8034 分箱　邮编 100088
网　　　址	http://www.cuplpress.com (网络实名：中国政法大学出版社)
电　　　话	010-58908285(总编室) 58908433（编辑部）58908334(邮购部)
承　　　印	保定市中画美凯印刷有限公司
开　　　本	787mm×1092mm　1/16
印　　　张	185
字　　　数	3840 千字
版　　　次	2022 年 3 月第 1 版
印　　　次	2022 年 3 月第 1 次印刷
定　　　价	485.00 元（全八册）

一、刑法的命题特点

刑法的命题特点就一个字"难"。从 2002 年第一次司法考试开始，刑法就是最难的学科之一，每道题目都会考查多个深奥的理论知识，每年还会增加新考点。

二、刑法的学习要求

学习刑法，必须做到"入木三分，掌握法理。"只有真正掌握了艰深的法理，我们才能自如地运用这个理论分析案例。

三、本书的特点

1. 法条、基础理论、经典真题、模拟题相结合，通过多次重复来加深理解，强化记忆。法考学习离不开三样资料：基础理论教材、法条和历年真题。本教材先列法条，再讲理论，再以经典真题和模拟题（书中的"示例"）强化考生对知识点的理解。这样的结构编排，使考生可以一次学习四遍知识点。通过这样的强化训练，考生对知识点的理解度、记忆度都能得到极大的提高。

2. 讲透理论。考虑到现在刑法考题对理论，尤其是高难度理论的偏爱，本书花了大量篇幅讲解考点背后的理论，让考生不仅"知其然"，而且"知其所以然"，这样才能掌握这个理论的本质。

本书在真题的解析中设立了一个栏目："同类考点总结"，这个栏目为大家剖析该题的同类考点及常见陷阱和破解技巧，能够帮助考生"做一道题，会一类题"。

本书还使用了大量的表格。这些表格中的内容都是理论难点，大家在备考时需要特别注意。本书的分则部分配备了"考点提炼"栏目。考生可以根据这个栏目，快速掌握重点罪名的主要知识点。

3. 使用了大量典型的特殊案例。法考喜欢考查一些特殊的案例。这些案例在生活中虽然不常见，但对于说明某类问题极为有用，因而成为该类问题的经典案例。例如，甲在高速公路上将乙推下车，乙被后面正常行驶的丙驾驶的车辆撞死。问题是"甲的行为与乙的死亡有无因果关系？"由于这种小例子经常被直接用作试题，所以我们在本书中使用了大量这样的案例。据不完全统计，全书这样的小例子至少有 400 个。

四、关于第八版的修改

本书于 2015 年首次出版，到今年已经是第八版了。在第七版修订的基础上，我们又根据2021年的真题及新增的司法解释对本书进行了增删。

五、重视司法解释和"两高"的指导案例

从2017年开始，对司法解释和立法解释、最高人民法院、最高人民检察院的指导性案例的考查成为重要的考试内容。考生要认真学习重要的司法解释和指导性案例。

六、法考学习是主客一体的学习

因为主观题考试主要考查案例分析题，很多考生担心我们的以选择题为主的教材无法应对主观题考试，然而这个看法是错误的，案例分析题不过是五六道选择题粘贴在一起，然后你自己把答案写出来而已。对知识点进行训练的最佳方式就是选择题，选择题学好了，主观题也就会做了。所以，在2022年的备考中，选择题并不过时！

七、如何掌握观点展示

刑法试题和其他科目最大的不同是有大量的观点展示。2021年的刑法主观题分为4个小问题，全部是考查观点展示的。有些观点展示是我们讲课时专门讲过的，比如法定符合说和具体符合说、成立正当防卫是否需要具有防卫意识等；有些观点展示是没有专门讲过但顺带讲到的，这种观点展示一般是我们在讲某个知识点时，会跟大家说："这里有两个观点，某某观点是错误的。"然后，考试时，正、误两种观点就成为观点展示了。

比如，行为人敲诈勒索了被害人的钱财，要求被害人把钱放到某个垃圾桶旁边，被害人放好钱就走了。结果，钱被路过的第三人发现并拿走了。那么，敲诈勒索既遂了没有？2021年的主观题就建立在这个知识点的基础上。我们上课时讲过，此时应当认为犯罪已经既遂了，认为犯罪尚未既遂是错误的。

所以，大家在看教材时、听课时，注意老师讲的这些"错误观点"。这些错误观点，在客观题部分，是你不能掉进去的坑。在主观题部分，就是观点展示。

八、致谢

首先，我要特别感谢张明楷教授。本书的很多小例子来自于张教授所著的《刑法学》。由于这些小例子数量较多，因此未能一一注明来源，在此一并向张教授致谢！

其次，我要特别感谢独角兽网校。八年以来，我们合作愉快，无论我对教材增加还是删节，他们都不干涉。他们对我写作的唯一要求是："保证考生的需要"。

我相信，经过本书的训练，各位考生都能从傻傻的"唐僧"变成具有火眼金睛的"孙悟空"！

祝各位考生顺利通过2022年的法律职业资格考试，成为自己命运的主宰者！

杨艳霞

CONTENTS **目　录**

上 编　刑法总则

第一章
刑法概说

第一节　刑法的概念、性质、任务和机能

导学　　本节介绍刑法的概念、制定、体系、性质、任务和机能。这些知识是学习具体刑法理论的基础，十分重要。刑法的性质和机能是本节的重点。由于刑罚是最严厉的制裁措施，我们在刑罚适用上要坚持刑法的谦抑性。刑法以保护法益为最终目的，但这并不意味着在追究犯罪时可以任意损害公民的合法权利。执法者既要实现保护法益的目的，也要避免损害公民的合法权利。

▽ 关联法条

《刑法》

第一条　【立法目的】为了惩罚犯罪，保护人民，根据宪法，结合我国同犯罪作斗争的具体经验及实际情况，制定本法。

第二条　【本法任务】中华人民共和国刑法的任务，是用刑罚同一切犯罪行为作斗争，以保卫国家安全，保卫人民民主专政的政权和社会主义制度，保护国有财产和劳动群众集体所有的财产，保护公民私人所有的财产，保护公民的人身权利、民主权利和其他权利，维护社会秩序、经济秩序，保障社会主义建设事业的顺利进行。

考点解读

一、刑法的概念

刑法是以国家名义规定何种行为是犯罪和应给犯罪人何种刑罚处罚，以有效对付犯罪和积极预防犯罪的法律。

二、刑法的制定和修改 ★★

新中国成立之初，人民政府便明令废除了以"六法全书"为代表的国民党政权的全部法律，同时先后制定了一些单行刑法，如《关于严禁鸦片烟毒的通令》《妨害国家货币治罪暂行条例》《惩治反革命条例》《惩治贪污条例》等。这些单行刑法对巩固新生政权、发展国民经济起到了重要作用。

早在 1950 年，前中央人民政府法制委员会便着手进行刑法典的起草准备工作，并先后形成三十三稿草案。但由于随后不断进行的各种"运动"，刑法典一直未能公布。"文化大革命"结束后，国家于 1978 年 10 月重新组建刑法草案修订班子，对第 33 稿进行修订。1979 年 7 月 1 日，刑法获得一致通过，于 1980 年 1 月 1 日起施行。新中国的第一部刑法典——《中华人民共和国刑法》（下称"1979 年刑法典"或"旧时法典"）至此诞生。

1979 年刑法典颁行后，立法机关先后颁布了 24 部单行刑法，非刑事法律中也有许多关于刑事责任的规定。这些单行刑法、附属刑法都是对旧刑法典的修改、补充。

随着我国经济体制从计划经济向市场经济转变，很多新型的犯罪开始出现。为了适应惩罚犯罪与保护法益的实际需要，我国开始对旧刑法典进行修订、补充和完善。1997 年，经过大幅度修订的新刑法典正式公布。新刑法典将原来零散的单行刑法全部纳入其中。

1997 刑法具有里程碑意义的一项修订内容是废除了 1979 刑法的类推制度，确立了罪刑法定原则。

根据社会实践的迫切需要，我国很快又对 1997 刑法进行了多次修订。1998 年 12 月 29 日，我国制定了一部单行刑法，这是目前唯一有效的单行刑法，即全国人大常委会制定的《关于惩治骗购外汇、逃汇和非法买卖外汇犯罪的决定》。

1999 年 12 月 25 日，我国制定了《刑法修正案》，这是我国第一个刑法修正案。从那时开始，我国再未制定过单行刑法。迄今，我国已经制定了 11 个刑法修正案。

> 刑法修正案中新增的"第某某条之一"是一个独立的法条，它不是前条的一款。

相对于单行刑法，刑法修正案具有哪些优势呢？

刑法修正案是在不改变原来的法条顺序的前提下进行修改的。新增的法条可以被纳入原来的刑法典中。这样就不会破坏刑法典的统一性。

例如，《刑法修正案（八）》条文节选：

"一、在刑法第十七条后增加一条，作为第十七条之一：'已满七十五周岁的人故意犯罪的，可以从轻或者减轻处罚；过失犯罪的，应当从轻或者减轻处罚。'"

"五、将刑法第六十三条第一款修改为：'犯罪分子具有本法规定的减轻处罚情节的，应当在法定刑以下判处刑罚；本法规定有数个量刑幅度的，应当在法定量刑幅度的下一个量刑幅度内判处刑罚。'"

三、刑法的体系 ★★

刑法包括刑法典、单行刑法和附属刑法。我国目前有一部刑法典和一个单行刑法。刑法典即《中华人民共和国刑法》。刑法修正案是刑法典的有机组成部分。单行刑法是国家以决定、规定、补充规定等名义发布的规定某一类犯罪及其后果或者刑罚的某一事项的法律。如前所述，目前我国有效的单行刑法只有一个。附属刑法，指附带于经济法、行政法等非刑事法律中的罪刑规范。目前我国的附属刑法一般只是重申刑法典的内容，如"构成犯罪的，依法追究刑事责任"，并无刑法之外的特别规定。

刑法典共有452条，分为总则、分则和附则三个部分。很多人没有注意到附则，其实它也是一个独立的部分。刑法总则是关于犯罪、刑事责任和刑罚的一般原理、原则的规范体系，是认定犯罪、确定责任和适用刑罚所必须遵守的共同的规则。刑法分则是关于具体犯罪的构成要件和具体法定刑的规范体系，是解决具体定罪量刑问题的标准。附则规定了刑法的生效日期以及新刑法生效前全国人民代表大会常务委员会制定的条例、补充规定和决定的效力问题。这些条例、补充规定和决定的刑事部分都被废止了。

四、刑法的性质 ★★★

刑法作为重要的部门法，具有以下法律性质：

（一）特定性

刑法只规范罪刑关系，其涉及的内容与对象都较为特殊。刑法对个人参与社会生活、从事社会活动所必不可少的生活利益都予以保护。刑法通过对违反规范的行为以国家的名义作出规范的、明确的否定性评价以达到保护法益的目的。

（二）广泛性

刑法的目的是保护法益。需要用刑法加以保护的法益十分广泛。从总体上看包括个人法益、社会法益、国家法益三大类。一般部门法只调整和保护某一方面的社会关系，刑法则调整和保护各方面的社会关系。无论哪种法益，只要受到了严重侵害，被刑法认为已经构成犯罪了，刑法就要调整和保护。

（三）严厉性

在犯罪发生时，惩罚这种行为的措施是刑罚，这是最具强制力的手段。刑罚可以剥夺人的财产、自由、生命。刑法与民法、行政法等其他法律部门的区别表现在，对犯罪这类违法行为，根据法律所可能承担的法律后果不同，而不在于它所调整的社会关系的不同。

（四）保障性

由于刑罚极为严厉，因此刑法具有保障其他法律实施的作用。例如，刑法通过规定妨害公务罪来保障公务执行的可能性和效率；通过规定拒不执行判决、裁定罪来保障民事、行政判决、裁定的执行。

（五）补充性

由于刑罚极为严厉，因此国家不应当轻易动用刑罚。只有当一般部门法不能充分保护某种法益时，才由刑法保护。只有当一般部门法不足以制止某种危害行为时，才由刑法禁止。

这段话包括两个内容：（1）刑法应当具有"谦抑性"，即如果能用其他部门法解决问题，就不要动用刑法，要慎用刑法。（2）刑法是其他法律的保障。

五、刑法的任务

刑法的任务即保护法益。根据《刑法》第2条的规定，我国《刑法》的任务是：①用刑罚同一切犯罪行为作斗争，以保卫国家安全，保卫人民民主专政的政权和社会主义制度；②保护国有财产和劳动群众集体所有的财产，保护公民私人所有的财产；③保护公民的人身权利、民主权利和其他权利；④维护社会秩序、经济秩序，保障社会主义建设事业的顺利进行。

六、刑法的机能 ★ ★ ★

刑法具有以下现实的机能：规制机能、法益保护机能和权利保障机能。

表1　刑法的机能

分类	内容
规制机能	刑法既是行为规范，又是裁判规范
法益保护机能	刑法的最终目的是保护法益
权利保障机能	通过罪刑法定原则**限制**国家刑罚权的发动，**保障**公民的合法权益

（一）规制机能

刑法的规制机能，是指对于一定的犯罪，在刑法中规定施加一定的惩罚措施，以此来明确国家对该犯罪的规范性评价。所以，刑法既是行为规范，又是裁判规范。

刑法规范首先是裁判规范，即指示或命令司法工作人员如何裁定、判断行为是否构成犯罪、对犯罪如何科处刑罚的法律规范。**裁判规范所指向的对象是司法工作人员，旨在限定司法权力**。故，司法工作人员具有遵守裁判规范的义务，违反义务者将受到法律制裁。徇私枉法罪即为司法工作人员可能触犯的罪名。

刑法规范也是行为规范。行为规范主要通过"……的，处……"的描述方式（假定条件与法律后果之间的密切关系）体现出来。国家通过告知公民犯罪后将受到刑事制裁，从而使一般人作出不实施犯罪行为的意思决定。

（二）法益保护机能

刑法必须保护人们公认的、对于社会存续有意义的法律上的利益，即法益，由此来保护社会，保持现存的生活秩序。这就是刑法的保护机能。

由于犯罪的本质是侵犯刑法所保护的法益，所以刑法的最终目的应当定位于保护法益。

（三）权利保障机能

刑法规定了罪刑法定原则，这使得刑法具有权利保障机能。刑法将侵害法益的行为类型化为犯罪构成要件，并针对符合构成要件的违法、有责行为规定法律后果，从而形成了刑法规范。刑法对犯罪成立条件的规定，限制了司法工作人员的自由裁量权力，司法工作人员只能依照刑法的规定定罪量刑，从而一般公民的自由与被告人的人权都得到了刑法的保障。

刑法的机能是"保障与保护"的对立统一。**我们既要保障无罪的公民不受非法追究，也要保障有罪的公民不受法外追究**。所以，德国的刑法学家李斯特说："刑法既是善良人的大宪章，也是犯罪人的大宪章。"

第二节　刑法的解释

导学

　　刑法的解释是理论性很强且没有直接法条支持的重要考点。考生既要掌握刑法解释的基本原则、主要理由和技巧，还要掌握常见的刑法解释。

📖 考点解读

一、刑法解释的目标和方法 ★★★★★

（一）刑法解释的目标及实质解释观

在刑法解释的目标上存在主观解释论和客观解释论之争。主观解释论认为，刑法解释的目标应是阐明刑法立法时立法者的意思。换言之，刑法解释的目标就是阐明刑法的立法原意，一切超出刑法立法原意的解释都是违法的。客观解释论认为，刑法解释应以揭示适用刑法时刑法之外在意思为目标，刑法解释的目标不是揭示制定刑法时立法者的原意，而是揭示适用刑法时刑法条文客观上所表现出来的意思。

法律一旦被公布，它就脱离制定者而独立存在。法律的含义应当是它的文字所表达出来的含义，这样对公众才公平。因为公众是无从知晓立法原意的，如果认为对法律的解释应当以揭示立法原意为目标，公众将无法预测自己行为的后果，因为他不知道自己对法条的解释是否符合"立法原意"。在个别情况下，由于立法者表达能力不够好，法律条文所表现出来的含义和立法者的原意不同，而某人按照法律条文的字面含义实施了合法行为，但按照"立法原意"，这个行为本该是被禁止的，我们就能认定某人有罪吗？当然不能！因为如果这样解释法条，公民就无法预测自己行为的后果，也就没有行动自由了，当然也就没有自由了。

实际上，立法原意并不存在。因为立法者并不是一个人，而是一个集体。在法律制定的过程中，很多人经过了很久（有时候长达数年、数十年）的争吵、妥协，最终形成了法条。那么谁的意思才是立法原意呢？显然，我们找不出来立法者的原意。[1] 立法者的原意只能表现在他们共同认可的法条上。因此，立法解释的制定者不能说："我是立法者，我想怎么解释刑法就怎么解释刑法。"法律被公布后就独立于立法者而存在。

结论：为了保障公民的自由，在刑法的解释中应当坚持客观解释论。刑法解释的目标应当是发现法条客观上所表现出来的意思。

那么，能否对法条的字面含义进行扩大或者缩小解释呢？

法律天然是滞后于现实生活的，实践中一定会出现立法时没有设想过的犯罪情况。例如，立法者在 20 世纪 90 年代修订刑法时，肯定无法预见现在网络会如此普及。他们在制定"制作、复制、出版、贩卖、传播淫秽物品牟利罪"时，也设想不到现在导致大量青少

---

〔1〕　杨艳霞：《刑法解释的理论与方法——以哈贝马斯的沟通行动理论为视角》，法律出版社 2007 年版，第 140 页。

年实施性犯罪的导火索不是可以用手触摸的物品，如淫秽书刊、画报等，而是在网络上流传的各种电子数据。那么，随着社会的发展，我们就应当对法条的含义做出扩大的或者缩小的解释，以便法律能够适应现实生活的需要。当然，这样解释的前提是没有超出法条的真实含义。什么是法条的真实含义呢？**法条的真实含义就是法条的文字所要表达的实质内容。**这个实质内容是可以忽略无关紧要的细节的。例如，在"淫秽物品"这个词组中，"淫秽"是实质呢，还是"物品"是实质呢？显然，"淫秽"是法条要强调的重点，"物品"并不是法条要强调的重点。法条的真实含义是要禁止一切以牟利为目的，制作、复制、出版、贩卖、传播淫秽内容的行为。那么，如果随着社会的发展，淫秽内容的载体不再是可以实际触摸的物品，而是电子数据了，只要它仍然具有淫秽的本质，就仍然是法条的禁止对象。

当某种行为并不处于刑法用语的核心含义之内，但具有处罚的必要性与合理性时，应当在符合罪刑法定原则的前提下，对刑法用语作扩大解释。简言之，在遵循罪刑法定原则的前提下，可以作出不利于被告人的扩大解释，从而实现处罚的妥当性。

> 刑法解释的目标是指导我们进行刑法解释的基本原则。在考试中，这个原则不仅会被用来直接考查刑法总则部分的刑法解释，更会被用来考查在分则部分对具体犯罪的理解。

（二）刑法解释的方法与罪刑法定原则

刑法解释的对象是刑法的法条，刑法法条又是以文字做出规定的，故刑法解释不能超出刑法用语可能具有的含义，否则便会违反罪刑法定原则。**任何解释方法所得出的结论都不能违反罪刑法定原则。**所以，不利于被告人的类推解释在方法上就与罪刑法定原则相抵触，因此是被禁止使用的。其他各种解释方法均可使用。但是，采取其他解释方法时，其解释结论也必须符合罪刑法定原则。

> 按照允许的解释方法得出的解释结论也不一定正确，也有可能违反罪刑法定原则。例如，能否将故意杀人罪中的"人"缩小解释为"精神正常的人"？显然不能，这就是不合法的缩小解释。一个正确的解释结论必须符合罪刑法定原则，不能超出公民对法条含义的预测可能性。

刑法以保护法益为目的，因此，刑法解释也不能违背保护法益的目的。刑法是根据宪法制定的，所以，刑法解释不仅不能违反宪法，而且必须自觉地以宪法为指导进行解释。

大家可以思考一下，为何在刑事司法中贯彻罪刑法定原则，最为关键的问题是对刑法的解释要合理合法？

（三）刑法解释一定要有利于被告吗

很多人认为刑法要保障人权，因此对刑法只能进行严格解释，即对刑法的解释只能有利于被告。这种看法是错误的。由于刑罚是最严厉的处罚措施，因此要对刑法进行严格解释，这是正确的。但是，严格解释并不意味着在法律存在疑问时只能做出有利于被告的解释。**存疑时有利于被告的原则，产生于19世纪初的德国，它只是刑事诉讼法上的证据法则。**存疑时有利于被告原则并不适用于对法律疑问之澄清，该原则只与事实的认定有关，而不适用于对法律的解释。因此当法律问题有争议时，如果依照一般的法律解释的原则应做出对被告不利的解释时，法院有权并且也应当做出对被告不利的解释。如果在法律存疑时，不允许做出对被告人不利的解释，那么整个刑法典都不必要存在了。因为任何法条都可以被认为是有疑问的，而且对任何法条都可以做出对被告人有利的解释。

二、刑法解释的分类

（一）根据解释的法律效力进行的分类

根据是否具有法律效力，刑法解释可以分为有权解释和无权解释。

有权解释包括立法解释和司法解释。立法解释是由全国人大常委会对刑法规范本身需要明确界定，或者为解决最高人民法院和最高人民检察院有关刑法的原则性分歧而进行的解释。司法解释是由司法机关对刑法含义所作的解释。有权进行司法解释的司法机关是最高人民法院和最高人民检察院。我国司法解释的范围只限于审判工作和检察工作中如何具体运用刑法规范的问题，解释的效力只限于全国的审判工作和检察工作。

无权解释是由未经国家授权的机关、团体、社会组织、学术机构以及公民个人对刑法所作的解释。如刑法教科书、专著、论文、教师的课堂讲授中对刑法规范的含义所作的解释。

> 立法解释和司法解释属于正式解释，具有法律约束力；无权解释属于非正式解释，不具有法律约束力。但无权解释对于正确认定犯罪、准确量刑具有重要的参考价值。

（二）根据解释的方法进行的分类

刑法的解释方法可以分为解释的参照事项与条文的适用方法。详见下文。

三、解释理由 ★★★★

解释的参照事项即解释理由，是解释者进行解释的依据。解释理由包括条文自身的含义（文理解释）、条文之间的体系关联（体系解释）、立法者的意思（历史解释）、立法的历史背景（历史解释）、立法目的（目的解释）、其他国家的规定（比较解释）等。

（一）体系解释

体系解释是指根据条文之间的体系关联对法条进行解释。体系解释能够使刑法条文之间保持协调，使"相同"的犯罪得到相同的处理。

要做好体系解释，需要特别注意以下几点：①体系解释并非仅要求解释结论在刑法范围内具有协调性，还要求解释结论具有合宪性。②必须以刑法总则规定为指导解释刑法分则规定。③遵守同类解释规则，对于刑法分则条文在列举具体要素之后使用的"等""其他"用语，要按照所列举的内容、性质进行解释。④必要时承认刑法用语的相对性。用语是为了达到一定的目的而在特定的语境下工作的，所以，使用该用语的目的不同、语境不同，用语的含义也就不同。⑤要以基本法条为中心做出解释，而不能以补充法条为中心作出解释。例如，不能因为刑法规定了强迫交易罪，就认为凡是有交易的行为都不成立抢劫罪。

（二）当然解释

当然解释是指刑法规定虽未明示某一事项，但依规范目的、事物属性和形式逻辑，将该事项当然包括在该规范适用范围内的解释。如为组织卖淫的人招募、运送人员是协助组织卖淫行为，是比招募、运送人员的行为性质更为恶劣的行为，所以，将为组织卖淫的人充当打手认定为"其他协助组织他人卖淫的行为"就是当然解释。由于当然解释强调在解释时要参照刑法其他条文的规定，因此可以被包容在体系解释中。

请思考：（1）何时适用举重以明轻？何时适用举轻以明重？（2）为何当然解释的结论可能违反罪刑法定原则？

在出罪时，解释者适用"举重以明轻"，即重的行为都不构成犯罪，那么轻的行为就更不能构成犯罪了。在入罪时，解释者适用"举轻以明重"，即轻的行为都能被定罪，那么重的行为就更应当被定罪了。当然，在具体适用时，不一定是关于能否定罪的，也可能是关于能否适用某个量刑情节的，但基本原理是相同的。

当然解释强调的是事物之间的道理。所以，正确的当然解释通常都是合理的，但可能不合法。这是因为刑法的罪刑法定原则要求对法律的解释不能超过法条的文字所能表达的最大含义。例如，我国《刑法》第 227 条第 2 款规定了"倒卖车票、船票罪"，倒卖飞机票是比倒卖车票、船票社会危害性更大的行为。如果按照事物的道理，我们既然惩罚倒卖车票、船票的行为，那我们更应该惩罚倒卖飞机票的行为。这时，按照当然解释，就应当认为倒卖飞机票可以被包括在倒卖车票、船票中。可是，法条仅仅规定了车票、船票，并未规定飞机票。解释者将飞机票包括在车票、船票中就属于违反罪刑法定原则的解释。**所以，当然解释追求结论的合理性，但并不必然符合罪刑法定原则。**

【经典真题】

既然将为了自己饲养而抢劫他人宠物的行为认定为抢劫罪，那么，根据当然解释，对为了自己收养而抢劫他人婴儿的行为更应认定为抢劫罪，否则会导致罪刑不均衡。（2015/2/51）[1]

四、解释技巧 ★★★★

解释技巧即解释法律时具体使用的对条文的解释方法。

解释技巧包括平义解释、扩大解释、缩小解释、反对解释、补正解释。

（一）平义解释

强奸罪规定"以暴力、胁迫或者其他手段强奸妇女的"才构成犯罪，那么强奸男性的就不能构成强奸罪。此即平义解释。平义解释一般是针对法律中的日常用语而言，即按照该用语最平白的字义进行解释。对专门的法律术语不能采取平义解释。例如，对于"战时""故意"等概念，只能按照刑法的解释性规定做出解释。

（二）扩大解释

扩大解释，是指刑法条文的字面通常含义比刑法的真实含义窄，需要扩张字面含义，使其符合刑法的真实含义的解释技巧。将假冒注册商标罪中的"相同商标"解释为包括"在视觉上基本无差别，足以误导公众的商标"即为适例。

扩大解释是对用语通常含义的扩张，不能超出用语可能具有的含义，否则，属于违反罪刑法定原则的类推解释。

（三）缩小解释

缩小解释又称限制解释，是指在条文的含义过于宽泛时，限制条文的文义，缩小条文外延的解释。由于刑法分则条文都是典型的罪刑规定，所以，限制解释一般意味着缩小处罚范围。于是，在应当做出而不做出限制解释的情况下，也会损害公民的预测可能性。

典型的缩小解释：将为境外窃取、刺探、收买、非法提供国家秘密、情报罪中的"情

---

[1]【答案】这一说法是错误的。婴儿是人，不能被解释为财物。即使婴儿确实比财物更有价值，也不能进行这样违反罪刑法定原则的当然解释。

报"，解释为仅指关系国家安全和利益、尚未公开或者依照有关规定不应公开的事项。

（四）反对解释

根据刑法条文的正面表述，推导出其反面含义。如，"判处死刑缓期执行的，在死刑缓期执行期间，如果没有故意犯罪，二年期满以后，减为无期徒刑"，那么，在两年期满之前，不得减为无期徒刑。

（五）补正解释

刑法条文确实存在瑕疵，只有通过补正来阐明其真实含义。例如，《刑法》第99条规定"本法所称以上、以下、以内，包括本数"，但第63条第1款规定"犯罪分子具有本法规定的减轻处罚情节的，应当在法定刑以下判处刑罚"，后者中的"以下"就不能包括本数。

> 解释理由之间不互相排斥，在同一次解释中可以同时适用数个解释理由。例如，解释者可以同时适用文理解释和体系解释来确定一个法条的含义。解释技巧（方法）在同一次解释中是互相排斥的，面对同一个概念，解释者在同一次解释中不可能同时适用两种解释技巧（方法）。

（六）解释技巧的适用有无先后顺序

平义解释优先。只有根据平义解释不能得出合理结论时，才能采用其他解释技巧。

（七）如何区分扩大解释和类推解释

类推解释是突破刑法文字的规定，将刑法本来没有规定的事项包含在刑法文字之内的解释方法。例如，《刑法》第263条规定"抢劫银行或者其他金融机构的"，法定最低刑为十年以上有期徒刑。那么刑法的本意只是将抢劫金融机构作为抢劫的加重情形之一，抢劫运钞车是最严重的抢劫金融机构的行为，因此应当包括在内。而抢劫其他单位的巨额现金，虽然在某些情况下，其社会危害性可能和抢劫金融机构一样，但这是我们从法律条文上无法获得的结论，我们也无法预测到法律条文"抢劫银行或者其他金融机构"有这样的含义，这样的解释就是类推解释。类推解释是违反罪刑法定原则的，应当被禁止。

类推解释的显著特征是过分背离条文的"字面"意义。表现为：①超出了词语可能具有的含义；②提升了概念的位序。例如，把强奸罪的犯罪对象"妇女"，解释为包括"男人"。这样解释，其一，提升了"妇女"一词的位阶，使其等同于上位概念"人"；其二，显然超出了"妇女"一词可能具有的含义，这就是类推解释。**类推解释的实质特征是脱离法律规范，根据某行为与法律上某种犯罪在事实、危害方面的相似性定罪判刑。**而扩大解释则没有超出法条词语可能具有的含义，不改变概念的位阶，不超出公民可预测的范围，因此是被允许的。

区分扩大解释和类推解释通用的判断标准是，解释结论有无超出公民的预测可能性。如果没有超出公民的预测可能性，即使和字面典型含义略有不同，仍然认为是扩大解释。例如，将"淫秽物品"解释为包括在网络上进行淫秽裸聊（如专门的黄色网站提供的有偿裸聊）时传递的裸聊者的图像，就被认为是扩大解释。

例如，将骨灰解释为尸体是类推解释，侮辱尸体不包括侮辱他人骨灰的行为。为了惩罚侮辱尸骨、骨灰的行为，《刑法修正案（九）》在《刑法》第302条的"尸体"之后增加了"尸骨""骨灰"。

常见的扩大解释：

（1）走私武器、弹药中的"弹药"包括可以组装并使用的弹头、弹壳。

（2）携带凶器抢夺中的"凶器"包括用法上的凶器，例如斧头、砖头等。

（3）抢劫金融机构中的"金融机构"包括运钞车和自动取款机。

（4）信用卡诈骗罪中的"信用卡"包括借记卡等。

（5）遗弃罪中的"负有扶养义务的人"包括家庭成员以外的其他人。

（6）出售危害珍贵、濒危野生动物罪中的"出售"包括以营利为目的的加工利用行为。

（7）出售危害珍贵、濒危野生动物罪中的"珍贵、濒危野生动物"，包括列入国家重点保护野生动物名录的国家一、二级保护野生动物、列入《濒危野生动植物种国际贸易公约》附录一、附录二的野生动物以及**驯养繁殖**的上述物种。"收购"，包括以营利、自用等为目的的购买行为以及为**食用或者其他目的**而非法购买的行为；"运输"，包括采用携带、邮购、利用他人、使用交通工具等方法进行运送的行为；"出售"，包括出卖和**以营利为目的的加工利用行为**。

（8）知道或者应当知道是非法狩猎的野生动物而购买（包括为了食用、销售而购买）的，属于掩饰、隐瞒犯罪所得罪中的"明知是犯罪所得而收购的行为"。

常见的类推解释：

（1）将"骨灰"解释为"尸体"。

（2）将伪造货币罪中的"伪造"解释为包括"变造"。

（3）将携带凶器抢夺中的"抢夺"解释为包括"盗窃"。

（4）将"妇女"解释为包括"男性"。

（5）将"抢劫银行或者其他金融机构"中的"金融机构"解释为包括"其他大公司"。

（6）将重婚罪中的"结婚或重婚"（第258条）解释为包括"同居"。

【经典真题】

甲将乙价值2万元的戒指扔入海中，由于戒指本身没有被毁坏，甲的行为不构成故意毁坏财物罪。这个说法是否正确？[1]（2006-2-60）

【解题方法与常见错误分析】在解释刑法时，应当根据生活中的不同事实，依据事物的本质，不断对法律做出不同的（但符合事物本质的）解释，以求得最合适的解释。具体到故意毁坏财物罪，凡是导致财物的效用减少或者丧失的一切行为都属于"破坏"。但是在不同案件中，就要做出不同的解释。例如，在本案中就要这样解释：将别人的戒指扔入海中，原主人就无法继续使用戒指，戒指的效用就丧失了，因此这种行为也是毁坏财物。

【同类考点总结】在解释刑法时要坚持严格性与灵活性相结合。为了符合法条的真实含义，可以突破法条的字面含义对法条进行解释。

【经典真题】

①对于同一刑法条文中的同一概念，既可以进行文理解释也可以进行论理解释

②一个解释者对于同一刑法条文的同一概念，不可能同时既作扩大解释又作缩小解释

③刑法中类推解释被禁止，扩大解释被允许，但扩大解释的结论也可能是错误的

④当然解释追求结论的合理性，但并不必然符合罪刑法定原则

关于上述4句话的判断，下列哪些选项是错误的？[2]（2011-2-51）

---

[1]【答案】这种说法是错误的。

[2]【答案】ABCD

A. 第①句正确，第②③④句错误 B. 第①②句正确，第③④句错误

C. 第①③句正确，第②④句错误 D. 第①③④句正确，第②句错误

【考点】解释理由和解释技巧之间的关系；解释方法和罪刑法定原则之间的关系

【解题思路与常见错误分析】参见前文分析。这四句话都是正确的。

【同类考点总结】这是四个不同的考点，请全部记住。

【经典真题】

关于罪刑法定原则与刑法解释，下列哪些选项是正确的?[1]（2016-2-51）

A. 对甲法条中的"暴力"作扩大解释时，就不可能同时再作限制解释，但这并不意味着对乙法条中的"暴力"也须作扩大解释

B. 《刑法》第237条第1款规定的强制猥亵、侮辱罪中的"侮辱"，与《刑法》第246条规定的侮辱罪中的"侮辱"，客观内容相同、主观内容不同

C. 当然解释是使刑法条文之间保持协调的解释方法，只要符合当然解释的原理，其解释结论就不会违反罪刑法定原则

D. 对刑法分则条文的解释，必须同时符合两个要求：一是不能超出刑法用语可能具有的含义，二是必须符合分则条文的目的

【考点】罪刑法定原则、刑法解释

【解题思路与常见错误分析】选项A：在同一次解释中，不可能对同一法条中的同一个词既做扩大解释又做限制解释。但是对甲法条中的一个词做扩大解释并不妨碍对乙法条中的相同词汇做限制解释。因为两个犯罪的犯罪构成不同，两个词面对的具体案例不同，可能在甲法条中只有扩大解释才能体现法条的真实含义，在乙法条中则反之。选项A正确。

选项B：在客观内容上，强制猥亵、侮辱罪中的"侮辱"是与猥亵行为相同的、侵害妇女性的决定权的行为，其侵犯的法益是他人的性的决定权。侮辱罪中的侮辱则是对他人予以轻蔑的价值判断的表示，所表示的内容通常与他人的能力、德行、身份、身体状况等相关。其侵犯的法益是他人的名誉。前罪中的侮辱通常会同时侵犯他人的名誉，但后罪中的侮辱则不一定同时侵犯妇女性的决定权。所以，二罪的客观内容不同。

在主观内容上，强制猥亵、侮辱罪的主观故意是行为人明知自己的猥亵、侮辱行为侵犯了他人的性的自主决定权，但仍然强行实施该行为。侮辱罪的主观故意则是行为人明知自己的侮辱行为会造成败坏他人名誉的结果，并且希望或者放任这种结果的发生。所以二罪在主观内容上也是不同的。选项B错误。

选项C：当然解释是使刑法条文之间保持协调的解释方法。但是当然解释是根据事物之间的道理推断出来的。它经常存在合理不合法的情况。所以，即使符合当然解释的原理，其解释结论也可能违反罪刑法定原则。例如，《刑法》第227条第2款规定了倒卖车票、船票罪，从道理上推断，倒卖飞机票比倒卖车票、船票更严重，也应当予以定罪处罚。可是将倒卖飞机票解释为本条的犯罪却是错误的，因为这种解释违反罪刑法定原则。选项C错误。

选项D：对刑法分则条文的解释，必须同时符合两个要求：一是不能超出刑法用语可

---

[1] 【答案】AD

能具有的含义；二是必须符合分则条文的目的。前者是罪刑法定原则的形式要求，后者是罪刑法定原则的实质要求。因此，选项 D 是正确的。

【同类考点总结】考生要善于比较不同法条中相同词汇的不同含义。例如在不同法条中"暴力""伪造""变造"的含义等。

五、法律解释的时间效力

在全国有效的法律解释包括立法解释和司法解释。无论**哪种解释都是对刑法的解释，所以其效力可以溯及到刑法实施时。**

最高人民法院、最高人民检察院（以下简称"两高"）《关于适用刑事司法解释时间效力问题的规定》（2001 年）：

为正确适用司法解释办理案件，现对适用刑事司法解释时间效力问题提出如下意见：

一、司法解释是最高人民法院对审判工作中具体应用法律问题和最高人民检察院对检察工作中具体应用法律问题所作的具有法律效力的解释，自发布或者规定之日起施行，效力适用于法律的施行期间。

二、对于司法解释实施前发生的行为，行为时没有相关司法解释，司法解释施行后尚未处理或者正在处理的案件，依照司法解释的规定办理。

三、对于新的司法解释实施前发生的行为，行为时已有相关司法解释，依照行为时的司法解释办理，但适用新的司法解释对犯罪嫌疑人、被告人有利的，适用新的司法解释。

四、对于在司法解释施行前已办结的案件，按照当时的法律和司法解释，认定事实和适用法律没有错误的，不再变动。

【经典真题】
关于刑事司法解释的时间效力，下列哪一选项是正确的？（2017 – 2 – 1）[1]
A. 司法解释也是刑法的渊源，故其时间效力与《刑法》完全一样，适用从旧兼从轻原则
B. 行为时无相关司法解释，新司法解释实施时正在审理的案件，应当依新司法解释办理
C. 行为时有相关司法解释，新司法解释实施时正在审理的案件，仍须按旧司法解释办理
D. 依行为时司法解释已审结的案件，若适用新司法解释有利于被告人的，应依新司法解释改判

【考点】刑事司法解释的时间效力

【解题思路与常见错误分析】选项 A、B、C，参见前述司法解释。

选项 D：我国刑法第 12 条第 2 款规定"本法施行以前，依照当时的法律已经作出的生效判决，继续有效。"如果案件已经审结，就不能再依据新的法律改判了。这一原理同样适用于司法解释。所以，只有在新的司法解释颁布时，尚未审结的案件才能依据新的司法解释改判。选项 D 错误。

【同类考点总结】（1）司法解释能够溯及适用。（2）如果新旧司法解释相冲突，依照"从旧兼从轻"原则处理。（3）对于已经审结的案件，不能适用新的司法解释改判。

---

[1]【答案】B

第三节　刑法的基本原则

> **导学**
>
> 　　刑法的基本原则极为重要。它们指导和制约着整个刑法的制定和实施。每年考试也必然有相关题目。考生要特别注意两点：（1）刑法的基本原则与社会主义法治理念的关系；（2）罪刑法定原则在实践中的运用。

▽ 关联法条

《刑法》

第三条　【罪刑法定原则】法律明文规定为犯罪行为的，依照法律定罪处刑；法律没有明文规定为犯罪行为的，不得定罪处刑。

第四条　【平等适用刑法原则】对任何人犯罪，在适用法律上一律平等。不允许任何人有超越法律的特权。

第五条　【罪刑相适应】刑罚的轻重，应当与犯罪分子所犯罪行和承担的刑事责任相适应。

考点解读

一、刑法的基本原则与社会主义法治理念的关系★★★★

　　刑法的基本原则与社会主义法治理念是一致的，它们是社会主义法治理念在刑法领域的集中体现。例如，依法治国是社会主义法治的核心内容，罪刑法定是依法治国在刑法领域的集中体现。人民民主是依法治国的政治基础，罪刑法定同样以此为思想基础。公平正义是社会主义法治理念的重要内容，刑法三大原则都体现了公平正义，都是为了实现公平正义而制定的。

> 　　本类题目在考试时经常从正确的前提推出一个错误的结论。这个结论通常是听起来合理，但不合法的。考生请注意，符合社会主义法治理念的做法首先必须符合刑法规定。如果一个做法是不符合刑法规定的，它就肯定是不符合社会主义法治理念的。

【经典真题】

关于社会主义法治理念与罪刑法定的表述，下列哪一理解是不准确的？[1]（2011－2－1）

A. 依法治国是社会主义法治的核心内容，罪刑法定是依法治国在刑法领域的集中体现

B. 权力制约是依法治国的关键环节，罪刑法定充分体现了权力制约

C. 人民民主是依法治国的政治基础，罪刑法定同样以此为思想基础

D. 执法为民是社会主义法治的本质要求，网民对根据《刑法》规定作出的判决持异议时，应当根据民意判决

【考点】（1）罪刑法定原则是社会主义法治理念在刑法领域的集中体现；（2）要符合

---

〔1〕【答案】D

社会主义法治理念，首先必须符合刑法。

【解题思路与常见错误分析】罪刑法定原则有两个基本的特点：（1）它是为了保障人权而设立的，它的思想基础是人民民主。因此，如果新法较轻时，新法可以溯及既往。（2）它要求禁止"司法擅断"。司法机关只能按照法律的明文规定来进行司法。只有由人民的代表组成的立法机关（我国的人大、外国的议会）才有立法权。所以，司法机关不能进行类推解释。这说明罪刑法定原则体现了权力制约的原则。因此，选项A、B、C都是正确的。

选项D显然是错误的，民意并不能代替法律。首先，网络上的民意并非是全体中国人的民意；其次，即使是全体中国人的民意，如果没有经过立法程序转化为法律，也不能直接作为办案的根据，这就是法治——依法治国。

实际上，法律规定就是最大的民意，因为它是全国人民代表大会代表全国人民制定出来的。

【同类考点总结】依法治国是社会主义法治的核心内容，罪刑法定是依法治国在刑法领域的集中体现。

二、罪刑法定原则★★★★★

（一）罪刑法定原则的基本内容

罪刑法定原则是刑法最重要的原则，其经典表述是"法无明文规定不为罪，法无明文规定不处罚"。它要求犯罪与刑罚都要事先由法律明确规定。除了掌握本原则的基本内容外，考生要重点掌握本原则在实践中的具体运用。

表2　罪刑法定原则

分类	内容	
基本含义	法无明文规定不为罪，法无明文规定不处罚	
基本精神	限制国家的刑罚权，保障公民的自由和人权	
思想渊源	三权分立学说与心理强制说	
现在的思想基础	民主主义	什么是犯罪，对犯罪如何处罚，必须**由人民群众决定**，具体表现为由人民群众选举产生的**立法机关**来决定
	尊重人权主义	为了保障公民的自由，必须使得公民能够**事先预测**自己行为的性质与后果，故什么是犯罪、对犯罪如何处罚，必须在**事前明文规定**
与社会主义法治理念的关系	在本质上是一致的	
形式侧面（4个派生原则）	1. 排斥习惯法（成文的罪刑法定）：刑法必须是立法机关制定的成文法 2. 禁止绝对不定期刑：刑罚可以有一定的幅度，但不能完全不定期 3. 禁止**有罪类推**（严格的罪刑法定）：但不禁止有利于被告人的类推（这种类推也必须符合法律的真意） 4. 禁止**重法**溯及既往（事前的罪刑法定）：但不禁止轻法溯及既往	
实质侧面（确定的罪刑法定）（核心是刑法必须是良法）	1. 对犯罪与刑罚的规定必须明确 2. 刑法的处罚范围与处罚程度必须合理 3. 禁止不均衡的、残酷的刑罚	

思考：为什么允许派生原则有例外——不是彻底禁止不定期刑，而是禁止绝对的不定期刑；不是禁止一切类推，而是禁止有罪类推；不是禁止一切法律溯及既往，而是禁止重法溯及既往？

提示 这三个例外说明罪刑法定原则的思想基础是民主与自由，罪刑法定原则是保障公民人权的原则。

（二）罪刑法定原则的具体运用

在刑事司法中贯彻罪刑法定原则，最为关键的问题是对刑法的解释要合理。必须根据法律的真实含义来解释法律。凡是法无明文规定的，无论多么具有处罚的必要性，都不能通过解释法律来定罪。反之，如果根据法律的真实含义，某种行为事实上构成犯罪或者事实上应当适用某个加重、减轻情节的，可以通过解释来将某种行为包括在该法条的适用范围内。

对罪刑法定原则的考查通常都和对法律的解释的考查结合在一起。我们在本章第二节"刑法的解释"中对此进行了充分的论述，此处不赘。

【经典真题】

关于罪刑法定原则有以下观点：
①罪刑法定只约束立法者，不约束司法者
②罪刑法定只约束法官，不约束侦查人员
③罪刑法定只禁止类推适用刑法，不禁止适用习惯法
④罪刑法定只禁止不利于被告人的事后法，不禁止有利于被告人的事后法
下列哪一选项是正确的？[1]（2012-2-3）

A. 第①句正确，第②③④句错误　　　B. 第①②句正确，第③④句错误
C. 第④句正确，第①②③句错误　　　D. 第①③句正确，第②④句错误

【考点】罪刑法定原则的具体运用

【解题思路与常见错误分析】罪刑法定原则有四个要求：（1）禁止溯及既往。但是，允许有利于被告人的溯及既往；（2）排斥习惯法；（3）禁止类推解释。但是，允许有利于被告人的类推解释；（4）刑罚法规的适当。包括：①刑法应当具有明确性；②禁止处罚不当罚的行为。前三项属于形式的罪刑法定的内容，第四项则属于实质的罪刑法定的内容。

第①句，"罪刑法定只约束立法者，不约束司法者"，这句话是错误的。实质的罪刑法定要求立法者必须将刑法制定得清楚、明确、合理（即刑法应当是良法）。形式的罪刑法定要求司法者只能按照刑法的规定来司法，不能任意突破刑法的规定。所以，罪刑法定原则既约束立法者，也约束司法者。

第②句，"罪刑法定只约束法官，不约束侦查人员"，这句话也是错误的。罪刑法定原则的适用必须贯穿到整个刑事诉讼过程中。侦查人员在侦查过程中也必须坚持"罪刑法定"。例如，对于不满足犯罪构成要件的案件不能立案侦查，对刑法要进行严格解释等。同理，检察人员也要严格遵守罪刑法定原则。

第③句，"罪刑法定只禁止类推适用刑法，不禁止适用习惯法"，这句话也是错误的。

---

[1] 【答案】C

如果刑法可以是习惯法，罪和刑就不能预先"法定"，公民也无法预测自己行为的后果，这会导致公民行动萎缩的结果，妨害公民的行动自由。所以，刑法必须是成文的，只有这样才能实现罪刑法定。

第④句，"罪刑法定只禁止不利于被告人的事后法，不禁止有利于被告人的事后法"，这句话是正确的。由于罪刑法定原则的思想基础是民主主义与尊重人权主义。所以，为了尊重人权，罪刑法定只禁止不利于被告人的事后法，不禁止有利于被告人的事后法。

综上，只有选项C才是正确的，即只有第四句话是正确的。

【同类考点总结】大家是否发现，罪刑法定原则考来考去就是考相同的几个知识点？大家掌握本题总结的罪刑法定原则的四个要求即可回答此类问题。

三、平等适用刑法原则

平等适用刑法原则是法律面前人人平等原则在刑法领域的体现，是我国宪法确立的社会主义法治的基本原则。要注意的是它是指适用法律平等，而不是指立法平等。这一点，从法条上也可看出来，在立法时并不是完全平等的。例如同样是故意杀人，如果是未成年人，就不会被判处死刑。一旦法律规定了对未成年人不能判处死刑，那么对所有的未成年人都不能判处死刑，这就是适用法律的平等。

平等适用刑法体现在刑事司法的各个方面。它要求平等地保护所有人的合法权益，平等地追究所有犯罪的人的刑事责任，包括定罪平等、量刑平等和行刑平等。

四、罪刑相适应原则 ★★★

（一）罪刑相适应原则的内容

罪刑相适应原则也被称为罪责刑相适应原则，其基本含义是刑罚的轻重应与犯罪的轻重相适应。罪刑相适应，是适应人们朴素的公平意识的一种法律思想，是由罪与刑的基本关系决定的，是预防犯罪的需要。应当注意的是罪刑相适应不是同罪同罚。同样是故意杀人罪，被判处三年有期徒刑和死刑立即执行都可能是公正的。这是因为罪犯具有不同的人身危险性。

我国刑法中的罪刑相适应原则包含了刑事古典学派主张的罪刑相适应原则和刑事近代学派主张的刑罚个别化原则。刑罚的轻重与罪行相适应，体现的是报应观念，要求刑罚的轻重与犯罪行为的法益侵害性相适应，也就是重罪重判，轻罪轻判。刑罚的轻重与刑事责任相适应，体现的是预防观念，要求刑罚的轻重与犯罪人的人身危险性相适应（这就是刑事近代学派主张的刑罚个别化原则），因为人身危险性体现犯罪人的再犯可能性。因此，我国刑法关于罪刑相适应原则的规定，反映了报应与预防相统一的刑法观念。当然，这种统一并不意味着报应与预防在刑罚的裁量上具有同等的重要性。应当是以报应为主，以预防为辅。刑罚首先要与罪行相一致，在此范围内才能根据人身危险性进行轻重调节。

（二）罪刑相适应原则的要求及在刑法中的体现

在立法方面、司法（量刑）方面、执法（行刑）方面都要体现罪刑相适应原则，所以它对立法、司法、执法都有要求。很多考生朋友只知道其在量刑方面的体现和要求，这是不够的。它要求：

1. 在立法方面，要确立科学严密的刑罚体系、区别对待的处罚原则、轻重不同的量刑幅度。

2. 在司法方面，要重视量刑活动。在量刑时要实现"三个相适应"，即刑罚既要与犯罪性质相适应，又要与犯罪情节相适应，还要与犯罪人的人身危险性相适应。

3. 在执法（行刑）方面，要求在行刑中合理地运用减刑、假释等制度，根据犯罪人人身危险性的消长不断改变刑罚的执行方式，即在行刑中也要体现罪刑相适应原则。

思考：刑法中哪些制度体现了罪刑相适应原则？

提示 放火罪的刑罚重于失火罪；对累犯从重处罚；对自首犯和未成年犯从轻、减轻处罚等。

【经典真题】

关于公平正义理念与罪刑相适应原则的关系，下列哪一选项是错误的？[1]（2014－2－1）

A. 公平正义是人类社会的共同理想，罪刑相适应原则与公平正义相吻合

B. 公平正义与罪刑相适应原则都要求在法律实施中坚持以事实为根据、以法律为准绳

C. 根据案件特殊情况，为做到罪刑相适应，促进公平正义，可由最高法院授权下级法院，在法定刑以下判处刑罚

D. 公平正义的实现需要正确处理法理与情理的关系，罪刑相适应原则要求做到罪刑均衡与刑罚个别化，二者并不矛盾

【考点】公平正义理念与罪刑相适应原则的关系

【解题思路与常见错误分析】选项 A 和 B 显然是正确的，无需分析。

选项 C，根据案件特殊情况，如果判处法定最低刑仍过重的，我国刑法规定可以在法定最低刑以下判处刑罚。这种刑罚被称为减轻处罚。这种特殊情况包括两类，法有明文规定的情况和法无明文规定的情况。对于法有明文规定的情况，审理案件的法院可以直接决定对罪犯减轻处罚。对于法无明文规定的情况，刑法没有授权下级法院直接进行判决，而是规定必须一案一报，由下级法院逐级上报给最高人民法院，由最高人民法院来决定是否需要减轻处罚。选项 C 错误。

选项 D，罪刑均衡即前文讲述的刑事古典学派主张的罪刑相适应原则。刑罚个别化即前文讲述的刑事近代学派主张的刑罚个别化原则。现代刑法理论认为刑罚兼具报应与预防功能。在量刑时，既要考虑行为的社会危害性，还要考虑行为人的再犯可能性。这样，就能既实现罪刑均衡，又能根据行为人的具体情况实现个案正义。显然，这就是既考虑法理，又考虑情理，在个案中实现公平正义。所以说，二者并不矛盾。《刑法》第 5 条规定"刑罚的轻重，应当与犯罪分子所犯罪行和承担的刑事责任相适应。"这也要求司法者在量刑时既要考虑罪行的轻重，还要考虑行为人的人身危险性的大小。选项 D 正确。

【同类考点总结】本题是近年来首次对罪刑相适应原则进行的考查。请大家掌握罪刑均衡和刑罚个别化的具体内容。

五、主客观相一致原则 ★★★★★

需要强调的是，"主客观相一致原则"也是一个很重要的刑法原则。它要求我们在对一个行为进行评价时，既不能只看主观要素，也不能只看客观要素，而应当把二者结合起来。

---

[1]【答案】C

在定罪上，尤需强调这一原则。虽然它没有被明文规定在刑法中，**不属于法定的基本原则**，但大家一定要掌握这一原则。

【经典真题】

甲潜入乙的住宅盗窃，将乙的皮箱（内有现金 3 万元）扔到院墙外，准备一会儿翻墙出去再捡。偶尔经过此处的丙发现皮箱无人看管，遂将其拿走，据为己有。15 分钟后，甲来到院墙外，发现皮箱已无踪影。对于甲、丙行为的定性，下列哪一选项是正确的?[1]（2008 - 2 - 6）

A. 甲成立盗窃罪（既遂），丙无罪

B. 甲成立盗窃罪（未遂），丙成立盗窃罪（既遂）

C. 甲成立盗窃罪（既遂），丙成立侵占罪

D. 甲成立盗窃罪（未遂），丙成立侵占罪

【考点】 主客观相一致原则

【解题思路与常见错误分析】 甲将皮箱扔出院墙时，盗窃就已经既遂了。丙以为皮箱是脱离占有物而捡走并据为己有，构成侵占罪。

【同类考点总结】 盗窃罪和侵占罪都具有非法占有的目的。但盗窃罪是将他人占有的财物非法据为己有，而侵占罪是将自己占有的财物或者脱离占有物非法据为己有。所以，区分这两种犯罪的关键就是看在行为人产生犯意时，拟占物品是否是他人占有的财物。如果行为人对此客观事实发生了误认，则根据主客观相一致原则，按照行为人行为时的心理态度来认定犯罪。

第四节　刑法的效力范围

导学

刑法的效力范围包括空间效力和时间效力。该内容最近几年仍然是常考考点。对于空间效力，请考生注意四大管辖原则各自的适用条件。对于时间效力，请考生特别注意《刑法修正案（八）》以及《刑法修正案（九）》的时间效力。

本节的主要考点包括：属地管辖原则、属人管辖原则、保护管辖原则、普遍管辖原则、从旧兼从轻原则。近年的考题经常把本知识点混在其他题目中，作为一个选项来考，考生对此要具有敏感性。

---

[1]【答案】C

📖 考点解读

一、刑法的空间效力★★★

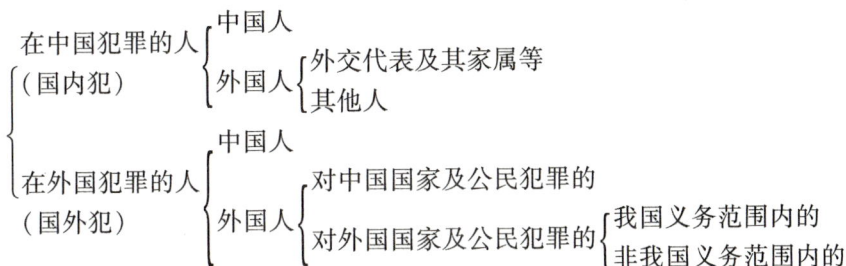

$$
\text{在中国犯罪的人（国内犯）}\begin{cases}\text{中国人} \\ \text{外国人}\begin{cases}\text{外交代表及其家属等} \\ \text{其他人}\end{cases}\end{cases}
$$

$$
\text{在外国犯罪的人（国外犯）}\begin{cases}\text{中国人} \\ \text{外国人}\begin{cases}\text{对中国国家及公民犯罪的} \\ \text{对外国国家及公民犯罪的}\begin{cases}\text{我国义务范围内的} \\ \text{非我国义务范围内的}\end{cases}\end{cases}\end{cases}
$$

▽ 关联法条

《刑法》

第六条　【属地管辖原则】凡在中华人民共和国领域内犯罪的，除法律有特别规定的以外，都适用本法。

凡在中华人民共和国船舶或者航空器内犯罪的，也适用本法。

犯罪的行为或者结果有一项发生在中华人民共和国领域内的，就认为是在中华人民共和国领域内犯罪。

第七条　【属人管辖原则】中华人民共和国公民在中华人民共和国领域外犯本法规定之罪的，适用本法，但是按本法规定的最高刑为三年以下有期徒刑的，可以不予追究。

中华人民共和国国家工作人员和军人在中华人民共和国领域外犯本法规定之罪的，适用本法。

第八条　【保护管辖原则】外国人在中华人民共和国领域外对中华人民共和国国家或者公民犯罪，而按本法规定的最低刑为三年以上有期徒刑的，可以适用本法，但是按照犯罪地的法律不受处罚的除外。

第九条　【普遍管辖原则】对于中华人民共和国缔结或者参加的国际条约所规定的罪行，中华人民共和国在所承担条约义务的范围内行使刑事管辖权的，适用本法。

（一）国内犯与国外犯

刑法的适用范围，也称刑法的效力，包括空间效力和时间效力。刑法的空间效力所解决的是一国刑法在什么地域、对什么人适用的问题。空间效力的重点和难点是对国内犯和国外犯适用不同的管辖原则。发生在本国领域内的犯罪称为国内犯，我国对国内犯的适用原则是属地管辖原则。发生在本国领域外的犯罪称为国外犯，我国对国外犯根据三种不同情况确定了三种不同的适用原则，即属人管辖原则、保护管辖原则和普遍管辖原则。

【示例】南非人彼得在南非杀害了我国在当地经商的李某。后来，彼得在来我国旅游时被抓获。我国能否同时根据属地管辖原则和保护管辖原则管辖彼得故意杀人一案？

【分析】因为彼得是在南非犯罪的，因此，我国只能根据保护管辖原则管辖彼得的案件。

> 空间效力的考查重点是那些看起来好像能同时根据几种管辖原则进行管辖的案件的管辖。判断是否具有管辖权的时间点是犯罪发生之时。

下表是四种管辖原则各自的适用条件。

我国的四种管辖原则之间彼此并不重叠。对同一种犯罪，不存在同时适用两种管辖原则的可能。

表3　四种管辖原则的适用条件

管辖原则	适用条件
属地管辖原则	1. 在中国境内犯罪的所有人（外交人员除外），国籍不论；2. 在中国船舶和航空器上犯罪的所有人，国籍、船舶、航空器所在地点不论
属人管辖原则	1. 在外国犯罪；2. 中国公民（要有我国国籍）。两个条件必须同时具备
保护管辖原则	1. 在外国犯罪；2. 侵犯我国国家或公民利益；3. 外国公民；4. 在我国和犯罪地都是犯罪；5. 按我国刑法规定法定最低刑为三年以上有期徒刑。**五个条件必须同时具备**
普遍管辖原则	1. 所犯之罪是国际条约所规定的国际犯罪；2. 我国参加了该条约，承诺对这种犯罪进行管辖；3. 犯罪人出现在我国领域内

（二）对于国内犯的适用原则（属地管辖原则）

对于在我国领域内发生的犯罪，即国内犯，我国适用属地管辖原则。对于属地管辖原则，要掌握：

1. 适用条件。在我国领域内发生的犯罪，这是关于空间效力的基本规定。只要在我国领域内犯罪，无论行为人国籍如何，均受我国刑法的管辖。

2. "领域"的范围。包括我国的领陆、领水、领空。

（1）各国驻外大使馆、领事馆及其外交人员不受驻在国的司法管辖而受本国的司法管辖。因此，凡在我国驻外大使馆、领事馆内犯罪的，也应适用我国刑法。

（2）旗国主义：这是属地原则的补充，即挂有本国国旗的航空器或船舶，不管其航行或停放在何处，都适用旗国的刑法。

（3）在国际列车上的犯罪，根据我国与相关国家签订的协定确定管辖；没有协定的，由该列车始发或者前方停靠的中国车站所在地负责审判铁路运输刑事案件的人民法院管辖。

3. 犯罪地的确定标准。

（1）犯罪的行为或结果**有一项**发生在我国领域内就属于在我国领域内犯罪。

（2）在共同犯罪的场合，共同犯罪行为**有一部分**发生在我国领域内或者共同犯罪结果**有一部分**发生在我国领域内，就认为是在我国领域内犯罪。

（3）在未遂犯的场合，行为人**预期的**犯罪结果发生地是我国的，也算在我国领域内犯罪。

> 国际列车和航空器、船舶的适用原则不同。凡在我国船舶或航空器内犯罪的，不管该船舶或航空器在哪里，我国均有刑事管辖权。

【示例】 2014年8月，中国人马某和中国人林某在中国开往菲律宾的一艘美国船舶上吵了起来，继而互相厮打，马某被林某击中太阳穴而死亡。该船当时正行驶在我国南海海域内。请问我国能否对该案行使管辖权？

【分析】 这里存在管辖权冲突的情况。即我国和美国对该案都有管辖权，要由双方协商如何管辖。我国的管辖依据是该船当时行驶在中国海域内，美国的管辖依据则是"该船是美国船舶，无论船舶在哪里，都受美国法的管辖"。对这种管辖权冲突，我们只要回答我国有无管辖权即可。故，我国可以根据属地管辖原则管辖本案。

（三）对于国外犯的适用原则（属人管辖原则、保护管辖原则、普遍管辖原则）

对于在我国领域外发生的犯罪，即国外犯，我国根据三种不同情况确定了三种不同的适用原则，即属人管辖原则、保护管辖原则和普遍管辖原则。

1. 属人管辖原则的适用条件：我国公民在国外犯罪的。

（1）我国国家工作人员和军人在国外犯罪的，无论罪行轻重，一律适用本法。

（2）一般公民在国外犯罪的，适用本法，但按本法规定法定最高刑为三年以下有期徒刑的，可以不予追究。

2. 保护管辖原则的适用条件：外国人在外国对我国国家或公民犯罪的。

（1）必须在犯罪地也属于犯罪。

（2）必须属于按我国刑法规定法定**最低刑**为三年以上有期徒刑的犯罪。

3. 普遍管辖原则的适用条件：国际条约所规定的国际犯罪。如贩毒罪、劫持民用航空器罪、实施恐怖活动罪等。

（1）既是权利，也是义务。只要这样的犯罪嫌疑人出现在我国领域内，我国就应当对其行使刑事管辖权。

（2）其结果是或起诉或引渡。如果我国不将其引渡给相应国家，就必须按照我国刑法追究其刑事责任。

【经典真题】

关于刑事管辖权，下列哪些选项是正确的？[1]（2007-2-51）

A. 甲在国外教唆陈某到中国境内实施绑架行为，中国司法机关对甲的教唆犯罪有刑事管辖权

B. 隶属于中国某边境城市旅游公司的长途汽车在从中国进入 E 国境内之后，因争抢座位，F 国的汤姆一怒之下杀死了 G 国的杰瑞。对汤姆的杀人行为不适用中国刑法

C. 中国法院适用普遍管辖原则对劫持航空器的丙行使管辖权时，定罪量刑的依据是中国缔结或者参加的国际条约

D. 外国人丁在中国领域外对中国公民犯罪的，即使按照中国刑法的规定，该罪的最低刑为 3 年以上有期徒刑，也可能不适用中国刑法

【考点】刑法的空间效力在具体案件中的运用

【解题思路与常见错误分析】选项 A，在共同犯罪的场合，共同犯罪行为有一部分发生在我国领域内或者共同犯罪结果有一部分发生在我国领域内，就认为是在我国领域内犯罪。所以，A 正确。

选项 B，长途汽车不属于拟制领土，犯罪人、被害人都不是中国人。所以，B 正确。

选项 C，根据普遍管辖原则行使刑事管辖权时，定罪量刑的法律根据是国内刑法，而不是国际条约。所以，C 错误。

选项 D，外国人在中华人民共和国领域外对中华人民共和国国家或者公民犯罪，而按本法规定的最低刑为 3 年以上有期徒刑的，可以适用本法，但是按照犯罪地的法律不受处罚的除外。所以，D 正确。

---

[1]【答案】ABD

【同类考点总结】①确定管辖原则的时间点是犯罪发生时；②犯罪的行为或者结果有一项发生在我国，就属于"在我国领域内犯罪"，要适用属地管辖原则；③在共同犯罪中，一部分行为或者结果发生在我国，就属于"在我国领域内犯罪"，要适用属地管辖原则；④在保护管辖中，如果某罪的法定最低刑达不到3年以上，就根本不能适用我国刑法进行管辖。

（四）对外国刑事判决的消极承认

▽ 关联法条

《刑法》

第十条 【对外国刑事判决的消极承认】凡在中华人民共和国领域外犯罪，依照本法应当负刑事责任的，虽然经过外国审判，仍然可以依照本法追究，但是在外国已经受过刑罚处罚的，可以免除或者减轻处罚。

外国确定的刑事判决对我国没有约束力（消极承认）。对同一行为，我国可以根据自己的刑事管辖权再次审理该案，但对外国判决及刑罚执行的事实给予考虑。

二、刑法的时间效力

▽ 关联法条

《刑法》

第十二条 【刑法的时间效力】中华人民共和国成立以后本法施行以前的行为，如果当时的法律不认为是犯罪的，适用当时的法律；如果当时的法律认为是犯罪的，依照本法总则第四章第八节的规定应当追诉的，按照当时的法律追究刑事责任，但是如果本法不认为是犯罪或者处刑较轻的，适用本法。

本法施行以前，依照当时的法律已经作出的生效判决，继续有效。

（一）为何是"从旧兼从轻"

刑法的时间效力中最重要的问题是刑法的溯及力。它是指刑法生效后，对它生效前未经审判、判决未确定或未裁定的行为是否具有追溯适用效力。溯及力的实质是"新法理旧事"，这是违背罪刑法定原则的。因此，新法不能具有溯及力。但是，如果适用新法更有利于行为人时，能否打破"罪刑法定原则"，让新法"理旧事"？显然，这种情况下"新法理旧事"更符合人道原则和法治精神。因此，各国法律一般都规定，禁止新法溯及既往，但允许有利于行为人的溯及既往，这就是"从旧兼从轻原则"。我国刑法实行的也是"从旧兼从轻原则"。

关于溯及力问题，要掌握以下知识点：

1. 从旧兼从轻。以适用行为时的法律为原则，只有在新法不认为是犯罪或新法所规定的刑罚更轻时，才适用新法。

2. 只适用于未决犯，即判决或裁定尚未确定的。不得根据新法更改已生效的判决、裁定。

3. 犯罪行为延续到新法生效后的，适用新法。

4.《刑法》施行以前，依照当时的法律已经作出的生效判决，继续有效。

【示例】彭某在1996年盗窃某商店货款30万元。1997年6月1日，彭某被抓获。9月23日，彭某一审被判决死刑缓期两年执行。10月2日，彭某提出上诉，要求适用新刑法重新审理其盗窃案件。彭某的要求是否合法，为什么？

【分析】本案中，在新刑法实施之日，彭某的判决尚未生效。由于新刑法规定只有盗窃金融机构、珍贵文物的才可以被判处死刑，根据新刑法，彭某不可能被判处死刑。因此，彭某可以请求人民法院依照"从旧兼从轻"原则，适用新刑法重新审理其案件。

说明：2011年2月，《刑法修正案（八）》通过后，盗窃罪全部没有死刑了。

【经典真题】

《刑法修正案（八）》于2011年5月1日起施行。根据《刑法》第12条关于时间效力的规定，下列哪一选项是错误的？[1]（2013-2-4）

A. 2011年4月30日前犯罪，犯罪后自首又有重大立功表现的，适用修正前的刑法条文，应当减轻或者免除处罚

B. 2011年4月30日前拖欠劳动者报酬，2011年5月1日后以转移财产方式拒不支付劳动者报酬的，适用修正后的刑法条文

C. 2011年4月30日前组织出卖人体器官的，适用修正后的刑法条文

D. 2011年4月30日前扒窃财物数额未达到较大标准的，不得以盗窃罪论处

【考点】刑法的时间效力

【解题思路与常见错误分析】选项A，根据《刑法修正案（八）》修正前的刑法规定，犯罪后自首又有重大立功表现的，应当减轻或者免除处罚。由于这个规定可能导致罪刑不均衡，《刑法修正案（八）》删除了本规定。在2011年5月1日后，犯罪后自首又有重大立功表现的，是"可以"减轻或者免除处罚（《刑法》第67、68条）。那么，根据从旧兼从轻原则，显然旧法更轻。故，选项A正确。

选项B，"从旧兼从轻"原则仅适用于在新法生效前就已经实施的犯罪行为。拖欠劳动者报酬并不一定构成犯罪。只有以转移财产、逃匿等方法逃避支付劳动者的劳动报酬或者有能力支付而不支付劳动者的劳动报酬，数额较大，经政府有关部门责令支付仍不支付的才构成犯罪。本案中的经营者虽然是在2011年4月30日前拖欠劳动者报酬的，但其拒绝支付行为则发生在5月1日后。这说明其犯罪行为发生在5月1日后。此时，无论新法是重还是轻，都要适用新法。故，选项B正确。

选项C，组织出卖人体器官罪是《刑法修正案（八）》新增的犯罪，此前的刑法并未规定这种行为。因此，对于新法生效前的行为，如果旧法不认为是犯罪的，当然应该适用旧法。

选项D，《刑法修正案（八）》修正前的刑法规定只有数额较大或者多次盗窃的才构成盗窃罪。但《刑法修正案（八）》规定对于扒窃的，不要求盗窃数额和次数，只要扒窃即构成盗窃罪。由于旧法更轻，因此应当适用旧法。故，选项D正确。

---

[1]【答案】C

【同类考点总结】

本原则只用于犯罪行为发生在新法生效前，审判发生在新法生效后的。如果犯罪行为发生在新法生效后，则无论新法是重还是轻，都要适用新法。

有考生认为选项 A 中，如果自首和重大立功发生在 5 月 1 日后，就应当适用新法。这种看法是错误的。适用新法还是旧法是由犯罪的时间决定的，而不是由自首或者立功的时间决定的。因为对犯罪只能适用"犯罪前颁布的法律"。因此，即使自首和重大立功发生在 5 月 1 日后，对行为人的量刑还是要适用他犯罪前的刑法规定。当然，如果新法较轻的，则适用新法的规定。

> "从旧兼从轻"的前提是新法生效时，旧案件尚未开始审理或者虽然已经开始审理，但判决尚未生效。如果旧案件的判决已经生效，则不再适用本原则。

（二）刑法的溯及力与追诉时效

刑法的溯及力与追诉时效是不同的概念。溯及力是指新法能否适用于它生效以前的案件的问题。追诉时效是指经过多长时间，司法机关就不能再对一个犯罪进行追诉的问题。例如，甲盗窃乙 1 万元钱，乙立即报案。但公安机关一直未能破案，甲也没有逃走等逃避追诉的行为，那么从盗窃之日算起，满五年后，即使甲亲自去公安机关自首，公安机关也不能追究甲这起盗窃犯罪了。这是因为根据现行司法解释，盗窃 1 万元属于盗窃"数额较大"，法定最高刑为 3 年有期徒刑。根据《刑法》第 87 条的规定，法定最高刑为不满五年有期徒刑的，经过五年不再追诉。所以，甲不能再被追究刑事责任。

第一节　犯罪的概念与分类

导学　犯罪的概念极为重要。只有掌握犯罪的本质特征，我们才能准确认定某个行为的性质。本知识点通常不会被直接考查。常见的考查方式是结合不能犯、未遂犯、正当防卫、共同犯罪的认定进行考查。考生对此要具有敏感性。

关联法条

《刑法》

第十三条　【犯罪的概念】一切危害国家主权、领土完整和安全，分裂国家、颠覆人民民主专政的政权和推翻社会主义制度，破坏社会秩序和经济秩序，侵犯国有财产或者劳动群众集体所有的财产，侵犯公民私人所有的财产，侵犯公民的人身权利、民主权利和其他权利，以及其他危害社会的行为，依照法律应当受刑罚处罚的，都是犯罪，但是情节显著轻微危害不大的，不认为是犯罪。

考点解读

一、犯罪概念的文理解释和论理解释 ★★

（一）犯罪概念的通说

通说：犯罪是指具有社会危害性、刑事违法性（即违反刑法）和应受刑罚处罚性的行为。

表4　犯罪的特征

分类	内容	说明
本质特征	具有社会危害性	这是犯罪的首要特征
法律特征1	刑事违法性（即违反刑法的明文规定）	本特征也极其重要，这是保障人权的重要依据
法律特征2	应受刑罚处罚性	并不是每个犯罪都必须受到刑罚处罚，也存在定罪免刑的情况

（二）犯罪概念的文理解释与论理解释

1. 犯罪概念的文理解释（形式解释）。根据《刑法》第 13 条的规定，犯罪具有两个特征：一是社会危害性，二是依照法律应受刑罚处罚性。社会危害性特征说明犯罪必须是侵害法益的行为；依照法律应受刑罚处罚性特征说明犯罪必须是刑法明文规定的行为。

表5　依照法律应受刑罚处罚性的含义

根据罪刑法定原则的要求	必须被**类型化**为构成要件，即法律必须明文规定处罚这种行为。
根据刑法的谦抑性的要求	犯罪不能是情节**显著轻微**危害不大的行为（《刑法》第 13 条）。
根据责任主义的要求	仅有危害行为还不能受到处罚，只有当行为人对危害社会的行为与结果具有**故意**（《刑法》第 14 条）**或者过失**（《刑法》第 15 条），行为人达到**法定责任年龄**（《刑法》第 17 条）、具有**责任能力**（《刑法》第 18 条），并且具有**期待可能性**时（《刑法》第 16 条）才能受刑罚处罚。

2. 犯罪概念的论理解释（实质解释）。对上述文理解释的要点进行归纳，可以看到，从实质上来讲，只有具备以下两个条件，才能认定为犯罪：其一，发生了值得科处刑罚的法益侵害事实（法益侵犯性），此即违法性；其二，能够就法益侵害事实对行为人进行非难（非难可能性），此即有责性。

故，从实质上来看，犯罪是违法且有责的行为。

将违法且有责细化为犯罪构成要件，即犯罪的客观要件与主观要件。犯罪必须是客观上侵犯了法益且主观上有责任的行为。

无论是传统的四要件理论还是最近引进的三阶层理论，其本质都是两阶层：客观违法且主观有责。

二、法益在犯罪概念中的重要性★★★

刑法的任务是保护法益，因此，只有侵犯了法益的行为才能构成犯罪。这一考点近年来被多次考查。考生须注意：①法益不是指所有的合法权益，而是指刑法所保护的合法权益。例如，通奸行为损害了夫妻之间互相忠诚的义务，但刑法并不处罚，那么通奸行为就不构成犯罪。②有侵害法益的危险的行为也是侵害法益。例如，甲开枪杀乙，未打中，我们不能说甲的行为不构成犯罪。甲的行为构成犯罪，但属于犯罪未完成形态。

三、犯罪概念的相对性★★★★★

（一）违法性意义上的犯罪

不考虑犯罪主体与刑事责任，只要是刑法禁止的行为即被称为犯罪。例如，11 周岁少年杀人的，我们也说"犯了杀人罪"。

（二）违法有责性意义上的犯罪

即符合犯罪全部要件的行为才被称为犯罪。定罪时使用的犯罪概念都是这个概念。

（三）区分两种概念的意义

1. 在共同犯罪的认定中的作用：在客观上共同违法即可认定为共同犯罪。

2. 在正当防卫的认定中的作用。详见示例 1。

3. 在认定包庇罪及掩饰、隐瞒犯罪所得、犯罪所得收益罪等罪中的作用。详见示例 2。

【示例1】甲面对11岁少年乙的杀人行为，能否进行正当防卫？为什么？

【分析】根据《刑法》第20条，正当防卫针对的是正在进行的不法侵害，而这里的"不法侵害"应指"违法性意义上的犯罪"而非"违法有责意义上的犯罪"，故而不必考虑犯罪主体与刑事责任。针对11岁少年乙的杀人行为，甲当然可以进行正当防卫，因为11岁少年乙虽不具有刑事责任能力，但其杀人行为仍构成"违法性意义上的犯罪"。

【示例2】甲30周岁，他明知道15周岁的王某卖给他的废铜是盗窃来的，仍然以低价收购。甲能否构成掩饰、隐瞒犯罪所得罪？为什么？

【分析】掩饰、隐瞒犯罪所得罪的犯罪对象必须是犯罪所得。如果认为这种犯罪必须是行为人能够被追究刑事责任的犯罪，甲就不能被追究刑事责任，那么就会出现同样是收购赃物，是否犯罪不是取决于收赃行为的严重性而是取决于被收赃者能否被追究刑事责任的现象。这显然是不合理的。所以，此时应当承认王某的行为是客观上的盗窃犯罪行为，甲的行为构成掩饰、隐瞒犯罪所得罪。

【经典真题】

甲（15周岁）求乙（16周岁）为其抢夺作接应，乙同意。某夜，甲抢夺被害人的手提包（内有1万元现金），将包扔给乙，然后吸引被害人跑开。乙害怕坐牢，将包扔在草丛中，独自离去。关于本案，下列哪一选项是错误的？[1]（2012-2-9）

A. 甲不满16周岁，不构成抢夺罪
B. 甲与乙构成抢夺罪的共犯
C. 乙不构成抢夺罪的间接正犯
D. 乙成立抢夺罪的中止犯

【考点】犯罪概念的相对性及其具体运用

【解题思路与常见错误分析】本题考查了犯罪概念的相对性在共同犯罪认定中的重要意义。传统的犯罪构成理论认为只有在各共同行为人都能被追究刑事责任时，其行为才构成共同犯罪。根据该理论，由于甲不满16周岁，根据《刑法》第17条的规定，他不构成抢夺罪。那么甲、乙不能构成共同犯罪，只能追究乙单独犯罪的刑事责任。既然是单独犯罪，乙就无法按照从犯获得"从轻、减轻或者免除处罚"。显然，这一结论与事实不符，其结果也不符合公平正义的要求。所以，现在的刑法理论承认犯罪概念的相对性，承认在这种情况下甲、乙构成违法性意义上的共同犯罪。这样，虽然甲不能被追究刑事责任，但我们仍然承认他们是共同犯罪，乙是本案的从犯，应当"从轻、减轻或者免除处罚"。

间接正犯是指在犯罪中起支配作用，将他人作为工具来利用的人，而且被支配者还必须不知情或者虽然知情但不能负刑事责任。本案中，对犯罪起支配作用的显然是甲，乙在整个犯罪中只起帮助作用，所以乙不是抢夺犯罪的间接正犯。

故，本题的正确答案是选项D。

【同类考点总结】关于本案这种情况能否构成共同犯罪，其实官方的教材（"四大本"）已经强调好几年了：此时应当认为双方构成客体与客观要件意义上的共同犯罪。犯罪的本质是违反刑法规范的危害行为，而不是刑事责任，刑事责任只是犯罪的结果。在判断一个行为是否构成犯罪时，不能本末倒置。

---

[1]【答案】D

四、犯罪的分类

表6　犯罪的分类

分类标准	分类	示例
法定刑的轻重	重罪（法定最低刑3年以上的）与轻罪（法定最高刑3年以下的）	抢劫罪是重罪，重婚罪是轻罪
是否明显违反伦理道德	自然犯（刑事犯）：明显违反伦理道德的犯罪	故意杀人罪、抢劫罪
	法定犯（行政犯）：不明显违反伦理道德的犯罪	逃税罪、泄露内幕信息罪
实行行为与犯罪结果之间是否存在时间的、场所的间隔	隔隙犯：在实行行为与犯罪结果之间存在时间的、场所的间隔的犯罪。其中在实行行为与犯罪结果之间存在时间的间隔的称为隔时犯；在实行行为与犯罪结果之间存在场所的间隔的称为隔地犯	开枪杀人，被害人当场未死亡，抢救三日方死亡的是隔隙犯中的隔时犯；开枪杀人当场致死即为非隔隙犯
	非隔隙犯：反之即为非隔隙犯	
是否危害国家安全	国事犯罪：危害国家安全的犯罪	刑法分则第一章的犯罪：间谍罪等
	普通犯罪：危害国家安全犯罪之外的犯罪	刑法分则其余九章的犯罪：盗窃罪、受贿罪等
犯罪主体是自然人还是单位	自然人犯罪：犯罪主体是自然人	盗窃罪、诈骗罪等
	单位犯罪：犯罪主体是单位（单位的职工是该罪的直接责任人员）	票据诈骗罪（不纯正的单位犯罪）、重大劳动安全事故罪（纯正的单位犯罪）
是否只有受害人才有资格告发或者提起诉讼	亲告罪：只有受害人才有资格告发或提起诉讼（范围小于刑事诉讼法中的自诉罪）	侮辱罪、诽谤罪、暴力干涉婚姻自由罪、虐待罪（此4种为相对亲告罪）、侵占罪（本罪为绝对亲告罪）——仅此5种
	非亲告罪：无论受害人是否愿意告发或提起诉讼，人民检察院都有资格提起诉讼	亲告罪以外的犯罪
是否具有法定加重或者减轻处罚情节（实为同一犯罪的具体分类）★★★	基本犯：没有法定加重或者减轻处罚情节的犯罪	致人轻伤的故意伤害罪
	加重犯：具有法定加重处罚情节的犯罪	致人重伤、死亡的故意伤害罪
	减轻犯：具有法定减轻处罚情节的犯罪	故意杀人罪中"情节较轻"的犯罪

续表

分类标准	分类	示例
结果的发生与犯罪的终了的关系（均从既遂角度而言）★★★	状态犯：一旦发生法益侵害结果，犯罪便同时终了，但法益受侵害的状态仍在持续的情况	盗窃罪、诈骗罪
	继续犯：在法益侵害的持续期间，实行行为或者构成要件符合性也在持续的情况	非法拘禁罪、危险驾驶罪（在犯罪既遂后还可以有新加入的共犯）
	即成犯：一旦发生法益侵害结果，犯罪便同时终了，犯罪一终了，法益就同时消灭的情况	故意杀人罪

【示例1】关于犯罪的理论分类，以下说法正确的是：[1]

A. 抢劫罪是自然犯，它的社会危害性具有较大的变易性

B. 虚报注册资本罪是法定犯，它的社会危害性具有较小的变易性

C. 我国公民王某将一个炸弹伪装成普通包裹，寄给 A 国的李某，李某在拆包裹时被炸伤，这种犯罪属于隔隙犯

D. 我国刑法明确规定了重罪与轻罪的概念

【分析】选项 A、B 对抢劫罪和虚报注册资本罪的定性没有错，但关于社会危害性变易大小的说法有误。自然犯是明显违反伦理道德的传统犯罪，这些犯罪是历朝历代，各国都作为犯罪处理的，其社会危害性变易不大。法定犯不明显违反伦理道德，其是根据法律的规定而产生的犯罪，因此社会危害性变易较大。选项 D 错误，我国刑法没有明确规定重罪与轻罪的概念，所以这种分类才被称为理论上的分类。

【示例2】甲是无业人员，其谎称自己是法院工作人员，能帮助乙使其儿子获得轻判，诈骗乙20万元。乙发现被骗后，找甲要钱，并说，如果甲不还钱，他就报案。甲很恐惧，就找到朋友丙，告知他实情，让他假装是法院副院长。然后甲带乙来找丙，丙以副院长的口气告诉乙，乙的儿子的案件正在办理中，让乙不要着急。丙先后两次以副院长身份告知乙，案件正在处理。五个月后，乙的儿子被处以重刑。乙才彻底醒悟，将甲、丙告至公安机关。请问应如何认定甲、丙的行为？

【分析】（1）甲构成招摇撞骗罪和诈骗罪的想象竞合，择一重罪。（2）丙构成招摇撞骗罪。因为丙冒充自己是法院副院长，构成招摇撞骗罪。（3）请注意：在丙的招摇撞骗罪中，甲是共犯。但丙不构成甲前面的招摇撞骗罪的共犯，也不构成甲诈骗罪的共犯。因为，当丙加入时，甲的诈骗行为已经结束。诈骗罪是状态犯，不可能存在事后共犯。（4）甲虽然是丙的共犯，但其行为具有事后不可罚性，属于犯罪人本人掩饰、隐瞒自己的犯罪的行为。故，只追究甲前面的犯罪即可，但要追究丙的招摇撞骗罪。

【示例3】甲盗窃了一幅名画，交给乙去出售。能否认定乙成立盗窃罪共犯？

【分析】不能。盗窃罪也是状态犯，不存在事后共犯。

---

〔1〕【答案】C

【经典真题】

下列情形中，告诉才处理的有：[1]（2004 - 2 - 81）

A. 捏造事实，诽谤国家领导人，严重危害社会秩序和国家利益
B. 虐待家庭成员，致使被害人重伤
C. 遗弃被抚养人，情节恶劣的
D. 暴力干涉他人婚姻自由的

【考点】亲告罪的范围

【解题思路与常见错误分析】刑法里的亲告罪共有5个。相对亲告罪有4个：侮辱罪、诽谤罪、虐待罪、暴力干涉婚姻自由罪；绝对亲告罪只有1个，即侵占罪。选项A、B中，法律明文规定如果情节严重或致被害人重伤、死亡的，就不再属于亲告罪。选项C遗弃不是亲告罪。D正确。

【同类考点总结】绝对亲告罪是告诉才处理，相对亲告罪的一部分是告诉才处理，一部分是公诉罪。

第二节　犯罪论体系概说

导学　　犯罪论体系也称为犯罪构成理论，其实质是犯罪成立条件体系。犯罪成立条件是指一个行为成立犯罪所必须具备的全部条件。犯罪成立条件体系则指根据什么样的体系来判断行为是否具备了这些条件。我国目前是两种犯罪论体系并存：官方教材使用的是四要件体系，命题老师们支持的是三阶层体系。在三阶层体系内部，又分为新三阶层体系（周光权教授）和两阶层体系（张明楷教授）。三阶层体系清晰地区分了违法要件和责任要件，这使得考生对案件的分析能够更简单和更透彻。所以，本教材使用了三阶层体系进行论述。在具体论述上，本教材使用的是两阶层体系。根据该体系，犯罪的实质是违法且有责，犯罪的要件是违法构成要件和责任要件。需要提醒考生的是：在这个体系中，构成要件（违法构成要件）和责任要件结合在一起才是一个完整的犯罪构成，才是一个犯罪类型。

一、刑法理念二十年来最大的变化 ★★★★★

刑法理念在过去二十年发生了很多变化。其中最大、最重要的变化就是从刑法主观主义向刑法客观主义的转变。刑法客观主义要求在定罪时要坚持从客观到主观的路径。只有确实发生了侵害法益的危害行为，才可能构成犯罪。只要没有现实的危害行为，无论行为人主观上多么邪恶，都不能认为他构成犯罪。

---

〔1〕**【答案】**D

思想和观念不能侵害法益，只有客观行为才能侵害法益。

【示例】甲想让闪电劈死乙，就告诉乙夏天的雨天最适合外出散步。乙在这样的日子出门散步，果然被闪电劈死。甲是否构成犯罪？

【分析】不构成。因为鼓动人在雨天出门散步的行为并非刑法上的危害行为。

二、行为无价值与结果无价值

对于行为现实引起的对法益的侵害或者威胁（危险）所作的否定评价，称为结果无价值（Erfolgsunwert）；对于与结果切断的行为本身的样态所作的否定评价，称为行为无价值（Handlungsunwert）。

评价行为的违法性的根据是结果，不仅行为恶，而且结果恶才是恶的理论是结果无价值。不考虑结果，评价根据是与结果切断的行为本身的样态，行为恶就是恶的理论是行为无价值。

所谓无价值就是"恶"，不好。这两种理论代表的是对违法性的根据的不同看法。即，什么样的行为才具有违法性，才可能构成犯罪。行为无价值论认为只要行为违反了刑法制定的规范，具有规范违反性，即具有违法性，可构成犯罪（犯罪的实质特征是具有违法性）。结果无价值论认为只有行为对法益造成了侵害，具有法益侵害性时，才具有违法性，才构成犯罪。如果一个行为违反了刑法规范，但没有侵犯法益的，则不构成犯罪。

【最新观点】行为无价值一元论与行为无价值二元论。

按照行为无价值二元论的立场，违法性的本质是违反行为规范；同时，侵害法益性也是违法性判断的根据之一。在造成法益侵害或危险，但没有行为的规范违反性时不能确定处罚；在违反规范但并未造成法益侵害时，被告人也无罪。

【说明】法考通说认为：违法性的根据是行为恶（行为违反了法律要求的规范）。但是，考试经常考查此处的学术争议。即，某种行为具有规范违反性，但不具有法益侵害性，是否构成犯罪。

【学术争议】对偶然防卫的评价（请参见本书"正当防卫"部分）。

【强调】不知道自己贩卖的是假毒品而按照真毒品贩卖的，无论根据哪种理论都不构成贩卖毒品罪。

三、犯罪构成理论的实质

很多考生都觉得犯罪构成理论很神秘，其实不然。

犯罪构成理论也称为犯罪论体系，其实质是犯罪成立条件体系。犯罪成立条件是指行为成立犯罪所必须具备的全部条件。犯罪成立条件体系则指根据什么样的体系来判断行为是否具备了这些条件。

四、四要件理论★★★

在新中国成立后，我国引进了苏联的四要件体系。目前的官方教材也使用的是四要件体系。根据这个体系，犯罪构成是指刑法规定的，决定某一行为的社会危害性及其程度，而为该行为成立犯罪所必须具备的一切客观要件与主观要件的有机整体。这个有机整体被分为四个要件，只有当四个要件同时具备时，才能成立犯罪。这四个要件包括犯罪客体要件、犯罪客观要件、犯罪主体要件、犯罪主观要件。

五、三阶层理论 ★★★

近十年来，三阶层体系逐渐崭露头角。这是从日本、德国刑法理论中引进的体系。根据这个体系，行为必须同时具备构成要件符合性（该当性）、违法性、有责性，才能成立犯罪。

三阶层体系的优点在于层层递进。它首先分析行为是否在客观上具备构成要件符合性，即是否发生了一个符合刑法规定的构成要件的行为。然后分析这个行为是否具有违法性。在前两个要件都具备时，才分析行为人是否具有刑事责任。

六、两阶层理论 ★★★★★

目前，四要件理论和三阶层理论已经出现了融合的趋势。因为双方都认识到无论哪种犯罪构成理论，其本质都是两要件：行为在客观上是违法的，即刑法禁止的；行为人在主观上是可以被刑法谴责的，即应当负刑事责任的。所以，目前更受青睐的犯罪构成理论是两阶层理论——违法构成要件（犯罪客观要件）、责任要件（犯罪主观要件）。在判断时，先判断行为在客观上是否具备构成要件符合性，然后判断行为人是否具备有责性。是否存在违法阻却事由和责任阻却事由分别在两阶层内部进行判断。例如：根据这个体系，正当防卫行为是违法阻却事由，因此不具备违法构成要件，所以不成立犯罪。

> 无论哪种理论，认定犯罪成立的本质要件都是一样的：行为本身是违反刑法的——违法性要件，行为人是有刑事责任的（可以被谴责的）——责任要件。

七、法律职业资格考试中使用的犯罪构成理论

目前官方的辅导用书使用的仍然是四要件理论，但其实质正在向两阶层理论转变。

对于考生来说，掌握犯罪是"违法且有责"的行为即可。 这就要求，真正的犯罪（即能够追究刑事责任的犯罪）必须同时具备客观违法和主观有责两个要件。但是，考生还是要了解四要件理论和三阶层理论的术语。因为如果在考试题目中出现考查某个要件的题目时，所用的名词和官方辅导用书是一致的。同学们至少要知道四要件中的犯罪客体就是法益。不具备违法性的行为就不具备四要件中的犯罪客体要件。

【示例1】武警战士甲在执行任务时将劫持人质的犯罪嫌疑人击毙。如何用三种犯罪论体系分析这一事件？

【分析】1. 按照四要件体系分析：甲的行为未侵犯犯罪客体（即法益），故不具备犯罪客体要件。由于四要件理论是缺少一个犯罪构成要件即不构成犯罪，故不用再讨论其他要件，即可得出结论：甲的行为不构成犯罪。

2. 按照三阶层体系分析：①甲的行为是刑法规定的类型性的杀人行为，即满足构成要件符合性；②甲的行为不违法，即不满足违法性要件，那么，判断到此结束，不再进行第三层次的评价。结论是甲的行为由于不能同时满足三个要件而不构成犯罪——这就是层层递进的评价方式。

3. 按照两阶层体系分析：甲的行为不是刑法上的违法行为，因此不满足违法构成要件。故不再评价甲的主观要件。结论：甲的行为不构成犯罪。

【示例2】11岁的王某因为李某抢了他的自行车而将李某杀死。如何用三种犯罪论体系分析这一事件？

【分析】1. 按照四要件体系分析：王某不满 12 周岁，不满足犯罪的主体要件。因此，不必评价其他要件即可得出结论：王某的行为不构成犯罪。

2. 按照三阶层体系分析：①王某的行为是刑法规定的类型性的杀人行为，即满足构成要件符合性；②王某的行为违法，即满足违法性要件；（注意：即使王某不满 12 周岁，法律也不允许他杀人。）③王某不满 12 周岁，依法不能承担刑事责任。那么，王某的行为由于不能同时满足三个要件而不构成犯罪。

2. 按照两阶层体系分析：①王某的行为是刑法规定的类型性的杀人行为，且王某的行为是刑法所禁止的非法故意杀人行为，故王某的行为满足违法性要件；②王某不满 12 周岁，依法不能承担刑事责任。那么，王某的行为由于不能同时满足两个要件而不构成犯罪。

大家可以看到，两阶层理论其实是把构成要件符合性和违法性放在一起进行评价了。所以，在两阶层体系的违法构成要件内部其实还是两个要件：①客观要件符合性；②违法阻却事由。

【经典真题】

甲女得知男友乙移情，怨恨中送其一双滚轴旱冰鞋，企盼其运动时摔伤。乙穿此鞋运动时，果真摔成重伤。关于本案的分析，下列哪一选项是正确的？[1]（2013 - 2 - 5）

A. 甲的行为属于作为的危害行为

B. 甲的行为与乙的重伤之间存在刑法上的因果关系

C. 甲具有伤害乙的故意，但不构成故意伤害罪

D. 甲的行为构成过失致人重伤罪

【考点】具有侵害法益的可能性的行为才可能构成犯罪。只有犯意，没有行为不能构成犯罪。

【解题思路与常见错误分析】甲送乙滚轴旱冰鞋的行为是日常生活中的普通行为，不会增加乙死亡的风险。所以，甲的行为不是危害行为。因此，甲虽然有犯罪故意，但是没有犯罪行为，故不满足犯罪成立的两要件，甲的行为不成立犯罪。

【同类考点总结】只有同时具备违法要件和责任要件的行为才构成犯罪。

目前我国公检法机关的大部分司法人员还在使用四要件理论办案，很多考生担心他们是否会办出很多冤假错案，这种担心是不必要的。我国的冤假错案都是因为犯罪嫌疑人的行为不符合犯罪客观要件，办案机关采取刑讯逼供等手段捏造出一个符合客观要件的行为。**如果严格按照四要件理论办案，并且坚持客观主义刑法，司法机关是不可能办出冤假错案的。**如果按照四要件理论就会办出大量的冤假错案，我们的官方教材也不可能继续使用四要件理论。

我国刑法理论在四要件之外将"排除犯罪的行为"独立出来，只是为了强调这些行为不构成犯罪而已。实际上，如果一个行为具备了四要件，就肯定不是排除犯罪的行为。反之，排除犯罪的行为肯定不满足四要件。例如，武警按照执行死刑的命令对罪犯执行死刑的，就不具备犯罪的客体要件。武警也不具备故意杀人罪中的杀人的犯罪故意，他所具有的是执行公务的故意。所以，武警这一行为并不符合四要件理论的要求。

---

〔1〕【答案】C

我国的四要件理论包含了对行为客观方面、违法性、有责性的判断。只要满足四要件的行为就是犯罪行为，也就是满足了三阶层全部三个要件的行为。

两种理论的不同只是思维顺序的不同而已，最后的结论是相同的。认为结论不相同的人是因为他们使用的还是最传统的四要件理论，而不是法考辅导用书使用的客观主义的四要件理论。

八、本书的理论体系

本书采用两阶层的理论体系，即违法构成要件与责任要件。违法构成要件是表明行为人具有法益侵害性（违法性）的要件，责任要件是表明行为人具有非难可能性（有责性）的要件。

我们在违法构成要件里讲解构成要件符合性和违法阻却事由，在责任要件里讲解责任要件符合性和责任阻却事由。犯罪主体的问题主要是刑事责任能力问题，因此放在责任要件部分讲解。因为责任要件与违法性无关，所以违法构成要件也被简称为构成要件。本书分则部分所称的构成要件指的就是违法构成要件，也可以被称为犯罪客观要件。

> 需要提醒大家的是：在这个体系里，只具备构成要件是不构成犯罪的，只有同时具备违法构成要件与责任要件才构成犯罪。这两个要件合在一起才是一个犯罪的犯罪构成。

九、犯罪构成要件要素★★★

犯罪构成要件要素是指组成犯罪构成各要件的要素。例如组成犯罪构成客观要件的具体要素，行为的时间、地点、方式、结果等就是行为这个要件的要素。

按照不同的标准，可以对构成要件要素进行不同的分类。

1. 客观的构成要件要素与主观的构成要件要素。说明行为外部的、客观方面的要素即为客观的构成要件要素，如行为主体、特殊身份、行为、结果等；表明行为人内心的、主观方面的要素即为主观的构成要件要素，如故意、过失、目的等。

2. 记述的构成要件要素与规范的构成要件要素。威尔采尔（Welzel）认为，法定构成要件中的行为事实，是在社会生活中具有特别的意义与机能的事实关系。这样的事实关系可以分为两类，一类是像"人""物""动产""杀害"等可以通过感觉理解的要素，另一类是像"他人的物""猥亵物品"等由感觉的认识只能获得非本质的部分，本质的部分只有通过精神的理解才能获得的要素。前者称为记述的构成要件要素，后者称为规范的构成要件要素。概言之，规范的构成要件要素的本质，是只有通过精神的理解才能获得其内容的要素。而记述的构成要件要素，则是只要通过感觉的认识就可以获得其内容的要素。如，罗克辛指出"记述的要素要求一种感性的认识，相反，规范的要素要求一种精神上的理解"。

简单说，从法官的立场来看，对于与构成要件要素相对应的客观事实，只需要进行事实判断的、知觉的、认识的活动即可确定的要素，是记述的构成要件要素。与此相对，为了确定构成要件要素，需要法官评价的要素，或者说需要法官规范的评价活动、补充的价值判断的要素，就是规范的构成要件要素。规范的构成要件要素，是需要填充的构成要件要素，即法官仅仅根据法规的记述还不能确定，只有进一步就具体的事实关系进行判断与评价（这种判断与评价既可能是基于法官的自由裁量，也可能基于道德、礼仪、交易习惯等法以外的规范）才能确定的要素。

【示例】面对一幅画，判断它是否是伪造的，这是事实判断；判断它是否是淫秽的，则是价值判断，即规范判断。

3. 积极的构成要件要素与消极的构成要件要素。前者是指构成犯罪（入罪）的要素，绝大部分犯罪构成要件要素都是积极的构成要件要素；后者是指不构成犯罪（出罪）的要素，如"因被勒索给予国家工作人员以财物，没有获得不正当利益的，不是行贿"。

4. 共同的构成要件要素与非共同的构成要件要素。前者是指所有犯罪的成立都必须具备的要素。例如，行为主体、行为是任何犯罪的成立都必须具备的构成要件要素；后者是指部分犯罪的成立所必须具备的构成要件要素。例如，特殊身份只是部分犯罪的成立必须具备的要素。

5. 成文的构成要件要素与不成文的构成要件要素。前者是指刑法明文规定的要素；后者是指刑法条文表面上没有规定，但实质上必须具备的要素。例如，盗窃罪、诈骗罪应当具有"非法占有目的"；故意杀人应当是"非法地"故意杀人。

第三章

违法构成要件之一
——构成要件符合性

第一节　犯罪客体与法益

导学

犯罪客体是四要件理论体系里的概念，法益是三阶层和两阶层理论体系里的概念。二者的本质是一样的，都是指刑法所保护的合法权益。但是犯罪客体有强调被犯罪所侵犯的法益的意思。

本节一般不会直接被考查，通常被放在罪与非罪的判断中考查。

考点解读

一、犯罪客体的概念

在大陆法系国家，犯罪客体被分为两类：保护客体和行为客体。保护客体就是法律保护的法益，相当于我们的犯罪客体；行为客体就是犯罪针对的对象，相当于我们的犯罪对象。

二、犯罪客体与法益★★

目前，权威的教科书（包括法考官方辅导用书）仍然认为犯罪客体是刑法所保护而为犯罪行为所侵害的社会主义社会关系，但大部分学者都承认犯罪客体是刑法所保护而为犯罪所侵犯的合法利益，即法益。犯罪客体体现了犯罪的社会危害性。一个行为之所以构成犯罪，根本原因就在于其侵犯了刑法保护的合法利益。故在四要件体系里，犯罪客体被排在第一的位置。

在四要件体系里，犯罪客体要件代表法益。在三阶层和两阶层体系里，没有独立的法益要件。这是因为它们认为违法性要件的必然结果就是侵害法益，所以不需要再单列一个法益要件。**这两个体系也认为如果一个行为不可能侵害法益，那么就不具有违法性，不可能构成犯罪。所以，在这两个体系里，法益这个概念同样起着重要的作用。**

犯罪客体（法益）对定罪具有重要意义。客体不同则罪名不同是我国刑法的一个显著特点：同样是盗窃，如果盗窃普通财物，侵犯的客体是公私财产的所有权，构成盗窃罪（《刑法》第264条）；如果盗窃枪支弹药，侵犯的客体是公共安全，构成盗窃枪支、弹药罪（《刑法》第127条）；如果盗割通信电缆，侵犯的客体是公共安全，构成破坏公用电信设施罪（《刑法》第124条）；如果偷剪国防通信线路，侵犯的是国防利益，则构成破坏军事通信罪（《刑法》第369条）；如果盗割永久停用的通信电缆或永久停用的国防通信线路，侵犯的客体就变成了公私财产所有权，构成盗窃罪。

三、犯罪客体（法益）的层次

按照犯罪行为所侵犯的法益的不同层次，可以将犯罪客体划分为三个不同的层次：一般客体、同类客体、直接客体。按照具体犯罪行为侵害法益数量的多少，可以将犯罪的直接客体区分为单一客体和复杂客体。

表7　犯罪客体的层次

分类标准	种类	举例
犯罪行为所侵犯的法益的层次	一般客体：一切犯罪共同侵犯的法益，即刑法所保护的所有的合法利益	故意杀人罪中，一般客体：法律保护的合法利益；同类客体：人身权利；直接客体：生命权
	同类客体：某一类犯罪行为所共同侵害的法益	
	直接客体：某一种犯罪行为所直接侵害的法益	
具体犯罪行为侵害法益数量的多少（是对直接客体的分类）	单一客体：只侵犯一种法益	抢劫罪，既侵犯财产权，又侵犯人身权；盗窃罪只侵犯财产权
	复杂客体：侵犯两种以上法益	

可以看到这三类客体之间具有包容关系：一般客体包容同类客体，同类客体包容直接客体。

掌握犯罪客体的分类有助于我们了解《刑法》分则规定的犯罪体系。我国《刑法》根据客体的不同，将所有的犯罪分为十大类，这就是分则的十章。这十章的有序排列就构成了我国犯罪的体系。在各章内部，还可以分出次层次的同类客体，例如第三章、第六章的"节"。我们在学习时应当有意识地根据犯罪客体之间的关系掌握具体犯罪的异同。例如《刑法》分则第三章第五节所列的金融诈骗犯罪都侵犯财产所有权，那么它们都必须具有"非法占有"目的。如无此目的，即使有欺骗行为，也不能构成这些犯罪。

四、犯罪客体（法益）与行为对象

犯罪客体，即法益，与行为对象不同。犯罪客体（法益）是法律保护的合法权益；行为对象也称为犯罪对象，是犯罪行为所作用的法益的主体（人、组织）或物质表现（物）。

行为对象不同于以下内容：

1. 组成犯罪行为之物。例如，贿赂、赌资是行贿罪、受贿罪、赌博罪的犯罪行为的组成之物，不是行为对象。

2. 行为孳生之物。此乃犯罪行为所产生的物。例如，行为人伪造的文书、制造的毒品等，这不是行为对象。

3. 作为犯罪行为的报酬取得之物。例如，行为人杀人后从雇请者处得到的酬金或者物品，这也不是行为对象。

4. 供犯罪行为使用之物。供犯罪行为使用之物主要是指犯罪工具。

【示例1】 盗窃仓库里的电线，构成何罪？盗窃已使用的电力线路上的电线呢？

【分析】 前者构成盗窃罪，后者构成破坏电力设备罪。后者如果盗窃数额很大，同时触犯盗窃罪的，按照想象竞合的原则以破坏电力设备罪和盗窃罪择一重罪论处。

需要注意的是，在刑法看来，电力线路上的电线不是电线，而是电力设备。

【示例2】 盗窃电视机，法益受到损害了吗？行为对象受到损害了吗？

【分析】 盗窃电视机，法益受到了损害，但是行为对象没有受到损害。这就是法益和行为对象的不同。只要构成犯罪，就一定有法益受到了损害。但在很多案件中，行为对象并不会受到损害。

第二节　危害行为

> **导学** "无行为则无犯罪也无刑罚"，因此，行为在现代刑法中居于基础性的地位。本节的理论是复习的重中之重。不作为犯罪的构成要件是必考知识点。

考点解读

一、违法构成要件各要素的地位

违法构成要件是刑法规定的构成犯罪在客观上需要具备的诸类要件的总称，包括：危害行为、行为对象、行为的危害结果、危害行为与危害结果之间的因果关系以及犯罪的时间、地点和方法等因素。

通说认为只有危害行为才是所有犯罪的共同构成要件，因此被称为必备要件。危害结果、危害行为与危害结果之间的因果关系和犯罪的时间、地点、方法等只是构成某些犯罪必须具备的要件，因此被称为选择要件。这是因为有些犯罪并不要求具体的危害结果。

如果从广义来讲，任何犯罪都有危害结果。只是有些犯罪的危害结果是无形的，如脱逃罪。

二、危害行为的要素 ★★★

危害行为包括三个要素：

1. 危害行为是人的外在行为，而不是思想。

2. 危害行为是在人的意志支配下的行为。只有在人的意识和意志支配下的危害行为，才可能由刑法来调整。故人的无意识或者无意志的身体活动即使客观上造成损害，也不是刑法意义上的危害行为，当然不应当认定为犯罪，不追究刑事责任。例如：

（1）人在睡梦中或者精神错乱状态下的举动；

（2）人在不可抗力作用下的举动；

（3）人在身体受到强制情况下的举动。

3. 危害行为必须是在客观上侵害或威胁法益的行为，所以正当防卫、紧急避险、自救等正当行为被排除在外。

一个行为要成为刑法上的危害行为，必须同时具备这三个要素。

【示例】 2004年9月30日上午11点40分左右，湖南临武县广宜中心小学教师刘红文，突然持刀在教室和校园内行凶，共伤害师生16人。其中4名学生死亡，9名学生和3名教师受伤。刘红文持刀杀人后，又持刀闯入学校三楼六年级教室，将教室内的65名学生挟持为人质，后经临武县县委书记黄明说服现场归案。刘对和他谈判的黄书记说，有人想害他，他说他早上喝了酱油还有酸枣油，有人在里面下了毒，吃了后他头脑一片空白，把学生看成坏人给杀了。据报道，记者从湖南省临武县公安局获悉，经司法精神病鉴定，已经确认刘红文行凶时患有精神分裂症，无刑事责任能力。那么，对刘红文应如何处理？

【分析】 由于刘红文行凶时患有精神分裂症，因此其行为并非自己主观意志支配下的行为，不属于危害行为，也不构成犯罪。有关机关可以将他放回家，也可以送其去接受强制医疗。

三、危害行为的基本形式

危害行为的基本形式包括作为与不作为两种形式。作为与不作为都必须是在行为人的主观意志支配下的危害社会的身体活动。

1. 作为。作为是指行为人以积极的活动实施刑法所禁止的危害社会的行为。作为是犯罪的主要形式，其实质是"不当为而为"，如强奸罪、贪污罪、诈骗罪以及抢劫罪等。大部分犯罪都是作为形式的犯罪。有些犯罪，如故意杀人罪，既可以以作为方式构成，也可以以不作为方式构成。只有极少数犯罪，如遗弃罪，只能以不作为方式构成。

> 作为不能等同于亲手实施。作为除了行为人亲手实施以外，还包括行为人借助自然力量（风势、火等）、借助动物以及其他不具备犯罪主体条件的人（儿童、精神病人）或者借助他人的过失行为来实施犯罪行为，这些行为应视为利用者本人的行为。

2. 不作为：见下文。

3. 持有型犯罪。对于一些可能导致严重危害结果的物品，我国《刑法》规定了持有型犯罪，即行为人没有正当理由持有某些物品的行为本身即构成犯罪。如非法持有枪支、弹药罪、非法持有毒品罪。

对于持有到底是独立的第三种行为形式还是作为与不作为相结合的一种非独立的行为形式，目前刑法理论上还有争论。但无论怎样看待持有的性质，持有必须是行为人主观意志支配下的行为，即其必须有意持有违禁物才构成犯罪。对于非法持有违禁物的，如果能够证实违禁物的来源或用途，则按实际查实的情况定罪。例如，如果能够证实非法持有的毒品是用来贩卖的，则以贩卖毒品罪定罪，非法持有毒品行为不再定罪。

【示例】 刘某为了贩卖枪支，在自己家里藏了两支手枪。尚未进行交易时，即因他人举报被抓获。刘某的律师要求认定刘某的犯罪行为为非法持有枪支罪。其律师的意见是否合法？

【分析】 刘某律师的意见不合法。刘某构成贩卖枪支罪，而不是非法持有枪支罪。只有无法查实枪支的来源或用途时，才按照非法持有枪支罪定罪。

【经典真题】

甲父去世前告诉甲"咱家院墙内埋着5支枪"，甲说"知道了"，但此后甲什么也没

做。甲的行为构成非法持有枪支罪吗?[1] (2014 - 2 - 57)

【考点】非法持有型犯罪的认定

【解题思路与常见错误分析】不作为也能构成非法持有型犯罪。行为人明知自己家里有枪支而不上交或者毁弃,这一行为即可构成非法持有枪支罪。

【同类考点总结】持有型犯罪包括作为方式的积极持有,也包括不作为方式的消极持有。例如,甲在路上捡了一包毒品,他告知妻子乙:"我在咱家厨房藏了50克毒品。"乙点头表示知道了,然后继续看电视。从此时开始,甲、乙就构成非法持有毒品罪的共同犯罪。

四、实行行为★★★★★

由于刑法不仅处罚犯罪既遂、未遂行为,而且处罚预备行为,所以,广义的行为概念既包含实行行为,也包含预备行为。预备行为是指为了实行犯罪,准备工具、制造条件的行为。

实行行为是刑法理论上最重要的概念之一。

(一) 实行行为的形式特征

实行行为是刑法分则所规定的构成要件行为。例如,故意杀人罪的实行行为就是"杀人",盗窃罪的实行行为就是"盗窃公私财物"。

实行行为是使各种犯罪的构成要件具有自身特色的最主要的要素。因果关系论所要判断的是能否将某种结果归属于某种实行行为,即因果关系是实行行为与结果之间的引起与被引起的关系,而不是预备行为与结果之间的因果关系。

(二) 实行行为的实质特征

实行行为是类型性的侵害法益的行为。犯罪的本质是侵害法益,没有侵害法益的行为不可能构成犯罪,当然也不可能成为实行行为。实行行为必须是具有侵害法益的紧迫危险的行为。

判断某种行为是否具有侵害法益的紧迫危险,应以行为时存在的所有客观事实为基础,并对客观事实进行一定程度的抽象,同时站在行为时的立场,原则上按照客观的因果法则进行判断。

以下行为不属于实行行为:

1. 减少或者避免了法益侵害的行为。

2. 在法益本身存在危险时,不具有防止结果发生义务的人,只要没有增加危险,就不存在实行行为。

以下行为属于实行行为:

1. 在法益本身存在危险时,增加了危险的行为,可能成为实行行为。

2. 先设定制造危险的因果过程,后改变该因果过程,总体上减少了危险,但未能消除全部危险时,仍然存在实行行为。

3. 制造了一种只有通过损害甲法益才能避免对乙法益侵害的危险的因果过程的行为,也是实行行为。

------

[1] 【答案】甲的行为构成非法持有枪支罪。

【示例】甲希望乙死于航空事故，劝乙乘坐飞机。如果乙碰巧在航空事故中死亡，能否认为甲的劝说行为是杀人行为？

【分析】不能。甲的行为与乙的死亡之间虽然具有一定联系，但是甲的行为并不是类型性的法益侵害行为。所以，不能认定甲的劝说行为是杀人行为。

（三）实行行为的分类

1. 直接正犯：实行行为以行为人自身的直接、积极的身体活动为原则，这种情形被称为作为的直接正犯。

2. 间接正犯：通过支配他人进而支配犯罪事实的，属于间接正犯。

3. 不作为犯：行为人以不作为方式实现犯罪。这种不作为也具有实行行为的实质的内容。

五、不作为犯罪 ★★★★★

（一）不作为犯罪简析

表8　不作为犯罪简析

概念	不作为是指行为人负有实施某种积极行为的特定法律义务，并且能够实施而不实施的行为	
构成要件	1. 行为人负有实施特定积极行为的具有法律性质的义务，即行为人负有法定的作为义务 2. 行为人能够履行这种特定义务，法律不强求没有能力履行义务的人履行义务 3. 行为人不履行特定义务，造成或可能造成危害社会的结果	
义务来源	参见下文	
分类	纯正的不作为犯	纯正的不作为犯罪即刑法明文规定只能由不作为方式构成的犯罪，如遗弃罪；战时拒绝、逃避服役罪；遗弃伤病军人罪；丢失枪支不报罪等
	不纯正的不作为犯	不纯正的不作为犯罪即行为人以不作为方式实施的通常为作为形式的犯罪。例如：甲把邻居9岁少年带出去玩，后又不管他，致其冻饿而死。甲就是以不作为方式实施了通常以作为方式实施的杀人罪，是不纯正的不作为犯
罪过形式	既可以是故意，也可以是过失。如果行为人负有某种义务却因为疏忽大意而忘记履行自己的义务，这种不作为犯罪的罪过形式就是过失	

【示例】甲离婚后嫌才三个月大的女儿乙累赘，遂故意将乙一人留在家中，自己锁门外出。甲五天后回家，乙已经死在摇篮里。以下说法正确的是：[1]

A. 甲构成故意杀人罪　　　　　　B. 甲属于纯正的不作为犯

C. 甲属于不纯正的不作为犯　　　D. 不作为犯罪只能由故意构成

【分析】不作为犯罪的罪过形式既可以是故意，也可以是过失。例如：锅炉工因为睡着了而忘记给锅炉加水，结果导致锅炉爆炸，这就是过失的不作为犯罪。

（二）不作为犯罪的义务来源

1. 什么是"保证人"？

对于不真正不作为犯而言，并不是只要不作为与构成要件的结果之间具有因果关系，

---

〔1〕【答案】AC

就肯定构成要件符合性。例如，在老人因为突发心脏病而倒在地上，由于无人救助而死亡的场合，在一般意义上说，并不是只有老人的子女的不作为才与老人的死亡之间具有因果关系，其他在场人员的不作为都与老人的死亡之间具有因果关系。但是，如果认为所有可能救助的人的不作为都符合故意杀人罪的构成要件，就明显扩大了处罚范围。**于是，刑法理论将基于保证人地位的作为义务，视为不真正不作为犯的成立要件。**亦即负有防止结果发生的特别义务的人被称为"保证人"，其中防止结果发生的特别义务就是作为义务。正是在此意义上，我们说不真正不作为犯实际上是身份犯。

2. 作为义务的发生根据（来源）。

所谓作为义务的发生根据即什么样的人才有作为义务，才能成为保证人。只有这样的人才可能构成不作为犯罪。

保证人的分类

从形式上分
- （1）由于法律的规定而具有作为义务的人
- （2）由于职务上或者业务上的要求而具有作为义务的人
- （3）由于自己的先前行为而具有作为义务的人
- （4）由于法律行为而具有作为义务的人

从实质上分
- （1）创设了危险的人
- （2）没有创设危险，但具有保护、救助法益的法律义务的人

保证人的实质作为义务

1. 基于对危险源的支配产生的监督义务
   - （1）对危险物的管理义务[1]
   - （2）对他人危险行为的监督义务[2]
   - （3）对自己的先前行为引起的法益侵害危险的防止义务

2. 基于与法益的无助（脆弱）状态的特殊关系产生的保护义务[3]
   - （1）基于法规范产生的保护义务
   - （2）基于制度或者体制产生的保护义务
   - （3）基于自愿（合同与自愿接受等）而产生的保护义务

3. 基于对法益的危险发生领域的支配产生的对危险的阻止义务[4]
   - （1）对自己支配的建筑物、汽车等场所内的危险的阻止义务
   - （2）对发生在自己身体上的危险行为产生的阻止义务

说明：[1] 这里的危险物是广义的，包括危险动物、危险物品、危险设置、危险系统等。

[2] 一般来说，每个人对自己的危险行为承担责任。但是，如果这个人不能承担刑事责任，而行为人基于法律规定、职业或者法律行为对其负有监管、监护义务时，要求行为人对其危险行为予以阻止。

[3] 当某项法益处于被侵害的危险境地时，基于法规范或制度使保护法益具体地依赖于特定人时，该特定人具有保护法益的作为义务。

[4] 法益的危险发生在行为人支配的领域时，行为人具有实质的法律上的义务。不过，只有在该领域的支配者可以排除危险时（具有排他性），才能要求该领域的支配者履行义务。

> 不作为犯罪的义务来源的具体分类非常复杂。这些分类可以归结为一句话，那就是只有具有法定的保证人地位的人才可能构成不作为犯罪。这个保证人必须是负有阻止危险行为、保护法益的法定义务的具体、特定的那个人。

3. 作为义务来源的典型举例。

第一，形式分类。

（1）法律明文规定的义务：如父母对子女的抚养义务。

（2）职务上、业务上要求履行的义务：如执勤的消防人员灭火的义务。

（3）由行为人先前行为引起的义务：这主要是指行为人由于自己的行为，而使法律所保护的某种利益处于危险状态时，负有防止危害结果发生的义务。如盗伐林木时，倒下的树木砸到别人，盗伐者对被砸伤者的救助义务。

（4）由于法律行为而产生的义务：如对自己依合同照看的精神病人，有防止他侵害别人的义务。

第二，实质分类。

（1）基于对**危险源**的支配产生的监督义务。①对危险物的管理义务：房屋的所有者对自己的房屋具有修缮义务，明知自己的房屋即将倒塌却不修缮，结果房屋倒塌，将从房前经过的人压死的，房屋所有者成立不作为犯罪；动物园的管理者对本园的动物具有管理义务，在动物园的动物撕咬人时，其不予以制止成立不作为犯罪。②对他人危险行为的监督义务：父母对自己的未成年子女的危险行为具有监督义务。父母眼看着自己的未成年子女杀害他人而不制止的，父母成立不作为犯罪。③对自己的先前行为引起的法益侵害危险的防止义务：过失致人轻伤，故意不予救助，导致他人死亡的，成立不作为的故意杀人罪。

（2）基于与法益的无助（脆弱）状态的**特殊关系**产生的保护义务。①基于法规范产生的保护义务：父母眼看自己的未成年子女被人杀害而不制止的，成立不作为的故意杀人罪。②基于制度或者体制产生的保护义务：国家机关工作人员在其职责范围内对无助（脆弱）的法益负有相应的保护义务；游泳教练对游泳学习者具有保护义务。③基于自愿（合同与自愿接受等）而产生的保护义务：被雇佣的护工对被护理者具有保护义务；捡回弃婴的人对弃婴具有保护义务。

（3）基于对法益的危险发生**领域的支配**产生的对危险的阻止义务。①对自己支配的建筑物、汽车等场所内的危险产生的对危险的阻止义务：嫖客和妓女卖淫嫖娼时，嫖客突发心脏病。如果嫖客是在妓女的住宅里突发心脏病的，妓女有救助义务。反之，如果嫖客是在自己的住宅里突发心脏病的，妓女没有救助义务。②对发生在自己身体上的危险行为产生的阻止义务：男子任由幼女对自己实施猥亵行为时，因为该危险发生在男子身体上，男子负有制止义务。

【经典真题】

丁是精神病人，丁之妻郭某系丁的监护人。一日，二人到丁父母家吃饭时，丁和其父母争吵，丁拿起菜刀将其父母砍死（实际未死），郭某未制止，未呼救也未报警，而是关了门走了。丁父母流血休克而亡。郭某事后还洗了丁的血衣，事后证明丁当时精神病发作没有责任能力。问：郭某是否构成不作为的故意杀人罪？郭某是否构成帮助毁灭证据罪？[1]（2018年试卷一回忆版）

4. 对"先前行为"引起的作为义务的特别探讨。

（1）**只要先前行为制造了法益侵害的危险，就能成为作为义务的来源。**

（2）**正当化事由能否成为作为义务的来源？**紧急避险人对于无辜受损的第三人肯定具

---

[1] 郭某作为丁的监护人，有制止丁杀人的法定义务。其既不阻止，也不报警，也不救治，构成不作为的故意杀人罪。其既然构成故意杀人罪，那么她清洗丁的血衣的行为就是给自己的犯罪毁灭证据，不构成帮助毁灭证据罪。

有救助义务。正当防卫人对于不法侵害人是否具有救助义务？例如，甲在荒山野外实施正当防卫导致不法侵害者乙身受重伤时，并没有过当。但是，由于甲不救助乙，导致乙死亡（过当）。此时，应当肯定甲对可能过当的危险具有保证人地位，甲的不救助导致乙死亡的，属于防卫过当。

（3）**过失的犯罪行为能否成为作为义务的来源？**例如，甲的过失行为造成了乙重伤（尚不成立犯罪），同时产生了生命危险时，甲故意不救助因而导致乙死亡的，能否成立不作为的故意杀人罪？能，因为甲的行为虽然是过失行为，但乙的死亡确实是由甲的先前行为引起的。

（4）**故意的犯罪行为能否成为作为义务的来源？**既然过失的犯罪行为都能成为作为义务的来源，故意的犯罪行为更应当成为作为义务的来源。

（5）**承认故意犯罪可以成为作为义务的来源，有利于解决共同犯罪问题。**

> 先前行为具备下列条件时，即可成为作为义务的发生根据：第一，对刑法所保护的具体法益造成了危险；第二，危险明显增大，如果不采取积极措施，危险就会立即现实化为实害；第三，行为人对危险向实害发生的原因具有支配力。故不作为、具备违法阻却事由的行为、过失犯罪行为与故意犯罪行为，均可能成为产生作为义务的先前行为。未参与前行为，但阻止前行为者消除危险（如救助被害人）的，可以和前行为者成立后来的不作为犯罪的共同犯罪（超高频考点）。

【示例】甲以杀人故意将被害人乙砍成重伤，随后，甲看到了乙躺在血泊之中的痛苦表情，顿生悔意，打算立即叫救护车。此时，无关的第三人丙却极力劝阻甲，唆使其放弃救助念头，乙因失血过多而死亡。能否认定丙构成犯罪，理由是什么？

【分析】如果否认故意犯罪可以成为作为义务的来源，就意味着丙不可能成立犯罪。因为不真正不作为犯实质上是身份犯，丙并不负有作为义务，不可能成立不真正不作为犯的正犯。只有认定甲的故意杀人行为引起了救助义务，其后来的不作为也属于杀人行为，才能认定丙教唆甲实施了不作为犯罪，进而认定丙成立故意杀人罪的教唆犯。

（6）**承认故意犯罪可以成为作为义务的来源，如何解决罪数问题？**

首先，如果案件事实中的作为与不作为应当评价为两个行为，行为侵害了两个法益，行为人对两个法益侵害事实都具有责任，就应当实行并罚。例如，后文第54页"【经典真题】"里的盗伐林木致人死亡案就应当以盗伐林木罪与故意杀人罪数罪并罚。

其次，当前阶段的作为与后阶段的不作为侵害的是同一法益，或者两个行为所侵害的法益具有包容关系时，仅认定一个重罪即可。如前阶段的作为杀人与后阶段的不作为杀人，侵害了同一个人的生命法益，只能认定为一罪。再如，故意伤害他人后，产生救助他人的作为义务。如果不履行作为义务，导致他人死亡，符合不作为犯的其他成立条件，且对死亡结果具有故意的，由于生命法益包含身体法益，即可仅认定为故意杀人罪。

再次，如果法律对如何处罚有明确规定的，则按照法律规定定罪处罚。例如，在交通肇事后逃走，使得被害人因为无法获得救助而死亡，法律将其规定为交通肇事罪的加重处罚情节，那么就只能认定为交通肇事罪一罪。

（三）其他重要考点提示

1. 不作为犯并非没有实施任何行为，而是没有实施法所期待的积极行为。例如，某人为了不抚养自己的孩子，而将孩子抛弃在汽车站，导致孩子死亡。其有实施行为，但并没有实施法律要求的抚养行为，因此仍构成不作为犯罪。

2. 认定不纯正不作为犯应当慎重。**不作为行为的危害性与作为行为的危害性必须具有**

相当性（等价性）。因为不作为方式通常不能构成法定的不作为犯之外的犯罪，如强奸、抢劫、杀人等。因此，以不作为形式构成这些犯罪，必须确认该不作为行为与作为行为具有"相当性"。如见死不救不能简单等同于故意杀人；警察见强奸不阻止，只能成立渎职罪，而不能成立强奸罪；消防队员该灭火不灭火，也只能构成渎职罪，一般很难成立放火罪，除非其行为的危害性与放火行为相当时，才能构成放火罪。

3. 不作为行为与危害结果之间具有刑法上的因果关系。如果行为人履行了应尽的义务，危害结果就不会发生。因此不作为行为与危害结果之间是具有刑法上的因果关系的。

4. 作为与不作为可能结合为一个犯罪行为。例如，在抗税罪中，行为人使用暴力、威胁行为来抗税，这是作为行为，但其不缴纳税收则是不作为行为。

【经典真题】

甲对正在实施一般伤害的乙进行正当防卫，致乙重伤（仍在防卫限度之内）。乙已无侵害能力，求甲将其送往医院，但甲不理会而离去。乙因流血过多死亡。关于本案，下列哪一选项是正确的？[1]（2013-2-7）

A. 甲的不救助行为独立构成不作为的故意杀人罪

B. 甲的不救助行为独立构成不作为的过失致人死亡罪

C. 甲的行为属于防卫过当

D. 甲的行为仅成立正当防卫

【考点】正当防卫能否成为不作为犯罪中的先前行为

【解题思路与常见错误分析】本题貌似考查正当防卫，实则考查不作为犯罪的义务来源。

具有违法阻却事由（或正当化事由）的行为能否成为产生作为义务的先前行为？需要分不同情形处理：其一，如果正当防卫造成被害人死亡也不过当，正当防卫人并无救助义务；其二，如果正当防卫致人伤害，并未过当，而且该伤害不可能导致死亡，亦即没有过当的危险，正当防卫人也没有救助义务；其三，如果正当防卫造成了伤害（该伤害本身不过当），具有死亡的紧迫危险，若发生死亡结果就会过当，那么，应当肯定正当防卫人具有救助义务。在防卫人造成不法侵害人重伤，不法侵害已经停止，而防卫人却既不报警也不将不法侵害人送往医院抢救，导致不法侵害人流血过多而死亡时，应当承认先前的作为与后来的不作为共同导致了防卫过当。故，只有选项C正确。注意选项A、B强调"独立构成"，这是错误的。

【同类考点总结】本题考查的是正当行为也能成为作为义务的来源。但是请注意：是前面的作为行为和后面的不作为行为共同导致了防卫过当。不能因为前面的防卫行为是正当的，就否认后面的不作为行为可以成立犯罪。

【经典真题】

关于不作为犯罪的判断，下列哪一选项是错误的？[2]（2014-2-5）

A. 小偷翻墙入院行窃，被护院的藏獒围攻。主人甲认为小偷活该，任凭藏獒撕咬，小

---

[1]【答案】C

[2]【答案】C

偷被咬死。甲成立不作为犯罪

　　B. 乙杀丙，见丙痛苦不堪，心生悔意，欲将丙送医。路人甲劝阻乙救助丙，乙遂离开，丙死亡。甲成立不作为犯罪的教唆犯

　　C. 甲看见儿子乙（8 周岁）正掐住丙（3 周岁）的脖子，因忙于炒菜，便未理会。等炒完菜，甲发现丙已窒息死亡。甲不成立不作为犯罪

　　D. 甲见有人掉入偏僻之地的深井，找来绳子救人，将绳子的一头扔至井底后，发现井下的是仇人乙，便放弃拉绳子，乙因无人救助死亡。甲不成立不作为犯罪

　　【考点】不作为犯罪中作为义务的认定

　　【解题思路与常见错误分析】选项 A、B、C 都是考查"基于对危险源的支配产生的监督义务"。选项 A 还考查防卫过当能否成为作为义务的来源。藏獒围攻小偷是合法的，主人甲是正当防卫。但是，甲能否"任凭藏獒撕咬，小偷被咬死"呢？答案是否定的。甲在小偷被吓住后无权杀死小偷。甲的行为属于防卫过当，成立不作为的故意杀人罪。因此，即使某行为是正当行为，如果它超出了应有的限度，也能产生作为义务（阻止防卫过当）。行为人不履行作为义务的，成立不作为犯罪。

　　选项 B 的内容，正文已讲述。不再赘述。选项 B 正确。

　　选项 C：甲对自己的儿子的危险行为具有监督、制止的义务，所以，甲成立不作为犯罪。选项 C 错误。

　　选项 D 考查"基于与法益的无助（脆弱）状态的特殊关系产生的保护义务"中的"基于自愿（合同与自愿接受等）而产生的保护义务"。本题中，甲在尚未开始救助乙时，即发现乙是仇人，因此放弃抢救。所以，甲并没有自愿接受救助乙，他也就不需要继续承担保护义务。选项 D 正确。

　　【同类考点总结】不作为犯罪中，行为人是否具有法定的作为义务是常考不厌的考点。考生一定要全面掌握三类八种义务来源。

六、行为的时间、地点、状况及方法

　　"行为"作为一种表露于外的外部活动，总是伴随着一定的时间、地点，在一定的状况下以一定的方式实施的。时间、地点、状况、方法是行为不可分割的一部分。**刑法对时间、地点、状况、方法的要求其实就是对行为本身的要求**。例如，非法狩猎罪是指违反狩猎法规，在禁猎区、禁猎期或者使用禁用的工具、方法进行狩猎，破坏野生动物资源，情节严重的行为。刑法这样规定显然是因为只有这样的狩猎行为才具有刑法上的处罚必要性。

　　大多数犯罪不要求在特定的时间、地点实施，只有少数犯罪要求在特定时间、地点实施。

　　行为总是在一定的状况下实施的。与时间、地点等概念相比，状况是一个综合性概念，它包括了一定的时间、地点、环境与条件等。大多数犯罪不要求在特定状况下实施，少数犯罪则要求在特定状况下实施。例如，《刑法》第 136 条要求"在生产、储存、运输、使用中发生重大事故"。同样，在这种情况下，不是对状况本身的要求，而是对行为本身的要求。

　　行为的方法对认定行为的性质具有重要作用。例如，使用暴力方法迫使被害人交付财物的，是抢劫行为；以恶害相通告迫使被害人交付财物的，是敲诈勒索行为。因此，抢劫行为与敲诈勒索行为的关键区别之一在于方法不同。

第三节 危害结果

导学　　刑法上的危害结果的有无对犯罪的成立及犯罪形态的认定具有重要作用。本节主要讲述危害结果的特征及危害结果与犯罪的分类。后者是理论难点，请高度重视。

一、危害结果的概念与特征

危害结果是危害行为给刑法所保护的法益造成的现实侵害事实与现实危险状态。危害结果不仅包括现实的侵害，还包括现实的危险。危害结果具有下述特征：

1. 因果性。危害结果由行为造成，行为是原因，危害结果是原因引起的后果。

2. 侵害性与危险性。危害结果是表明刑法所保护的法益遭受侵害或者威胁的事实，故可以分为侵害结果与危险结果。如果某种事实现象并不反映行为对法益的侵害与威胁，即使由行为所引起，也不是结果。

3. 现实性。结果是行为已经实际造成的侵害事实与危险状态。行为本身的危险不是结果。

4. 法定性。作为构成要件要素的结果，是刑法分则条文所规定的结果，而不是泛指任何结果。

5. 多样性。结果形形色色、多种多样，具有多样性。结果并不限于物质性结果。

> 危害结果具有现实性，包括危险状态。但是，行为本身的危险不是结果。危害结果具有法定性、多样性。结果并不限于物质性结果。

【经典真题】

关于危害结果的相关说法，下列哪一选项是错误的？[1]（2008 - 2 - 1）

A. 甲男（25 岁）明知孙某（女）只有 13 岁而追求她，在征得孙某同意后，与其发生性行为。甲的行为没有造成危害后果

B. 警察乙丢失枪支后未及时报告，清洁工王某捡拾枪支后立即上交。乙的行为没有造成严重后果

C. 丙诱骗 5 岁的孤儿离开福利院后，将其作为养子，使之过上了丰衣足食的生活。丙的行为造成了危害后果

D. 丁恶意透支 3 万元，但经发卡银行催收后立即归还。丁的行为没有造成危害后果

【考点】危害结果的法定性

【解题思路与常见错误分析】选项 A 错误。由于幼女身心发育不成熟，缺乏辨别是非的能力，不理解性行为的后果及意义，也没有抗拒能力。因此，法律规定，不论行为人采用何种手段，也不问幼女是否愿意，只要与幼女发生性交，就侵犯了其性的决定权，就有

---

〔1〕【答案】A

危害后果。

选项 B 正确。丢失枪支不报罪的严重后果一般表现为枪支落入不法分子之手后，不法分子利用行为人丢失的枪支实施犯罪行为造成严重后果。丢失枪支本身不是本罪的"严重后果"。

选项 C 正确。丙诱骗幼儿脱离孤儿院的行为既侵犯了幼儿的人身自由，也侵犯了孤儿院对幼儿的监护权，因此构成拐骗儿童罪。

选项 D 正确。丁虽然恶意透支 3 万元，但经发卡银行催收后就立即归还。根据《刑法》第 196 条的规定，只有经银行催收后仍不归还的恶意透支才构成犯罪。因此，丁的行为没有造成危害后果。

【同类考点总结】 危害结果具有法定性。作为构成要件要素的结果，是刑法分则条文所规定的结果，而不是泛指任何结果。

二、危害结果与犯罪的分类 ★★★★★

> 结果加重犯极易被考生忽略。但该知识点在最近几年一直是考查重点。考生必须掌握结果加重犯的成立条件。

（一）行为犯、结果犯与结果加重犯

1. 行为犯与结果犯的区分。行为犯是行为与结果同时发生的犯罪。结果犯则是行为与结果之间具有时间间隔的犯罪，需要认定行为与结果之间的因果关系。煽动分裂国家罪、非法侵入住宅罪即为行为犯，故意杀人罪、诈骗罪则属于结果犯。需要注意的是，根据犯罪的本质，行为犯也必须具有侵害法益的性质，否则不可能构成犯罪。

2. 结果加重犯。结果加重犯，亦称加重结果犯，是指法律规定的一个犯罪行为（基本犯罪），由于发生了严重结果而加重其法定刑的情况。故意伤害致死是典型的结果加重犯。

结果加重犯的法定刑过重，是世界范围内的普遍现象。因此应当严格限制结果加重犯的成立范围。成立结果加重犯应当具备下列条件：

（1）实施基本犯罪行为，但造成了加重结果。

在我国，加重结果主要表现为以下几种情形：

其一，基本犯为抽象的危险犯，而行为导致抽象的危险发展为侵害结果时，该结果可能成为基本犯的加重结果。

【示例】 生产、销售有毒、有害食品，对人体健康造成严重危害结果的。

其二，基本犯为具体的危险犯，而行为导致具体的危险发展为侵害结果时，该结果是基本犯的加重结果。

【示例】 放火致人死亡的。

其三，基本犯为实害犯，行为导致性质相同且更为严重的实害时，该严重实害是基本犯的加重结果。

【示例】 伤害行为造成重伤或者死亡的。

其四，基本犯为实害犯，行为造成了性质更为严重的结果（对更重要的法益造成了侵害）时，该严重结果可能属于基本犯的加重结果。

【示例】 强奸、抢劫致人重伤、死亡的。

（2）基本犯罪行为与加重结果之间具有**直接因果关系**。只有当具有造成加重结果高度危险的基本行为直接造成了加重结果时，才能认定为结果加重犯。例如，就致死类型的结果加重犯而言，要以致命性结果的实现的有无为标准进行判断。因此，如果是后行为或者其他因素导致基本行为与加重结果缺乏直接性关联的，不能认定为结果加重犯。

其一，行为人在实施基本行为之时或之后，被害人自杀、自残或因自身过失等造成严重结果的，因缺乏直接性要件，不宜认定为结果加重犯。

【示例】行为人实施强奸行为后，被害人自杀身亡的，不应认定为强奸致人死亡。

其二，基本行为结束后，行为人的其他行为导致严重结果发生的，不应认定为结果加重犯。

【示例】行为人对他人实施暴力造成重伤后，随手将烟头扔在地上引起火灾将被害人烧死。基本行为与被害人的死亡之间不存在因果关系，不能认定为故意伤害致死，只能认定为故意伤害罪与失火罪（或过失致人死亡罪）。

其三，在故意伤害等暴力案件中，伤害行为只是造成轻伤，但由于医生的重大过失行为导致死亡的，或者虽然伤害行为造成了重伤，但由第三者的故意或者过失行为直接造成被害人死亡的，不能认定前行为与加重结果之间具有因果关系。

【示例】甲重伤乙后潜逃，并无通谋的甲的亲属阻止乙的亲属救助乙，导致乙流血过多而死亡的，甲的行为不成立故意伤害致死。

其四，绑架、非法拘禁、拐卖妇女或儿童等行为，必然引起警方的解救行为，故正常的解救行为造成被害人伤亡的，应将伤亡结果归属于犯罪人。但是，如果警方由于判断失误，导致其解救行为造成人质死亡的（如误将人质当作犯罪人而射击），则不能认定犯罪人的行为成立绑架致人死亡。

【示例】在放火案件中，放火行为必然导致消防人员的灭火行为，故消防人员正常的灭火行为仍然不能避免消防人员死亡的，具备直接性要件，应认定为放火致人死亡。但是，如果消防人员对情势判断失误，实施了异常灭火行为导致自身死亡的，则不宜将该死亡结果归责于放火者。

（3）对基本犯罪具有故意或者过失，对加重结果至少有过失。首先，结果加重犯的基本犯罪既包括故意犯罪，也包括过失犯罪。《刑法》第131条所规定的重大飞行事故罪就是过失犯罪的结果加重犯。其次，行为人对加重结果至少有过失，即行为人要对加重结果具有预见可能性。如果行为人对加重结果没有预见可能性，则不能认定为结果加重犯。

【示例1】部分结果加重犯要求对加重结果持过失，如故意伤害致死。如果行为人对死亡结果持故意，则成立故意杀人罪，而不是故意伤害罪的结果加重犯。

【示例2】部分结果加重犯对加重结果既可以是过失也可以是故意，如抢劫致人重伤、死亡的，属于结果加重犯，行为人对重伤、死亡既可能是过失，也可能是故意。

【示例3】甲过失致乙死亡，但在当时的情况下，甲最多只能预见到可能造成乙的重伤，无法预见到可能造成乙的死亡。此时，只能认定甲成立过失致人重伤。[1]

【示例4】在行为人对加重结果持故意的情况下，如果没有发生加重结果，就成立结果加重犯的未遂。例如，行为人明显以重伤的故意伤害他人，但未能给被害人造成重伤的，应当认定为故意伤害致人重伤的未遂。

---

〔1〕 这个小知识点考过真题。但这种案例在实践中很难找到。因为通常来讲，能预见到可能致人重伤的，也应当能预见到可能致人死亡。本知识点是纯粹从理论上进行的分析。

（4）刑法就加重结果的发生加重了法定刑。加重了法定刑，是相对于基本犯罪的法定刑而言，即结果加重犯的法定刑高于基本犯罪的法定刑。如果刑法没有加重法定刑，结果再严重也不是结果加重犯。

【示例】遗弃行为致人重伤或死亡的，因为没有加重法定刑，不成立结果加重犯。

> 由于刑法对结果加重犯规定了加重的法定刑，故对结果加重犯只能认定为一个犯罪，并且根据加重的法定刑量刑，而不能以数罪论处。例如，抢劫致人死亡的，只能认定为抢劫罪一罪。

【经典真题】

甲为要回 30 万元赌债，将乙扣押，但 2 天后乙仍无还款意思。甲等 5 人将乙押到一处山崖上，对乙说："3 天内让你家人送钱来，如今天不答应，就摔死你。"乙勉强说只有能力还 5 万元。甲刚说完"一分都不能少"，乙便跳崖。众人慌忙下山找乙，发现乙已坠亡。关于甲的行为定性，下列哪些选项是错误的?[1]（2014－2－59）

A. 属于绑架致使被绑架人死亡
B. 属于抢劫致人死亡
C. 属于不作为的故意杀人
D. 成立非法拘禁，但不属于非法拘禁致人死亡

【考点】绑架罪、抢劫罪、非法拘禁罪、故意杀人罪及结果加重犯的认定

【解题思路与常见错误分析】选项 A、B，要成立以勒索财物为目的的绑架罪、抢劫罪，行为人都必须具有非法占有目的。本案中，甲索要的是自己的赌债，赌债也是债务。2000 年最高人民法院《关于对为索取法律不予保护的债务非法拘禁他人行为如何定罪问题的解释》也明确规定，索取高利贷、赌债等法律不予保护的债务的，仍然成立非法拘禁罪。所以，甲的行为不可能成立抢劫罪或者绑架罪。选项 A、B 错误。

选项 C，甲对乙说"如今天不答应就摔死你"，这只是一句恐吓人的话。题目并没有说甲如何继续逼迫乙跳崖。相反，题目说"甲刚说完'一分都不能少'，乙便跳崖。众人慌忙下山找乙"，这说明甲并无杀乙之心。而且，甲的行为也不是不作为。所以，选项 C 错误。

选项 D，甲为索债而扣押乙，其行为构成非法拘禁罪。非法拘禁致人重伤、死亡，是指非法拘禁行为本身致被害人重伤、死亡（结果加重犯）。重伤、死亡结果与非法拘禁行为之间必须具有直接的因果关系（直接性要件）。行为人在实施基本行为之后或之时，被害人自杀、自残、自身过失等造成死亡、伤残结果的，因缺乏直接性要件，不能认定为结果加重犯。债权人索债时刚说完"一分都不能少"，债务人就立即跳崖是非常异常的行为。这是乙自行选择的死亡，因此甲的非法拘禁行为和乙的死亡之间并无直接因果关系。甲不必对乙的死亡负责。故选项 D 正确。

【同类考点总结】我将本题放在此处，就是让大家注意到结果加重犯的认定在这两年"很热"，请考生重视。正文讲到的结果加重犯的成立要件是极为重要的，必须仔细、全面掌握。

（二）即成犯、状态犯与继续犯

从结果的发生与犯罪的终了的关系看，可以将犯罪分为即成犯、状态犯与继续犯（均

---

[1]【答案】ABC

从既遂角度而言）。即成犯，指一旦发生法益侵害结果，犯罪便同时终了，犯罪一终了法益就同时消灭的情况，故意杀人罪便是如此。状态犯，指一旦发生法益侵害结果，犯罪便同时终了，但法益受侵害的状态仍在持续的情况，如盗窃罪。继续犯，指在法益侵害的持续期间，实行行为或者构成要件符合性也在持续的情况，危险驾驶罪与非法拘禁罪是其示例。

这种犯罪的分类，对于共犯与罪数的认定以及追诉时效的计算等都具有意义。

考生还可参见本书第二章第一节"犯罪的概念与分类"的相关内容。

第四节　刑法上的因果关系

> **导学**
>
> 　　刑法上的因果关系的认定一直是考试的重点和难点，是当之无愧的"重中之重"。考生首先要掌握刑法上的因果关系和哲学上的因果关系的不同，这是认定刑法上因果关系的基础。刑法上的因果关系的认定是有规律可循的。我给大家准备了一张"刑法上因果关系的判断思路图"，希望大家照此复习。本节另一个重要的复习要点是掌握常考的具体因果关系的认定。

一、刑法上的因果关系与哲学上的因果关系

哲学上的因果关系是指事物之间存在的引起与被引起的关系；刑法上的因果关系是指危害行为与危害结果之间存在的引起与被引起的因果关系。

要掌握刑法上的因果关系，首先要破除刑法上的因果关系的神秘感。刑法上的因果关系确实比较复杂，但并非不能掌握。很多考生觉得本来不难掌握的事物之间的因果关系加上"刑法"两个字，一下子就变复杂了。这主要是因为加上"刑法"二字后，很多哲学上的因果关系在刑法领域不被承认了。例如，甲盗窃了乙给儿子丙看病的钱。丙因为得不到及时治疗而死亡。乙非常伤心，就自杀了。从哲学上来看，甲的盗窃行为和乙的死亡之间是具有因果关系的，但是在刑法上则认为甲的盗窃行为和乙的死亡之间不具有因果关系。这是因为，哲学上的因果关系的判断标准是事物之间在自然意义上的引起与被引起的因果关系。刑法上的因果关系的判断标准则同时具备两个要件：（1）事物之间在自然意义上的引起与被引起的关系；（2）能够将后结果归属于前行为。所谓归属，就是能够就后结果对前行为人追究刑法上的责任（当然，如果行为人不具备刑事责任能力，最终可能不会被追究刑事责任。但其客观上的归责关系仍然存在）。在本案中，甲只有盗窃行为，乙的自杀行为并不是盗窃行为通常会发生的后果，乙的自杀是特殊的，而且是乙自己选择的。所以，甲不必对乙的死亡结果负责。那么在刑法上，我们就认为甲的行为与乙的死亡结果之间不具有因果关系。

我们将要件（1）称为归因，将要件（2）称为归责。只有同时具备归因和归责要件的因果关系才是刑法上的因果关系。

> 刑法上的因果关系须同时包含两个要件：（1）事物之间在自然意义上的引起与被引起的关系；（2）能够将后结果归属于前行为。只有同时具备归因与归责要件，才能认定事物之间具有刑法上的因果关系。

我们在这个部分学习的重点就是怎样判断事物之间具有刑法上的因果关系。这要求我们把那些具有哲学上的因果关系，但不具有刑法上的因果关系的情况从刑法上排除出去。

二、刑法上的因果关系的特征

1. 因果关系具有客观性。它与行为人主观上能否预见无关。

2. 因果关系具有具体性。因果关系中的"结果"是指具体的特定样态、特定规模、特定发生时间与地点的法益侵害结果，而不是抽象意义上结果。例如，即使是被害人死亡，也要分清是毒死还是渴死，是流血过多死亡还是窒息死亡，是被合法处死还是被非法处死，等等。

3. 有些犯罪的因果关系表现为一个特定的发展过程。例如，诈骗罪必须是由于行为人的欺诈行为，使被害人陷入认识错误，从而做出有瑕疵的财产处分。如果被害人基于怜悯之心处分财产，则行为人仅成立诈骗罪的未遂。

三、因果关系的认定★★★★★

（一）刑法上因果关系的本质

刑法上的因果关系的本质是某个具有造成法益侵害结果危险的实行行为，使得危险现实化为危害结果。例如，甲给乙的饮料中投毒，乙喝下饮料后身亡。

> 因果关系的发展过程，实际上是危险的现实化过程。那么，如果结果不是行为造成的危险的现实化的，行为和结果之间就不具有刑法上的因果关系。

（二）刑法上的"因"必须是实行行为

实行行为必须是具有造成法益侵害结果危险的行为。因果关系中的原因，只能是类型化的实行行为，而不包括预备行为。因此：

1. 如果某个行为根本不是具有导致法益侵害结果危险的行为，则不能认为行为与结果之间有因果关系。例如，甲劝乙乘坐飞机，乙因飞机失事而死亡，甲这种劝说行为不是刑法上的实行行为，因此二者之间没有因果关系。

2. 如果某个行为减少了法益侵害的危险，也不能认为行为与结果之间有因果关系。例如，乙即将被车撞到，甲猛地推开乙，致乙倒地轻伤。此时，就不能将乙轻伤的原因归结到甲的救人行为。

3. 因果关系的判断以具有结果回避可能性为前提。如果缺乏结果回避可能性，就可以直接否认实行行为，因而可以直接否认因果关系。例如，前文所述甲将乙在高速公路上推出车外的案例，丙的行为就属于没有回避可能性的。此时可以直接否认丙的行为与乙的死亡的因果关系。

4. 刑法上因果关系的判断程序。

（1）在实行行为合法则地造成了结果的场合，直接肯定因果关系。

（2）在由于存在介入因素等原因，难以认定实行行为合法则地造成了结果的场合，则可以先采用条件关系的公式，再进一步判断结果是不是实行行为的危险的现实化。

> 考试题目中，通常并不使用"刑法上的因果关系"这个词，而是直接使用"因果关系"。请考生注意：如无特别说明，这个"因果关系"都是指刑法上的因果关系。

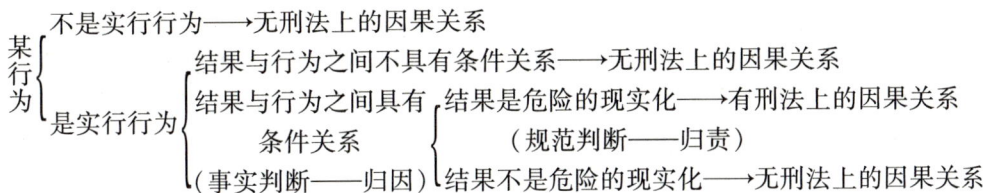

某行为 {
 不是实行行为——→无刑法上的因果关系
 是实行行为 {
  结果与行为之间不具有条件关系——→无刑法上的因果关系
  结果与行为之间具有条件关系（事实判断——归因） {
   结果是危险的现实化——→有刑法上的因果关系（规范判断——归责）
   结果不是危险的现实化——→无刑法上的因果关系
  }
 }
}

【经典真题】

关于故意杀人罪，下列哪一选项是正确的？[1]（2006 - 2 - 13）

A. 甲意欲使乙在跑步时被车撞死，便劝乙清晨在马路上跑步，乙果真在马路上跑步时被车撞死，甲的行为构成故意杀人罪

B. 甲意欲使乙遭雷击死亡，便劝乙雨天到树林漫步，因为下雨时在树林中行走容易遭雷击。乙果真雨天在树林中散步时遭雷击身亡。甲的行为构成故意杀人罪

C. 甲对乙有仇，意图致乙死亡。甲仿照乙的模样捏小面人，写上乙的姓名，在小面人身上扎针并诅咒 49 天。到第 50 天，乙因车祸身亡。甲的行为不可能致人死亡，所以不构成故意杀人罪

D. 甲以为杀害妻子乙后，乙可以升天，在此念头支配下将乙杀死。后经法医鉴定，甲具有辨认与控制能力。但由于甲的行为出于愚昧无知，所以不构成故意杀人罪

【考点】实行行为才可能和结果具有刑法上的因果关系

【解题思路与常见错误分析】选项 A、B、C 中的行为在客观上都没有侵害法益的任何危险，因此不是具有社会危害性的实行行为。这些行为和犯罪结果之间都没有刑法上的因果关系，均不构成犯罪。选项 D 则不同，甲虽然抱着迷信思想，以为妻子死后可以升天才杀害了妻子，但甲客观上确实杀害了妻子，侵害了她的生命权，因此构成故意杀人罪。

【同类考点总结】刑法上的因果关系是实行行为和危害结果之间的关系。刑法上的犯罪行为必须是具有危害法益风险的行为。如果一个行为不具有这种风险，则不构成犯罪。

四、合法则的因果关系★★★★★

实行行为合法则（或者符合客观规律必然）地造成了结果时，结果就是实行行为的危险的现实化，应当直接肯定因果关系，将结果归属于实行行为。例如，甲用刀扎入乙的心脏，导致乙死亡就是合法则的因果关系，可以直接肯定因果关系。以下情形也应当肯定因果关系的存在。

（一）假定的因果关系

这是指虽然某个行为导致结果发生，但即使没有该行为，由于其他情况也会产生同样结果。

【示例】下午 1 时执行死刑，在执行人正在扣动扳机的瞬间，被害人的父亲甲推开执行人，自己扣动扳机击毙了死刑犯乙。

【分析】由于死刑犯确实是由被害人的父亲开枪打死的，亦即开枪行为合法则地引起了死亡结果（此时此地被非法处死的结果）。因此，可以直接肯定因果关系。

---

[1]【答案】C

（二）可替代的充分条件

这是指两个行为都可以单独导致危害结果发生，由其中一个行为单独导致了危害结果。

【示例】 甲给丙的水壶中的水下毒后，乙又将丙的水壶钻了个小孔，结果丙在沙漠中想喝水时，发现水已漏完，最后干渴而死。

【分析】 由于是乙的行为具体地造成了丙的死亡，因此乙的行为与丙的死亡具有因果关系。

（三）合义务的择一的举动

这是指虽然行为人实施违法行为，造成了结果，但即使其遵守法律，也不能避免该结果。

【示例】 被告人甲在一条笔直的 6 米宽的道路上驾驶着汽车，右侧的乙朝着相同的方向骑着自行车。按规则，汽车与行人应当保持 1.5 米的距离，但甲只保持了 0.75 米的距离。而乙则由于饮酒醉倒在车下，被车后轮轧死。即使甲保持了足够的距离，但乙由于醉酒倒向车轮，仍然会被轧死。

【分析】 此时，应当肯定甲的行为与乙的死亡之间具有因果关系。因为就具体的特定时间地点的死亡而言，甲的行为合法则地造成了他人死亡。当然，如果甲对结果没有预见可能性，则不承担责任。

（四）二重的因果关系（择一的竞合）

这是指两个以上的行为分别都能导致结果的发生，但在行为人没有意思联络的情况下，竞合在一起导致了结果的发生。

【示例】 甲与乙没有意思联络，都意欲杀丙，并同时向丙开枪，且均打中了丙的心脏。

【分析】 由于甲、乙的行为对被害人的死亡都起到了作用，因此二人的行为都和死亡结果有因果关系。同理，如果存在时间先后关系，一方的行为对死亡并没有起作用，则应否定因果关系。

（五）重叠的因果关系

这是指两个以上相互独立的行为，单独不能导致结果的发生（具有导致结果发生的危险），但合并在一起造成了结果。

【示例】 甲、乙二人没有意思联络，分别向丙的食物中投放了致死量50%的毒药，二人行为的重叠达到了致死量，丙吃下食物后死亡。

【分析】 在这种情况下，由于甲、乙二人的行为分别都对丙的死亡起作用（可谓多因一果），故应肯定存在合法则的因果关系。

（六）流行病学的因果关系

流行病学是研究疾病的流行、群体发病的原因与特征，以及预防对象的医学分支学科。其对原因的解释有助于刑法上因果关系的认定。根据流行病学理论，符合以下四个条件，就可以肯定某种因子与疾病之间具有因果关系：①该因子在发病的一定期间之前起作用；②该因子的作用程度越明显，患病率就越高；③该因子的分布消长与流行病学观察记载的流行特征并不矛盾；④该因子作为原因起作用，与生物学并不矛盾。概言之，某种因子与疾病之间的关系，即使在医学上、药理学上得不到科学证明，但根据大量的统计、观察，能说明该因子对产生疾病具有高度的盖然性时，就可能肯定其因果关系。虽然流行病学因果关系，是根据经验法则认定的因果关系，但它与科学法则并不矛盾，所以，也属于合法则的因果关系。因此，流行病学的这种因果关系论，也可以运用于公害犯罪因果关系的认定中。

【示例】某企业在一段时间排放污水。开始排放后，附近居民开始患某种疾病；排放量越大，患疾病的人越多或者越严重。

【分析】只要排放污水与居民患病之间的关系，与流行病学、生物学等科学法则不相矛盾，就可以认定排放污水的行为与居民患病之间具有合法则的因果关系。

五、条件关系与危险的现实化 ★★★★★

在难以根据合法则的因果关系判断具体案件时，可以运用条件关系的公式，再进一步判断结果是不是实行行为的危险的现实化。

条件关系的公式是，没有前者行为就没有后者结果时，前者就是后者的条件。如果不具有条件关系，就可以直接否定因果关系。

(一)犯罪的具体场所、被害人的特殊体质并不是介入因素，而是行为时已经存在的特定条件，不能因此否定因果关系的存在。

【示例1】甲在同仁医院门前造成了乙濒临死亡的伤害，但由于抢救及时，乙幸免于难。丙在荒山野外对丁造成的伤害明显轻于乙的伤害，但由于抢救不及时而死亡。

【分析】此时，不能否认丙的行为与丁的死亡之间具有因果关系。

【示例2】甲对乙实施伤害行为，虽然伤害行为本身不足以致乙死亡，但伤害行为导致乙心脏病发作而死亡。

【分析】此时，应当肯定甲的行为与乙的死亡之间具有因果关系。至于行为人是否认识到或者是否应当预见被害人存在疾病或者具有特别体质，只是有无故意、过失的问题，不影响因果关系的判断。

(二)因果关系的中断

在许多案件中，尤其是有介入因素的案件中，仅有条件关系，还不能直接肯定结果由行为造成。实行行为是具有导致侵害结果发生的危险的行为，这种危险并不是偶然的危险，而是类型化的危险。在某些意义上说，对实行行为的危险的现实化的判断，就是为了将行为偶然造成的非类型化的结果，排除在构成要件的结果之外。这种被排除出去的因果关系就是前行为和后结果之间的因果关系中断。前行为和后结果之间不再具有刑法上的因果关系。

【示例】(1)甲打伤乙后，乙在去医院的途中被车轧死。

(2)A打伤B后，B因医治无效而死亡。

【分析】甲的行为与乙的死亡之间具有条件关系。但是，乙的死亡并不是甲的伤害行为的危险的现实化；B的死亡是A的伤害行为的危险的现实化。故甲的行为与乙的死亡不具有因果关系；A的行为与B的死亡具有因果关系。

(三)因果关系中断的判断

在案件存在介入因素的场合，判断实行行为的危险的现实化时，需要考虑四个方面的因素：①行为人实行行为导致结果发生的危险性的大小；②介入因素异常性大小；③介入因素对结果发生的作用大小；④介入因素是否属于行为人的管辖范围。

介入因素通常包括四种情况：①介入自然事件；②介入被害人行为；③介入第三者行为；④介入行为人行为。在判断各种介入情形时，都要综合考虑上述四个方面的因素，得出妥当结论。

【示例】同样是介入了医生的重大过失引起被害人死亡的案件中，如果先前的行为只是导致被害人轻伤，则应认定先前行为与结果之间没有因果关系；如果先前行为导致被害人濒临死亡的重伤，则宜认定先前行为与被害人死亡之间存在因果关系。但是，在被害人受伤数小时后，他人故意开枪杀死被害人的，则应否认先前伤害行为与被害人死亡之间的因果关系。

介入情况的异常与否，对判断因果关系也具有意义。前行为必然导致介入情况、前行为通常导致介入情况、前行为很少导致介入情况、前行为与介入情况无关这四种情形，对中断因果关系所起的作用依次递增。

六、对介入情形的具体分析 ★★★★★

（一）对介入自然事件的情形的具体分析

如果自然事件对结果发生所起的作用较小，行为人的行为对结果发生所起的作用较大时，仍应肯定前行为与后结果之间的因果关系。反之亦然。

【示例】（1）甲伤害乙，致其轻伤。在送乙去医院时，恰逢地震。乙被倒塌的墙当场压死。

（2）甲伤害乙，致其重伤，血流不止。在送乙去医院时，恰逢地震。由于交通中断，乙在一小时后才到达医院，因治疗不及时而死亡。

【分析】此时，就应肯定（1）中甲的行为与乙的死亡没有刑法上的因果关系，（2）中则有因果关系。

（二）对介入被害人行为的情形的具体分析

1. 被告人实施的行为，导致被害人不得不或者几乎必然实施介入行为的，或者被害人实施的介入行为具有通常性的，即使该介入行为具有高度危险，也应当肯定被告人的行为与结果之间具有因果关系。

【示例1】甲点燃乙身穿的衣服，乙跳入水中溺死或者心脏麻痹死亡。

【示例2】甲对乙的住宅放火，乙为了抢救婴儿而进入住宅内被烧死。

【分析】此时，均应肯定甲的行为与乙的死亡之间具有因果关系。

2. 被告人实施的行为，导致被害人介入了异常行为，造成了结果。但考虑到了被害人的心理恐惧或者精神紧张等情形，其介入行为仍然具有通常性时，应当肯定因果关系。

【示例1】数个被告人追杀被害人，被害人无路可逃跳入水库溺死，或者逃入高速公路被车撞死。

【示例2】甲向站在悬崖边的乙开枪，乙听到枪声后坠崖身亡。

【分析】此时，均应当肯定前行为与死亡结果之间的因果关系。

3. 被害人虽然介入了不适当或者异常的行为，但是，如果该异常行为属于被告人的管辖范围之内的行为，仍然能够肯定被告人的行为与结果之间的因果关系。

【示例】在深水池与浅水池没有明显区分的游泳池中，教练员没有履行职责，不会游泳的练习者进入深水池溺死。

【分析】此时应当肯定教练员的行为与练习者的死亡之间具有因果关系。

4. 被害人虽然介入了不适当的行为，造成了结果，但如果该行为是依照处于优势地位的被告人的指示而实施的，应当将结果归属于被告人的行为。

【示例1】非法行医的被告人让身患肺炎的被害人到药店购买感冒药治疗疾病，导致被害人没有得到正常治疗而死亡。

【分析】应当认定非法行医行为与被害人死亡有因果关系。

【示例2】在寒冷的冬天，甲为了取乐将100元扔入湖中，乙为了得到100元而跳入湖中因而死亡。

【分析】本案中被告人并不处于优势地位，是被害人的自我冒险导致结果发生的。因此不能将结果归属于被告人。应当否认其死亡与甲的扔钱行为之间具有因果关系（当然也能否定甲的实行行为）。

5. 被告人实施行为后，被害人介入的行为对造成结果仅起轻微作用的，应当肯定被告人的行为与结果之间具有因果关系。

【示例】甲伤害乙后，乙在医院治疗期间，没有卧床休息，因伤情恶化而死亡。

【分析】此时，不能否认伤害行为与死亡之间的因果关系。

6. 如果被害人介入了对结果起决定性作用的异常行为，则不能将结果归属于被告人的行为。一般来说，加害行为引起被害人自杀身亡的，不能将死亡结果归属于加害行为。

【示例1】甲杀乙，乙仅受轻伤，但乙因迷信鬼神，而以香灰涂抹伤口，致毒菌侵入体内死亡。

【示例2】在寒冷的夜晚，生气的妻子不让丈夫进屋，丈夫原本可以找到安全场合，但为了表示悔意一直在门外站着，结果被冻死。

【分析】在这两起案例中，死亡的结果显然不是前行为的危险的现实化。

(三) 对介入第三者行为的情形的具体分析

在结果的发生介入了第三者行为的案件中，也应综合考虑前述四个因素进行合理判断。**但最重要的是判断谁的行为对结果发生起到了决定性作用，同时也要考虑第三者介入的可能性与盖然性。**

1. 与前行为无关的介入行为导致结果发生的，应当否认前行为与结果之间的因果关系。

【示例】甲为了杀害乙，给乙的水杯中投放了足够致死的毒药。乙喝水后，因为难受，出门散步。在散步时被仇人丙开枪打死。

【分析】虽然甲的投放毒药的行为具有导致死亡结果的高度危险，但事实上是丙的开枪行为导致了乙的死亡，故只能认定丙的行为与乙的死亡之间具有因果关系。

2. 当被告人的伤害行为具有导致被害人死亡的高度危险，介入医生或者他人的过失行为而未能挽救伤者生命的，依然应当肯定伤害行为与死亡结果之间的因果关系。但是，如果被告人的伤害行为并不具备致人死亡的高度危险，医生或者他人的严重过失导致被害人死亡的，则应否定伤害行为与被害人死亡之间的因果关系。

【示例】甲打伤乙，伤情并不严重。乙被送到医院后，医生存在重大医疗过失，造成了乙死亡。

【分析】此时，应当否定甲的行为与乙的死亡具有因果关系。

3. 被告人实施危险行为后，通常乃至必然会介入第三者的行为，导致结果发生的，应当肯定被告人的行为与结果之间具有因果关系。

【示例1】行为人突然将被害人推倒在高速公路上，或者在道路上将被害人推下车，导致被害人被其他车辆轧死。

【分析】此时，应当肯定前行为与被害人死亡结果之间的因果关系。

【示例2】甲将一枚即将爆炸的物品扔到乙的身边，乙立即将物品踢开，由于踢到了丙的身边，将丙炸死。

【分析】此时，应当肯定甲的行为与丙的死亡之间具有因果关系。

4. 被告人实施危险行为后，介入了有义务防止危险现实化的第三者的行为时，如果第三者能够防止但没有防止危险，就只能认定第三者的行为（包括不作为）与结果之间具有因果关系。

【示例】甲伤害乙后，警察赶到了现场。警察在将乙送往医院的途中车辆出故障，导致乙失血过多死亡。

【分析】此时，应当否定甲的行为与乙的死亡结果之间具有因果关系。

5. 被告人的前行为与第三者的介入均对结果的发生起决定性作用的，应当肯定二者的行为都是结果的原因。

【示例1】甲与乙分别向丙开枪，都没有击中要害部位，但由于两个伤口同时出血，导致丙失血过多死亡。

【分析】此时，应当肯定甲与乙的行为都是丙死亡结果的原因。

【示例2】甲刺杀了儿童丙后逃离，丙的母亲乙发现后能够救助而不救助，导致丙因失血过多而死亡。

【分析】此时，应当认为甲的作为与乙的不作为都是丙死亡的原因。

（四）对介入行为人行为的情形的具体分析

在介入行为人行为的案件中，需要判断的是前行为导致了结果的发生，还是后行为导致了结果的发生。这在前行为与后行为的主观心理状态不同的场合，具有重要意义。

1. 在故意的前行为具有导致结果发生的高度危险，后来介入了行为人的过失行为造成结果时，应当肯定前行为与结果之间的因果关系。

【示例】甲以杀人故意对乙实施暴力，导致乙休克，为了毁灭罪证，将乙扔入水库溺死。

【分析】此时，应认定故意的前行为与死亡结果之间具有因果关系。

2. 在过失的前行为具有导致结果发生的高度危险，后介入的故意或者过失行为直接造成结果时，应当肯定后行为与结果之间的因果关系。

【示例】甲过失导致乙重伤，为了逃避刑事责任，故意开枪杀死乙。

【分析】对此，应认定为过失致人重伤罪与故意杀人罪，实行并罚。

3. 故意或者过失的前行为具有导致结果发生的高度危险，后介入的故意或者过失行为并不对结果起决定性作用的，应当将结果归属于前行为。

4. 在后行为对结果的发生具有决定性作用，而前行为通常不会引起后行为时，应当肯定后行为是结果发生的原因。

5. 在前后均为过失行为，两个过失行为的结合导致结果发生时，应当将两个过失行为视为构成要件的行为。

（五）两种以上介入因素并存的情形

在实践中，还会发生介入两种以上行为的情形。例如，甲将丁推入高速公路，乙开车撞倒丁，乙将丁送往医院后，医生丙的治疗行为存在过失，丁最终死亡。对此，也应综合考虑前述四个因素，得出合理结论。

需要说明的是，肯定一个行为是结果发生的原因，并不必然否定另一个行为也是结果发生的原因。 换言之，一个结果完全可能由数个行为造成。因此，在认定某种行为是结果的原因时，不能轻易否认其他行为同时也是该结果发生的原因。反之，一个行为可能造成数个结果。所以，在认定某种行为造成了某一结果时，也不要轻易否认该行为同时造成了其他结果。

> 考生看了这么多种情形下因果关系的判断，可能觉得眼花缭乱。其实，这些都是基本原则的具体运用。考生掌握基本原则后再看这些具体情形就会觉得简单多了。我们再强调一下基本原则：
>
> 如果无论有无前行为，后行为都会合法则（即合乎规律）地导致结果发生，那么可以直接认定后行为与结果具有因果关系。但是，如果后行为是前行为必然或者通常会导致的行为，则前行为的因果关系并不中断。
>
> 换言之，因果关系中断的条件是：（1）行为人的行为对结果的发生起次要作用（甚至不起作用），介入因素起主要作用（甚至唯一作用）；（2）介入因素很异常。这两个条件必须同时具备，因果关系才中断。

【经典真题】

关于因果关系，下列说法正确的是？（2019 回忆版）[1]

A. 贾某酗酒之后在公路上驾车行驶，将散放在道路上的窨井盖撞飞致行人重伤，其醉酒行为与重伤结果之间有因果关系

B. 甲、乙发生口角，甲把瘦小的乙踢伤致乙心脏病发作死亡，甲的行为与乙的死亡结果之间有因果关系

C. 甲和乙是行政机关执法人员，扣留丙的过程中，丙中途以要上厕所为由而逃跑，甲、乙的过失行为（疏于管理）与丙的脱逃之间有因果关系

D. 甲为了杀乙，在饭中下毒药，乙中毒，家人送乙去医院，途中偶遇丙驾驶车辆在道路上横冲直撞报复社会，乙被当场撞死，甲的杀人行为与乙的死亡存在因果关系

【考点】因果关系的认定

【解题思路与常见错误分析】A 中，即使贾某不酗酒，散放在道路上的窨井盖也难以被发现。所以，其醉酒行为与重伤结果之间没有因果关系。B 中，乙的疾病不中断因果关系。C 中，丙的逃跑确实是由于甲、乙看管不严导致的。D 是异常的介入因素，且直接导致了危害结果的发生，所以甲的杀人行为与乙的死亡之间的因果关系被中断。

【同类考点总结】介入因素能否中断因果关系的关键是它是否异常。

---

[1]【答案】BC

七、因果关系判断流程图 ★★★★★

我们图解一下因果关系的判断流程。

表 9　因果关系判断流程（思路）图

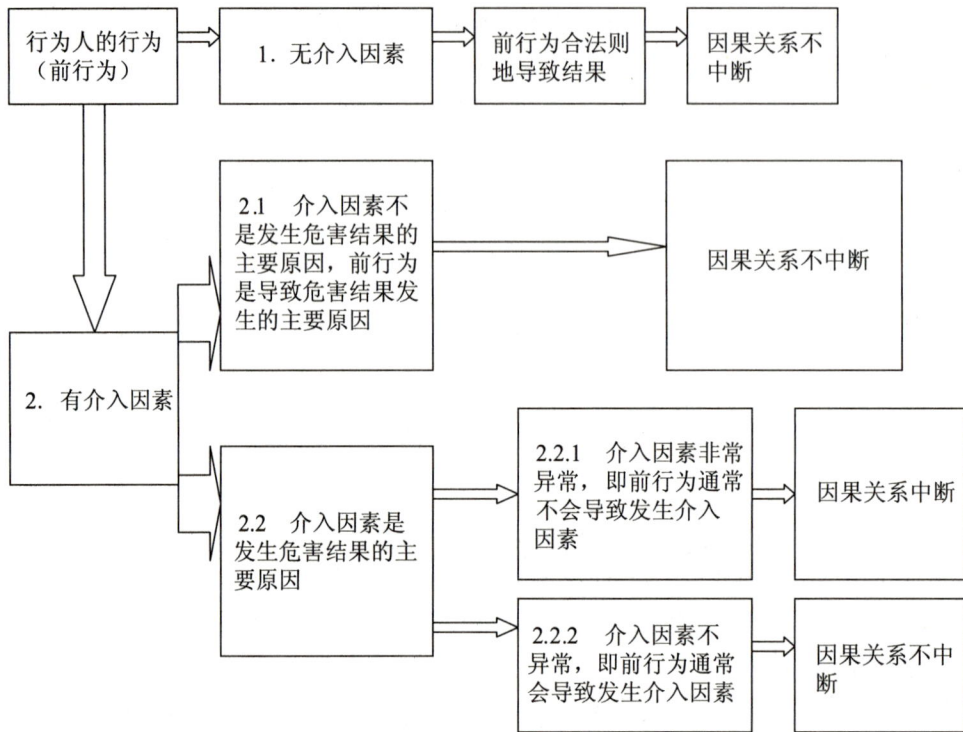

【经典真题】

关于因果关系的认定，下列哪些选项是正确的?[1]（2013 - 2 - 52）

A. 甲、乙无意思联络，同时分别向丙开枪，均未击中要害，因两个伤口同时出血，丙失血过多死亡。甲、乙的行为与丙的死亡之间具有因果关系

B. 甲等多人深夜追杀乙，乙被迫跑到高速公路上时被汽车撞死。甲等多人的行为与乙的死亡之间具有因果关系

C. 甲将妇女乙强拉上车，在高速公路上欲猥亵乙，乙在挣扎中被甩出车外，后车躲闪不及将乙轧死。甲的行为与乙的死亡之间具有因果关系

D. 甲对乙的住宅放火，乙为救出婴儿冲入住宅被烧死。乙的死亡由其冒险行为造成，与甲的放火行为之间没有因果关系

【考点】 重叠的因果关系和有介入因素时的因果关系的认定

【解题思路与常见错误分析】 选项A正确，本项即正文所讲合法则的因果关系中的重叠的因果关系。在这种情况下，由于甲、乙二人的行为分别都对丙的死亡起了作用（可谓

---

〔1〕**【答案】** ABC

多因一果），故应肯定存在合法则的因果关系。如果能够证明其中一个行为所起的作用确实是不重要的、与结果无关的，那么可以否定该行为和危害结果之间的因果关系。

选项 B、C、D 的考点是相同的。

选项 B 中，介入因素不异常，甲等多人的行为与乙的死亡之间仍然具有因果关系。选项 B 正确。

选项 C 中，介入因素也是不异常的。因果关系同样不中断。选项 C 正确。

选项 D 中，介入因素也是不异常的。选项 D 错误。

综上，本题正确答案为 ABC。

【同类考点总结】重叠的因果关系和介入因素的异常性都是近几年的热门考点。考生还是要抓住我们前面讲的基本原则，根据这个基本原则来判断。

【经典真题】

以下甲的行为与死亡结果之间有因果关系的是：（2020 年卷一回忆版）[1]

A. 甲系黑社会性质组织老大，命令成员乙对丙进行非法拘禁，丙趁乙不注意脱逃，乙害怕甲责怪，恼羞成怒，追至丙家中将其杀害

B. 乙住 14 楼，甲上门讨债。甲敲门，乙问："是谁?"甲说："你欠的债该还了！"乙听了非常害怕，为了逃避追债，乙试图从 14 楼跳到 13 楼阳台，失足摔死

C. 甲乙合谋杀丙，甲让乙引诱丙到甲家中将其杀死，乙驾车载丙去甲家，途中因丙语言过激，乙十分生气，在车上将丙杀死

D. 甲教唆乙非法拘禁丙，乙非法拘禁过程中把丙过失摔死了

【考点】因果关系

【解题思路与常见错误分析】选项 A：乙杀丙是甲教唆的犯意以外的行为，甲无需负责。

选项 B：乙的跳楼不是为了逃生而迫不得已的行为，是自陷风险的行为，由其自负其责。

选项 C：因果关系是实行行为与危害结果之间的因果关系。甲的行为只是预备行为，所以其行为与丙的死亡之间没有刑法上的因果关系。

选项 D：甲教唆乙非法拘禁丙，就应当认识到乙有可能在非法拘禁中过失致人死亡。在非法拘禁中过失致人死亡是非法拘禁的结果加重犯。对于结果加重犯的加重结果，其他共犯即使没有亲自实施造成加重结果的行为，也要对加重结果负责。

【同类考点总结】如果甲无需为他人的某个行为负责，他的行为和该行为导致的结果就无因果关系。请考生特别注意选项 C 和 D 的知识点：只有实行行为才和危害结果具有因果关系；教唆犯要对加重结果负责。

八、相当因果关系说★★

在判断刑法上的因果关系时也可以采用相当因果关系说。该理论主张根据社会一般人生活上的经验，在通常情况下，某种行为产生某种结果被认为是相当的场合，就认为

---

[1] 【答案】D

该行为与该结果具有因果关系。"相当性"说明该行为产生该结果是通例而非异常的，即这一结果是通常会发生的。如果某行为通常不会发生这样的结果，就认为不具有因果关系。

相当因果关系的实质也是在归因基础上的归责，即与结果具有相当因果关系的行为即可以被归责。

【示例】甲抢劫乙，致乙重伤昏迷。甲扬长而去，当夜气温是零下 20 摄氏度，乙被冻死。

【分析】相当因果关系说就认为甲致乙重伤昏迷，而又将乙抛弃在零下 20 摄氏度的温度中，那么乙通常都会发生死亡结果，这种因果关系就具有相当性，应当承认甲的行为与乙的死亡之间具有刑法上的因果关系，因此甲构成抢劫致人死亡。

相当因果关系说的结论和前述判断方法的结论是一致的。因为有的命题老师持这一观点，所以我们简单介绍一下。

九、客观归责理论 ★ ★ ★

客观归责理论是德国的罗克辛教授在 20 世纪 70 年代提出的。最近十年来，我国很多学者对该理论进行了热烈的讨论。张明楷教授、周光权教授都认为我国不必全盘接受客观归责理论，但都承认该理论从事实上的归因判断到规范上的归责判断的思路非常好。而且，该理论提出的危害行为必须是制造了不被容许的风险的行为的观点对于判断某行为是否是刑法上的危害行为非常有价值。因此，本书对该理论予以简单介绍。

客观归责理论：在客观的构成要件部分，解决结果是否应归属于行为的问题。

依照客观归责理论的原则，只有在行为人的行为违反行为规范，对于行为客体制造了不被容许的风险，而这个风险在具体的结果中实现，且结果存在于构成要件的效力范围内时，由这个行为所引起的结果，才可以算是行为的结果，并归责于行为人，这样在经验及归责上因果关系的检验才没有问题。简言之，必须满足以下条件：①行为制造不被容许的危险，因为降低风险的行为及被容许的风险，等于没有制造危险；②行为导致结果发生，重视危险与结果之间的流程正常，若不在规范保护目的的范围内，就没有实现风险；③因果历程在构成要件的效力范畴内，因为结果的发生如果是属于参与他人故意的危险行为及专业人员的负责范围时，不能归责。

【辨析】甲即将被车撞到，其友乙猛力推开他。甲受轻伤。甲的轻伤与乙的行为之间有无因果关系？[1]

【辨析】警察追逐嫌犯，因与嫌犯的车距离过近导致追尾而死亡。嫌犯是否需要负责？[2]

规范保护目的理论：如果危害结果在规范的保护目的之外，那么也不能进行客观归责。

例如，甲违章驾驶导致撞车，撞车声把路旁的行人乙吓死。只有在危害结果与规范保护目的有关联性时，才能将结果归责于行为人。刑法禁止违章驾驶是为了保证汽车正常通行，乙的死亡不在交通法规的保护目的之内，因此不能进行客观归责。

---

〔1〕乙的行为固然造成了甲的轻伤，但该行为将甲死亡的风险降低为伤害的风险，故等于没有制造风险。因此，乙的行为与甲的受伤没有（刑法上的）因果关系。此即客观归责理论的分析思路。

〔2〕嫌犯不需要负责。这是由于警察自己不能合理掌控车距和车速导致的。这属于专业人员的负责范围。

被害人自我答责：自愿实施危险行为或自愿参与他人的危险行为，自负其责。

> 条件说加中断理论、相当因果关系理论、客观归责理论在对绝大多数因果关系问题的分析上得出的结论是相同的。考生可以自愿选择自己容易掌握的理论。

十、不作为犯罪的因果关系

在不作为犯罪中，不作为行为与危害结果之间具有刑法上的因果关系。也只有不作为行为与危害结果的发生之间具有刑法上的因果关系时，不作为行为才可能构成犯罪。

十一、对因果关系的认识错误

参见认识错误部分。

第四章

违法构成要件之二
——违法阻却事由

第一节　法定的违法阻却事由

导学

　　违法阻却事由是超级高频考点。本节讲述正当防卫和紧急避险这两个刑法有明文规定的违法阻却事由。

🔽 关联法条

《刑法》

第二十条　【正当防卫】为了使国家、公共利益、本人或者他人的人身、财产和其他权利免受正在进行的不法侵害，而采取的制止不法侵害的行为，对不法侵害人造成损害的，属于正当防卫，不负刑事责任。

　　正当防卫明显超过必要限度造成重大损害的，应当负刑事责任，但是应当减轻或者免除处罚。

　　对正在进行行凶、杀人、抢劫、强奸、绑架以及其他严重危及人身安全的暴力犯罪，采取防卫行为，造成不法侵害人伤亡的，不属于防卫过当，不负刑事责任。

第二十一条　【紧急避险】为了使国家、公共利益、本人或者他人的人身、财产和其他权利免受正在发生的危险，不得已采取的紧急避险行为，造成损害的，不负刑事责任。

　　紧急避险超过必要限度造成不应有的损害的，应当负刑事责任，但是应当减轻或者免除处罚。

　　第一款中关于避免本人危险的规定，不适用于职务上、业务上负有特定责任的人。

📖 考点解读

一、违法性的概念 ★★★

违法性的实质是对法益的侵害与威胁。犯罪行为不仅是形式上符合犯罪构成要件的行为，而且是实质上法律不允许的行为。如果一个行为客观上没有对法益的侵害与威胁，即使责任再重大，也不成立犯罪。

二、客观的违法性论★★★

一个行为是否具有违法性，是客观的。这就是客观的违法性论。

客观的违法性论将法律理解为客观的评价规范。不管行为人的主观能力如何，只要客观上违反法律，就具有违法性。

结论：无责任能力人的侵害行为也具有违法性，对之应当允许进行正当防卫。

三、违法阻却事由★★★

违法阻却事由，又称为排除犯罪的事由、正当化事由、正当行为。它是指行为虽然在客观上造成了一定的损害结果，表面上符合某些犯罪的客观要件，但实际上没有犯罪的社会危害性，并不符合犯罪构成，依法不成立犯罪的事由。所以：

1. 从客观上看，违法阻却事由仅在表面上符合某些犯罪的客观要件，但实际上没有犯罪的社会危害性；

2. 从主观上看，排除犯罪的事由也是行为人"故意"实施的，但这种"故意"根本不是刑法意义上的故意和过失，行为人主观上没有罪过；

3. 违法阻却事由不能满足犯罪构成要件，不构成犯罪。

四、法益衡量说★★★

实际上，这些行为也侵害了法益，例如正当防卫伤害了正在实施杀人行为的人，但侵害这些法益是为了救济更高价值的法益，因此是正当的——法益衡量说。

五、违法阻却事由的分类

根据不同标准，可以对违法阻却事由进行不同分类。我们根据刑法有无明文规定为标准，将其分为法定的违法阻却事由和非法定（超法规）的违法阻却事由。在我国，法定的违法阻却事由包括正当防卫和紧急避险。非法定的违法阻却事由包括：（1）法令行为；（2）正当业务行为；（3）被害人的承诺；（4）基于推定的承诺的行为；（5）自救行为；（6）自损行为；（7）义务冲突。

> 违法阻却事由仅在表面上符合犯罪的客观要件，但实际上不能满足犯罪构成要件，不构成犯罪。

六、正当防卫★★★★★

（一）正当防卫的概念与分类

正当防卫是指为了使国家、公共利益、本人或他人的人身、财产和其他权利免受正在进行的不法行为的侵害，而采取的为制止不法侵害，对不法侵害人造成损害的行为（《刑法》第20条）。

正当防卫分为两种：一般正当防卫（《刑法》第20条第1款）与特殊正当防卫（《刑法》第20条第3款）。

（二）正当防卫的特征

1. 正当防卫的行为具有正义性、合法性。

2. 正当防卫的目的具有正当性。

3. 正当防卫的本质是制止不法侵害，保护合法权益。

（三）正当防卫的成立条件

正当防卫必须符合一定的要件，否则就会造成新的不法侵害。

表10　正当防卫的成立要件

正当防卫的成立条件	如何认定本条件	违反本条件的结果
1. 起因条件：必须存在着具有社会危害性和侵害紧迫性的不法侵害行为。	1. 不法侵害的范围包括违法行为和犯罪行为，但应限于具有暴力性、破坏性、紧迫性的不法侵害行为。 2. 对下列行为不能或不宜进行防卫：（1）合法行为，包括依照法令的行为、执行命令、正当业务行为等，对此不能实行正当防卫；（2）正当防卫行为，对此不能实行反防卫；（3）紧急避险行为，对此不能进行正当防卫；（4）对意外事件不能实行正当防卫；（5）对防卫过当、避险过当不宜进行正当防卫；（6）对过失犯罪和不作为犯罪不宜进行正当防卫。但如果只有通过正当防卫才能制止不作为犯罪的，也可以进行正当防卫。	误以为存在着不法侵害而进行防卫的，属于假想防卫。假想防卫是一种认识错误，不成立故意犯罪；如果行为人有过失的，成立过失犯罪，无过失的，就属于意外事件。
2. 时间条件：不法侵害正在进行，即已经开始尚未结束。 对于财产犯罪，犯罪结束后在现场立即追击的，视为不法侵害尚未结束。	已经开始是指不法侵害人已经着手直接实施不法侵害行为，已经对法律保护的权益构成了现实的威胁。关于不法侵害的结束，通常应当以不法侵害对合法权益所形成的现实危害是否排除为标准。在实践中，下列情形一般应视为不法侵害已经终止：一是不法侵害已经完结；二是不法侵害人自动中止侵害；三是不法侵害人已经被制服；四是不法侵害人已经丧失继续侵害的能力。	如果在不法侵害尚未开始或已经终止后，对侵害人进行的"防卫"，属于事前防卫或事后防卫。事前防卫或者事后防卫构成犯罪的，应当负刑事责任。
3. 主观条件：具有正当防卫意图。	防卫人主观上必须出于正当防卫的目的，即是为了使国家、公共利益、本人或者他人的人身、财产和其他权利免受不法侵害。因此，下列四种行为不是正当防卫：（1）防卫挑拨，即行为人出于侵害的目的，以故意挑衅、引诱等方法促使对方进行不法侵害，尔后借口防卫加害对方的行为；（2）相互的非法侵害行为，即双方都出于侵害对方的非法意图而发生的相互侵害行为；（3）为保护非法利益而对合法行为实行的防卫，如暴力阻碍警察对自己的合法抓捕；（4）偶然防卫，是指故意侵害他人合法权益的行为，巧合了正当防卫的其他条件。	防卫挑拨、互相侵害、偶然防卫时，由于双方都不具有正当防卫的意图，因此都不属于正当防卫。符合犯罪构成要件的，都成立犯罪，如聚众斗殴罪、故意伤害罪等。

续表

正当防卫的 成立条件	如何认定本条件	违反本条件的结果
4. 对象条件：针对不法侵害者本人。	对不法侵害者的打击通常是针对其人身权的，但当不法侵害人使用自己的财产作为犯罪工具或者手段时，如果能够通过毁损其财产达到制止不法侵害的目的，也可以针对其财产进行正当防卫。	如果误以为第三者是不法侵害人而进行防卫的，按假想防卫处理；如果故意针对第三者进行所谓的"防卫"，就应按故意犯罪处理。
5. 限度条件：不能明显超过必要限度且造成重大损害。	1997刑法放宽了对限度条件的要求。判断防卫是否超过了"必要限度"应结合行为当时的具体情况（如情况的紧急程度、可用的防卫工具等）判断。	防卫过当，如果构成犯罪的，应当承担刑事责任，但应当减轻或免除处罚。注意防卫过当不是罪名。

图表补充说明：

1. 不法侵害应是人实施的不法侵害。在人以动物为工具攻击他人时，打死打伤该动物的，事实上属于以给不法侵害人的财产造成损害的方法进行正当防卫。

正当防卫的对象必须是不法侵害行为。假想防卫时，被"防卫"者必须有一个真实的、正在进行的貌似不法侵害的行为。假想防卫者的行为从表面上看完全符合正当防卫的要求。对假想防卫可以进行正当防卫。

2. 有些犯罪的预备行为，相对于其他犯罪而言属于已经着手的实行行为，在这种情况下应认为不法侵害已经开始。例如，为了杀人而侵入他人住宅的，在侵入住宅时，就可以进行正当防卫。

3. 不法侵害已经结束的认定：从实质上而言，是指合法权益不再处于紧迫、现实的侵害、威胁之中。具体表现为：不法侵害人已经被制服、不法侵害人已经逃走、不法侵害人已经自动中止犯罪等。

防卫必须适时。防卫不适时指对尚未发生或已经结束或已自动中止的侵害行为实施的防卫行为。这不属于正当防卫，如有故意、过失，应追究刑事责任。

请注意掌握"一体化防卫行为（见脚注）"。

【经典真题】

甲、乙均为水果摊摊主，二人发生矛盾。甲用水果刀捅乙，乙顺手抄起一个扁担打甲的腿部，甲倒在地上，乙担心甲起来继续伤害自己，又用扁担猛击甲的头部数下，导致甲重伤，经抢救无效死亡。事后查明，甲倒地后即已昏迷，请问对乙的行为如何认定？（2018年试卷一回忆版）[1]

---

[1] 防卫人基于一个行为意志发动的防卫行为，只要在客观上具有持续性或者连续性，就可以评价为一体化的防卫行为，而不应当进行人为的分割。如果将在不法侵害结束后的防卫行为独立地认定为故意犯罪，明显不利于防卫人进行正当防卫。所以，对于在不法侵害结束后短暂时间内实施的一体化的防卫行为，不应认定为独立的犯罪，充其量只能认定为防卫过当（量的过当）。即，不能将乙后来打击甲头部的行为单独认定为故意伤害罪或者故意杀人罪，而应把其前后两个行为一体化认定为防卫行为。由于甲当时已经倒地，乙的防卫行为属于防卫过当。

4. 对财产性违法犯罪的正当防卫的时间可以延长。

在财产性违法犯罪的情况下，行为虽然已经既遂，但在现场还来得及挽回损失的，应当认为不法侵害尚未结束，可以实行正当防卫。其原因在于这种立即追击行为能够挽回损失，因此能够"制止不法侵害"，所以被认为是正当防卫。

> 这一延长仅针对财产犯罪有效。对于人身伤害，在犯罪结束后，就不可能再进行正当防卫了。因为被害人再去伤害行为人，并不能挽回自己的人身伤害。只有在现场还来得及挽回损失的，才应当认为不法侵害尚未结束，可以实行正当防卫。

5. 通说认为，要成立正当防卫，行为人必须具备防卫意图。行为人可以同时具备防卫认识和防卫意志，也可以只具有防卫认识。但如果连防卫认识都不具备，则不能成立正当防卫。

但是，结果无价值论认为不具有防卫意图，只具有防卫效果也可成立正当防卫（偶然防卫）。

6. 必须是对实施不法侵害的行为人本人实施防卫行为（对象条件）。

（1）对现场的不法侵害的组织者、指挥者以及直接参与者，均可以实行正当防卫；

（2）如果不法侵害人使用自己的财产作为犯罪工具或手段时，可以针对其财产进行正当防卫。

7. 正当防卫不能明显超过必要限度造成重大损害（限度条件）。

（1）必要限度是指有效地制止不法侵害所必需的程度。确定防卫行为是否为有效地制止不法侵害所必需时，应从实际出发，全面考虑各方面因素；

（2）防卫过当的要负刑事责任。

（四）防卫过当及刑事责任

实施正当防卫明显超过必要限度，造成重大损害，构成防卫过当的，应当负刑事责任，但应当减轻或免除处罚。

防卫过当在主观上一般是过失，但也不排除间接故意的可能性。

【经典真题】

甲深夜盗窃 5 万元财物，在离现场 1 公里的偏僻路段遇到乙。乙见甲形迹可疑，紧揪住甲，要甲给 5000 元才能走，否则就报警。甲见无法脱身，顺手一拳打中乙左眼，致其眼部受到轻伤，甲乘机离去。关于甲伤害乙的行为定性，下列哪一选项是正确的?[1]（2014 - 2 - 8）

A. 构成转化型抢劫罪　　　　　　　B. 构成故意伤害罪

C. 属于正当防卫，不构成犯罪　　　D. 系过失致人轻伤，不构成犯罪

【考点】正当防卫中不法侵害的认定

【解题思路与常见错误分析】转化型抢劫必须发生在盗窃行为刚刚结束，尚未离开现场即被人追捕时。甲盗窃结束，离开现场一公里后才遇到乙，所以甲不构成转化型抢劫。故，选项 A 错误。

乙揪住甲是为了进行敲诈勒索，所以甲为了制止不法侵害（被敲诈）而殴打他是正当防卫。故，选项 B、D 错误，C 正确。

---

〔1〕【答案】C

【同类考点总结】面对不法侵害，任何人都有正当防卫权，犯罪嫌疑人也不例外。本题鼓励犯罪嫌疑人对非法敲诈勇敢地说"不"！

（五）特殊正当防卫

特殊正当防卫的本质仍然是正当防卫，当然仍然需要满足正当防卫的全部要件。

（六）防卫装置

所谓防卫装置是指行为人预先设置好，准备用于防止不法侵害的设施。在防卫装置伤害他人人身或财产权利的时候，该"防卫行为"是否构成正当防卫，要看该防卫装置是否符合正当防卫的要件。例如是否是在发生不法侵害时防卫的，是否明显超过必要限度等。

要确认这些装置是否合法，应综合考虑以下几方面的因素：

1. 这些装置本身是否合法，是否违背了法律的明确规定和人们通常的容忍度：例如，是否危及公共安全。在任何情况下，都不允许在瓜地周围安装裸露的电网，也不允许在自己的屋里安装裸露的电网。

2. 该装置发生防卫效果的时间：在装置合法的情况下，还必须考查该装置发生防卫效果的时间。如果在不法侵害尚未发生时，防卫装置已"先下手为强"，发挥了作用，给他人造成了损害，那么，这就不是正当防卫。因为此时是否会发生不法侵害还不确定，仅是一种可能性。

3. 造成的损害结果是否明显超过了必要限度：这是在已经明确某装置属于用于正当防卫的装置时所进行的进一步分析。如果造成的损害结果没有明显超过必要限度，未造成重大损害，装置的设置者就不需要对被侵害者的损害结果负责；反之，装置的设置者就要承担防卫过当的刑事责任。

【示例】李某为了防止他人偷摘自己种的蔬菜，在菜地周围拉上裸露的电网，且未设置任何警示标志，导致裴某在偷菜时触电身亡。以下说法正确的是：[1]

A. 李某构成故意杀人罪

B. 李某构成过失致人死亡罪

C. 李某构成正当防卫，不负刑事责任

D. 李某对裴某的死亡持间接故意心态

【分析】李某在菜地周围拉上裸露的电网，且不设置任何警示标志，说明其对他人死亡是放任（间接故意）的心态，因此李某应当构成故意杀人罪，选项A、D是正确的。

（七）对动物攻击人的行为能否进行正当防卫

1. 在野生动物侵害法益时，可以进行反击，但不属于正当防卫。如果是国家保护动物可能成立紧急避险。

2. 在饲主唆使其饲养的动物侵害他人的情况下，动物是饲主进行不法侵害的工具，打死打伤该动物的，属于以造成不法侵害人财产损失的方法进行正当防卫。

3. 如果由于饲主的过失行为导致动物侵害他人，打死打伤该动物的行为，也成立正当防卫。

4. 对于流浪的野狗等一般动物自发咬人的行为，将狗打死的，连紧急避险都不算，因为这种打狗行为没有侵犯任何人的利益。

---

[1]【答案】AD

（八）对偶然防卫的不同评价

【学术争议】偶然防卫是指以犯罪的故意实施的行为，其结果偶然产生了防卫的效果。例如，在共同犯罪中，杀害被害人时，误杀死同伙。理论上有3种不同观点。

1. 结果无价值论认为这一行为没有侵害法益，因此不构成犯罪。

2. 行为无价值二元论则认为该行为违反了刑法规范，且具有侵害法益的可能性，因此构成犯罪。但是，由于该行为确实保护了法益，因此成立犯罪未遂。

3. 我国通说（行为无价值一元论）则认为此时仍然成立犯罪既遂。

【经典真题】

甲、乙共同对丙实施严重伤害行为时，甲误打中乙致乙重伤，丙乘机逃走。关于本案，下列哪些选项是正确的？（2016－2－52）[1]

　A. 甲的行为属打击错误，按照具体符合说，成立故意伤害罪既遂

　B. 甲的行为属对象错误，按照法定符合说，成立故意伤害罪既遂

　C. 甲误打中乙属偶然防卫，但对丙成立故意伤害罪未遂

　D. 不管甲是打击错误、对象错误还是偶然防卫，乙都不可能成立故意伤害罪既遂

【解题思路与常见错误分析】甲并没有认错人，甲的行为属于打击错误。根据具体符合说，甲对丙成立故意伤害未遂，对乙成立过失致人重伤。乙不可能对自己成立故意伤害。

（九）"两高一部"关于依法适用正当防卫制度的指导意见

2020年8月，《最高人民法院、最高人民检察院、公安部关于依法适用正当防卫制度的指导意见》发布。该《意见》对于正当防卫及防卫过当的认定极为重要。请考生认真研读。其总体要求是：

1. 把握立法精神，严格公正办案。正当防卫是法律赋予公民的权利。要准确理解和把握正当防卫的法律规定和立法精神，对于符合正当防卫成立条件的，坚决依法认定。要切实防止"谁能闹谁有理""谁死伤谁有理"的错误做法，坚决捍卫"法不能向不法让步"的法治精神。

2. 立足具体案情，依法准确认定。要立足防卫人防卫时的具体情境，综合考虑案件发生的整体经过，结合一般人在类似情境下的可能反应，依法准确把握防卫的时间、限度等条件。要充分考虑防卫人面临不法侵害时的紧迫状态和紧张心理，防止在事后以正常情况下冷静理性、客观精确的标准去评判防卫人。

3. 坚持法理情统一，维护公平正义。认定是否构成正当防卫、是否防卫过当以及对防卫过当裁量刑罚时，要注重查明前因后果，分清是非曲直，确保案件处理于法有据、于理应当、于情相容，符合人民群众的公平正义观念，实现法律效果与社会效果的有机统一。

4. 准确把握界限，防止不当认定。对于以防卫为名行不法侵害之实的违法犯罪行为，要坚决避免认定为正当防卫或者防卫过当。对于虽具有防卫性质，但防卫行为明显超过必要限度造成重大损害的，应当依法认定为防卫过当。

七、紧急避险★★★

紧急避险是指为了使国家、公共利益、本人或他人的人身、财产和其他权利，免受正

---

〔1〕【答案】CD

在发生的危险的侵害，不得已而采取的损害另一个较小的合法利益的行为（《刑法》第21条）。

（一）紧急避险的特征

紧急避险的本质特征是为了避免现实危险，保护较大合法权益而迫不得已损害较小合法权益。

（二）紧急避险的成立条件

1. 起因条件：必须有需要避免的危险存在。危害的主要来源有四种：人的危害行为、自然灾害、动物的侵袭、人的生理或病理疾患。

如果危险并不存在，而行为人误认为存在，进而实行所谓紧急避险的，刑法理论上称之为假想避险。对于假想避险，应根据行为人主观上有无过失而分别按过失犯罪或者意外事件处理。

对自己招致的针对本人的危险（即甲的行为引起了对甲本人生命、身体等的危险）能否实行紧急避险？

对这一问题应根据具体情况判断是否允许紧急避险。对于行为人有意识地制造自己与他人的法益之间的冲突，引起紧急避险状态的，可以认为制造者放弃了自己的法益，既然如此，就不存在对自己"法益"的紧迫危险，因而不能允许制造者实施紧急避险。

但是，当行为人虽然故意、过失或者意外实施了某种违法犯罪行为，但不是故意制造法益之间的冲突，却发生了没有预想到的重大危险时，存在紧急避险的余地。在这种情况下，对自己招致的危险能否进行紧急避险，要通过权衡法益、考察自己招致危险的情节以及危险的程度等进行综合评价。

2. 时间条件：危险必须正在发生。所谓危险正在发生，是指已经发生的危险将立即造成损害或正在造成损害而尚未结束。危险尚未发生或者已经结束，行为人实行避险的，属于避险不适时。不适时的避险行为，若造成重大损害的，应当负刑事责任。

3. 对象条件：只能是针对第三者的合法权益，即通过损害无辜者的合法权益保全公共利益、本人或者他人的合法权益。

4. 主观条件：即行为人必须有正当的避险意图，包括避险认识和避险目的。避险认识，主要是对正在发生的危险的认识。避险目的，是行为人实施避险行为所希望达到的结果，也即是为了保护合法权益免遭正在发生的危险的损害。

5. 限制条件：即紧急避险只能是出于迫不得已。当危险发生之时，除了损害第三者的合法权益之外，不可能用其他方法来保全另一合法权益。

6. 限度条件：是指紧急避险不能超过必要限度造成不应有的损害。所谓必要限度，是指紧急避险行为所引起的损害必须小于所避免的损害。

7. 特别例外限制，也称避险禁止。根据我国《刑法》第21条第3款的规定，关于避免本人危险的规定，不适用于职务上、业务上负有特定责任的人。即这些人不得以"避免本人的危险"为由不履行应尽的职责。例如消防队员不得以紧急避险为由拒绝灭火，警察不得以紧急避险为由拒绝抓捕犯罪嫌疑人。

（三）受强制的紧急避险

所谓受强制的紧急避险（Nötigungsnotstand）是指受他人强制实施紧急避险的情形。

【示例】绑架犯A绑架了B的儿子，要求B抢劫银行巨额现金，否则杀害其子。B为了挽救儿子的生命而实施了抢劫银行的行为。B的行为是否成立紧急避险？如果银行职员对此不知情，其能否进行正当防卫？如果银行职员知情呢？

【回答】 人命和财物哪个重要？当然是人命重要。所以 B 能够成立紧急避险。如果银行职员不知情，他当然能够进行"正当防卫"。但是，由于 B 的行为并不构成犯罪，所以银行职员的"正当防卫"行为在刑法上只能被评价为假想防卫。如果银行职员知情，他只能继续进行紧急避险。

（四）避险过当及其刑事责任

避险行为超过必要限度造成不应有的损害的，成立避险过当。避险过当不是独立的罪名，只能根据避险行为所符合的犯罪构成，确定罪名。对于避险过当的责任形式，应与防卫过当的责任形式作相同理解。对于避险过当的，应当减轻或者免除处罚。

（五）紧急避险与正当防卫的异同

1. 相同点：

（1）两种行为的行为人在主观上都具有正当目的，主观意图都是为了使国家、公共利益、本人或他人的人身、财产和其他合法权益免受侵害；

（2）形式上，两种行为都给他人或社会造成了一定损害，但实质上都被认为是有益于社会的行为；

（3）均为合法行为；

（4）都要求不得超过一定限度。

2. 不同点：

正当防卫与紧急避险的根本不同在于：正当防卫是合法权益与不法侵害之间的冲突，是"正对不正"。紧急避险是两个合法权益之间的冲突，是"正对正"，是"两害相权取其轻"。

正当防卫针对不法侵害者本人，紧急避险针对无辜的第三人。

（1）危害来源不同：正当防卫的危害来源只能是不法行为人的侵害；紧急避险中危险来源多种多样，包括自然力破坏、动物侵袭、人的生理病理造成的危险以及人所实施的违法犯罪行为等。

（2）行为对象不同：正当防卫的行为对象仅为不法侵害人本人；紧急避险的行为对象为第三人。

（3）实施条件不同：实施正当防卫行为，不要求只有"迫不得已"时才可实施；紧急避险行为只有在迫不得已情况下才可实施。

（4）对行为主体要求不同：正当防卫行为在主体范围上无特殊限制；紧急避险中避免本人危险的主体不包括职务、业务上负有特定责任的人。

（5）对行为是否过当判断标准不同：正当防卫行为给侵害人造成的损害，可以与被保护的合法利益相等，也可以大于被保护的合法权益，只要不明显超过必要限度造成重大损害即可；紧急避险行为所造成的损害必须小于所保护的合法利益，否则即为过当。

【示例】 以下哪些行为属于紧急避险？[1]

A. 甲唆使自己养的狼狗咬乙，乙用手边的木棒将狼狗打死

B. 警察丙在接到群众报案后赶到现场，到现场后，看到犯罪嫌疑人持刀砍杀群众却不救助，理由是"救助会有生命危险"

---

[1]【答案】CD

C. 丁在被人追杀中，多次恳求过路司机带他走，都无人答应。无奈中，丁冲进停在路边，尚未熄火的廖某的汽车（廖某在旁边吃饭），开上就跑，终于逃过追杀

D. 戊驾驶的汽车突然刹车失灵，眼看要冲入人群中。无奈中，戊将汽车向旁边停放的卡车上撞去，戊的车停住了，但两车都严重毁损，直接经济损失达 20 万元

【分析】选项 A 中乙的行为属于正当防卫。这时的狼狗是犯罪工具，在这种情况下，通过打死狼狗来防止自己被伤害，符合正当防卫的要件。选项 B 属于业务上、职务上负有特殊职责的人，不得实行紧急避险。选项 C、D 都属于紧急避险。

【经典真题】

关于正当防卫与紧急避险的比较，下列哪一选项是正确的？（2017－2－4）[1]

A. 正当防卫中的不法"侵害"的范围，与紧急避险中的"危险"相同

B. 对正当防卫中不法侵害是否"正在进行"的认定，与紧急避险中危险是否"正在发生"的认定相同

C. 对正当防卫中防卫行为"必要限度"的认定，与紧急避险中避险行为"必要限度"的认定相同

D. 若正当防卫需具有防卫意图，则紧急避险也须具有避险意图

【考点】 正当防卫、紧急避险

【解题思路与常见错误分析】 选项 A、C：参见正文。

选项 B：在财产犯罪中，犯罪刚刚结束，在现场还来得及反击，夺回财物的，刑法理论上认为此时"不法侵害尚未结束（即正在进行）"，反击行为可以成立正当防卫。但此时显然不能进行紧急避险了，因为危险已经结束了。所以选项 B 错误。

选项 D：选项 D 涉及刑法中的两种理论争议。结果无价值论者认为，只要行为在客观上制止了不法侵害或者躲避了危险，无论行为人有没有制止不法侵害的意图或者躲避危险的意图，其行为都应当被认定为正当防卫或者紧急避险。例如，甲开枪杀害乙，但乙当时正在瞄准并试图杀害丙。甲的杀人行为挽救了丙的生命。结果无价值论者就认为虽然甲没有正当防卫意图，但甲的行为仍然构成正当防卫。行为无价值论者则认为，只有行为人具有正当防卫或者紧急避险的意图时，其防卫行为或者避险行为才能构成正当防卫、紧急避险。在前述案例中，行为无价值论者就认为甲的行为不构成正当防卫。

结果无价值论者和行为无价值论者在看待不同事物时，是各自用自己的理论一以贯之的。所以，结果无价值论者不要求正当防卫具有防卫意图，那么也就不要求紧急避险具有避险意图。行为无价值论者要求正当防卫具有防卫意图，那么也就要求紧急避险具有避险意图。所以选项 D 说："若正当防卫需具有防卫意图，则紧急避险也须具有避险意图"，这是正确的。

---

[1] 【答案】D

【同类考点总结】本题选项 D 涉及两种理论的争议。对于行为现实引起的对法益的侵害或者威胁（危险）所作的否定评价，称为结果无价值；对于与结果切断的行为本身的样态所作的否定评价，称为行为无价值。对是否构成犯罪的评价根据是结果，结果恶才是恶的就是结果无价值。不考虑结果，评价根据是与结果切断的行为本身的样态，行为恶就是恶的就是行为无价值。通常情况下，具有行为无价值特点的行为同时也是结果无价值的。例如，盗窃行为会导致他人的财物损失，非法杀人会导致他人生命的提前终结。但是，在极特殊的情况下，恶的行为可能不发生侵害法益的结果。例如前述甲杀乙事件。这在刑法理论上被称为偶然防卫。

我国刑法理论通说是行为无价值。但是，结果无价值近年来也被很多学者支持，他们认为偶然防卫应当成立正当防卫（例如张明楷教授）。在法考中将出现大量的案例分析题。掌握这两种理论对于分析一些特殊的案件还是很有价值的。

【难度系数】★★★

第二节　非法定（超法规）的违法阻却事由

导学 本节讲述各种法律虽无明文规定，但是根据刑法的基本原理应当阻却违法性的事由。被害人承诺和义务冲突是考查次数较多的，请考生特别注意。

考点解读

一、为什么这些事由被称为"超法规的排除违法性的事由"

这些事由都是法律没有明文规定，但也应当排除违法性，因而不成立犯罪的事由。

这些事由主要包括：法令行为、正当业务行为、被害人承诺的行为、基于推定的承诺的行为、自救行为、自损行为、义务冲突行为等。

二、总体比较★★★

表 11　超法规的排除违法性的事由

类别	特征
1. 法令行为	是指基于成文法律、法令、法规的规定，作为行使权利或承担义务所实施的行为。法令行为包括四类行为：（1）法律基于政策理由排除犯罪性的行为，即某类行为本来具有犯罪性，法律基于政策上的考虑，将其中的某项行为规定为合法行为。例如发行彩票本来是赌博行为，但国家基于政策原因允许发行福利彩票，这种行为就不是犯罪。（2）法律有意明示了合法性条件的行为，即某类行为本来具有犯罪性，法律特别规定符合一定条件时就属合法行为。（3）职权（职务）行为，如警察依法逮捕犯罪嫌疑人。(4)权利（义务）行为，即在法律上规定属于公民的权利（义务）的行为。例如公民有权扭送现行犯到公安机关。
2. 正当业务行为	是指虽然没有法律、法令、法规的直接规定，但在社会生活上被认为是正当的业务上的行为。例如医生的治疗行为、记者的采访行为。

续表

类别	特征
3. 基于被害人的承诺的行为	详见下文。
4. 基于推定的承诺的行为	详见下文。
5. 自救行为	自救行为是指合法权益受到侵害的人，在通过法律程序、依靠国家机关不可能或者明显难以恢复的情况下，依靠自己的力量救济合法权益的行为。救济行为的手段应当具有适当性，不得违反法律的规定，所造成的侵害与救济的合法利益应当具有相当性。 **自救行为是在法益已经受到了违法侵害的情况下发生的，不问该侵害是刚刚发生还是经过了一段时间。这是自救行为与正当防卫的关键区别。**
6. 义务冲突	不得为了履行不重要的义务而放弃重要的义务。
7. 自损行为	如果损害了国家、社会或者他人的合法权益，同样可能构成犯罪。如战时自伤罪。

三、基于被害人承诺的行为 ★★★★

被害人的承诺，符合一定条件，便可以排除损害被害人合法权益的行为的犯罪性。[1]
被害人承诺并非全部有效。
经被害人承诺的行为符合下列条件时，才排除行为的犯罪性：

1. 有效的承诺以承诺者对被侵害的权益有处分权限为前提。

2. 承诺者必须对所承诺的事项的意义、范围具有理解能力。

3. 承诺是被害人的真实意志。戏言性的承诺、被迫的承诺是无效的。

4. 事实上必须存在承诺，即承诺是明示的，而不是推定的。这是它与基于推定的承诺（也是有效的）的主要区别，后者事实上并无被害人的承诺。

5. 承诺至迟必须存在于结果发生时，被害人在结果发生前改变承诺的，则原来的承诺无效。但是，事后的承诺则不影响犯罪的成立。

6. 经承诺所实施的行为不得超出承诺的范围。

> **理论难点提示：** 经承诺所实施的行为如果本身违反法律规定，仍有可能构成其他犯罪。例如女性同意与他人聚众淫乱，虽然其承诺可以排除其他参加的男性的强奸罪，但该女性和其他参加者还是构成犯罪——聚众淫乱罪。

四、基于推定的被害人承诺的行为 ★★

这是指虽然在行为当时，被害人没有承诺，但被害人在得知真相后，当然会承诺的情形。这里的问题是如果被害人坚持不承诺（追认）怎么办？在基于推定的被害人承诺中，推定的标准是"合理的一般人的意志"。即，如果其他人都会承诺，那么认为被害人当然也

---

〔1〕 被害人请求或许可他人损害自己的合法权益，表明其自己已经放弃了该权益，既然如此，法律就没有必要再保护该权益。损害被放弃的权益的行为，也就不构成犯罪。

会承诺。关于这个问题，请参阅下文的经典真题回顾第二题（2008－2－5）。

五、简单总结

> 正当防卫：侵害迫在眉睫或正在发生。针对不法侵害者本人
> 紧急避险：危险迫在眉睫或正在发生。针对无辜的第三人
> 总结：以为是坏人，确实是坏人（而加以伤害），是正当防卫
> 　　　以为是坏人，其实是好人（而加以伤害），是假想防卫
> 　　　明知是好人，迫不得已（而加以伤害），是紧急避险
> 义务冲突：必须为履行重要的义务而放弃不重要的义务
> 自救行为：要有度
> 自损行为：不得损害他人的合法利益

【经典真题】

关于被害人承诺，下列哪一选项是正确的？[1]（2008－2－5）

A. 儿童赵某生活在贫困家庭，甲征得赵某父母的同意，将赵某卖至富贵人家。甲的行为得到了赵某父母的有效承诺，并有利于儿童的成长，故不构成拐卖儿童罪

B. 在钱某家发生火灾之际，乙独自闯入钱某的住宅搬出贵重物品。由于乙的行为事后并未得到钱某的认可，故应当成立非法侵入住宅罪

C. 孙某为戒掉网瘾，让其妻子丙将其反锁在没有电脑的房间一星期。孙某对放弃自己人身自由的承诺是无效的，丙的行为仍然成立非法拘禁罪

D. 李某同意丁砍掉自己的一个小手指，而丁却砍掉了李某的大拇指。丁的行为成立故意伤害罪

【考点】有效的被害人承诺的条件

【解题思路与常见错误分析】孩子并非父母的财产，父母无权承诺将自己的孩子卖掉，A选项错误。B中应该按照一般人的意志来推定，而非按照事后"被害人"的意志来认定。C中孙某是有权放弃该权利的。D中丁的行为属于没有承诺的行为，因此构成犯罪。

【同类考点总结】有效的被害人承诺需要同时具备前述六个要件，缺一不可。基于推定的被害人承诺的推定依据是"合理的一般人的意志"。

【经典真题】

经被害人承诺的行为要排除犯罪的成立，至少符合下列4个条件：

①被害人对被侵害的_____具有处分权限

②被害人对所承诺的_____的意义、范围具有理解能力

③承诺出于被害人的_____意志

④被害人必须有_____的承诺

下列哪一选项与题干空格内容相匹配？[2]（2011－2－8）

---

〔1〕【答案】D
〔2〕【答案】D

A. 法益——事项——现实——真实

B. 事项——法益——现实——真实

C. 事项——法益——真实——现实

D. 法益——事项——真实——现实

【考点】被害人承诺的有效条件

【解题思路与常见错误分析】参见正文的论述。

【同类考点总结】只有有效的被害人承诺才能排除犯罪的成立。

第五章
责任要件之一
——责任要件符合性

第一节 责任要素

> **导学**
>
> 本节是对责任要件的概述，虽然不会直接考查，但非常重要。考生需要注意：(1) 责任主义是刑法上极为重要的概念。如何贯彻责任主义是考试经常考查的内容。例如，行为在客观上造成了危害，但是行为人对此没有故意与过失，则不构成犯罪。(2) "责任与行为同时存在"是现代刑法理论公认的命题。我们在判断责任要素时，一定注意需要判断的是"行为时"的责任要素。

考点解读

一、责任主义、主观责任与个人责任

一般所称的责任主义，是就主观责任而言的。在近代以前，实行的是客观责任（结果责任）与团体责任。前者是指，只要造成客观危害，就要追究责任；后者是指，只要构成犯罪，不仅追究责任者本人的责任，还要追究与犯罪人有关的人的责任。与此相对，责任主义中的主观责任，是指只有当行为人对所实施的违法行为与结果具有责任能力以及故意、过失、违法性认识的可能性与期待可能性时，才能对行为人进行非难。个人责任，是指只能就行为人实施的个人行为对行为人进行非难。这二者又是密切联系的，其中的关键是主观责任。

> 现代刑法已经彻底摒弃了客观责任和团体责任。现代刑法坚持主观责任和个人责任。当今刑法理论的通说采取的是消极的责任主义。

责任是指有责性或者非难可能性，即能够就符合构成要件的违法行为对行为人进行非难、谴责。根据责任主义，对于无责任能力者的行为，对于没有故意与过失的行为，就不能进行责任非难；对于没有违法性认识可能性、没有期待可能性的行为，也不能进行责任非难。这些行为均不成立犯罪。所以，有责性是犯罪的成立条件。

"有责任就有刑罚"意义上的责任主义，是积极的责任主义；"没有责任就没有刑罚"意义上的责任主义，是消极的责任主义。当今刑法理论的通说采取的是消极的责任主义。

它是指只有当行为人对侵害法益的行为与结果具有非难可能性（有责性或者责任）时，才能将其行为认定为犯罪；而且量刑不得超出非难可能性的范围与程度。

二、责任主义的贯彻 ★★★

（一）由于我国刑法明文将故意、过失与责任能力规定为责任要素，所以，没有故意、过失的行为，以及没有责任能力的人所实施的行为，不可能成立犯罪。

（二）责任主义的贯彻需要正确认识和处理如下问题

1. 除刑法明文规定的故意、过失与责任能力（含法定年龄）之外，违法性认识的可能性与期待可能性也属于责任要素。缺乏违法性认识的可能性与期待可能性，是责任阻却事由。

2. 在单位犯罪的情况下，只能对具有责任的直接负责的主管人员与其他直接责任人员给予刑罚处罚，而不能处罚没有责任的主管人员与参与人员。

3. 司法机关应当确保对结果加重犯的认定与处理符合责任主义。亦即只有当行为人对加重结果至少具有过失时（某些犯罪要求对加重结果有故意），才能认定为结果加重犯。否则，行为人只能承担基本犯的责任。例如，即使行为人以伤害的故意造成了他人死亡，但如果行为人对死亡结果没有预见可能性，就不能认定为故意伤害致死，只能认定为故意伤害致人重伤。

理论难点提示：对结果加重犯的认定是最近几年的考试热点，且持续升温中！

4. 对原因自由行为的处罚也不能违反责任主义。即只能处罚确实自愿陷入无责任状态的人的符合构成要件的行为。

5. 妥当地确定刑法分则条文所规定的具体犯罪的责任形式，如果分则条文中没有处罚过失的文理根据，就只能将该犯罪确定为故意犯罪。

6. 对于升格法定刑的适用，也必须贯彻责任主义原则。亦即只有当行为人对符合法定刑升格条件的客观事实具有责任时，才能适用升格的法定刑。例如，行为人客观上盗窃了数额特别巨大的财物，但如果行为人仅认识到自己盗窃的是数额较大的财物时，就不能适用数额特别巨大的法定刑，只能适用数额较大的法定刑（超高频考点）。

三、责任要素的内容 ★★

责任要件的具体内容就是责任要素。故意、过失、目的与动机是积极的责任要素。法定责任年龄、责任能力则是消极的责任要素，是责任阻却事由。

违法性认识的可能性与期待可能性也是责任要素。由于具有责任能力的人，通常情况下具有违法性认识的可能性与期待可能性，所以，本书将缺乏违法性认识的可能性与缺乏期待可能性作为责任阻却事由和责任年龄、责任能力放在一起论述。

犯罪主体对其实施的危害行为及其危害结果所持的心理态度的基本内容是故意和过失（合称为罪过），此外还有犯罪目的和动机。

任何犯罪的成立都要求行为人具有罪过。没有罪过的事件，属于意外事件，不可能构成犯罪，所以罪过是所有犯罪的共同构成要件。大多数犯罪并不要求特定的犯罪目的，因此犯罪目的仅是某些犯罪的构成要件。犯罪动机是刺激犯罪目的产生的原因，它不是犯罪构成要件，一般不影响定罪，仅影响量刑。

四、对故意、过失的判断应以行为时为基准进行判断 ★★★★

故意、过失与构成要件密切联系。故意、过失是对行为与结果的故意与过失。故意、过失必须表现在行为中。故意、过失只能是行为时的心理态度。故意、过失的有无及其形式与内容都应以行为时为基准进行判断。"责任与行为同时存在"是现代刑法理论公认的命题。

五、对故意犯罪和过失犯罪的处罚原则不同

《刑法》第 14 条第 2 款规定："故意犯罪，应当负刑事责任。"第 15 条第 2 款规定："过失犯罪，法律有规定的才负刑事责任。"因此，刑法以处罚故意犯罪为原则，以处罚过失犯罪为例外。过失行为造成严重危害结果才成立犯罪。故意行为没有造成危害结果也能成立犯罪，例如，故意杀人未遂也成立故意杀人罪，并被给予刑事处罚。

六、责任要素的判断 ★★★★

在犯罪论体系中，有责性与违法性处于相对应的地位。违法判断是对行为的、客观的、外部的判断，责任判断则是对行为所作出的主观的、内部的判断。

在判断行为人是否具有法定的故意、过失时，必须坚持从客观到主观的顺序，而不能相反。换言之，只有在查明了客观事实的前提下，才能判断主观心理状态。

需要注意的是：我国很多司法解释采用了推定的方法。这说明，在判断行为人的主观心态时可以合理采用推定方法。推定是根据客观事实推导行为人的心理状态，客观事实正是检验行为人心理状态的根据。推定不是主观臆断。但是，由于推定终究是推定，所以在确有相反的证据时，推定可以被推翻。例如，《最高人民法院关于审理破坏森林资源刑事案件具体应用法律若干问题的解释》第 10 条规定："刑法第三百四十五条规定的'非法收购明知是盗伐、滥伐的林木'中的'明知'，是指知道或者应当知道。具有下列情形之一的，可以视为应当知道，但是有证据证明确属被蒙骗的除外：（一）在非法的木材交易场所或者销售单位收购木材的；（二）收购以明显低于市场价格出售的木材的；（三）收购违反规定出售的木材的。"本条即是如何适用推定的典型司法解释。

【示例】甲试图毒死乙，就给乙的杯子中投了毒。经查，甲拿错了药。甲投放到乙的杯子里的是食盐。由于太咸了，乙尝了一口就倒掉了。应如何判断甲的行为？

【分析】如果从主观到客观进行判断，就可能会这样判断：甲想杀人，由于投入的是盐，乙没有死。所以甲成立故意杀人罪（未遂）。如果从客观到主观进行判断，就会这样判断：甲投入的是食盐，这不是刑法上的危害行为，所以甲无罪。我们在司法实践中应当坚持从客观到主观的判断路径。

【经典真题】

甲与素不相识的崔某发生口角，推了他肩部一下，踢了他屁股一脚。崔某忽觉胸部不适继而倒地，在医院就医时死亡。经鉴定，崔某因患冠状粥样硬化性心脏病，致急性心力衰竭死亡。关于本案，下列哪一选项是正确的？[1]（2012－2－6）

A. 甲成立故意伤害罪，属于故意伤害致人死亡

---

〔1〕【答案】C

B. 甲的行为既不能认定为故意犯罪，也不能认定为意外事件

C. 甲的行为与崔某死亡结果之间有因果关系，这是客观事实

D. 甲主观上对崔某死亡具有预见可能性，成立过失致人死亡罪

【考点】从客观事实出发判断主观心理状态

【解题思路与常见错误分析】本题主要考点在于故意伤害罪、过失致人死亡罪和意外事件的区别。要区分这三种行为，必须遵守从客观到主观的判断方法。

甲与素不相识的崔某发生口角，推了他肩部一下，踢了他屁股一脚。从这个客观行为来看，甲并未实施伤害行为。甲的这个行为也不能算是过失行为，因为一般人也预见不到"推了他肩部一下，踢了他屁股一脚"就会致人死亡。甲对崔某具有冠状粥样硬化性心脏病是无法预见的。因此甲的行为只能被认定为意外事件。

在介入被害人特殊体质的情况下，不能否认行为与危害结果之间的因果关系。无论甲对此能否预见，他的行为引起了崔某的死亡是无法否认的。

故只有选项C是正确的。

【同类考点总结】对行为性质的判断必须遵守从客观到主观的路径进行判断。具体到本案，需要先判断行为是否是类型性的杀人行为、伤害行为或者能够预见到危害结果的过失行为，再据此推断行为人的主观态度。例如，行为人持刀向别人颈部连刺十余刀，无论他如何辩解，这一行为都是杀人行为。本案中甲的行为极为节制，是"推了肩部一把，踢了屁股一脚"，只能说既无故意，也无过失。崔某的死亡超出甲的预见可能性，因此是意外事件。

第二节　犯罪故意

导学

本节常考知识点包括：故意的概念、故意的种类与认定、具体的事实认识错误、抽象的事实认识错误、违法阻却事由的认识错误。故意的认识内容和对事实认识错误的处理是理论难点和常考点，大家要特别重视。

关联法条

《刑法》

第十四条　【故意犯罪】明知自己的行为会发生危害社会的结果，并且希望或者放任这种结果发生，因而构成犯罪的，是故意犯罪。

故意犯罪，应当负刑事责任。

考点解读

一、故意的概念与构成

《刑法》第14条第1款规定："明知自己的行为会发生危害社会的结果，并且希望或者放任这种结果发生，因而构成犯罪的，是故意犯罪。"因此，犯罪故意是指明知自己的行为会发生危害社会的结果，并且希望或者放任这种结果发生的心理态度。故意是一种基本的责任形式。

故意由两个因素构成：一是认识因素，即明知自己的行为会发生危害社会的结果；二是意志因素，即希望或者放任危害结果的发生。这两个因素必须是现实的、确定的、同时存在的。行为人所认识到的结果与所希望或者放任发生的结果必须具有法定的同一性（刑法规范意义上的同一性，而不是具体的同一性）。

> 对于故意和过失的认定，必须从认识因素和意志因素两个方面来进行判断。

故意的本质是容认（注意：不是容忍）。 即行为人明知自己的行为会发生危害社会的结果，并且希望或者放任这种结果发生时，就成立故意。因此，放任结果发生的间接故意被纳入故意，反对结果发生的过于自信的过失则被排除在故意之外。

二、故意的种类与认定★★★★★

（一）故意的种类

我国刑法将犯罪故意分为直接故意和间接故意。

在考试中其他需要掌握的分类还包括：

1. 确定故意与不确定故意。一般认为，认识到犯罪的实现（发生结果）是确定的，就表明有确定的故意。"意图"与"确知"就是确定的故意（直接的故意）。意图是指行为人把犯罪结果作为目的的情况，不要求行为人认识结果确实要发生。确知指行为人认识到结果确实要发生的情况，不要求行为人以犯罪结果为目的。例如，在用枪支射击距离较远的人时，行为人就具有杀人的意图与非法持有枪支的确知。

不确定的故意包括未必的故意、概括的故意、择一的故意。

认识到结果可能（而非确实）发生（不是确知），并且不是积极希望结果发生（不是意图）的，属于未必的故意。换言之，发生结果本身是不确实的，但认识到或许会发生结果，而且认为发生结果也没有关系，是未必的故意。未必的故意即间接故意。

认识到结果发生是确实的，但结果发生的行为对象不特定，即行为对象的个数以及哪个行为对象发生结果是不确定的，属于概括的故意。行为人在事前对行为对象并不特定，也不影响故意的成立。

【示例1】 向一群人投掷炸弹的行为人，对因爆炸而死亡的具体范围是不确定的。倘若将这种行为认定为故意杀人罪，那么，行为人对死者承担故意杀人既遂的责任，对受伤者以及其他具有死亡危险的人承担故意杀人未遂的责任。我国刑法认为这种行为同时触犯爆炸罪，应当按照爆炸罪和故意杀人罪择一重罪。

【示例2】 在电话亭里放置加入了毒药的饮料，导致拾取并饮用了该饮料的人死亡的，成立故意杀人罪。

行为人认识到数个行为对象中的某一个对象确实会发生结果，但不确定哪个行为对象会发生结果时，就是择一的故意。与概括的故意不同，择一的故意认识到结果只发生于一个行为对象上。在这种场合，如果对一个行为对象造成了结果，对另一个行为对象不会产生危险，对另一个行为对象就只能成立不可罚的不能犯。如果对一个行为对象造成了结果，对另一个行为对象也有危险，对造成的结果承担故意犯罪既遂的责任，对另一危险承担故意犯罪未遂的责任（由于是想象竞合犯，只能从一重罪论处）。

【示例1】 行为人知道自己的口袋里装的不是毒品（数量大）就是弹药而持有时，如果客观上是毒品，便成立非法持有毒品罪，不另成立非法持有弹药罪的未遂犯。

【示例2】 行为人意图杀死三名来客中的一人，向三个咖啡杯中的一个咖啡杯投放毒药并提供给客人，导致一人死亡。行为人对死者承担故意杀人既遂的责任，对另外二人成立不可罚的不能犯。

【示例3】行为人向站在贵重物品前的乙砸石头，并且认识到可能砸毁贵重物品，但仍然砸石头。如果砸毁了贵重物品，则成立故意毁坏财物的既遂与故意伤害的未遂；如果砸伤了乙，则是故意伤害的既遂与故意毁坏财物的未遂。

【经典真题】

警察带着警犬（价值3万元）追捕逃犯甲。甲枪中只有一发子弹，认识到开枪既可能只打死警察（希望打死警察），也可能只打死警犬，但一枪同时打中二者，导致警察受伤、警犬死亡。关于甲的行为定性，下列哪一选项是错误的？[1]（2015－2－3）

A. 如认为甲只有一个故意，成立故意杀人罪未遂

B. 如认为甲有数个故意，成立故意杀人罪未遂与故意毁坏财物罪，数罪并罚

C. 如甲仅打中警犬，应以故意杀人罪未遂论处

D. 如甲未打中任何目标，应以故意杀人罪未遂论处

【考点】犯罪故意、择一的故意

【解题思路与常见错误分析】对于本案的情况，学界存在不同的观点。有些学者认为在本案中，甲只有一个故意，有些学者则认为在本案中甲有两个故意。选项A、B分别是根据这两种观点进行的分析。

按照一个故意进行的分析（选项A）：甲虽然认识到自己开枪既可能只打死警察，也可能只打死警犬，但甲开枪时希望实现的结果是打死警察。因此，甲只有一个故意——杀人故意。按照主客观相一致的原理，如果甲打死了警察，对甲的行为应当认定为故意杀人罪既遂。如果甲没有打死警察，即使他打中了警犬或者没有打中任何目标，对甲的行为也应当认定为故意杀人罪未遂。那么，选项A、C、D正确。

按照数个故意进行的分析（选项B）：行为人认识到数个行为对象中的某一个对象确实会发生结果，但不确定哪个行为对象会发生结果时，就是择一的故意。甲在开枪时认识到自己的开枪行为既可能只打死警察，也可能只打死警犬。换言之，甲的行为既会对一个对象（警察或者警犬）造成结果，也会对另一个对象（警犬或者警察）造成危险。那么，如果甲打死了警察，则成立故意杀人的既遂与故意毁坏财物的未遂。如果打死了警犬，则成立故意毁坏财物的既遂与故意杀人的未遂。如果甲没有打中任何目标，那么甲成立故意杀人罪的未遂与故意毁坏财物罪的未遂。但是，由于只有一个行为，因此只能按照想象竞合犯从一重罪论处。因此，选项B错误、选项C、D正确。

因此，无论根据哪种学说，选项C、D都正确。本题的正确答案为选项B。

【同类考点总结】对于这种题目明确交代了不同理论的，按照不同理论进行分析即可。

【经典真题】

吴某被甲、乙合法追捕。吴某的枪中只有一发子弹，认识到开枪既可能打死甲也可能打死乙。设定吴某对甲、乙均有杀人故意，下列哪一分析是正确的？[2]（2016－2－5）

―――――――――

[1]【答案】B

[2]【答案】A

A. 如吴某一枪没有打中甲和乙，子弹从甲与乙的中间穿过，则对甲、乙均成立故意杀人罪未遂

B. 如吴某一枪打中了甲，致甲死亡，则对甲成立故意杀人罪既遂，对乙成立故意杀人罪未遂，实行数罪并罚

C. 如吴某一枪同时打中甲和乙，致甲死亡、乙重伤，则对甲成立故意杀人罪既遂，对乙仅成立故意伤害罪

D. 如吴某一枪同时打中甲和乙，致甲、乙死亡，则对甲、乙均成立故意杀人罪既遂，实行数罪并罚

【考点】择一的故意

【解题思路与常见错误分析】吴某的故意属于择一的故意。对于择一的故意，理论上也有不同的看法。通说认为，由于行为人对数个结果均有故意，因此行为人对已经实现的构成要件成立既遂，对未实现的构成要件成立未遂，二者构成想象竞合。符合这个观点的只有选项 A。选项 B、C、D 都是错误的。

【同类考点总结】在择一的故意中，行为人对两种结果都有故意，因此无论实现哪种结果都是犯罪既遂。但是，如果同时实现两种结果，不能数罪并罚，因为行为人只有一个行为，只能按照想象竞合犯处理。

择一的故意已经连续考查了两年，必须重视！

2. 根据故意形成的时间可以将故意分为预谋故意与突发故意。前者是指行为人在实施行为之前的一段时间就已形成犯意；后者是指突然产生犯罪的故意并立即实施犯罪行为。

【示例】如果在行为之前的一段时间形成了 A 犯罪的故意，而在着手实行犯罪时却是 B 犯罪的故意，则只能认定为 B 犯罪。

3. 根据故意是否依附于一定条件可以将故意分为无条件故意与附条件故意。前者是指行为人决意无条件地实施实行行为；后者是指行为人决意在具备一定条件之后便实施实行行为，由于"条件成熟就实施实行行为"的意思是确定的，故仍然成立故意。但是，对犯罪的认定，还必须考虑实行行为的有无与性质，考虑行为人是否具有实行的故意。

【示例1】甲打算等怀孕的乙生下孩子，就将婴儿掐死。甲具有确定的犯罪故意。但如果甲一直没有采取行动，则不能认定甲成立故意杀人罪。

【示例2】A 意欲强奸 B 女，但内心打算是，如果 B 不漂亮就不奸淫 B。A 着手实施暴力行为后发现 B 并不漂亮，便放弃了奸淫行为。对此，应认定为强奸中止。

【示例3】甲在与乙见面前准备了手枪，内心打算是，如果乙拒绝自己的要求就杀害对方，但在乙的态度并不确定时，开枪走火导致乙死亡。由于甲没有实施杀人罪的实行行为的故意，对其行为只能认定为故意杀人预备与过失致人死亡罪的想象竞合。

4. 根据所认识和希望、放任的结果形态，可以将故意分为侵害故意与危险故意。前者认识到了行为对一定法益的侵害，而且希望或者放任其发生。后者认识到了行为对一定法益的危险状态，而且希望或者放任危险状态的发生。换言之，侵害犯的故意，就是侵害故意；危险犯的故意，就是危险故意。侵害犯即结果犯。

【示例】如果行为人只认识到自己的放火行为可能发生具体的公共危险，而没有认识到放火行为会导致他人死亡的结果，行为人仍然成立《刑法》第114条的放火罪。

请记住这些怪怪的案例，这些案例都是考试重点！

（二）直接故意的认定

直接故意，是指明知自己的行为会发生危害社会的结果，并且希望这种结果发生的心理态度。直接故意是认识因素与意志因素的统一。

1. 认识因素。

直接故意的认识因素是明知自己的行为会发生危害社会的结果。不能简单地认为直接故意的认识内容就是认识到危害结果发生，而应认为认识内容包括明知**自己行为**的内容、社会意义与结果等。成立故意要求行为人认识到法益侵害性。也可以说，故意的成立要求行为人认识到实质的违法性，即认识到自己的行为是危害社会的行为。

（1）直接故意的一般认识内容。

根据《刑法》第14条的规定，直接故意的一般认识内容包括以下几个方面：

第一，明知自己行为的内容与社会意义。行为人对自己行为的认识，并不能只是对外部行为的物理性质的认识，而是必须认识到行为的社会意义。

【示例】贩卖淫秽物品时，只有认识到自己所贩卖的物品具有淫秽性，才是对行为内容与社会意义的认识。如果不认识外文的行为人只认识到自己在贩卖外文书籍，但根本没有认识到该外文书籍是淫秽小说，就缺乏对行为的社会意义的认识，因而不具有贩卖淫秽物品的故意。

第二，明知自己的行为会发生某种危害结果（包括侵害结果与危险结果）。对危害结果的认识不要求很具体，只要求认识到是某种性质的危害结果。

第三，某些犯罪的故意还要求行为人认识到刑法规定的特定事实，如特定的行为时间、地点、方法、行为对象、特定的主体身份等。

【示例1】甲盗窃农民的手提包，结果里面有一把手枪。不能认定甲成立盗窃枪支罪。

【示例2】行为人本来患有严重性病，但误认为自己没有患性病而卖淫或者嫖娼的，虽然其行为符合犯罪的构成要件，但由于没有认识到自己的特殊身份，因而没有认识到行为的社会意义与危害结果，不具有犯罪故意，不成立犯罪。

（2）规范的构成要件要素的认识。

对于规范的构成要件要素的事实的认识，行为人在认识到单纯事实的同时，不一定能够认识行为的社会意义，因而不一定认识到行为的实质违法性。例如，行为人认识到自己在贩卖某种书画（单纯事实的认识），却不一定认识到自己贩卖的是淫秽物品（社会意义的认识），因而不一定认识到了行为的法益侵犯性。

> 就法律的评价要素而言，只要行为人认识到作为评价基础的事实，一般就能够认定行为人认识到了规范的要素。就经验法则的评价要素而言，只要行为人认识到了作为判断基础或者判断资料的事实，原则上就应当认定行为人认识到了符合规范的构成要件要素的事实。

【示例1】只要行为人认识到财产处于国家机关管理、使用、运输中，就应认定行为人认识到了该财产属于公共财产。

【示例2】只要行为人认识到警察持逮捕证逮捕嫌疑人，就可以认定行为人认识到了警察在"依法"执行职务。

【示例3】只要行为人认识到自己所破坏的是正在使用中的公共汽车的关键部位（如刹车等），就可以肯定其认识到了自己的行为"足以使汽车发生倾覆、毁坏危险"。

对于社会的评价要素，德国学者麦茨格尔（Mezger）在宾丁（Binding）之后发展和完善的"行为人所属的外行人领域的平行评价"理论，一直得到普遍承认和适用。该理论认为，在规范的构成要件要素的场合，不要求行为人了解规范概念的法律定义，只要行为人以自己的认识水平理解了具体化在规范概念中的立法者的评价即可。即只要行为人的认识内容与规范概念的实质相当即可。

【示例1】当一般人将刑法上的淫秽物品理解为不能公开的黄色物品时，只要行为人认识到自己所贩卖的物品是黄色物品，那么，行为人就具有贩卖淫秽物品的故意。

【示例2】当行为人不明知《刑法》第237条的"猥亵"的规范意义，却认识到自己实施的是"占妇女便宜"的行为时，也能认定行为人具有猥亵妇女的故意。

【示例3】行为人不认为其贩卖的是淫秽物品，也不认为其贩卖的是黄色物品、下流物品，甚至认为是具有科学价值的艺术作品，但认识到一般人可能将其贩卖的物品评价为淫秽物品，客观上贩卖的确实是淫秽物品时，能否认定行为人具有贩卖淫秽物品的故意呢？

【分析】在这种情况下，由于规范的构成要件要素（社会的评价要素）需要根据一般人的价值观念或者社会意义进行理解，所以，应根据行为人在实施其行为时所认识到的一般人的评价结论，判断行为人是否具有故意。因此，只要行为人认识到了一般人会认为其贩卖的为淫秽物品，且事实上也是淫秽物品时，就可以认定行为人认识到了自己所贩卖的是淫秽物品，进而成立故意犯罪。

（3）无违法阻却事由的认识。

当行为人认识到自己的行为存在违法阻却事由时，不可能存在犯罪故意。只有当行为人认识到构成要件事实，同时认识到并无违法阻却事由时，才能确定行为人具有犯罪的故意。

【示例】行为人以为对方正在进行不法侵害时，对之进行防卫的，属于假想防卫，不存在犯罪故意。

（4）不需要认识的内容。

故意的成立并不要求行为人认识到所有的客观事实。有些客观事实或要素超出了故意的认识范围，这些客观事实被称为"客观的超过要素"。

首先，结果加重犯中的加重结果，属于不需要认识的内容，即不需要行为人已经认识到结果加重犯中的加重结果，但要求具有认识的可能性。

> 当某些结果加重犯对加重结果仅要求过失时，如果行为人对加重结果具有认识，则不以结果加重犯论处，而成立其他重罪。例如，故意伤害致死的成立，不需要行为人认识到死亡结果；如果行为人认识到自己的行为会发生他人死亡的结果并实施其行为的，构成故意杀人罪。当对加重结果既可以持过失也可以持故意时，行为人是否认识到加重结果，不影响结果加重犯的成立。例如，行为人实施抢劫行为时，不管是否认识到死亡结果，都不影响抢劫致人死亡的成立，只是影响量刑。

其次，除结果加重犯中的加重结果外，还存在其他不需要认识的"客观的超过要素"。

【示例】《刑法》第264条规定，盗窃公私财物，数额较大的，或者多次盗窃、入户盗窃、携带凶器盗窃、扒窃的，构成盗窃罪。根据2013年《最高人民法院、最高人民检察院关于办理盗窃刑事案件适用法律若干问题的解释》第3条，"多次"是指在两年内盗窃三次以上。如果行为人没有认识到自己实施了"多次"盗窃（他认为自己一年盗窃两次不算多次），但他事实上已经是多次盗窃了，行为人仍然成立盗窃罪，因为"多次"是不需要认识的。

需要注意的是：客观的超过要素虽然不是故意的认识与意志内容，但要求行为人对之具有预见可能性，即使是结果加重犯之外的客观的超过要素，也不例外。否则，便违反了责任主义。

2. 意志因素。

直接故意的意志因素是希望危害结果的发生。这里的"危害结果"是指行为人已经明知的结果。"希望"是指行为人积极追求结果发生；发生结果是行为人实施行为直接追求的结局。

从 2008 年开始，故意的认识内容年年必考！请考生予以高度重视。

（三）间接故意的认定

间接故意，是指明知自己的行为可能发生危害社会的结果，并且放任这种结果发生的心理态度。间接故意也是认识因素与意志因素的统一。

1. 认识因素是明知自己的行为可能发生危害社会的结果。间接故意只要求行为人认识到自己的行为可能发生危害社会的结果。

【示例】行为人自认为可能发生危害结果并放任这种结果发生，而客观上必然发生危害结果的，也仅成立间接故意。

2. 意志因素是放任危害结果发生。这里的"危害结果"是指行为人已经明知可能发生的结果。"放任"是对结果的一种听之任之的态度。即不管发生与否，都不违背其意志。只要行为人在心理上接受结果的发生，就属于放任。

【示例】甲为了掩盖自己贪污大量公款的事实，企图放火烧毁会计室。深夜放火时发现乙在会计室睡觉，明知放火行为可能烧死乙，但仍然放火，也没有采取任何措施防止乙死亡，乙果真被烧死。甲旨在烧毁账簿，不是希望乙死亡，而是对乙的死亡持听之任之的态度，这便是放任的心理态度。

间接故意的认识因素是指行为人认识到自己的行为可能发生危害社会的结果，而不包括认识到自己的行为必然发生危害社会的结果。如果行为人已认识到自己的行为必然发生危害结果而又决意实施的，其主观意志只能是直接故意。

间接故意主要发生在以下三种情况：

- 追求一个犯罪目的而放任另一危害结果的发生
- 追求一个非犯罪目的而放任某种危害结果的发生
- 突发性犯罪，不计后果，放任危害结果的发生

（四）在认定犯罪故意中需要注意的问题

1. **直接故意与间接故意虽然存在区别，但二者不是对立关系。**

（1）所有的故意犯罪都既可以由直接故意构成，也可以由间接故意构成。

（2）只要查明行为人认识到了构成要件事实，并且对结果具有放任态度，即使不能查明行为人是否希望结果的发生，也能认定为间接故意，而不能以事实不清为由，宣告行为人没有犯罪故意。

2. 严格区分犯罪的故意与一般生活意义上的"故意"。犯罪的故意具有特定内容，具体表现为对自己实施的法益侵害行为及其结果的认识与希望或放任态度。一般生活意义上的"故意"只是表明行为人有意识地实施某种行为，但不具有上述犯罪故意的内容。

【示例】为了赶飞机，行为人故意超速驾驶，结果发生交通事故，撞死一人。在一般生活意义上说，超速驾驶的行为显然是"故意"的；但行为人在超速驾驶时并没有认识到可能发生交通事故，或者已经预见但轻信能够避免，并不是希望或者放任危害结果发生，因而不是刑法上的故意。

刑法上的故意与过失是对危害结果的故意与过失。只有希望或者放任危害结果发生的行为才是刑法上的故意行为。

【经典真题】

关于故意的认识内容，下列哪一选项是正确的？[1]（2008-2-2）

A. 甲明知自己的财产处于国家机关管理中，但不知此时的个人财产应以公共财产论而窃回。甲缺乏成立盗窃罪所必须的对客观事实的认识，故不成立盗窃罪

B. 乙以非法占有财物的目的窃取军人的手提包时，明知手提包内可能有枪支而仍然窃取，该手提包中果然有一支手枪。乙没有非法占有枪支的目的，故不成立盗窃枪支罪

C. 成立猥亵儿童罪，要求行为人知道被害人是或者可能是不满14周岁的儿童

D. 成立贩卖毒品罪，不仅要求行为人认识到自己贩卖的是毒品，而且要求行为人认识到所贩卖的毒品种类

【考点】 故意的认识内容

【解题思路与常见错误分析】 选项A：只要行为人认识到了作为评价基础的事实，就应当认定行为人认识到了规范的构成要件要素。行为人认识到了自己的财产处于国家机关管理、使用、运输中，就应认定行为人认识到了该财产属于公共财产，故甲的行为构成盗窃罪。

选项B：乙明知手提包内可能有枪支而仍然窃取，为间接故意，构成盗窃枪支罪。

选项C：成立猥亵儿童罪，要求行为人对犯罪对象有明确的认识。故选项C正确。

选项D：法律不要求行为人认识到所贩卖的毒品的种类，只要求行为人认识到自己贩卖的是毒品就够了，故，选项D错误。

【同类考点总结】（1）对于规范的构成要件要素来讲，只要行为人认识到了作为评价基础的事实，就应当认定行为人认识到了规范的构成要件要素。（2）对于不同的故意犯罪，法律所要求认识的内容是不同的。对此必须具体犯罪具体分析。（3）盗窃枪支罪也有间接故意。可见，故意犯罪均可能存在间接故意。

【经典真题】

关于故意的认识内容，下列哪一选项是错误的？[2]（2011-2-5）

A. 成立故意犯罪，不要求行为人认识到自己行为的违法性

B. 成立贩卖淫秽物品牟利罪，要求行为人认识到物品的淫秽性

C. 成立嫖宿幼女罪，要求行为人认识到卖淫的是幼女

D. 成立为境外非法提供国家秘密罪，要求行为人认识到对方是境外的机构、组织或者个人，没有认识到而非法提供国家秘密的，不成立任何犯罪

【考点】 故意的认识内容

【解题思路与常见错误分析】 选项A：所谓认识到自己行为的违法性就是要求行为人必须认识到自己的行为是违反法律规定的，如果无此认识，则不构成犯罪。那么如果某人认为法律不禁止和幼女发生性行为，只禁止违背幼女的意志和幼女发生性行为，他因此和幼女在幼女自愿的情况下发生了性行为，是否构成犯罪呢？显然，某人仍然构成犯罪。所以，成立故意犯罪不要求行为人认识到自己行为的违法性，但行为人应当认识到自己行为

---

[1]【答案】C
[2]【答案】D

的社会危害性。一般来说，认识到自己行为的社会危害性也就认识到了自己行为的违法性。所以，选项 A 是正确的。

选项 B、C 前已述及，不再赘述。

选项 D 错在行为人没有认识到对方是境外的机构、组织或者个人而非法提供国家秘密的，不是不成立任何犯罪，而是成立故意泄露国家秘密罪。

【同类考点总结】不知法者不免责。如果将违法性认识作为犯罪故意的内容，行为人将会以没有认识到自己行为的违法性作为借口逃避法律制裁。

【经典真题】

2010 年某日，甲到乙家，发现乙家徒四壁。见桌上一块玉坠，断定是不值钱的仿制品，甲便顺手拿走。后甲对丙谎称玉坠乃秦代文物，值 5 万元，丙以 3 万元买下。经鉴定乃清代玉坠，市值 5000 元。关于本案的分析，下列哪一选项是错误的？[1]（2013 - 2 - 6）

A. 甲断定玉坠为不值钱的仿制品具有一定根据，对"数额较大"没有认识，缺乏盗窃犯罪故意，不构成盗窃罪

B. 甲将所盗玉坠卖给丙，具有可罚性，不属于不可罚的事后行为

C. 不应追究甲盗窃玉坠的刑事责任，但应追究甲诈骗丙的刑事责任

D. 甲诈骗丙的诈骗数额为 5 万元，其中 3 万元既遂，2 万元未遂

【考点】犯罪故意、事后行为、盗窃罪、诈骗罪的认定

【解题思路与常见错误分析】选项 A：本案发生在 2010 年。根据当时的法律，只有盗窃"数额较大"的财物或者"多次"盗窃的，才构成犯罪。甲看到乙家徒四壁，因此认为该玉坠只是仿制品。这是在当时情况下的合理认识。因此，由于其对"数额较大"没有认识，缺乏盗窃犯罪故意，不构成盗窃罪。选项 A 正确。

选项 B：事后行为是指在状态犯的场合，利用该犯罪行为的结果的行为。例如，盗窃后销赃。事后行为是否另行成立其他犯罪（即是否可罚），取决于事后行为有无侵犯新的法益或者是否缺乏期待可能性。

不可罚的事后行为是指没有侵犯新的法益或者缺乏期待可能性的事后行为。由于可以被综合评价在该状态犯中，故没有必要另认定为其他犯罪。例如，杀人后抛尸的行为被认为没有期待可能性，因此不可罚。

销赃行为是否可罚取决于该销赃行为是否侵犯了新的法益。本案中，甲将自己认为是仿制品的玉坠对丙谎称为秦代文物，试图诈骗丙。故，甲以诈骗故意实施了诈骗行为，所以甲构成诈骗罪。这个诈骗罪是针对丙的诈骗。由于侵犯了新的法益，因此不属于不可罚的事后行为，应当单独构成诈骗罪。故选项 B 正确。

选项 C：这是选项 A、B 的当然推论，故也是正确的。

选项 D：本选项显然错误。对于这种诈骗目标不明确的诈骗罪（甲虽然开价 5 万，但并非以 5 万元为诈骗目标），将实际获得的财物数额认定为诈骗既遂即可。

综上，正确答案为 D。

---

[1]【答案】D

【同类考点总结】如果行为人对盗窃数额较大的财物没有认识，说明他没有犯盗窃罪的故意，仅有小偷小摸的故意。因此，不能认定行为人成立盗窃罪。推而广之，如果行为人对某罪客观构成要件没有认识，就不能认定他构成该罪。

不可罚的事后行为是一个具有较强理论性的概念。事后行为是否可罚，要具体问题具体分析。如果事后行为没有侵犯新的法益或者缺乏期待可能性就不可罚，反之则可罚。

（五）犯意转化、另起犯意与行为对象转换的关系

犯意转化、另起犯意与行为对象转换是罪数论需要讨论的问题（亦即根据区分罪数的标准就可以解决），由于与故意的认定密切相关，故在此说明。

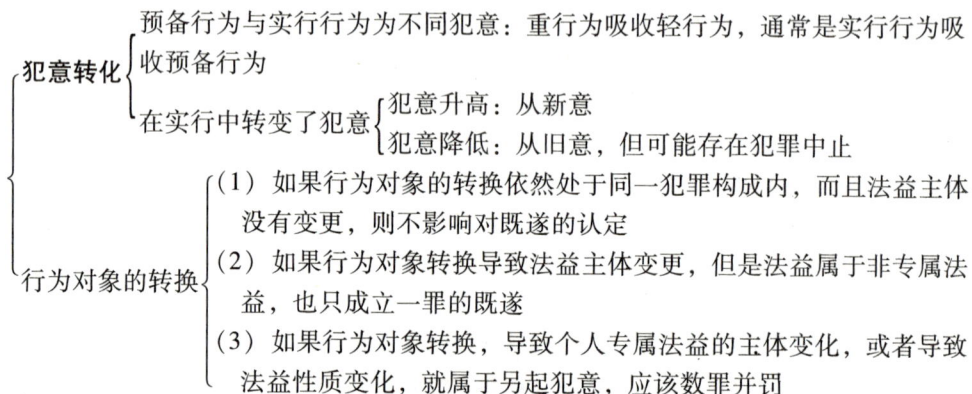

犯意转化
- 预备行为与实行行为为不同犯意：重行为吸收轻行为，通常是实行行为吸收预备行为
- 在实行中转变了犯意
  - 犯意升高：从新意
  - 犯意降低：从旧意，但可能存在犯罪中止

行为对象的转换
- （1）如果行为对象的转换依然处于同一犯罪构成内，而且法益主体没有变更，则不影响对既遂的认定
- （2）如果行为对象转换导致法益主体变更，但是法益属于非专属法益，也只成立一罪的既遂
- （3）如果行为对象转换，导致个人专属法益的主体变化，或者导致法益性质变化，就属于另起犯意，应该数罪并罚

【示例1】甲在预备阶段具有抢劫的故意，为抢劫准备了工具、制造了条件；但进入现场后，发现财物的所有人、保管人等均不在场，于是实施了盗窃行为。此时应如何认定甲的行为？

【分析】甲的行为成立盗窃罪。前面的抢劫预备行为被吸收。

【示例2】甲在故意伤害乙的过程中，改变犯意，以杀人意图杀死乙。此时应如何认定甲的行为？

【分析】甲产生了新的犯意。他以杀人犯意杀死了乙，应认定为故意杀人罪。所以，犯意升高者，从新意。

【示例3】甲本欲杀死乙，在杀害过程中，由于某种原因改变犯意，认为造成伤害即可，没有致乙死亡。此时应如何认定甲的行为？

【分析】甲的犯意虽然改变了，但他是在杀害乙的过程中才改变的。甲已经实施了杀人行为。应认定甲成立故意杀人罪，但犯罪形态是中止。所以，犯意降低者，从旧意，但要考虑可能成立犯罪中止。

三、具体的事实认识错误★★★★★

（一）认识错误的分类

认识错误包括对法律的认识错误和对事实的认识错误。对法律的认识错误是指行为人对自己行为的法律性质发生了认识错误。本书将在第六章第二节"违法性认识可能性及期待可能性"部分讲述这个问题。对事实的认识错误是指行为人并无对行为法律性质的认识错误，但对自己行为的对象等犯罪构成事实发生了认识错误。

事实的认识错误包括两类：具体的事实认识错误和抽象的事实认识错误。前者是指行为人认识的事实与实际发生的事实虽然不一致，但没有超出同一犯罪构成的范围，也被称为同一犯罪构成内的错误。后者是指行为人所认识的事实与现实所发生的事实，分别属于

不同的犯罪构成——不同犯罪构成间的错误。

（二）具体的事实认识错误

在具体的事实认识错误中，行为人认识的事实与实际发生的事实虽然不一致，但**没有超出**同一犯罪构成的范围，因此又被称为**同一犯罪构成内**的错误。

1. 具体的事实认识错误的分类。

具体的事实认识错误包括对象错误，打击错误和因果关系错误。

2. 法定符合说和具体符合说的概念与区别。

对于具体的事实认识错误，主要存在具体符合说与法定符合说的争论。前者认为，行为人所认识的事实与实际发生的事实具体地相一致时，才成立故意的既遂犯；后者认为，行为人所认识的事实与实际发生的事实，只要在犯罪构成范围内是一致的，就成立故意的既遂犯。

显然，法定符合说重视法益的性质，但并不重视法益主体的区别。具体符合说重视法益主体的区别，要求故意的认识内容包括对具体的法益主体的认识。

> 特别强调：现在的具体符合说也认为，对象错误并不重要，因而不影响故意犯罪既遂的成立。所以，就对象错误而言，具体符合说与法定符合说的结论完全相同。对于方法错误，二者的结论则不相同。

3. 对具体的事实认识错误的处理。请看下表：

表 12　具体的事实认识错误

错误类型	具体表现	处理
1. 对象错误（主观认识错误）	欲杀甲，看错人，杀了乙。**可见：法定符合说重视法益的性质。具体符合说重视具体对象的不同。**现在，就这种对象错误而言，**具体符合说与法定符合说的结论完全相同。**	**法定符合说：**刑法规定故意杀人罪是为了保护人的生命，而不只是保护特定的甲或者特定的乙的生命，因此，这种不同的对象在刑法上的评价是相同的，没有超出同一犯罪构成，所以只要行为人主观上想杀人，而客观上又杀了人，那么就符合故意杀人罪的构成要件，成立故意杀人罪的既遂。
		具体符合说：原来认为：由于行为人本欲杀甲，而客观上却杀害了乙，二者没有具体地相符合，行为人对甲应成立故意杀人未遂，对乙应成立过失致人死亡。**现在认为：**这种对象错误并不重要，因而不影响故意犯罪既遂的成立。

错误类型	具体表现	处理
2. 方法错误（客观结果错误）	A. 欲杀甲，未瞄准，杀了乙。	**法定符合说**：这种不同的结果在刑法上的评价是相同的，没有超出同一犯罪构成，所以仍然成立原来之罪的既遂犯。 **具体符合说**：要求主观认识与客观结果具体地一致，才成立故意的既遂犯。所以，对甲成立故意杀人未遂，对乙成立过失致人死亡。由于只有一个行为，按照想象竞合处理。
	B. 欲杀甲，却将甲、乙俱杀死。	**法定符合说**：按照数故意说处理，即认为成立故意杀甲既遂和故意杀乙既遂。但由于只有一个行为，认定为一个故意杀人罪即可。 **具体符合说**：对甲成立故意杀人既遂，对乙成立过失致人死亡。由于只有一个行为，按照想象竞合处理。
	C. 欲杀甲，致甲重伤，致乙死亡。 **所以，就这种方法错误而言，具体符合说与法定符合说的结论不完全相同。考生要同时掌握两种观点和其结论。**	**法定符合说**：按照数故意说处理，即认为成立故意杀甲未遂和故意杀乙既遂。但由于只有一个行为，认定为一个故意杀人罪即可。 **具体符合说**：对甲成立故意杀人未遂，对乙成立过失致人死亡。由于只有一个行为，按照想象竞合处理。
3. 因果关系错误	A. 狭义的因果关系的错误：对因果关系**具体样态**的认识错误。	这种认识错误通常不影响故意的成立。因为因果关系发展的具体样态，不是故意的认识内容。只要行为人认识到行为的内容与社会意义及其危害结果，就能说明行为人对法益的保护所持的背反态度。所以，指向同一结果的因果关系发展过程的错误，在构成要件的评价上并不重要。
	B. 事前的故意：是指行为人误认为第一个行为已经造成危害结果，出于其他目的实施了第二个行为，但实际上是**第二个行为**才导致预期的结果发生的情况。可以认为是结果的**推后实现**。	不影响定罪。
	C. 犯罪构成事实的提前实现：行为人打算实施两个以上的行为以实现犯罪，但是第一个行为即导致了犯罪结果发生的情况。	如果第一个行为已经是实行行为，则犯罪既遂。如果第一个行为尚属预备行为，则为犯罪预备与过失犯罪的想象竞合，择一重罪论处。

说明:

1. 方法错误也叫打击错误。前几年的司法考试真题使用的是"打击错误"。这几年则经常使用"方法错误"。

2. 因果关系错误是指侵害的对象没有错误,但造成侵害的因果关系的发展过程与行为人所预想的发展过程**不一致**以及侵害结果**推后**或者**提前**发生的情况。

【**示例1**】欲杀死他人,先用安眠药致其昏睡。没想到,安眠药过量,直接死了。[1]

【**示例2**】2008年8月晚10时许,徐某预谋抢劫,尾随被害人白某到一小胡同。白某发现有人尾随,觉得势头不对,便将随身携带的挎包扔到路边。徐某将包捡起,取出内装的1500余元现金和价值728元的手机,后又追上被害人进行殴打、威胁,最后逃离现场。[2]

【**示例3**】甲打算杀害其妻。某日,甲开车前往其妻的单位,准备将妻子撞死。但在妻子单位附近右拐弯时,不慎将直行的妻子撞死。[3]

【**分析**】这三个案件都是犯罪构成事实的提前实现。如果第一个行为已经是实行行为,则犯罪既遂;如果第一个行为尚属预备行为,则为犯罪预备与过失犯罪的想象竞合,择一重罪论处。

四、抽象的事实认识错误★★★★★

抽象的事实认识错误是指行为人所认识的事实与现实所发生的事实,分别属于**不同的**构成要件——不同**犯罪构成间**的错误。抽象的事实认识错误仅包括对象错误与打击错误两种情形。

【**示例1**】甲欲盗窃普通财物,却盗窃了枪支。这是对象错误。

【**示例2**】甲欲杀乙,却将乙身边价值近万元的宠物打死。这是打击错误。

对抽象的事实认识错误的处理,存在抽象符合说与法定符合说的争论。抽象符合说认为,在行为人所认识的构成要件事实与现实发生的构成要件事实相一致的限度内,承认故意犯的既遂。抽象符合说大多违反了责任主义原理。法定符合说认为,不同犯罪构成之间的错误原则上阻却故意的成立或者仅成立故意犯罪未遂。因此,对于示例1,只有认定为普通盗窃罪才能主客观相一致。对于示例2,只有认定为故意杀人未遂,才能主客观相一致。

法定符合说还认为,即使犯罪构成不同,但如果犯罪是同质的,那么,在重合的限度内,成立轻罪的故意既遂犯。所谓重罪与轻罪同质,是指两个罪的保护法益相同,或者两个罪的保护法益之间具有包容性(一个罪的法益能够包含另一个罪的法益)。所谓重合的限度内,是指两个罪的构成要件与责任要件具有重合性(事实上,只要构成要件具有重合性,那么,故意内容就必然具有重合性)。

抽象的事实错误实际上存在两种类型:一是主观方面轻而客观方面重,即行为人本欲犯轻罪,客观上却是重罪的犯罪事实,本欲毁坏财物却杀害他人就是如此。二是主观方面重而客观方面轻,即行为人本欲犯重罪,客观上却是轻罪的犯罪事实,本欲杀人却打死宠物就是如此。对此如何处理,请参见下图。

---

[1] 故意杀人既遂。

[2] 抢劫罪的预备。因为他只有抢劫的预备行为。

[3] 交通肇事罪。因为他没有故意杀人的实行行为。

如果主观轻而客观重——只能从主观出发，认定为轻罪既遂

如果主观重而客观轻 { 如果重罪处罚未遂，且对重罪的未遂犯处罚重于轻罪的既遂犯，则认定为重罪未遂

如果重罪不处罚未遂或者重罪是不能犯或者重罪未遂轻于轻罪既遂，则认定为轻罪既遂

【示例1】甲在殡仪馆工作。他看到救护车送来的"女尸"乙面色很好，即起了强奸歹意。没想到，乙当时并未彻底死亡。在甲"强奸"过程中，乙悠悠醒来。

【分析】本案是主观轻而客观重的典型案例。对此只能认定为侮辱尸体罪的既遂。不能因为甲侮辱的是活人，就认为甲不成立侮辱尸体罪。当然也不能认为甲成立强奸罪。

【示例2】甲意欲杀人，但打死了人旁边的价值昂贵的宠物。

【分析】本案是主观重而客观轻的典型案例。由于我国刑法不处罚过失毁坏财物的行为，所以故意杀人罪的未遂重于过失毁坏财物行为。对此应当认定为故意杀人罪的未遂。

【示例3】甲本欲盗窃普通财物，结果却盗窃了一把枪。

【分析】本案是虽然犯罪构成不同，但犯罪是同质的情况。根据法定符合说，在重合的限度内，成立轻罪的故意既遂犯。由于枪支也可以被评价为财物，所以甲成立普通的盗窃罪的既遂。

还要强调一种特例：对于教唆犯而言属于方法错误，对实行犯而言属于对象错误的情况。

【示例】甲将李某的照片交给乙，并将李某日常经过的场所告诉乙，让乙杀害李某，但乙误将卢某当作李某予以杀害。此时应如何处理？

【分析】甲并没有认错人，是乙认错了人，所以，对于甲而言，卢某的死亡是方法错误。对于乙而言，卢某的死亡则是对象错误。

在这种情况下，法定符合说和具体符合说得出的结论并不相同。根据法定符合说，无论是对象错误还是方法错误，只要没有超出故意杀人罪的犯罪构成，行为人就仍然成立犯罪既遂。所以，无论甲还是乙都成立故意杀人既遂。但是根据具体符合说，甲成立对李某的杀人未遂，成立对卢某的过失致人死亡。由于只有一个行为，按照想象竞合处理，甲成立故意杀人罪（未遂）。乙则成立故意杀人既遂。显然，法定符合说的结论更为恰当。

【经典真题】

同年6月26日，赵某将钱某约至某大桥西侧泵房后，二人发生争执。赵某顿生杀意，突然勒钱某的颈部、捂钱某的口鼻，致钱某昏迷。赵某以为钱某已死亡，便将钱某"尸体"负重扔入河中。问：刑法理论上将这种情况称为什么，有几种处理方式？（2010年试卷四第二题节选）

考点 事前的故意的处理

【解题思路与常见错误分析】刑法理论将这种情况称为事前的故意。刑法理论对这种情况有以下处理意见：（1）第一行为即勒颈部、捂口鼻的行为成立故意杀人未遂，第二行为即将钱某"尸体"负重扔入河中的行为成立过失致人死亡罪；（2）如果在实施第二行为时对死亡有间接故意（或未必的故意），则成立一个故意杀人既遂；否则成立故意杀人未遂与过失致人死亡罪；（3）将两个行为视为一个行为，将支配行为的故意视为概括的故意，认定为一个故意杀人既遂；（4）将两个行为视为一体，作为对因果关系的认识错误来处理，

只要存在相当的因果关系，就认定为一个故意杀人既遂。

应当认为，第一行为与结果之间的因果关系并未中断，而且客观发生的结果与行为人意欲发生的结果完全一致，故应肯定赵某的行为成立故意杀人既遂。即按照第四种意见来处理。

【同类考点总结】对于事前的故意，正确的处理方式是将两个行为视为一体，作为对因果关系的认识错误来处理，只要存在相当的因果关系，就认定为前一个犯罪的既遂。

从 2010 年开始，刑法开始考查学术争议。对于这种在学术理论上有争议的问题，考生不仅要记住考试的通说观点，还要了解其他非通说的观点，并且会使用不同的观点分析问题。

【经典真题】

关于事实认识错误，下列哪一选项是正确的？[1]（2014 - 2 - 7）

A. 甲本欲电话诈骗乙，但拨错了号码，对接听电话的丙实施了诈骗，骗取丙大量财物。甲的行为属于对象错误，成立诈骗既遂

B. 甲本欲枪杀乙，但由于未能瞄准，将乙身旁的丙杀死。无论根据什么学说，甲的行为都成立故意杀人既遂

C. 事前的故意属于抽象的事实认识错误，按照法定符合说，应按犯罪既遂处理

D. 甲将吴某的照片交给乙，让乙杀吴，但乙误将王某当成吴某予以杀害。乙是对象错误，按照教唆犯从属于实行犯的原理，甲也是对象错误

【考点】事实认识错误的认定

【解题思路与常见错误分析】选项 A：甲的这种行为属于对象错误，而不是打击错误。因为他在开始实施诈骗时即对行为对象发生了认识错误，是对丙进行诈骗的。根据法定符合说，甲成立诈骗既遂。所以，选项 A 正确。

选项 B：甲的这种行为属于打击错误。此时，根据法定符合说和具体符合说得出的结论是不相同的。所以，选项 B 错误。

需要强调的是：在处理对象错误时，现在的具体符合说也认为这种错误不重要，行为人仍然成立故意杀人既遂。所以，在对象错误的处理上，两种学说现在的观点是一致的。但在处理打击错误上，两种学说仍然有差别。

选项 C：事前的故意是指行为人误认为第一个行为已经造成危害结果，出于其他目的实施了第二个行为，但实际上是第二个行为才导致预期的结果发生的情况。这是结果的推后实现。但这种推后并没有超出同一犯罪构成。所以，这是具体的事实认识错误，而不是抽象的事实认识错误。选项 C 错误。

选项 D：对于乙来说，他是对象错误。但对于甲来说，则是方法错误（打击错误）。因为，甲并没有认错人，是乙在打击时打击错了人。教唆犯只是从属于实行犯的违法行为，并不是在所有的方面都从属于实行犯。本例中，甲的认识错误就不从属于乙的认识错误。所以，选项 D 错误。

---

[1]【答案】A

【同类考点总结】本题涉及很多专业术语。除了掌握这些专业术语，考生还要注意：

1. 区分对象错误和方法错误。在选项A中，丙被诈骗虽然是由于甲拨错了号码导致的，但在甲进行诈骗时，他面对的是丙，即他是直接对丙进行诈骗的。拨错号码只是预备行为，在真正实施诈骗时，他并没有发生方法错误。

2. 对于不同的人而言，同样的错误可能属于不同的错误类型。例如对于实行犯（正犯）而言是对象错误，但对教唆犯而言就是打击错误。

3. 教唆犯仅从属于正犯的违法行为，不是在所有方面都从属于正犯。请记住：违法是连带的，责任是个别的。

4. 考试答案一般都包括理由和结论两部分。无论哪一部分错误，整个答案都是错误的。

对于理论上有争议的题目，如果题目直接问答案，按照考试中的通说回答。例如，对于认识错误，就要按照法定符合说来回答。如果题目专门问按照其他理论应当怎样处理，就要按照其他理论进行回答。

第三节　犯罪过失

导学　犯罪故意和犯罪过失都是对危害结果的心理态度。在过于自信的过失中，行为人对于违反规章制度通常是明知的，甚至故意实施冒险行为，但其对发生危害结果则是反对的。这种故意冒险的故意也不是刑法上的故意。

关联法条

《刑法》

第十五条　【过失犯罪】应当预见自己的行为可能发生危害社会的结果，因为疏忽大意而没有预见，或者已经预见而轻信能够避免，以致发生这种结果的，是过失犯罪。

过失犯罪，法律有规定的才负刑事责任。

第十六条　【不可抗力和意外事件】行为在客观上虽然造成了损害结果，但是不是出于故意或者过失，而是由于不能抗拒或者不能预见的原因所引起的，不是犯罪。

考点解读

一、犯罪过失的概念

犯罪过失，是指行为人应当预见自己的行为可能发生危害社会的结果，因为疏忽大意而没有预见，或者已经预见而轻信能够避免的心理态度。犯罪过失是相对于犯罪故意而言的另一种责任形式。

二、犯罪过失与犯罪故意的关系★★★

从字面来看，犯罪过失与犯罪故意的关系是对立关系。因为，二者对危害结果的态度不同。犯罪故意容忍危害结果的发生，犯罪过失则反对危害结果的发生。但是，现在的主流观点认为，故意和过失处于一种位阶关系，即在不清楚一个行为是出于故意还是出于过失时，根据存疑时有利于被告人的原则，可以认定为过失犯罪。这并不是说，故意概念中包含了过失的要素。因为一个行为人对同一个行为不可能既出于故意，又出于过失，而是说，在行为人确实以犯罪的心态实施了危害行为，但根据已经查明的证据，我们不能确定他是出于故意还是过失时，不能说他无罪，应当认定他成立过失犯罪。所以，承认二者之间具有位阶关系，主要是为了弥补处罚的漏洞。

所谓位阶关系，即认为 A 概念包含了 B 概念，但 A 概念的内涵，或者说在法律上的构成要素比 B 概念更丰富。

> 承认很多貌似对立的犯罪之间具有位阶关系，是近两年考试的一个重要理论变化。例如，我们承认故意杀人罪和故意伤害罪之间具有位阶关系，强制猥亵、侮辱罪和侮辱罪之间具有位阶关系。那么，甲以杀人故意，乙以伤害故意共同打死丙时，我们仍然承认他们在故意伤害罪的范围内成立共同犯罪。

三、犯罪过失的处罚

刑法对故意犯罪和过失犯罪规定了不同的处罚。

首先，过失犯罪不处罚未遂、中止与预备。其次，刑法以处罚故意犯罪为原则，以处罚过失犯罪为例外。再次，刑法对过失犯罪规定了较故意犯罪轻得多的法定刑。

《刑法》第 15 条第 2 款规定：“过失犯罪，法律有规定的才负刑事责任。”应当将“法律有规定”理解为“法律有文理的规定”（文理规定说），即法律条文虽然没有“过失”“疏忽”“失火”之类的“明文规定”，但根据具体条文的文理，能够合理认为法律规定了过失犯的构成要件时，就属于“法律有规定”，因而处罚过失犯。

以下情况应当视为“法律有规定”。第一，分则条文使用“过失”概念的，其规定的犯罪无疑属于“法律有规定”的过失犯罪。第二，分则条文使用“严重不负责任”表述的，一般应确定为“法律有规定”的过失犯罪。第三，分则条文使用的“发生……事故”之类的表述，虽然是对构成要件要素的规定，但通常也能表明该犯罪属于“法律有规定”的过失犯罪。第四，分则条文使用的“玩忽职守”一词，首先是对行为的描述，同时也表明该犯罪属于“法律有规定”的过失犯罪。

四、过失犯罪的分类 ★★★★

我国《刑法》第 15 条第 1 款规定：“应当预见自己的行为可能发生危害社会的结果，因为疏忽大意而没有预见，或者已经预见而轻信能够避免，以致发生这种结果的，是过失犯罪。”因此，过失犯罪包括疏忽大意的过失与过于自信的过失。

两种过失的相同之处在于对危害结果都是反对的。这是它们与犯罪故意的不同之处。

疏忽大意的过失，是指行为人应当预见自己的行为可能发生危害社会的结果，因为疏忽大意而没有预见，以致发生这种结果的主观心理态度。

过于自信的过失，是指行为人已经预见到自己的行为可能发生危害结果，但是轻信能够避免，以致发生这种结果的主观心理态度。

因此，疏忽大意是一种无认识的过失，过于自信则是一种有认识的过失。

疏忽大意的过失和过于自信的过失最重要的区别就在于**在行为时有无预见到危害结果可能发生**，而不在于能否预见。二者都能预见危害结果可能发生，但在行为当时，过于自信的过失事实上已经预见到了危害结果，疏忽大意的过失则没有预见到。

责任事故类犯罪（如交通肇事罪、重大责任事故罪）的主观心态一般都是过于自信的过失。这些犯罪的行为人违反规章制度一般都是故意的，是明知故犯，但其并不希望危害结果发生。

五、过失犯罪的认定★★★★★

（一）过失犯的构成要件

成立过失犯以行为发生法益侵害结果为条件，除此之外，与故意犯罪一样，要求有实行行为与结果回避可能性。

1. 实行行为。

即使行为人对危害结果具有预见可能性，只要没有实行行为，也不成立过失犯罪。

【示例】村长甲号召农民冒雨抢救粮食，农民乙在抢救粮食过程中遭雷击身亡。即使甲对结果具有预见可能性，但因为缺乏过失犯的实行行为，并不成立过失致人死亡罪。

由于构成要件是违法性的存在根据，所以，当过失行为保护了优越的法益或者损害了没有保护必要的法益时，并不成立过失犯。例如，过失行为符合正当防卫、紧急避险条件的，也应认定为正当防卫、紧急避险，因而阻却违法性，而不能以过失犯论处。

2. 结果回避可能性。

在某些情况下，行为人虽然对结果具有预见可能性，甚至已经预见，但不可能采取措施避免结果发生，或者虽然采取了避免结果发生的措施，但结果仍然不可避免。由于结果的回避可能性是故意犯罪与过失犯罪的共同前提，所以，对于这种不可抗力，既不能认定为过失犯罪，也不能认定为故意犯罪。

但需要注意的是，即使行为人在靠近结果发生的时刻（A 点）不可能避免结果的发生，但在此之前的时刻（B 点）具有避免结果的可能性时，如果 B 点的行为具有危险性，则仍然可能认定为过失。

【示例】甲没有驾驶执照，却在马路上驾驶汽车，行至一急拐弯处时，因为缺乏驾车技能，而没有避免事故的发生，致人死亡。在这种情况下，不能以甲没有能力避免结果为由否认过失犯罪的成立。因为甲在没有驾驶执照的情况下驾驶汽车本身就具有危险性，而且驾驶汽车是甲自愿选择的危险行为。所以，甲的行为成立过失犯罪。

（二）疏忽大意与意外事件的区别

认定疏忽大意的过失，最关键的是要将其与意外事件相区别。《刑法》第 16 条规定："行为在客观上虽然造成了损害结果，但是不是出于故意或者过失，而是由于不能抗拒或者不能预见的原因引起的，不是犯罪。"这便是意外事件。

意外事件具有三个特征：一是行为在客观上造成了损害结果；二是行为人没有故意与过失；三是损害结果是由不能预见的原因所引起。

应当全面、客观、准确地判断行为人能否预见，从而正确区分意外事件与疏忽大意的过失犯罪。在行为导致了结果的情况下，应首先考查行为人所属的一般人或像行为人这样的一般人（而不是抽象的一般人）能否预见结果的发生。如行为人为普通农民，则首先考查一般的普通农民能否预见类似结果的发生。其次，考查行为人的认知水平是高于一般人还是低于一般人。如果一般人能够预见，但行为人的认知水平低于一般人，则不宜认定行为人具有过失；反之亦然。

还需要说明：《刑法》第 16 条其实包括了两种情况：不可抗力和意外事件。此处讲的仅是意外事件。对于由于不可抗力导致的结果，行为人也不承担刑事责任。

【示例】 行为人知道自己患有癫痫病，随时可能发作，却仍然驾驶汽车，在驾驶过程中癫痫病突发导致交通事故的，成立过失犯罪，而非意外事件。因为行为人对此是能预见的。

（三）过于自信与间接故意的区别

过于自信的过失与间接故意有相似之处，而且处于位阶关系（间接故意包容过于自信），但二者的成立条件明显不同。从本质上说，间接故意所反映的是对法益的积极蔑视态度，过于自信的过失所反映的是对法益消极不保护的态度。间接故意放任结果的发生，过于自信则反对结果的发生。一般来说，如果行为人认识到结果发生的可能性很大，就不会再否认结果发生的可能性。在此意义上，盖然性说（即结果发生的可能性）具有参考意义。

客观上是否采取防止结果的措施，是判断行为人是间接故意还是过于自信的过失的重要资料。一般来说，客观上没有采取结果防止措施的，既可能是间接故意也可能是过于自信的过失；但如果行为人明显采取了结果防止措施的，不宜认定为间接故意。

【示例1】 甲、乙二人站在山顶，见山下有一老人，甲对乙说："你说将这块石头推下去能否砸着那老头？"乙说："能有那么巧？"于是二人合力将一块石头滚下山，结果将老人砸死。甲、乙对老人死亡持何心态？

【示例2】 甲、乙二人站在山顶，见山下有一老人，甲对乙说："你说将这块石头推下去能否砸着那老头？"乙说："我觉得不可能"，甲说："我也觉得不可能"。于是二人合力将一块石头滚下山，结果将老人砸死。甲、乙对老人死亡持何心态？

【分析】 示例1中，二人对老人的死亡虽然不追求，但也不反对，所以是间接故意。示例2中，二人对老人的死亡则是反对的，是过于自信的过失。

（四）信赖原则、危险分配的法理

根据信赖原则，在行为人合理信赖被害人或第三者将采取适当行为时，如果由于被害人或第三者采取不适当的行为而造成了侵害结果，行为人对此不承担责任。信赖原则起先主要适用于交通领域。从事交通运输的人，在遵守交通规则而实施其行为时，只要没有特殊情况，就可以信赖其他有关人也会遵守交通规则。如果其他人不遵守交通规则，造成了事故，遵守交通规则的行为人就不承担责任。现在，信赖原则的适用范围，不限于交通事故，在企业活动与医疗活动及其他活动中，也适用这一原则。

信赖原则的适用条件是：（1）行为人信赖他人将实施适当的行为，而且这种信赖在社会生活上是相当的；（2）存在着信赖他人采取适当行为的具体状况或条件，自己的行为不违法。因此，行为人不能信赖幼儿、醉酒者、身体障碍者会遵守规则、采取适当行为；在他人有采取不适当行为的具体先兆时，也不应当信赖他人采取适当行为；在自己实施违法行为时，不能信赖他人采取适当行为。

【示例】 甲开车通过路口，看到五岁的幼儿乙即将横穿马路。甲认为乙不会闯红灯，即未减速通过路口。结果，将乙撞死。因为甲不应当信赖幼儿不会闯红灯。所以甲就不能适用信赖原则为自己辩护。

信赖原则与过失犯的客观构成要件相关联。亦即当客观上存在合理信赖他人实施适当行为的条件时，就限定了结果回避义务的内容。例如，在封闭的高速公路上驾驶车辆的人，合理地信赖行人不会横穿公路，因此，驾驶者的结果回避义务就限定为避免与其他车辆的冲撞。即驾驶者不必考虑可能会撞到行人的问题。

信赖原则与过失犯的预见可能性也具有密切关系。在合理信赖被害人或第三者会采取适当行为时，通常应认为行为人不能预见被害人或第三者会采取不适当的行为。

与信赖原则密切相关的是危险分配的法理。危险分配的法理所讨论的是，在认定过失犯时，对加害人与被害人应分别提出什么注意义务。我国的司法实践也考虑了危险分配对过失犯罪认定的影响。例如，2000年11月15日《最高人民法院关于审理交通肇事刑事案件具体应用法律若干问题的解释》第2条第1款规定："交通肇事具有下列情形之一的，处3年以下有期徒刑或者拘役：（一）死亡1人或者重伤3人以上，负事故全部或者主要责任的；（二）死亡3人以上，负事故同等责任的；（三）造成公共财产或者他人财产直接损失，负事故全部或者主要责任，无能力赔偿数额在30万元以上的。"考生可以看到：被害人的责任大小对行为人是否构成犯罪是有影响的。被害人的责任即来源于他对危险的负担。

【示例】 甲驾驶汽车在高速公路上行驶。在即将越过出口时，才忽然想起来自己应该下高速。于是，甲从最里面的车道强行向外并线超车。结果，由于超车距离不够，被后面正常行驶的乙开的大货车顶着向前开了五十米才停下来。由于该大货车上装的全是巨大的原木。滚落的木头将小汽车砸扁，甲当场死亡。乙不构成交通肇事罪。因为强行超车的危险应该由甲自己来承担。乙合理信赖甲在超车时会保持合理超车距离。所以，在本次事故中，乙对事故的发生没有责任。

（五）监督过失

监督过失包括狭义的监督过失和管理过失。狭义的监督过失，是指在被监督者的行为直接造成损害存在一般过失的场合，监督者由于其对被监督者的行为负有监督义务，而应当承担过失责任的情况。管理过失，是指行为人没有采取必要的防范措施，或者没有指示他人采取措施，导致危害后果的发生，或者由于自然力或第三人的无过错行为导致损害发生的情形。

【示例1】 某单位拥有一个服装批发市场。由于管理不善，来进货的客户甲在市场抽烟，引发大火，造成3人死亡、1000万元损失的严重后果。公安机关除了逮捕了甲、当天值班的经理乙外，还逮捕了该市场的火灾防范的第一责任人丙。而丙在事发当日在外地出差。请问，公安机关的行为合法吗？

【分析】 此即监督过失。公安机关的行为合法。

【示例2】 甲是精神病人乙的父母聘请的护工，负责看管乙。但甲疏于看守，导致乙被乙父母的仇人丙推落池塘淹死。甲需要承担相应的刑事责任吗？

【分析】 此即管理过失。甲需要承担过失致人死亡的刑事责任。

【示例3】 药剂师如果完全按照医生的处方发药而致人死亡的，他需要承担刑事责任吗？

【分析】 根据信赖原则，他不需要承担刑事责任。

（六）过失向故意的转化

这是指行为人的过失行为导致对某种法益产生危险，但故意不消除危险，希望或者放任结果发生的情形。

【示例1】 行为人不慎将烟头扔在仓库里，具有发生火灾的危险，行为人能够及时消除危险，但想通过造成火灾陷害仓库保管员，故意不消除危险，导致火灾发生。这便由一般过失转化为犯罪故意，应认定为放火罪而不是失火罪。

【分析】 过失行为虽然已经造成了基本结果（成立基本的过失犯），但在能够有效防止加重结果发生的情况下，行为人具有防止加重结果发生的义务却故意不防止的，对加重结果成立故意犯罪。

【示例2】汽车司机甲于黑夜在车辆较少的道路上违反交通法规过失将三人撞成重伤后，下车察看情况，本可以将三人送往医院抢救，但想到被害人死亡也无所谓，便立即逃走，三名被害人后来全部死亡。如果甲将三名被害人送往医院，就可以救助其生命，而甲故意不救助，则甲除了成立交通肇事罪外，还可能另成立不作为的故意犯罪。

表13　直接故意、间接故意、疏忽大意的过失、过于自信的过失、意外事件之区别

	直接故意	间接故意	疏忽大意的过失	过于自信的过失	意外事件
认识因素	明知自己的行为必然或可能发生危害结果	明知自己的行为可能发生危害结果	没有预见到自己的行为可能发生危害结果	已经预见到自己的行为可能发生危害结果	没有预见到自己的行为可能发生危害结果
有无预见危害后果可能	有	有	有，且行为人有义务预见	有，但行为人轻信能够避免	无
意志因素	希望，即积极追求	放任，即听之任之	反对	反对	反对
有无犯罪动机、目的	有	无	无	无	无
有无犯罪未完成形态	有	无	无	无	无，不构成犯罪

【经典真题】

关于过失犯的论述，下列哪一选项是错误的？[1]（2011－2－6）

A. 只有实际发生危害结果时，才成立过失犯
B. 认识到可能发生危害结果，但结果的发生违背行为人意志的，成立过失犯
C. 过失犯罪，法律有规定的才负刑事责任。这里的"法律"不限于刑事法律
D. 过失犯的刑事责任一般轻于与之对应的故意犯的刑事责任

【考点】过失犯罪

【解题思路与常见错误分析】《刑法》第15条规定："应当预见自己的行为可能发生危害社会的结果，因为疏忽大意而没有预见，或者已经预见而轻信能够避免，以致发生这种结果的，是过失犯罪。过失犯罪，法律有规定的才负刑事责任。"所以，只有"以致发生这种结果的"才是过失犯，选项A是正确的。选项B是过于自信的过失。选项C中，"法律有规定的"当然是指刑法有规定的，因为只有刑法才能规定刑事责任。选项D是常识。这是因为过失犯的主观恶意、人身危险性都较轻。

【同类考点总结】本题总结了过失犯罪的构成要件和处罚上的特征。请考生注意掌握。

---

[1]【答案】C

第四节　犯罪目的与犯罪动机

> **导学**　　本节很简单。考生掌握"犯罪目的与犯罪动机一般不影响定罪，但对量刑有一定影响。个别情况下，也会影响定罪"即可。

考点解读

一、犯罪目的

犯罪目的是指犯罪人主观上希望通过实施犯罪行为达到的危害社会的结果。

二、犯罪动机

犯罪动机是刺激犯罪人实施犯罪行为以达到犯罪目的的内心冲动或者内心起因。犯罪动机产生在先，犯罪目的产生在后。**同种犯罪的犯罪目的相同，同种犯罪的犯罪动机则因人而异。**

【示例1】为了复仇而故意杀人时，行为人的犯罪目的是杀死被害人，犯罪动机则是复仇。

犯罪目的与犯罪动机一般不影响定罪，但对量刑有一定影响。个别情况下，也会影响定罪。要记住这些"个别情况"。同是收买被拐卖的妇女，如果出于出卖的目的，构成拐卖妇女罪，如果不具有该目的，则仅成立收买被拐卖的妇女罪。收买被拐卖的儿童，也是如此。

有些犯罪要求有特定的目的，如果没有这些目的，就不能构成该罪。法定的目的犯是指刑法明文规定必须具备某种目的才能构成的犯罪。在认定这些犯罪时，必须考查行为人的犯罪目的。

目的犯中的目的不一定要具有与之相对应的客观事实。例如，赌博罪要求"以营利为目的"，行为人以营利为目的进行赌博，但未能盈利的，仍然具有此目的，仍构成赌博罪。

【示例2】以下说法错误的是：[1]

A. 走私淫秽物品，要构成犯罪，必须具有牟利或者传播目的

B. 以牟利为目的传播淫秽物品的，构成传播淫秽物品牟利罪，因此，不以牟利为目的传播淫秽物品的，不构成犯罪

C. 以出卖为目的绑架儿童的，构成绑架罪

D. 以出卖为目的收买被拐卖儿童的，构成拐卖儿童罪

【分析】根据《刑法》第152条的规定，选项A正确。《刑法》第364条规定，不以牟利为目的传播淫秽物品的，不构成传播淫秽物品牟利罪，但是构成传播淫秽物品罪。选项B错误。《刑法》第240条第5项规定，"以出卖为目的，使用暴力、胁迫或者麻醉方法绑架妇女、儿童的"构成拐卖妇女、儿童罪，而不是绑架罪，选项C错误，选项D正确。

---

〔1〕【答案】BC

第六章
责任要件之二
——责任阻却事由

第一节 责任能力

导学

责任阻却事由（有责性阻却事由），是指排除符合构成要件的违法行为的有责性的事由。本部分主要从消极方面判断哪些事由能够阻却行为人的责任。本部分的考点包括：责任能力、违法性认识的可能性、期待可能性。责任能力是本章的重点。后面两个考点虽然没有正式在大纲中公布，但近年的考试题目屡有涉及。所以，考生也需要掌握。特殊身份的问题本来应当放到犯罪的客观要件中讲解，因为这个问题与责任能力无关。但是，为了叙述的连贯性，我们将这个问题放在本部分一并讲解。

考点解读

一、刑事责任能力的含义 ★★

责任能力是指进行责任非难所要求的行为人的能力。刑法并不是直接积极地规定责任能力，而是消极地规定无责任能力与限定责任能力。刑法上的责任能力，由辨认能力与控制能力组成。辨认能力，是指行为人认识自己特定行为的内容、社会意义与结果的能力。控制能力，是指行为人支配自己实施或者不实施特定行为的能力。

行为人具有责任能力说明行为人明白自己行为的性质，而且能够选择是否犯罪。根据责任主义，这样的人当然应该被追究刑事责任。

二、刑事责任能力与法定年龄 ★★★★★

我国《刑法》第17条对刑事责任年龄作了规定。达到刑事责任年龄的人被推定为具有相应的刑事责任能力。

（一）未成年人的刑事责任能力

1. 相关法条。

《刑法》

第十七条　【刑事责任年龄】已满十六周岁的人犯罪，应当负刑事责任。

已满十四周岁不满十六周岁的人，犯故意杀人、故意伤害致人重伤或者死亡、强奸、抢劫、贩卖毒品、放火、爆炸、投放危险物质罪的，应当负刑事责任。

已满十二周岁不满十四周岁的人，犯故意杀人、故意伤害罪，致人死亡或者以特别残忍手段致人重伤造成严重残疾，情节恶劣，经最高人民检察院核准追诉的，应当负刑事责任。

对依照前三款规定追究刑事责任的不满十八周岁的人，应当从轻或者减轻处罚。

因不满十六周岁不予刑事处罚的，责令其父母或者其他监护人加以管教；在必要的时候，依法进行专门矫治教育。

司法解释

《最高人民法院关于审理未成年人刑事案件具体应用法律若干问题的解释》。

2. 未成年人的刑事责任能力。

表14　未成年人的刑事责任能力

刑事责任能力分类	适用对象	需负刑事责任范围
完全刑事责任能力	16周岁以上	全部犯罪行为
相对无刑事责任能力	已满14周岁，不满16周岁	犯故意杀人、故意伤害致人重伤或死亡、强奸、抢劫、贩卖毒品、放火、爆炸、投放危险物质罪
	已满12周岁，不满14周岁	故意杀人、故意伤害且致人死亡或致人严重残疾
完全无刑事责任能力	不满12周岁	对所有违法行为都不负刑事责任
减轻刑事责任能力	已满12周岁，不满18周岁	（1）应当从轻或减轻处罚（2）不得判处死刑（包括死缓）

"不负刑事责任"并不是说行为人的行为成立犯罪，只是因为其没有达到法定年龄，而不承担法律后果；而是说行为人的行为虽然具有违法性，但缺乏非难可能性所需要的年龄，故其行为缺乏有责性，因而不成立犯罪。

3. 刑事责任年龄的计算。

满××周岁，指过了××周岁的生日。从生日第二天的零时起算。如果是8月25日的生日，8月25日夜里12时以后才为已满××周岁。

4. 八种犯罪的相关问题。

（1）奸淫幼女罪罪名已被取消，奸淫幼女的定强奸罪。

（2）对"八种犯罪"的解释。

《刑法》第17条第2款规定的八种犯罪，是指具体犯罪行为而不是具体罪名。《刑法》第17条中规定的"犯故意杀人、故意伤害致人重伤或者死亡"，是指只要故意实施了杀人、伤害行为并且造成了致人重伤、死亡后果的，都应负刑事责任。

（3）抢劫罪不仅包括《刑法》第263条所规定的典型的抢劫罪，还包括《刑法》第267条第2款规定的拟制性抢劫——"携带凶器抢夺"和《刑法》第127条第2款规定的抢劫枪支、弹药、爆炸物、危险物质罪（因为本罪比抢劫罪更重，而且这些物品也是财物）。但是，不包括《刑法》第269条规定的转化型抢劫。

根据《最高人民法院关于审理未成年人刑事案件具体应用法律若干问题的解释》第10条规定，《刑法》第269条规定的转化型抢劫仅适用于已满16周岁的人。已满14周岁不满

16 周岁的人有这些行为的，并不转化为抢劫罪（详见下文）。

> 已满 14 周岁、不满 16 周岁的人需要为"携带凶器抢夺"负责，这是法律特别拟制的一种抢劫行为。

（4）注意各种犯罪转化为这八种犯罪的：凡是转化为这八种犯罪的，都要追究刑事责任。例如，在非法拘禁中使用暴力致使被害人伤残的，按故意伤害罪定罪，那么已满 14 岁不满 16 周岁的未成年人就要为这种行为负责。同理，如果在非法拘禁中使用暴力致使被害人死亡的，即使行为人对死亡是过失的，由于刑法规定对这种行为按照故意杀人罪定罪，那么已满 14 周岁的未成年人也要对此承担刑事责任。

> 有些考生认为，只有直接或者间接故意杀人才能定故意杀人罪。所以，未满 16 周岁的人不必对在非法拘禁中过失致人死亡的行为承担刑事责任。这种看法不准确。在非法拘禁中的过失致人死亡包括两种情况：一种是没有使用暴力的，行为人既无伤害故意，也无杀人故意。另一种是使用了暴力的，行为人有伤害故意，但对死亡结果是反对的。对于第一种过失致人死亡，不满 16 周岁的人确实不需要承担刑事责任。因为根据《刑法》第 238 条第 2 款的规定，该行为是非法拘禁罪的加重量刑情节。不满 16 周岁的人不必为非法拘禁罪负责。但是，根据《刑法》第 238 条第 2 款的规定，使用暴力致人伤残、死亡的，应当按照故意伤害罪、故意杀人罪定罪处罚。所以，对于第二种情况，不满 16 周岁的人不仅应当承担刑事责任，而且罪名是故意杀人罪。这种情况被称为法律拟制。我们将在下编刑法分则第一章进行讲解。
>
> 另外，已满 14 周岁不满 16 周岁的未成年在实施绑架行为过程中，使用暴力致使被绑架人死亡，但没有杀人故意的，由于绑架罪可以被评价为非法拘禁罪，因此也应当按照故意杀人罪定罪处罚。但如果没有使用暴力的，则不能认定为故意杀人罪，应当认定为绑架罪。不满 16 周岁的人对绑架罪不负刑事责任。

5. 关于跨法定年龄阶段的犯罪问题。

（1）行为人已满 16 周岁后实施了某种犯罪，并在已满 14 周岁不满 16 周岁期间也实施过相同的行为。是否一并追究责任，应具体分析。如果在已满 14 周岁不满 16 周岁期间所实施的是《刑法》第 17 条第 2 款规定的特定犯罪，则应一并追究责任；否则，只能处罚已满 16 周岁以后的犯罪行为。例如，行为人在 14 周岁、16 周岁均有盗窃行为的，只能追究 16 周岁以后的盗窃行为。

（2）行为人在已满 14 周岁不满 16 周岁期间，实施了《刑法》第 17 条第 2 款规定的特定犯罪，并在未满 14 周岁时也实施过相同行为，对此不能一并追究责任，只能处罚已满 14 周岁后实施的特定犯罪行为。例如，行为人在 13 周岁、14 周岁都实施了强奸行为，则只能处罚 14 周岁以后实施的强奸行为。

【示例 1】以下哪些行为需要追究刑事责任？[1]

A. 15 周岁的李某走私毒品 250 克

B. 14 周岁的方某拦路抢劫，劫得 20 元钱

C. 16 周岁的王某过失致人重伤

D. 13 周岁的林某帮助别人绑架 12 周岁的女同学，并强奸该同学

【分析】李某是走私毒品，不是贩卖毒品；方某已经 14 周岁，对抢劫罪负责。王某已经 16 周岁，对一切犯罪都要负刑事责任。林某只有 13 周岁，对一切行为都不负刑事责任。

---

[1] 【答案】BC

【示例2】焦某、刘某、邵某系同班同学，焦某、刘某15周岁，邵某17周岁。一日，三人在一起商议弄些钱花。焦某说："我们院子里的高某是外企老板，我们绑架他的儿子做人质，弄些钱吧。"三人即在放学时将高某7岁的儿子蛋蛋绑架。蛋蛋在被绑架后对焦某说："哥哥，我认识你，你就住在我们院子。"三人一听，顿生恐惧，遂起杀人灭口之念。晚上10时许，三人用石头猛砸蛋蛋的头部，致其当场死亡。三人在杀人后仍反复给高某打电话勒索现金，直到被抓获。

（1）这三人是否构成犯罪，罪名是否相同？为什么？

【分析】这三人构成犯罪，但罪名不同。焦某、刘某15周岁，构成故意杀人罪。邵某17周岁，构成绑架罪。因为16周岁以上的人在绑架中杀人的，仍然定绑架罪一罪，不另定故意杀人罪。请注意这个区别。

《刑法》第239条规定："以勒索财物为目的绑架他人的，或者绑架他人作为人质的，处十年以上有期徒刑或者无期徒刑，并处罚金或者没收财产；情节较轻的，处五年以上十年以下有期徒刑，并处罚金。

犯前款罪，杀害被绑架人的，或者故意伤害被绑架人，致人重伤、死亡的，处无期徒刑或者死刑，并处没收财产。

以勒索财物为目的偷盗婴幼儿的，依照前两款的规定处罚。"

（2）如果焦某等三人在绑架蛋蛋后，其父很快送来赎金20万元，蛋蛋也平安回家。那么能否追究焦某等三人的刑事责任？

【分析】因为绑架罪不属于8种法定犯罪，焦某、刘某也没有故意伤害、故意杀人行为，因此不能追究焦某、刘某的刑事责任。但应当追究邵某的刑事责任，因为他需要为绑架行为负刑事责任。

6. 最高人民法院《关于审理未成年人刑事案件具体应用法律若干问题的解释》。

2006年1月11日，最高人民法院发布了《关于审理未成年人刑事案件具体应用法律若干问题的解释》（以下简称《解释》）。该解释中有些内容值得关注。该解释通篇体现了对未成年人犯罪应秉持"教育为主，惩罚为辅"的精神。该解释中有些条文只是对以前规定的重申，有些则是新出台的。以下问题是应当注意的：

（1）《解释》第4条规定："对于没有充分证据证明被告人实施被指控的犯罪时已经达到法定刑事责任年龄且确实无法查明的，应当推定其没有达到相应法定刑事责任年龄。

相关证据足以证明被告人实施被指控的犯罪时已经达到法定刑事责任年龄，但是无法准确查明被告人具体出生日期的，应当认定其达到相应法定刑事责任年龄。"

请注意本条第1款的规定。

（2）《解释》第5条规定："已满十四周岁不满十六周岁的人实施刑法第十七条第二款规定以外的行为，如果同时触犯了刑法第十七条第二款规定的，应当依照刑法第十七条第二款的规定确定罪名，定罪处罚。"

本条解决了长期以来的一个疑难问题：绑架中（或其他犯罪中）故意杀人、故意伤害的，到底应定什么罪？最高人民检察院在一个批复中曾认为应按照所触犯的分则的罪名定罪，即应定绑架罪。本批复引起广泛质疑，因为刑法并不追究这些少年绑架行为的刑事责任。本解释第5条明确规定对这些行为应定故意杀人罪、故意伤害罪。显然这一解释更合理。

（3）《解释》第7条规定："已满十四周岁不满十六周岁的人使用轻微暴力或者威胁，

强行索要其他未成年人随身携带的生活、学习用品或者钱财数量不大，且未造成被害人轻微伤以上或者不敢正常到校学习、生活等危害后果的，不认为是犯罪。

已满十六周岁不满十八周岁的人具有前款规定情形的，一般也不认为是犯罪。"

《解释》第 8 条规定："已满十六周岁不满十八周岁的人出于以大欺小、以强凌弱或者寻求精神刺激，随意殴打其他未成年人、多次对其他未成年人强拿硬要或者任意损毁公私财物，扰乱学校及其他公共场所秩序，情节严重的，以寻衅滋事罪定罪处罚。"

请注意：对这两种情况都不以抢劫论处。已满 14 周岁不满 16 周岁的少年有强拿硬要行为的，不构成犯罪。已满 16 周岁不满 18 周岁的少年有这些行为的，则按量刑轻得多的寻衅滋事罪定罪处罚。

（4）《解释》第 9 条第 3 款规定："已满十六周岁不满十八周岁的人盗窃自己家庭或者近亲属财物，或者盗窃其他亲属财物但其他亲属要求不予追究的，可不按犯罪处理。"

盗窃自己家、其他亲属的财物可不按犯罪处理，但如果其亲属要求追究的，仍应按犯罪处理。

（5）《解释》第 10 条规定："已满十四周岁不满十六周岁的人盗窃、诈骗、抢夺他人财物，为窝藏赃物、抗拒抓捕或者毁灭罪证，当场使用暴力，故意伤害致人重伤或者死亡，或者故意杀人的，应当分别以故意伤害罪或者故意杀人罪定罪处罚。

已满十六周岁不满十八周岁的人犯盗窃、诈骗、抢夺罪，为窝藏赃物、抗拒抓捕或者毁灭罪证而当场使用暴力或者以暴力相威胁的，应当依照刑法第二百六十九条的规定定罪处罚；情节轻微的，可不以抢劫罪定罪处罚。"

需要注意的是第 1 款。由于已满 14 周岁不满 16 周岁的人无需为盗窃、诈骗、抢夺行为负刑事责任，因此他们在实施这些行为后，为窝藏赃物、抗拒抓捕或者毁灭罪证，当场使用暴力的，也不转化为抢劫行为。如果他们实施了故意伤害致人重伤或者死亡的行为，或者故意杀人的，应当分别以故意伤害罪或者故意杀人罪定罪处罚。如果致人轻伤以下的，就不构成犯罪。

对这种情况，以前都认为应按抢劫罪处理，即使致人轻伤，也构成犯罪。

（6）《解释》第 13 条规定："未成年人犯罪只有罪行极其严重的，才可以适用无期徒刑。对已满十四周岁不满十六周岁的人犯罪一般不判处无期徒刑。"

本条规定是很有道理的。已满 14 周岁不满 16 周岁的未成年人犯罪主要是因为好奇、不健康的"哥们意识"等，并不一定具有多么大的主观恶性。不判无期徒刑对他们改过自新非常有利。

（7）《解释》第 16 条规定："对未成年罪犯符合刑法第七十二条第一款规定的，可以宣告缓刑。如果同时具有下列情形之一，对其适用缓刑确实不致再危害社会的，应当宣告缓刑：

（一）初次犯罪；

（二）积极退赃或赔偿被害人经济损失；

（三）具备监护、帮教条件。"

请注意：本条对未成年罪犯适用缓刑的条件大为放宽，而且具备一定条件的，是"应当"宣告缓刑。

（8）《解释》第 17 条规定："未成年罪犯根据其所犯罪行，可能被判处拘役、三年以下有期徒刑，如果悔罪表现好，并具有下列情形之一的，应当依照刑法第三十七条的规定免予刑事处罚：

（一）系又聋又哑的人或者盲人；

（二）防卫过当或者避险过当；

（三）犯罪预备、中止或者未遂；

（四）共同犯罪中从犯、胁从犯；

（五）犯罪后自首或者有立功表现；

（六）其他犯罪情节轻微不需要判处刑罚的。"

请注意：本条对未成年罪犯免予刑事处罚的条件大为放宽。本条同样规定具备一定条件的，是"应当"免予刑事处罚。

【经典真题】

已满14周岁不满16周岁的人实施下列哪些行为应当承担刑事责任？[1]（2006－2－51）

A. 参与运送他人偷越国（边）境，造成被运送人死亡的

B. 参与绑架他人，致使被绑架人死亡的

C. 参与强迫卖淫集团，为迫使妇女卖淫，对妇女实施了强奸行为的

D. 参与走私，并在走私过程中暴力抗拒缉私，造成缉私人员重伤的

【考点】 未成年人的刑事责任

【解题思路与常见错误分析】已满14周岁不满16周岁的未成年人，只要具有《刑法》第17条列举的8种犯罪行为的，无论发生在实施什么犯罪的过程中，都要追究刑事责任。因此，选项C、D都要被追究刑事责任。选项C是强奸罪，选项D是故意伤害罪。

选项A、B中的"致人死亡"行为都不是故意杀人罪，它指的是过失致人死亡的情形。

选项A指的是由于运输工具太差等原因导致被组织偷渡人死亡的情形，不是指故意杀害这些人的情形。选项B指的是在绑架中由于不慎致被绑架人死亡的情形，例如，由于捆绑过紧，导致其窒息等情况，也不是指杀害被绑架人的情形。如果是后两种情况，要使用"杀害"这样的词语。这两罪的法条中也明确区分了"杀害"和"造成""致使"，所以此处的"造成""致使"仅指过失致人死亡的情形。由于题目没有强调"使用暴力"，因此应当认为是在绑架中的非暴力行为致人死亡。

【同类考点总结】1. 已满14周岁不满16周岁的未成年人，只要具有《刑法》第17条列举的8种犯罪行为的，无论发生在实施什么犯罪的过程中，都要追究刑事责任。2. 对于转化为8种犯罪的，已满14周岁不满16周岁的未成年人也要负责。

（二）七十五周岁以上的人的刑事责任能力

1. 相关法条。

《刑法》

第十七条之一　【对已满七十五周岁的人的刑事处罚】已满七十五周岁的人故意犯罪的，可以从轻或者减轻处罚；过失犯罪的，应当从轻或者减轻处罚。

2. 法条解读。

这是《刑法修正案（八）》新增的规定。这是刑法对老年人的一种优待，体现了刑法

_____

〔1〕【答案】CD

的人性关怀。对故意犯罪是"可以"从轻或者减轻处罚；对过失犯罪是"应当"从轻或者减轻处罚。

三、精神病人、盲聋哑人的刑事责任能力★★

（一）相关法条

《刑法》

第十八条　【特殊人员的刑事责任能力】精神病人在不能辨认或者不能控制自己行为的时候造成危害结果，经法定程序鉴定确认的，不负刑事责任，但是应当责令他的家属或者监护人严加看管和医疗；在必要的时候，由政府强制医疗。

间歇性的精神病人在精神正常的时候犯罪，应当负刑事责任。

尚未完全丧失辨认或者控制自己行为能力的精神病人犯罪的，应当负刑事责任，但是可以从轻或者减轻处罚。

醉酒的人犯罪，应当负刑事责任。

第十九条　【又聋又哑的人或盲人犯罪的刑事责任】又聋又哑的人或者盲人犯罪，可以从轻、减轻或者免除处罚。

（二）刑事责任能力的概念

刑事责任能力是指对自己行为的辨认和控制能力。不仅要能辨认，还要能控制自己的行为才负完全的刑事责任。责任能力可能因精神病或生理缺陷而减弱。行为人因精神病而使责任能力减弱，但又尚未完全丧失责任能力的情形，在刑法理论上称为限定责任能力。

（三）精神病人的刑事责任

《刑法》第18条第1款规定："精神病人在不能辨认或者不能控制自己行为的时候造成危害结果，经法定程序鉴定确认的，不负刑事责任。"这说明精神病人并非都不负刑事责任，只有"在不能辨认或者不能控制自己行为的时候造成危害结果"的才不负刑事责任。因此，精神病人要免除刑事责任，不仅要患有精神病（医学标准），还要因病在行为时完全丧失辨认或者控制能力（心理学标准）。两者必须同时具备。对尚未完全丧失辨认或者控制自己行为能力的精神病人，则是"可以"从轻或减轻处罚。

间歇性的精神病人在精神正常的时候犯罪，应当负刑事责任。

对于精神病人不追究刑事责任的，可以强制医疗，也可以责令其亲属、监护人严加看管。

（四）又聋又哑的人或者盲人的刑事责任

又聋又哑的人或者盲人犯罪的，可以从轻、减轻或免除处罚。又聋又哑的人指既聋又哑的人；盲人指双目失明的人。是"可以"，不是"应当"。但对其从轻处罚的幅度很大，可以免除处罚。

【经典真题】

甲患抑郁症欲自杀，但无自杀勇气。某晚，甲用事前准备的刀猛刺路人乙胸部，致乙当场死亡。随后，甲向司法机关自首，要求司法机关判处其死刑立即执行。对于甲责任能力的认定，下列哪一选项是正确的？[1]（2011－2－4）

---

[1]【答案】C

A. 抑郁症属于严重精神病，甲没有责任能力，不承担故意杀人罪的责任

B. 抑郁症不是严重精神病，但甲的想法表明其没有责任能力，不承担故意杀人罪的责任

C. 甲虽患有抑郁症，但具有责任能力，应当承担故意杀人罪的责任

D. 甲具有责任能力，但患有抑郁症，应当对其从轻或者减轻处罚

【考点】精神病人的刑事责任

【解题思路与常见错误分析】本案中，甲虽然患有精神病，但显然具有对自己的犯罪行为的辨认和控制能力，他是在完全清醒的情形下犯的故意杀人罪。因此，甲应当负刑事责任。故，选项 A、B 错误，C 正确。

选项 D：根据《刑法》第 18 条的规定，对于部分丧失辨认或者控制自己行为能力的精神病患者，"可以"而不是"应当"从轻或者减轻处罚。

【同类考点总结】精神病人要免除刑事责任，不仅要患有精神病（医学标准），还要因病在行为时完全丧失辨认或者控制能力（心理学标准）。两者必须同时具备。

四、醉酒人的刑事责任能力与原因自由行为 ★★★

（一）原因自由行为

原因自由行为是刑法理论上的重要概念。它是指具有责任能力的行为人，故意或者过失使自己一时陷入丧失或者尚未完全丧失责任能力的状态，并在该状态下实施了符合构成要件的违法行为。使自己陷入丧失或者尚未完全丧失责任能力状态的行为，称为原因行为。在该状态下实施的客观构成要件的违法行为，称为结果行为。由于行为人可以自由决定自己是否陷入上述状态，故称为原因自由行为。例如，明知自己有病理性醉酒史，饮酒后会实施暴力行为造成危害结果，却故意饮酒，随即实施暴力行为造成危害结果的，即属原因自由行为。

广义的原因自由行为分为四种情况：故意陷入丧失责任能力状态、过失陷入丧失责任能力状态、故意陷入尚未完全丧失责任能力的状态、过失陷入尚未完全丧失责任能力的状态。

刑法上讨论原因自由行为是因为根据责任主义，责任能力必须存在于行为时，行为人只对在具有责任能力的状态下所实施的行为及其结果承担责任，不能追究其丧失责任能力状态下所实施的行为及其结果的责任。这便是"行为与责任同时存在"的原则。

在由于醉酒而导致的犯罪中，行为人在行为当时可能是完全丧失责任能力或者部分丧失责任能力的。例如，甲喝得酩酊大醉，仍然开车。开着开着，他感觉手不听使唤了，几秒钟后，他就将一名老妇撞死，该车被迫停下后，甲竟然趴在方向盘上睡着了。显然，甲在行为当时是完全丧失责任能力的。但我们能因此认定甲不承担刑事责任吗？显然不能。因为甲既然明知自己已喝了很多酒还选择冒险开车，而发生车祸与其喝酒及冒险开车有直接因果关系，那么他就必须为自己这个冒险行为的后果负责。所以，如果行为人自愿（包括故意和过失）使自己陷入完全无责任能力状态或者部分丧失责任能力状态，他就必须为自己的行为导致的结果负责。这与前述同时存在原则并不矛盾。对于该原则中的"行为"不宜狭义地理解为着手后的行为，而宜理解为与结果的发生具有因果关系的行为。

只要行为人开始实施与结果的发生具有因果关系的行为时具有责任能力，行为人就必须对后来由于部分或者完全丧失责任能力而导致的行为及其后果负责。

【示例】甲想抢劫乙，他故意使自己陷入无责任能力状态，但其结果行为却是强奸行为。如果甲在实施暴力行为时，依然具有责任能力，但实施奸淫行为时没有责任能力，对甲只能认定为抢劫未遂。如果甲在实施暴力行为时已经没有责任能力，但暴力行为造成了伤害，甲承担故意伤害罪与抢劫未遂的想象竞合犯的责任；倘若暴力行为没有造成伤害，甲仅承担抢劫预备的责任。

正是基于原因自由行为的法理，我国《刑法》第18条规定"醉酒的人犯罪，应当负刑事责任"，而且没有规定可以从轻或者减轻处罚。

（二）病理性醉酒

需要注意的是：醉酒是酒精中毒的俗称，分为生理性醉酒与病理性醉酒两种情况。生理性醉酒即普通醉酒不是精神病，其引起的精神障碍属于非精神病性精神障碍。病理性醉酒则属于精神病状态，多见于通常并不饮酒或对酒精无耐受性，或并存感染、过度疲劳、脑外伤、癫痫症者，在偶然一次饮酒后发生。病理性醉酒人的行为紊乱、记忆缺失、出现意识障碍，并伴有幻觉、错觉、妄想等精神病症状，且其行为通常具有攻击性。一般认为，病理性醉酒属于精神病，醉酒的人完全丧失责任能力。

根据原因自由行为理论，由于生理性醉酒而犯罪的人应当负刑事责任。但病理性醉酒的人并不知道自己是这种体质，其对危害行为的发生没有过错。所以，由于首次病理性醉酒而犯罪的人，不负刑事责任。但是，行为人在得知了自己有病理性醉酒的病史，预见到自己饮酒后会实施攻击行为造成侵犯法益结果的情况下，故意饮酒造成结果，或者由于饮酒过失导致结果发生的，则应当承担责任。这就属于原因自由行为的情形了。

【经典真题】
关于刑事责任能力的认定，下列哪一选项是正确的？（2017-2-3）[1]
A. 甲先天双目失明，在大学读书期间因琐事致室友重伤。甲具有限定刑事责任能力
B. 乙是聋哑人，长期组织数名聋哑人在公共场所扒窃。乙属于相对有刑事责任能力
C. 丙服用安眠药陷入熟睡，致同床的婴儿被压迫窒息死亡。丙不具有刑事责任能力
D. 丁大醉后步行回家，嫌他人小汽车挡路，将车砸坏，事后毫无记忆。丁具有完全刑事责任能力

【考点】刑事责任能力

【解题思路与常见错误分析】行为人因为生理缺陷，丧失听力和语言表达能力以及丧失视力的情形，也可谓责任能力的减弱。但是，从刑法理论上来讲，他们具有完全的刑事责任能力。他们不属于限定刑事责任能力人（部分精神病人）或相对具有刑事责任能力人（已满12，不满16周岁的人）。所以，选项A、B均错误。

选项C、选项D：这两个选项都是考查原因自由行为的。选项C中，丙服用安眠药时具有完全的刑事责任能力。选项D中，丁喝酒时具有完全的刑事责任能力。所以，丙、丁都具有完全的刑事责任能力。选项C错误，选项D正确。

【同类考点总结】很多考生只知道刑法对未成年人、精神病人、盲聋哑人的刑事责任能力的具体规定，却不知道其理论上的称呼，导致对本题回答错误。本题提醒我们不仅要掌握刑法的具体规定，还要掌握其背后的理论。

原因自由行为最近几年被连续考查，考生一定要予以重视。

---

[1]【答案】D

五、特殊身份★★★

构成要件要求自然人具备特殊身份或者刑罚的加重减轻以具有特殊身份为前提的犯罪，称为身份犯。

1. 身份犯的分类：身份犯包括真正身份犯与不真正身份犯。

真正身份犯，是指以特殊身份作为构成要件要素的犯罪。在这种情况下，如果行为主体不具有特殊身份就不成立该罪的正犯。例如，贪污罪的主体必须是国家工作人员，所以，如果主体不是国家工作人员，其行为就不可能成立贪污罪的正犯。这种特殊身份，可称为构成的身份。

不真正身份犯，是指特殊身份不影响定罪但影响量刑的情形。在这种情况下，如果行为人不具有特殊身份，犯罪也成立；如果具有这种身份，则可从重处罚或者从轻处罚。例如，非法拘禁罪的主体既可以是普通自然人，也可以是国家机关工作人员。但是《刑法》第238条第4款规定："国家机关工作人员利用职权犯前三款罪的，依照前三款的规定从重处罚。"所以，这种特殊身份，也可称为加减的身份。

2. 特殊身份的内容。特殊身份是指行为人在身份上的特殊资格，以及其他与一定的犯罪行为有关的，行为主体在社会关系上的特殊地位或者状态。如男女性别、亲属关系、国籍、国家工作人员、司法工作人员、证人，等等。

3. 特殊身份必须是在行为主体开始实施犯罪行为时就已经具有的特殊资格，或已经形成的特殊地位或者状态。行为主体在实施犯罪后才形成的特殊地位，不属于特殊身份。例如，在犯罪集团中起组织、策划、指挥作用的首要分子，不属于特殊身份。

特殊身份既可能是终生具有的身份，也可能是一定时期或临时具有的身份。证人、鉴定人、翻译人等就属于临时具有的身份。

4. 作为构成要件要素的特殊身份，只是针对该犯罪的正犯而言。不具有上述特殊身份的人与上述人员相勾结伙同贪污的，成立共犯（教唆犯、帮助犯）。例如，农民也可以成为贪污罪的共犯。

> 间接正犯也是正犯。对于要求特殊身份的犯罪，间接正犯也必须具有特殊身份。

【经典真题】

关于犯罪主体，以下说法正确的是：（2020年卷一回忆版）[1]

A. 犯罪集团和聚众犯罪中的首要分子，是一种特殊身份

B. 单位分支机构或内设机构不是独立的法人单位，不能成为单位犯罪的主体

C. 已满14周岁不满16周岁的人绑架杀人的，对杀人行为负刑事责任，对绑架行为不负刑事责任

D. 单位犯罪本质上是由单位主管人员、直接负责人员构成的特殊的共同犯罪

【考点】犯罪主体、特殊身份

【解题思路与常见错误分析】选项A：特殊身份是指行为人在身份上的特殊资格以及其他与一定的犯罪行为有关的行为主体在社会关系上的特殊地位或者状态。如男女性别、

---

[1]【答案】C

亲属关系、国籍、国家工作人员、司法工作人员、证人等。特殊身份必须是在行为主体开始实施犯罪行为时，就已经具有的特殊资格或者已经形成的特殊地位或状态，因此行为主体在实施犯罪后才形成的特殊地位，不属于特殊身份。例如，在犯罪集团中起组织、策划、指挥作用的首要分子不属于特殊身份。选项 A 错误。

选项 B：单位分支机构或内设机构虽然不是独立的法人单位，但如果确实以分支机构或者内设机构的名义实施犯罪，犯罪所得也归分支机构或者内设机构所有的，仍然能够成立单位犯罪。选项 B 错误。

选项 C：已满 14 周岁不满 16 周岁的人需要对 8 种犯罪负责。这 8 种犯罪不包括绑架罪，但是包括故意杀人罪。那么，对于这些人在绑架中杀人的，他们对杀人行为要负刑事责任，对绑架行为则不负刑事责任。司法机关仍然应当追究他们故意杀人行为的刑事责任。

说明：根据《刑法修正案（十一）》的规定，已满 12 周岁的人也要为故意杀人且致人死亡的行为负刑事责任。

选项 D：单位犯罪的本质是单位作为一个整体的犯罪，不是由单位主管人员、直接负责人员构成的特殊的共同犯罪。选项 D 错误。

【同类考点总结】本题解析很全面，大家记住这四个知识点即可。

5. 特殊身份的类别。根据刑法分则的规定，特殊身份主要包括以下几类：

（1）以特定职务为内容的特殊身份。主要有国家工作人员（《刑法》第 382 条等），国家机关工作人员（《刑法》第 397 条等），司法工作人员（《刑法》第 247 条等），邮政工作人员（《刑法》第 253 条、第 304 条），监狱、拘留所、看守所等监管机构的监管人员（《刑法》第 248 条），各部门的行政执法人员（《刑法》第 402 条），国有公司、企业的董事、经理（《刑法》第 165 条）等。

（2）以特定职业为内容的特殊身份。主要有航空人员（《刑法》第 131 条），铁路职工（《刑法》第 132 条），公司、企业或者其他单位的工作人员（《刑法》第 163 条等），医务人员（《刑法》第 335 条）等。

（3）以特定法律义务为内容的特殊身份，主要有纳税人、扣缴义务人（《刑法》第 201 条），对于没有独立生活能力的人负有扶养义务的人（《刑法》第 261 条），等等。

（4）以特定法律地位为内容的特殊身份，主要有证人、鉴定人、记录人、翻译人（《刑法》第 305 条），辩护人、诉讼代理人（《刑法》第 306 条），依法被关押的罪犯（《刑法》第 315 条），依法被关押的罪犯、被告人、犯罪嫌疑人（《刑法》第 316 条），等等。

（5）以持有特定物品为内容的特殊身份，如依法配备公务用枪的人员、依法配置枪支的人员（《刑法》第 128 条）。

（6）以患有特定疾病为内容的特殊身份，如严重性病患者（《刑法》第 360 条）。

（7）以居住地和特定组织成员为内容的特殊身份，如境外的黑社会组织的人员（《刑法》第 294 条）。

（8）以不具有特定资格为内容的特殊身份，如未取得医生执业资格的人（《刑法》第 336 条）。这种身份在刑法理论上称为消极的身份（前七种均为积极的身份），即欠缺一定的身份。具有医生执业资格的人教唆或者帮助未取得医生执业资格的人非法行医的，仍然可能成立非法行医罪的共犯。

还有一些疑似特殊身份但并不是真正的特殊身份的情形。例如，生产者、销售者（《刑法》第 140 条），公司发起人、股东（《刑法》第 159 条）等。

【示例】强奸罪是真正的身份犯吗？

【分析】强奸罪也是疑似身份犯，而不是真正的身份犯，因为妇女也可以成为强奸罪的正犯（共同正犯与间接正犯）。请注意：正犯是指直接实施犯罪实行行为的人或者虽然没有直接实施，但对犯罪的实施起支配作用的人。强奸罪的实行行为包括强迫行为和强奸行为。妇女虽然不能实施强奸行为，但其可以和男性一起实施强迫行为，所以妇女也可以成为强奸罪的正犯。

六、单位的刑事责任 ★★★

（一）相关法条

《刑法》

第三十条　【单位犯罪】公司、企业、事业单位、机关、团体实施的危害社会的行为，法律规定为单位犯罪的，应当负刑事责任。

第三十一条　【单位犯罪的处罚】单位犯罪的，对单位判处罚金，并对其直接负责的主管人员和其他直接责任人员判处刑罚。本法分则和其他法律另有规定的，依照规定。

立法解释

《全国人民代表大会常务委员会关于〈中华人民共和国刑法〉第三十条的解释》（2014年4月24日第十二届全国人民代表大会常务委员会第八次会议通过）。

全国人民代表大会常务委员会根据司法实践中遇到的情况，讨论了刑法第三十条的含义及公司、企业、事业单位、机关、团体等单位实施刑法规定的危害社会的行为，法律未规定追究单位的刑事责任的，如何适用刑法有关规定的问题，解释如下：

公司、企业、事业单位、机关、团体等单位实施刑法规定的危害社会的行为，刑法分则和其他法律未规定追究单位的刑事责任的，对组织、策划、实施该危害社会行为的人依法追究刑事责任。

司法解释

1999年《最高人民法院关于审理单位犯罪案件具体应用法律有关问题的解释》（法释〔1999〕14号）。

为依法惩治单位犯罪活动，根据刑法的有关规定，现对审理单位犯罪案件具体应用法律的有关问题解释如下：

第一条　刑法第三十条规定的公司、企业、事业单位，既包括国有、集体所有的公司、企业、事业单位，也包括依法设立的合资经营、合作经营企业和具有法人资格的独资、私营等公司、企业、事业单位。

第二条　个人为进行违法犯罪活动而设立的公司、企业、事业单位实施犯罪的，或者公司、企业、事业单位设立后，以实施犯罪为主要活动的，不以单位犯罪论处。

第三条　盗用单位名义实施犯罪，违法所得由实施犯罪的个人私分的，依照刑法有关自然人犯罪的规定定罪处罚。

（二）单位犯罪的构成要件

单位所实施的犯罪即单位犯罪。认定单位犯罪的主要法律依据是《刑法》第30、31条，2014年4月全国人民代表大会常务委员会《关于〈中华人民共和国刑法〉第三十条的解释》和1999年最高人民法院发布的《关于审理单位犯罪案件具体应用法律有关问题的解释》。

1. 单位必须具有一定资格。根据前述司法解释的规定，只有国家依法成立的国有、集体、合资、合作企事业单位，具有法人资格的独资、私有企事业单位才能构成单位犯罪。

> 对于独资、私有企事业单位，只有具有法人资格的才可以构成单位犯罪。对其他企业则无此要求。

2. 单位犯罪必须是在单位意志（非个人意志）支配下，为了单位的利益（非个人利益），以单位的名义，由单位成员实施的。

在单位犯罪中，单位成员是单位意志的实施者，所以他们和单位之间不成立共同犯罪。但是，如果有些单位成员是以个人身份参加犯罪的，那么他们仍然可以和单位构成共同犯罪。单位和单位之间、单位和其他自然人之间都能构成共同犯罪。

【示例】甲单位想去走私。公司经过开会研究，决定选派本单位的 A、B 二人负责本次走私活动。由于资金不足，甲单位决定和乙单位及本单位的 C 自然人共同出资，三方按照出资比例共担风险，共享"利润"。在这个走私犯罪中，甲、乙两个单位和 C 就是共同犯罪。A、B 和本单位之间则不是共同犯罪。

（三）法律未规定追究单位刑事责任的，追究直接责任人员的刑事责任

《刑法》第 30 条规定："公司、企业、事业单位、机关、团体实施的危害社会的行为，法律规定为单位犯罪的，应当负刑事责任。"因此，原来认为，对于单位实施的违反刑法的行为，法律没有规定为单位犯罪的，不能认定为单位犯罪，也不能追究单位和直接责任人员的刑事责任。但在实践中，单位实施盗窃、诈骗、贷款诈骗等行为的很多。对法条这样的理解导致了对单位实施这些犯罪的放纵。为了解决这个问题，2014 年 4 月份，全国人大常委会通过了《关于〈中华人民共和国刑法〉第三十条的解释》。该解释规定："公司、企业、事业单位、机关、团体等单位实施刑法规定的危害社会的行为，刑法分则和其他法律未规定追究单位的刑事责任的，对组织、策划、实施该危害社会行为的人依法追究刑事责任。"根据本解释，如果刑法分则和其他法律未规定追究单位的刑事责任的，则对组织、策划、实施该危害社会行为的人依法追究刑事责任。

（四）单位犯罪的责任形式

单位犯罪的主观罪过，基本上是故意，但也可以是过失。认定单位犯罪的过失，也要求构成过失犯罪的行为本身，是由单位的决策机构按照单位的决策程序作出的。这并不意味着决策机构作出了过失犯罪的决定，而是指决策机构决定了构成过失犯罪的行为本身。例如，单位决定购买不合格的劳动安全用品，结果导致职工在工作中死亡（《刑法》第 135 条重大劳动安全事故罪）。

（五）纯正的单位犯罪与不纯正的单位犯罪

如果一个犯罪只能由单位构成，就是纯正的单位犯罪。如果一个犯罪既可以由单位构成，也可以由自然人构成，就是不纯正的单位犯罪。

《刑法》第 135 条规定："安全生产设施或者安全生产条件不符合国家规定，因而发生重大伤亡事故或者造成其他严重后果的，对直接负责的主管人员和其他直接责任人员，处三年以下有期徒刑或者拘役；情节特别恶劣的，处三年以上七年以下有期徒刑。"这就是纯正的单位犯罪，而且本罪是单罚制的，即只追究直接负责的主管人员和其他直接责任人员的刑事责任。

《刑法》第 159 条规定："公司发起人、股东违反公司法的规定未交付货币、实物或者未转移财产权，虚假出资，或者在公司成立后又抽逃其出资，数额巨大、后果严重或者有

其他严重情节的，处五年以下有期徒刑或者拘役，并处或者单处虚假出资金额或者抽逃出资金额百分之二以上百分之十以下罚金。单位犯前款罪的，对单位判处罚金，并对其直接负责的主管人员和其他直接责任人员，处五年以下有期徒刑或者拘役。"这就是不纯正的单位犯罪。本罪是双罚制的。

（六）单位犯罪的处罚

单位犯罪的处罚原则是双罚制，例外是单罚制。单罚时处罚直接负责的主管人员和其他直接责任人员，而不是单位。因为单位犯罪终究是由自然人决定的。

> 根据《刑法》第31条的规定，处罚单位时，对单位只能判处罚金，不能判处没收财产和附加剥夺政治权利。

涉嫌犯罪的单位被撤销、注销、吊销营业执照或者宣告破产的，应当根据刑法关于单位犯罪的相关规定，对实施犯罪行为的该单位直接负责的主管人员和其他直接责任人员予以追诉，对该单位不再追诉。

企业犯罪后被合并的，人民检察院起诉时该犯罪企业已被合并到一个新企业的，仍应依法追究原犯罪企业及其直接负责的主管人员和其他直接人员的刑事责任。人民法院审判时，对被告单位应列原犯罪企业名称，但注明已被并入新的企业，对被告单位所判处的罚金数额以其并入新的企业的财产及收益为限。

（七）不以单位犯罪论处的情形

根据前述司法解释的规定，以下行为貌似单位犯罪，实为自然人犯罪：

1. 无法人资格的独资、私有企事业单位犯罪的。
2. 个人为进行违法犯罪活动而设立公司、企业、事业单位，然后以单位名义犯罪的。
3. 公司、企业、事业单位设立后，以实施犯罪为主要活动的。
4. 盗用单位名义实施犯罪，违法所得由实施犯罪的个人私分的。

（八）单位的分支机构、内设部门是否可以构成单位犯罪

《全国法院审理金融犯罪案件工作座谈会纪要》（最高人民法院2001年1月21日发布）中规定："以单位的分支机构或者内设机构、部门的名义实施犯罪，违法所得亦归分支机构或者内设机构、部门所有的，应认定为单位犯罪。不能因为单位的分支机构或者内设机构、部门没有可供执行罚金的财产，就不将其认定为单位犯罪，而按照个人犯罪处理。"因此，单位的分支机构、内设部门可以构成单位犯罪。

（九）在单位犯罪中是否存在不同犯罪形态

单位犯罪形态的判断和一般犯罪形态的判断并无不同。但是，单位中的自然人可能和单位或者和其他自然人具有不同的犯罪形态。

【经典真题】

某孤儿院为谋取单位福利，分两次将38名孤儿交给国外从事孤儿收养的中介组织，共收取30余万美元的"中介费""劳务费"。关于本案，下列哪一选项符合依法治国的要求？[1]（2011-2-2）

A. 因《刑法》未将此行为规定为犯罪，便不能由于本案社会影响重大，就以刑事案件查处

---

[1]【答案】D

B. 本案可追究孤儿院及其主管人员、直接责任人的刑事责任，以利于促进政治效果与社会效果的统一

C. 报请全国人大常委会核准后，本案可作为单位拐卖儿童犯罪处理，以利于进一步发挥法律维护社会稳定的作用

D. 可追究主管人员与其他直接责任人的刑事责任，以利于促进法律效果、政治效果与社会效果的统一

【考点】单位犯罪和罪刑法定原则

【解题思路与常见错误分析】孤儿院贩卖孤儿的行为具有极大的社会危害性，但是我国刑法对拐卖儿童罪仅规定了追究自然人的刑事责任。我们不能为了追求社会效果，就将孤儿院认定为犯罪主体，也不能请求全国人大常委会进行类推解释。但是，这并不意味着我们对这种行为就只能束手无策。单位犯罪终究是由单位的自然人进行决策的，这些人是具有犯罪的故意和犯罪的行为的，可以以自然人犯罪追究他们的刑事责任。所以，选项 D 是正确的。选项 B 错在要追究孤儿院的刑事责任。

按照新的立法解释更容易解释本案：孤儿院实施了犯罪，但是刑法规定不追究单位的刑事责任，那么直接追究直接责任人员的刑事责任即可。

【同类考点总结】考生要将以前认为的"法律没有规定单位犯罪"理解为"法律没有规定追究单位的刑事责任"。这样，各种单位实施的犯罪行为，例如单位拐卖儿童的、单位盗窃的，直接责任人员都可以被追究刑事责任。

【经典真题】

关于犯罪停止形态的论述，下列哪个选项是正确的？[1]（2012 - 2 - 54 题节选 A 项）

A. 甲（总经理）召开公司会议，商定逃税。甲指使财务人员黄某将 1 笔 500 万元的收入在申报时予以隐瞒，但后来黄某又向税务机关如实申报，缴纳应缴税款。单位属于犯罪未遂，黄某属于犯罪中止。

【考点】单位犯罪的犯罪形态

【解题思路与常见错误分析】犯罪未遂是被动停止犯罪，犯罪中止是主动停止犯罪。在本案中，黄某是主动停止犯罪的，其单位因为他的主动停止而不能犯罪既遂。所以单位属于犯罪未遂，黄某属于犯罪中止。

【同类考点总结】本题提示了一种特殊现象：在单位犯罪中，虽然单位不能和自己的员工构成共同犯罪，但其和员工以及不同员工之间可能存在不同的犯罪形态。这是因为，在客观上，他们是独立的犯罪主体，在实施犯罪过程中，可能在不同的主观意志支配下实施不同的行为，从而产生不同的犯罪形态。

---

[1]【答案】A

第二节　违法性认识可能性及期待可能性

导学

　　2008 年，违法性认识可能性及期待可能性曾经短暂出现在考试大纲中。虽然该考点后来被删除，但这两个问题与定罪具有密切的关系。我们在考试中还是经常会碰到（虽然试题中不会直接出现这两个名词）。2015 年司考也考查了违法性认识可能性。所以，考生还是要了解这两个概念。违法性认识可能性强调的不是对违法性是否认识，而是是否具有认识的可能性。期待可能性是对合法行为的期待。法不强人所难，不能期待行为人实施合法行为（没有期待可能性），他的非法行为就不构成犯罪。

考点解读

一、违法性认识可能性★★

（一）违法性认识可能性的概念

违法性认识可能性是指行为人是否具有认识到自己的行为违法的可能性。只要行为人具有对违法性认识的可能性，无论他是否实际认识到自己的行为违法，都不能阻却责任。

> 违法性认识可能性这个概念的重点在可能性上。只要行为人有可能认识到自己的行为违法，他就不能阻却责任——不知法者不免责。

（二）违法性的认识错误

违法性的认识错误又被称为法律认识错误或违法性的错误。它是指行为人在有意识地实施某种行为时，对自己行为的法律性质或意义有误解。它包括：

　　1. 误认无罪为有罪，这种情形称为幻觉犯；
　　2. 误认有罪为无罪；
　　3. 对自己实施的犯罪行为在罪名、罪数、量刑等方面有不正确的理解。

通常情况下，无论哪种认识错误都不影响定罪与量刑，按照法律的实际规定定罪处罚即可。特殊情况下，如果行为人确实不可能知道行为的违法性，即没有违法性认识可能性，则阻却行为人的责任。

【示例 1】以下行为应当追究刑事责任的是：

A. 甲，男，18 岁。他误以为只要幼女同意就不构成强奸罪，因此用糖果引诱了邻居 13 岁的女孩和其发生性关系

B. 乙因为儿子长期为害乡里，就趁儿子熟睡时将儿子杀死。警察讯问时，乙认为自己是大义灭亲，不构成犯罪

C. 丙的父亲听邻居说丙盗窃。丙回家后，其父提着砍刀满院子追杀丙，丙实在无法摆脱父亲，只好用木棒在其父头上打了一下。其父头上出血（但不多），停止追杀丙。丙去派出所报案，称自己故意伤害了父亲，请求把自己抓起来

D. 丁和军人的妻子同居，导致军人的家庭破裂。丁一直认为不构成犯罪，因为他认为自己并未和军人的妻子结婚

【分析】选项 A、B、D 都是行为人"具有违法性认识可能性"的行为，因此都构成犯罪。选项 A 构成强奸罪，选项 B 构成故意杀人罪，选项 D 构成破坏军婚罪。选项 C 是法律认识错误中的幻觉犯。丙的行为是正当防卫，不构成犯罪。

可见，对违法性的认识错误不影响定罪，按照法律的实际规定定罪即可。

【示例2】甲公司想采用某种方式避税。于是，甲公司向管辖公司税务工作的 A 税务局写了一份书面申请，申请用该种方式少交部分税款。A 税务局正式批复："同意。"后来，A 税务局的上级机关 B 税务局认为该种方式是违法的，并向公安机关报案，要求认定甲公司构成逃税罪。B 税务局的做法正确吗？

【分析】甲公司属于"没有违法性认识可能性"的情况，因为他们已经从权威机构获得了正式批复。如果这个行为确实是违法的，其责任也应该由 A 税务局承担。

（三）如何区分事实认识错误与违法性的认识错误★★★★

关于事实认识错误与违法性的认识错误的区分标准，应当根据行为人是对事实产生认识错误还是对规范的评价产生认识错误来区分二者。如果行为人的认识错误是通过对事实的认真观察、仔细判断就可能克服的，那么这种认识错误就是事实错误。如果行为人的认识错误，是通过对刑法规范的进一步了解就可能克服的，那么这种认识错误就是违法性的错误。

【经典真题】

农民甲醉酒在道路上驾驶拖拉机，其认为拖拉机不属于《刑法》第 133 条之一规定的机动车。关于本案的分析，下列哪一选项是正确的？[1]（2016－2－4）

A. 甲未能正确评价自身的行为，存在事实认识错误
B. 甲欠缺违法性认识的可能性，其行为不构成犯罪
C. 甲对危险驾驶事实有认识，具有危险驾驶的故意
D. 甲受认识水平所限，不能要求其对自身行为负责

【考点】违法性的认识错误

【解题思路与常见错误分析】本案中，甲对于自己醉酒在道路上驾驶拖拉机是完全清楚的，他对本案的事实没有任何认识错误。他认为自己不构成犯罪的原因是他认为拖拉机不属于《刑法》第 133 条之一规定的机动车。这是对法律不够了解造成的，不是对事实不够了解造成的。因此，甲的行为是对行为的违法性的认识错误。这种认识错误，不影响对甲的犯罪故意的认定，因为甲确实有危险驾驶的故意。对违法性的认识错误不影响犯罪的成立，甲仍然构成危险驾驶罪。故选项 A、B、D 都是错误的，只有选项 C 是正确的。

甲这种违法性的认识错误的类型被称为涵摄的错误。即错误地解释构成要件要素，误以为自己的行为不符合构成要件要素的情况。

【同类考点总结】如果某人的认识错误是通过对法律的仔细了解就能改正的，该错误即为对违法性的认识错误。这种认识错误通常不影响行为的性质。

二、期待可能性理论★★★

这一理论是指刑法只惩罚具有期待可能性的人。这是刑法人性化的表现。所谓具有期

---

[1]【答案】C

待可能性是指能够期待行为人进行适法行为（不犯罪），但行为人却犯了罪。如果不能对行为人有此期待，则不能对其进行非难，因而阻却刑法上的责任。即不构成犯罪。

> 只有在行为人的行为具有违法性时，才讨论是否具有期待可能性。其目的是排除责任。没有期待可能性是很例外的情况。

【示例】以下哪种行为没有期待可能性？

1. 甲因为在某医院盗窃未遂而心生愤怒，放火烧了该医院住院部大厅，导致四人死亡。

2. 乙失业。在连续饿了三天后，他潜入王某家盗窃了一盒饼干。

【分析】第二例即没有期待可能性。第二例不构成盗窃罪。

请考生注意：刑法理论认为，行为人犯罪后，逃跑的、请人包庇自己的，请人窝藏自己的，对案件事实做不实供述的，毁灭证据的、销赃的（不另外构成诈骗、贩卖毒品等罪时）等，都不单独构成窝藏罪、包庇罪等罪。其理由就是这是"人之常情"，我们不能期待一个人犯罪后马上带上犯罪证据去自首。所以，对于犯罪的人来说，这些行为就没有期待可能性。但是，其他人有这些行为的，是构成犯罪的。例如，母亲给杀了人的儿子钱，让其逃跑。母亲构成窝藏罪。

第七章

犯罪的特殊形态

第一节 犯罪的特殊形态概述

导学 犯罪的特殊形态是犯罪论部分比较重要和难点较多的内容，年年必考。这部分内容具有很强的理论性，难度比较大。在学习时一定要透彻掌握法理，只有这样才能真正掌握各犯罪形态的特征。以下问题是本章的重点，也是考点和难点：（1）犯罪形态之间能否互相转化；（2）犯罪既遂的标准；（3）犯罪特殊形态和犯罪阶段的关系；（4）犯罪特殊形态与犯罪构成的关系；（5）犯罪预备和犯意表示、犯罪未遂的区别；（6）犯罪预备和犯罪未遂的区别；（7）犯罪实行行为的认定；（8）犯罪中止的两种形式及各自的条件；（9）犯罪未完成形态的处罚；（10）共同犯罪的犯罪形态（参见第八章"共同犯罪"）。

考点解读

一、犯罪形态的概念及特征

犯罪形态是指犯罪在其发展过程中，由于某种原因犯罪停止所呈现的状态，包括犯罪预备、犯罪未遂、犯罪中止与犯罪既遂。前三者均为犯罪未完成形态，被合称为犯罪的特殊形态。犯罪既遂则属于犯罪的完成形态，不特殊。犯罪形态具有以下特征：

1. 犯罪形态只能出现在犯罪过程中，在犯罪过程以外的某种状态，不是故意犯罪形态。例如，盗窃既遂后，第二天又将所盗财物物归原主的行为，由于发生在犯罪已经结束以后，因此不是故意犯罪的形态。

2. 故意犯罪形态是在犯罪过程中由于某种原因停止下来所呈现的状态。因此，故意犯罪形态之间不能互相转化。例如，故意杀人未遂后，又将被害人送去医院抢救的，不能构成犯罪中止。

3. 故意犯罪形态只能存在于直接故意犯罪中。因为只有直接故意犯罪才有从预备到既遂的过程。过失犯罪、间接故意犯罪只有成立与否的问题，没有预备、未遂、中止、既遂的问题。

二、犯罪既遂的标准★★★

犯罪既遂，是指犯罪行为具备了刑法分则规定的特定犯罪的全部犯罪构成要件的情形。这说明：

1. 犯罪既遂的标准，不取决于是否发生了实际的犯罪结果或者是否达到了行为人预期的犯罪目的，而取决于犯罪实行行为是否具备刑法分则规定的特定犯罪的全部犯罪构成要件。

2. 每个犯罪的既遂标准并不相同。例如，破坏交通工具罪以造成现实危险为既遂，抢劫罪以抢劫到财物或致人轻伤以上为既遂，绑架罪以控制人质为既遂。大家要记住一些重要犯罪的既遂标准。

3. 对故意犯罪的既遂犯，应当直接按照该刑法分则具体条文所规定的刑罚进行处罚。

【经典真题】

甲乘在路上行走的妇女乙不注意之际，将乙价值 12000 元的项链一把抓走，然后逃跑。跑了 50 米之后，甲以为乙的项链根本不值钱，就转身回来，跑到乙跟前，打了乙两耳光，并说："出来混，也不知道戴条好项链"，然后将项链扔给乙。对甲的行为，应当如何定性？[1]（2008 - 2 - 15）

A. 抢夺罪（未遂）　　　　　　B. 抢夺罪（中止）

C. 抢夺罪（既遂）　　　　　　D. 抢劫罪（转化型抢劫）

【考点】犯罪形态之间可否互相转化

【解题思路与常见错误分析】甲在把项链还回来之前，抢夺行为已经既遂。

【同类考点总结】故意犯罪形态之间不能互相转化，把项链还回来并不能使既遂形态转化为中止形态。

【经典真题】

下列哪些选项不构成犯罪中止？[2]（2011 - 2 - 54）

A. 甲收买 1 名儿童打算日后卖出。次日，看到拐卖儿童犯罪分子被判处死刑的新闻，偷偷将儿童送回家

B. 乙使用暴力绑架被害人后，被害人反复向乙求情，乙释放了被害人

C. 丙加入某恐怖组织并参与了一次恐怖活动，后经家人规劝退出该组织

D. 丁为国家工作人员，挪用公款 3 万元用于孩子学费，4 个月后主动归还

【考点】犯罪形态之间可否互相转化

【解题思路与常见错误分析】本题的四个犯罪都已经既遂。拐卖儿童罪以控制儿童为既遂。绑架罪以绑架人质为既遂。参加恐怖组织罪以参加恐怖组织为既遂。挪用公款用于非营利且合法的活动的，超过 3 个月不还即构成犯罪，且既遂。所以，根据这四个犯罪的具体规定，这四种情形都属于犯罪既遂。

---

〔1〕【答案】C

〔2〕【答案】ABCD

【同类考点总结】（1）犯罪已经既遂后，即使恢复原状也不能成立犯罪中止。（2）不同犯罪有不同的既遂标准。

三、犯罪未完成形态与犯罪阶段的关系★★★★

犯罪过程可以分为两个阶段：犯罪预备阶段和犯罪实行阶段。犯罪预备阶段是开始犯罪的实行行为以前的阶段，犯罪实行阶段是开始犯罪的实行行为以后的阶段。在不同阶段被动停止犯罪，成立的犯罪形态不同。如果在犯罪预备阶段被动停止，成立犯罪预备；如果在犯罪实行阶段被动停止，成立犯罪未遂。不过，在两个犯罪阶段，都能成立犯罪中止。

> 由于犯罪形态是犯罪最终停止后的形态，因此一个犯罪可能经过几个犯罪阶段，但不可能出现几种犯罪形态。

四、犯罪特殊形态与犯罪构成的关系★★★

犯罪未完成和不构成犯罪是两个概念。是否构成犯罪是定罪问题，犯罪处于何种形态是量刑问题。如果使用成立犯罪的最低标准意义上的犯罪构成概念，那么，犯罪的特殊形态都完全符合犯罪构成。刑法处罚未完成形态的犯罪也就符合罪刑法定原则。

我国刑法处罚未完成形态的犯罪是因为立法者认为犯罪未完成形态仍然具有一定的社会危害性，具有处罚的必要性。当然，由于未完成形态的犯罪的社会危害性毕竟要小一些，所以刑法对犯罪未完成形态规定了比既遂形态轻的处罚。

需要注意的是：我国刑法总则规定犯罪预备、犯罪未遂与犯罪中止原则上都要处罚，但事实上，犯罪预备、犯罪未遂与犯罪中止的处罚具有例外性。只有情节比较严重，违法性与有责性达到值得科处刑罚的程度的未完成形态的犯罪才需要处罚。

【示例】甲持枪杀乙，乙飞速躲闪，甲未能击中。甲担心再开枪会被别人发现，就离开现场。甲的行为构成犯罪吗？

【分析】甲的行为并不缺乏故意杀人罪的任何一个构成要件。他缺乏的只是既遂的结果。所以，甲的行为构成故意犯罪，但其犯罪形态则是未遂。显然，甲的这种行为具有严重的社会危害性，具有处罚的必要性。但是，对甲"可以比照既遂犯从轻或者减轻处罚"（《刑法》第 23 条）。

第二节　犯罪的未完成形态

导学

　　本节详细讲述各种未完成形态的认定。考生要结合典型案例来掌握这些知识细节。

▽ 关联法条

《刑法》

第二十二条　【犯罪预备】为了犯罪，准备工具、制造条件的，是犯罪预备。

对于预备犯，可以比照既遂犯从轻、减轻处罚或者免除处罚。

第二十三条　【犯罪未遂】已经着手实行犯罪，由于犯罪分子意志以外的原因而未得逞的，是犯罪未遂。

对于未遂犯，可以比照既遂犯从轻或者减轻处罚。

第二十四条　【犯罪中止】在犯罪过程中，自动放弃犯罪或者自动有效地防止犯罪结果发生的，是犯罪中止。

对于中止犯，没有造成损害的，应当免除处罚；造成损害的，应当减轻处罚。

考点解读

一、犯罪预备★★

（一）犯罪预备的概念与特征

犯罪预备，是指为了实行犯罪，准备工具、制造条件，但由于行为人意志以外的原因而未能着手实行犯罪的特殊形态。《刑法》第22条第1款规定："为了犯罪，准备工具、制造条件的，是犯罪预备。"从法条可知，犯罪预备具有下列特征：

1. 行为人已经实施犯罪预备行为，即必须实施了我国《刑法》所规定的为了犯罪准备工具、制造条件的行为。只有犯意表示，没有为实施犯罪准备工具、制造条件的，不能成立犯罪预备行为。

2. 犯罪预备行为必须在着手实行犯罪前停顿下来。如果已经进入着手实行犯罪阶段而被迫停止下来的，成立犯罪未遂。

3. 犯罪行为停顿下来是因为行为人意志以外的原因。所谓行为人意志以外的原因，是指不受行为人意志控制的足以制止行为人犯罪意图、迫使其不得不停止犯罪预备行为，不再继续实行犯罪的各种客观因素。这是犯罪预备区别于犯罪预备阶段的犯罪中止的关键。

（二）犯罪预备的处罚范围

我国《刑法》虽然规定对犯罪预备原则上都要处罚，但在司法实践中，处罚犯罪预备是极为例外的现象。事实上，也应当肯定处罚犯罪预备的例外性。其一，因为犯罪预备行为不能直接对法益造成侵害结果与具体危险状态，因而对法益的威胁并不紧迫，在通常情况下没有值得科处刑罚的实质必要性。其二，犯罪预备行为的外部形态往往是日常生活行为（如行为人购买胡椒粉，打算在抢劫时撒向被害人眼睛）。如果大量处罚这样的行为，必然导致人人自危。基于以上理由，对犯罪预备的成立范围必须进行严格限制，即只能将实质上值得处罚的犯罪预备作为犯罪处罚。

（三）预备犯的处罚原则

《刑法》第22条第2款规定："对于预备犯，可以比照既遂犯从轻、减轻处罚或者免除处罚。"

二、犯罪未遂★★★★★

（一）犯罪未遂的概念与特征

《刑法》第23条第1款规定："已经着手实行犯罪，由于犯罪分子意志以外的原因而未得逞的，是犯罪未遂。"从法条可知，犯罪未遂具有下列特征：

1. 已经着手实行犯罪。这是区分犯罪未遂和犯罪预备的基本标志。

（1）何为"已经着手实行犯罪"？

所谓已经着手实行犯罪，是指行为人已经开始实施刑法分则规定的某种具体犯罪的构成要件客观方面的行为。这是区分犯罪未遂和犯罪预备的基本标志。

> 所谓实行行为，就是刑法分则规定的具体行为，也就是具体能够直接造成法益侵害危险的行为。在故意杀人罪中，买刀、磨刀、提着刀尾随被害人的行为都不是能够直接造成法益侵害危险的行为，所以都是预备行为，只有最后的刺杀行为才是故意杀人罪的实行行为。

（2）常见犯罪的"实行行为"与"着手"。

①抢劫罪。实行行为：暴力、胁迫抢取财物；着手：为取得财物而开始对他人施加暴力或者发出威胁。以取财为既遂，着手抢劫而因意志外原因未能取得财物的，是未遂。但在抢劫中致人轻伤以上，无论是否取得财物，均为既遂。

②盗窃罪。实行行为：窃取。着手：入户、入室盗窃的，开始扭门撬锁为着手，在开放性场所，正要拿取财物时或者手伸进他人衣袋、提包内为着手。既遂：a. 特定控制区域，如居所、仓库，以把财物盗出控制区域为既遂。b. 自由出入的场所，如商店、饭店等，盗窃轻便物品，移离原位、隐藏于身，即构成既遂；大件物品，需盗出店外、室外或者物主的有效控制区域为既遂。c. 在公共场所，财产移离原处为既遂；在有人监控的公共场所，财物脱离监控为既遂。d. 在交通工具如火车、汽车上，使财物脱离运输部门控制为既遂。

【示例】王某，盗窃工厂的备件9个（3500元）扔出墙外4个，5个在墙内。骑在墙头吸烟，被厂卫队抓获，王某应属盗窃罪未遂。因为盗窃大件物品未能完全脱离工厂的控制范围（院墙）。

③抢夺罪。实行行为：公然夺取财物。着手：抓住他人财物为着手。既遂：财物脱离被害人控制。

④诈骗罪。实行行为：虚构骗局使他人陷入错误作出财产处分行为。着手：开始虚构骗局。既遂：被害人作出错误的财产处分，行为人获得财物。

⑤故意杀人罪。实行行为：非法剥夺他人生命。着手：开始实施能够直接导致死亡的行为，如举刀欲砍或欲刺，举枪欲射击，开始投放毒物。既遂：被害人死亡。

⑥放火罪。既遂一般采取"独立燃烧"说，即引火物离开目的物，目的物的火焰达到能独立燃烧的程度，认为现实危险发生，为《刑法》第114条规定的危险犯的既遂。造成严重结果的，是《刑法》第115条规定的结果加重犯。

⑦投放危险物质罪。着手：投放危险物质。既遂：危险物质投放完毕，对公共安全产生危险。

⑧破坏交通工具罪、破坏交通设施罪。着手：开始实行破坏行为。既遂：破坏行为足以使交通工具发生倾覆、毁坏。"足以"，指具体、现实的危险。

2. 犯罪没有得逞。这是区分犯罪未遂和犯罪既遂的重要标志。所谓犯罪没有得逞，是指犯罪行为没有完全符合刑法分则规定的特定犯罪的全部构成要件。

（1）在结果犯中，法定危害结果的出现是犯罪既遂的基本标志，如果没有出现这种法定的危害结果，则认为犯罪没有得逞。

（2）在危险犯中，法定危险状态的形成是犯罪既遂的基本标志，如果犯罪行为还没有造成这样的危险状态，则认为犯罪没有得逞。

（3）在行为犯中，法定犯罪行为的完成是犯罪既遂的基本标志，如果行为人尚未完成法定的犯罪行为，则认为犯罪没有得逞。

因此，不能将犯罪没有得逞简单地等同于行为人没有达到犯罪目的或者没有发生实际危害结果。

对于一些特殊类型的犯罪，判断是否着手的标准也是该行为是否对法益造成现实、紧迫的危险。

（1）隔离犯的着手。例如，甲乘乙出差之机，溜进乙的住宅，在乙的药酒中投放了毒药。虽然甲投放毒药后，其自然的、物理的行为已经终了，但是，只有在乙将要喝有毒药酒时，才产生杀人的紧迫危险。但是，对于以杀人故意邮寄毒药、爆炸物等案件，也不能一概采取到达主义。例如，行为人从甲地邮局寄送爆炸物至乙地，如果爆炸物随时可能爆炸，那么，应认为寄送时就是着手。

（2）间接正犯与原因自由行为的着手。例如，甲令精神病患者乙窃取他人财物。只有当乙现实地开始盗窃时，才能认定甲着手实行盗窃。在原因自由行为的场合，应当以行为人实施结果行为造成了危险结果时为着手，而不是开始实施原因行为（如饮酒）时为着手。

（3）不真正不作为犯的着手。不履行义务的行为导致法益产生了紧迫危险（危险结果）时，是不真正不作为犯的着手。

3. 犯罪没有得逞是由于犯罪分子意志以外的原因。这是犯罪未遂的又一重要特征，是犯罪未遂区别于犯罪中止的基本标志。出于犯罪分子本人的意愿而主动停止犯罪的，不能认为是犯罪未遂。

犯罪人意志以外的原因，是指始终违背犯罪人意志的，客观上使犯罪不可能既遂，或者使犯罪人认为不可能既遂从而被迫停止犯罪的原因。具体地说，包括三种情况：

第一是抑止犯罪意志的原因。即某种事实使得行为人认为自己客观上已经不可能继续实行犯罪，从而被迫停止犯罪。在这种情况下，对于是否继续实行犯罪，行为人主观上没有选择余地，只能被迫放弃犯罪。

【示例1】行为人正在他人住宅抢劫时，忽然听到警笛声，以为警察来抓捕自己，便被迫逃离现场。即使该车并不是警车或者虽是警车却并非来抓捕行为人的，但由于行为人认为自己客观上已经不可能继续实行犯罪，仍然属于意志以外的原因。

第二是**抑止犯罪行为**的原因，即某种情况使得行为人在客观上不可能继续实行犯罪。

【示例2】行为人正在实行犯罪时，被第三者发现而制止、抓获。

第三是抑止犯罪结果的原因。即行为人已将其认为应当实行的行为实行终了，但某种情况阻止了侵害结果的发生。

【示例3】行为人将被害人打昏后拖入水中，以为被害人必死无疑，但适逢过路人将被害人抢救脱险。

　　行为人因为某些不利因素而停止犯罪是构成犯罪中止还是未遂，一直是犯罪的停止形态考查的重点。行为人在犯罪时经常会碰到一些不利条件，例如，警察即将到来、被他人夺去凶器、被害人苦苦哀求等。不能认为只要是因为有不利因素而停止犯罪的，都构成犯罪未遂。一般来说，只要这种障碍不足以现实地阻碍犯罪继续进行，行为人放弃犯罪的，都构成犯罪中止。例如，因为被害人苦苦哀求而放弃强奸的、因为被害人是熟人而放弃抢劫的，都构成犯罪中止。

　　决定犯罪形态是未遂还是中止，不是客观标准而是主观标准。这里的主观标准是指行为人主观上认为自己还能否把犯罪继续下去。"能而不欲"是犯罪中止；"欲而不能"是犯罪未遂。

【示例】甲潜入乙家抢劫，正在持刀威逼乙的妈妈时，忽闻乙家大门被人拍得啪啪响，甲以为乙回来了，吓得赶快越窗而去。没想到，乙并未回来，是有人拍乙邻居家的大门，

甲因为精神紧张听错了。请问甲的行为：[1]

A. 属于抢劫预备　　　　　B. 属于抢劫未遂

C. 属于抢劫中止　　　　　D. 不构成犯罪

【分析】甲已经开始着手实行犯罪，他逃走是因为以为乙回来了，犯罪不能再继续了。所以，甲抢劫不能得逞是由于意志以外的原因，是犯罪未遂。这就是行为人主观上认为的"能"与"不能"。

【经典真题】

下列哪些选项是错误的？[2]（2006－2－54）

A. 甲、乙二人合谋抢劫出租车，准备凶器和绳索后拦住一辆出租车，谎称去郊区某地。出租车行驶到检查站，检查人员见甲、乙二人神色慌张便进一步检查，在检查时甲、乙意图逃离出租车被抓获。甲、乙二人的行为构成抢劫（未遂）罪

B. 甲深夜潜入某银行储蓄所行窃，正在撬保险柜时，听到窗外有响动，以为有人来了，因害怕被抓就悄悄逃离。甲的行为构成盗窃（未遂）罪

C. 甲意图杀害乙，经过跟踪，掌握了乙每天上下班的路线。某日，甲准备了凶器，来到乙必经的路口等候。在乙经过的时间快要到时，甲因口渴到旁边的小卖部买饮料。待甲返回时，乙因提前下班已经过了路口。甲等了一阵儿不见乙经过，就准备回家，在回家路上因凶器暴露被抓获。甲的行为构成故意杀人（未遂）罪

D. 甲意图陷害乙，遂捏造了乙受贿 10 万元并与他人通奸的所谓犯罪事实，写了一封匿名信给检察院反贪局。检察机关经初查发现根本不存在受贿事实，对乙未追究刑事责任。甲欲使乙受到刑事追究的意图未能得逞。甲的行为构成诬告陷害（未遂）罪

【考点】犯罪的特殊形态

【解题思路与常见错误分析】选项 A、C 都尚未实施犯罪的实行行为，成立犯罪预备。选项 B 已经开始实施犯罪实行行为，因此是未遂。选项 D，根据《刑法》第 243 条第 1 款规定，"捏造事实诬告陷害他人，意图使他人受刑事追究，情节严重的"即构成犯罪；如果造成他人被错误羁押等，属于"造成严重后果的"，是加重处罚的理由。诬告陷害他人，足以引起司法机关的追究活动，就是犯罪既遂了。本题中的诬告行为显然已经既遂了。

【同类考点总结】只有开始实施犯罪实行行为而犯罪未能既遂的才是犯罪未遂。

（二）犯罪未遂的成立范围

1. 结果加重犯。

我国的结果加重犯存在不同情况，有的对加重结果仅要求过失，有的对加重结果既可以是故意也可以是过失。在行为人故意造成加重结果，却没有发生加重结果的情况下，应认为成立结果加重犯的未遂（适用结果加重犯的法定刑，同时适用总则关于未遂犯的处罚规定）。

【示例1】甲绑架他人后杀人（《刑法》第 239 条），但没有致人死亡的，应认定为绑架罪既遂，但绑架杀人未遂。

---

[1]【答案】B
[2]【答案】ACD

【示例2】甲为劫财而杀害被害人后抢劫其财物，但被害人当时只是昏迷，后来存活。甲成立抢劫罪的既遂，抢劫致人死亡的未遂。

【示例3】行为人故意造成了被害妇女的重伤，但未能奸淫被害妇女时，应当认为是结果加重犯的既遂，但应同时肯定基本犯的未遂。在这种情况下，宜适用总则关于未遂犯的规定，可以根据结果加重犯的法定刑从轻或者减轻处罚。

结果加重犯的未遂一直是这两年的考试热点。请考生予以重视。

2. 不作为犯。

不真正不作为犯存在未遂犯。例如，以不作为方法杀人而未得逞的，成立故意杀人未遂。真正不作为犯是否存在未遂犯，在刑法理论上存在争议。应当承认，真正不作为犯也可能存在未遂犯。

（三）犯罪未遂的类型

1. 实行终了的未遂与未实行终了的未遂。

实行终了的未遂，是指犯罪人已将其认为达到既遂所必需的全部行为实行终了，但由于意志以外的原因未得逞。例如，犯罪人向被害人食物中投放了毒药，被害人中毒后被他人发现送往医院抢救脱险。

未实行终了的未遂，是指由于意志以外的原因，使得犯罪人未能将他认为达到既遂所必需的全部行为实行终了，因而未得逞。例如，在举刀杀人时，被第三者制服。

2. 未造成侵害结果的未遂与造成了一定侵害结果的未遂。

犯罪未遂存在两种情形：一是行为未造成任何侵害结果；二是造成了一定侵害结果，但不是行为人所希望或者放任的、行为性质所决定的侵害结果。例如，行为人开枪射击被害人，由于意志以外的原因没有打中，便属于前一种情况；如果开枪打中，但没有造成被害人死亡，只是造成伤害，则属于后一种情况。后者的侵害程度显然重于前者，刑罚也应当更重。

（四）未遂犯的处罚原则

对于未遂犯，可以比照既遂犯从轻或者减轻处罚。

（五）未遂犯与不可罚的不能犯的区别

1. 不能犯的本质。

不可罚的不能犯（以下简称不能犯）包括三种情况：

一是方法不能，即行为人具有实现犯罪的意思，但其采用的方法不可能导致结果发生。

【示例】本欲使用毒药杀人，但事实上投放了砂糖。

二是对象不能，即行为人具有实现犯罪的意思，但其行为所指向的对象并不存在，因而不可能发生结果。

【示例】将稻草人当作仇人开枪射击。

三是主体不能，即行为人具有实施身份犯的意思，但其并不具备特殊身份，因而不可能成立身份犯。

【示例】一般公民以为自己是国家工作人员而收受"贿赂"。

不能犯的本质是缺乏实现犯罪的危险性，所以不可能成立犯罪；而未遂犯是具有侵害法益的紧迫危险的行为，所以可以成立犯罪。

2. 如何区分未遂犯与不能犯。

行为人所意欲的侵害结果一开始就不可能实现（绝对不能）时，不具有危险性，成立不能犯；行为自身虽然具有实现侵害结果的可能性，但在特定状况下未能发生侵害结果（相对不能）时，具有危险性，构成犯罪，成立未遂犯。

我国传统刑法理论中的不能犯，既包括了应当作为犯罪未遂处理的情形，也包括了不可罚的不能犯。在法律职业资格考试中，不能犯的概念只应当包括不可罚的不能犯。

强调：根据传统观点，除了迷信犯以外的各种不能犯都是犯罪未遂，都是成立犯罪的。这种观点在法考中已经被摒弃，但在法律硕士入学考试中仍然是主流观点。

【示例】使用没有子弹的枪支向他人射击的，属于不能犯；使用装有子弹的枪支瞄准被害人扣动扳机，但由于偶然的故障没有造成死亡结果的，成立未遂犯。

【经典真题】

甲想盗窃渔网。渔民乙明知其要盗窃渔网而为其提供了渔船。事后，乙发现，甲盗走的渔网是自己家的。下列说法正确的是：（2019 回忆版）[1]

A. 甲、乙均构成盗窃罪既遂

B. 甲、乙均构成盗窃罪未遂

C. 甲构成盗窃罪既遂，乙构成盗窃罪未遂

D. 甲构成盗窃罪既遂，乙构成盗窃罪预备

【考点】犯罪未遂、犯罪预备

【解题思路与常见错误分析】甲的行为属于对象错误，不影响犯罪既遂的成立。乙即使"盗窃"了自己的财物，也不构成犯罪，这是自损行为。所以，乙不构成犯罪既遂。由于乙不必为甲针对自己的渔网的盗窃行为负责，所以他的共犯行为（要承担刑事责任的行为）只持续到甲准备去盗窃时为止，所以乙成立犯罪预备。

【同类考点总结】本题的实质是考查不能犯。即，乙对自己的渔网是不可能构成盗窃罪的，该行为也不侵害他人的财产权。所以，他为甲盗窃他人的渔网做准备的行为构成犯罪。但是，甲实际盗窃他的渔网时，他反而不构成犯罪。

【经典真题】

因乙移情别恋，甲将硫酸倒入水杯带到学校欲报复乙。课间，甲、乙激烈争吵，甲欲以硫酸泼乙，但情急之下未能拧开杯盖，后甲因追乙离开教室。丙到教室，误将甲的水杯当作自己的杯子，拧开杯盖时硫酸淋洒一身，灼成重伤。关于本案，下列哪些选项是错误的？[2]（2012 - 2 - 53）

A. 甲未能拧开杯盖，其行为属于不可罚的不能犯

B. 对丙的重伤，甲构成过失致人重伤罪

C. 甲的行为和丙的重伤之间没有因果关系

D. 甲对丙的重伤没有故意、过失，不需要承担刑事责任

【考点】犯罪未遂、不能犯、过失致人重伤罪、因果关系的认定

【解题思路与常见错误分析】"甲欲以硫酸泼乙，但情急之下未能拧开杯盖"说明行

---

[1] 【答案】D
[2] 【答案】ACD

为完全具有既遂的可能性，因此只能认定为犯罪未遂，而不能认定为不可罚的不能犯。选项 A 错误。

甲完全能够预见到，也应当预见到其将装有硫酸的杯子放在教室可能导致他人受伤，但因为忙着追乙而未能预见，从而导致丙受重伤。因此，甲应当承担过失致丙重伤的刑事责任。

因果关系是客观存在的，与行为人主观上能否认识到无关。甲的行为与丙的重伤之间具有客观上的因果关系，即使甲对此没有预见，因果关系也仍然存在。

故选项 B 正确，选项 A、C、D 错误。

【同类考点总结】（1）只有完全没有侵害法益的风险的行为才是不能犯。（2）意外事件与过失犯罪的区别在于：在行为当时，行为人是否应当预见到危害结果可能发生。（3）因果关系具有客观性。

（六）在数额犯中，既有既遂，也有未遂的如何认定？

我们直接来看 2017 年的真题。

【经典真题】

甲冒充房主王某与乙签订商品房买卖合同，约定将王某的住房以 220 万元卖给乙，乙首付 100 万元给甲，待过户后再支付剩余的 120 万元。办理过户手续时，房管局工作人员识破甲的骗局并报警。根据司法解释，关于甲的刑事责任的认定，下列哪一选项是正确的？（2017－2－5）[1]

A. 以合同诈骗罪 220 万元未遂论处，酌情从重处罚

B. 以合同诈骗罪 100 万元既遂论处，合同诈骗 120 万元作为未遂情节加以考虑

C. 以合同诈骗罪 120 万元未遂论处，合同诈骗 100 万元既遂的情节不再单独处罚

D. 以合同诈骗罪 100 万元既遂与合同诈骗罪 120 万元未遂并罚

【考点】 合同诈骗罪的既遂与未遂

【解题思路与常见错误分析】《最高人民法院、最高人民检察院关于办理诈骗刑事案件具体应用法律若干问题的解释》（2011 年）第 1 条第 1 款规定："诈骗公私财物价值三千元至一万元以上、三万元至十万元以上、五十万元以上的，应当分别认定为刑法第二百六十六条规定的'数额较大''数额巨大''数额特别巨大'。"第 6 条规定："诈骗既有既遂，又有未遂，分别达到不同量刑幅度的，依照处罚较重的规定处罚；达到同一量刑幅度的，以诈骗罪既遂处罚。"

司法解释没有对合同诈骗罪规定单独的认定标准。在各省，100 万元以上都属于"数额特别巨大。"本案中，甲的合同诈骗行为中，既遂的数额为 100 万元，未遂的数额为 120 万元，二者都属于"诈骗数额特别巨大"，因此属于同一量刑幅度。根据司法解释第 6 条的规定，应当以合同诈骗罪既遂处罚。因此，只有选项 B 正确。

【同类考点总结】 本题不难，但如果不掌握这个司法解释却很难回答正确。本题提示我们：在未来的考试中，要重视司法解释。考查司法解释的题目显著增多是 2017 年刑法题目的重要变化。这一变化预示着在 2018 年的考题中，考查司法解释的题目会显著增加。

本案的原型是最高人民法院第 13 批指导案例 62 号："王新明合同诈骗案"。这再次说明司法解释和指导案例在以后的考试中将占据重要地位。

----

〔1〕【答案】B

三、犯罪中止★★★★★

（一）犯罪中止的概念与特征

《刑法》第24条第1款规定："在犯罪过程中，自动放弃犯罪或者自动有效地防止犯罪结果发生的，是犯罪中止。"从法条可知，犯罪中止具有四个特征：

1. 时间性：犯罪中止必须发生在犯罪过程中。

"在犯罪过程中"，是指犯罪行为已经开始，并且尚未结束。故意犯罪的过程，包括犯罪预备阶段和犯罪实行阶段两个阶段。犯罪中止可以发生在其中的任何一个阶段。如果犯罪过程尚未开始，或者犯罪过程已经结束，就不可能出现犯罪中止。前者如，甲在产生杀人的意念后，由于害怕受到制裁，而主动放弃杀人念头的，就不属于犯罪中止，因为，甲只有杀人的念头，并无杀人的预备和实行行为，并不构成刑法上的犯罪，所以，不属于在犯罪过程中。后者如，盗窃犯罪分子乙在盗窃他人财产既遂以后的第3天，由于害怕被害人报案后自己受到处罚，就偷偷地把自己盗来的财产又送回原处。乙的行为也不构成犯罪中止，因为盗窃行为既遂以后，犯罪过程就已经结束，不再处于犯罪过程中，所以，乙的行为不是犯罪中止。

> 犯罪中止既可以发生在预备阶段，也可以发生在实行阶段，还可以发生在实行行为刚刚结束，犯罪尚未呈现结局形态时。

2. 客观性：行为人在客观上必须有中止行为。

按照《刑法》第24条第1款的规定，中止行为包括放弃犯罪和防止犯罪结果发生两种行为。如果犯罪行为尚未实行终了，只要不继续实施就不会发生犯罪结果时，中止行为表现为放弃继续实施犯罪行为；如果犯罪行为已经实行终了，不采取有效措施就会发生犯罪结果的情况下，中止行为表现为采取积极措施有效地防止犯罪结果发生。

> 自动放弃可重复进行的侵害行为的，是犯罪中止。在实行行为尚未终了、危害结果并未发生的情况下，行为人还可以继续实施犯罪，但自动放弃继续侵害的，成立犯罪中止，而不是犯罪未遂。

3. 自动性：行为人在主观上必须是自动停止犯罪行为。

Frank公式：能达目的而不欲时，是犯罪中止；欲达目的而不能时，是犯罪未遂。

判断标准：行为人的主观认识。

自动性是犯罪中止的本质特征。犯罪中止的自动性是指行为人出于自己的意志而放弃了自认为当时本可以继续实施和完成的犯罪。

自动性有两层含义：

第一，行为人自认为当时可以继续实施和完成犯罪，这是成立自动性的先决条件。这是一个主观标准，应以行为人当时主观上的认识为准，即使在他人看来不可能继续进行和完成犯罪，或者犯罪虽然在客观上实际不可能继续进行和完成，但行为人并不了解这种客观情况，则不影响行为人放弃犯罪之"自动性"的成立。反之，虽然犯罪客观上尚可继续实施与完成，但行为人却误认为不可能进行，这种情况下行为人是基于认识错误而被迫停止犯罪，不成立停止犯罪的自动性，这种情况应属于犯罪未遂。

第二，行为人出于本人意志而停止犯罪。这是认定自动性的关键。至于引起行为人自动放弃犯罪着手实行或者完成的动机和情况，则可以是多种多样的，既有真诚悔悟，也有对被害人的怜悯和同情，接受他人的劝告教育，害怕将来罪行暴露受到法律制裁，以及在受到其他不足以阻止犯罪的轻微不利因素影响下，经过思想斗争而自动放弃犯罪的着手和完成等。这些不同的动机只反映了行为人的悔悟程度及体现其主观恶性程度的差异，对于自动放弃犯罪的认定没有影响。

4. 有效性：即自动放弃犯罪或者自动有效地防止犯罪结果的发生。

包括以下两种情况：一是在犯罪未实行终了的情况下，自动放弃犯罪行为。由于犯罪行为尚未实行终了，因此这时一般只要消极地不再把犯罪行为继续实行下去，就可避免犯罪结果发生，从而也就可以成立犯罪中止。二是在犯罪实行终了而犯罪结果尚未发生的情况下，如果要中止犯罪，就不能只是消极地停止自己的行为，还要求行为人必须采取有效措施、做出诚挚的努力，以阻止犯罪结果的发生。总之，不管是哪一种中止，都必须没有发生行为人主观上所追求的犯罪结果。如果行为人虽然自动放弃犯罪，或者自动采取措施防止结果发生，但是仍然发生了行为人原本所追求的犯罪结果，就不成立犯罪中止，而是犯罪既遂。

行为人在犯罪过程中自动放弃犯罪，或者自动采取有效措施防止结果发生，而且结果没有发生，即使行为本身偶然不能导致结果发生，或者客观上完全由于他人行为防止了结果发生的，也成立犯罪中止。

中止行为与结果未发生之间无须存在因果关系。

（二）发生了犯罪既遂结果，仍然成立犯罪中止的情形

在特殊情况下，如果犯罪既遂结果的发生不能归责于行为人，则行为人仍然有成立犯罪中止的可能。

【经典真题】

甲以杀人故意放毒蛇咬乙，后见乙痛苦不堪，心生悔意，便开车送乙前往医院。途中等红灯时，乙声称其实自己一直想死，突然跳车逃走，三小时后死亡。后查明，只要当时送医院就不会死亡。关于本案，下列哪一选项是正确的？[1]（2015－2－6）

A. 甲不对乙的死亡负责，成立犯罪中止

B. 甲未能有效防止死亡结果发生，成立犯罪既遂

C. 死亡结果不能归责于甲的行为，甲成立犯罪未遂

D. 甲未能阻止乙跳车逃走，应以不作为的故意杀人罪论处

【考点】犯罪形态、刑法上的因果关系

【解题思路与常见错误分析】本题名为考查犯罪形态，实为考查刑法上的因果关系。

本案的情况属于有介入因素时因果关系的判断。在甲放毒蛇咬乙和乙的死亡之间介入了乙自己的跳车逃走行为。乙这种行为属于非常异常的介入因素，而且医生证明只要当时送医院，乙就不会死亡。这说明，导致乙的死亡的主要因素是乙自己的突然跳车逃走行为。所以，甲的行为和乙的死亡之间的因果关系就中断了，乙的死亡不能归责于甲。那么，甲主动送乙就医的行为就成立犯罪中止而不是犯罪未遂或者既遂。选项A正确，选项B、C、D错误。

―――――――――――――

〔1〕【答案】A

【同类考点总结】 本题和2014年试卷二第53题极其相似。对于这类题目，要统一掌握：不是发生了法定危害结果就一定是犯罪既遂，还必须具体分析危害结果发生的原因。只有确实由于危害行为导致了犯罪既遂结果发生的，才成立犯罪既遂。

（三）犯罪中止的处罚

《刑法》第24条第2款规定："对于中止犯，没有造成损害的，应当免除处罚；造成损害的，应当减轻处罚。"因此，中止犯的处罚标准是是否造成损害。

还需注意：对预备犯和未遂犯是"可以"从轻或者减轻处罚，对中止犯是"应当"免除处罚或者减轻处罚；对预备犯可以免除处罚，对未遂犯则无此规定。

【示例1】 丁为了杀害李四而对其投毒，李四服毒后极端痛苦，于是丁将李四送往医院抢救脱险。经查明，毒物只达到致死量的50%，即使不送到医院，李四也不会死。丁将被害人送到医院的行为和被害人的没有死亡之间，并无因果关系，丁能否成立犯罪中止？

【分析】 丁能够成立犯罪中止。理由如前述。

【示例2】 乙基于杀人的意图对他人实施暴力，见被害人流血不止而心生怜悯，将其送到医院，被害人经治疗后仍被鉴定为重伤。乙是什么犯罪形态？

【分析】 乙构成犯罪中止。犯罪中止并非不能造成任何损害，只是不能造成既遂形态的损害。

【经典真题】

药店营业员李某与王某有仇。某日王某之妻到药店买药为王某治病，李某将一包砒霜混在药中交给王妻。后李某后悔，于第二天到王某家欲取回砒霜，而王某谎称已服完。李某见王某没有什么异常，就没有将真相告诉王某。几天后，王某因服用李某提供的砒霜而死亡。李某的行为属于：[1]（2004 - 2 - 2）

A. 犯罪中止　　　　　　　　　　　B. 犯罪既遂

C. 犯罪未遂　　　　　　　　　　　D. 犯罪预备

【考点】 犯罪中止的认定

【解题思路与常见错误分析】 李某将砒霜交于王妻时，其行为就已经进入实行阶段，排除了犯罪预备的可能性。如果李某希望其行为成立犯罪中止，其不仅要自动停止犯罪活动，而且要有效防止犯罪结果的发生。李某未能有效防止犯罪结果的发生，因此不能成立中止。

【同类考点总结】 要成立犯罪中止，不仅要自动停止犯罪活动，而且要有效防止犯罪结果的发生。

---

[1]【答案】B

第一节 共同犯罪概述

导学

在这部分，考生需要了解共同犯罪的立法宗旨、概念、共同犯罪与犯罪构成的关系。如何理解"共同犯罪只是一种违法形态"和"部分犯罪共同说"是本部分的理论难点。

考点解读

一、共同犯罪的立法宗旨★★★★★

从违法性的层面来说，共同犯罪的立法与理论所解决的问题，是将违法事实归属于哪些参与人的行为。就具体案件而言，司法机关认定二人以上的行为是否成立共同犯罪，是为了解决二人以上行为的客观归责问题。

【示例】甲与乙基于意思联络共同向丙开枪，甲射中丙的胸部，致丙死亡，乙没有射中丙。倘若单独认定乙的行为，则不能将丙的死亡归属于乙。即使乙具备杀人故意等责任要件，也仅成立故意杀人未遂。显然，这种结论并不妥当。共同犯罪立法与理论的目的之一就是让乙对死亡结果负责。亦即只要认定乙与甲是共同犯罪，那么，丙的死亡结果也要归属于乙的行为。如果乙具备杀人故意等责任要件，便成立故意杀人既遂。

共同犯罪的立法与理论主要是为了解决法益侵害结果归属于谁的行为这一问题，至于各参与人是否具有责任，只需要根据"责任要件"解决即可。在此意义上说，共同犯罪是违法形态。

> "共同犯罪是违法形态"是近两年反复考查的考点。这句话暗含的意思是：即使两个行为人不能都为该行为承担刑事责任，他们依然可以成立共同犯罪。

二、共同犯罪的概念★★★

我国《刑法》第 25 条第 1 款规定："共同犯罪是指二人以上共同故意犯罪。"

在理解共同犯罪的概念时，既要注意各行为人的主观故意和客观行为具有共同性，又要注意他们之间具有差异性。

三、共同犯罪与犯罪构成的关系 ★★★★★

（一）通常的共同犯罪

通常的共同犯罪，仍以具备犯罪构成为前提。从犯罪构成的意义上说，共同犯罪并没有特殊性。共同犯罪的特殊性，表现在各个行为人的犯罪故意与犯罪行为的"共同"这一点上。

【示例】 甲（19 周岁）、乙（21 周岁）经过通谋，共同去丙家盗窃。甲在门外望风，乙入室盗窃。乙共盗得各种财物 2 万元。甲、乙这种共同犯罪就是通常的共同犯罪。甲、乙均需要对盗窃行为负刑事责任。

（二）特殊的共同犯罪

由于共同犯罪仅仅是一种违法形态，不能同时承担刑事责任的两个以上行为人在共同犯意支配下，实施了共同的犯罪行为的，仍然属于共同犯罪。这种共同犯罪被称为违法性（客观）意义上的共同犯罪。

【示例】 甲（19 周岁）、乙（15 周岁）经过通谋，共同去丙家盗窃。甲在门外望风，乙入室盗窃。乙共盗得各种财物 2 万元。此时，我们不能因为乙不能承担刑事责任就否认甲、乙成立了共同犯罪。因为甲、乙确实具备共同盗窃的犯意和行为。

【经典真题】

甲（15 周岁）求乙（16 周岁）为其抢夺作接应，乙同意。某夜，甲抢夺被害人的手提包（内有 1 万元现金），将包扔给乙，然后吸引被害人跑开。乙害怕坐牢，将包扔在草丛中，独自离去。关于本案，下列哪一选项是错误的？[1]（2012 - 2 - 9）

A. 甲不满 16 周岁，不构成抢夺罪　　　B. 甲与乙构成抢夺罪的共犯

C. 乙不构成抢夺罪的间接正犯　　　D. 乙成立抢夺罪的中止犯

【考点】 违法性意义上的共同犯罪

【解题思路与常见错误分析】 本案就是前述特殊的、违法性意义上的共同犯罪。

甲不满 16 周岁，根据《刑法》第 17 条的规定，其不构成抢夺罪。所以选项 A 是正确的。

选项 B："甲与乙构成抢夺罪的共犯"。这个共犯就是从违法性的意义上讲的。我们在前面讲过犯罪概念的相对性问题（参见第二章第一节犯罪的概念与分类）。在刑法中，大部分情况下，犯罪是指符合犯罪构成的全部要件（违法且有责）的行为，在有些情况下，则仅指违法性意义上的犯罪。例如，我们在讨论正当防卫的时候，会将 13 周岁的少年的杀人行为也称为犯罪。甲乙的行为具有客观违法性、社会危害性，构成抢夺罪的共犯。因此，选项 B 正确。

间接正犯是指在犯罪中起支配作用，将他人作为工具来利用的人，而且被支配者还必须不知情或者虽然知情但不能负刑事责任。本案中，对犯罪起支配作用的显然是甲，乙在整个犯罪中只起帮助作用。所以，乙不可能是间接正犯，选项 C 正确。

选项 D 显然是错误的。乙已经接到了甲抢夺的包，即使他将包扔在草丛里，也仍然属于犯罪既遂。

---

〔1〕**【答案】** D

【同类考点总结】近年的刑法理论开始承认这种违法性意义上的共同犯罪。这种理论转变是正确的。因为它符合事物的本来面目。在承认甲、乙成立共同犯罪后，甲为主犯，但不追究刑事责任。乙为从犯，应当按照从犯定罪处罚（应当从轻、减轻或者免除处罚）。如果由于甲不能负刑事责任而将乙作为单独犯罪，那么乙就不能被认定为从犯，也就无法被从轻、减轻或者免除处罚。显然，新理论的处理结论更为合理，也更公平。

（三）二人以上的行为符合同一个犯罪构成要件，但分别具有不同的加重情节或者减轻情节的，不影响共同犯罪的成立

【示例】甲教唆乙拦路抢劫，但乙接受教唆后入户抢劫的。二人仍然成立抢劫罪的共犯，但对甲与乙适用的法定刑不同（入户抢劫是加重量刑情节）。

（四）部分犯罪共同说

在认定共同犯罪的成立时，有两种不同的观点：行为共同说和犯罪共同说。行为共同说是以行为的共同性作为认定共同犯罪标准的学说。这种理论认为犯罪是行为人主观恶性的表现，所以不仅数人共犯一罪为共同犯罪，凡二人以上有共同行为而实施犯罪的皆为共同犯罪。犯罪共同说则是以犯罪的共同性作为认定共同犯罪标准的学说。这种理论认为共同犯罪是二人以上共同对同一法益实施犯罪的侵害行为，因此共同犯罪的共同性是犯罪的共同性。举例来说，对于甲以头痛粉冒充海洛因让乙去贩毒的案件，按照行为共同说，二人就构成共同犯罪，但按照犯罪共同说，甲是诈骗的故意，乙为手段错误的不能犯，二者未对同一法益实施侵害行为，所以不构成共同犯罪。

由于实践中存在各行为人仅在部分犯罪上有共同犯意的情况，犯罪共同说又发展出部分犯罪共同说。根据部分犯罪共同说，如果二人以上持不同的故意共同实施了某种行为，则只就他们所实施的性质相同的部分（或重合部分）成立共同犯罪。

考试采用的是部分犯罪共同说，这也是我国刑法理论的通说。这是每年必考的超级考点。

部分犯罪共同包括以下三种情况。

表15　部分犯罪共同的种类

1. 开始犯罪时双方即持不同犯意。	这种情况要成立共同犯罪，双方的犯意和行为要有重合的部分。例如，故意杀人行为和故意伤害行为有部分是重合的；绑架行为和非法拘禁行为有部分是重合的。
2. 开始犯罪时双方犯意相同，但实施中实行过限。	一方在实行中超出了原来双方的约定，在实行中将原定的轻罪变成了重罪或者多犯了一个或几个原来没有约定的犯罪。
3. 开始犯罪时双方犯意相同，但实施中实行不足。	一方在实行中没有达到原来约定的重罪的程度，犯了轻罪或者没有按照原来约定的加重情节犯罪。
处理	在重合的部分成立共同犯罪。

【示例】甲以为境外窃取、刺探、收买国家秘密罪的故意，乙以非法获取国家秘密罪的故意，共同窃取、刺探、收买国家秘密的，甲与乙在非法获取国家秘密罪的范围内成立共同犯罪，但由于甲具有为境外窃取、刺探、收买国家秘密罪的故意，对甲应以为境外窃取、刺探、收买国家秘密罪论处。

【经典真题】

关于共同犯罪的判断，下列哪些选项是正确的?[1] (2011 - 2 - 55)

A. 甲教唆赵某入户抢劫，但赵某接受教唆后实施拦路抢劫。甲是抢劫罪的共犯

B. 乙为吴某入户盗窃望风，但吴某入户后实施抢劫行为。乙是盗窃罪的共犯

C. 丙以为钱某要杀害他人为其提供了杀人凶器，但钱某仅欲伤害他人而使用了丙提供的凶器。丙对钱某造成的伤害结果不承担责任

D. 丁知道孙某想偷车，便将盗车钥匙给孙某，后又在孙某盗车前要回钥匙，但孙某用其他方法盗窃了轿车。丁对孙某的盗车结果不承担责任

【考点】 共同犯罪与犯罪构成的关系、共犯的脱离

【解题思路与常见错误分析】选项 A 中，甲和赵某在抢劫罪的范围内具有共同犯意，但甲要适用入户抢劫的法定刑。选项 B 中，乙和吴某在盗窃罪的范围内成立共同犯罪，但吴某应认定为抢劫罪。选项 C 中，丙和钱某在故意伤害罪的范围内成立共同犯罪，但由于丙具有杀人的故意，应认定为故意杀人罪（未遂）。故意杀人罪包容故意伤害罪，钱某对被害人造成的伤害并未超出丙的犯意，所以丙对钱某造成的伤害结果仍然要承担责任。

选项 D 属于共犯脱离。丁已经从共同犯罪中脱离出来，他不需要对孙某后来的单独盗窃行为负责。

【同类考点总结】本题的 A、B、C 选项是成立共同犯罪的几类特殊情况。考生一定要举一反三，真正掌握这几大类情形。共犯的脱离也很重要。我们将在共同犯罪与犯罪形态部分专门讲解。

本题的各个考点极度重要，绝未过时。请各位注意!

四、共同犯罪的因果性★★

在共同犯罪中，正犯行为（实行行为）直接引起结果；教唆行为与帮助行为通过正犯行为而引起结果。共同犯罪的因果关系包括物理的因果关系与心理的因果关系，前者是指物理地或客观上促进了犯罪的实行与结果的发生；后者是指引起犯意、强化犯意、激励犯意等从精神上、心理上促进犯罪的实行与结果的发生。所以，共同犯罪包括对他人的行为提供了物理的帮助和心理的帮助两种行为。

【经典真题】

甲欲去乙的别墅盗窃，担心乙别墅结构复杂难以找到贵重财物，就请熟悉乙家的丙为其标图。甲入室后未使用丙提供的图纸就找到乙价值 100 万元的珠宝，即携珠宝逃离现场。关于本案，下列哪些说法是正确的?[2] (2009 - 2 - 51)

A. 甲构成盗窃罪，入户盗窃是法定的从重处罚情节

B. 丙不构成犯罪，因为客观上没能为甲提供实质的帮助

C. 即便甲未使用丙提供的图纸，丙也构成盗窃罪的共犯

D. 甲、丙构成盗窃罪的共犯，甲是主犯，丙是帮助犯

---

〔1〕【答案】ABD

〔2〕【答案】CD

【考点】共同犯罪的因果性

【解题思路与常见错误分析】共同犯罪中的帮助包括物质上的帮助和精神上的帮助。甲虽然没有实际使用丙的图纸，但丙的图纸为甲实施犯罪提供了精神上的帮助，使得甲盗窃时，心理上更为从容。因此，丙的行为仍然为甲提供了实质的帮助，构成盗窃罪的帮助犯。所以选项C、D正确，选项B错误。选项A错在入户盗窃不是法定的从重处罚情节，入户抢劫才是。

【同类考点总结】如果一个行为人的行为对其他行为人的犯罪提供了物理上或者心理上的帮助，则二人构成共同犯罪，且提供帮助者要对整个共同犯罪负责。当然，提供帮助者要明知自己是在帮助他人犯罪。反之，如果某人的行为未能对其他人的犯罪提供物理或者心理帮助，则不和其他人成立共同犯罪，也不必对犯罪的结果负责。

如何判断二人的行为之间是否具有共同犯罪的因果性是近年的考试重点。注意：帮助犯提供物理或者心理的一种帮助即可，不要求同时提供两种帮助。

第二节　共同犯罪的成立条件

> 导学
>
> 本节讲述共同犯罪的成立条件。共同故意的认定是本部分的重点。请掌握本知识点的细节。

▽ 关联法条

《刑法》

第二十五条 【共同犯罪概念】共同犯罪是指二人以上共同故意犯罪。

二人以上共同过失犯罪，不以共同犯罪论处；应当负刑事责任的，按照他们所犯的罪分别处罚。

考点解读

根据《刑法》第25条的规定，"二人以上共同故意犯罪"是认定共同犯罪的根本标准。据此，要构成共同犯罪，必须同时具备主体条件、主观条件和客观条件。

一、主体条件：必须二人以上★★★

共同犯罪的主体必须是二人以上，具体来讲，可以是两个以上的自然人，两个以上的单位，或者是自然人与单位共同犯罪。通常，这两个主体都能为该罪负刑事责任。但是，如前所述，**在特殊情况下，也存在双方在客观上构成共同犯罪，但一方因为刑事责任年龄不够而不负刑事责任的情况。**

【示例】13周岁的王某和15周岁的李某共同轮奸女性。不能因为王某不能承担刑事责任而否认王某和李某成立共同犯罪，也不能否认二人共同实施了轮奸行为。因此，应当承认二人成立共同犯罪，对李某按照轮奸情节追究刑事责任，对王某则不追究刑事责任。

二、主观条件：必须有共同故意 ★★★★★

（一）共同故意的认定

各共同犯罪人必须有共同的犯罪故意。所谓共同的犯罪故意，是指各共同犯罪人通过意思联络，认识到他们的共同犯罪行为会发生危害社会的结果，并决意参加共同犯罪，希望或放任这种结果发生的心理状态。因此，共同故意包括两个内容：①相同的犯罪故意；②意思联络。但是，故意形式、故意的具体内容并不要求完全相同。直接故意和间接故意也能构成共同犯罪。

【示例1】 医生甲故意将药量加大10倍，护士乙发现后请医生改正，医生说："那个家伙（指患者）太坏了，他死了由我负责。"乙没有吭声，便按甲开的处方给患者用药，导致患者死亡。此时，甲对病人的死亡是直接故意，乙对病人的死亡是间接故意。二人构成故意杀人罪的共同犯罪。

【示例2】 医生甲故意将药量加大10倍，护士乙在输液时没有发现这个常识性的错误，按甲开的处方给患者用药，导致患者死亡。此时，甲对病人的死亡是直接故意，乙对病人的死亡则无故意。二人不构成故意杀人罪的共同犯罪。如果按照护士的职责，其本该发现并予以纠正，即乙对病人的死亡具有过失，则乙成立过失致人死亡罪。

（二）片面共犯的认定

"片面共犯"也称片面的共同犯罪，是指参与同一犯罪的人中，一方认识到自己是在和他人共同实施符合构成要件的违法行为，而另一方没有认识到有他人和自己共同实施违法行为的情形。

片面的共同犯罪存在三种情况：

1. 片面的共同实行，即实行的一方没有认识到另一方的实行行为。

【示例】 乙欲对丙实施强奸行为时，甲在乙不知情的情况下，使用暴力将丙打伤，乙得以顺利实施奸淫行为。

2. 片面的教唆，即被教唆者没有意识到自己被教唆的情况。

【示例】 甲将乙的妻子丙与他人通奸的照片和一支枪放在乙的桌子上，乙发现后立即产生杀人故意，将丙杀死。

3. 片面的帮助，即实行的一方没有认识到另一方的帮助行为。

【示例1】 甲明知乙正在追杀丙，由于其与丙有仇，便暗中设置障碍物将丙绊倒，从而使乙顺利地杀害丙。

根据前述共同犯罪的因果性理论，如果一个行为人的行为对其他行为人的犯罪提供了物理上或者心理上的帮助，则二人构成共同犯罪，且提供帮助者要对整个共同犯罪负责。**显然，这三种片面共犯中片面提供帮助（此处的帮助是广义上的帮助，包括实行、教唆和帮助行为）的一方都是符合这个条件的。所以，提供帮助方和被帮助方都成立共同犯罪。**但是，根据主客观相一致原则，仅对知情的一方适用共同犯罪的处罚原则，对不知情的一方不适用共同犯罪的处罚原则。反之，如果知情者的行为与结果之间不具有因果性，则不能认定为片面的共犯。

【示例2】 乙正在举枪射击丙，为了确保丙的死亡，甲在乙的背后于乙不知情的情况下，与乙同时开枪射击。丙中弹身亡，但不能查明丙被谁击中。此时，能否认定甲成立片面的共同正犯？

【分析】首先，乙与甲无故意杀人的意思联络，二人不成立共同犯罪。且丙的死亡结果无法判断是否为乙枪击导致，根据疑罪从无原则，乙不用为死亡结果负责，故只能认定为故意杀人罪的未遂。其次，甲在明知乙在实施杀人行为时，"为了确保丙的死亡"而同时开枪的，主观上具有帮助乙的意志，应当成立片面的共犯，因此，甲需要对自己和乙的行为同时负责。丙的死亡虽然无法断定为甲、乙二人何人造成，但无论何人造成，甲都需负责，故对甲应以故意杀人罪既遂论处。

【经典真题】

1. 绑匪甲绑架人质乙后，告知乙妻丙"速拿40万元来，不然杀害你老公"。丙平时经常受丈夫打骂，她觉得丈夫不回来更好，认为这是除去丈夫的好机会，于是故意以没有钱为理由拒绝支付且未报警。绑匪果然将人质杀死，下列说法正确的是：（2021年试卷一多选）[1]

　　A. 只有承认片面共犯，丙才构成故意杀人罪

　　B. 丙构成故意杀人罪的不作为犯

　　C. 绑架罪是继续犯，所以丙也构成绑架罪（在绑架中杀害人质）

　　D. 如果不认为丙构成绑架罪的共同犯罪，那么只能认定丙构成故意杀人罪的间接正犯

【考点】 片面共犯、不作为犯罪

【解题思路与常见错误分析】 所谓片面共犯，是指一方行为人明知他人正在犯罪并参与犯罪，而他人并不知情的犯罪形态。妻子对丈夫的生命具有救助义务，她有阻止绑匪杀害丈夫的义务。妻子即使不能用实力阻止绑匪杀害丈夫，她至少有报警的义务。所以，妻子构成绑匪故意杀人行为的不作为的共同犯罪。

如果不承认片面帮助犯，则乙妻的故意杀人罪没有实行行为。如果没有杀人的实行行为，乙妻的放任行为本身是无法给丈夫的生命造成危害的，那乙妻就不可能构成犯罪。所以，如果要认定乙妻构成故意杀人罪，就要认定绑匪的行为是乙妻故意杀人罪的实行行为。只有认定乙妻是绑匪的片面帮助犯，才能认定乙妻构成犯罪。所以，选项A、B正确。

绑架罪虽然是继续犯，但是乙妻的放任行为并没有强化甲的持续绑架犯意。甲是自己单独绑架丈夫的，所以乙妻和甲在绑架罪上不构成共同犯罪。选项C错误。

即使甲和乙妻不构成绑架中的共同犯罪，乙妻也不是故意杀人罪的间接正犯。因为甲是基于自己的犯意杀害乙的，乙妻并没有支配甲的杀人行为。应当认为，甲构成绑架罪，其行为包含绑架和故意杀害人质的行为，乙妻构成甲故意杀人行为的帮助犯。选项D错误。

【同类考点总结】 在不作为犯罪中，像本案中的妻子这种本人没有实施作为行为（如持刀杀人）或者正犯行为（如和丈夫一起故意饿死自己的孩子），只是暗暗地放任危害结果发生的，他们也都和正犯构成共同犯罪。他们的不作为行为使得正犯的犯罪更容易完成。

2. 甲知道乙计划前往丙家抢劫，为帮助乙取得财物，便暗中先赶到丙家，将丙打昏后离去（丙受轻伤）。乙来到丙家时，发现丙已昏迷，以为是丙疾病发作晕倒，遂从丙家取走价值5万元的财物。关于本案的分析，下列哪些选项是正确的？（2017－2－54）[2]

　　A. 若承认片面共同正犯，甲对乙的行为负责，对甲应以抢劫罪论处，对乙以盗窃罪

---

[1] 【答案】AB

[2] 【答案】ACD

论处

    B. 若承认片面共同正犯，根据部分实行全部责任原则，对甲、乙二人均应以抢劫罪论处

    C. 若否定片面共同正犯，甲既构成故意伤害罪，又构成盗窃罪，应从一重罪论处

    D. 若否定片面共同正犯，乙无须对甲的故意伤害行为负责，对乙应以盗窃罪论处

    【考点】 片面共同正犯

    【解题思路与常见错误分析】若否定片面共同正犯，则对甲的行为不能和乙的行为结合在一起认定为抢劫罪。对甲的行为只能单独认定为故意伤害罪的实行犯和盗窃罪的帮助犯。由于甲只有一个行为，因此，甲的这两个犯罪之间是想象竞合的关系，应从一重罪论处。选项 C 正确。其他选项较简单，不再解析。

    【同类考点总结】通说是承认片面共同正犯。但是，考生要学会从两种不同角度进行分析。

    (三) 不构成共同犯罪的情形

    1. 共同过失犯罪不是共同犯罪。共同过失犯罪是指二人以上的过失行为共同造成了损害结果的发生。

    【经典真题】

    甲、乙二人系某厂锅炉工。一天，甲的朋友多次打电话催其赴约，但离交班时间还有 15 分钟。甲心想，乙一直以来都是提前 15 分钟左右来接班，今天也快来了。于是在乙到来之前，甲就离开了岗位。恰巧乙这天也有要事。乙心想，平时都是我去后甲才离开，今天迟去 15 分钟左右，甲不会有什么意见的。于是乙过了正常交班时间 15 分钟左右才到岗位。结果，由于无人看管，致使锅炉发生爆炸，损失惨重。甲乙的行为：[1] (2004 - 2 - 87)

    A. 属于共同犯罪　　　　　　　　　B. 属于共同过失犯罪

    C. 各自构成故意犯罪　　　　　　　D. 应按照甲乙所犯的罪分别处罚

    【考点】 共同过失犯罪的认定

    【解题思路与常见错误分析】甲、乙这种情况就是共同过失犯罪。根据我国《刑法》的规定，共同过失犯罪不是共同犯罪。按照甲、乙的行为分别定罪处罚即可。

    【同类考点总结】共同过失犯罪并非共同犯罪。

    【示例】甲、乙共同打猎，因为疏忽，二人将一个小孩当成野猪了。共同开枪的结果是小孩死亡，但无法查明是谁的子弹射中了小孩。应如何认定二人的行为？

    【分析】由于甲、乙都是过失犯罪，所以不能适用共同犯罪的"部分行为全部责任"的原则，只能分别定罪处罚。由于无法确定是谁的子弹致人死亡，所以二人都属于"过失未致人死亡"，那就只能都认定为无罪。当然，二人都要承担民事赔偿责任。

    2. 同时犯不是共同犯罪。所谓同时犯，是指没有共同实行犯罪的意思联络，而是偶然碰巧在同一时间针对同一目标实行同一犯罪。

    【示例】甲、乙同时潜入某仓库，分别进行盗窃。甲、乙不成立共同犯罪。如果在盗窃中，二人"惺惺相惜"，互相为对方提供帮助，则二人成立共同犯罪。二人都需要为对方的犯罪结果负责。

---

    [1]【答案】BD

3. 同时实施犯罪而罪过形式不同，不构成共同犯罪。

【示例】 一人是故意犯罪，一人是过失犯罪，不构成共同犯罪。例如，武警战士疏于职守，导致在押犯罪嫌疑人脱逃。

4. 同时实施犯罪而故意内容不同，不构成共同犯罪。

【示例】 甲用面粉冒充海洛因，欺骗乙去"贩毒"。如果乙"贩毒"成功，则甲构成诈骗罪，乙不构成犯罪。

5. 超出共同故意以外的犯罪，不构成共同犯罪。此种情况，在刑法理论上称作"实行犯过限"的行为。由实行过限的人自行承担自己过限部分的刑事责任。

【示例】 甲、乙相约盗窃。甲入室盗窃，乙望风。甲离开室内前，将失主家的电炉子接通电源，然后在炉盘上（炉丝外露）放置了一张报纸。失主家因此发生火灾。乙对此毫不知情。即使乙事后对此行为表示了赞赏，也不能认定甲、乙成立放火罪的共犯。

6. 事后通谋的窝藏、包庇行为不是共同犯罪。

【示例】 甲抢夺得手（数额巨大），但失主紧追不舍。甲的朋友乙恰好开车经过，得知真相的乙让甲坐上自己的汽车。甲顺利逃脱失主的抓捕。此时也不能认定乙构成盗窃罪的共犯。他的行为是帮助犯罪嫌疑人脱逃的行为，如果情节严重，可以成立窝藏罪。

> 我们把构成共同犯罪的各种情形简单总结一下，就会发现：无论基于什么目的，明知他人在犯罪而提供帮助的，都和被帮助者成立共同犯罪。所以，即使一个父亲仅仅是因为心疼儿子而给儿子提供了砍刀供他去杀害情敌，父亲也是故意杀人罪的共犯。

（四）交通肇事中的共同犯罪

2000 年 11 月 15 日《最高人民法院关于审理交通肇事刑事案件具体应用法律若干问题的解释》第 5 条第 2 款规定："交通肇事后，单位主管人员、机动车辆所有人、承包人或者乘车人指使肇事人逃逸，致使被害人因得不到救助而死亡的，以交通肇事罪的共犯论处。"交通肇事罪是典型的过失犯罪。根据《刑法》第 25 条的规定，只有共同故意犯罪才能构成共同犯罪。很多学者认为本解释突破了"过失犯罪没有共同犯罪"的刑法原理。但是，司法解释的起草者认为此处是对是否逃逸的共同犯意，因此仍然是就故意形成的共同犯罪。即是否撞人是过失的，但撞人后，逃还是不逃则是故意的。这些人故意指使他人逃逸，其与司机在逃逸这个问题上具有共同故意。只是，由于我国刑法将这种情形规定为交通肇事罪的加重量刑情节，所以给人感觉上是过失共犯，实则不是。

【经典真题】

乙（15 周岁）在乡村公路驾驶机动车时过失将吴某撞成重伤。乙正要下车救人，坐在车上的甲（乙父）说："别下车！前面来了许多村民，下车会有麻烦。"乙便驾车逃走，吴某因流血过多而亡。关于本案，下列哪一选项是正确的？[1]（2014 - 2 - 13）

A. 因乙不成立交通肇事罪，甲也不成立交通肇事罪

B. 对甲应按交通肇事罪的间接正犯论处

C. 根据司法实践，对甲应以交通肇事罪论处

D. 根据刑法规定，甲、乙均不成立犯罪

【考点】 交通肇事罪、间接正犯的认定

――――――――――――

〔1〕【答案】C

【解题思路与常见错误分析】选项 A、C：根据司法实践，即根据前述最高人民法院司法解释，甲构成交通肇事罪。因此，选项 A 错误，选项 C 正确。

选项 B：乙自己开车时过失将吴某撞成重伤，这个行为并非甲指使所致。所以，甲不是交通肇事罪的间接正犯。选项 B 错误。

选项 D：根据《刑法》第 17 条、第 133 条的规定，本人交通肇事后因逃逸而致人死亡的行为是交通肇事罪的情节加重犯，不满 16 周岁的人不必为交通肇事罪负责。所以，根据刑法规定，乙的行为不构成犯罪。刑法是将乙的过失交通肇事和故意逃逸综合规定为交通肇事罪一罪。如果单独评价，交通肇事后的逃逸行为实际上是不作为的故意犯罪。所以，甲教唆乙逃逸的实质是教唆他人进行不作为犯罪。由于甲教唆乙逃跑，放任吴某的死亡，所以甲是不作为的故意杀人罪的教唆犯，甲的行为构成犯罪。选项 D 错误。

【同类考点总结】要选出本题的正确答案其实不难。因为考生都记得司法解释的规定。但是大量的考生都没有选择选项 C。因为他们觉得选项 C 是根据法律的规定，而不是根据司法实践得出的结论。这道题就是要提醒大家：司法解释不是法律。它是法律解释的一种，一般是指司法机关对审判和检察工作中具体应用法律所作的具有普遍司法效力的解释。所以，"根据司法实践"就是指"根据司法解释"，因为将这种行为认定为交通肇事罪是司法解释规定的，要求各级法院在审判实践中执行的。

选项 D 难度较大。选项 D 的意思是：根据刑法的规定，甲其实不能被认定为交通肇事罪。因为交通肇事罪是过失犯罪，而这种指使逃逸行为是故意行为。而且，司法解释的规定容易使人误以为过失犯罪也有共犯。根据刑法规定，甲的这种行为属于教唆他人进行不作为犯罪的行为，应当认定为不作为的故意杀人罪的教唆犯。

请考生注意：如果题目专门强调了"根据司法实践""根据司法解释"或者"根据刑法规定"，那么大家在选择答案时就要注意答题依据。

三、客观要件：必须有共同行为★★★

没有共同行为，就没有共同犯罪。"共同行为"是指各个共犯人经过意思联络，相互协作，形成一个有机整体，共同指向犯罪结果。"共同行为"意味着各个共犯人的行为都是共同犯罪行为这一整体的一部分。在发生危害结果时，各行为均与结果之间存在因果关系。

"共同"的犯罪行为不是"相同"的犯罪行为。这些共犯人可以都是实行犯，也可以有所分工。但是，他们的犯罪仍是一个整体，各行为人的行为共同促进犯罪的发展。每个人也都要为整个犯罪负责。

共同行为就其表现形式而言，可以分为三种情形：①共同作为：即各共犯人的行为都是作为；②共同不作为：即各共犯人的行为都是不作为；③作为与不作为的结合：即部分共犯人的行为是作为，部分共犯人的行为是不作为。

共同行为在分工上表现为四种情况：①实行行为：是指刑法分则所规定的构成要件的行为；②组织行为：即组织、策划、指挥共同犯罪的行为；③教唆行为：即故意唆使他人犯罪的行为；④帮助行为：即对实行犯罪起辅助作用的行为。

【经典真题】

甲、乙夫妇因 8 岁的儿子严重残疾，生活完全不能自理而非常痛苦。一天，甲往儿子要喝的牛奶里放入"毒鼠强"时被乙看到,乙说,"这是毒药吧,你给他喝呀?"见甲不说话,乙叹了口气后就走开了。毒死儿子后,甲、乙二人一起掩埋尸体并对外人说儿子因病而死。关于甲、乙行为的定性,下列哪一选项是正确的?[1]（2008 - 2 - 7）

    A. 甲与乙构成故意杀人的共同犯罪

    B. 甲构成故意杀人罪,乙构成包庇罪

    C. 甲构成故意杀人罪,乙构成遗弃罪

    D. 甲构成故意杀人罪,乙无罪

【考点】作为与不作为结合的共同犯罪

【解题思路与常见错误分析】乙对儿子具有法定的监护职责。乙明知甲要毒死儿子而不制止,构成不作为犯罪。甲是作为犯罪。本案就是作为与不作为结合的共同犯罪。

【同类考点总结】共同行为不是相同行为。注意不作为犯罪不要求积极行为,本案的乙不制止别人的危害行为即可构成犯罪。当然,前提是乙负有制止的义务。

第三节　共同犯罪的形式

> **导学**　本节讲述共同犯罪的形式。掌握不同的共同犯罪的形式可以帮助考生深入理解共同犯罪的构成及对犯罪结果的承担。对向犯的认定和承继的共犯的认定是本节的重点。

📖 考点解读

一、任意的共同犯罪与必要的共同犯罪 ★★★★

表16　任意的共同犯罪与必要的共同犯罪

任意的共同犯罪	是指法律上以单独犯的形式规定,但二个以上的行为人共同触犯该规定的情形。	
必要的共同犯罪,是指刑法规定,只有二人以上才能构成的共同犯罪。	聚合犯:是指刑法分则特别规定具有同一目标的多人共同实施危害行为,犯罪才能成立的情形。	
	对向犯对立的犯罪:是指以存在二人以上相互对向的行为为要件的犯罪。根据刑法处罚规定的不同,对向犯可以分成三种类型。	(1) 刑法同时处罚处于对合地位的两个行为人,且法定刑相同,如重婚罪。
		(2) 刑法对两个对合主体都处罚,但罪名和法定刑均不同,如行贿罪和受贿罪。
		(3) 刑法分则规定只处罚对向犯的某一方,对另一方不处罚。例如,贩卖淫秽物品牟利罪只处罚贩卖者,而不处罚购买者。

---

[1] 【答案】A

　　对向犯中的第一、第二种情况都被认为是共同犯罪。第三种情况则是单独犯罪，因为在第三种情况下，只有一个犯罪人。由于刑法分则对必要共同犯罪作了直接规定，因此对必要共同犯罪人量刑时应直接依照刑法分则的有关条款处理，不再适用刑法总则关于共同犯罪的处罚规定。

【经典真题】

下列哪些选项中的双方行为人构成共同犯罪?[1] (2012 - 2 - 55)

A. 甲见卖淫秽影碟的小贩可怜，给小贩 1000 元，买下 200 张淫秽影碟

B. 乙明知赵某已结婚，仍与其领取结婚证

C. 丙送给国家工作人员 10 万元钱，托其将儿子录用为公务员

D. 丁帮助组织卖淫的王某招募、运送卖淫女

【考点】对向犯、拟制的正犯与共同犯罪

【解题思路与常见错误分析】选项 A、B、C：参见前述图表。

　　选项 D 比较特殊。丁帮助组织卖淫的王某招募、运送卖淫女，这种行为显然是组织卖淫行为的帮助行为。丁和王某应当成立共同犯罪。但是，由于我国刑法将组织卖淫罪和协助组织卖淫罪分别规定为独立的犯罪，因此，很多刑法理论认为在这种情况下，二罪之间不再存在共犯关系。这种看法是错误的。因为无论刑法怎么规定，二罪在客观上确实存在共同犯罪的关系，丁也要为王某的整个卖淫行为负责。刑法对协助组织卖淫罪的规定在理论上被称为拟制的正犯。即这种行为原本是帮助行为，但法律将它独立成罪，该行为就变成了该罪的实行行为。

　　【同类考点总结】这是司法考试第一次考查对向犯和拟制的正犯。这个考点近来又被考查，请考生予以重视。这两个考点其实可以从更高的角度来理解：共同犯罪与罪名、与刑事责任都无关，它只是对互相为对方的犯罪提供帮助（广义的帮助，包括组织、教唆、帮助）这一现象的称呼而已。

二、事前通谋的共同犯罪与事前无通谋的共同犯罪 ★★★★

(一) 事前通谋的共同犯罪与事前无通谋的共同犯罪的概念

　　事前通谋的共犯是指在着手实行犯罪之前，各共犯人已经形成共同犯罪故意，就实行犯罪进行了意思联络和策划。

　　事前无通谋的共犯是指在着手实行犯罪之前，各共犯人并未形成共同犯罪故意。但在犯罪实施过程中，各共犯人形成了共同犯罪故意。

　　事前无通谋的共犯包括在犯罪刚刚开始实施，双方就达成合意的情况和一方已经实施了一部分犯罪行为，另一方才加入进来的情形。如果犯罪刚刚开始实施，双方就达成合意，则双方都要为共同犯罪行为及其结果承担责任。如果一方已经实施了一部分犯罪行为，另一方才加入进来，则要具体分析。这种情形被称为承继的共犯。

　　事前无通谋的共犯的成立条件：

　　1. 先行为人的犯罪行为尚未结束。

　　2. 后行为人知道真相后参与进来。如果后参与者不知道真相，则只能在犯意重合的范

---

〔1〕【答案】BCD

围内成立共犯。

【示例1】甲非法拘禁乙两天后，得知真相的丙加入进来拘禁乙。甲、丙能否成立共犯？

【分析】非法拘禁罪是持续犯，在丙加入进来时，犯罪尚未结束，因此甲、丙成立共同犯罪。

【示例2】甲为抢劫乙的财物而将乙打昏。正取财时，甲的朋友丙经过此地。甲告知丙："这个人不知道被谁打昏了，咱们偷他点钱。"于是，丙应甲的要求提供照明，使甲顺利地将乙的钱包拿走。此时二人成立共犯吗？

【分析】由于丙没有实施抢劫的犯意，因此甲构成抢劫罪，丙构成盗窃罪。但是甲、丙在盗窃罪的范围内成立共犯。

（二）承继的时间范围

在即成犯的场合（敲诈勒索罪、盗窃罪、抢劫罪、诈骗罪等财产犯罪都是即成犯），行为在法律上已经既遂，但还没有实质性完结时，能否成立承继的共同正犯或承继的帮助犯？所谓实质性完结，是指犯罪结果得到保障时。肯定说认为在实质性完结之前，均可以成立承继的共犯。否定说认为除了继续犯（持续犯）以外，承继的共犯只能存在于犯罪既遂之前。换言之，犯罪既遂之后不可能有承继的共犯。在犯罪行为实质性完结之后，更不可能成立承继的共同正犯与帮助犯。

【经典真题】

【基本案情】赵某威胁周某给钱，否则将通过网络传播其隐私照片，周某害怕，就按照赵某的指示，将10万元放到指定的垃圾桶旁边。赵某将该事情告诉了刘某，让刘某去垃圾桶旁边取钱，刘某取到后二人平分了10万元。（2021年主观题第二题节选）

【问题】

认定刘某构成敲诈勒索罪的理由有哪些？认定刘某成立侵占罪的理由有哪些？

【参考答案】

观点一：刘某构成敲诈勒索罪。

理由：（1）赵某的敲诈勒索罪已经既遂。

因为财物已经放到了指定地点，虽然赵某还没有拿到财物，但是该财物的地点已经只有赵某和刘某两个人知道了。此时，应该认为赵某已经控制了财物。其犯罪已经既遂了。

【说明】本案相当于甲盗窃后，将财物藏到某个隐蔽处，在其还没顾上去拿回来时，被第三人拿走了的案例。甲的盗窃就已经既遂了。

（2）在即成犯的场合（敲诈勒索罪就是即成犯），行为在法律上已经既遂，但还没有实质性完结时，能否成立承继的共同正犯或承继的帮助犯？肯定说认为在实质性完结之前，均可以成立承继的共犯。所谓实质性完结，是指犯罪结果得到保障时，在本案中，就是赵某将财物从垃圾桶中取走。因为赵某还没有拿走财物，所以刘某仍然可以成立承继的共犯。所以，本案中的刘某构成敲诈勒索罪。

观点二：刘某构成侵占罪

理由：否定说认为，只有在犯罪行为没有结束前才有可能成立共同犯罪。所以，除了持续犯，其他犯罪在既遂后，都不可能存在承继的共犯。由于本案中，赵某的犯罪已经既遂，因此，刘某的行为不能构成敲诈勒索罪的共同犯罪。

由于赵某获得财物时，没有采取抢夺、盗窃等非法方式，因此只能构成侵占罪。

（三）承继的共犯的刑事责任

1. 后行为人对其参与之前的先行为人的行为产生的结果不承担刑事责任。

2. 如果加重结果是后行为人参与进来之后由后面的行为导致的，先行为人和后行为人对加重结果都要负责。

3. 如果在后行为人加入进来前和加入进来后都有暴力行为，且无法查明加重结果是由哪个行为导致的，则只由先行为人对此负责。

【示例1】甲正在抢劫，他刺了乙几刀，乙倒在地上。此时，甲的朋友丙路过现场。得知真相的丙也在甲腹部猛踢了一脚。丙到来后，甲未再殴打乙。乙脾脏破裂（重伤）。假设：（1）能够查明，乙的伤害是由甲的行为引起的；（2）能够查明，乙的伤害是由丙的行为引起的；（3）不能查明乙的伤害到底由谁的行为引起。在这三种情况下，应如何认定二人的刑事责任？

【分析】首先要明确：甲、丙的行为成立抢劫罪共犯。其次，二人的刑事责任不一定相同。因为，要具体分析每个人对哪个犯罪结果负责。

（1）如果能够查明，乙的伤害是由甲的行为引起的，那么丙当然对此不负责任。因为在甲伤害乙时，丙尚未到场。甲的这一行为与丙无关。因此，对甲适用抢劫致人重伤的量刑情节，对丙适用普通抢劫的量刑情节。

（2）如果能够查明，乙的伤害是由丙的行为引起的，那么丙当然要对此负刑事责任。但是，甲也要对此负刑事责任。因为，根据部分实行全部责任原则，在甲、丙成立共同犯罪后，每个人都要为其他人的未超出共同犯罪的行为负责。因此，对甲、丙都适用抢劫致人重伤的量刑情节。

（3）如果不能查明乙的伤害到底由谁的行为引起，那么甲要对此结果承担刑事责任，丙则无需承担。第一，如果是由甲的先前行为引起的，那么本来就应该由他承担刑事责任。第二，如果是由丙后面的行为引起的，甲也要承担刑事责任（部分实行全部责任）。第三，由于无法查明丙的行为是否造成了伤害后果，根据存疑时有利于被告原则，不能认定丙的行为造成了伤害后果。因此，对甲适用抢劫致人重伤的量刑情节，对丙适用普通抢劫的量刑情节。

【示例2】如果甲开始没有伤害乙，在丙到来后，甲才开始刺乙，同时丙也踢了乙一脚。在证据认定上也存在前述三种可能。此时，应如何认定二人的刑事责任？

【分析】此时就简单了。甲、丙的行为相当于普通的共同犯罪，根据部分实行全部责任原则，无论伤害结果由谁的行为造成，二人均需为伤害结果负责。对甲、丙都适用抢劫致人重伤的量刑情节。

> 本例是高难度的、超经典的题目。考生如果能把这道题吃透，并能举一反三，则对共同犯罪的刑事责任的掌握能达到"打遍天下无敌手"的程度。

三、简单共同犯罪与复杂共同犯罪

简单共同犯罪：所有的共犯人都是实行犯。其刑事责任的承担采取部分实行全部责任原则。

复杂共同犯罪：有的共犯人是实行犯，有的共犯人是组织犯、教唆犯或者帮助犯。每个人都要为自己参与的整个共同犯罪负责。例如，甲为乙的盗窃望风，即使甲只分得了很少的赃物，他也要为整个盗窃数额负责。

四、一般共同犯罪与特殊共同犯罪

《刑法》第 26 条第 2 款规定："三人以上为共同实施犯罪而组成的较为固定的犯罪组织，是犯罪集团。"这里的犯罪集团包括一般共同犯罪集团与特殊共同犯罪集团。

一般共同犯罪是指没有形成犯罪集团的共同犯罪。其特点是：共同犯罪人为实施某种犯罪而临时结合，一旦犯罪完成，这种结合便不复存在。

> 特别强调：聚众犯罪不一定都是共同犯罪。根据《刑法》第 291 条的规定，聚众扰乱公共场所秩序罪只处罚首要分子，如果首要分子只有一人，则不构成共同犯罪。

特殊共同犯罪是指犯罪集团的共同犯罪。我国刑法有明文规定的犯罪集团包括两类：恐怖活动组织和黑社会性质组织。

根据《刑法》第 120 条、第 294 条的规定，组织、领导、参加恐怖组织、黑社会性质组织本身即构成犯罪，如果在这些组织的指使下，又进行了其他犯罪的，要和本罪数罪并罚。

【示例】"组织、领导、参加黑社会性质组织罪，既包括组织、领导、参加黑社会性质组织的行为，又包括在该黑社会性质组织统一策划、指挥下从事的其他犯罪行为"，这句话正确吗？

【分析】这句话不正确。对于在该黑社会性质组织统一策划、指挥下从事的其他犯罪行为，要和组织、领导、参加黑社会性质组织罪数罪并罚。

第四节　共犯的分类及其刑事责任

导学 　本节是关于共同犯罪的刑事责任。考生首先需要掌握各种共犯的特征，例如，实行犯的特征、教唆犯的特征，然后再掌握各自的刑事责任。间接正犯和教唆犯的认定及其刑事责任是本节的难点。间接正犯和被利用者不构成共同犯罪。但是由于间接正犯总是利用别人进行犯罪，看起来有两个以上的行为人，所以放在共同犯罪部分讲述。

▽ 关联法条

《刑法》

第二十六条 【主犯】组织、领导犯罪集团进行犯罪活动的或者在共同犯罪中起主要作用的，是主犯。

三人以上为共同实施犯罪而组成的较为固定的犯罪组织，是犯罪集团。

对组织、领导犯罪集团的首要分子，按照集团所犯的全部罪行处罚。

对于第三款规定以外的主犯，应当按照其所参与的或者组织、指挥的全部犯罪处罚。

第二十七条 【从犯】在共同犯罪中起次要或者辅助作用的，是从犯。

对于从犯，应当从轻、减轻处罚或者免除处罚。

第二十八条 【胁从犯】对于被胁迫参加犯罪的，应当按照他的犯罪情节减轻处罚或者免除处罚。

第二十九条 【教唆犯】教唆他人犯罪的，应当按照他在共同犯罪中所起的作用处罚。教唆不满十八周岁的人犯罪的，应当从重处罚。

如果被教唆的人没有犯被教唆的罪，对于教唆犯，可以从轻或者减轻处罚。

✎ 考点解读

一、共犯的分类及其刑事责任概述 ★★★

(一) 共犯的分类

根据共同犯罪人在共同犯罪中的地位和作用进行分类，可以将其分为主犯、从犯、胁从犯。

根据共同犯罪人在共同犯罪中的分工情况，可以将其分为组织犯、教唆犯、实行犯、帮助犯。

我国刑法明文规定了主犯、从犯、胁从犯和教唆犯的概念及其刑事责任。

> 这是两种不同的分类标准，因此一个罪犯可以同时具有两种身份，例如，实行犯和主犯、教唆犯和主犯。

(二) 共犯的刑事责任——部分行为全部责任原则

在共同犯罪中，各共同犯罪人是在共同故意的支配下共同进行的犯罪行为。这意味着各共同犯罪人的行为都是共同犯罪行为这一整体的组成部分。每个人的犯罪行为作为整体的一部分与危害结果之间具有因果关系，每个人都要对整个共同犯罪负责。这就是部分行为全部责任原则。这一原则在大家都参加犯罪的实行行为的简单共同犯罪中就被称为"部分实行全部责任原则"。

【示例】甲、乙经共谋后，共同瞄准被害人丙开枪，丙死亡，其身上只有一颗子弹。对本案的处理结论，正确的是：[1]

A. 如果能够查明子弹是甲所发射，则乙是故意杀人未遂

B. 如果无法查明子弹是谁所发射，则甲、乙均是故意杀人未遂

C. 即使能够查明子弹是甲所发射，乙仍然是故意杀人既遂

D. 如果无法查明子弹是谁所发射，则甲、乙均无罪

【分析】由于共同犯罪是一个整体，每个人都要为他人不超出共同犯意的行为负责，因此无论子弹是谁发射的，二人都要承担故意杀人既遂的刑事责任。故只有选项 C 正确。

二、直接正犯与间接正犯、帮助犯 ★★★★★

我国刑法中的共犯，是指二人以上共同故意犯罪的情形。德国、日本等国刑法明文将任意的共犯分为共同正犯、教唆犯与帮助犯三种形态。共同正犯、教唆犯与帮助犯一起被称为广义的共犯；狭义的共犯，是指教唆犯与帮助犯。考试中经常考到的间接正犯中的"正犯"是与狭义的共犯（教唆犯、帮助犯）相对的概念。

我国刑法虽然没有使用正犯与狭义的共犯概念，但是，从理论上研究正犯及其与狭义的共犯的区别，对于解决共同犯罪的相关问题，具有重要意义。因为狭义的共犯的认定依

---

[1] 【答案】C

赖于正犯的认定；认定了正犯，才能进一步认定教唆犯与帮助犯。

> 考生要掌握"狭义的共犯"这个词的由来和含义。在现在的考试中，分析题目时经常需要用到"狭义的共犯"这个概念。但是这个概念不会直接出现在题目里。例如，教唆犯成立理论中的"共犯从属性说"中的共犯指的就是狭义的共犯。很多考生只知道我国刑法中的广义的共犯的概念，就感觉"共犯从属性说"和间接正犯的概念不好理解。

（一）正犯

正犯是与狭义的共犯（教唆犯、帮助犯）相对的概念。原则上，**以自己的身体动静直接实现**分则规定的构成要件的是正犯，此外的参与者都是共犯。从实质上看，对侵害结果或者危险结果的发生起支配作用的就是正犯。所以，正犯既包括行为人自己直接实施符合构成要件的行为造成法益侵害、危险结果的情形（直接正犯），也包括通过支配他人的行为造成法益侵害、危险结果的情形（间接正犯），还包括共同对造成法益侵害、危险结果起实质的支配作用的（共同正犯）情形。

【示例1】甲教唆乙去杀丁，丙得知后，因为丙和丁有夺女朋友之恨，丙就主动帮乙买了一把锋利的匕首。三日后，乙刺杀丁成功。本案中，乙就是以自己的身体动静直接实现分则规定的构成要件的人，是正犯。甲和丙都是共犯（狭义的共犯）。甲是教唆犯，丙是帮助犯。

【示例2】集团犯罪与聚众共同犯罪中的首要分子有时并不直接实施犯罪，他们是正犯吗？

【分析】这些人虽然有时并不直接实施犯罪，但是他们对侵害结果或者危险结果的发生起支配作用，所以他们也是正犯。

根据正犯者的人数、意思联络的有无，可以将正犯分为单独正犯、同时正犯（同时犯）与共同正犯。单独正犯，是指一人实行犯罪的情形。同时正犯，是指二人以上在没有意思联络的情况下，同时对同一对象实行同一犯罪的情形。同时正犯虽然一般发生在同一地点，但不要求犯罪地点同一。共同正犯，是指二人共同实施犯罪的实行行为的情形。由于同时正犯是二人以上没有意思联络的犯罪，所以不成立共同犯罪。

【示例】甲从A地、乙从B地分别以故意杀人罪的故意，同时将毒药寄给丙，构成故意杀人罪的同时正犯。

共同正犯的基本类型是共同实行的共同正犯，即参与者均实施了构成要件行为的共同正犯，主要有三种具体类型。

第一种类型是，在单一行为的犯罪中，各参与人均实施了足以直接造成结果的行为，但只有一人的行为直接造成了结果。

【示例】甲与乙基于意思联络同时开枪向丙射击，但只有甲打中丙的胸部造成丙死亡。甲、乙均成立故意杀人既遂。

第二种类型是，在单一行为或者复合行为的犯罪中，各参与人均实施了足以直接造成结果的行为，而且，各参与人的行为均是造成结果的原因。

【示例】甲与乙基于意思联络同时向丙开枪，都没有击中要害部位，但由于两个伤口同时出血，导致丙失血过多死亡。由于二人共同实施，应认定为共同正犯。甲、乙均成立故意杀人既遂。丙身中一弹，但不能查明由谁的射击造成时，也属于这种情形。

第三种类型是，在复合行为的犯罪中，各参与人分担了一部分实行行为。

【示例】甲与乙基于意思联络共同实施抢劫，甲对丙实施暴力压制被害人反抗后，乙强取财物。在这种场合，甲与乙对暴力造成的伤亡结果与财产损失均应承担责任。

（二）间接正犯

1. 间接正犯的概念。

实行行为，不一定只限于行为人自身的、直接的身体动作。行为人可以利用动物、工具来实行犯罪。行为人也可以利用他人来实行犯罪。这种通过利用他人实现犯罪的情况，就是间接正犯。肯定间接正犯，意味着间接正犯必须对被利用者所造成的法益侵害结果承担责任。

> 间接正犯的本质为支配利用他人实施犯罪行为，对犯罪实施过程具有决定性影响的关键人物或核心角色，具有犯罪事实支配性。

2. 间接正犯的类型。

间接正犯主要有以下类型：

第一，利用无责任能力者的身体活动。

【示例】利用幼儿、严重精神病患者的身体活动实现犯罪的，是间接正犯。

> 利用未达到法定年龄的人实施犯罪的不一定均成立间接正犯。在被利用者具有辨认控制能力，利用者并没有支配被利用者时，不能认定为间接正犯。

【示例】18周岁的甲唆使15周岁的乙盗窃他人财物。乙不但同意，还和甲一起策划了详细的盗窃方案。由于方案正确，盗窃收获颇丰。此时，就不能认定甲是间接正犯。甲并没有支配被利用者乙。此时应当承认甲、乙成立共同犯罪，但是15周岁的乙因为缺乏有责性，而不承担责任。

第二，利用他人不属于行为的身体活动。

【示例】利用他人的反射举动或者睡梦中的动作实现犯罪的，属于间接正犯。

第三，利用者对被利用者进行强制，使之实施一定的犯罪活动。

（1）利用者对他人进行强制（包括物理的强制与心理的强制），压制他人意志，使他人丧失自由意志时，不能将结果归责于受强制者，只能归责于强制者，强制者成立间接正犯。

（2）利用者对他人进行强制，他人虽然没有丧失自由意志，但面临着紧迫的危险，不得不按照利用者的意志实施犯罪行为时，虽然被利用者是有责的直接正犯，但也不能否认利用者为间接正犯。

第四，利用缺乏故意的行为。这就是所谓利用不知情者的间接正犯。

【示例1】医生指使不知情的护士给患者注射毒药，医生构成故意杀人罪的间接正犯。

【示例2】甲明知前方为人，却对乙谎称前方有野兽，将自己的猎枪给乙射击，乙开枪射击导致他人死亡。乙成立过失致人死亡罪，甲是故意杀人罪的间接正犯。

被利用者虽然具有其他犯罪的故意而缺乏利用者所具有的故意时，利用者也可能成立间接正犯。

【示例3】甲明知丙坐在丙家的某贵重财物后，但乙不知情，甲唆使乙开枪毁坏贵重财物，乙开枪致丙死亡。乙虽然具有毁坏财物的故意，但没有杀人故意。故意杀人罪的结果应归责于甲，甲成立间接正犯。

第五，利用有故意的工具。有些犯罪的成立除了要求有故意之外，还要求有特定目的，或者要求行为人具有一定的身份。所谓有故意的工具，就是指被利用者虽然有责任能力并且有故意，但缺乏目的犯中的目的或者不具有身份犯中的身份。对此，应联系间接正犯的本质与我国刑法的规定进行判断。

【示例1】甲以牟利目的利用没有牟利目的的乙传播淫秽物品。如果乙明知甲具有牟利目的，则乙与甲就传播淫秽物品牟利罪成立共同犯罪。如果甲支配了犯罪事实，则成立传播淫秽物品牟利罪的间接正犯，否则成立教唆犯或者帮助犯。如果乙不仅自己没有牟利目的，也不明知甲有牟利目的，则应认为甲支配了犯罪事实，甲成立传播淫秽物品牟利罪的间接正犯。

【示例2】国家工作人员甲指使知情的妻子乙接受贿赂时，甲是否成立受贿罪的间接正犯？

【分析】甲虽然没有直接接受贿赂，但受贿罪的构成要件并不是单纯地接受财物，而是要求利用职务上的便利，或者说要求财物与职务行为的交换性。因此，甲当然是受贿罪的直接正犯。换言之，甲直接支配了对职务行为不可收买性的侵害，因而是直接正犯；乙缺乏侵犯职务行为不可收买性的国家工作人员身份，故不能成为正犯，仅成立帮助犯。

第六，利用他人缺乏违法性认识的可能性的行为。

【示例】司法人员甲欺骗乙说："捕杀麻雀是完全合法的行为，你可以大量捕杀。"乙信以为真，实施捕杀行为。甲成立间接正犯。

其他利用他人的责任阻却事由的行为，也成立间接正犯。

第七，利用他人的合法行为。利用他人的合法行为实现犯罪的，通常成立间接正犯。但在特殊情况下，也有例外。

【示例1】甲为了使乙死亡，以如不听命将杀害丙相威胁，迫使丙攻击乙，乙正当防卫杀害了丙。此时，乙与丙都是甲的工具，应认定甲为故意杀人的间接正犯。

【示例2】甲诱导丙对乙进行不法侵害，乙正当防卫杀害了丙。乙的行为是正当防卫，但甲不成立故意杀人罪的间接正犯。因为在本例中，只能认定丙支配了犯罪事实，而不是甲支配了犯罪事实。因为甲只具有教唆行为。但是，由于甲教唆丙实施不法侵害行为，故甲针对丙成立教唆犯。

第八，利用被害人的行为。刑法理论一般认为，当利用者使被害人丧失自由意志，或者使被害人对结果缺乏认识或产生其他法益关系的错误，导致被害人实施了损害自己法益的行为时，利用者成立间接正犯。

【示例1】甲谎称乙饲养的狗为疯狗，使乙杀害该狗的，是故意毁坏财物罪的间接正犯。

【示例2】行为人强迫被害人自杀的，成立故意杀人罪的间接正犯。

3. 间接正犯与特殊身份。

就身份犯而言，一般人故意利用有身份的不知情者的，不能成立该罪的间接正犯。因为在真正身份犯的场合，特殊身份是针对正犯而言的，间接正犯也是正犯，理当具备特殊身份。

【示例】一般公民甲冒充警察，声称取证需要，让邮政工作人员乙开拆若干信件。甲的行为不成立私自开拆邮件罪（《刑法》第253条）的间接正犯。

4. 间接正犯与共同犯罪。

由于间接正犯以自己的行为对侵害结果或者危险结果的发生起支配作用，所以，间接正犯通常单独构成犯罪，被利用者不构成犯罪，也不与间接正犯成立共同犯罪。

但是，这一结论并不绝对。间接正犯的成立，并不绝对意味着共同犯罪的否定。但是，这种共同犯罪不是间接正犯被定罪的那个罪的共同犯罪，否则就不是间接正犯了。

【示例】 具有牟利目的的甲支配没有牟利目的的乙传播淫秽物品的，甲、乙依然成立共同犯罪，只不过由于各自的责任不同，因而导致罪名不同而已。二人在传播淫秽物品罪上成立共同犯罪。

> 间接正犯是考试的重点。间接正犯的正犯性（即间接正犯必须满足正犯的要件）、间接正犯和被利用者是否成立共同犯罪、间接正犯与教唆犯的关系都是经常考查的内容。

（三）帮助犯

1. 帮助犯的概念。

实行行为是刑法分则所规定的属于构成要件的行为，帮助行为是帮助实现实行行为的行为。例如，在故意杀人罪中，用凶器"杀"的行为是实行行为，帮助购买凶器、了解被害人行踪的行为是帮助行为。

帮助降低危险的行为，不可能成立帮助犯。例如，在甲绑架儿童后，知道真相的乙单纯照顾该儿童的行为，不成立绑架罪的帮助犯。

2. 帮助犯的分类。

帮助行为既包括物理性帮助（如提供凶器、伪造文件），也包括提供心理性帮助（如站阵助威）。既包括作为，也包括不作为。

3. 拟制的正犯。

如果刑法将某个教唆、帮助行为规定为单独的犯罪，它就是实行行为，不再是帮助行为了。这种情形被称为拟制的正犯，即由于法律的特别规定而使得帮助行为变成了实行行为，帮助犯变成了正犯。例如，提供虚假证明文件罪、资助恐怖活动罪、帮助犯罪分子逃避处罚罪等。

> 拟制的正犯和被教唆、被帮助者仍然成立违法层面上的共同犯罪。

【示例】 关于实行行为与帮助行为，以下说法错误的是：[1]

A. 煽动分裂国家是教唆行为　　　　　B. 帮助毁灭、伪造证据是帮助行为

C. 协助组织卖淫是帮助行为　　　　　D. 实行犯只能是主犯

【分析】 选项 A、B、C 都是法律明文规定的属于犯罪构成要件的行为，所以是实行行为。这几个犯罪特殊在法律将本来是教唆行为、帮助行为的行为规定为实行行为。选项 A 构成煽动分裂国家罪。选项 B 构成帮助毁灭、伪造证据罪。选项 C 构成协助组织卖淫罪。实行犯是实施犯罪的实行行为的人，并不一定是主犯。例如，如果甲被乙胁迫去杀人，甲就可能是胁从犯。所以，四个选项都是错误的。

4. 外表无害的"中立行为"（日常生活行为），客观上帮助了正犯时，是否成立帮助犯？

对此不能一概而论。应当综合考虑正犯行为的紧迫性，行为人（帮助者）对法益的保护义务，行为对法益侵害所起的作用大小以及行为人对正犯行为的确实性的认识等要素，得出妥当结论。

【示例1】 出租车司机甲明知乙要前往某地实施杀人行为，仍然将其运往该地。如果甲明确知道乙就是要前去杀人，仍然运送乙到现场。甲成立故意杀人罪的帮助犯。如果甲只是看乙怒气冲冲，觉得乙可能要实施犯罪，而送乙到目的地，则甲不成立帮助犯。

---

〔1〕【答案】ABCD

【示例2】 五金商店的店员丙明知丁将把螺丝刀用于盗窃，仍向丁出售螺丝刀。丙成立盗窃罪的帮助犯。

【示例3】 李某在撬他人保险箱时口干舌燥，刘某递给李某一瓶矿泉水，使李某得以继续撬保险箱。刘某成立盗窃罪的帮助犯。

【经典真题】

关于共同犯罪，下列哪些选项是正确的？[1]（2013－2－55）

A. 乙因妻丙外遇而决意杀之。甲对此不知晓，出于其他原因怂恿乙杀丙。后乙杀害丙。甲不构成故意杀人罪的教唆犯

B. 乙基于敲诈勒索的故意恐吓丙，在丙交付财物时，知情的甲中途加入帮乙取得财物。甲构成敲诈勒索罪的共犯

C. 乙、丙在五金店门前互殴，店员甲旁观。乙边打边掏钱向甲买一羊角锤。甲递锤时对乙说"你打伤人可与我无关"。乙用该锤将丙打成重伤。卖羊角锤是甲的正常经营行为，甲不构成故意伤害罪的共犯

D. 甲极力劝说丈夫乙（国家工作人员）接受丙的贿赂，乙坚决反对，甲自作主张接受该笔贿赂。甲构成受贿罪的间接正犯

【考点】共同犯罪的认定

【解题思路与常见错误分析】选项A：教唆行为的特点是使他人产生实施符合构成要件的违法行为的意思，故在被教唆者在被教唆前已经产生了该意思的情况下，不可能再成立教唆犯。如果这种教唆行为强化了他人的犯意，那么可以成立帮助犯。甲教唆乙时，乙已经有杀妻之心。因此，甲不能成立教唆犯。选项A正确。

选项B：敲诈勒索罪以获得财物为既遂。故甲加入时，犯罪尚未结束。因此，甲属于承继的共犯，二人构成敲诈勒索罪的共同犯罪。选项B正确。

选项C：店员甲明知乙将要用该羊角锤去斗殴，仍然卖给其羊角锤。这是向罪犯提供犯罪工具的行为。甲的行为与结果的发生具有物理的因果性。因此，甲构成故意伤害罪的帮助犯，选项C错误。

选项D：间接正犯是将他人作为工具，利用他人实施犯罪的人。甲极力劝说丈夫乙（国家工作人员）接受丙的贿赂，这是教唆行为，不是间接正犯的利用行为。甲后来自己收下贿赂的行为也不构成间接正犯。因为甲并无国家工作人员的身份，也不可能为行贿人进行权钱交易，所以，甲不可能单独构成受贿罪。选项D错误。

【同类考点总结】解析已经很清楚了。考生记住这四个典型案例即可。

5. 正犯没有故意，以帮助故意实施帮助行为者，可能成立帮助犯吗？

只要正犯的行为是符合构成要件的违法行为，即使正犯没有故意，以帮助故意实施帮助行为者，也可能成立帮助犯——共犯只从属于正犯的行为，不从属于正犯的故意。否认帮助犯对正犯故意的从属性，并不意味着承认没有正犯的帮助犯，只不过正犯是构成要件符合性与违法性意义上的正犯，而不要求是有责意义上的正犯。

【示例】 乙误以为一位妻子甲想杀死其丈夫，便将毒药交给甲。甲虽然给丈夫喂了毒药

---

[1] 【答案】AB

并且造成了丈夫死亡的结果，但她在行为时却误以为自己喂的是一种治病的药物（"毒药案"）。由于甲客观上实施了符合构成要件的违法行为，故乙依然成立故意杀人罪的帮助犯。

三、主犯及其刑事责任★★

主犯是指组织、领导犯罪集团进行犯罪活动的或者在共同犯罪中起主要作用的犯罪分子。主犯分为三种：

1. 在犯罪集团中起组织、策划、指挥作用的犯罪分子，也就是犯罪集团中的首要分子。
2. 聚众犯罪中起组织、策划、指挥作用的犯罪分子，也就是一般聚众犯罪的首要分子。
3. 其他在犯罪集团或一般共同犯罪中起主要作用的犯罪分子，既可以是实行犯，也可以是组织犯、教唆犯。

关于主犯，有两个常考的考点。

（1）首要分子和主犯的关系。

二者是交叉关系而非包容关系。即首要分子并不都是主犯，主犯当然更不都是首要分子。首要分子不是主犯的情况主要出现在某些聚众犯罪中，如果刑法规定只处罚首要分子，而首要分子只有一个时（例如《刑法》第291条的规定），由于只有一个罪犯，就无法区分主犯、从犯了，此时首要分子就不是主犯。

（2）首要分子的刑事责任。

对组织、领导犯罪集团的首要分子，按照集团所犯的全部罪行处罚。这句话的意思是：只要是根据集团的安排所犯之罪，无论首要分子是否知道，首要分子都要承担刑事责任。

对于其他主犯，则按照其所参与的或者组织、指挥的全部犯罪处罚。对于其不知道的，就不处罚。

【示例】甲成立了一个"雄鹰会"，自任"大雄鹰"，又分封了六个"小雄鹰"。甲在研究了报纸上刊登的黑社会性质组织的发迹史后（都是这些犯罪集团被打击后刊登出来的），认定必须有钱才能壮大"雄鹰会"。于是，他命令各"小雄鹰"想尽一切办法为"雄鹰会"聚敛钱财。在其指示下，各头目共带领小喽啰进行了10次抢劫，31次盗窃。这些抢劫和盗窃中，甲指挥了3次抢劫、7次盗窃。其余的抢劫和盗窃，甲都不知道。请问甲应当为哪些抢劫和盗窃行为负责？

【分析】对组织、领导犯罪集团的首要分子，按照集团所犯的全部罪行处罚。因此，尽管有很多次盗窃和抢劫是甲不知道的，甲仍需为这些犯罪承担刑事责任。

> 集团所犯的全部罪行和集团成员所犯的全部罪行是不同的。对于集团成员超出集团安排所犯之罪，首要分子是不承担刑事责任的。

四、从犯及其刑事责任

从犯是指在共同犯罪中起次要或者辅助作用的人。从犯是相对于主犯而言的。在共同犯罪中，只有主犯没有从犯的现象是存在的，例如，三人共同动手打死他人，三人都是主犯。但没有主犯，只有从犯的现象则不可能存在。

从犯不一定都是帮助犯，实行犯如果只在犯罪中起了较小的作用，也可能是从犯。

《刑法》第27条第2款规定："对于从犯，应当从轻、减轻处罚或者免除处罚。"请注意：是"应当"而不是"可以"。

五、胁从犯及其刑事责任

胁从犯是指被胁迫参加犯罪的人，即在他人暴力威胁等精神强制下，被迫参加犯罪的人。胁从犯应当是虽然被胁迫，但仍然具有一定意志自由的人。如果一个人被胁迫到完全丧失意志自由，则不构成犯罪。

> 胁从犯不包括被诱骗参加犯罪的人，因为这些人缺乏犯罪故意，不构成犯罪。

《刑法》第 28 条规定："对于被胁迫参加犯罪的，应当按照他的犯罪情节减轻处罚或者免除处罚。"首先，是按照他的犯罪情节进行处罚，不是按照主犯的犯罪情节进行处罚。其次，是"应当""减轻或免除"处罚，从轻处罚是错误的。

六、教唆犯及其刑事责任 ★★★★★

（一）教唆犯的成立条件

1. 教唆的对象必须是对被教唆的犯罪具有实际规范意识的人。

2. 客观上具有教唆他人犯罪的行为。

（1）教唆可以采取威胁、强迫的方式，但如果这种威胁、强迫达到了使被教唆人丧失意志自由的程度，则成立间接正犯。

（2）教唆行为必须是教唆他人实施较为特定的犯罪行为。

3. 主观上具有教唆他人实施特定犯罪的故意。

（1）如果被教唆者未产生犯罪故意，但实施了犯罪行为，教唆者仍然成立教唆犯。

【示例】丙生病了。甲告诉乙："你把这个毒药给丙吃下去。"乙听成"你把这个土药给丙吃下去"。他以为这是甲给丙专门找来的特效药，就很开心地把"土药"给丙吃了。丙服下"土药"后死亡。此时应如何认定甲、乙的行为？

【分析】首先，乙的行为不构成犯罪，他没有犯罪故意。甲实际上是利用乙来实施犯罪的，但不能认定甲成立间接正犯。因为，甲对乙说得很清楚："你把这个毒药给丙吃下去"，他没有欺骗乙，所以他没有间接正犯的故意，只有教唆犯的故意。根据主客观相一致原则，甲只能成立教唆犯。

> "土药案"是一个非常经典的体现教唆犯与间接正犯的区别和主客观相一致原则的案例。请考生掌握其原理，而不仅仅是结论。

（2）如果被教唆者已有犯意，教唆者加固或者加重其犯意的，是否成立教唆犯不能一概而论，要具体问题具体分析。

由于教唆行为的特点是使他人产生实施符合构成要件的违法行为的意思，故在被教唆者已经产生了该意思的情况下，不可能再成立教唆犯，只能成立帮助犯。但是，在乙有犯 A 罪的决意时，甲教唆乙实施 B 罪的，甲仍然成立 B 罪的教唆犯。同样，在乙打算将来实行犯罪，而甲唆使乙现在实行犯罪的，也成立教唆犯。在他人具有附条件故意的场合，原本并不具备条件，但行为人创造条件或者谎称具备条件，使他人故意实现构成要件的，也宜认定为教唆犯。

【示例 1】乙已有盗窃犯意，甲唆使其抢劫的，成立抢劫罪的教唆犯吗？成立。甲教唆乙实施乙原本没有打算实施的犯罪。

【示例 2】乙仅有普通抢劫的意思，甲唆使其入户抢劫的，甲成立抢劫罪的教唆犯吗？

不成立。乙已经具有了抢劫的意思，同一犯罪的不同情节不是新的犯罪。甲成立帮助犯。

【示例3】乙已有盗窃犯意，只想盗窃数千元，而甲唆使其盗窃数万元的，甲成立教唆犯吗？不成立。原因同【示例2】。

【示例4】丙欠甲的债，甲对乙说"你去问丙是否还债，如果不还债，我就关押他的妻子"。乙明知丙会立即还债，但仍然对甲说"丙不还债"，于是，甲关押了丙的妻子。此时，乙的行为就成立教唆犯。因为，如果乙告诉甲实话，甲本来是不打算犯罪的。

> 那么，何时成立教唆犯，何时成立帮助犯呢？简单来讲，如果乙原本不打算犯 A 罪或者不打算现在犯 A 罪，甲教唆他，使他产生了犯 A 罪的故意或者提前犯 A 罪的故意，甲成立教唆犯。如果乙已有犯 A 罪的故意，甲教唆他，使他的 A 罪情节更为严重的，甲成立帮助犯。乙是否本来打算犯 B 罪，不影响教唆犯的认定。

（二）教唆犯与间接正犯的区别

如果被教唆者没有规范意识，那么教唆者就不能成立教唆犯，而只能成立间接正犯。或者被教唆者是被欺骗的，教唆者也成立间接正犯。

（三）什么是共犯从属性说？如何据此理解《刑法》第29条？

共犯从属性说中的共犯是指**狭义的共犯**，即教唆犯和帮助犯。这两种人并没有实施犯罪的实行行为，为什么要处罚他们呢？如果认为处罚他们的理由在于他们的教唆、帮助行为本身，认为共犯成立犯罪不一定要求正犯者（实行犯）着手实行犯罪，这就是共犯独立性说。如果认为处罚他们是因为他们促使实行犯实施了实行行为，引起了法益侵害的具体危险，所以处罚他们的前提至少是正犯已经着手实行犯罪行为。在被教唆者、被帮助者没有着手实行犯罪的情况下，不能处罚教唆者和帮助犯。这就是共犯从属性说。

强调：共犯只是从属于正犯的符合构成要件的违法行为，而不从属于正犯的故意（参见前述"土药案"）。违法是连带的，责任是个别的。

从保持刑法谦抑性和客观主义的角度来看，共犯从属性说更为合理。

（四）教唆犯、帮助犯与间接正犯的关系

三者之间不是对立关系，而是包容关系——超级理论难点和高频考点。

客观上引起他人实施了符合构成要件的违法行为，既可能成立教唆犯，也可能成立间接正犯。

（1）引起者有间接正犯的故意，成立间接正犯。如，甲欺骗成年人乙故意杀人或者教唆 13 岁的孩子故意杀人。

（2）引起者仅具有教唆犯的故意，成立教唆犯。如，甲教唆乙故意杀人。

强调：就身份犯而言，即使引起者有间接正犯的故意，如果其没有特殊身份，仍然只认定为教唆犯。例如：甲工人欺骗乙警察实施刑讯逼供行为。甲只能成立教唆犯。

（五）未遂的教唆与教唆未遂

未遂的教唆，是指教唆者故意教唆他人实施不能既遂的犯罪行为。例如，故意教唆他人用空枪杀人（被教唆者不知道自己所持的是空枪）。由于这种行为**不能产生现实的危险**，所以**不构成犯罪**。

教唆未遂则包括了很多种情况：（1）被教唆者根本没有接受教唆；（2）被教唆者虽然接受了教唆，但没有去实施犯罪；（3）被教唆者在实施被教唆的犯罪时未能既遂；（4）被教唆者实施的犯罪与被教唆的犯罪完全不同。

根据共犯从属性说，在教唆未遂中，只有上述第三种情形才可以追究教唆者的刑事责任。

教唆未遂时，教唆的犯罪行为本身是有实现的可能性的。

（六）从犯的教唆

《刑法》第29条第1款规定："教唆他人犯罪的，应当按照他在共同犯罪中所起的作用处罚。"由于法条没有使用"按照主犯处罚"，很多人就觉得不理解——教唆犯还可能是从犯吗？一般而言，教唆犯都是主犯，但在某些特殊情况下，教唆犯确实可能只是从犯。例如，在"从犯的教唆"中就是如此。所谓从犯的教唆，是指教唆从犯帮助他人完成犯罪的行为。在个别极特殊情况下，教唆犯还有可能是胁从犯。例如，甲被乙以揭发隐私相威胁，对丙进行了教唆。此时，甲就是胁从犯。

【示例】甲为了诈骗丙，需要乙帮她给受害人打一个电话，乙本来不情愿，但禁不住甲的朋友丁的反复教唆，最后帮甲打了这个电话使得甲诈骗成功。丁这种教唆犯就是从犯。

（七）教唆犯的定罪

《刑法》第29条第1款规定："教唆他人犯罪的，应当按照他在共同犯罪中所起的作用处罚。"因此教唆犯没有独立的罪名，他教唆别人犯什么罪，对他就定什么罪。如果被教唆者接受教唆并实施被教唆的罪，他们就构成共同犯罪。如果被教唆者根本没有接受教唆，按照现在的观点，教唆者也不成立犯罪（共犯从属性说）。如果被教唆的人将被教唆的罪理解错了，实施了其他犯罪，或者在犯罪时超出了被教唆之罪的范围，教唆犯只对自己所教唆的犯罪承担刑事责任。

（八）教唆犯的处罚

教唆犯的处罚，要掌握3点：

1. 教唆他人犯罪的，应当按照他在共同犯罪中所起的作用处罚。根据所起作用不同，可以按主犯处罚，也可以按从犯、胁从犯处罚，不是必须按主犯处罚。

2. 教唆不满18周岁的人犯罪的，应当从重处罚。本项属于法定从重处罚情节，要记住。

3. 如果被教唆的人没有犯被教唆的罪，对于教唆犯，可以从轻或减轻处罚。**按照目前的观点，"被教唆者的人没有犯被教唆的罪"不包括被教唆的人根本没有接受教唆和虽然接受了教唆，但根本没有去犯罪的情形。在这两种情形下，教唆犯不负刑事责任。**

> 说明：这是现在考试的观点。实际上，我国《刑法》第29条支持的是共犯独立性说。所以，如果题目专门强调："按照《刑法》第29条的规定"，那么在被教唆者根本没有接受教唆时，教唆者还是有可能构成犯罪的。

【经典真题】

《刑法》第29条第1款规定："教唆他人犯罪的，应当按照他在共同犯罪中所起的作用处罚。教唆不满18周岁的人犯罪的，应当从重处罚。"对于本规定的理解，下列哪一选项是错误的？[1]（2013-2-9）

A. 无论是被教唆人接受教唆实施了犯罪，还是二人以上共同故意教唆他人犯罪，都能适用该款前段的规定

B. 该款规定意味着教唆犯也可能是从犯

C. 唆使不满14周岁的人犯罪因而属于间接正犯的情形时，也应适用该款后段的规定

---

〔1〕【答案】D

D. 该款中的"犯罪"并无限定，既包括一般犯罪，也包括特殊身份的犯罪，既包括故意犯罪，也包括过失犯罪

【考点】教唆犯的刑事责任

【解题思路与常见错误分析】选项 A：本选项的意思是：如果被教唆人接受教唆实施了犯罪，那么教唆者和被教唆者成立共同犯罪；如果二人以上共同故意教唆他人犯罪，那么教唆者之间也成立共同犯罪。无论是教唆者和被教唆者之间，还是教唆者之间，只要存在共同犯罪，都可以"按照他在共同犯罪中所起的作用处罚"。这个观点显然是正确的。因此，选项 A 正确。

选项 B：法条仅规定"按照他在共同犯罪中所起的作用处罚"。由于在共同犯罪中所起的作用既可以是主要作用，也可以是次要作用。所以，即使是教唆犯，如果仅起了次要作用的，也可以按照从犯处罚。所以，选项 B 也是正确的。

选项 C：不满 18 周岁的人包括没有达到法定年龄的人。如教唆 13 岁的人犯罪的，应当从重处罚。即使肯定这种行为成立间接正犯，但由于间接正犯和教唆犯并不是对立关系，相反应当认为这种情形的间接正犯也完全符合教唆犯的成立条件，故应当对其适用该款后段的规定。故选项 C 是正确的。

选项 D：教唆犯是共同犯罪。根据我国刑法规定，共同犯罪只能是故意犯罪。所以，选项 D 是错误的，该款中的"犯罪"不能包括过失犯罪。试想：如果接受别人的教唆去犯罪，那犯的罪还能是过失犯罪吗？

【同类考点总结】本题的四个选项讨论了教唆犯的四个重要问题，选项 C 首次考查了间接正犯与教唆犯不是对立关系这个知识点。部分教唆行为可以成立间接正犯。

很多考生认为间接正犯不能适用于本款，因为它不是教唆犯。但是，教唆 13 周岁的人犯罪的，是否应当从重处罚？当然应当从重处罚！教唆者此时构成间接正犯并不是因为他没有教唆行为，而是因为法律规定 13 周岁的孩子不能为犯罪负责。所以，教唆者在客观上仍然实施了"教唆不满 18 周岁的人犯罪"的行为。所以，选项 C 是正确的，是对法条真实含义的实质理解。

第五节 共同犯罪的特殊问题

【导学】本节专门讨论共同犯罪的特殊问题。这几个问题是共同犯罪认定中的疑难问题。在考试中经常会碰到。共犯的认识错误和共犯的脱离较难掌握。考生还是要先掌握原理，再掌握结论。

一、共犯与身份★★★

身份犯（定罪身份）仅要求实行犯具有特殊身份，教唆者、帮助者不要求具备特殊身份。故农民可以和具有国家工作人员身份的儿子一起构成贪污罪。

关于这个问题，大家还要掌握《最高人民法院关于审理贪污、职务侵占案件如何认定共同犯罪几个问题的解释（法释〔2000〕15 号）》第 3 条的规定。根据该规定，公司、企业或者其他单位中，不具有国家工作人员身份的人与国家工作人员勾结，分别利用各自的

职务便利，共同将本单位财物非法占为己有的，按照主犯的犯罪性质定罪。

【经典真题】

甲为非国家工作人员，是某国有公司控股的股份有限公司主管财务的副总经理；乙为国家工作人员，是该公司财务部主管。甲与乙勾结，分别利用各自的职务便利，共同侵吞了本单位的财物100万元。对甲、乙两人应当如何定性？[1]（2005－2－18）

A. 甲定职务侵占罪，乙定贪污罪，两人不是共同犯罪

B. 甲定职务侵占罪，乙定贪污罪，但两人是共同犯罪

C. 甲定职务侵占罪，乙是共犯，也定职务侵占罪

D. 乙定贪污罪，甲是共犯，也定贪污罪

【考点】 特殊身份的共同犯罪

【解题思路与常见错误分析】本案中，甲乙分别利用了各自的职务便利共同实施犯罪。因为甲是副总经理，具有最后的决定权，因此甲在犯罪中起的作用更大一些，是主犯。根据前述司法解释，对二人的共同犯罪应当按照甲的犯罪性质定罪。所以，选项C正确。

【同类考点总结】在题目无特别说明时，以职务高者为主犯。

二、共犯与认识错误★★★★★

共犯行为包括实行行为、教唆行为和帮助行为。从严重性来讲，实行行为的严重性大于教唆行为，教唆行为的严重性大于帮助行为。如果行为人对自己行为的性质出现认识错误，则在轻行为的范围里重合。

【示例1】甲以为乙已满14周岁，教唆乙犯罪，但乙只有12周岁。主观上，甲是教唆犯的故意，但客观上甲是教唆犯。认定甲为教唆犯。

【示例2】甲以为乙只有13周岁，支配乙犯罪，但乙已满14周岁。主观上，甲是间接正犯的故意，但客观上甲是教唆犯。认定甲为教唆犯。

【示例3】甲教唆乙犯罪，但乙早已产生犯意。主观上，甲是教唆犯的犯意，但客观上甲是帮助犯。认定甲为帮助犯。

【示例4】甲以为乙想杀乙的弟弟，就主动在乙给弟弟买的药中混入毒药。乙的弟弟因此死亡。主观上，甲是帮助犯的犯意，但客观上甲是教唆犯。认定甲为帮助犯。

---

〔1〕【答案】C

三、共犯与犯罪形态 ★★★★★

(一) 共同犯罪的犯罪形态

表 17　共同犯罪的犯罪形态

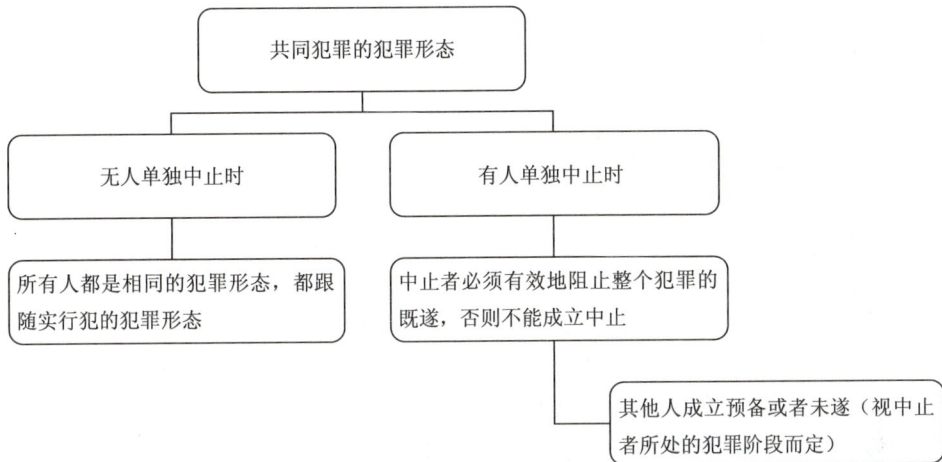

```
                共同犯罪的犯罪形态
        ┌───────────────┴───────────────┐
   无人单独中止时                    有人单独中止时
        │                               │
  所有人都是相同的犯罪形态，都跟    中止者必须有效地阻止整个犯罪的
  随实行犯的犯罪形态                既遂，否则不能成立中止
                                        │
                               其他人成立预备或者未遂（视中止
                               者所处的犯罪阶段而定）
```

说明：在共同犯罪中，不可能同时存在犯罪预备与犯罪未遂。

【示例】甲教唆乙杀丙，并为乙购买了匕首。乙在听了一场考试讲座后，认识到自己前程远大，没必要为丙搭上自己的性命。于是，他将匕首扔掉。由于整个犯罪尚处于预备阶段，乙成立预备阶段的犯罪中止，甲成立犯罪预备。

(二) 共犯关系的脱离

1. 主动脱离。

共犯关系的主动脱离是指有些共犯已经进行了部分共同犯罪行为，但后来又主动消除了其行为对共同犯罪的促进作用，因而从共同犯罪中脱离出来的情形。主动成功脱离者，成立犯罪中止。

要脱离共同犯罪，必须同时消除自己已经实施的共犯行为对犯罪结果的物理的因果性与心理的因果性。

(1) **帮助犯的脱离**：如果脱离者是帮助犯，如帮助购买工具、望风等，则只要收回自己的工具、明确告知其他人自己不再参与帮助实行、不再望风等即可脱离。如果是主动脱离，则成立共同犯罪中止。其他人或者是单独继续犯罪，或者是和剩余的人**重新成立共犯关系**继续进行犯罪。

(2) **主谋者、正犯的脱离**：如果脱离者是主谋者、正犯，则仅仅告知其他人自己不参与了还不够，还必须设法阻止其他人继续进行犯罪。

(3) **教唆犯的脱离**：教唆犯要成立脱离，必须真正打消被教唆者的犯意。

(4) **犯罪预备阶段的脱离**：在本阶段，明确告知其余人，自己不再参加犯罪并消除自己此前行为对犯罪实行的因果性即可成立脱离。

(5) **犯罪实行阶段的脱离**：只有消除自己的实行行为对犯罪结果的影响的，才能成立脱离。否则，脱离者仍然要为其前面的实行行为造成的后果负责。

【示例】甲、乙共同杀丙。二人各刺数刀，致丙倒地昏迷时，甲忽然很后悔，不肯再杀。他还奋力阻止乙杀人。但是，乙心意已决。乙一脚踢昏甲，然后对着丙又补了几刀，丙死亡。如果查明丙受的致命伤是在甲昏迷之前的，能认定甲脱离共犯吗？

【分析】不能。因为如果丙受的致命伤是在甲昏迷之前的，那么甲并没有消除自己的行为与结果的因果性。

2. 被动脱离。

脱离共犯还存在被动脱离情形。即非出于自己本意的从共犯关系中脱离出来。被动脱离者，成立犯罪预备或者未遂。

【示例】乙欲盗汽车，向甲借得盗车钥匙。乙盗车时发现该钥匙不管用，遂用其他工具盗得汽车。乙属于盗窃罪既遂，甲属于盗窃罪未遂吗？（2013－2－54题节选）

【分析】甲属于被动地脱离共犯。甲给乙盗窃提供的帮助是盗车钥匙。当盗车钥匙不管用时，甲乙的共同犯罪就终止在未遂形态了。乙后来用其他方法盗窃成功，这已经属于乙的单独犯罪了。因此在本例中，甲构成盗窃罪未遂。本例和甲给乙提供了失主家的"地形图"，但由于失主家"地形"并不复杂，乙没有使用"地形图"的案例是不同的。在后面这个案例中，"地形图"虽然没有发挥实际的作用，但仍然给乙提供了心理上的支持。所以甲、乙仍然属于共同犯罪既遂。

脱离共犯的意义：脱离共犯的，不再为脱离后的犯罪结果负责。

导学　　这部分内容没有法条支持，但在法考中极为重要。考试中不仅有专门考查罪数理论的题目，而且考查刑法分则的题目几乎都要用到罪数理论。掌握本部分的关键是学会判断犯罪行为的个数及各个行为之间的关系。考生要根据"罪数认定流程图"提供的流程进行判断，这样在做题时才不会陷入混乱中。

考点解读

一、区分罪数的标准 ★★

我国刑法理论以犯罪构成标准说作为区分一罪与数罪的标准。据此，确定或区分罪数之单复的标准，应是犯罪构成的个数，即行为人的犯罪事实具备一个犯罪构成的为一罪，行为人的犯罪事实具备数个犯罪构成的为数罪。在判断现实中发生的犯罪事实是否完全符合某罪的犯罪构成要件时，要坚持主客观相一致的原则，不能只看行为人的数行为之间有无联系，还要分析他的主观心理状态。

【示例】甲绑架了男孩乙（4岁），欲向其家人敲诈10万元钱。由于其家人迟迟不交钱，甲怕夜长梦多，就在两天后将乙卖给人贩子，得款5000元。以下说法正确的是：[1]

A. 甲仅构成绑架罪一罪

B. 甲仅构成敲诈勒索罪一罪

C. 甲构成绑架罪和拐卖儿童罪两罪，应数罪并罚

D. 甲构成绑架罪和拐卖儿童罪两罪，但应择一重罪处罚

【分析】甲虽然是为了敲诈乙的家人而绑架乙的，但他绑架了乙，这就符合了绑架罪的犯罪构成，不能定敲诈勒索罪。甲将乙卖掉和绑架乙之间并无牵连或吸收关系，甲属于"另起犯意"。这是两个独立的行为，因此应按两个罪定罪并数罪并罚。

区分一罪与数罪时，虽然原则上应以犯罪构成为标准，但同时也要考虑刑法的特殊规定，参照合理的司法实践经验。具体地说，在以犯罪构成标准说为基础的同时，还要综合考虑以下几点：

1. 是否只对一个法益造成侵害？如果得出肯定结论，原则上就以一罪论处。

---

[1]【答案】C

【示例】盗窃他人财物后又毁坏所盗财物的，或者侵占他人财物后使用诈骗方法使他人免除其返还义务的，由于实质上只侵犯了一个法益，故以一罪论处。假如得出否定结论，则可能成立数罪（还要联系其他情况考虑）。

2. 行为是否具有持续性或连续性？如果得出肯定结论，原则上应以一罪论处；如果得出否定结论，就可能成立数罪。

【示例】甲将王某非法拘禁长达3个月。由于该行为具有持续性，甲仅构成非法拘禁罪一罪。

3. 对几次相同的犯罪行为能否进行一次评价？如果得出肯定结论，原则上就以一罪论处，如对于几次走私相同物品的犯罪、几次实施的相同财产犯罪等，可以进行一次评价，即累计犯罪数额作为一罪论处。倘若得出否定结论，则不能以一罪论处。

【示例】一次盗窃犯罪与一次诈骗犯罪，不能累计其犯罪数额作一罪处理。

4. 对一个犯罪行为的法律评价能否包含对另一犯罪行为的法律评价？如果得出肯定结论，原则上就以一罪论处。例如，对破坏交通设施罪的法律评价，能够包含对其中的故意毁坏财物（交通设施）的法律评价，仅认定为一罪即可。如若得出否定结论，则不能以一罪论处。

【示例1】为了杀人而盗窃枪支，并利用所盗窃枪支杀人的，不能认定为一罪。因为对故意杀人罪的法律评价，不可能包含对盗窃枪支罪的法律评价；反之亦然。

【示例2】故意造成被保险人死亡、伤残，然后骗取保险金的行为，仅评价为故意杀人罪或者故意伤害罪，就不能包含对保险诈骗行为的法律评价；反之，仅评价为保险诈骗，就不能包含对杀人、伤害行为的评价，故应认定为数罪。

5. 相关法条所规定的法定刑升格的条件是否包括了数行为？如果包括，则不能认定为数罪，而应适用升格的法定刑以一罪论处；如果不包括，则可能成立数罪。

【示例】盗掘古文化遗址、古墓葬，并盗窃珍贵文物的，是盗掘古文化遗址、古墓葬罪的法定刑升格条件之一，故对上述行为不得认定为数罪。反之，在非法采矿时发现珍贵文物而盗窃的，则应认定为数罪。

二、法条之间的关系 ★★★

法条之间的关系可以表现为对立关系、中立关系、包容关系和交叉关系。对立关系，表现为属于A概念的事项，不可能也属于B概念，反之亦然，因此一个行为只能触犯其中一个法条，不可能同时触犯两个法条。例如，规定盗窃罪的第264条与规定诈骗罪的第266条是一种对立关系，针对一个行为对象或者一个法益侵害结果而言，某个行为不可能既触犯《刑法》第264条又触犯第266条。

从法条的文字表述及其内容来看，二者之间不存在对立关系，交叉关系与包容关系，但是一个行为可能同时触犯两个法条时，这两个法条便是中立关系。例如，故意杀人罪与故意毁坏财物罪，二者既不是对立的，也不是交叉与包容的，但是故意杀人行为完全可能同时触犯故意毁坏财物罪。此时，这两罪之间是中立关系，成立想象竞合。

包容关系表现为属于A概念的所有事项都属于B概念，但反过来则不成立。例如，所有的故意杀人罪都触犯故意伤害罪，但不能说故意伤害罪同时触犯故意杀人罪。所以故意杀人罪包含了故意伤害罪，二者存在法条竞合。只有当两个法条处于包容关系时才能成立法条竞合。

交叉关系表现为属于 A 概念的事项中有一部分属于 B 概念，属于 B 概念的事项中有一部分同时属于 A 概念。例如《刑法》第 260 条第 1 款规定："虐待家庭成员，情节恶劣的，处二年以下有期徒刑，拘役或者管制。"刑法第 260 条之一第 1 款规定："对未成年人、老年人、患病的人、残疾人等负有监护、看护职责的人虐待被监护、看护的人，情节恶劣的，处三年以下有期徒刑或者拘役"。显然，当行为人虐待的对象既是家庭成员，又是自己负有监护职责的未成年人、老年人、患病的人或者残疾人时，就形成了交叉关系。一行为触犯具有交叉关系的两个犯罪成立想象竞合。

【经典真题】

关于法条关系，下列哪一选项是正确的（不考虑数额）？[1]（2016－2－11）

A. 即使认为盗窃与诈骗是对立关系，一行为针对同一具体对象（同一具体结果）也完全可能同时触犯盗窃罪与诈骗罪

B. 即使认为故意杀人与故意伤害是对立关系，故意杀人罪与故意伤害罪也存在法条竞合关系

C. 如认为法条竞合仅限于侵害一犯罪客体的情形，冒充警察骗取数额巨大的财物时，就会形成招摇撞骗罪与诈骗罪的法条竞合

D. 即便认为贪污罪和挪用公款罪是对立关系，若行为人使用公款赌博，在不能查明其是否具有归还公款的意思时，也能认定构成挪用公款罪

【解题思路与常见错误分析】 选项 A：从上述概念可知，盗窃与诈骗是对立关系，一行为针对同一具体对象（同一具体结果）不可能同时触犯盗窃罪与诈骗罪。选项 A 错误。

选项 B：如果认为故意杀人与故意伤害是对立关系，那么故意杀人罪与故意伤害罪之间就不可能存在法条竞合关系。选项 B 错误。

选项 C：招摇撞骗罪侵犯的法益（犯罪客体）是国家机关的公共信用，它并不以侵犯财产为构成要件。诈骗罪侵犯的法益则是财产。所以，即使认为法条竞合仅限于侵害一犯罪客体的情形，冒充警察骗取数额巨大的财物时，也不会形成招摇撞骗罪与诈骗罪的法条竞合，因为二者的法益并不相同。二者属于交叉关系，成立想象竞合。选项 C 错误。

选项 D：即使认为挪用公款罪和贪污罪是对立关系，二罪无任何包容关系，若行为人使用公款赌博，在不能查明其是否具有归还公款的意思时，当然不能认定其构成以非法占有为目的的贪污罪，只能认定其构成挪用公款罪。选项 D 正确。

【同类考点总结】 很多考生认为只要是两个独立的犯罪，它们之间就是对立关系。一个行为触犯这个犯罪就不可能同时触犯那个犯罪。这种想法是错误的。除了真正地处于对立关系的两个犯罪以外，具有中立关系的、交叉关系的、包容关系的两个罪都可以由一行为同时触犯。

三、法条竞合 ★★★★★

说明：有些学者认为法条竞合不属于罪数的形态问题，只是法律的适用问题。但是，该知识点和想象竞合犯密切相关。为了帮助考生更好地理解二者的差异，我在此处讲述法条竞合。

---

[1] **【答案】** D

1. 法条竞合的概念与特征。

法条竞合是指一个行为**同时符合数个法律条文所规定的犯罪构成，而由于数个法律条文**之间存在着一种内在的包容或交叉关系，只能适用其中一个法律条文，其他法律条文不能再适用的情况。其典型如破坏军婚罪与重婚罪，生产、销售有毒、有害食品罪与生产、销售伪劣产品罪。

在法条竞合时，行为人只实施了一个行为，只能作为一罪处理。但造成一行为符合数个犯罪构成的原因不是该行为具有多重属性或造成多种结果，而是因为法律规定的错综复杂，例如相互包容、交叉。

2. 法条竞合与想象竞合的区别。

判断数罪构成法条竞合还是想象竞合，主要看：（1）数罪名之间是否具有包容、交叉关系；（2）数罪名所触犯的数法条中，能否有一个法条完整地评价该犯罪行为。如能，则是法条竞合，这个能完整评价的法条就是应当适用的法条。

法条竞合时，不管现实案情如何，两个条文都具有竞合关系。或者说，是否具有法条竞合关系，并不取决于案件事实，而是取决于法条之间是否存在包容与交叉关系。想象竞合则取决于案件事实，亦即，现实行为触犯了两个不同的法条，不同法条之间不一定具有包容与交叉关系。例如，无论怎样进行诈骗，票据诈骗都是诈骗的一种特殊方式，触犯票据诈骗罪的行为一定同时触犯诈骗罪。但是破坏电力设备就不一定同时盗窃电力设备，触犯破坏电力设备罪的行为就不一定同时触犯盗窃罪。前者即为法条竞合，后者即为想象竞合。

【示例】 盗窃正在使用的公用电信设备，数额较大，造成通讯中断。这个行为分别触犯盗窃罪和破坏公用电信设施罪。这两个罪之间没有包容、交叉关系，也不能用一个罪名完整地评价该行为。如果评价为盗窃罪，则破坏电信设施的一面被遗漏，如果评价为破坏公用电信设施罪，则盗窃的一面被遗漏。这两罪之间就是想象竞合的关系。盗窃枪支则不同。盗窃罪和盗窃枪支罪之间具有包容关系，盗窃枪支是一种特殊的盗窃行为。盗窃枪支罪这个罪名本身就可以完整评价盗窃枪支这种行为。这就是法条竞合。

> 在想象竞合时，可以在数个罪名中选择使用——择一重罪，在法条竞合时，则不能选择罪名，只能使用符合法律规定的罪名。例如与军人的妻子重婚的，只能定破坏军婚罪，不能定重婚罪。盗窃枪支的，只能定盗窃枪支罪，不能定盗窃罪。

3. 法条竞合的处理。

通常适用特别法优于普通法的原则，但不绝对。

（1）通常情况下适用特殊条文。例如甲与军人的妻子重婚的，按照破坏军婚罪而不是重婚罪定罪处罚。

（2）个别情况下适用重条文——超高频考点。

①刑法分则明确规定适用重条文的：《刑法》第149条第2款。

②法律没有明确规定适用重条文，但也没作限制性规定，而且适用特殊条文不能做到罪刑相适应的，适用重条文。

（3）有些法律条文明文规定不允许适用普通条文："本法另有规定的，依照规定"。在其他犯罪中有这些行为的，只要能够评价到其他犯罪当中，一律按其他犯罪处理。

这些犯罪主要包括：故意伤害罪、过失致人重伤罪、过失致人死亡罪、诈骗罪、滥用职权罪、玩忽职守罪等。例如：妨害公务致人轻伤的，按照妨害公务罪定罪处罚；非法拘禁中未使用暴力而致人伤残、死亡的，按照非法拘禁罪定罪处罚；刑讯逼供致人轻伤的，按照刑讯逼供罪定罪处罚。各种特殊的诈骗行为按照特殊的诈骗犯罪定罪处罚等等。

（4）反之，如果法律明文规定要按照这些犯罪处理的，也只能按照这些犯罪处理。 例如，妨害公务致人重伤的只能认定为故意伤害罪；非法拘禁中使用暴力致人伤残、死亡的只能认定为故意伤害罪、故意杀人罪；刑讯逼供致人重伤的只能认定为故意伤害罪。

判断是否包含轻伤、重伤、伤害致死，要根据法定刑来判断。如果不能包含，则成立该罪与故意伤害（致人重伤或者致人死亡）的想象竞合犯，择一重罪处罚。

（5）冒充国家机关工作人员招摇撞骗，骗取数额较大（及以上）财物的，成立招摇撞骗罪与诈骗罪的想象竞合犯，择一重罪处罚。

【示例】保险诈骗罪的法定最高刑为 15 年，合同诈骗罪和诈骗罪的法定最高刑均为无期徒刑。犯保险诈骗罪，数额特别巨大的，能否适用合同诈骗罪（保险诈骗都要签订保险合同）或者诈骗罪来定罪处罚？

【分析】诈骗罪明确规定："本法另有规定的，依照规定。"因此，不能用诈骗罪来定罪处罚。但合同诈骗罪则无此规定。因此，为了做到罪刑相适应，对于数额特别巨大的保险诈骗，可以适用合同诈骗罪来定罪处罚。

法条竞合犯的适用原则一直是这两年的考试重点。法条竞合不是一律适用特别法优先原则。法条竞合和想象竞合的区分及不同的处理原则也是考试重点。

四、实质的一罪★★★★★

实质的一罪，是指形式上具有数罪的某些特征，但实质上仅构成一罪的犯罪形态。它包括继续犯、想象竞合犯和结果加重犯。

> 实质的一罪最根本的特征在于行为人只实施了一个行为，所以虽然看起来像数罪，但仍作为一罪评价。

（一）继续犯

1. 继续犯的概念及特征。

继续犯，亦称持续犯，是指在犯罪着手实行之后至犯罪行为终了之前的一定时间内，该犯罪行为及其所引起的不法状态同时处于持续状态的犯罪形态。我国刑法所规定的非法拘禁罪、窝藏罪、遗弃罪、重婚罪等都是典型的继续犯。继续犯的特征：（1）行为持续一定时间。（2）犯罪行为及其所引起的不法状态同时处于持续状态。连续犯的各罪之间是中断的。例如甲在 3 天中连续入室盗窃 8 次，就是连续犯。（3）行为侵犯的是同一法益。

2. 继续犯的处理原则。

继续犯只有一个行为，本质上是一罪，因此应以一罪论处，不实行数罪并罚。

3. 继续犯的追诉时效及共犯的认定。

（1）对继续犯的追诉时效应从犯罪行为结束之日起计算，否则就会放纵犯罪。

【示例】甲非法拘禁乙长达 18 年后，乙才被人解救。对甲的追诉时效就应当从乙被解救之日起算。

（2）在继续犯的犯罪行为持续期间，所有明知犯罪而加入进来的人都能构成该罪的共犯。

【示例】甲非法拘禁乙 3 天后，甲的朋友丙应甲的要求共同对乙进行非法拘禁。丙还将乙绑在椅子上。甲、丙成立非法拘禁罪的共同犯罪。因为在丙加入进来时，犯罪并未结束。

（二）想象竞合犯

1. 想象竞合犯的概念及特征。

想象竞合犯，亦称想象数罪，是指行为人实施一个危害行为，而触犯两个以上罪名的犯罪形态。说想象竞合犯是实质的一罪，是因为它只有一个行为，这是它的本质特征，也是它与牵连犯的根本区别所在。其基本特征是：（1）行为人只实施了一个危害社会的行为；（2）行为人所实施的一个危害社会的行为同时侵犯了数个不同的法益；（3）行为同时触犯了数个罪名。一个行为触犯数个罪名，往往是因为该行为具有多重属性或者造成多种结果。

【示例1】盗窃正在使用的电力系统的电动机，既破坏了所有人的合法财产所有权，又破坏了电力设备，构成想象竞合犯。

【示例2】甲是中介机构的工作人员。他明知道乙要进行贪污犯罪，仍然应乙的要求为乙提供了虚假的资产评估报告，使乙贪污成功。甲既构成提供虚假证明文件罪，又构成贪污罪（共犯）。由于只有一个行为，构成想象竞合犯。

【示例3】甲为了杀人购买了一把枪。未及杀人，事情就暴露了。甲的行为构成想象竞合犯吗？甲的买枪行为既是非法买卖枪支罪的实行行为，又是故意杀人罪的预备行为。所以，甲的一个行为同时触犯两个罪名，是想象竞合犯。

> 最近几年的考试题目几乎都属于示例2和示例3这两种想象竞合犯。很多考生会忽略行为人的行为同时还构成了另一个犯罪。

2. 想象竞合犯的处理原则。

想象竞合犯的处理原则是"从一重罪处断"，不能数罪并罚。

3. 想象竞合犯数罪并罚的特例。

《刑法》第204条规定："以假报出口或者其他欺骗手段，骗取国家出口退税款，数额较大的，处五年以下有期徒刑或者拘役，并处骗取税款一倍以上五倍以下罚金；数额巨大或者有其他严重情节的，处五年以上十年以下有期徒刑，并处骗取税款一倍以上五倍以下罚金；数额特别巨大或者有其他特别严重情节的，处十年以上有期徒刑或者无期徒刑，并处骗取税款一倍以上五倍以下罚金或者没收财产。纳税人缴纳税款后，采取前款规定的欺骗方法，骗取所缴纳的税款的，依照本法第二百零一条的规定定罪处罚；骗取税款超过所缴纳的税款部分，依照前款的规定处罚。"

根据本规定，纳税人缴纳税款后，采取欺骗方法，骗取所缴纳的税款，骗取税款超过所缴纳的税款的，要以逃税罪和骗取出口退税罪数罪并罚。对于已经缴纳的部分，认定为逃税罪；对于超过所缴纳的部分，认定为骗取出口退税罪。这是因为逃税是该缴税不缴税，因此缴了又骗回来，等于根本就没缴，是逃税罪；骗税是指没有给国家缴过税，还要骗国家给自己退税，因此多骗回来的那部分就构成骗取出口退税罪。

这一知识点被反复考查，原因在于其极为特殊。这种情况本来属于想象竞合犯，应该从一重罪论处，但法律规定数罪并罚，这导致了一行为两罪。这种立法既是想象竞合犯的特例，也是"一行为一罪"原则的特例。

【经典真题】

关于想象竞合犯的认定，下列哪些选项是错误的？[1]（2013-2-56）

---

〔1〕【答案】ABCD

A. 甲向乙购买危险物质，商定 4000 元成交。甲先后将 2000 元现金和 4 克海洛因（折抵现金 2000 元）交乙后收货。甲的行为成立非法买卖危险物质罪与贩卖毒品罪的想象竞合犯，从一重罪论处

B. 甲女、乙男分手后，甲向乙索要青春补偿费未果，将其骗至别墅，让人看住乙。甲给乙母打电话，声称如不给 30 万元就准备收尸。甲成立非法拘禁罪和绑架罪的想象竞合犯，应以绑架罪论处

C. 甲为劫财在乙的茶水中投放 2 小时后起作用的麻醉药，随后离开乙家。2 小时后甲回来，见乙不在（乙喝下该茶水后因事外出），便取走乙 2 万元现金。甲的行为成立抢劫罪与盗窃罪的想象竞合犯

D. 国家工作人员甲收受境外组织的 3 万美元后，将国家秘密非法提供给该组织。甲的行为成立受贿罪与为境外非法提供国家秘密罪的想象竞合犯

【考点】想象竞合犯的认定

【解题思路与常见错误分析】想象竞合犯最重要的特征是：一个行为同时触犯两个独立的犯罪，且这两个犯罪之间不存在法条竞合关系。

选项 A："甲先后将 2000 元现金和 4 克海洛因（折抵现金 2000 元）交乙后收货"说明甲有两个行为。第一个行为是用 2000 元购买危险物质，第二个行为是用 4 克海洛因购买危险物质。他的第二个行为同时触犯非法买卖危险物质罪与贩卖毒品罪，构成该二罪的想象竞合犯。但第一个行为仅构成非法买卖危险物质罪。所以，选项 A 是错误的。

选项 B：绑架罪中的非法拘禁是绑架罪的客观要件之一。因此，不能认为甲的行为同时触犯独立的两个罪，然后择一重罪论处，而应当直接将这种行为认定为绑架罪。故，选项 B 错误。

选项 C：甲的行为是前后独立的两个行为：抢劫罪和盗窃罪。因此，对甲应以抢劫罪（未遂）和盗窃罪数罪并罚。选项 C 错误。

选项 D：甲的行为也是前后独立的两个行为，不成立想象竞合犯。对甲应以受贿罪与为境外非法提供国家秘密罪数罪并罚。故，选项 D 错误。

【同类考点总结】成立想象竞合犯，不仅要满足：（1）一个行为同时触犯两个独立的犯罪；（2）这两个犯罪之间不存在法条竞合关系；而且这两个犯罪必须是能够"择一重罪论处"的。由于绑架中非法拘禁的，抢劫中杀人的，都不能择一重罪论处，只能根据法律规定直接认定为绑架罪和抢劫罪，这两种犯罪之间的关系就不是想象竞合犯。

本题选项 A 中的"先后"是正确回答的关键。本题提醒考生：一定要仔细审题！

（三）结果加重犯

结果加重犯，亦称加重结果犯，是指实施基本犯罪构成要件的行为，由于发生了刑法规定的基本犯罪构成要件以外的重结果，刑法对其规定加重法定刑的犯罪形态。例如，故意伤害致人死亡，抢劫致人重伤或者死亡，暴力干涉婚姻自由致人死亡等。

结果加重犯具有法定性。它具有以下特征：

1. 行为人实施基本犯罪行为，但造成了加重结果。

这句话包括两方面含义：行为人只有一个行为；基本犯罪行为与加重结果之间具有因果关系。如果加重结果不是由于基本行为造成，则不成立结果加重犯。

2. 行为人对基本犯罪既可以是故意的，也可以是过失的，但对加重结果的发生至少有过失。

有些人认为行为人对基本犯罪只能是故意的，这是错误的，不符合立法的实际情况。我国刑法规定了很多过失犯罪的结果加重犯，例如《刑法》第136条规定："违反爆炸性、易燃性、放射性、毒害性、腐蚀性物品的管理规定，在生产、储存、运输、使用中发生重大事故，造成严重后果的，处三年以下有期徒刑或者拘役；后果特别严重的，处三年以上七年以下有期徒刑。"

3. 刑法就加重结果规定了加重的法定刑。这句话包含三个要点：

（1）该罪的罪名未变，只是法定刑提高了。如果刑法规定发生某种加重结果则改变罪名的，就不属于结果加重犯。例如《刑法》第247条规定在刑讯逼供中致人伤残（这里应理解为重伤）、死亡的，按故意伤害罪、故意杀人罪定罪处罚，这就不是结果加重犯。

（2）刑法明文规定了加重结果。

（3）刑法就加重结果规定了高于基本犯罪的法定刑。

结果加重犯必须同时具备这三个要素。最常考到的知识点是结果加重犯必须具有法定性。

结果加重犯属于实质的一罪，按照刑法分则条款所规定的加重法定刑处罚，不实行数罪并罚。

【示例】故意伤害他人后，又对被害人见死不救的，只构成故意伤害罪一罪，但按照故意伤害罪致人死亡的法定刑量刑。这就是结果加重犯，只构成一罪。

有些考生总想记住刑法中每个罪的加重处罚情节，记住刑法中哪些规定是关于结果加重犯的规定，这是不可能的。我们建议大家了解结果加重犯的概念即可。

【示例1】王某盗窃液化石油气运输车（车上有明显标志）上的铜阀门3只。这些铜阀门共价值1200元。由于阀门被盗，这些液化气在运输过程中发生泄漏，由于处理及时，才没有发生爆炸。请问以下说法正确的是：[1]

A. 王某触犯的两个罪名之间是法条竞合关系

B. 王某触犯的两个罪名之间是想象竞合关系

C. 对王某应以盗窃罪和破坏易燃易爆设备罪数罪并罚

D. 对王某应以盗窃罪和破坏易燃易爆设备罪择一重罪处罚

【分析】王某是在盗窃过程中破坏了运输车的，这是一个行为造成了两个后果，属于想象竞合。想象竞合的处理原则是择一重罪论处。王某的行为最终会被认定为破坏易燃易爆设备罪。

【示例2】《刑法》第278条规定："煽动群众暴力抗拒国家法律、行政法规实施的，处三年以下有期徒刑、拘役、管制或者剥夺政治权利；造成严重后果的，处三年以上七年以下有期徒刑。"本条有无关于结果加重犯的规定？

【分析】本条有结果加重犯的规定，本条后段的规定完全符合结果加重犯的要件。

五、法定的一罪 ★★★★★

（一）法定的一罪的概念

法定的一罪是指原来符合数个犯罪构成的数罪，由法律将其明文规定为一罪的犯罪形态，它包括结合犯和集合犯。我国刑法中没有典型的结合犯，集合犯类似于我国过去说的

---

〔1〕【答案】BD

惯犯，但又有所不同。

（二）结合犯

结合犯，是指数个各自独立的犯罪行为，根据刑法的明文规定，结合而成为另一个独立的新罪的犯罪形态。例如《日本刑法》第 241 条规定的："犯强盗罪，而又强奸妇女者"，构成强盗强奸罪，就是结合犯的典型。

我国刑法中没有典型的结合犯，但刑法理论上有此一说，了解即可。绑架中杀人的可以勉强被认为是结合犯。

（三）集合犯

集合犯，是指行为人以实施不定次数的同种犯罪行为为目的，虽然实施了数个同种犯罪行为，刑法规定还是作为一罪论处的犯罪形态。我国刑法过去只研究惯犯，很少研究集合犯。但修订的刑法已经取消了惯犯的概念，并出现了关于营业犯的规定，所以我们采用了集合犯的概念。

集合犯包括常习犯、职业犯、营业犯。犯罪构成预定具有常习性的行为人反复多次实施行为的，称为常习犯（即过去的惯犯）；犯罪构成预定将一定的犯罪作为职业或业务反复实施的，称为职业犯（如非法行医罪）；犯罪构成预定以营利为目的反复实施一定犯罪的，称为营业犯（如赌博罪）。

营业犯与职业犯具有相同点：首先，都要求行为人主观上具有反复、多次实施犯罪行为的意思。其次，都将犯罪行为作为一种业务、职业而反复多次实施。但只要性质上是反复、继续实施的，或者只要行为人是以反复、继续实施的意思实施犯罪活动的，其第一次实施犯罪行为时，就可能被认定为营业犯或者职业犯（如非法行医）。再次，都不要求行为人将犯罪行为作为唯一职业，行为人在具有其他职业的同时，将犯罪行为作为副业、兼业的，也不影响营业犯、职业犯的成立。最后，都不要求具有不间断性，只要行为具有反复实施的性质，即使具有间断性，也不影响对营业犯、职业犯的认定。

一般认为，营业犯与职业犯的关键区别在于，刑法是否要求行为人主观上具有营利目的。要求具有营利目的的，属于营业犯，不要求具有营利目的的，属于职业犯。

【示例】甲没有医师执业资格证书。他伪造了医师执业资格证书后，受聘于一家大医院。甲在该医院共上班三个月，先后给数百人看病。将其中 3 人由小病治成大病，将 2 人治死。请问甲是连续犯吗？

【分析】甲的行为不是连续犯，他是集合犯中的职业犯。根据刑法的规定，非法行医罪预设的就是多次非法行医的情况，本身就包含多个非法行医行为。甲只构成一个非法行医罪。连续犯的数个犯罪之间是间断的，是独立的数个犯罪。

六、处断的一罪 ★★★★★

（一）处断的一罪的概念

处断的一罪，是指实质上构成数罪，但因其具有某种特征而被司法机关或者立法机关作为一罪处理的犯罪。它包括连续犯、吸收犯和牵连犯。

> 处断的一罪的行为人事实上实施了数个行为，也构成了数个犯罪，但立法上或者司法上将其作为一罪处理。

（二）连续犯

连续犯是指基于同一的或者概括的犯罪故意，连续实施性质相同的数个行为，触犯同一罪名的犯罪。例如以盗窃故意在一周内连续盗窃 5 次，即属于连续犯。

连续犯与继续犯的区别在于连续犯的行为之间是断开的，实质是性质相同的数罪。

对于连续犯一般应当按一罪从重处罚。如果行为人在判决宣告前犯有同种数罪的，按一罪处罚；如果行为人在判决宣告后，刑罚执行完毕前，又被发现或者又新犯同种数罪的，此时只能数罪并罚。

（三）吸收犯

吸收犯是指事实上存在数个不同行为，其中一行为吸收其他行为，仅成立吸收行为一个罪名的犯罪。例如伪造货币后又出售或者运输伪造的货币的，由伪造货币罪吸收出售、运输假币罪。

吸收犯具有下述特征：

1. 具有数个独立的符合犯罪构成的犯罪行为；

2. 数个犯罪行为触犯不同罪名；

3. 数行为之间具有吸收关系，即前行为是后行为发展的**必经阶段**，后行为是前行为发展的**当然结果**。

对于吸收犯，应当仅按吸收之罪处断，不实行数罪并罚。

（四）不可罚的事后行为

不可罚的事后行为（或共罚的事后行为）是指在状态犯的场合，利用该犯罪行为的结果的行为，如果孤立地看，符合其他犯罪的构成要件，具有可罚性，但由于被综合评价在该状态犯中，故没有必要另行认定为其他犯罪。不可罚的事后行为与吸收犯具有相似甚至相同之处，但二者不是等同概念。

> 不可罚的事后行为仅针对实施了前行为的人而言，故仅参与事后行为的人，依然可能成立犯罪。

不可罚的事后行为并不成立其他犯罪，主要是因为事后行为并没有侵犯新的法益（缺乏违法性），也可能是因为事后行为缺乏期待可能性（缺乏有责性）。前者如盗窃了财物后又毁坏的行为；后者如盗窃后销赃的行为。如果事后行为侵犯了新的法益，具有期待可能性的，则应认定为数罪。例如，盗窃了枪支又出卖的行为，就应当认定为盗窃枪支罪和非法买卖枪支罪，数罪并罚。

【示例】甲盗窃毒品后又卖出，应如何认定？

【分析】甲盗窃毒品后又卖出，其行为侵犯了新的法益（公众的健康），应当以盗窃罪与贩卖毒品罪数罪并罚。

【经典真题】

关于罪数的说法，下列哪一选项是错误的：[1]（2008 - 2 - 8）

A. 甲在车站行窃时窃得一提包，回家一看才发现提包内仅有一支手枪。因为担心被人发现，甲便将手枪藏在浴缸下。甲非法持有枪支的行为，不属于不可罚的事后行为

B. 乙抢夺他人手机，并将该手机变卖，乙的行为构成抢夺罪和掩饰、隐瞒犯罪所得罪，应当数罪并罚

C. 丙非法行医 3 年多，导致 1 人死亡，1 人身体残疾。丙的行为既是职业犯，也是结

---

[1]【答案】B

果加重犯

D. 丁在绑架过程中，因被害人反抗而将其杀死，对丁不应当以绑架罪和故意杀人罪实行并罚

【考点】罪数的认定

【解题思路与常见错误分析】选项A：甲只有盗窃普通财物的故意，构成盗窃罪，其私藏枪支的行为不能被评价在盗窃罪里面，只能另行认定为非法持有枪支罪。选项B：乙抢夺他人手机后又变卖的行为，因该行为已经被综合评价在抢夺罪里了（未侵犯新的法益），故不另行定罪。选项C考查了职业犯和结果加重犯。非法行医罪是职业犯，不数罪并罚。丙的情况也属于结果加重犯的情形。选项D：绑架中杀人，法律明文规定只定绑架罪一罪（但处无期徒刑或者死刑）。

【同类考点总结】本题考查了不可罚的事后行为、职业犯和法律有明文规定的数罪的处罚，如何将这些考点举一反三是我们的复习重点。

（五）牵连犯

1. 牵连犯的概念。

牵连犯是指犯罪的手段行为或结果行为，与目的行为或原因行为分别触犯不同罪名的情况。例如伪造公文进行诈骗的情况。

2. 牵连犯的特征。

（1）数种犯罪必须出于一个犯罪目的。这是牵连犯之所以被称为牵连犯的主要原因。

（2）行为人实施了数行为，而且数行为之间存在手段行为与目的行为，原因行为与结果行为的牵连关系。这是牵连犯与想象竞合犯、法条竞合犯的区别。

（3）在目的行为或者原因行为触犯了一个罪名的情况下，手段行为与结果行为又触犯了另一个罪名。

3. 对牵连犯的处理原则。

（1）理论通说与实际立法的矛盾。我国刑法理论对牵连犯的处理原则的通说是"从一重罪处理"或"从一重罪从重处理"。但事实上我国的立法对牵连犯的处理并没有遵循这一原则，而是至少包括了四种不同的立法例。这就导致我国对牵连犯的处理极不统一，也因此使具有牵连关系的犯罪行为是否构成数罪成为刑法命题的一大热点。

（2）牵连犯的处理原则。对牵连犯的处理，大家要分类掌握。要特别注意刑法的特殊规定。

①凡是刑法分则条款对特定犯罪的牵连犯明确规定了相应处断原则的，应当依照该规定处断。

②对于其他牵连犯，即刑法分则条款未明确规定处断原则的，应当从一重罪处断，不实行数罪并罚。

③处理牵连犯的四种立法例。对牵连犯的处理，刑法大体包括了四种立法例：

A. 以包容犯处罚：是指行为人在实施某一犯罪行为过程中，又实施了另一不同性质的罪行，但后者被前者包容，刑法明文规定不并罚，仅将后一个犯罪行为作为前一个犯罪加重处罚情节的情况，其典型如《刑法》第240条。

B. 以法定的一罪处罚（法律已经规定以哪个罪处罚）：即法律明文规定对某些牵连犯以某罪处罚，其典型如《刑法》第253条第2款。

C. 法定择一重罪处罚（法律仅规定择一重罪处罚）：其典型如《刑法》第 399 条第 4 款。

D. 法定数罪并罚：法律明确规定具有牵连关系的两行为应数罪并罚。其典型如《刑法》第 198 条第 2 款。

七、转化犯★★★

转化犯是指行为人实施某一较轻的犯罪行为时，因具有特定情形而使其行为性质发生了变化，转化为较重之罪的犯罪。转化犯不是数罪。转化犯也被称为拟制的犯罪。因为它是由于法律的规定而转变罪名的。

> 由于这些行为已经被评价为较重的另一罪，因此此时不能再以原罪名与新转化的犯罪数罪并罚。例如，刑讯逼供必然采用暴力方法。在暴力方法因为致人重伤而被评价为故意伤害罪时，如果对行为人以刑讯逼供罪和故意伤害罪数罪并罚，就是将这个暴力行为评价了两次，这是违反禁止重复评价的原则的。因此，此时只能以故意伤害罪一罪论处。

常见的转化犯：

（1）暴力抗税；（2）非法拘禁他人故意暴力殴打；（3）刑讯逼供；（4）暴力取证；（5）虐待被监管人；（6）聚众斗殴；（7）妨害公务；（8）拒不执行判决、裁定**致人重伤、死亡的**，以故意伤害罪，故意杀人罪论处；（9）非法组织卖血，强迫卖血致人重伤的，以故意伤害罪论处；（10）驾驶机动车、非机动车夺取他人财物，具有下列情形之一的，应当以抢劫罪定罪处罚：①夺取他人财物时因被害人不放手而强行夺取的；②驾驶车辆逼挤、撞击或者强行逼倒他人夺取财物的；③明知会致人伤亡仍然强行夺取并放任造成财物持有人轻伤以上后果的；（11）犯盗窃、诈骗、抢夺罪，为窝藏赃物、抗拒抓捕或者毁灭罪证而当场使用暴力或者以暴力相威胁的，以抢劫罪论处；（12）携带凶器抢夺的，以抢劫罪论处；（13）向走私、贩卖毒品的犯罪分子或者以牟利为目的向吸食、注射毒品的人提供国家管制的能够使人形成瘾癖的麻醉药品、精神药品的，依照贩卖毒品罪定罪处罚；（14）挪用公款拒不退还或携带挪用的公款潜逃的，以贪污罪论处。

八、罪数的认定★★★★★

在处理罪数的问题时，一定要先看法律有无特别规定。在记忆时，要分类记忆。

1. 凡是刑法分则条款和司法解释对特定犯罪的罪数处理明确规定了相应处断原则的，必须依照该规定处断（高频考点）。

2. 对于其他罪数问题，即刑法分则条款未明确规定处断原则的，应当按照前文所述的原则处断。

> **简单总结一下**：想象竞合犯，通常择一重罪。例外：《刑法》第 204 条第 2 款，数罪并罚。结果加重犯：按照法条规定定罪处罚即可。法条竞合犯：通常特别法优先，特殊情况下重法优先。吸收犯，通常重罪吸收轻罪。牵连犯，通常择一重罪论处。例外：刑法和司法解释的各种规定。转化犯：按照转化后的犯罪定罪处罚。另起犯意的，数罪并罚。

下面给大家看一下"罪数认定流程图"。

表18　罪数认定流程图

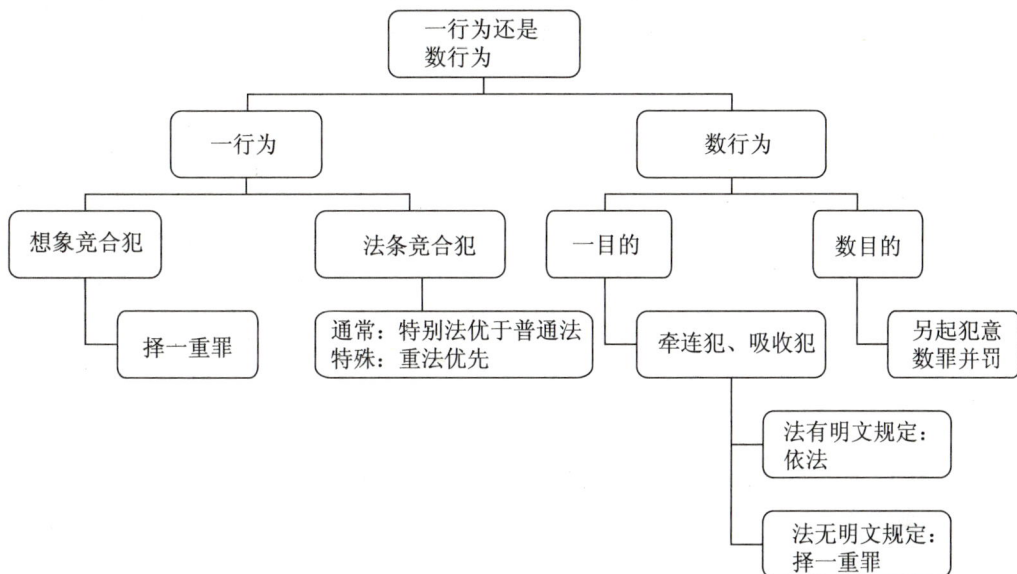

【经典真题】

甲长期以赌博所得为主要生活来源。某日，甲在抢劫赌徒乙的赌资得逞后，为防止乙日后报案，将其杀死。对甲的处理，下列哪一选项是正确的?[1]（2009－2－16）

A. 应以故意杀人罪、抢劫罪并罚

B. 应以抢劫罪从重处罚

C. 应以赌博罪、抢劫罪并罚

D. 应以赌博罪、抢劫罪、故意杀人罪并罚

【考点】 罪数的认定

【解题思路与常见错误分析】 甲长期以赌博所得为主要生活来源，显然符合赌博罪"以赌博为业的"规定，因此构成赌博罪。甲抢劫赌资的行为构成抢劫罪。甲是在抢劫行为完成后，为了灭口而杀害乙的，这属于"另起犯意"，因此应该以抢劫罪和故意杀人罪数罪并罚。

【同类考点总结】 对于另起犯意的，要数罪并罚。

九、常见特别立法例总结 ★★★★

本总结包含刑法及司法解释中明文规定的想象竞合犯、吸收犯、牵连犯的特别立法例（可能遗漏了个别规定）。凡未特别说明的，"第某某条"均为《刑法》法条。

（一）包容犯

1. 绑架并故意伤害人质，致其重伤、死亡的，杀害人质的（定绑架罪，第239条第2

---

〔1〕【答案】D

款）。

2. 拐卖妇女又奸淫被拐卖妇女的（定拐卖妇女罪，第 240 条第 1 款第 3 项）。

3. 拐卖妇女又强迫、诱骗被拐卖妇女卖淫的（定拐卖妇女罪，第 240 条第 1 款第 4 项）。

4. 在抢夺中导致他人轻伤或者精神失常等严重后果的、导致他人重伤、自杀、死亡的（定抢夺罪，《最高人民法院、最高人民检察院关于办理抢夺刑事案件适用法律若干问题的解释》第 2、3、4 条）。[1]

5. 组织他人偷越国（边）境又剥夺或者限制被组织者的人身自由的、以暴力、威胁方法抗拒检查的［定组织他人偷越国（边）境罪，第 318 条第 1 款第 4 项、第 5 项］。

6. 运送他人偷越国（边）境使用暴力、威胁方法抗拒检查的［定运送他人偷越国（边）境罪，第 321 条第 2 款］。

7. 走私、制造、贩卖、运输毒品时，武装掩护的，或者以暴力抗拒检查、拘留、逮捕情节严重的（定走私、贩卖、运输、制造毒品罪，第 347 条第 2 款第 3 项、第 4 项）。

（二）以法定的一罪处罚（法律已经规定以哪个罪处罚）

1. 行为人购买假币后使用，构成犯罪的，以购买假币罪定罪，从重处罚（《最高人民法院关于审理伪造货币等案件具体应用法律若干问题的解释》第 2 条第 1 款）。

2. 伪造货币又出售、运输伪造的货币的，定伪造货币罪，从重处罚（第 171 条第 3 款）。

3. 盗窃信用卡并冒用他人信用卡，定盗窃罪（第 196 条第 3 款）。

4. 邮政工作人员私拆、隐匿、毁弃邮件从中窃取财物的，定盗窃罪，从重处罚（第 253 条第 2 款）。

（三）法定择一重罪处罚

1. 中介组织的人员故意提供虚假证明文件，同时索取他人财物或者非法收受他人财物构成犯罪的，依照处罚较重的规定定罪处罚。（第 229 条第 2 款，《刑法修正案（十一）》修改）。

2. 抢夺、窃取国有档案，又构成其他犯罪的，依照处罚较重的规定定罪处罚（第 329 条第 3 款）。

3. 擅自出卖、转让国有档案，又构成其他犯罪的，依照处罚较重的规定定罪处罚（第 329 条第 3 款）。

4. 因受贿而徇私枉法的、枉法裁判的、执行判决、裁定失职的，执行判决、裁定滥用职权的，同时构成受贿罪的，依照处罚较重的规定定罪处罚（第 399 条第 4 款）。

5. 实施生产、销售伪劣商品犯罪，同时构成侵犯知识产权、非法经营等其他犯罪的，依照处罚较重的规定定罪处罚（《最高人民法院、最高人民检察院关于办理生产销售伪劣商品刑事案件具体应用法律若干问题的解释》第 10 条）。

6. 冒充国家机关工作人员进行诈骗，同时构成诈骗罪和招摇撞骗罪的，依照处罚较重的规定定罪处罚（《最高人民法院、最高人民检察院关于办理诈骗刑事案件具体应用法律若干问题的解释》第 8 条）。

---

[1] 在抢夺中致人受伤的，过失致人轻伤不构成犯罪，过失致人重伤、死亡的分别构成过失致人重伤罪、过失致人死亡罪，成立想象竞合。"两高"这样规定也符合想象竞合择一重罪论处的原理。"两高"虽然规定按照抢夺罪定罪，但是造成他人轻伤的，降低对"数额较大"的要求，造成他人重伤、死亡的，法定刑分别升格为 3 至 10 年有期徒刑和 10 年以上有期徒刑或者无期徒刑。升格后的法定刑比过失致人重伤罪和过失致人死亡罪高。

（四）法定数罪并罚

1. 犯组织、领导、参加恐怖组织罪，并实施杀人、爆炸、绑架等犯罪的，数罪并罚（第 120 条第 2 款）。

2. 实施刑法第 140 条至第 148 条规定的犯罪，又以暴力、威胁方法抗拒查处，构成其他犯罪的，依照数罪并罚的规定处罚（《最高人民法院、最高人民检察院关于办理生产销售伪劣商品刑事案件具体应用法律若干问题的解释》第 11 条）。

3. 以暴力、威胁方法抗拒缉私的，以走私罪和妨害公务罪数罪并罚（第 157 条第 2 款）。

4. 出售、运输假币构成犯罪，同时有使用假币行为的，以出售、运输假币罪和使用假币罪数罪并罚（《最高人民法院关于审理伪造货币等案件具体应用法律若干问题的解释》第 2 条第 2 款）。

5. 犯保险诈骗罪，投保人、被保险人故意造成财产损失的保险事故，或者投保人，受益人故意造成被保险人死亡、伤残或者疾病，同时构成其他犯罪的，数罪并罚（第 198 条第 2 款）。

6. 纳税人缴纳税款后，采取假报出口或者其他欺骗手段，骗取国家出口退税款的，以逃税罪定罪处罚；骗取税款超过所缴纳的税款部分，以骗取出口退税罪处罚，并且要以逃税罪和骗取出口退税罪数罪并罚（第 204 条第 2 款）。

7. 收买被拐卖的妇女、儿童，又强奸被收买的妇女、儿童的，数罪并罚（第 241 条第 2 款）。

8. 收买被拐卖的妇女、儿童，又有非法剥夺、限制其人身自由、伤害、侮辱等犯罪行为的，数罪并罚（第 241 条第 3 款）。

9. 以出卖为目的强抢儿童，或者捡拾儿童后予以出卖，符合《刑法》第 240 条第 2 款规定的，应当以拐卖儿童罪论处。以抚养为目的偷盗婴幼儿或者拐骗儿童，之后予以出卖的，以拐卖儿童罪论处（《关于依法惩治拐卖妇女儿童犯罪的意见》第 15 条）。

10. 明知是被拐卖的妇女、儿童而收买，具有下列情形之一的，以收买被拐卖的妇女、儿童罪论处；同时构成其他犯罪的，依照数罪并罚的规定处罚：

（1）收买被拐卖的妇女后，违背被收买妇女的意愿，阻碍其返回原居住地的；

（2）阻碍对被收买妇女、儿童进行解救的；

（3）非法剥夺、限制被收买妇女、儿童的人身自由，情节严重，或者对被收买妇女、儿童有强奸、伤害、侮辱、虐待等行为的；

（4）所收买的妇女、儿童被解救后又再次收买，或者收买多名被拐卖的妇女、儿童的；

（5）组织、诱骗、强迫被收买的妇女、儿童从事乞讨、苦役，或者盗窃、传销、卖淫等违法犯罪活动的；

（6）造成被收买妇女、儿童或者其亲属重伤、死亡以及其他严重后果的；

（7）具有其他严重情节的（《关于依法惩治拐卖妇女儿童犯罪的意见》第 20 条）。

11. 拐卖妇女、儿童，又对被拐卖的妇女、儿童实施故意杀害、伤害、猥亵、侮辱等行为，构成其他犯罪的，依照数罪并罚的规定处罚（《关于依法惩治拐卖妇女儿童犯罪的意见》第 25 条）。

12. 拐卖妇女、儿童或者收买被拐卖的妇女、儿童，又组织、教唆被拐卖、收买的妇女、儿童进行犯罪的，以拐卖妇女、儿童罪或者收买被拐卖的妇女、儿童罪与其所组织、教唆的罪数罪并罚（《关于依法惩治拐卖妇女儿童犯罪的意见》第 26 条）。

13. 拐卖妇女、儿童或者收买被拐卖的妇女、儿童，又组织、教唆被拐卖、收买的未成年妇女、儿童进行盗窃、诈骗、抢夺、敲诈勒索等违反治安管理活动的，以拐卖妇女、儿童罪或者收买被拐卖的妇女、儿童罪与组织未成年人进行违反治安管理活动罪数罪并罚（《关于依法惩治拐卖妇女儿童犯罪的意见》第 27 条）。

14. 偷开他人机动车的，按照下列规定处理：（1）偷开机动车，导致车辆丢失的，以盗窃罪定罪处罚；（2）为盗窃其他财物，偷开机动车作为犯罪工具使用后非法占有车辆，或者将车辆遗弃导致丢失的，被盗车辆的价值计入盗窃数额；（3）为实施其他犯罪，偷开机动车作为犯罪工具使用后非法占有车辆，或者将车辆遗弃导致丢失的，以盗窃罪和其他犯罪数罪并罚；将车辆送回未造成丢失的，按照其所实施的其他犯罪从重处罚（《最高人民法院、最高人民检察院关于办理盗窃刑事案件适用法律若干问题的解释》第 10 条）。

15. 组织、领导、参加黑社会性质的组织，或者境外的黑社会组织的人员到中国境内发展组织成员，国家工作人员包庇、纵容黑社会性质组织，又有其他犯罪行为的，数罪并罚（第 294 条第 4 款）。

16. 组织他人偷越国（边）境，运送他人偷越国（边）境，对被组织人、被运送人有杀害、伤害、强奸、拐卖等犯罪行为，或者对检查人员有杀害、伤害等犯罪行为的，数罪并罚（第 318 条第 2 款、第 321 条第 3 款）。

17. 因为受贿而挪用公款，或者挪用公款后又使用挪用的公款犯其他罪的，数罪并罚（《最高人民法院关于审理挪用公款案件具体适用法律若干问题的解释》第 7 条）。

18. 组织、强迫他人卖淫，并有杀害、伤害、强奸、绑架等犯罪行为的，依照数罪并罚的规定处罚（第 358 条第 3 款）。

【经典真题】

下列哪些情形属于吸收犯？[1]（2010－2－55）

A. 制造枪支、弹药后又持有、私藏所制造的枪支、弹药的

B. 盗窃他人汽车后，谎称所盗汽车为自己的汽车出卖他人的

C. 套取金融机构信贷资金后又高利转贷他人的

D. 制造毒品后又持有该毒品的

【考点】吸收犯的认定

【解题思路与常见错误分析】要成立吸收犯，必须具备两个条件：（1）两个行为之间必须具有吸收关系。所谓吸收关系，是指前行为是后行为发展的必经阶段，或者后行为是前行为发展的当然结果。（2）两个行为分别成立两个独立的犯罪，吸收犯是罪与罪的吸收。

选项 A：持有、私藏枪支、弹药的行为单独成立非法持有、私藏枪支、弹药罪，但该行为是制造枪支、弹药的当然结果。所以此二罪属于吸收犯。选项 A 当选。

选项 B：本犯（即前犯罪的行为人）出售赃物的行为侵犯了新的法益（司法活动的顺利进行），但本犯出售赃物的行为缺乏期待可能性（不能期待本犯不卖出赃物或者把赃物上交），所以行为人盗窃财物后又出售赃物的行为属于不可罚的事后行为，不是吸收犯。选项 B 不当选。

选项 C：行为人套取金融机构信贷资金后又高利转贷他人的，是高利转贷罪一罪的数

――――――――――――――

〔1〕【答案】AD

个行为（在刑法上被评价为一个犯罪行为），本身不成立数罪。选项 C 不当选。

选项 D：持有毒品的行为单独成立非法持有毒品罪，这是行为人制造毒品行为的当然结果。所以，二罪之间具有吸收犯的关系。选项 D 当选。

【同类考点总结】要成立吸收犯，必须同时具备前述两个条件。吸收犯是罪与罪的吸收。

第十章
刑罚的体系

第一节　主　刑

> **导学**
>
> 比起犯罪论，刑罚论就简单多了。考生复习刑罚论时，最重要的复习资料就是法条。刑罚论部分一般都是直接考查法条的具体规定。
>
> 我国的主刑包括管制、拘役、有期徒刑、无期徒刑、死刑。管制的特征、需要遵守的条件、死刑的限制适用是本节的重点。

考点解读

一、我国刑罚的种类 ★★★

（一）相关法条

《刑法》

第三十二条　【刑罚体系】刑罚分为主刑和附加刑。

第三十三条　【主刑种类】主刑的种类如下：

（一）管制；

（二）拘役；

（三）有期徒刑；

（四）无期徒刑；

（五）死刑。

第三十四条　【附加刑】附加刑的种类如下：

（一）罚金；

（二）剥夺政治权利；

（三）没收财产。

附加刑也可以独立适用。

第三十五条　【驱逐出境】对于犯罪的外国人，可以独立适用或者附加适用驱逐出境。

第三十六条　【赔偿经济损失与民事优先原则】由于犯罪行为而使被害人遭受经济损失的，对犯罪分子除依法给予刑事处罚外，并应根据情况判处赔偿经济损失。

承担民事赔偿责任的犯罪分子，同时被判处罚金，其财产不足以全部支付的，或者被判处没收财产的，应当先承担对被害人的民事赔偿责任。

第三十七条 【非刑罚性处置措施】对于犯罪情节轻微不需要判处刑罚的，可以免予刑事处罚，但是可以根据案件的不同情况，予以训诫或者责令具结悔过、赔礼道歉、赔偿损失，或者由主管部门予以行政处罚或者行政处分。

第三十七条之一 【职业禁止】

因利用职业便利实施犯罪，或者实施违背职业要求的特定义务的犯罪被判处刑罚的，人民法院可以根据犯罪情况和预防再犯罪的需要，禁止其自刑罚执行完毕之日或者假释之日起从事相关职业，期限为三年至五年。

被禁止从事相关职业的人违反人民法院依照前款规定作出的决定的，由公安机关依法给予处罚；情节严重的，依照本法第三百一十三条的规定定罪处罚。

其他法律、行政法规对其从事相关职业另有禁止或者限制性规定的，从其规定。

(二) 考点解读

1. 我国刑法中的刑罚分为主刑和附加刑。

主刑有五种：管制、拘役、有期徒刑、无期徒刑、死刑。附加刑有四种：罚金、剥夺政治权利、没收财产、驱逐出境。

2. 主刑只能独立适用。这包括两层含义：

(1) 一个罪只能判处一个主刑；

(2) 在一次判决时，不管犯罪人犯有几个罪，最终只能判处一个主刑。

3. 附加刑既可以独立适用，也可以附加适用。例如，犯盗窃罪而情节较轻的，可以只判处罚金。

4. 驱逐出境。

驱逐出境只能适用于外国人。判处附加驱逐出境时，主刑仍需执行。

5. 赔偿经济损失与民事优先原则。

由于犯罪行为而使被害人遭受经济损失的，对犯罪分子除依法给予刑事处罚外，并应根据情况判处赔偿经济损失。承担民事赔偿责任的犯罪分子，同时被判处罚金，其财产不足以全部支付的，或者被判处没收财产的，应当先承担对被害人的民事赔偿责任。

6. 非刑罚性处置措施。

对于犯罪情节轻微不需要判处刑罚的，可以免予刑事处罚，但是可以根据案件的不同情况，予以训诫或者责令具结悔过、赔礼道歉、赔偿损失，或者由主管部门予以行政处罚或者行政处分。

7. 禁止从事相关职业的禁止令。

证券从业类人员利用职务之便犯罪的，例如犯内幕交易罪、泄露内幕信息罪的很可能会被适用本类禁止令。如果这些人违反这种禁止令，由公安机关依法给予处罚；情节严重的，依照拒不执行判决、裁定罪定罪处罚。

本类禁止令和专门适用于管制、有期徒刑和拘役的缓刑的禁止令不同。后者是针对不关押的犯罪分子的。后者禁止犯罪分子在执行期间从事特定活动，进入特定区域、场所，接触特定的人。本类禁止令是人民法院禁止这些犯罪分子自刑罚执行完毕之日或者假释之日起5年内从事相关职业。

二、自由刑★★★★

（一）相关法条

《刑法》

第三十八条 【管制期限与执行机关】管制的期限，为三个月以上二年以下。

判处管制，可以根据犯罪情况，同时禁止犯罪分子在执行期间从事特定活动，进入特定区域、场所，接触特定的人。

对判处管制的犯罪分子，依法实行社区矫正。

违反第二款规定的禁止令的，由公安机关依照《中华人民共和国治安管理处罚法》的规定处罚。

第三十九条 【被管制犯的权利义务】被判处管制的犯罪分子，在执行期间，应当遵守下列规定：

（一）遵守法律、行政法规，服从监督；

（二）未经执行机关批准，不得行使言论、出版、集会、结社、游行、示威自由的权利；

（三）按照执行机关规定报告自己的活动情况；

（四）遵守执行机关关于会客的规定；

（五）离开所居住的市、县或者迁居，应当报经执行机关批准。

对于被判处管制的犯罪分子，在劳动中应当同工同酬。

第四十条 【管制的解除】被判处管制的犯罪分子，管制期满，执行机关应即向本人和其所在单位或者居住地的群众宣布解除管制。

第四十一条 【管制刑期】管制的刑期，从判决执行之日起计算；判决执行以前先行羁押的，羁押一日折抵刑期二日。

第四十二条 【拘役的期限】拘役的期限，为一个月以上六个月以下。

第四十三条 【拘役的执行】被判处拘役的犯罪分子，由公安机关就近执行。

在执行期间，被判处拘役的犯罪分子每月可以回家一天至两天；参加劳动的，可以酌量发给报酬。

第四十四条 【拘役的刑期】拘役的刑期，从判决执行之日起计算；判决执行以前先行羁押的，羁押一日折抵刑期一日。

第四十五条 【有期徒刑的期限】有期徒刑的期限，除本法第五十条、第六十九条规定外，为六个月以上十五年以下。

第四十六条 【徒刑的执行】被判处有期徒刑、无期徒刑的犯罪分子，在监狱或者其他执行场所执行；凡有劳动能力的，都应当参加劳动，接受教育和改造。

第四十七条 【有期徒刑刑期计算与折抵】有期徒刑的刑期，从判决执行之日起计算；判决执行以前先行羁押的，羁押一日折抵刑期一日。

（二）考点解读

管制、拘役、有期徒刑、无期徒刑被合称为自由刑。

1. 四种自由刑综合比较。

表19　管制、拘役、有期徒刑、无期徒刑的区别

	管制	拘役	有期徒刑	无期徒刑
执行机关	社区矫正机关	公安机关	监狱	监狱
刑期	3个月至2年，数罪并罚不超过3年	1个月至6个月，数罪并罚不超过1年	6个月至15年，数罪并罚不超过20年或者25年	终身
是否关押	否	关押，每月可以回家1~2天	关押	关押
待遇	同工同酬	参加劳动的，酌量发给报酬	无偿参加劳动	无偿参加劳动
是否实行社区矫正	是	否（被判处缓刑的实行）	否（被判处缓刑的实行）	否
执行前羁押的折抵	一日折抵两日	一日折抵一日	一日折抵一日	不折抵
是否适用假释制度	否	否	是（假释考验期实行社区矫正）	是（假释考验期实行社区矫正）
最低实际执行刑期	不少于1/2	不少于1/2	不少于1/2	不少于13年

说明：适用假释制度的不包括不得假释的情形。

2. 个别问题分述。

（1）社区矫正。

社区矫正是一种不使罪犯与社会隔离并利用社区资源教育改造罪犯的方法，是所有在社区环境中管理教育罪犯方式的总称。简单地说，就是让符合法定条件的罪犯在社区中执行刑罚。国外较常见的包括缓刑、假释、社区服务、暂时释放、中途之家、工作释放、学习释放等。中国的"社区矫正"，是指将符合社区矫正条件的罪犯置于社区内，由专门的国家机关，在相关社会团体和民间组织以及社会志愿者的协助下，在判决、裁定或决定确定的期限内，矫正其犯罪心理和行为恶习，并促进其顺利回归社会的非监禁刑罚执行活动。

在接受社区矫正期间，罪犯是可以正常工作的。他只需要按时参加社区矫正部门安排的矫正课程、矫正工作即可。罪犯的工资也不受影响。有些罪犯找不到工作，社区矫正部门还会想办法帮他找工作，使其能够自食其力。

（2）禁止令。

对于被判处管制和被判处拘役、有期徒刑缓期执行的罪犯，除了适用社区矫正制度，还可以"根据犯罪情况，同时禁止犯罪分子在执行期间从事特定活动，进入特定区域、场所，接触特定的人"。这就是禁止令，是《刑法修正案（八）》新增的规定。禁止令不属于附加刑，是对主刑执行方式的特别规定。

禁止令从何时开始执行呢？当然应该从管制、缓刑执行之日起开始执行。否则，管制期、缓刑考验期都结束了，再执行禁止令有何意义呢？

法院可以禁止犯罪分子在执行期间从事哪些特定活动，进入哪些特定区域、场所，接触哪些特定的人是禁止令部分的必考考点。

2011 年 4 月，最高人民法院、最高人民检察院、公安部、司法部发布了《关于对判处管制、宣告缓刑的犯罪分子适用禁止令有关问题的规定（试行）》。该规定以下几条值得关注：

第三条　人民法院可以根据犯罪情况，禁止判处管制、宣告缓刑的犯罪分子在管制执行期间、缓刑考验期限内从事以下一项或者几项活动：

（一）个人为进行违法犯罪活动而设立公司、企业、事业单位或者在设立公司、企业、事业单位后以实施犯罪为主要活动的，禁止设立公司、企业、事业单位；

（二）实施证券犯罪、贷款犯罪、票据犯罪、信用卡犯罪等金融犯罪的，禁止从事证券交易、申领贷款、使用票据或者申领、使用信用卡等金融活动；

（三）利用从事特定生产经营活动实施犯罪的，禁止从事相关生产经营活动；

（四）附带民事赔偿义务未履行完毕，违法所得未追缴、退赔到位，或者罚金尚未足额缴纳的，禁止从事高消费活动；

（五）其他确有必要禁止从事的活动。

第四条　人民法院可以根据犯罪情况，禁止判处管制、宣告缓刑的犯罪分子在管制执行期间、缓刑考验期限内进入以下一类或者几类区域、场所：

（一）禁止进入夜总会、酒吧、迪厅、网吧等娱乐场所；

（二）未经执行机关批准，禁止进入举办大型群众性活动的场所；

（三）禁止进入中小学校区、幼儿园园区及周边地区，确因本人就学、居住等原因，经执行机关批准的除外；

（四）其他确有必要禁止进入的区域、场所。

第五条　人民法院可以根据犯罪情况，禁止判处管制、宣告缓刑的犯罪分子在管制执行期间、缓刑考验期限内接触以下一类或者几类人员：

（一）未经对方同意，禁止接触被害人及其法定代理人、近亲属；

（二）未经对方同意，禁止接触证人及其法定代理人、近亲属；

（三）未经对方同意，禁止接触控告人、批评人、举报人及其法定代理人、近亲属；

（四）禁止接触同案犯；

（五）禁止接触其他可能遭受其侵害、滋扰的人或者可能诱发其再次危害社会的人。

第六条　禁止令的期限，既可以与管制执行、缓刑考验的期限相同，也可以短于管制执行、缓刑考验的期限，但判处管制的，禁止令的期限不得少于三个月，宣告缓刑的，禁止令的期限不得少于二个月。

判处管制的犯罪分子在判决执行以前先行羁押以致管制执行的期限少于三个月的，禁止令的期限不受前款规定的最短期限的限制。

禁止令的执行期限，从管制、缓刑执行之日起计算。

第九条　禁止令由司法行政机关指导管理的社区矫正机构负责执行。

第十一条　判处管制的犯罪分子违反禁止令，或者被宣告缓刑的犯罪分子违反禁止令尚不属情节严重的，由负责执行禁止令的社区矫正机构所在地的公安机关依照《中华人民共和国治安管理处罚法》第六十条的规定处罚。

第十二条　被宣告缓刑的犯罪分子违反禁止令，情节严重的，应当撤销缓刑，执行原判刑罚。原作出缓刑裁判的人民法院应当自收到当地社区矫正机构提出的撤销缓刑建议书之日起一个月内依法作出裁定。人民法院撤销缓刑的裁定一经作出，立即生效。

违反禁止令，具有下列情形之一的，应当认定为"情节严重"：

（一）三次以上违反禁止令的；

（二）因违反禁止令被治安管理处罚后，再次违反禁止令的；

（三）违反禁止令，发生较为严重危害后果的；

（四）其他情节严重的情形。

第十三条　被宣告禁止令的犯罪分子被依法减刑时，禁止令的期限可以相应缩短，由人民法院在减刑裁定中确定新的禁止令期限。

因为比较简单，我就不一一重复了。但大家一定要看。

【示例】 北京东城区的张某尚在管制执行期间，张某的下列哪些行为是违反管制规定的行为？[1]

A. 与他人合作写了一本《股市参与技巧》，使用化名出版

B. 悄悄回云南老家为父亲办理丧事

C. 家中经常去人，来去匆匆非常可疑，且从未报告

D. 每天买一摞报纸回家，不知在干什么

【考点】 管制期间应当遵守的规定

【解题思路与常见错误分析】 选项A、B、C的行为都是刑法明文禁止的。但是，法律没有规定管制期间要剥夺被管制者的阅读权利，张某的D项行为没有违反管制的规定。

【同类考点总结】 管制期间的政治权利是"未经批准，不得行使"的。所以张某不能随意出版书籍。

【经典真题】

关于禁止令，下列哪些选项是错误的？[2]（2012-2-56）

A. 甲因盗掘古墓葬罪被判刑7年，在执行5年后被假释，法院裁定假释时，可对甲宣告禁止令

B. 乙犯合同诈骗罪被判处缓刑，因附带民事赔偿义务尚未履行，法院可在禁止令中禁止其进入高档饭店消费

C. 丙因在公共厕所猥亵儿童被判处缓刑，法院可同时宣告禁止其进入公共厕所

D. 丁被判处管制，同时被禁止接触同案犯，禁止令的期限应从管制执行完毕之日起计算

【考点】 禁止令的适用

【解题思路与常见错误分析】《刑法修正案（八）》仅规定了对被判处管制、宣告缓刑的人适用禁止令。所以，对于假释的人，不能适用禁止令。选项A是错误的。

根据《关于对判处管制、宣告缓刑的犯罪分子适用禁止令有关问题的规定（试行）》，选项B是正确的。由于乙犯合同诈骗罪被判处缓刑，在其附带民事赔偿义务尚未履行前，

---

[1]【答案】ABC

[2]【答案】ACD

法院可在禁止令中禁止其进入高档饭店消费，以此来促使其尽快履行民事赔偿义务。

选项 C 显然是错误的。即使丙因在公共厕所猥亵儿童被判处缓刑，法院也不能同时宣告禁止其进入公共厕所。因为进入公共厕所是丙正常生活所必需的，法院不能禁止其进入。

选项 D 错在禁止令的期限应该从管制执行之日起计算。如果管制结束了才执行禁止令，这个禁止令就毫无意义了。

【同类考点总结】 禁止令只能适用于被判处管制和宣告缓刑的人，不能适用于被假释的人。不能发布禁止令禁止罪犯进入公共厕所、医院等罪犯正常生活所必需的场所。

【经典真题】

甲怀疑医院救治不力致其母死亡，遂在医院设灵堂、烧纸钱，向医院讨说法。结合社会主义法治理念和刑法规定，下列哪一看法是错误的？[1]（2014 - 2 - 2）

D. 如以寻衅滋事罪判处甲有期徒刑 3 年、缓刑 3 年，为有效维护医疗秩序，法院可同时发布禁止令，禁止甲 1 年内出入医疗机构

【考点】 禁止令的适用

【解题思路与常见错误分析】 选项 D 错在不能禁止甲出入医疗机构。医院是一个人生病时必须要去的地方，如果禁止甲出入医疗机构，其生命都可能无法保障。

【同类考点总结】 考生要掌握法院适用禁止令的根本目的：禁止犯罪分子再次犯罪，且不能影响罪犯正常生活。因此，医院、公共厕所、罪犯上学、工作必须去的学校、工作单位等都不能禁止犯罪分子出入，这些会影响罪犯的正常生活。

3. 执行的具体机关：两个半规则。

这是对刑事执行机关分工的形象表述。先将死刑分为死刑立即执行和死刑缓期执行两个部分，各为半个主刑。然后根据对刑罚执行机关的总结，可以基本得出这样的结论：监狱负责两个半（监狱负责有期徒刑、无期徒刑和死刑缓期执行）、法院负责两个半（罚金、没收财产这两个财产刑和死刑立即执行）。但要注意：有期徒刑在被交付执行前，剩余刑期在 3 个月以下的，由看守所代为执行；未成年犯在未成年犯管教所执行。被判处有期徒刑宣告缓刑的，由社区矫正机关执行。

三、死刑★★★★★

（一）相关法条

《刑法》

第四十八条 **【死刑的适用对象与核准机关】** 死刑只适用于罪行极其严重的犯罪分子。对于应当判处死刑的犯罪分子，如果不是必须立即执行的，可以判处死刑同时宣告缓期二年执行。

死刑除依法由最高人民法院判决的以外，都应当报请最高人民法院核准。死刑缓期执行的，可以由高级人民法院判决或者核准。

第四十九条 **【死刑限制】** 犯罪的时候不满十八周岁的人和审判的时候怀孕的妇女，不适用死刑。

---

[1] 【答案】D

审判的时候已满七十五周岁的人，不适用死刑，但以特别残忍手段致人死亡的除外。

第五十条 【死缓变更】判处死刑缓期执行的，在死刑缓期执行期间，如果没有故意犯罪，二年期满以后，减为无期徒刑；如果确有重大立功表现，二年期满以后，减为二十五年有期徒刑；如果故意犯罪，情节恶劣的，报请最高人民法院核准后执行死刑；对于故意犯罪未执行死刑的，死刑缓期执行的期间重新计算，并报最高人民法院备案。

对被判处死刑缓期执行的累犯以及因故意杀人、强奸、抢劫、绑架、放火、爆炸、投放危险物质或者有组织的暴力性犯罪被判处死刑缓期执行的犯罪分子，人民法院根据犯罪情节等情况可以同时决定对其限制减刑。

第五十一条 【死缓期间与减刑计算】死刑缓期执行的期间，从判决确定之日起计算。死刑缓期执行减为有期徒刑的刑期，从死刑缓期执行期满之日起计算。

(二) 考点解读

1. 死刑适用对象：只适用于罪行极其严重的犯罪分子。

> 因为死刑缓期执行仅是死刑的一种执行方式而不是独立刑种，所以，死刑立即执行和死缓适用的前提条件都是"罪行极其严重"。二者差别在于"是否必须立即执行"。所以，对不属于罪行极其严重的犯罪分子，既不能判处死刑立即执行，也不能判处死刑缓期执行。

2. 适用对象的限制。

(1) 下列三类人不能适用死刑。

①犯罪时未满 18 周岁的人。周岁的计算标准是足岁，即超过生日当天 24 时才算满多少周岁。生日当天夜里 24 时以前仍为不满 18 周岁。

②审判时怀孕的妇女。

③审判的时候已满 75 周岁的人。但是，如果这种人以特别残忍的手段致人死亡的，还是可以适用死刑的。

(2) 如何理解这三类对象？首先，要注意以下几点：

一是不适用死刑包括不适用死刑缓期执行，即最高刑是无期徒刑。

二是不满 18 周岁是指犯罪时不满 18 周岁，怀孕的妇女是审判时怀孕。

认定"审判时怀孕的妇女"时，应注意：

①对审判时应作广义的理解，即从羁押、审判到执行的全过程。

②《最高人民法院关于对怀孕妇女在羁押期间自然流产审判时是否可以适用死刑问题的批复》指出，怀孕妇女因涉嫌犯罪在羁押期间自然流产后，又因同一事实被起诉、交付审判的，应当视为"审判的时候怀孕的妇女"，依法不适用死刑。

由此可见，这个司法解释将"怀孕的妇女"扩大解释到包括流产（包括自然和人工流产）。但必须是因同一事实被起诉、交付审判的。

③对于怀孕妇女执行死刑的限制：因同一犯罪事实，在从羁押到死刑执行前的整个过程中，只要该妇女有过怀孕的事实，不管是否流产，都不能适用死刑立即执行和死缓。

④公安机关待犯罪嫌疑人分娩后再采取强制措施的，能否视为审判时怀孕的妇女？能！参见示例 4。

三是不能等被告年满 18 周岁或者生育、流产后再执行死刑。

四是对于审判的时候已满 75 周岁的人不适用死刑。但是，这一规定并不绝对。如果这种人以特别残忍的手段致人死亡的，还是可以适用死刑的。

【示例1】依据法律规定，下列关于死刑的说法哪些是不正确的？[1]

A. 对不属于罪行极其严重的犯罪分子，既不能判处死刑立即执行，也不能判处死刑缓期执行

B. 死刑缓期执行的判决，可以由高级人民法院核准

C. 对犯罪时不满18周岁的人，不能判处死刑立即执行，但可以判处死刑同时宣告缓期二年执行

D. 对审判时怀孕的妇女，可以判处死刑，但必须在其生育或者流产后才能执行死刑判决

【分析】选项A中死刑适用的条件之一是罪行极其严重。因为死缓仅是死刑的一种执行方式而不是独立刑种，所以，二者适用的前提条件都是"罪行极其严重"。二者差别在于"是否必须立即执行"。对犯罪时不满18周岁的人不能判处死刑，这其中包含不能判处死缓。对怀孕的妇女也不可以判处死刑。

【示例2】甲于1997年11月因贩卖海洛因2000克被抓获，但第二天即脱逃。1998年5月，甲再次被抓获，因怀孕，做人工流产手术后再次脱逃，被长期通缉，直至2005年3月才被抓获。关于本案，说法正确的是：[2]

A. 对甲可以适用死刑　　　　　　　B. 对甲可以判处死刑缓期两年执行

C. 对甲不能适用死刑　　　　　　　D. 对甲最高只能判处无期徒刑

【分析】怀孕妇女涉嫌犯罪在羁押期间自然流产后，又因同一事实被起诉，交付审判的，应当视为审判的时候怀孕的妇女，依法不能适用死刑。

【示例3】甲怀孕期间故意杀害乙，甲在怀孕期间被捕。因为怀孕，甲被判处无期徒刑。由于甲正在哺乳自己的婴儿，监狱机关同意甲暂时监外执行刑罚。在监外执行期间，甲又杀害了乙的朋友丙。甲能被判处死刑吗？

【分析】能。因为甲第二次被羁押时不属于"审判时怀孕的妇女"。甲这种情况属于在刑罚执行期间又犯新罪的，法院应当把她前面未执行完毕的刑罚与新罪数罪并罚。如果甲第二次犯罪被判处死刑立即执行的话，由于无期徒刑未执行完毕的刑罚还是无期徒刑，所以对甲应当以死刑和无期徒刑数罪并罚，决定执行死刑立即执行。

【示例4】公安机关经侦查发现甲曾与乙共同将丙杀害，在对乙采取强制措施后，准备对甲采取强制措施时，发现甲正在怀孕，就未对甲采取相应的强制措施。在甲分娩后的第10天，公安机关将其刑事拘留。对甲能否适用死刑？

【分析】不能适用死刑。公安机关明知犯罪嫌疑人甲怀孕而不对其采取强制措施，待其分娩后再予拘押，使得表面上甲不再具有依法原本应当具有的特别保护条件。显然，造成这一情形并非因法律规定所致，而是由于公安机关未能严格依法及时对甲采取相关强制措施所致，由此产生的后果当然也就不应由甲承担。并且，即便对甲是在其分娩后才采取强制措施，也不能改变甲在分娩前就已经被公安机关列为犯罪嫌疑人的事实。从有利于被告人的原则出发，对甲也应视为"审判时怀孕的妇女"而不能适用死刑。

---

〔1〕【答案】CD
〔2〕【答案】CD

【经典真题】

审判的时候怀孕的妇女依法不适用死刑。对这一规定的理解，下列哪一选项是错误的？[1]（2007-2-4）

A. 关押期间人工流产的，属于审判的时候怀孕的妇女

B. 关押期间自然流产的，属于审判的时候怀孕的妇女

C. 不适用死刑，是指不适用死刑立即执行但可适用死缓

D. 不适用死刑，既包括不适用死刑立即执行，也包括不适用死缓

【考点】对"审判时怀孕的妇女"的理解

【解题思路与常见错误分析】在被关押期间，无论被关押妇女是人工流产还是自然流产，都属于"审判的时候怀孕的妇女"。不适用死刑既包括不适用死刑立即执行，也包括不适用死缓。

【同类考点总结】只要妇女在被羁押的过程中，包括从羁押当天直至最终执行刑罚期间有过怀孕状态，无论这个胎儿后来怎样了，这个妇女都属于"审判时怀孕的妇女"，最高只能被判处无期徒刑。

3. 死缓制度。

（1）本部分的主要考点是死缓的法律后果及限制减刑制度。

死缓的法律后果即死缓的三种可能性结局及其条件：

①判处死刑缓期执行的，在死刑缓期执行期间，如果没有故意犯罪，2年期满以后，减为无期徒刑；

②如果确有重大立功表现，2年期满以后，减为25年有期徒刑；

③**如果故意犯罪，查证属实的，分为两种情况进行不同的处理。**

根据原来的《刑法》第50条规定，如果故意犯罪，查证属实的，一律由最高人民法院核准，执行死刑。立法机关考虑到有些故意犯罪的情节并不是很严重，为了限制死刑的适用，《刑法修正案（九）》将本条修改为："如果故意犯罪，情节恶劣的，报请最高人民法院核准后执行死刑；对于故意犯罪未执行死刑的，死刑缓期执行的期间重新计算，并报最高人民法院备案。"那么，现在在死刑缓期执行期间，故意犯罪的，就分为两种情况处理：①情节恶劣的，报请最高人民法院核准后执行死刑；②情节不恶劣的，不执行死刑，但死刑缓期执行的期间重新计算，并报最高人民法院备案。

【经典真题】

孙某因犯抢劫罪被判处死刑，缓期2年执行。在死刑缓期执行期间，孙某在劳动时由于不服管理，违反规章制度，造成重大伤亡事故。对孙某应当如何处理？[2]（2004-2-14）

A. 其所犯之罪查证属实的，由最高人民法院核准，立即执行死刑

B. 其所犯之罪查证属实的，由最高人民法院核准，2年期满后执行死刑

---

[1]【答案】C
[2]【答案】C

C. 2 年期满后减为无期徒刑

D. 2 年期满后减为 20 年有期徒刑

【考点】在死刑缓期执行期间，过失犯罪的，不执行死刑

【解题思路与常见错误分析】孙某所犯之罪构成重大责任事故罪，属于过失犯罪，不是故意犯罪，因此不能被执行死刑。但是，孙某也无重大立功，所以也不能被减为 20 年有期徒刑。这是 2004 年的题目。如果是 2011 年后，即使被减为有期徒刑，也只能被减为 25 年有期徒刑。

【同类考点总结】在死刑缓期执行期间执行死刑的条件是：在死刑缓期执行期间故意犯罪，且情节恶劣。

（2）对上述三种情形的理解要注意三个问题。

①死刑缓期二年执行，在 2 年期满后，减刑前又故意犯罪的，不一定能执行死刑，只有在 2 年期间内又故意犯罪，且情节恶劣的，才能执行死刑。

【示例】甲被判处死刑缓期二年执行，于 2003 年 8 月 26 日考验期满。考验期间，甲没有故意犯罪，并遵守监规。其服刑所在的监狱向中级法院上报了将死缓减为无期徒刑的材料。在此期间，同年 8 月 29 日，甲将同监舍乙某打成重伤。对甲就不能执行死刑，只能以无期徒刑和故意伤害罪判处的刑罚数罪并罚。

②在 2 年期间内故意犯罪的，不是必须等到 2 年期满后才执行死刑。

③在死刑缓期执行期间，如果是过失犯罪，则不能执行死刑。

（3）死缓期间及减为有期徒刑的刑期计算：死刑缓期执行的期间，从判决或者裁定核准死刑缓期二年执行的法律文书宣告或送达之日起计算。死刑缓期执行减为有期徒刑的刑期，从死刑缓期执行期满之日起计算。

> 判决或者裁定确定之前的羁押时间，不计算在缓期二年的期限之内。因为，规定 2 年的考验期就是为了观察犯罪人在这 2 年内有无悔改表现，如果将先前羁押的时间计算在内就减少了考验期间，丧失了考验的意义。缓刑也同样如此。
>
> 死刑缓期执行减为有期徒刑的刑期，从死刑缓期执行期满之日起计算，而不是从裁定减刑之日起计算。因为，按照法律规定，有重大立功的，从缓刑期满之日，就要减为有期徒刑 25 年。

（4）限制减刑制度。

《刑法修正案（八）》在延长死缓考验期满减为有期徒刑的刑期的同时，还增加了限制减刑制度。这一制度可以有效地减少判处死刑立即执行案件的数量。

《刑法》第 50 条第 2 款规定："对被判处死刑缓期执行的累犯以及因故意杀人、强奸、抢劫、绑架、放火、爆炸、投放危险物质或者有组织的暴力性犯罪被判处死刑缓期执行的犯罪分子，人民法院根据犯罪情节等情况可以同时决定对其限制减刑。"

①限制减刑的对象。

被判处死刑缓期执行的累犯以及因故意杀人、强奸、抢劫、绑架、放火、爆炸、投放危险物质或者有组织的暴力性犯罪被判处死刑缓期执行的犯罪分子。请注意，只要是这七种具体的犯罪即可，并不要求是暴力性犯罪。这七种犯罪不包含无组织的故意伤害罪。如果故意伤害罪是黑社会性质组织有组织地进行的暴力犯罪，则可能被同时判处限制减刑。

> 考生可以这样记忆：1＋7＋1，即累犯加 7 个罪再加有组织的暴力性犯罪。这 7 个罪是已满 14 周岁，不满 16 周岁的人应当负责的 8 种犯罪中，去掉相对较轻的故意伤害罪和贩卖毒品罪，加上绑架罪形成的。

②限制减刑的法律后果。

《刑法修正案（八）》增加限制减刑制度主要是为了延长这些情节极其严重的死缓犯的实际服刑期限，以降低死刑立即执行的判决数量（即用死缓加限制减刑判决替代死刑立即执行判决）。

《刑法》第78条第2款规定："减刑以后实际执行的刑期不能少于下列期限：……（三）人民法院依照本法第五十条第二款规定限制减刑的死刑缓期执行的犯罪分子，缓期执行期满后依法减为无期徒刑的，不能少于二十五年，缓期执行期满后依法减为二十五年有期徒刑的，不能少于二十年。"

请注意：这里的25年和20年均不包含2年的死缓考验期。

（5）死缓犯的实际执行期限。

①《最高人民法院关于办理减刑、假释案件具体应用法律若干问题的规定》第9条第2款规定："死刑缓期执行罪犯经过一次或几次减刑后，其实际执行的刑期不能少于十五年，死刑缓期执行期间不包括在内。"即使缓期执行期满后依法减为有期徒刑的，其实际执行的刑期也不能少于十五年。

②对于被限制减刑的罪犯，缓期执行期满后依法减为无期徒刑的，不能少于25年，缓期执行期满后依法减为25年有期徒刑的，不能少于20年。这两个数字也不包含2年的死缓考验期。

第二节　附加刑

导学　　附加刑包括罚金、剥夺政治权利、没收财产和驱逐出境。罚金与没收财产的并罚、没收财产的对象、剥夺政治权利的刑期计算是理论难点。

考点解读

一、罚金★★★

（一）相关法条

《刑法》

第五十二条　【罚金数额】判处罚金，应当根据犯罪情节决定罚金数额。

第五十三条　【罚金的缴纳】罚金在判决指定的期限内一次或者分期缴纳。期满不缴纳的，强制缴纳。对于不能全部缴纳罚金的，人民法院在任何时候发现被执行人有可以执行的财产，应当随时追缴。

由于遭遇不能抗拒的灾祸等原因缴纳确实有困难的，经人民法院裁定，可以延期缴纳、酌情减少或者免除。

（二）考点解读

1. 判决依据：根据犯罪情节，如违法所得数额、造成损失的大小等，并综合考虑犯罪分子缴纳罚金的能力，依法判处罚金。

注意：犯罪人的执行能力不能作为是否判处财产刑的依据。因为罚金刑还可以分期、延期缴纳，还可以执行其他财产。因此，身无分文不是排除适用罚金刑的根据。

【示例】 刑法分则某条文规定：犯 A 罪的，"处三年以下有期徒刑，并处或者单处罚金"。被告人犯 A 罪，但情节较轻，且其身无分文。对此，下列哪一判决符合该条规定？[1]

A. 甲法官以被告人身无分文为由，判处有期徒刑 6 个月

B. 乙法官以被告人身无分文且犯罪情节较轻为由，判处有期徒刑 1 年，缓期 2 年执行

C. 丙法官以被告人的犯罪情节较轻为由，判处拘役 3 个月

D. 丁法官以被告人的犯罪情节较轻为由，判处罚金 1000 元

【分析】 根据题中所给的法条，判决中必须包括罚金的内容，这可以是判处主刑并处罚金或者单处罚金。A、B、C 三选项均未判处罚金，所以不符合"并处或者单处罚金"的规定。D 选项符合法律的规定。

2. 罚金的数额。

根据司法解释，刑法没有明确规定罚金数额标准的，罚金的最低数额不能少于 1000 元。未成年人犯罪的罚金最低数额不能少于 500 元。

3. 罚金刑有四种执行方式：限期一次缴纳、限期分期缴纳、强制缴纳、随时追缴。

《刑法》第 53 条第 1 款规定："罚金在判决指定的期限内一次或者分期缴纳。期满不缴纳的，强制缴纳。对于不能全部缴纳罚金的，人民法院在任何时候发现被执行人有可以执行的财产，应当随时追缴。"《刑法》第 53 条第 2 款原来规定："如果由于遭遇不能抗拒的灾祸缴纳确实有困难的，可以酌情减少或者免除。"《刑法修正案（九）》将其单独作为第 2 款并修改为："由于遭遇不能抗拒的灾祸等原因缴纳确实有困难的，经人民法院裁定，可以延期缴纳、酌情减少或者免除。"即，增加了延期缴纳这种处理方式，并明确规定延期缴纳、酌情减少或者免除罚金的决定权在人民法院。

4. 罚金刑的并罚原则是绝对相加原则。

5. 法条中"并处"和"可以并处"的理解。

刑法规定并处没收财产或者罚金的犯罪，人民法院在对犯罪分子判处主刑的同时，必须依法判处相应的财产刑。刑法规定"可以并处"没收财产或者罚金的犯罪，人民法院应当根据案件具体情况及犯罪分子的财产状况，决定是否适用财产刑。刑法和司法解释中关于并处和可以并处的规定，都应做上述同样的理解，即并处应理解为应当并处。

二、剥夺政治权利 ★★★

（一）相关法条

《刑法》

第五十四条 **【剥夺政治权利的含义】** 剥夺政治权利是剥夺下列权利：

（一）选举权和被选举权；

（二）言论、出版、集会、结社、游行、示威自由的权利；

（三）担任国家机关职务的权利；

（四）担任国有公司、企业、事业单位和人民团体领导职务的权利。

---

[1] 【答案】D

第五十五条 【剥夺政治权利的期限】剥夺政治权利的期限，除本法第五十七条规定外，为一年以上五年以下。

判处管制附加剥夺政治权利的，剥夺政治权利的期限与管制的期限相等，同时执行。

第五十六条 【剥夺政治权利的适用】对于危害国家安全的犯罪分子应当附加剥夺政治权利；对于故意杀人、强奸、放火、爆炸、投毒、抢劫等严重破坏社会秩序的犯罪分子，可以附加剥夺政治权利。

独立适用剥夺政治权利的，依照本法分则的规定。

第五十七条 【死刑、无期徒刑应当剥夺政治权利】对于被判处死刑、无期徒刑的犯罪分子，应当剥夺政治权利终身。

在死刑缓期执行减为有期徒刑或者无期徒刑减为有期徒刑的时候，应当把附加剥夺政治权利的期限改为三年以上十年以下。

第五十八条 【剥夺政治权利的刑期计算、效力、执行】附加剥夺政治权利的刑期，从徒刑、拘役执行完毕之日或者从假释之日起计算；剥夺政治权利的效力当然施用于主刑执行期间。

被剥夺政治权利的犯罪分子，在执行期间，应当遵守法律、行政法规和国务院公安部门有关监督管理的规定，服从监督；不得行使本法第五十四条规定的各项权利。

（二）考点解读

1. 剥夺政治权利的具体内容。

理解时需要注意以下几点：

（1）如果没有被判处剥夺政治权利，则罪犯在服刑期间仍享有政治权利，如选举权和被选举权。

（2）这里的选举权和被选举权是指《选举法》规定的选举权和被选举权，即选举人大代表和国家机关领导人员的权利。本来不应当包括村民委员会的选举。但是，根据《中华人民共和国村民委员会组织法》第13条第1款规定，依照法律被剥夺政治权利的人没有对村民委员会的选举权和被选举权。

2. 剥夺政治权利的适用。

（1）剥夺政治权利的附加适用。

对严重犯罪可以或者应当附加剥夺政治权利。具体包括两种情况：

①应当附加适用。对于危害国家安全和被判处死刑、无期徒刑的犯罪分子应当附加剥夺政治权利。

②可以附加适用。对于故意杀人、强奸、放火、爆炸、投毒、抢劫等严重破坏社会秩序的犯罪分子，可以附加剥夺政治权利。

【示例】 下列应当附加适用剥夺政治权利的是：[1]

A. 甲犯间谍罪，被判处有期徒刑8年

B. 乙犯抢劫罪被判处无期徒刑

C. 丙犯强奸罪被判处10年有期徒刑

D. 丁犯抢劫罪被判处15年有期徒刑

【分析】 选项C、D是可以附加剥夺政治权利。

---

[1]【答案】AB

请注意法条中的"等"字。这表示附加剥夺政治权利不限于法律明文列举的"故意杀人、强奸、放火、爆炸、投毒、抢劫"罪。只要是严重破坏社会秩序的犯罪分子，都可以附加剥夺政治权利。因此，对故意伤害、盗窃等其他严重破坏社会秩序的犯罪，也可以依法附加剥夺政治权利。

这就是刑法分则中为什么不规定"单处或并处附加剥夺政治权利"的原因。

【经典真题】

罗某犯放火罪应被判处 10 年有期徒刑，此时人民法院对罗某还可以适用的附加刑是：[1]（2004 - 2 - 9）

A. 罚金　　　　　　　　　　B. 剥夺政治权利

C. 没收财产　　　　　　　　D. 赔偿经济损失

【考点】附加刑的适用

【解题思路与常见错误分析】对于贪财性犯罪，如盗窃罪、抢劫罪、组织卖淫罪，刑法一般规定附加适用罚金、没收财产刑。放火不是贪财性犯罪，所以无此规定。还要注意：只有刑法明文规定了该罪的附加刑包括判处罚金或者判处没收财产的，法官才可以判决罚金或者没收财产。但是，附加剥夺政治权利的，则不需要法律的明文规定。法律也无此规定。因为《刑法》第56条对此做了统一规定。赔偿经济损失不是附加刑，是民事赔偿责任。

【同类考点总结】（1）要判处罚金和没收财产，必须要有法律的明文规定。（2）通常只有贪财性犯罪才会规定附加判处罚金或者没收财产，但不绝对。危险驾驶罪就可以单处罚金。（3）只要是严重破坏社会秩序的犯罪分子，都可以附加剥夺政治权利。

（2）剥夺政治权利的独立适用。

在独立适用剥夺政治权利时，只有刑法分则某条对某罪明确规定可以单独适用剥夺政治权利时，才可单独适用。这与附加适用剥夺政治权利的条件不同。

3. 剥夺政治权利的期限。

（1）对于被判处死刑、无期徒刑的犯罪分子，应当剥夺政治权利终身。

（2）在死刑缓期执行减为有期徒刑或者无期徒刑减为有期徒刑的时候，应当把附加剥夺政治权利的期限改为 3 年以上 10 年以下。

（3）独立适用或者判处有期徒刑、拘役附加适用剥夺政治权利的期限为 1 年以上 5 年以下。

（4）判处管制附加剥夺政治权利的，剥夺政治权利的期限与管制的期限相等。

4. 剥夺政治权利的期限计算。

（1）独立适用的，从判决执行之日起计算并执行。

（2）判处管制附加剥夺政治权利的，剥夺政治权利的期限与管制的期限相等，同时执行。

（3）判处有期徒刑、拘役附加剥夺政治权利的刑期，以及死缓、无期徒刑减为有期徒刑附加剥夺政治权利的刑期，从徒刑、拘役执行完毕之日或者从假释之日起计算；剥夺政治权利的效力当然施用于主刑执行期间。

———————

[1]【答案】B

> 附加剥夺政治权利的刑期应当从"假释之日"起计算，而非"假释期满之日"起计算。因为这些人被假释时即有可能去行使政治权利。
>
> 剥夺政治权利的效力当然施用于主刑执行期间。

（4）被剥夺政治权利终身的，从主刑执行之日起开始执行剥夺政治权利。

【示例】 下列关于剥夺政治权利附加刑如何执行问题的说法哪些是正确的？[1]

A. 被判处无期徒刑的罪犯，一般要剥夺政治权利，其刑期与主刑一样，同时执行

B. 被判处有期徒刑的罪犯，被剥夺政治权利的，从有期徒刑执行完毕或假释之日起，执行剥夺政治权利附加刑

C. 被判处拘役的罪犯，被剥夺政治权利的，从拘役执行完毕之日起执行剥夺政治权利附加刑

D. 被判处管制的罪犯，被剥夺政治权利的，附加刑与主刑刑期相等，同时执行

【分析】 根据《刑法》第57条第1款的规定，对于被判处无期徒刑的罪犯，应当剥夺政治权利，而不是一般要剥夺政治权利。所以，选项A不正确。根据《刑法》第58和第55条第2款的规定，选项B、C、D均正确。

三、没收财产★★★★★

（一）相关法条

《刑法》

第五十九条 【没收财产的范围】没收财产是没收犯罪分子个人所有财产的一部或者全部。没收全部财产的，应当对犯罪分子个人及其扶养的家属保留必需的生活费用。

在判处没收财产的时候，不得没收属于犯罪分子家属所有或者应有的财产。

第六十条 【正当债务偿还】没收财产以前犯罪分子所负的正当债务，需要以没收的财产偿还的，经债权人请求，应当偿还。

第六十四条 【犯罪物品的处理】犯罪分子违法所得的一切财物，应当予以追缴或者责令退赔；对被害人的合法财产，应当及时返还；违禁品和供犯罪所用的本人财物，应当予以没收。没收的财物和罚金，一律上缴国库，不得挪用和自行处理。

司法解释

《最高人民法院关于刑事裁判涉财产部分执行的若干规定》（法释〔2014〕13号）

第九条 判处没收财产的，应当执行刑事裁判生效时被执行人合法所有的财产。

执行没收财产或罚金刑，应当参照被扶养人住所地政府公布的上年度当地居民最低生活费标准，保留被执行人及其所扶养家属的生活必需费用。

第十条 对赃款赃物及其收益，人民法院应当一并追缴。

被执行人将赃款赃物投资或者置业，对因此形成的财产及其收益，人民法院应予追缴。

被执行人将赃款赃物与其他合法财产共同投资或者置业，对因此形成的财产中与赃款赃物对应的份额及其收益，人民法院应予追缴。

对于被害人的损失，应当按照刑事裁判认定的实际损失予以发还或者赔偿。

第十一条 被执行人将刑事裁判认定为赃款赃物的涉案财物用于清偿债务、转让或者设置其他权利负担，具有下列情形之一的，人民法院应予追缴：

---

[1] 【答案】BCD

（一）第三人明知是涉案财物而接受的；

（二）第三人无偿或者以明显低于市场的价格取得涉案财物的；

（三）第三人通过非法债务清偿或者违法犯罪活动取得涉案财物的；

（四）第三人通过其他恶意方式取得涉案财物的。

第三人善意取得涉案财物的，执行程序中不予追缴。作为原所有人的被害人对该涉案财物主张权利的，人民法院应当告知其通过诉讼程序处理。

第十二条　被执行财产需要变价的，人民法院执行机构应当依法采取拍卖、变卖等变价措施。

涉案财物最后一次拍卖未能成交，需要上缴国库的，人民法院应当通知有关财政机关以该次拍卖保留价予以接收；有关财政机关要求继续变价的，可以进行无保留价拍卖。需要退赔被害人的，以该次拍卖保留价以物退赔；被害人不同意以物退赔的，可以进行无保留价拍卖。

第十三条　被执行人在执行中同时承担刑事责任、民事责任，其财产不足以支付的，按照下列顺序执行：

（一）人身损害赔偿中的医疗费用；

（二）退赔被害人的损失；

（三）其他民事债务；

（四）罚金；

（五）没收财产。

债权人对执行标的依法享有优先受偿权，其主张优先受偿的，人民法院应当在前款第（一）项规定的医疗费用受偿后，予以支持。

（二）考点解读

1. 没收财产中的"财产"指什么？

由于犯罪分子违法所得的一切财物，已经被追缴或者责令退赔；被害人的合法财产被要求及时返还；违禁品和供犯罪所用的本人财物，也已经被没收。因此，没收财产这个附加刑针对的对象只能是犯罪分子个人所有的合法财产，不包括其家属所有或者应有的财产，也不包括各种犯罪所得及用于犯罪的本人财物。

没收财产与没收犯罪物品、违禁品、赃款赃物等不同。后者不是刑罚，它们是在办案过程中由司法机关剥夺犯罪所得，防止罪犯从犯罪中获利的措施。

《最高人民法院关于刑事裁判涉财产部分执行的若干规定》（法释〔2014〕13号）第9条也明文规定："判处没收财产的，应当执行刑事裁判生效时被执行人合法所有的财产。执行没收财产或罚金刑，应当参照被扶养人住所地政府公布的上年度当地居民最低生活费标准，保留被执行人及其所扶养家属的生活必需费用。"

2. 没收财产的方式。

没收财产包括部分没收和全部没收。没收全部财产的，应当对犯罪分子个人及其扶养的家属保留必需的生活费用。

3. 被执行人在执行中同时承担刑事责任、民事责任，其财产不足以支付的，按照什么顺序执行？

《刑法》规定：没收财产以前犯罪分子所负的正当债务，需要以没收的财产偿还的，经债权人请求，应当偿还。注意：需要经过债权人请求，但不需要经过人民法院批准。

《最高人民法院关于刑事裁判涉财产部分执行的若干规定》（法释〔2014〕13号）第13条进一步明确规定：被执行人在执行中同时承担刑事责任、民事责任，其财产不足以支付的，按照下列顺序执行：（一）人身损害赔偿中的医疗费用；（二）退赔被害人的损失；（三）其他民事债务；（四）罚金；（五）没收财产。债权人对执行标的依法享有优先受偿权，其主张优先受偿的，人民法院应当在前款第（一）项规定的医疗费用受偿后，予以支持。

> 本条司法解释非常重要。它除了明确民事赔偿优先外，还对民事赔偿之间的优先顺序作了规定。同时，本条解决了在并处没收财产和罚金时的优先顺序。罚金优先对被执行人更有利。因为判决生效后，在指定期限没有缴纳的罚金在将来还是要被追缴的，没有缴纳的没收财产则不能被追缴。换言之，如果被执行人缴纳了罚金后，没有钱缴纳没收财产部分的刑罚了，就可以不缴纳了。

【示例】甲犯抢劫罪，致被害人乙重伤。法院判决甲有期徒刑12年，并处没收财产10万元。甲同时还犯了盗窃罪，法院判决甲有期徒刑5年，并处罚金6万元。乙要求甲赔偿经济损失34万元，其中包括医疗费用13万元。假设法院数罪并罚，认为甲应当被判处有期徒刑15年，认为甲应当在医疗费用之外，另行赔偿乙2万元的损失。如果甲个人合法财产只有24万元，案外人丙主张对甲拥有10万元的依法享有优先受偿权的债务。法院应如何判决并执行甲的民事责任和刑事责任？

【分析】首先，法院在判决时不必考虑甲的个人财产数额的多少。即使甲身无分文，法院应该判决民事责任和附加刑的，还是要判决。其次，法院除了判决甲承担民事赔偿责任15万元外，还要判决甲缴纳罚金6万元，没收财产10万元。罚金和没收财产是不同的财产刑，不能将其数额相加，合并判决。最后，法院在执行时应当首先从甲的个人财产中划出13万元，作为被害人乙的人身损害赔偿中的医疗费用。然后满足案外人丙的优先受偿权10万元。此时甲还剩下1万元的个人合法财产，这笔钱要用来赔偿被害人的经济损失2万元。由于甲只有1万元，因此剩余1万元的经济损失先欠着。在甲以后有钱时，乙有权要求人民法院予以执行。对于甲不能缴纳的罚金6万元，"人民法院在任何时候发现被执行人有可以执行的财产，应当随时追缴。"所以，法院以后有义务追缴甲的罚金。对于没收财产，由于甲已经没有财产可以没收了，只能就此罢休，不再追究了。

4. 没收财产与罚金的并罚问题。

根据《刑法》第69条第3款的规定，一人犯数罪依法同时并处罚金和没收财产的，应当分别执行。根据前述《最高人民法院关于刑事裁判涉财产部分执行的若干规定》第13条的规定，如果被执行人的财产不足以同时支付的，执行罚金优先于执行没收财产。

> 原来的司法解释规定"并处没收全部财产的，只执行没收财产刑"。但《刑法修正案（八）》规定："数罪中有判处附加刑的，附加刑仍须执行，其中附加刑种类相同的，合并执行，种类不同的，分别执行。"所以，现在一人犯数罪，同时并处罚金和没收全部财产的，也应当分别执行，不能只执行没收财产刑。

【经典真题】

关于没收财产，下列哪一选项是正确的？[1]（2009-2-9）

---

〔1〕【答案】C

A. 甲抢劫数额巨大，对其可以判处罚金一万元并处没收财产

B. 乙犯诈骗罪被判处没收全部财产时，法院对乙未满 18 周岁的子女应当保留必需的生活费用，对乙的成年家属不必考虑

C. 丙盗窃珍贵文物情节严重，即便其没有可供执行的财产，亦应当判处没收财产

D. 丁为治病向李某借款五万元，一年后丁因犯罪被判处没收财产。无论李某是否提出请求，一旦法院发现该债务存在，就应当判决以没收的财产偿还

【考点】对没收财产的执行和理解

【考点和剖析】选项 A 错在对于同一犯罪，不能同时判处罚金和没收财产。选项 B 错在对其扶养的家属都要保留必要的份额，无论该家属是否成年。选项 C 考查的是判处罚金时，不用考虑罪犯有无可执行的财产。暂时无力缴纳罚金的，可以以后再缴纳。所以选项 C 正确。选项 D 考查的是在没收财产时，对于正当债务的处理。根据法条规定，要经债权人提出请求，人民法院才可以决定以没收的财产偿还。

【同类考点总结】对没收财产的执行和理解一直是每年的考试重点。考生要掌握每个细小的知识点。对于同一罪，法律规定的都是判处罚金或者没收财产，没有规定并处罚金和没收财产的。

【经典真题】

关于数罪并罚，下列哪些选项是符合《刑法》规定的？（2011 – 2 – 57 题节选）

D. 丁在判决宣告前犯有 3 罪，被分别并处罚金 3 万元、7 万元和没收全部财产。法院不仅要合并执行罚金 10 万元，而且要没收全部财产

【考点】罚金和没收财产的并罚

【解题思路与常见错误分析】这就是《刑法修正案（八）》的规定。《刑法修正案（八）》第 10 条第 2 款规定："数罪中有判处附加刑的，附加刑仍须执行，其中附加刑种类相同的，合并执行，种类不同的，分别执行。"罚金和没收财产要分别判决，分别执行。罚金之间直接相加、合并执行。

【同类考点总结】请掌握刑事裁判涉财产部分的判决方式和执行顺序。

刑罚的裁量是比较琐碎的一章。本章的考题主要是考一些考生记得不太准确的细节，比如对于累犯是"应当"而不是"可以"从重处罚；仅仅交代犯罪前和犯罪中了解的同案犯的自然情况，如身高、长相、联系方式等不算立功；数罪并罚中"先并后减"和"先减后并"如何计算等等。相应的，考生在复习这一章时，重点就要放到对这些细节的记忆上。

考点解读

一、量刑情节的适用 ★★

（一）量刑情节的认定

量刑情节是指在某种行为已经构成犯罪的前提下，在量刑时应当考虑的情节。如果某个情节是作为犯罪构成要件的事实，则不是量刑情节。如《刑法》第 314 条规定，隐藏、转移、变卖、故意毁损已被司法机关查封、扣押、冻结的财产，情节严重的，处 3 年以下有期徒刑、拘役或者罚金。这里的"情节严重"是作为犯罪构成要件规定的，不是量刑情节。

（二）从重、从轻、减轻处罚的含义

1. 相关法条。

《刑法》

第六十三条 【减轻处罚】犯罪分子具有本法规定的减轻处罚情节的，应当在法定刑以下判处刑罚；本法规定有数个量刑幅度的，应当在法定量刑幅度的下一个量刑幅度内判处刑罚。

犯罪分子虽然不具有本法规定的减轻处罚情节，但是根据案件的特殊情况，经最高人民法院核准，也可以在法定刑以下判处刑罚。

2. 考点解读。

（1）从重与从轻处罚都必须在法定刑的限度内判处刑罚，不能高于或者低于法定刑。从重或者从轻处罚也不意味着必须在法定刑的中间线以上或者以下判处刑罚，也不意味着必须判处法定最高刑和法定最低刑。

【示例】甲犯盗窃罪，数额巨大，应当判处 3 年以上 10 年以下有期徒刑，并处罚金。按照甲本来的犯罪情节，只需要判处 3 年有期徒刑。甲是累犯，应当从重处罚。法官判决甲 4 年有期徒刑就是从重处罚了。但 4 年并没有超过法定量刑幅度的中间线。

【示例】 下列关于从重处罚的表述哪些是正确的?[1]

A. 从重处罚是指应当在犯罪所适用刑罚幅度的中线以上判处

B. 从重处罚是在法定刑以上判处刑罚

C. 从重处罚是指在法定刑的限度以内判处刑罚

D. 从重处罚不一定判处法定最高刑

【分析】 参见前文。

(2) 从重处罚和刑法规定的加重构成是不同的两个概念。加重构成是指刑法规定对某种重结果或者重情节适用重一档的法定刑,如《刑法》第 263 条规定,抢劫致人重伤或者死亡的,处 10 年以上有期徒刑、无期徒刑或者死刑,则重伤或者死亡的结果就是抢劫罪的加重构成情节,而不是从重处罚的情节。

(3) 减轻处罚应当在法定刑以下判处刑罚。根据《刑法》第 99 条的规定,刑法条文中的以上、以下、以内都包括本数。如果认为这里的"以下"包括本数在内,则会使减轻处罚与从轻处罚产生交叉。**所以,这里的"以下"不包括本数在内。** 这就是刑法解释方法中的补正解释。补正解释就是在刑法文字发生错误时,统观刑法全文加以补正,以阐明刑法真实含义,使其符合立法目的的解释方法。

(4) 减轻处罚的幅度。

《刑法修正案(八)》对减轻处罚的幅度进行了限制。根据新规定,刑法规定有数个量刑幅度的,只能在法定量刑幅度的下一个量刑幅度内判处刑罚。注意这里的法定量刑幅度是与该犯罪的具体情节相适应的量刑幅度。

> 减轻处罚要在"法定刑以下"判处刑罚,这里的"以下"不包含本数。

(5) 要减轻处罚,罪犯通常必须具有刑法明文规定的减轻情节。例如未成年、自首等。如果不具有刑法规定的减轻处罚情节而要减轻处罚,则必须报请最高人民法院核准。

【经典真题】

假如甲罪的法定刑为"三年以上十年以下有期徒刑",下列关于量刑的说法正确的是:[2](2004 - 2 - 85)

A. 如果法官对犯甲罪的被告人判处 7 年以上 10 年以下有期徒刑,就属于从重处罚;如果判处 3 年以上 7 年以下有期徒刑,就属于从轻处罚

B. 法官对犯甲罪的被告人判处 3 年有期徒刑时,属于从轻处罚与减轻处罚的竞合

C. 由于甲罪的法定最低刑为 3 年以上有期徒刑,所以,法官不得对犯甲罪的被告人宣告缓刑

D. 如果犯甲罪的被告人不具有刑法规定的减轻处罚情节,法官就不能判处低于 3 年有期徒刑的刑罚,除非根据案件的特殊情况,报经最高人民法院核准

【考点】 刑罚的裁量

【解题思路与常见错误分析】 选项 A:从重处罚和从轻处罚与法定刑罚幅度的中间线没有必然联系。

---

[1]【答案】CD
[2]【答案】D

选项 B：法官对罪犯判处法定最低刑时，是从轻处罚。

选项 C：由于本法所称"以上""以下"均含本数，所以法官可以判处甲 3 年有期徒刑。3 年有期徒刑是可以判处缓刑的。

选项 D：如果犯甲罪的被告人不具有刑法规定的减轻处罚情节，法官仍然想对其减轻处罚，就必须报请最高人民法院核准。

【同类考点总结】这四项都是适用量刑情节时的重要注意事项。请考生准确记忆。

（三）刑法中法定的从重、从轻和减轻量刑情节

这是指刑法中明文规定的各种量刑情节。

【经典真题】

下列哪些行为属于法定的从重处罚情节？[1]（2006 - 2 - 65）

A. 国家机关工作人员甲利用职权对乙进行非法拘禁，时间长达 3 天

B. 军警人员甲持枪抢劫

C. 国家机关工作人员利用职权挪用数额巨大的救济款进行赌博

D. 国家机关工作人员甲徇私舞弊，滥用职权，致使公共财产、国家和人民利益遭受重大损失

【考点】法定的从重处罚情节

【解题思路与常见错误分析】根据《刑法》第 238 条第 4 款和第 384 条第 2 款的规定，A、C 选项正确。根据《刑法》第 263 条第 7 项、第 397 条第 2 款的规定，B 选项中的持枪抢劫与 D 选项中的徇私舞弊分别是抢劫罪和滥用职权罪的加重事由（即法定刑升格），不是本题应选项。

【同类考点总结】从重处罚是法条中明文规定了"……，从重处罚"。如果某个情节是法定刑升格的情节，这就是加重情节，不是从重情节。如果某人犯罪情节特别恶劣，法官自行决定从重处罚，但法条对此并无明文规定的，也不属于法定的从重处罚情节。这是酌定的从重处罚情节。

（四）量刑情节的具体适用

1. 法定的应当型情节优于可以型情节，可以型情节优于酌定型情节。

2. 同时具有数个量刑情节的处理：犯罪人同时具有几个从轻、减轻处罚的情节时，只能减轻处罚或者进行较大幅度的减轻处罚，而不能免除处罚。犯罪人同时具有几个从重处罚的情节时，也只能是从重处罚，而不能加重处罚。同时具有从宽与从严情节时，不能简单采用折抵的方法，而应考虑不同情节的地位与作用，分别适用各种量刑情节。

3. 禁止重复评价量刑情节。对各种情节不能重复评价。情节有三类：①作为构成要件事实的情节；②作为法定刑升格的情节；③在既定法定刑之下影响具体量刑的情节。前两类情节发挥了各自作用后，就不能再作为第三类情节考虑。

定罪情节不得在量刑时再次使用。

【示例】《刑法》第 274 条敲诈勒索罪：敲诈勒索公私财物，数额较大或者多次敲诈勒索的，处 3 年以下有期徒刑、拘役或者管制；数额巨大或者有其他严重情节的，处 3 年以上 10 年以下有期徒刑。"数额较大"是构成要件事实的情节，数额巨大或者有其他严重情

---

〔1〕【答案】AC

节是法定刑升格的情节。如果根据数额巨大选择了 3 年以上 10 年以下有期徒刑，则不能再以数额巨大作为在该法定刑内从重处罚的根据。

但是，在行为人具有两个严重情节的情况下，可以将一个严重情节作为法定刑升格的依据，另一个作为在既定法定刑之下影响具体量刑的情节。如敲诈勒索数额巨大并且有其他严重情节，可以将数额巨大作为法定刑升格的情节，将其他严重情节作为在该法定刑内从重处罚的根据。

> 近年来多次考查"禁止重复评价"理论。请认真掌握。

二、累犯★★★★

（一）相关法条

《刑法》

第六十五条　【一般累犯】被判处有期徒刑以上刑罚的犯罪分子，刑罚执行完毕或者赦免以后，在五年以内再犯应当判处有期徒刑以上刑罚之罪的，是累犯，应当从重处罚，但是过失犯罪和不满十八周岁的人犯罪的除外。

前款规定的期限，对于被假释的犯罪分子，从假释期满之日起计算。

第六十六条　【特别累犯】危害国家安全犯罪、恐怖活动犯罪、黑社会性质的组织犯罪的犯罪分子，在刑罚执行完毕或者赦免以后，在任何时候再犯上述任一类罪的，都以累犯论处。

（二）考点解读

1. 一般累犯的构成条件。

（1）年龄条件：根据《刑法修正案（八）》的规定，构成累犯的首要条件是犯罪分子在犯第一个罪（这里的第一个罪不是被告人生中的第一次犯罪，而是相对于是否认定为累犯的第二个罪而言）时已满 18 周岁。这个规定主要是为了保护青少年，对他们予以适当的从轻处罚。

（2）罪过条件：前罪与后罪都是故意犯罪。如果行为人实施的前罪与后罪均为过失犯罪，或者前罪与后罪之一是过失犯罪，都不能构成累犯。

（3）刑度条件：前罪被判处有期徒刑以上刑罚，后罪应当被判处有期徒刑以上刑罚。如果前罪所判处的刑罚和后罪应当判处的刑罚均低于有期徒刑，或者其中之一低于有期徒刑，均不构成累犯。

（4）时间条件：后罪发生在前罪的刑罚执行完毕或者赦免以后 5 年之内。注意以下三点：

①刑罚执行完毕，是指主刑执行完毕，不包括附加刑在内。主刑执行完毕 5 年内又犯罪，即使附加刑未执行完毕，仍构成累犯。

②对于被假释的犯罪人，应从假释期满之日起计算。被假释的犯罪分子，如果在假释考验期内又犯新罪，不构成累犯。应当撤销假释，将前罪没有执行完毕的刑罚与新罪数罪并罚。

③被判处有期徒刑宣告缓刑的犯罪分子，如果在缓刑考验期满后又犯罪，不构成累犯。因为缓刑是附条件的不执行刑罚，缓刑考验期满，原判的刑罚就不再执行了，而不是刑罚已经执行完毕，不符合累犯的构成条件。至于被判处有期徒刑宣告缓刑的犯罪分子，如果在缓刑考验期内又犯新罪，同样不构成累犯，而应当在撤销缓刑之后，适用数罪并罚。

2. 特别累犯的构成条件。

前罪与后罪必须均为危害国家安全犯罪、恐怖活动犯罪、黑社会性质的组织犯罪之一。如果行为人实施的前后两罪都不是这三类罪，或者其中之一不是这三类罪，就不能构成特别累犯。

> （1）前后犯罪均为三类罪之一即可。（2）前罪被判处的刑罚和后罪应判处的刑罚的种类及其轻重不受限制。（3）前罪的刑罚执行完毕或者赦免以后，任何时候再犯这三类罪，都构成特别累犯。（4）不要求犯前罪时年满 18 周岁。

【示例】 关于累犯，以下说法正确的是：[1]

A. 甲 17 周岁时参加黑社会性质组织，被判处有期徒刑 2 年。28 岁时，甲又受恐怖组织指派，在新疆杀害无辜群众 5 人。甲构成累犯

B. 乙 17 周岁时犯盗窃罪，被判处有期徒刑 2 年。2 年后被刑满释放。刑满释放后第 3 年，乙又犯故意杀人罪。乙构成累犯

C. 丙 25 岁时交通肇事被判处有期徒刑 3 年，刑满释放第 2 年，丙又犯盗窃罪，应该被判处有期徒刑 4 年。丙不构成累犯

D. 丁 29 岁时犯私放在押人员罪，被判处有期徒刑 2 年。刑满释放后第 3 年又犯抢劫罪，应该被判处有期徒刑 5 年。丁构成累犯

【分析】 构成累犯需要四个条件：前后 5 年之内、前后有期徒刑以上、前后都是故意犯罪，还要求前后都是 18 周岁以上犯罪。但是，对于特别累犯则无此要求。所以，乙犯前罪时不满 18 周岁，不构成累犯。

3. 累犯的法律后果。

累犯有四个法律后果：应当从重处罚、不得适用缓刑、不得适用假释。在被判处死刑缓期执行时，可以被限制减刑。

【经典真题】

关于缓刑的适用，下列哪些选项是错误的？（2017－2－56）[2]

A. 甲犯抢劫罪，所适用的是"三年以上十年以下有期徒刑"的法定刑，缓刑只适用于被判处拘役或者 3 年以下有期徒刑的罪犯，故对甲不得判处缓刑

B. 乙犯故意伤害罪与代替考试罪，分别被判处 6 个月拘役与 1 年管制。由于管制不适用缓刑，对乙所判处的拘役也不得适用缓刑

C. 丙犯为境外非法提供情报罪，被单处剥夺政治权利，执行完毕后又犯帮助恐怖活动罪，被判处拘役 6 个月。对丙不得宣告缓刑

D. 丁 17 周岁时犯抢劫罪被判处有期徒刑 5 年，刑满释放后的第 4 年又犯盗窃罪，应当判处有期徒刑 2 年。对丁不得适用缓刑

【考点】 缓刑的适用、累犯的认定

【解题思路与常见错误分析】 选项 A：《刑法》第 99 条规定："本法所称以上、以下、以内，包括本数。"所以犯抢劫罪的，可以被判处 3 年有期徒刑，而缓刑也可以适用于被判

---

[1]【答案】ACD

[2]【答案】ABD

处 3 年有期徒刑的罪犯，所以对甲可以判处缓刑。选项 A 错误，当选。

选项 B：刑法并未规定对于罪犯所犯的数罪必须同时适用缓刑或者实刑，所以即使对乙的管制不得适用缓刑，对乙的拘役仍然可以适用缓刑。选项 B 错误，当选。

选项 C：丙构成特别累犯，不得被判处缓刑。选项 C 正确，不当选。

选项 D：丁犯前罪时只有 17 周岁，不构成一般累犯。对丁可以适用缓刑。选项 D 错误，当选。

【同类考点总结】本题的选项 C 回答了考生们长久以来有争议的一个问题："构成特别累犯要不要求犯前后罪时都必须年满 18 周岁"。根据官方答案来看，构成特别累犯对犯罪年龄没有要求。这一答案和刑法的规定也是相符的。刑法仅对普通累犯设置了年龄要求，对于特别累犯没有设置年龄要求。刑法对特别累犯仅设置了对犯罪种类的要求。

三、自首★★★★

（一）相关法条

《刑法》

第六十七条第一款、第二款　【自首】犯罪以后自动投案，如实供述自己的罪行的，是自首。对于自首的犯罪分子，可以从轻或者减轻处罚。其中，犯罪较轻的，可以免除处罚。

被采取强制措施的犯罪嫌疑人、被告人和正在服刑的罪犯，如实供述司法机关还未掌握的本人其他罪行的，以自首论。

司法解释：

《最高人民法院关于处理自首和立功具体应用法律若干问题的解释》（以下简称《自首立功解释》）。

《最高人民法院关于处理自首和立功若干具体问题的意见》（以下简称《自首立功意见》）

因为这两个文件都比较长，我们就不一一列举了。具体内容详见内文。

（二）考点解读

1. 刑法规定自首的意义。

刑法规定自首，一方面有利于案件的及时侦破与审判；另一方面促使犯罪人悔过自新，不再继续犯罪。这是设立自首的目的，也是设立的根据。在讨论自首的成立条件时，应以这两条立法理由为依据。这两个方面只要具备其中之一就可能成立自首，不能要求两个目的同时实现，才能认定为自首。因此，行为人虽自动如实供述罪行，但无丝毫悔过自新之意，因其行为使案件的侦查与审判变得更容易而应认定为自首。

2. 一般自首的构成条件一：自动投案。

一般自首的构成条件包括自动投案和如实供述罪行两个方面。自动投案，是指犯罪事实或者犯罪嫌疑人未被司法机关发觉，或者虽被发觉，但犯罪嫌疑人尚未受到讯问、未被采取强制措施时，主动、直接向公安机关、人民检察院或者人民法院投案。自动投案应当从以下几个方面理解：

（1）投案时间：犯罪事实或者犯罪嫌疑人未被司法机关发觉，或者虽被发觉，但犯罪嫌疑人尚未受到讯问、未被采取强制措施时。

（2）投案形式：自首形式包括亲首、代首、陪首和送首。具体包括：

①主动、直接向公安机关、人民检察院或者人民法院投案。

②犯罪嫌疑人向其所在单位、城乡基层组织或者其他有关负责人员投案的。

③犯罪嫌疑人因病、伤或者为了减轻犯罪后果，委托他人代为投案，或者先以信电投案的。

④罪行尚未被司法机关发觉，仅因形迹可疑，被有关组织或者司法机关盘问、教育后，主动交代自己的罪行的。

根据前述《自首立功意见》，这种情形虽然应当视为自动投案，但有关部门、司法机关在其身上、随身携带的物品、驾乘的交通工具等处发现与犯罪有关的物品的，不能认定为自动投案。**请考生注意这个例外。**

⑤犯罪后逃跑，在被通缉、追捕过程中，主动投案的。

⑥经查实确已准备去投案，或者正在投案途中，被公安机关捕获的，应当视为自动投案。

⑦并非出于犯罪嫌疑人主动，而是经亲友规劝、陪同投案的。

⑧公安机关通知犯罪嫌疑人的亲友，或者亲友主动报案后，将犯罪嫌疑人送去投案的，也应当视为自动投案。

根据前述《自首立功意见》，犯罪嫌疑人被亲友采用捆绑等手段送到司法机关，或者在亲友带领侦查人员前来抓捕时无拒捕行为，并如实供认犯罪事实的，虽然不能认定为自动投案，但可以参照法律对自首的有关规定酌情从轻处罚。

注意：是采用"捆绑等"手段，包括捆绑、灌醉酒等。如果是亲友陪同投案的，仍然构成自首。自首可以从轻、减轻处罚，如果不认定为自首，最多可以从轻处罚。

【示例1】甲贪污公款 30 万元，后逃到外地，因害怕从重处罚，为了争取宽大处理，即向原居住地检察机关写了一封信，如实交代了自己的罪行和赃款隐藏地点，甲在赶回原居住地投案的过程中被公安机关抓获。甲的行为：[1]

A. 属于自首并有立功表现　　　　　　B. 属于自首

C. 属于坦白　　　　　　　　　　　　D. 不属于自首

【分析】甲属于"经查实确已准备去投案，或者正在投案途中，被公安机关捕获的，应当视为自动投案。"因此，对甲依法应当认定为自首。

根据前述《自首立功意见》，犯罪嫌疑人具有以下情形之一的，也应当视为自动投案：①犯罪后主动报案，虽未表明自己是作案人，但没有逃离现场，在司法机关询问时交代自己罪行的；②明知他人报案而在现场等待，抓捕时无拒捕行为，供认犯罪事实的；③在司法机关未确定犯罪嫌疑人，尚在一般性排查询问时主动交代自己罪行的；④因特定违法行为被采取劳动教养、行政拘留、司法拘留、强制隔离戒毒等行政、司法强制措施期间，主动向执行机关交代尚未被掌握的犯罪行为的；⑤其他符合立法本意，应当视为自动投案的情形。

交通肇事后保护现场、抢救伤者，并向公安机关报告的，应认定为自动投案，构成自首的，因上述行为同时系犯罪嫌疑人的法定义务，对其是否从宽、从宽幅度要适当从严掌握。交通肇事逃逸后自动投案，如实供述自己罪行的，应认定为自首，但应依法以较重法

---

〔1〕【答案】B

定刑为基准，视情况决定对其是否从宽处罚以及从宽处罚的幅度。

【示例2】张某与妻子管某发生争吵，被他人劝开。张某服了安定药准备睡觉，在卧室内，张某又与管某发生争吵，在厮打中，张某将管某掐死。张某的亲属闻讯后向公安机关报案，并对已熟睡的张某进行看守以防止其外逃。后公安人员赶到，将张某抓获，张某如实交代了犯罪事实。关于张某的行为，说法正确的是：[1]

A. 构成故意杀人罪　　　　　　B. 不构成犯罪

C. 成立自首　　　　　　　　　D. 不成立自首，但成立坦白

【分析】根据最新的《自首立功意见》的规定，这种情况不再被认定为自首。

（3）投案动机。

自动投案不要求出于特定的动机与目的。出于真心悔悟，为了争取宽大处理，因为亲友劝说，由于潜逃后生活所迫等，都可以成为自动投案的动机与目的，不影响自首的成立。不能因为出于争取宽大处理或者生活所迫的动机，而否认投案的自动性。

【示例3】下列关于自首的说法不正确的是？[2]

A. 甲犯罪后逃跑，在被通缉的过程中，由于身无分文，无法继续生活下去，于是向当地的乡政府投案。甲的行为不成立自动投案

B. 乙在犯罪后自动投案并如实供述了自己的罪行，但这些罪行在这之前已经被司法机关完全掌握，并有充分的证据。乙的行为不成立自首

C. 丙将自己盗窃的4万元寄给当地的公安机关，但没有署名。丙的行为是自首

D. 丁是某盗窃集团的一个成员。丁在"严打"期间，主动投案，并如实供述了自己所参与的罪行，但没有供述其所知道的其他同案犯的共同罪行。丁的行为不成立自首

【分析】选项C、D没有如实交代自己的罪行。

（4）不能视为自动投案的几种情形：

①以不署名或化名将非法所得寄给司法机关或报刊、杂志社的。

②犯罪嫌疑人自动投案后又逃跑的。

但是犯罪嫌疑人自首后，在被采取强制措施前又逃跑的，还可以再次自动投案，再次成立自首。

③缴械投降。即犯罪分子在被警察和群众包围走投无路的情况下，被迫放下武器或者凶器而投降。

【示例4】甲于某日白天在某储蓄所门前抢劫，被周围的群众发现后逃跑。乙等10多位群众立即尾随抓捕。甲在跑了500多米后，发现路边有一个派出所，就立即跑进派出所，向警察投案，并随后如实供述了罪行。警察还在甲随身携带的包里发现了一支手枪。甲交代准备持该枪抢劫。关于本案，说法正确的是：[3]

A. 甲的行为成立自首

B. 甲的行为构成抢劫罪

C. 对甲的行为应当适用抢劫银行的量刑情节

D. 对甲的行为应当适用持枪抢劫的量刑情节

[1]【答案】AD
[2]【答案】ABC
[3]【答案】B

【分析】甲是在被群众抓捕的情况下被迫投向公安机关，因而类似于当场扭送，不能视为自动投案，所以，不成立自首。甲不是抢劫银行的现金或者有价证券，不属于抢劫银行。甲没有使用或者显示携带的枪支，不属于持枪抢劫。

3. 一般自首的构成条件二：如实供述自己的罪行。

如实供述自己的罪行，是指犯罪嫌疑人自动投案后，如实交代自己的主要犯罪事实。如实供述罪行应当从以下几个方面理解：

（1）如实交代自己的主要犯罪事实。只要如实供述了所犯之罪的主要情节和基本过程，就可以认定为如实供述自己罪行的行为，不要求交代全部细节。如实，就是既不缩小也不扩大。

根据前述《自首立功意见》，《自首立功解释》第1条第（二）项规定，如实供述自己的罪行，除供述自己的主要犯罪事实外，还应包括姓名、年龄、职业、住址、前科等情况。犯罪嫌疑人供述的身份等情况与真实情况虽有差别，但不影响定罪量刑的，应认定为如实供述自己的罪行。犯罪嫌疑人自动投案后隐瞒自己的真实身份等情况，影响对其定罪量刑的，不能认定为如实供述自己的罪行。

犯罪嫌疑人多次实施同种罪行的，应当综合考虑已交代的犯罪事实与未交代的犯罪事实的危害程度，决定是否认定为如实供述主要犯罪事实。虽然投案后没有交代全部犯罪事实，但如实交代的犯罪情节重于未交代的犯罪情节，或者如实交代的犯罪数额多于未交代的犯罪数额，一般应认定为如实供述自己的主要犯罪事实。无法区分已交代的与未交代的犯罪情节的严重程度，或者已交代的犯罪数额与未交代的犯罪数额相当，一般不认定为如实供述自己的主要犯罪事实。

犯罪嫌疑人自动投案时虽然没有交代自己的主要犯罪事实，但在司法机关掌握其主要犯罪事实之前主动交代的，应认定为如实供述自己的罪行。

（2）犯有数罪的犯罪嫌疑人仅如实供述所犯数罪中部分犯罪的，只对如实供述部分犯罪的行为认定为自首。

（3）共同犯罪案件中的犯罪嫌疑人，除如实供述自己的罪行，还应当如实供述所知的同案犯的共同罪行，才能认定为自首。

（4）犯罪嫌疑人自动投案并如实供述自己的罪行后又翻供的，不能认定为自首；但在一审判决前又能如实供述的，应当认定为自首。

（5）如实供述自己的罪行中的罪行主要是指客观犯罪事实。因此，对自己行为性质的辩解不影响自首的成立。例如，甲用刀将自己的邻居刺死。甲主动到村民委员会投案，在公安机关讯问时，甲如实供述了自己将邻居刺死的客观事实，但声称自己主观上只有伤害的故意，后来甲被人民法院认定为故意杀人罪。甲的行为仍然成立自首。

（6）为自己进行辩护，提出上诉，或者更正、补充某些事实的，不影响自首的成立。

（7）避重就轻，逃避惩罚的，则不成立自首。

（8）为掩护其他共犯人，有预谋地投案包揽共同犯罪全部责任的，不成立自首。

（9）如实交代的罪行是否被司法机关所掌握，不影响自首的成立。

【示例5】下列行为成立自首的是：[1]

A. 甲在故意杀人后，逃到自己的叔叔乙家。乙得知甲的犯罪事实后，就规劝甲投案自首，并向公安机关报案。甲不肯自首，乙为防止甲逃跑，就趁甲不注意，用绳索将甲捆起

---

[1]【答案】D

来，后交给赶来的警察。甲在被讯问期间，如实交代了自己的犯罪事实

B. 甲和乙共同贪污之后，主动到检察机关交代自己的贪污事实，但未提及乙

C. 丙在与他人斗殴中将他人伤害致死，随后向司法机关自动投案。但在供述中编造了对方持刀先伤害自己，在本人的人身遭受严重侵害的情况下，夺刀自卫，致使不法侵害人死亡的事实。实际上，致人死亡的凶器是丙事先准备的，并非死者所有

D. 丁在抢劫后自动投案，并如实供述了自己的罪行。但是在人民检察院审查起诉和人民法院开庭审理过程中，丁又翻供。但在一审判决前，丁又如实供述了自己的罪行

【分析】参见前述《自首立功意见》。

【示例6】关于自首，以下说法错误的是：[1]

A. 交通肇事后保护现场、抢救伤者，并向公安机关报告的，应认定为自动投案，构成自首

B. 因特定违法行为被采取劳动教养、行政拘留、司法拘留、强制隔离戒毒等行政、司法强制措施期间，主动向执行机关交代尚未被掌握的犯罪行为的，应认定为自首

C. 犯罪嫌疑人被亲友采用捆绑等手段送到司法机关，或者在亲友带领侦查人员前来抓捕时无拒捕行为，并如实供认犯罪事实的，应当认定为自动投案，构成自首

D. 犯罪后主动报案，虽未表明自己是作案人，但没有逃离现场，在司法机关询问时交代自己罪行的，构成自首

【分析】这些都是《自首立功意见》规定的。C 这种情况，不认为是自首。注意这是"捆绑"等方法，如果是父母陪同自首的，仍然认定为自首。

【示例7】下面对于自首的认定，说法错误的是：[2]

A. 张某强奸被害人李某后主动到公安机关交代问题，张某老实交代了犯罪的全过程，但是坚持认为自己并没有违背被害人的意志，所以不构成强奸罪，张某不成立自首

B. 丁某作为某案件的证人接受公安机关调查，被问及自己是否有什么要交代的时候，交代了自己两年前曾经抢夺过笔记本电脑的犯罪事实，丁某属于自首

C. 王某主动向公安机关投案自首，他主动交代自己一年前曾经盗窃某银行 20 万元的犯罪事实，但隐瞒了自己两天前盗窃朋友 3000 元的犯罪事实，王某不成立自首

D. 甲某唆使其子乙某谋杀了仇人，事后乙某主动到派出所投案，将杀人的罪责全部揽到自己一个人身上，乙某属于主动投案，成立自首

【分析】选项 A：对犯罪性质的辩解不影响成立自首。选项 B 是自首。选项 C：自首中，交代主要犯罪事实即可。对于数额犯，交代的部分多于未交代的部分即可。选项 D：乙没有如实交代主要犯罪事实，不成立自首。

4. 特别自首。

（1）特别自首是指被采取强制措施的犯罪嫌疑人、被告人和正在服刑的罪犯，如实供述司法机关尚未掌握的本人其他罪行的行为。

特别自首的特殊性在于以下两点：

①主体的特殊性（已经归案）。

②供述罪行范围的特殊性：要求行为人供述的不仅是司法机关还未掌握的罪行，而且还要求与已经掌握的罪行属不同性质的罪行。被采取强制措施的犯罪嫌疑人、被告人和已

---

[1] 【答案】C
[2] 【答案】ACD

宣判的罪犯，如实供述司法机关尚未掌握的罪行，与司法机关已掌握的或者判决确定的罪行属同种罪行的，可以酌情从轻处罚；如实供述的同种罪行较重的，一般应当从轻处罚。

【示例8】张某因涉嫌犯受贿罪被某市人民检察院批准逮捕。在逮捕期间，张某主动交代了司法机关尚未掌握的自己受贿80万元和贪污30万元的犯罪事实，经查属实。对张某行为正确的处理是：[1]

A. 张某交代受贿80万元和贪污30万元的犯罪事实属于自首

B. 张某交代受贿80万元的犯罪事实不属于自首，而是坦白

C. 张某交代贪污30万元犯罪事实属于自首

D. 张某交代受贿80万元和贪污30万元的犯罪事实都不属于自首

【分析】被采取强制措施的犯罪嫌疑人，如实供述司法机关尚未掌握的罪行，与司法机关已掌握的罪行属同种罪行的，不成立自首，所以张某交代受贿80万元的犯罪事实不属于自首。

（2）《自首立功意见》对"司法机关尚未掌握的罪行"及"不同种罪行"及如何认定做了一些新规定。

该规定如下：犯罪嫌疑人、被告人在被采取强制措施期间，向司法机关主动如实供述本人的其他罪行，该罪行能否认定为司法机关已掌握，应根据不同情形区别对待。如果该罪行已被通缉，一般应以该司法机关是否在通缉令发布范围内作出判断，不在通缉令发布范围内的，应认定为还未掌握，在通缉令发布范围内的，应视为已掌握；如果该罪行已录入全国公安信息网络在逃人员信息数据库，应视为已掌握。如果该罪行未被通缉、也未录入全国公安信息网络在逃人员信息数据库，应以该司法机关是否已实际掌握该罪行为标准。

犯罪嫌疑人、被告人在被采取强制措施期间如实供述本人其他罪行，该罪行与司法机关已掌握的罪行属同种罪行还是不同种罪行，一般应以罪名区分。虽然如实供述的其他罪行的罪名与司法机关已掌握犯罪的罪名不同，但如实供述的其他犯罪与司法机关已掌握的犯罪属选择性罪名或者在法律、事实上密切关联，如因受贿被采取强制措施后，又交代因受贿为他人谋取利益行为，构成滥用职权罪的，应认定为同种罪行。

> 司法机关是否已掌握该犯罪行为与该犯罪行为是否已被通缉或者已被网络追逃挂钩。如果两个罪名属选择性罪名或者在法律、事实上密切关联，则认为是"同种罪行"，即不认定为自首。

【示例9】关于犯罪嫌疑人、被告人在被采取强制措施期间如实供述本人其他罪行的，以下说法正确的是：[2]

A. 该罪行与司法机关已掌握的罪行属同种罪行还是不同种罪行，一般应以罪名区分

B. 甲因为拐卖儿童罪被抓获，他主动交代自己还有拐卖妇女的行为，因为不是同种罪行，所以构成自首

C. 乙因受贿被采取强制措施后，又交代因受贿为他人谋取利益的行为，构成滥用职权罪，因为不是同种罪行，所以构成自首

D. 丙在被采取强制措施期间，向深圳市公安机关主动如实供述本人在北京所犯的其他罪行。如果丙因该罪行已被网上追逃，即使深圳市公安机关未注意到该信息，也视为该司法机关已经掌握本罪行，即丙不能构成特别自首

【分析】选项B、C属于选择性罪名或者在事实上密切相关的罪名，交代这种犯罪的，

---

[1]【答案】BC
[2]【答案】AD

不成立特别自首。选项 A、D 是《关于自首的意见》的原文。

5. 自首的法律后果（与后面的立功制度一起比较、分析）。

对于自首的犯罪分子，可以从轻或者减轻处罚。其中，犯罪较轻的，可以免除处罚。刑法规定：犯对非国家工作人员行贿罪的行贿人和犯介绍贿赂罪的介绍人在被追诉前主动交待行贿或者介绍贿赂行为的，可以减轻处罚或者免除处罚。这是对自首的处罚的特别规定，因此，对这两种人在这种情形下自首的处罚不能再适用《刑法》第 67 条第 1 款的规定。

《刑法修正案（九）》对行贿罪中的行贿人在被追诉前主动交待行贿行为的如何处罚做了一些改动。原来的法条规定："行贿人在被追诉前主动交待行贿行为的，可以减轻处罚或者免除处罚。"新的法条规定："行贿人在被追诉前主动交待行贿行为的，可以从轻或者减轻处罚。其中，犯罪较轻的，对侦破重大案件起关键作用，或者有重大立功表现的，可以减轻或者免除处罚。"即，量刑从严了。

四、坦白

（一）相关法条

《刑法》第 67 条第 3 款　【自首】犯罪嫌疑人虽不具有前两款规定的自首情节，但是如实供述自己罪行的，可以从轻处罚；因其如实供述自己罪行，避免特别严重后果发生的，可以减轻处罚。

（二）考点解读

坦白与一般自首的关键区别在于是否自动投案；坦白是被动归案后如实供述自己的罪行。坦白与特别自首的关键区别在于是否如实供述司法机关还未掌握的本人其他罪行：被采取强制措施的犯罪嫌疑人、被告人和正在服刑的罪犯，如实供述司法机关还未掌握的本人其他罪行的，是自首；如实供述司法机关已经掌握的本人罪行的，是坦白，如实供述司法机关尚未掌握的本人同种罪行的，也是坦白。

以前，坦白不是法定的量刑情节，现在成为法定量刑情节。这是《刑法修正案（八）》新增的。请注意坦白的量刑规定。

【示例】王某在超市安放炸弹，被人举报。公安机关快速将王某抓获。王某在被抓获后如实交代了安放炸弹的位置，并带领公安人员将炸弹拆回，未造成人员和财产伤亡。对王某能否减轻处罚？

【分析】王某这种行为就是坦白。由于王某如实供述自己罪行，避免了特别严重后果发生，因此可以减轻处罚。

五、立功★★★

（一）相关法条

《刑法》

第六十八条　【立功】犯罪分子有揭发他人犯罪行为，查证属实的，或者提供重要线索，从而得以侦破其他案件等立功表现的，可以从轻或者减轻处罚；有重大立功表现的，可以减轻或者免除处罚。

司法解释：

《最高人民法院关于处理自首和立功具体应用法律若干问题的解释》（以下简称《自首立功解释》）

《最高人民法院关于处理自首和立功若干具体问题的意见》（以下简称《自首立功意见》）

(二) 考点解读

1. 刑法中两个立功的区别。

刑法中有量刑制度方面的立功和行刑制度方面的立功，二者不能混淆。第68条规定的是前者，第78条规定的是后者。前者属于在量刑时可以从宽处罚的情节，后者属于在刑罚执行过程中可以减刑的情节。此处讲的是量刑制度方面的立功。

2. 一般立功与重大立功的认定。

(1) 表现形式相同：检举、揭发他人犯罪行为，经查证属实；提供侦破其他案件的重要线索，经查证属实；阻止他人犯罪活动；协助司法机关抓捕其他犯罪嫌疑人（包括同案犯）；具有其他有利于国家和社会的突出表现的。

(2) 重大立功是检举、揭发他人重大犯罪行为，经查证属实；提供侦破其他重大案件的重要线索，经查证属实；阻止他人重大犯罪活动；协助司法机关抓捕其他重大犯罪嫌疑人（包括同案犯）；对国家和社会有其他重大贡献等表现。

重大的标准：一般是指犯罪嫌疑人、被告人可能被判处无期徒刑以上刑罚或者案件在本省、自治区、直辖市或者全国范围内有较大影响等情形。

> 在考试中，如果要考查重大立功，一般会出现检举了"抢劫杀人""强奸杀人"等犯罪行为，或者检举了盗窃几十万、受贿几百万元以上的犯罪行为，这些行为都是可能被判处无期徒刑以上刑罚的行为。

【示例1】甲与乙共同强奸了多人。甲在被公安机关抓获后又脱逃，并打电话给乙。在公安机关传讯乙时，乙交代了虚假的甲的藏身地点。在逮捕期间，乙检举丙有强迫交易的犯罪行为。公安机关经查属实，逮捕了丙，并在侦查期间发现丙还有故意杀人的犯罪行为。关于本案，说法正确的是：[1]

A. 乙的行为构成包庇罪　　　　　B. 乙的行为构成窝藏罪

C. 乙的行为成立一般立功　　　　D. 乙的行为成立重大立功

【分析】乙交代虚假的甲的藏身地点不构成包庇罪和窝藏罪；虽然丙有杀人行为，但乙检举的仅仅是强迫交易行为，所以不是重大立功。

3. 关于立功线索来源的具体认定。

犯罪分子通过贿买、暴力、胁迫等非法手段，或者被羁押后与律师、亲友会见过程中违反监管规定，获取他人犯罪线索并"检举揭发"的，不能认定为有立功表现。

犯罪分子将本人以往查办犯罪职务活动中掌握的，或者从负有查办犯罪、监管职责的国家工作人员处获取的他人犯罪线索予以检举揭发的，不能认定为有立功表现。

犯罪分子亲友为使犯罪分子"立功"，向司法机关提供他人犯罪线索、协助抓捕犯罪嫌疑人的，不能认定为犯罪分子有立功表现。

4. 共同犯罪的立功问题。

共同犯罪的立功与单独犯罪的立功最主要的区别在于揭发事实的范围不同。揭发同案犯共同犯罪事实以外的其他犯罪事实的才能认定为立功。注意，如果揭发同案犯共同犯罪事实的，不能成立立功，但可以酌情予以从轻处罚。

5. 关于"协助抓捕其他犯罪嫌疑人"的具体认定。

---

[1]【答案】C

犯罪分子具有下列行为之一，使司法机关抓获其他犯罪嫌疑人的，属于《自首立功解释》第5条规定的"协助司法机关抓捕其他犯罪嫌疑人"：（1）按照司法机关的安排，以打电话、发信息等方式将其他犯罪嫌疑人（包括同案犯）约至指定地点的；（2）按照司法机关的安排，当场指认、辨认其他犯罪嫌疑人（包括同案犯）的；（3）带领侦查人员抓获其他犯罪嫌疑人（包括同案犯）的；（4）提供司法机关尚未掌握的其他案件犯罪嫌疑人的联络方式、藏匿地址的，等等。

犯罪分子提供同案犯姓名、住址、体貌特征等基本情况，或者提供犯罪前、犯罪中掌握、使用的同案犯联络方式、藏匿地址，司法机关据此抓捕同案犯的，不能认定为协助司法机关抓捕同案犯。

【示例2】王某欲将其手中的10万元假人民币卖出，找朋友张某帮忙。张某表示同意，并对如何卖出这10万元假币与王某进行了预谋。1999年1月的一天，王某与张某拿出其中的1万元假人民币来到某车站广场物色买主，两人正准备与一旅客交易时，被车站民警查获。张某被抓后，检举王某家中还私藏了9万元假人民币，公安人员根据张某的交代，从王某家中将假币搜出。关于张某的行为，说法正确的是：[1]

A. 成立自首　　　　　　　　　　B. 成立立功
C. 成立重大立功　　　　　　　　D. 成立坦白

【分析】本案被告人张某检举王某家中还私藏9万元假币，其行为是否构成立功，关键是看该假币是否属于两人共同犯罪的内容。在本案中，张某与王某共谋如何出卖的是10万元假币而非1万元假币。因而这9万元假币也属于共同犯罪的内容，张某的检举并非立功，只能以坦白论处。

【经典真题】

下列哪些选项不构成立功?[2]（2012 - 2 - 57）

A. 甲是唯一知晓同案犯裴某手机号的人，其主动供述裴某手机号，侦查机关据此采用技术侦查手段将裴某抓获

B. 乙因购买境外人士赵某的海洛因被抓获后，按司法机关要求向赵某发短信"报平安"，并表示还要购买毒品，赵某因此未离境，等待乙时被抓获

C. 丙被抓获后，通过律师转告其父想办法协助司法机关抓捕同案犯，丙父最终找到同案犯藏匿地点，协助侦查机关将其抓获

D. 丁被抓获后，向侦查机关提供同案犯的体貌特征，同案犯由此被抓获

【考点】立功的构成

【解题思路与常见错误分析】《自首立功意见》【法发（2010）60号】第5条"关于'协助抓捕其他犯罪嫌疑人'的具体认定"规定：犯罪分子具有下列行为之一，使司法机关抓获其他犯罪嫌疑人的，属于《自首立功解释》第5条规定的"协助司法机关抓捕其他犯罪嫌疑人"：

（1）按照司法机关的安排，以打电话、发信息等方式将其他犯罪嫌疑人（包括同案犯）约至指定地点的；

---

[1]【答案】D
[2]【答案】ACD

（2）按照司法机关的安排，当场指认、辨认其他犯罪嫌疑人（包括同案犯）的；

（3）带领侦查人员抓获其他犯罪嫌疑人（包括同案犯）的；

（4）提供司法机关尚未掌握的其他案件犯罪嫌疑人的联络方式、藏匿地址的，等等。

犯罪分子提供同案犯姓名、住址、体貌特征等基本情况，或者提供犯罪前、犯罪中掌握、使用的同案犯联络方式、藏匿地址，司法机关据此抓捕同案犯的，不能认定为协助司法机关抓捕同案犯。

根据本规定，选项 A、D 不构成立功。

选项 B 则属于"按照司法机关的安排，以打电话、发信息等方式将其他犯罪嫌疑人（包括同案犯）约至指定地点的"，构成立功。

根据前述《自首立功意见》第 4 条"关于立功线索来源的具体认定"，犯罪分子亲友为使犯罪分子"立功"，向司法机关提供他人犯罪线索、协助抓捕犯罪嫌疑人的，不能认定为犯罪分子有立功表现。所以，选项 C 不构成立功。

【同类考点总结】请考生注意：不是提供了同案犯的手机号、基本体貌特征、住址等就算"协助抓捕同案犯"。根据前述意见的规定，犯罪分子提供同案犯姓名、住址、体貌特征等基本情况，或者提供犯罪前、犯罪中掌握、使用的同案犯联络方式、藏匿地址，司法机关据此抓同案犯的，不能认定为协助司法机关抓捕同案犯。注意这里的"基本情况""犯罪前""犯罪中"几个字。关于构成立功的情况，就不再赘述了。

【经典真题】

甲（民营企业销售经理）因合同诈骗罪被捕。在侦查期间，甲主动供述曾向国家工作人员乙行贿 9 万元，司法机关遂对乙进行追诉。后查明，甲的行为属于单位行贿，行贿数额尚未达到单位行贿罪的定罪标准。甲的主动供述构成下列哪一量刑情节？[1]（2014 - 2 - 12）

A. 坦白　　　　B. 立功　　　　C. 自首　　　　D. 准自首

[考点] 自首、坦白、立功的认定

【解题思路与常见错误分析】自首是指在犯罪后自动投案并如实交代自己的犯罪行为的行为。准自首是指已经因为犯罪被司法机关抓获，在被关押期间又主动交代其他未被司法机关发现的犯罪的行为。自首和准自首成立的前提都是行为人交代的是犯罪行为。甲交代的行为不构成犯罪，所以不是自首，也不是准自首。甲交代的不是司法机关已经掌握的罪行，所以不是坦白。由于甲的交代而使得乙被追诉，所以甲的行为构成立功。

【同类考点总结】行为人在交待自己的行贿事实时，都会交代被行贿人。那么这种行为到底是自首还是立功？这种行为应当被认定为自首，因为交代被行贿人是自首的应有之意。如果再将这种行为评价为立功，就是重复评价了。但是在本案中，甲交代的行贿行为并不构成犯罪。自首是对犯罪的自首，既然没有犯罪，也就没有自首。法律既然不追究甲的行贿犯罪，他的此行为也就不构成自首。但是，由于甲的如实交代，乙被追究了刑事责任。此时就应当认定甲构成立功。这样认定不违反"禁止重复评价"原则。

在共同犯罪中也存在这个问题。处理原则也是相同的。

---

[1]【答案】B

6. 立功的法律后果：同自首一样，具有层次性或等级性。

第一等级：一般立功：可以从轻、减轻处罚；

第二等级：重大立功：可以减轻、免除处罚。

> 《刑法修正案（八）》删除了原来的第三等级"自首并且重大立功应当减轻、免除处罚"的规定。现在即使自首加重大立功，也只能是可以减轻、免除处罚。这样更有利于实现个案公正，能够避免罪行极其严重的犯罪分子不得不被"依法"减轻处罚的现象。

六、数罪并罚★★★★★

（一）相关法条

《刑法》

第六十九条　【判决宣告前一人犯数罪的并罚】判决宣告以前一人犯数罪的，除判处死刑和无期徒刑的以外，应当在总和刑期以下、数刑中最高刑期以上，酌情决定执行的刑期，但是管制最高不能超过三年，拘役最高不能超过一年，有期徒刑总和刑期不满三十五年的，最高不能超过二十年，总和刑期在三十五年以上的，最高不能超过二十五年。

数罪中有判处有期徒刑和拘役的，执行有期徒刑。数罪中有判处有期徒刑和管制，或者拘役和管制的，有期徒刑、拘役执行完毕后，管制仍须执行。

数罪中有判处附加刑的，附加刑仍须执行，其中附加刑种类相同的，合并执行，种类不同的，分别执行。

第七十条　【判决宣告后发现漏罪的并罚】判决宣告以后，刑罚执行完毕以前，发现被判刑的犯罪分子在判决宣告以前还有其他罪没有判决的，应当对新发现的罪作出判决，把前后两个判决所判处的刑罚，依照本法第六十九条的规定，决定执行的刑罚。已经执行的刑期，应当计算在新判决决定的刑期以内。

第七十一条　【判决宣告后又犯新罪的并罚】判决宣告以后，刑罚执行完毕以前，被判刑的犯罪分子又犯罪的，应当对新犯的罪作出判决，把前罪没有执行的刑罚和后罪所判处的刑罚，依照本法第六十九条的规定，决定执行的刑罚。

（二）考点解读

1. 并罚原则：并科原则、吸收原则、限制加重原则、混合原则。

我国刑法中数罪并罚原则有三个：对于判处死刑和无期徒刑的，有期徒刑和拘役的，采取吸收原则；对于分别判处有期徒刑、拘役和管制的，采取限制加重原则；"限制"表现为两个方面：一是受总和刑期的限制，二是受数罪并罚法定最高刑的限制；数罪中有判处附加刑的，附加刑仍须执行。即对判处附加刑的，采取附加刑与主刑并科的原则。由于同时采用三个原则，我国刑法的并罚原则又被称为混合原则。

2. 一人犯数罪，同时被判处有期徒刑、拘役或者管制，如何并罚？

《刑法修正案（九）》规定：数罪中有判处有期徒刑和拘役的，执行有期徒刑。数罪中有判处有期徒刑和管制，或者拘役和管制的，有期徒刑、拘役执行完毕后，管制仍须执行。即有期徒刑和拘役之间具有吸收关系，但有期徒刑和管制，拘役和管制之间则是绝对相加的关系。

3. 数罪并罚的三种情况。

（1）判决宣告以前一人犯数罪的并罚。《刑法》第69条规定，判决宣告以前一人犯数罪的，除判处死刑和无期徒刑以外，应当在总和刑期以下，数刑中最高刑期以上，酌情决定执行的刑期，但是管制最高不能超过三年，拘役最高不能超过一年，有期徒刑总和刑期不满三十五年的，最高不能超过二十年，总和刑期在三十五年以上的，最高不能超过二十五年。

判决宣告以前一人犯同种数罪的不按照数罪进行单独的量刑和并罚，按照同一罪进行量刑。

> 原来规定有期徒刑最高不能超过 20 年，《刑法修正案（八）》作了修改。注意 20 年和 25 年适用的条件不同。

（2）漏罪的并罚：先并后减。《刑法》第 70 条规定，判决宣告以后，刑罚执行完毕以前，发现被判刑的犯罪分子在判决宣告以前还有其他罪没有判决的，应当对新发现的罪作出判决，把前后两个判决所判处的刑罚，依照本法第 69 条的规定决定执行的刑罚。已经执行的刑期计算在新判决决定的刑期以内。

无论漏罪与原罪是否同种，都并罚。

【示例 1】甲在判决宣告前犯有 A、B、C、D 四个罪，但人民法院只判决 A 罪 9 年有期徒刑，B 罪 10 年有期徒刑，决定合并执行 18 年有期徒刑。执行 4 年后，发现还有 C 罪与 D 罪。人民法院判决 C 罪 4 年有期徒刑、D 罪 8 年有期徒刑。如何数罪并罚？

【分析】并罚过程如下：第一个判决是 18 年有期徒刑，第二个判决是 C 罪 4 年有期徒刑、D 罪 8 年有期徒刑。根据第 70 条"把前后两个判决所判处的刑罚，依照本法第 69 条的规定决定执行的刑罚"的规定，先把第二次发现的漏罪进行并罚，假设并罚为 10 年，则在 18 年以上，28 年以下决定应判处的刑罚。由于总和刑期没有超过 35 年，所以最高刑是 20 年。假设并罚为 20 年，则他还须执行 16 年有期徒刑。

（3）新罪的并罚：先减后并。《刑法》第 71 条规定，判决宣告以后，刑罚执行完毕以前，被判刑的犯罪分子又犯罪的，应当对新犯的罪作出判决，把前罪没有执行的刑罚和后罪所判处的刑罚，依照本法第 69 条的规定，决定执行的刑罚。

先减后并比先并后减对犯罪人更不利，先减后并中实际执行的刑期可能超过数罪并罚的法定最高限度。

无论新罪与原罪是否同种，都并罚。

【示例 2】丙犯 A、B 罪，分别被法院判处 14 年和 11 年，法院决定合并执行 20 年；在执行 5 年后，丙又犯 C 罪，法院就 C 罪判处有期徒刑 5 年。

【分析】并罚过程如下：先用原来的 20 年减掉已经执行的 5 年，是 15 年。然后用 15 年和新罪的 5 年并罚，如果并罚为 18 年，丙实际执行的刑罚就是已经执行的 5 年加上还要执行的 18 年，总共是 23 年。

4. 两种比较特殊的数罪并罚的情形。

（1）实践中还存在刑满释放后再犯罪并发现漏罪的情况。如果漏罪与新罪属于不同种数罪，就应对漏罪与新罪分别定罪量刑，并依照《刑法》第 69 条的规定，实行数罪并罚。如果漏罪与新罪属于同种数罪，则原则上以一罪论处，不实行并罚。

（2）在刑罚执行期间又犯新罪，并且发现其在原判决宣告以前的漏罪，数罪并罚的顺序是先漏罪后新罪，即先并后减再并。即：先将漏罪与原判决的罪，根据《刑法》第 70 条规定的先并后减的方法进行并罚；再将新罪的刑罚与前一并罚后的刑罚还没有执行的刑期，根据刑法第 71 条规定的先减后并的方法进行并罚。

【示例3】关于数罪并罚，下列哪一选项是错误的？[1]

A. 甲在刑罚执行完毕以前发现漏罪的，应当按照"先并后减"的原则实行数罪并罚

B. 乙在刑罚执行完毕以前再犯新罪的，应当按照"先减后并"的原则实行数罪并罚

C. 丙在刑罚执行完毕以前再犯新罪，同时又发现漏罪的，应当先将漏罪与原判决的罪实行"先并后减"；再对新罪与前一并罚后尚未执行完毕的刑期实行"先减后并"

D. "先减后并"在一般情况下使犯罪人受到的实际处罚比"先并后减"轻

【分析】在有期徒刑的情况下，先并后减时，犯罪人最终执行的刑罚不会超过20年或者25年；但在先减后并时，犯罪人最终执行的刑罚可能会超过20年或者25年，因此，"先减后并"在一般情况下使犯罪人受到的实际处罚比"先并后减"重。

【示例4】犯罪人所犯甲罪已被人民法院判处8年有期徒刑，执行5年后，犯罪人又犯乙罪，并发现在原判决宣告以前还有丙罪，人民法院对乙罪判处9年有期徒刑，对丙罪判处6年有期徒刑。此时应如何并罚？

【分析】根据"先漏后新"的原则，应该先将漏罪的6年有期徒刑与甲罪的8年有期徒刑实行并罚，在8年以上14年以下决定应当执行的刑罚，如果决定执行12年有期徒刑，则犯罪人还需执行7年有期徒刑。然后，再将乙罪的9年有期徒刑与没有执行的7年，实行并罚，在9年以上16年以下决定应当执行的刑罚，如果决定执行14年，则犯罪人实际上执行19年。

5. 如何记忆"先并后减"和"先减后并"？

了解其原理才好记忆。对漏罪"先并后减"是因为漏罪是罪犯在宣判以前就已经犯的罪，当然应该和原来的罪一起并罚，这样才符合事物的本来面貌，即"先并后减"是"恢复原貌"。新罪"先减后并"则是因为在原来宣判前，被告并没有犯此罪（新罪），如果和宣判前的罪并罚，则表示罪犯那时已犯此罪，这显然违背事实。

6. "先并后减"和"先减后并"在法律效果上有何不同？

因为"先并后减"的实际并罚效果和判决宣告前的数罪的并罚效果是一样的，等于总共只并罚一次，因此要受《刑法》第69条的限制，不可能超过20年或者25年；"先减后并"的，已经执行的部分是独立的，只有新的并罚结果受20年或者25年的限制，这样实际执行的刑期就是"已执行刑期"加上"并罚结果"，因此有可能超过20年或者25年。

【经典真题】

关于数罪并罚，下列哪些选项是符合《刑法》规定的？[2]（2011-2-57）

A. 甲在判决宣告以前犯抢劫罪、盗窃罪与贩卖毒品罪，分别被判处13年、8年、15年有期徒刑。法院数罪并罚决定执行18年有期徒刑

B. 乙犯抢劫罪、盗窃罪分别被判处13年、6年有期徒刑，数罪并罚决定执行18年有期徒刑。在执行5年后，发现乙在判决宣告前还犯有贩卖毒品罪，应当判处15年有期徒刑。法院数罪并罚决定应当执行19年有期徒刑，已经执行的刑期，计算在新判决决定的刑期之内

C. 丙犯抢劫罪、盗窃罪分别被判处13年、8年有期徒刑，数罪并罚决定执行18年有

[1] 【答案】D
[2] 【答案】ABCD

期徒刑。在执行 5 年后，丙又犯故意伤害罪，被判处 15 年有期徒刑。法院在 15 年以上 20 年以下决定应当判处 16 年有期徒刑，已经执行的刑期，不计算在新判决决定的刑期之内

D. 丁在判决宣告前犯有 3 罪，被分别并处罚金 3 万元、7 万元和没收全部财产。法院不仅要合并执行罚金 10 万元，而且要没收全部财产

【考点】数罪并罚的具体运用

【解题思路与常见错误分析】本题的选项 B、C 分别体现了漏罪先并后减和新罪先减后并。选项 A 在总和刑期超过了 35 年，但却只判了 18 年。考生觉得应该是 20 年以上 25 年以下才对。但是，法条确实仅仅写了"不超过 25 年"，没有写"20 年以上"，所以选项 A 是正确的。选项 D 是《刑法修正案（八）》新增的。前已述及，最高人民法院的一个司法解释中的规定与此相悖，该规定应当废止。

【同类考点总结】考试经常考一些符合法律规定，但看起来有些怪的题目。只要符合法律规定的，就是正确的。这两年还考了司法解释和刑法规定略有不同时如何处理的问题。对于这种问题，题目通常会明确提示：根据司法实践或者根据刑法规定，考生根据相应依据回答即可。

七、缓刑 ★★★

（一）相关法条

《刑法》

第七十二条 【缓刑的适用条件】对于被判处拘役、三年以下有期徒刑的犯罪分子，同时符合下列条件的，可以宣告缓刑，对其中不满十八周岁的人、怀孕的妇女和已满七十五周岁的人，应当宣告缓刑：

（一）犯罪情节较轻；

（二）有悔罪表现；

（三）没有再犯罪的危险；

（四）宣告缓刑对所居住社区没有重大不良影响。

宣告缓刑，可以根据犯罪情况，同时禁止犯罪分子在缓刑考验期限内从事特定活动，进入特定区域、场所，接触特定的人。

被宣告缓刑的犯罪分子，如果被判处附加刑，附加刑仍须执行。

第七十三条 【缓刑考验期限】拘役的缓刑考验期限为原判刑期以上一年以下，但是不能少于二个月。

有期徒刑的缓刑考验期限为原判刑期以上五年以下，但是不能少于一年。

缓刑考验期限，从判决确定之日起计算。

第七十四条 【缓刑禁止】对于累犯和犯罪集团的首要分子，不适用缓刑。

第七十五条 【缓刑犯应遵守的规定】被宣告缓刑的犯罪分子，应当遵守下列规定：

（一）遵守法律、行政法规，服从监督；

（二）按照考察机关的规定报告自己的活动情况；

（三）遵守考察机关关于会客的规定；

（四）离开所居住的市、县或者迁居，应当报经考察机关批准。

第七十六条 【缓刑的执行与法律后果】对宣告缓刑的犯罪分子，在缓刑考验期限内，依法实行社区矫正，如果没有本法第七十七条规定的情形，缓刑考验期满，原判的刑罚就

不再执行，并公开予以宣告。

第七十七条 【缓刑的撤销】被宣告缓刑的犯罪分子，在缓刑考验期限内犯新罪或者发现判决宣告以前还有其他罪没有判决的，应当撤销缓刑，对新犯的罪或者新发现的罪作出判决，把前罪和后罪所判处的刑罚，依照本法第六十九条的规定，决定执行的刑罚。

被宣告缓刑的犯罪分子，在缓刑考验期限内，违反法律、行政法规或者国务院有关部门关于缓刑的监督管理规定，或者违反人民法院判决中的禁止令，情节严重的，应当撤销缓刑，执行原判刑罚。

（二）考点解读

1. 缓刑的适用条件。

（1）对象条件：犯罪情节较轻的犯罪分子。具体来说就是应当判处拘役或者3年以下有期徒刑的罪犯。

对累犯和犯罪集团的首要分子不得适用缓刑。

> 对数罪并罚决定执行刑期为3年以下有期徒刑的犯罪分子，也可以适用缓刑。对暴力犯罪者，法律也没有禁止适用缓刑。但是，如果罪犯是累犯或犯罪集团的首要分子，则无论判处多么轻的刑罚，都不得适用缓刑。

【示例】下列关于缓刑的说法，哪些是错误的？[1]

A. 对累犯以及实施杀人等暴力性犯罪的人，不得宣告缓刑

B. 拘役的缓刑考验期为原判刑期以上一年以下，但是不能少于一个月

C. 被宣告缓刑的犯罪分子，在缓刑考验期内，遵守有关缓刑的规定，只要没有再犯新罪的，缓刑考验期满，原判刑罚就不再执行

D. 被宣告缓刑的犯罪分子，在缓刑考验期内犯新罪的，应当撤销缓刑，将前罪和后罪所判处的刑罚，依照先减后并的方法决定应当执行的刑罚

【分析】

选项A：对累犯不得适用缓刑。但对实施杀人等暴力性犯罪的人，可以宣告缓刑。

选项B：拘役的缓刑考验期为原判刑期以上一年以下，但是不能少于二个月。

选项C：被宣告缓刑的犯罪分子，在缓刑考验期限内有三种情况之一的，即应当撤销缓刑：（1）犯新罪；（2）发现漏罪；（3）违反法律、行政法规或者国务院有关部门关于缓刑的监督管理规定，或者违反人民法院判决中的禁止令，情节严重的。

选项D：由于缓刑没有执行过刑罚，而先减后并或者先并后减都是减去已经执行过的刑罚，因此撤销缓刑数罪并罚时既不能先减后并，也不能先并后减，只能按照《刑法》第69条直接进行数罪并罚。

【经典真题】

关于缓刑，下列哪一选项是错误的？[2]（2006-2-8）

A. 对于累犯不适用缓刑

B. 对于危害国家安全的犯罪分子，不适用缓刑

C. 对于数罪并罚但宣告刑为3年以下有期徒刑的犯罪分子，可以适用缓刑

---

[1]【答案】ABCD
[2]【答案】B

D. 虽然故意杀人罪的法定最低刑为 3 年有期徒刑，但只要符合缓刑条件的，仍然可以适用缓刑

【考点】缓刑的适用

【解题思路与常见错误分析】累犯不得适用缓刑。法律没有禁止对危害国家安全的罪犯和数罪并罚的罪犯适用缓刑，故这两者也可以适用缓刑。我国刑法明确规定"以上""以下""以内"包括本数，所以故意杀人罪也有可能适用缓刑。

【同类考点总结】缓刑的适用对象一直是考查重点。考生严格按照法律规定回答即可。

（2）实质条件：根据犯罪分子的犯罪情节和悔罪表现，适用缓刑确实不致再危害社会。《刑法修正案（八）》对缓刑的适用条件增加了一项："宣告缓刑对所居住社区没有重大不良影响。"

（3）哪些人应当适用缓刑：对于符合缓刑条件的不满十八周岁的人、怀孕的妇女和已满七十五周岁的人，应当宣告缓刑。

2. 附加判处禁止令。

宣告缓刑，可以根据犯罪情况，同时禁止犯罪分子在缓刑考验期限内从事特定活动，进入特定区域、场所，接触特定的人。

3. 缓刑的考验期限。

（1）拘役的缓刑考验期限为原判刑期以上 1 年以下，但是不能少于 2 个月。

（2）有期徒刑的缓刑考验期限为原判刑期以上 5 年以下，但是不能少于 1 年。

4. 缓刑考验期限的起算：从判决确定之日起计算。

> 判决确定以前先行羁押的期限，不能折抵考验期限。但是，如果撤销缓刑，执行原判刑罚的，则其在宣告缓刑前羁押的时间应当折抵刑期。

【经典真题】

徐某因犯故意伤害罪，于 2007 年 11 月 21 日被法院判处有期徒刑 1 年，缓期 2 年执行。在缓刑考验期限内，徐某伙同他人无故殴打学生傅某，致傅某轻微伤。当地公安局于 2008 年 4 月 3 日决定对徐某行政拘留 15 日，并于当日开始执行该行政拘留决定。行政拘留结束后，法院撤销对徐某的缓刑，决定收监执行。关于本案，下列哪一选项是正确的?[1]（2008 - 2 - 9）

A. 徐某被行政拘留的 15 天可以折抵刑期

B. 徐某被行政拘留的 15 天不应当折抵刑期

C. 应当将 1 年有期徒刑与 15 天的拘留按照限制加重原则实行并罚

D. 15 天的行政拘留应当被 1 年有期徒刑吸收

【考点】刑期的折抵

【解题思路与常见错误分析】缓刑被撤销后，罪犯以前因为同一犯罪而被审前羁押的时间可以折抵刑期。本案中徐某是因为在缓刑考验期内无故殴打他人而被处以行政拘留的。这个行政拘留与原来的案件无关，因此不能被折抵。

---

〔1〕【答案】B

【同类考点总结】 缓刑被撤销后，只有罪犯以前因为同一犯罪而被审前羁押的时间可以折抵刑期。在缓刑考验期内因为其他事件而被处行政拘留的是不能折抵刑期的。

5. 被判处缓刑的罪犯必须接受社区矫正。

6. 缓刑犯考验期限内必须遵守的规定。可以与管制、假释的有关内容结合起来掌握。

被宣告缓刑的犯罪分子，应当遵守下列规定：

（1）遵守法律、行政法规，服从监督；

（2）按照考察机关的规定报告自己的活动情况；

（3）遵守考察机关关于会客的规定；

（4）离开所居住的市、县或者迁居，应当报经考察机关批准。

7. 缓刑的撤销。

（1）在考验期内又犯新罪，不论是否在考验期内被发现。如：张某因犯诈骗罪被人民法院判处有期徒刑 3 年，缓期 4 年。缓刑考验期满之后不久，司法机关发现张某在缓刑考验期内又盗窃了某商场一台价值 4000 元的彩色电视机。对张某应当撤销原判宣告的缓刑，前罪与后罪数罪并罚。新罪包括故意犯罪和过失犯罪。

（2）在缓刑考验期内发现漏罪。如果是经过了缓刑考验期后才发现判决宣告以前还有其他罪没有判决的，不能撤销缓刑，只能对新发现的罪作出判决并执行。漏罪包括故意犯罪和过失犯罪。

（3）在缓刑考验期限内，违反法律、行政法规或者国务院有关部门关于缓刑的监督管理规定，或者违反人民法院判决中的禁止令，情节严重的。

（4）撤销缓刑后怎么办？对于新罪、漏罪，将原罪判处的刑罚直接和新罪、漏罪判处的刑罚进行数罪并罚。对于违反法律、行政法规或者国务院有关部门关于缓刑的监督管理规定，或者违反人民法院判决中的禁止令，情节严重，但尚未构成犯罪的，撤销缓刑，收监执行原判刑罚。

由于缓刑没有执行过刑罚，所以撤销缓刑，进行数罪并罚时，直接适用《刑法》第 69 条，不存在先减后并或先并后减的问题。另外，并罚时是用前判决中确定的刑罚而不是考验期进行并罚。

8. 缓刑与战时缓刑制度的区别。战时缓刑与一般缓刑的适用条件、适用方法和法律后果均有所不同。

【经典真题】

关于缓刑的适用，下列哪一选项是错误的?[1]（2011 - 2 - 10）

A. 被宣告缓刑的犯罪分子，在考验期内再犯罪的，应当数罪并罚，且不得再次宣告缓刑

B. 对于被宣告缓刑的犯罪分子，可以同时禁止其从事特定活动，进入特定区域、场所，接触特定的人

C. 对于黑社会性质组织的首要分子，不得适用缓刑

D. 被宣告缓刑的犯罪分子，在考验期内由公安机关考察，所在单位或者基层组织予以

---

[1] 【答案】D

配合

【考点】缓刑的适用

【解题思路与常见错误分析】本题主要考查的是《刑法修正案（八）》的内容。选项B、C 是《刑法修正案（八）》新增的内容；选项 D 是《刑法修正案（八）》删除的内容。现在被宣告缓刑的人由社区进行社区矫正，不再接受公安机关的考察。

本题需要讨论的是选项 A。"被宣告缓刑的犯罪分子，在考验期内再犯罪的，应当数罪并罚"无疑是正确的。但能否再次宣告缓刑呢？法律和司法解释对此都没有禁止性规定。刑法的规定是："应当撤销缓刑，将新罪或者漏罪与前罪所判刑罚数罪并罚"。但是，从道理上来讲，既然撤销了缓刑，就应该执行实刑，不应该再宣告缓刑了。而且，刑法还规定：即使没有新罪、漏罪，仅仅是"在缓刑考验期限内，违反法律、行政法规或者国务院有关部门关于缓刑的监督管理规定，或者违反人民法院判决中的禁止令，情节严重的"，也应当撤销缓刑，执行原判刑罚。那么，犯了新罪、被发现漏罪的，其性质比这种违规要更严重，理当执行实刑。

刑法规定"没有再犯罪的危险"的才能被判处缓刑。选项 A 描述的这种人是有再犯罪的危险的，从这个角度来看，也不应该再次适用缓刑。

【同类考点总结】法考在这个问题上出过数道题，答案还互相矛盾。目前最新的就是这道题。实际上，对于这种在缓刑考验期又犯罪的人，撤销缓刑后，数罪并罚时确实不应该再次宣告缓刑。所以，对于这个问题，以本题的答案为准。

第十二章
刑罚的执行

> **导学**　本章知识点相对比较简单。本章常考考点包括减刑和假释后的最低实际执行期限和假释的禁止、撤销和撤销后的处理。

⬛ 考点解读

一、减刑制度 ★★

（一）相关法条

《刑法》

第七十八条　【减刑的适用条件与限度】被判处管制、拘役、有期徒刑、无期徒刑的犯罪分子，在执行期间，如果认真遵守监规，接受教育改造，确有悔改表现的，或者有立功表现的，可以减刑；有下列重大立功表现之一的，应当减刑：

（一）阻止他人重大犯罪活动的；

（二）检举监狱内外重大犯罪活动，经查证属实的；

（三）有发明创造或者重大技术革新的；

（四）在日常生产、生活中舍己救人的；

（五）在抗御自然灾害或者排除重大事故中，有突出表现的；

（六）对国家和社会有其他重大贡献的。

减刑以后实际执行的刑期不能少于下列期限：

（一）判处管制、拘役、有期徒刑的，不能少于原判刑期的二分之一；

（二）判处无期徒刑的，不能少于十三年；

（三）人民法院依照本法第五十条第二款规定限制减刑的死刑缓期执行的犯罪分子，缓期执行期满后依法减为无期徒刑的，不能少于二十五年，缓期执行期满后依法减为二十五年有期徒刑的，不能少于二十年。

第七十九条　【减刑程序】对于犯罪分子的减刑，由执行机关向中级以上人民法院提出减刑建议书。人民法院应当组成合议庭进行审理，对确有悔改或者立功事实的，裁定予以减刑。非经法定程序不得减刑。

第八十条　【无期徒刑的减刑】无期徒刑减为有期徒刑的刑期，从裁定减刑之日起计算。

司法解释

《最高人民法院关于办理减刑、假释案件具体应用法律的规定》（2016 年发布，2017.1.1 开始实施）

（二）考点解读

1. 减刑的条件。

（1）对象条件：被判处管制、拘役、有期徒刑、无期徒刑的犯罪分子。请注意：按照法条规定，死缓不是减刑的对象。这是因为死缓处于法律效果待定的状态，被判处死缓者还可能被执行死刑。死缓犯只有被减为无期徒刑后，才可以进一步减刑。

累犯不得被假释，但可以被减刑。

【示例】下列可以适用减刑的犯罪分子是？[1]

A. 甲因爆炸罪被判处死刑立即执行

B. 乙因盗窃罪被判处管制 2 年

C. 丙犯抢劫罪，因系累犯被从重判处 15 年有期徒刑

D. 丁因诈骗罪被判处无期徒刑

【分析】参见前文。

（2）实质条件：在执行期间，认真遵守监规，接受教育改造，确有悔改表现的，或者有立功表现的。

2. 减刑以后实际执行的刑期。

（1）判处管制、拘役、有期徒刑的，不能少于原判刑期的 1/2。

（2）判处无期徒刑的，不能少于 13 年。起始时间应当自无期徒刑判决确定之日起计算。注意：无期徒刑判决确定之前先行羁押的日期不能计算在实际执行的刑期以内。

3. 《最高人民法院关于办理减刑、假释案件具体应用法律若干问题的规定》中规定的每次减刑的具体幅度不用掌握。

4. 无期徒刑减为有期徒刑的刑期的起算。

无期徒刑减为有期徒刑的刑期，从裁定减刑之日起计算。

5. 被判处死刑缓期执行的，其实际执行刑期不得少于：

（1）未被限制减刑的，缓期执行期满后，无论依法减为无期徒刑还是有期徒刑，都不得少于 15 年。这是《最高人民法院关于办理减刑、假释案件具体应用法律若干问题的规定》中规定的。

（2）人民法院依法限制减刑的，缓期执行期满后依法减为无期徒刑的，不能少于 25 年，缓期执行期满后依法减为 25 年有期徒刑的，不能少于 20 年。

以上实际执行刑期均不含两年考验期。

二、假释制度 ★★★

（一）相关法条

《刑法》

第八十一条　【假释的适用条件】被判处有期徒刑的犯罪分子，执行原判刑期二分之一以上，被判处无期徒刑的犯罪分子，实际执行十三年以上，如果认真遵守监规，接受教

---

[1] 【答案】BCD

育改造，确有悔改表现，没有再犯罪的危险的，可以假释。如果有特殊情况，经最高人民法院核准，可以不受上述执行刑期的限制。

对累犯以及因故意杀人、强奸、抢劫、绑架、放火、爆炸、投放危险物质或者有组织的暴力性犯罪被判处十年以上有期徒刑、无期徒刑的犯罪分子，不得假释。

对犯罪分子决定假释时，应当考虑其假释后对所居住社区的影响。

第八十二条 【假释的程序】对于犯罪分子的假释，依照本法第七十九条规定的程序进行。非经法定程序不得假释。

第八十三条 【假释考验期限】有期徒刑的假释考验期限，为没有执行完毕的刑期；无期徒刑的假释考验期限为十年。

假释考验期限，从假释之日起计算。

第八十四条 【假释犯应遵守的规定】被宣告假释的犯罪分子，应当遵守下列规定：

（一）遵守法律、行政法规，服从监督；

（二）按照监督机关的规定报告自己的活动情况；

（三）遵守监督机关关于会客的规定；

（四）离开所居住的市、县或者迁居，应当报经监督机关批准。

第八十五条 【假释的执行与法律后果】对假释的犯罪分子，在假释考验期限内，依法实行社区矫正，如果没有本法第八十六条规定的情形，假释考验期满，就认为原判刑罚已经执行完毕，并公开予以宣告。

第八十六条 【假释的撤销】被假释的犯罪分子，在假释考验期限内犯新罪，应当撤销假释，依照本法第七十一条的规定实行数罪并罚。

在假释考验期限内，发现被假释的犯罪分子在判决宣告以前还有其他罪没有判决的，应当撤销假释，依照本法第七十条的规定实行数罪并罚。

被假释的犯罪分子，在假释考验期限内，有违反法律、行政法规或者国务院有关部门关于假释的监督管理规定的行为，尚未构成新的犯罪的，应当依照法定程序撤销假释，收监执行未执行完毕的刑罚。

司法解释

《最高人民法院关于办理减刑、假释案件具体应用法律的规定》 （2016 年发布，2017.1.1 开始实施）

（二）考点解读

1. 假释的条件。

这是最重要的知识点。它包括对象条件、执行刑期条件和实质条件三个方面。

（1）假释的适用对象。

①假释的适用对象包括被判处无期徒刑和有期徒刑的罪犯。

②死刑缓期执行罪犯减为无期徒刑或者有期徒刑后，可以假释。

③对累犯以及因故意杀人、强奸、抢劫、绑架、放火、爆炸、投放危险物质或者有组织的暴力性犯罪被判处 10 年以上有期徒刑、无期徒刑的犯罪分子，不得假释。

这是《刑法修正案（八）》的新规定，和原规定有所不同。应当注意：

a. 对于法条明文列举的七种犯罪，不要求必须是暴力性犯罪。例如用安眠药故意杀人的，就不是暴力性犯罪，但也不得假释。

b. 这七种犯罪不包含故意伤害罪。只有有组织的暴力性故意伤害罪才不得假释。

c. 对于其他犯罪，必须是有组织的暴力性犯罪才可以被禁止假释。

d. 必须是一罪被判处十年以上有期徒刑、无期徒刑的犯罪分子。

e. 不得假释，是指自始至终都不得假释。即使经过减刑，低于 10 年有期徒刑后，也不得假释。

> 禁止假释的对象：1+7+1，即累犯加 7 个罪再加有组织的暴力性犯罪。这 7 个罪是已满 14 周岁，不满 16 周岁的人应当负责的 8 种犯罪中，去掉相对较轻的故意伤害罪和贩卖毒品罪，加上绑架罪形成的。

【示例 1】吕某因绑架罪被判处有期徒刑 12 年。入狱后，吕某认真遵守监规，接受教育改造，确有悔改表现。根据刑法规定，对吕某应如何处理？[1]

A. 既可以减刑，也可以假释　　　　B. 可以减刑，但不能假释

C. 可以假释　　　　D. 既不能减刑，也不能假释

【分析】因为暴力性犯罪被判处 10 年以上有期徒刑的罪犯不能适用假释，但可以减刑。

（2）假释适用的实质条件。

同减刑、缓刑的适用有一定的相似之处：必须是犯罪分子认真遵守监规、接受教育改造，确有悔改表现，这与减刑相一致；同时要求假释后不致再危害社会，这与缓刑相一致。

《刑法修正案（八）》还新增了一条：对犯罪分子决定假释时，应当考虑其假释后对所居住社区的影响。

（3）执行刑期条件。

①被判处有期徒刑的犯罪分子，执行原判刑期 1/2 以上。执行原判刑期 1/2 以上的起始时间，应当从判决执行之日起计算，判决执行以前先行羁押的，羁押一日折抵刑期一日。

②被判处无期徒刑的犯罪分子，实际执行 13 年以上。如果有特殊情况，经最高人民法院核准，可以不受上述执行刑期的限制。

【示例 2】下列关于假释的说法，哪些是错误的？[2]

A. 对于因故意杀人罪被判处十年以上有期徒刑的犯罪分子，不得假释；当他被减刑后，如果剩余刑期低于十年有期徒刑，则可以假释

B. 被假释的犯罪分子，在假释考验期限内犯新罪的，应当撤销假释，按照先并后减的方法实行数罪并罚

C. 被假释的犯罪分子，在假释考验期内，遵守了各种相关规定，没有再犯新罪，也没有发现以前还有其他罪没有判决的，假释考验期满，剩余刑罚就不再执行

D. 被判处有期徒刑的犯罪分子，执行原判刑期二分之一以上，如果符合假释条件的，可以假释；如果有特殊情况，经高级人民法院核准，可以不受上述执行刑期的限制

【分析】选项 A：不得假释是指自始至终都不得假释。即使经过减刑低于 10 年了，也不得假释。选项 B 关于假释撤销的说法没有错，但关于数罪并罚的方法有错。在假释考验期限内犯新罪，属于刑罚执行中犯新罪的并罚，应当是"先减后并"。选项 C 错在具体表述与法律规定不符。《刑法》第 85 条规定："假释考验期满，就认为原判刑罚已经执行完毕。"而选项 C 表述为"剩余刑罚就不再执行"。选项 D 中是应由最高人民法院核准而不是高级人民法院核准。

---

[1]【答案】B
[2]【答案】ABCD

"原判刑罚已经执行完毕"和"剩余刑罚就不再执行"这两种说法的法律效果是不同的。认为原判刑罚已经执行完毕意思为假释考验期间视同刑罚执行期间，假释期满视同刑罚被执行完毕。而剩余刑罚就不再执行则不能这样理解。在罪犯被假释时，其构成累犯的期限之所以要从假释期满之日起计算，原因即在于此。

《最高人民法院关于办理减刑、假释案件具体应用法律的规定》（2016 年发布，2017.1.1 开始实施）

这个司法解释很长，本书就不全文收录了。考生记住一点即可：犯罪分子有能力执行而不执行财产刑的，在减刑、假释上都会受到限制。

【经典真题】

在符合"执行期间，认真遵守监规，接受教育改造"的前提下，关于减刑、假释的分析，下列哪一选项是正确的？（2017 - 2 - 11）[1]

A. 甲因爆炸罪被判处有期徒刑 12 年，已服刑 10 年，确有悔改表现，无再犯危险。对甲可以假释

B. 乙因行贿罪被判处有期徒刑 9 年，已服刑 5 年，确有悔改表现，无再犯危险。对乙可优先适用假释

C. 丙犯贪污罪被判处无期徒刑，拒不交代贪污款去向，一直未退赃。丙已服刑 20 年，确有悔改表现，无再犯危险。对丙可假释

D. 丁因盗窃罪被判处有期徒刑 5 年，已服刑 3 年，一直未退赃。丁虽在服刑中有重大技术革新，成绩突出，对其也不得减刑

【考点】减刑、假释

【解题思路与常见错误分析】选项 A：爆炸罪属于 7 种犯罪之一，甲的刑期为 12 年，因此对甲不得假释。选项 A 错误。

选项 B：《最高人民法院关于办理减刑、假释案件具体应用法律的规定》（2016 年）第 26 条第 2 款规定："罪犯既符合法定减刑条件，又符合法定假释条件的，可以优先适用假释。"选项 B 正确。

选项 C：前述司法解释第 3 条第 2 款规定："对职务犯罪、破坏金融管理秩序和金融诈骗犯罪、组织（领导、参加、包庇、纵容）黑社会性质组织犯罪等罪犯，不积极退赃、协助追缴赃款赃物、赔偿损失，或者服刑期间利用个人影响力和社会关系等不正当手段意图获得减刑、假释的，不认定其'确有悔改表现'。"第 27 条规定："对于生效裁判中有财产性判项，罪犯确有履行能力而不履行或者不全部履行的，不予假释。"因此，丙没有"悔改表现"，不得假释。对丙的减刑也要从严掌握。选项 C 错误。

选项 D：刑法第 78 条规定：有重大立功表现的，应当减刑。丁的表现属于重大立功，应当减刑。即使他一直未退赃，也不能不给他减刑。选项 D 错误。

【同类考点总结】在减刑、假释时，要考虑犯罪分子的财产刑的执行情况。

2. 假释考验期限。

有期徒刑的假释考验期限，为没有执行完毕的刑期；无期徒刑的假释考验期限为 10

---

〔1〕【答案】B

年。假释考验期限，从假释之日起计算。

3. 假释的程序同减刑的程序完全一致。

4. 撤销假释的三种法定情形。

（1）在假释考验期内犯新罪。假释的最后一天并非考验期满之日。第二天才是期满日。

①只要在假释考验期内犯新罪，不论该罪是故意犯罪还是过失犯罪，不论该"新罪"被何时发现，都应撤销假释。

②发现"新罪"而进行并罚，应适用《刑法》第71条规定的"先减后并"规则。

【示例3】陈某因犯故意伤害罪被人民法院判处有期徒刑5年。服刑期间，由于有立功表现而被假释。假释最后一天，几个朋友邀陈某到一家饭店摆宴庆贺他获得新生，陈某喝酒较多。饭后，陈某驾车回家，途中撞到一行人，陈某下车一看人已死亡，酒顿时吓醒，驾车逃离现场，后被查获。对陈某的行为应当怎样处理？[1]

A. 按照交通肇事罪一罪处罚即可

B. 按照累犯从重处罚

C. 撤销假释，按照数罪并罚中先减后并的原则进行并罚

D. 按照过失致人死亡罪一罪处罚

【分析】陈某属于在假释考验期内又犯新罪的，应当按照先减后并的方法实行数罪并罚。

（2）在假释考验期内发现有漏罪。

①应当撤销假释，依照《刑法》第70条规定的"先并后减"的规则实行数罪并罚。

②在假释考验期满后，才发现被假释的犯罪人在判决宣告以前还有其他罪没有判决的，不得撤销假释，只能对新发现的漏罪另行追究刑事责任。

（3）在假释考验期内，有违反法律、行政法规或者国务院有关部门关于假释的监督管理规定的行为，尚未构成新的犯罪的。

在（1）（2）情形下，不仅要撤销假释，还要适用数罪并罚，在（3）情形下，直接撤销假释，收监执行尚未执行完毕的刑罚。在这三种情形下，已经过的考验期限均不视为已执行过的刑期。

【经典真题】

对刑法关于撤销假释的规定，下列哪些理解是正确的？[2]（2004-2-51）

A. 只要被假释的犯罪分子在假释考验期内犯新罪的，即使假释考验期满后才发现，也应当撤销假释

B. 在假释考验期满后，发现被假释的犯罪分子在判决宣告以前还犯有其他罪没有判决的，不能撤销假释

C. 被假释的犯罪分子，在假释考验期内犯新罪的，应当按先减后并的方法实行并罚，但"先减"是指减去假释前已经实际执行的刑期

D. 在假释考验期内，发现被假释的犯罪分子在判决宣告以前还有其他犯罪没有判决的，撤销假释后，按照先并后减的方法实行并罚。假释经过的考验期，应当计算在新决定的刑期之内，因为假释视为执行刑罚

---

[1]【答案】C
[2]【答案】ABC

【考点】撤销假释的适用

【解题思路与常见错误分析】一旦撤销假释，假释经过的考验期就没有用了。撤销后，直接以原来尚未执行的刑罚和新罪数罪并罚。

【同类考点总结】被假释者犯的是漏罪还是新罪会影响是否撤销假释和撤销假释后如何处理。所以，考生在掌握假释的撤销时，一定要区分漏罪和新罪。

第十三章
刑罚的消灭

　　本章只有一个知识点，就是追诉时效的计算。考生要掌握追诉时效的计算、普通追诉时效、追诉时效的延长和追诉时效的中断（重新计算）。

一、相关法条

《刑法》

第八十七条　【追诉时效】犯罪经过下列期限不再追诉：

（一）法定最高刑为不满五年有期徒刑的，经过五年；

（二）法定最高刑为五年以上不满十年有期徒刑的，经过十年；

（三）法定最高刑为十年以上有期徒刑的，经过十五年；

（四）法定最高刑为无期徒刑、死刑的，经过二十年。如果二十年以后认为必须追诉的，须报请最高人民检察院核准。

第八十八条　【追诉时效的延长】在人民检察院、公安机关、国家安全机关立案侦查或者在人民法院受理案件以后，逃避侦查或者审判的，不受追诉期限的限制。

　　被害人在追诉期限内提出控告，人民法院、人民检察院、公安机关应当立案而不予立案的，不受追诉期限的限制。

第八十九条　【追诉时效的计算】追诉期限从犯罪之日起计算；犯罪行为有连续或者继续状态的，从犯罪行为终了之日起计算。

　　在追诉期限以内又犯罪的，前罪追诉的期限从犯后罪之日起计算。

二、考点解读

（一）刑罚消灭事由

　　刑罚消灭事由主要有：（1）超过追诉时效；（2）获得赦免；（3）亲告罪中，没有告诉或者撤回告诉的；（4）犯罪嫌疑人、被告人死亡等。其中，追诉时效是重点内容。

（二）追诉时效

追诉时效 ⎰ 普通追诉时效

　　　　 ⎱ 追诉时效的中断

　　　　 ⎱ 追诉时效的延长

1. 时效的分类。

时效分为两种：追诉时效和行刑时效。追诉时效，是指刑法规定的对犯罪人追究刑事责任有效期限的制度。在追诉时效内，司法机关有权追究犯罪人的刑事责任；超过追诉时效，司法机关追究犯罪人的权力即归于消灭。

刑法规定追诉时效长短的主要根据是罪行的轻重。我国刑法规定的追诉时效有四种，即 5 年、10 年、15 年和 20 年。

行刑时效，是指刑事法律规定的，对被判刑的人执行刑罚有效期限的制度。我国刑法只规定了追诉时效，对行刑时效未作规定。

2. 追诉时效的具体规定。

参见表 20。

在确定具体犯罪的追诉时效的期限时，应当注意：

（1）在只规定一个量刑幅度的条文中，应依照该条文的法定最高刑确定追诉时效期限；

（2）在一个条文中规定有两个以上不同的量刑幅度的，应按与其罪行相对应的条款的法定最高刑确定其追诉时效期限。

> 确定追诉时效的标准是具体犯罪行为所对应的法定最高刑，即按犯罪的具体行为、情节，分别适用刑法分则规定的相应条款，按其法定最高刑计算追诉时效期限。

（三）追诉时效的计算

表 20　追诉时效的计算

追诉时效的计算	追诉期限从犯罪之日起计算；犯罪行为有连续或者继续状态的，从犯罪行为终了之日起计算。
普通追诉时效	（1）法定最高刑为不满 5 年有期徒刑的，经过 5 年； （2）法定最高刑为 5 年以上不满 10 年有期徒刑的，经过 10 年； （3）法定最高刑为 10 年以上有期徒刑的，经过 15 年； （4）法定最高刑为无期徒刑、死刑的，经过 20 年。如果 20 年以后认为必须追诉的，须报请最高人民检察院核准。
追诉时效的延长	在人民检察院、公安机关、国家安全机关立案侦查或者在人民法院受理案件以后，逃避侦查或者审判的，不受追诉期限的限制。被害人在追诉期限内提出控告，人民法院、人民检察院、公安机关应当立案而不予立案的，不受追诉期限的限制。
追诉时效的中断（重新计算）	在追诉期限以内又犯罪的，前罪追诉的期限从犯后罪之日起计算。

说明：（1）犯罪之日是指犯罪成立之日，而不是犯罪既遂之日。犯罪成立之日，应该是行为符合犯罪构成之日（注意不是犯罪既遂之日）。由于刑法对各种犯罪规定的构成要件不同，因而认定犯罪成立的标准也不同。对不以具体危害结果为要件的犯罪而言，实施行为之日就是犯罪之日；对于以具体危害结果为要件的犯罪而言（如过失犯罪），危害结果发生之日，才是犯罪之日。在共同犯罪的场合，应以共犯人中的最终的行为终了之日作为追诉时效的起算日。

（2）图表中的"以上"均含本数。"不满"则不含本数。

甲犯盗窃罪，追诉期限是 15 年，在第 8 年时，他又犯抢劫罪。那么盗窃罪的追诉时效就从犯抢劫罪那天重新计算 15 年，盗窃罪的追诉时效就变成了 23 年。

表 21 追诉时效的中断

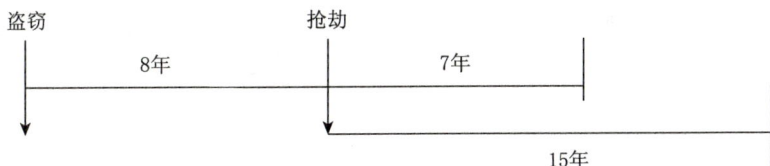

【示例1】张某犯某罪，应判处4年有期徒刑，该罪的法定最高刑为7年，对张某的追诉时效是多少年？如果张某所犯之罪的法定最高刑为10年呢？

【分析】在第一种情况下，对张某的追诉时效为10年。因为法定最高刑不满10年的，追诉期为10年。在第二种情况下，对张某的追诉时效为15年。因为法定最高刑为10年以上的，追诉期为15年。请注意：10年以上是含本数的。

【示例2】被司法机关立案侦查或者受理的案件虽然不受追诉时效的限制，但其后的犯罪行为仍然受追诉期限的限制。例如：行为人的甲罪被司法机关立案侦查，但行为人逃避侦查与审判，其后又犯了乙罪。先前的甲罪虽然不受追诉期限的限制，但后来的乙罪仍然受追诉期限的限制。

【经典真题】

1999年11月，甲（17周岁）因邻里纠纷，将邻居杀害后逃往外地。2004年7月，甲诈骗他人5000元现金。2014年8月，甲因扒窃3000元现金，被公安机关抓获。在讯问阶段，甲主动供述了杀人、诈骗罪行。关于本案的分析，下列哪些选项是错误的？[1]（2014-2-56）

A. 前罪的追诉期限从犯后罪之日起计算，甲所犯三罪均在追诉期限内

B. 对甲所犯的故意杀人罪、诈骗罪与盗窃罪应分别定罪量刑后，实行数罪并罚

C. 甲如实供述了公安机关尚未掌握的罪行，成立自首，故对盗窃罪可从轻或者减轻处罚

D. 甲审判时已满18周岁，虽可适用死刑，但鉴于其有自首表现，不应判处死刑

【考点】追诉时效、自首、死刑的适用

【解题思路与常见错误分析】选项A、B：甲共犯有故意杀人罪、诈骗罪、盗窃罪三个罪。甲的故意杀人罪适用最长追诉时效——20年。故，在1999年，甲的故意杀人罪的追诉期到2019年结束。在2004年，甲又犯诈骗。由于在前罪的追诉期内又犯后罪的，前罪的追诉期从犯后罪之日起重新计算，所以，甲的故意杀人罪的追诉期到2024年结束。2014年8月，甲盗窃时，其故意杀人罪仍然在追诉期内。那么，故意杀人罪的追诉期再次重新计算，即到2034年，甲的故意杀人罪才过追诉期。

诈骗5000元属于"数额较大"，法定最高刑为3年以下有期徒刑，故追诉期为5年。其诈骗罪的追诉期在2009年结束。在2014年，甲又犯盗窃罪。此时，其诈骗罪已经超过追诉时效。故，对甲应该以故意杀人罪和盗窃罪数罪并罚。选项A、B均错误。

选项C：甲如实供述的是杀人、诈骗罪行。应当对这两个罪成立自首，并从轻或者减轻处罚。由于诈骗罪已经超过追诉时效，不再追诉。盗窃罪并非甲自动如实供述的罪行，所以

〔1〕【答案】ABCD

不能对盗窃罪成立自首。当然也不能因此对盗窃罪从轻或者减轻处罚。故，选项 C 错误。

选项 D：甲审判时已满 18 周岁，仍然不可以适用死刑。因为对未成年人禁止适用死刑的判断标准是"犯罪时"。这是因为他们犯罪时的刑事责任能力尚不完整，所以给予他们从轻处罚。故，选项 D 错误。

【同类考点总结】 注意选项 A 和选项 C 的易错点。选项 A 错在不是所有前罪的追诉期限都从犯后罪之日起计算，只有在前罪的追诉期内犯后罪的，前罪的追诉期才从犯后罪之日起重新计算。选项 C 错在一人犯数罪时，不是一罪自首即全罪自首，而是如实供述了哪个罪，就对哪个罪成立自首。但立功不是针对个别罪的立功，行为人的一个立功行为可以适用于对所有犯罪的量刑。

【经典真题】

关于追诉时效，下列哪一选项是正确的？[1]（2016 - 2 - 10）

A.《刑法》规定，法定最高刑为不满 5 年有期徒刑的，经过 5 年不再追诉。危险驾驶罪的法定刑为拘役，不能适用该规定计算危险驾驶罪的追诉时效

B. 在共同犯罪中，对主犯与从犯适用不同的法定刑时，应分别计算各自的追诉时效，不得按照主犯适用的法定刑计算从犯的追诉期限

C. 追诉时效实际上属于刑事诉讼的内容，刑事诉讼采取从新原则，故对刑法所规定的追诉时效，不适用从旧兼从轻原则

D. 刘某故意杀人后逃往国外 18 年，在国外因伪造私人印章（在我国不构成犯罪）被通缉时潜回国内。4 年后，其杀人案件被公安机关发现。因追诉时效中断，应追诉刘某故意杀人的罪行

【考点】 追诉时效

【解题思路与常见错误分析】 选项 A：拘役是比有期徒刑还轻的刑罚，当然符合"法定最高刑为不满 5 年有期徒刑的"。所以，应当适用该规定计算危险驾驶罪的追诉时效。选项 A 错误。

选项 B：根据责任主义，在共同犯罪中，主犯和从犯、胁从犯可能被判处不同的刑罚。那么，对主犯与从犯、胁从犯适用不同的法定刑时，应分别计算各自的追诉时效，不得按照主犯适用的法定刑计算从犯、胁从犯的追诉期限。选项 B 正确。

选项 C：最高人民法院 1997 年 9 月 25 日颁布的《关于适用刑法时间效力规定若干问题的解释》第 1 条规定："对于行为人 1997 年 9 月 30 日以前实施的犯罪行为，在人民检察院、公安机关、国家安全机关立案侦查或者在人民法院受理案件以后，行为人逃避侦查或者审判，超过追诉期限或者被害人在追诉期限内提出控告，人民法院、人民检察院、公安机关应当立案而不予立案，超过追诉期限的，是否追究行为人的刑事责任，适用修订前的刑法第七十七条的规定。"根据这个规定，在追诉时效的适用上采取的是从旧兼从轻原则（新刑法的规定对犯罪嫌疑人更不利）。因此，选项 C 错误。

选项 D：因为刘某伪造私人印章的行为在我国不构成犯罪，所以刘某并不属于《刑法》第 89 条第 2 款规定的"在追诉期限以内又犯罪的，前罪追诉的期限从犯后罪之日起计算"。因此，刘某不构成诉讼时效中断。题目并未交代刘某是在人民检察院、公安机关、国家安

---

[1]【答案】B

全机关立案侦查或者在人民法院受理案件以后，逃避侦查或者审判的，因此其犯罪行为受追诉期限的限制。根据我国法律，故意杀人罪的追诉时效为 20 年，刘某被发现时已经是犯罪结束后 22 年了。因此，刘某不能被追诉。选项 D 错误。

【同类考点总结】追诉时效到底是从新还是从旧，在刑法理论上一直有争议。根据 1997 年刑法的规定，追诉时效是从新的。但是，最高人民法院的司法解释采取了从旧兼从轻原则。这是因为新的规定对 1997 年刑法施行前犯罪的人更不利。

第十四章
总则的其他规定

> **导学** 本章讲解刑法总则第五章"其他规定"。这些规定主要是立法者对法律中的名词进行的解释。第 91 条、93 条、94 条、99 条非常重要，经常被考查。

✎ 考点解读

一、第 91 条的规定 ★★

（一）相关法条

《刑法》

第九十一条 【公共财产的范围】本法所称公共财产，是指下列财产：

（一）国有财产；

（二）劳动群众集体所有的财产；

（三）用于扶贫和其他公益事业的社会捐助或者专项基金的财产。

在国家机关、国有公司、企业、集体企业和人民团体管理、使用或者运输中的私人财产，以公共财产论。

（二）考点解读

公共财产包括用于扶贫和其他公益事业的社会捐助或者专项基金的财产；在国家机关、国有公司、企业、集体企业和人民团体管理、使用或者运输中的私人财产，以公共财产论。

【示例】缉毒警察利用职务之便侵吞自己查处的缉毒案件中缴获的毒资 10 万元的，构成贪污罪。

二、第 93 条的规定 ★★★★

（一）相关法条

《刑法》

第九十三条 【国家工作人员的范围】本法所称国家工作人员，是指国家机关中从事公务的人员。

国有公司、企业、事业单位、人民团体中从事公务的人员和国家机关、国有公司、企业、事业单位**委派**到非国有公司、企业、事业单位、社会团体从事公务的人员，以及其他依照法律从事公务的人员，以国家工作人员论。

（二）考点解读

1. 国家工作人员的范围。

（1）国家机关人员；（2）国有公司、企事业单位、人民团体人员；（3）国家机关、国有公司、企业、事业单位委派到非国有公司、企业、事业单位、社会团体从事公务的人员；（4）其他依照法律从事公务的人员。

2. 全国人大常委会对第93条第2款的解释。

村民委员会等村基层组织人员协助人民政府从事下列行政管理工作时，属于"其他依照法律从事公务的人员"：（1）救灾、抢险、防汛、优抚、移民、救济款物的管理和发放；（2）社会捐助公益事业款物的管理和发放；（3）国有土地的经营、管理和宅基地的管理；（4）土地征用补偿费用的管理和发放；（5）代征、代缴税款；（6）有关计划生育、户籍、征兵工作；（7）协助人民政府从事的其他行政管理工作。

这7项可以被总结为一条：协助人民政府从事行政管理工作。此时其利用职务上的便利，非法占有公共财物，构成犯罪的，适用贪污罪、挪用公款罪、受贿罪的规定。

> 本条每年都会被考查，因为每年都会考查贪污贿赂犯罪。

三、第94条的规定

（一）相关法条

《刑法》

第九十四条　【司法工作人员的范围】本法所称司法工作人员，是指有侦查、检察、审判、监管职责的工作人员。

（二）考点解读

刑法所称司法工作人员，是指有侦查、检察、审判、监管职责的工作人员。公安机关是行政机关，但其工作人员履行侦查职责时，是司法工作人员。监狱的工作人员在履行监管职责时，也是司法工作人员。本条对刑讯逼供罪、徇私枉法罪等要求犯罪主体是司法工作人员的犯罪的认定具有重要意义。

四、第99条的规定★★★

（一）相关法条

《刑法》

第九十九条　【以上、以下、以内之界定】本法所称以上、以下、以内，包括本数。

（二）考点解读

刑法所称以上、以下、以内，包括本数。

本条很重要。在计算各种期限时很有用。

> **强调：《刑法》第63条，关于减轻处罚的规定，其"以下"不含本数（参见"刑罚的裁量一章"的讲解）。**

【示例】甲犯故意杀人罪，情节较轻。甲能否被判处缓刑？

【分析】可以。因为犯故意杀人罪而情节较轻的，可以被判处3年有期徒刑。3年有期徒刑是可以被判处缓刑的。因为《刑法》第232条的"以上"和第72条的"以下"都包含本数。

下 编 刑法分则

第十五章
刑法分则概述

> **导学**　本章是对刑法分则的概述。本章内容对掌握刑法分则具有重要的减负作用。本章主要内容包括刑法分则体系、刑法分则条文的结构、罪状、罪名与法定刑，注意规定与法律拟制、重点罪名与非重点罪名、法条与犯罪构成的关系、主客观相一致原则等在认定犯罪中具有重要意义。注意规定与法律拟制的概念及意义是理论性较强的考点，请考生予以特别注意。法条与犯罪构成的关系、主客观相一致原则在认定犯罪中的重要意义，对大家掌握刑法分则极为重要。考生必须能够熟练地将法条分解为犯罪的具体构成要件。

考点解读

一、刑法分则体系★★★

刑法分则体系，是指刑法分则对犯罪的分类及排列次序。

> 考生要学会利用刑法分则的体系来掌握刑法分则。在分则复习中要注意"化整为零、比较记忆"。

考生首先要有"章""节"的概念，知道某个罪名在分则体系中的具体位置。这样才能了解该罪侵害的具体法益，了解该罪与相似罪名的关系。在分则体系中学习具体罪名，能够让我们对分则的四百多个罪名（大约是 483 个罪名）有整体的掌握，消除复习时的茫然感。

我国刑法典的分则将具体犯罪分为十类，每一章规定一类犯罪。刑法分则体系就是根据刑法典分则的十章建立起来的。其特点如下：

首先，原则上依据犯罪所侵犯的同类法益对犯罪进行分类。例如侵犯公共安全的犯罪为一类、侵犯财产的犯罪为一类。

其次，总体上依据各类犯罪的危害程度对各类罪进行排列。我国基本上是按由重到轻的顺序进行排列的。例如危害国家安全罪为第一章，危害公共安全罪为第二章。

再次，大体上依据犯罪的危害程度以及犯罪之间的内在联系对具体犯罪进行安排。例如故意杀人罪为侵犯人身权利罪之首，抢劫罪为侵犯财产罪之首。

最后，基本上依据犯罪侵犯的主要法益对犯罪进行归类。一些犯罪同时侵犯了两种以上的法益，刑法分则根据该罪侵犯的主要法益，将其归入该类犯罪。如抢劫罪既侵犯人身权利，又侵犯财产权利，刑法分则根据其侵犯的主要法益——财产权利将其归入侵犯财产罪。

二、刑法分则的条文结构

刑法分则条文通常由罪状（假定条件）与法定刑（法律后果）构成，表述结构为"……的，处……"。例如，《刑法》第116条规定："破坏火车、汽车、电车、船只、航空器，足以使火车、汽车、电车、船只、航空器发生倾覆、毁坏危险，尚未造成严重后果的，处三年以上十年以下有期徒刑。"前一句是罪状，后一句是法定刑。

一般来说，刑法分则的一条只规定一个犯罪，但个别情况下也有一条规定数个犯罪的，例如《刑法》第246条，该条同时规定了侮辱罪与诽谤罪。

三、罪名、罪状与法定刑

（一）罪名

罪名是刑法分则所规定的每一种具体犯罪的名称，例如抢劫罪、盗窃罪。我国刑法在法条中一般不规定罪名，罪名是由最高人民法院和最高人民检察院通过司法解释规定的。

罪名的分类很多。

1. 立法罪名、司法罪名和学理罪名。我国目前适用的多为司法罪名。

2. 类罪名和具体罪名。类罪名就是每章的罪名，例如第一章："危害国家安全罪"。这种罪名不能作为定罪的根据，定罪时必须使用具体罪名，例如叛逃罪、间谍罪等。

3. 单一罪名和选择罪名。

单一罪名，是指罪状包含的犯罪构成的具体内容单一的罪名。如故意杀人罪、盗窃罪等。

选择罪名，是指因罪状所包含的犯罪构成的具体内容比较复杂，罪名形式上表现为并列特点的罪名。例如拐卖妇女、儿童罪，组织、领导、参加黑社会性质组织罪。选择罪名可以统一使用，也可以根据具体的犯罪行为分解使用。

如果一个人既拐卖妇女，又拐卖儿童的，只认定为拐卖妇女、儿童罪一罪。

（二）罪状

罪状即刑法分则条文对具体犯罪的构成要件的表述。

1. 简单罪状。

简单罪状只写出犯罪的名称，而不表述其具体的犯罪构成要件。如：《刑法》第232条故意杀人罪。该条仅规定："故意杀人的，处死刑、无期徒刑或者十年以上有期徒刑；情节较轻的，处三年以上十年以下有期徒刑。"

2. 叙明罪状。

叙明罪状对具体犯罪的构成要件加以明确的描述。如：《刑法》第191条洗钱罪。该条规定："为掩饰、隐瞒毒品犯罪、黑社会性质的组织犯罪、恐怖活动犯罪、走私犯罪、贪污贿赂犯罪、破坏金融管理秩序犯罪、金融诈骗犯罪的所得及其产生的收益的来源和性质，有下列行为之一的，没收实施以上犯罪的所得及其产生的收益，处五年以下有期徒刑或者拘役，并处或者单处罚金；情节严重的，处五年以上十年以下有期徒刑，并处罚金：

（一）提供资金账户的；

（二）将财产转换为现金、金融票据、有价证券的；

（三）通过转账或者其他支付结算方式转移资金的；

（四）跨境转移资产的；

（五）以其他方法掩饰、隐瞒犯罪所得及其收益的来源和性质的。

单位犯前款罪的，对单位判处罚金，并对其直接负责的主管人员和其他直接责任人员，依照前款的规定处罚。"

3. 引证罪状。

引证罪状引用同一法律其他条款来说明和确定某一犯罪的构成特征。如《刑法》第 124 条破坏广播电视设施、公用电信设施罪。该条规定："破坏广播电视设施、公用电信设施，危害公共安全的，处三年以上七年以下有期徒刑；造成严重后果的，处七年以上有期徒刑。过失犯前款罪的，处三年以上七年以下有期徒刑；情节较轻的，处三年以下有期徒刑或者拘役。""过失犯前款罪的"即引证罪状。

4. 空白罪状。

空白罪状不规定某犯罪完整的构成特征，仅指明参照的其他法律、法规。如《刑法》第 342 条非法占用农用地罪。该条规定："违反土地管理法规，非法占用耕地、林地等农用地，改变被占用土地用途，数量较大，造成耕地、林地等农用地大量毁坏的，处五年以下有期徒刑或者拘役，并处或者单处罚金。""违反土地管理法规"即空白罪状。

5. 混合罪状。

我国很多空白罪状并不是完全的空白，而是在指明参照的其他法律、法规后，还规定了一定的构成要件。后一部分又属于叙明罪状。这种罪状就是混合罪状。例如前述《刑法》第 342 条除了指明"违反土地管理法规"，还要求行为必须是"非法占用耕地、林地等农用地，改变被占用土地用途，数量较大，造成耕地、林地等农用地大量毁坏的"行为。

（三）法定刑

法定刑，是指刑法分则条文对具体犯罪所确定的适用刑罚的种类和刑罚幅度。

宣告刑是法官对具体的罪犯所判处的刑罚。例如，如果法定刑为 3 至 10 年有期徒刑，法官判处被告 5 年有期徒刑，即为宣告刑。

执行刑包括两种，一种是数罪并罚时，最后决定执行的刑罚。例如，甲犯 A 罪被判处有期徒刑 10 年，犯 B 罪被判处有期徒刑 8 年，决定合并执行 16 年。另一种是罪犯在服刑时实际所服的刑期。例如被判无期徒刑的人，服刑 15 年后出狱。

> 很多犯罪的法定刑不是只有一档，这时说该罪的法定刑就是指与该犯罪事实具体相适应的那一档法定刑。

【示例】抢劫罪（《刑法》第 263 条）规定：

以暴力、胁迫或者其他方法抢劫公私财物的，处三年以上十年以下有期徒刑，并处罚金；有下列情形之一的，处十年以上有期徒刑、无期徒刑或者死刑，并处罚金或者没收财产：

（一）入户抢劫的；

（二）在公共交通工具上抢劫的；

（三）抢劫银行或者其他金融机构的；

（四）多次抢劫或者抢劫数额巨大的；

（五）抢劫致人重伤、死亡的；

（六）冒充军警人员抢劫的；

（七）持枪抢劫的；

（八）抢劫军用物资或者抢险、救灾、救济物资的。

可见，抢劫罪有两档法定刑。如果被告是抢劫银行，其法定刑就是"十年以上有期徒刑、无期徒刑或者死刑，并处罚金或者没收财产"。如果是普通抢劫，其法定刑就是"三年以上十年以下有期徒刑，并处罚金"。如果抢劫银行，其追诉时效就是20年，如果是普通抢劫，其追诉时效就是15年。

为了能让立法适应实践中社会危害性不同的案件和具有不同人身危险性的行为人，实现个案公正，我国刑法的法定刑绝大多数都是相对确定的法定刑。这种法定刑具有一定的幅度，可以根据个案的具体情况选择不同的宣告刑。例如普通抢劫的法定刑是"三年以上十年以下有期徒刑"，如果被告的人身危险性较大或者犯罪的社会危害性较严重，法官可以宣布判处被告8年有期徒刑，如果被告人身危险性较小或者犯罪的社会危害性较小，法官可以宣布判处被告4年有期徒刑。

四、注意规定与法律拟制 ★★★★★

1. 注意规定：A本来等于B，法律再次强调：A等于B——**没有改变相关规定的内容，只是对相关规定内容的重申。**

【示例1】《刑法》第156条规定："与走私罪犯通谋，为其提供贷款、资金、账号、发票、证明，或者为其提供运输、保管、邮寄或者其他方便的，以走私罪的共犯论处。"

【特别提示】分则中关于"明知"的规定，都属于注意规定。对于故意犯罪，即使法条没有规定"明知"，也都要求"明知"。

2. 法律拟制是刑法将原本不符合某种规定的行为也按该规定处理。即本来A不等于B，但法律在某一条中规定A等于B。

【示例2】刑法第269条规定："犯盗窃、诈骗、抢夺罪，为窝藏赃物、抗拒抓捕或者毁灭罪证而当场使用暴力或者以暴力相威胁的，依照本法第二百六十三条的规定定罪处罚。"

【经典真题】

《刑法》第310条第1款规定了窝藏、包庇罪，第2款规定："犯前款罪，事前通谋的，以共同犯罪论处。"《刑法》第312条规定了掩饰、隐瞒犯罪所得罪，但没有规定"事前通谋的，以共同犯罪论处。"关于上述规定，下列哪一说法是正确的？（2017-2-19）[1]

A. 若事前通谋之罪的法定刑低于窝藏、包庇罪的法定刑，即使事前通谋的，也应以窝藏、包庇罪论处

B. 即使《刑法》第310条没有第2款的规定，对于事前通谋事后窝藏、包庇的，也应以共同犯罪论处

C. 因缺乏明文规定，事前通谋事后掩饰、隐瞒犯罪所得的，不能以共同犯罪论处

---

[1]【答案】B

D. 事前通谋事后掩饰、隐瞒犯罪所得的，属于想象竞合，应从一重罪处罚

【解题思路与常见错误分析】"犯前款罪，事前通谋的，以共同犯罪论处"是注意规定，可以扩大适用于其他法条。只有选项 B 正确。

【同类考点总结】注意规定可以推而广之，适用于别的法条。法律拟制只能适用于该法条。

【示例3】能否将"携带凶器抢夺以抢劫罪论处"解释为"携带凶器盗窃的以抢劫罪论处"?[1]

【示例4】刑法第 236 条第 2 款（奸淫幼女）没有规定"明知是幼女"，是否要求行为人明知?[2]

五、重点罪名与非重点罪名

从 2008 年开始，考试大纲删掉了很多罪名，将保留的罪名区分为普通罪名和重点罪名，对两种罪名的掌握做了不同的要求。大纲要求"了解"整章犯罪的概况；"理解"该章中的普通犯罪的概念、特征（构成要件）以及应当区分的界限与应当注意的问题；"熟悉并能够运用"该章的重点犯罪的概念、特征（构成要件）。我们在复习时也要按照这三种不同要求来准备。对于大纲中没有列出的罪名，简单了解一下即可。对于普通罪名，掌握法条和司法解释的规定即可；对于重点罪名，则不仅要掌握法条和司法解释的规定，还要理解相关的理论，理解该罪与相关犯罪的区别，能够分析相关的案例。简言之，对普通罪名，掌握字面规定即可；对于重点罪名，则必须了解其本质，仅仅掌握字面规定是不够的。

2018 年的大纲取消了重点罪名和非重点罪名的分类，但是哪些罪名是重点罪名，需要深入、全面地掌握，其实并没有变。所以，本书仍然保留了原来的分类。

六、法条与犯罪构成的关系 ★★★★★

罪刑法定原则是刑法的基本原则。刑法规定的每个犯罪都有自己法定的构成要件。这个犯罪构成就是刑法分则条文对该罪罪状部分的规定。只有完全符合该罪法条的明文规定的，才能被认定为该罪。

七、主客观相一致原则在认定犯罪中的重要意义 ★★★★★

犯罪的本质是违法且有责的行为。行为具有违法性只能说明行为造成了损害结果，只有行为人对此应当承担刑法上的责任时，行为人才能构成犯罪。任何犯罪的构成要件都包括构成要件和责任形式两部分，缺少任何一个部分，都不能追究行为人的刑事责任。考试经常要求考生判断某个行为的性质。这时，考生必须牢牢把握主客观相一致原则。

构成要件是表明行为具有法益侵害性（违法性）的要件，责任要件是表明行为具有非难可能性（有责性）的要件。

【示例】甲因为 8 岁的儿子不好好做作业，将儿子关在门外。因为夜里很冷，儿子多次要求进家。甲都拒绝，并说："多冻一会就长记性了"。三小时后，甲出门查看时，发现儿

---

[1] 不能。这是法律拟制，只能适用于本条。

[2] 要求。

子已经被冻死。甲追悔莫及。请问，甲的行为是否构成犯罪？构成何罪？

【分析】甲的行为构成犯罪，构成过失致人死亡罪。我们不能因为甲故意把儿子关在门外，就认定甲成立故意杀人罪。要成立故意犯罪，行为人对危害结果必须持追求或者放任的态度。甲显然反对儿子的死亡。所以他不可能成立故意杀人罪。但是，甲作为一个成年人，应当预见到将年幼的儿子关在寒冷的门外可能导致儿子死亡。但他却轻信能够避免。所以，甲的行为成立过失致人死亡罪。

主客观相一致原则是判断行为性质时最重要的原则。

第十六章
危害国家安全罪

> **导学**
>
> 　　本章很简单，总共只有四个重要罪名。大家掌握法条的基本规定即可。还需注意：（1）本章犯罪都可以构成特别累犯。（2）犯本章罪，应当附加剥夺政治权利。如果罪犯因为犯罪情节轻微，被单独判处剥夺政治权利的，则不再附加剥夺政治权利。
>
> 　　从本章开始，我们不再列举每节的"目次"，因为即使列举，也只是一个个的罪名，没有价值。

第一节　重点罪名

一、间谍罪

（一）相关法条

《刑法》

第一百一十条　【间谍罪】有下列间谍行为之一，危害国家安全的，处十年以上有期徒刑或者无期徒刑；情节较轻的，处三年以上十年以下有期徒刑：

（一）参加间谍组织或者接受间谍组织及其代理人的任务的；

（二）为敌人指示轰击目标的。

（二）考点解读

1. 间谍罪的构成要件。间谍罪有三种法定行为方式：参加间谍组织、接受间谍组织及其代理人的任务、为敌人指示轰击目标。

2. 间谍罪的责任形式。责任形式为故意。行为人必须明知自己参加的是间谍组织、接受的是间谍组织及其代理人的任务或者是在为敌人指示轰击目标。

责任阻却事由：如果确实不知道对方是间谍组织的，不构成本罪。

3. 犯间谍罪同时为境外窃取、刺探、收买、非法提供国家秘密、情报的，只认定为间谍罪一罪。这一行为是间谍罪的有机组成部分。

4. 间谍罪与叛逃罪、为境外窃取、刺探、收买、非法提供国家秘密罪的界限。参加间谍组织、受间谍组织委派执行刺探国家秘密、提供情报任务的，应认定为间谍罪。

5. 通过互联网将国家秘密或者情报非法发送给境外的机构、组织、个人的，依照本罪定罪处罚；将国家秘密通过互联网予以发布，情节严重的，依照《刑法》第398条故意泄露国家秘密罪或者过失泄露国家秘密罪的规定定罪处罚。

二、为境外窃取、刺探、收买、非法提供国家秘密、情报罪

（一）相关法条

《刑法》

第一百一十一条 【为境外窃取、刺探、收买、非法提供国家秘密、情报罪】为境外的机构、组织、人员窃取、刺探、收买、非法提供国家秘密或者情报的，处五年以上十年以下有期徒刑；情节特别严重的，处十年以上有期徒刑或者无期徒刑；情节较轻的，处五年以下有期徒刑、拘役、管制或者剥夺政治权利。

司法解释：

《最高人民法院关于审理为境外窃取、刺探、收买、非法提供国家秘密、情报案件具体应用法律若干问题的解释》第1、5、6条。

（二）考点解读

1. 本罪的构成要件：表现为四种行为方式，即窃取、刺探、收买和非法提供。

2. 本罪的责任形式：故意。行为人必须是为境外的非间谍机构窃取、刺探、收买、非法提供国家秘密或者情报的才定本罪。如果行为人明知对方是间谍或者间谍机构，仍然为其进行这些行为的，构成间谍罪。

【示例1】甲是某国家通讯社的高级编辑，在一次中央重要会议召开之前，甲为境外某报社记者非法提供了尚未公布的领导人重要讲话稿。后在境外刊出，造成严重的不良影响。甲的行为构成：[1]

  A. 故意泄露国家秘密罪　　　　　　B. 为境外非法提供国家秘密、情报罪

  C. 间谍罪　　　　　　　　　　　　D. 非法获取国家秘密罪

【分析】为境外非法提供国家秘密、情报罪与故意泄露国家秘密罪最主要的区别是非法提供的对象不同。

【示例2】某国家机关工作人员甲借到X国探亲的机会滞留不归。一年后甲受雇于Y国的一个专门收集有关中国军事情报的间谍组织，随后受该组织的指派潜回中国，找到其在某军区参谋部工作的战友乙，以2万美元的价格从乙手中购买了3份军事机密材料。对甲的行为应如何处理？[2]

  A. 以叛逃罪论处　　　　　　　　　B. 以叛逃罪和间谍罪论处

  C. 以间谍罪论处　　　　　　　　　D. 以非法获取军事秘密罪论处

【分析】甲借探亲的机会滞留X国不回，并非在履行公务期间叛逃境外，因此不能构成叛逃罪。甲一年后获取我国军事秘密的行为符合间谍罪的犯罪构成要件，因此成立间谍罪。

甲不构成非法获取军事秘密罪。《刑法》第431条规定的非法获取军事秘密罪是军职罪的一种，犯罪主体是军人，甲不具备这一特殊主体的要求。因此，D选项错误。

【经典真题】

某国间谍戴某，结识了我某国家机关机要员黄某。戴某谎称来华投资建厂需了解政策

---

〔1〕【答案】B

〔2〕【答案】C

动向，让黄某借工作之便为其搞到密级为"机密"的《内参报告》四份。戴某拿到文件后送给黄某一部手机，并为其子前往某国留学提供了六万元资金。对黄某的行为如何定罪处罚？[1]（2009 - 2 - 13）

A. 资助危害国家安全犯罪活动罪、非法获取国家秘密罪，数罪并罚

B. 为境外窃取、刺探、收买、非法提供国家秘密、情报罪与受贿罪，数罪并罚

C. 非法获取国家秘密罪、受贿罪，数罪并罚

D. 故意泄露国家秘密罪、受贿罪，从一重罪处断

【考点】为境外窃取、刺探、收买、非法提供国家秘密、情报罪、受贿罪的认定

【解题思路与常见错误分析】黄某并不知道戴某是间谍，因此根据主客观相一致原则，不能认定黄某构成间谍罪。黄某的行为不属于非法获取国家秘密罪，这个罪是不掌握国家秘密的人犯的。黄某是机要员，因此只能构成故意泄露国家秘密罪。但是，向外国人或者境外的机构、组织非法泄露国家秘密的，则构成为境外窃取、刺探、收买、非法提供国家秘密、情报罪。这里存在特别法和普通法的竞合，特别法优先。黄某虽不知道对方是间谍，但明知对方是外国人，因此构成为境外窃取、刺探、收买、非法提供国家秘密、情报罪。

对于法律明文规定的受贿又渎职的行为，都要数罪并罚。因此，选项 B 正确。

【同类考点总结】要成立间谍罪，行为人必须明知对方是间谍机构或者间谍。因为不明知而提供了国家秘密、情报的，成立为境外窃取、刺探、收买、非法提供国家秘密、情报罪。如果是为国内机构或个人，或者被蒙蔽，以为是为国内机构或个人非法提供国家秘密、情报的，成立故意泄露国家秘密罪。

第二节　普通罪名

一、资助危害国家安全犯罪活动罪

资助危害国家安全犯罪活动罪是指境内外机构、组织或者个人资助境内外组织或者个人实施背叛国家罪、分裂国家罪、煽动分裂国家罪、武装叛乱、暴乱罪、颠覆国家政权罪、煽动颠覆国家政权罪的行为。

二、叛逃罪★★

叛逃罪是指国家机关工作人员在履行公务期间，擅离岗位，叛逃境外或者在境外叛逃的行为。掌握国家秘密的国家工作人员叛逃境外或者在境外叛逃的，依照前款的规定从重处罚。注意：掌握国家秘密的国家工作人员叛逃的，不要求必须发生在履行公务期间。

---

[1]【答案】B

第十七章
危害公共安全罪

导学

　　本章不是重点章，但有四个考点特别重要。请考生注意：（1）使用危害公共安全的方法进行特定犯罪的，如何认定？（2）盗窃、抢夺、抢劫枪支、弹药的犯罪与普通盗窃、抢夺、抢劫罪的关系。（3）交通肇事罪的所有细节。（4）危险驾驶罪的认定及与相关犯罪竞合时的处理。

第一节　危害公共安全罪概述

一、对危害公共安全罪法益的理解 ★★★

　　本章犯罪侵犯的法益（客体）是公共安全。所谓公共安全，即不特定多数人的生命、健康和重大公私财产安全。危害公共安全可以是对公共安全造成实际侵害，也可以是造成侵害的危险。

　　所谓不特定，是指犯罪行为可能侵犯的对象和可能造成的结果事先无法确定，行为人对此既无法具体预料也难以实际控制，行为的危险或者行为造成的危害结果可能随时扩大或者增加。不特定不是指行为只会侵犯一个或者很少数人的生命、健康，而是这个具体的对象是不特定的这种情况。如：甲在面包中投放了只会侵犯一个人健康剂量的毒药，这个面包谁会吃，不能确定，但由于其结果只会侵犯一个人的健康权，不可能侵犯多人的健康权，不会危害公共安全，所以，不构成投放危险物质罪。

二、本类犯罪与故意杀人罪、故意伤害罪、侵犯财产罪的区别 ★★★

　　如果犯罪行为只侵犯某一特定的人身或者特定的财产，而不危及公共安全，就不能构成危害公共安全罪，而应根据其侵犯的法益分别认定为故意杀人罪、故意伤害罪、抢劫罪等。如果针对特定的对象，但造成的后果却是不确定的，危害了公共安全，就既触犯了危害公共安全类的犯罪，又触犯了特定的犯罪。此时应当按照对想象竞合犯的处理原则择一重罪论处。

【经典真题】

郑某等人多次预谋通过爆炸抢劫银行运钞车。为方便跟踪运钞车，郑某等人于2012年

245

4月6日杀害一车主，将其面包车开走（事实一）。后郑某等人制作了爆炸装置，并多次开面包车跟踪某银行运钞车，了解运钞车到某储蓄所收款的情况。郑某等人摸清运钞车情况后，于同年6月8日将面包车推下山崖（事实二）。同年6月11日，郑某等人将放有爆炸装置的自行车停于储蓄所门前。当运钞车停在该所门前，押款人员下车提押款时（当时附近没有行人），郑某遥控引爆爆炸装置，致2人死亡4人重伤（均为运钞人员），运钞车中的230万元人民币被劫走（事实三）。

关于事实三的判断，下列选项正确的是：[1]（2014 - 2 - 88）

A. 虽然当时附近没有行人，郑某等人的行为仍触犯爆炸罪

B. 触犯爆炸罪与故意杀人罪的行为只有一个，属于想象竞合

C. 爆炸行为亦可成为抢劫罪的手段行为

D. 对事实三应适用"抢劫致人重伤、死亡"的规定

第二节　重点罪名

一、放火罪、失火罪、投放危险物质罪、以危险方法危害公共安全罪★★★★★

（一）考点提炼

放火罪与失火罪：构成要件、责任形式、犯罪主体的责任年龄都不相同。

实施其他犯罪后又放火的：

- 放火行为危及公共安全的：以放火罪与前罪数罪并罚。
- 放火行为不危及公共安全的：认定为前罪一罪。
- 放火行为另外构成其他犯罪的，数罪并罚。

（二）相关法条

《刑法》

第一百一十四条　【放火罪、决水罪、爆炸罪、投放危险物质罪、以危险方法危害公共安全罪之一】放火、决水、爆炸以及投放毒害性、放射性、传染病病原体等物质或者以其他危险方法危害公共安全，尚未造成严重后果的，处三年以上十年以下有期徒刑。

第一百一十五条　【放火罪、决水罪、爆炸罪、投放危险物质罪、以危险方法危害公共安全罪之二】放火、决水、爆炸以及投放毒害性、放射性、传染病病原体等物质或者以其他危险方法致人重伤、死亡或者使公私财产遭受重大损失的，处十年以上有期徒刑、无期徒刑或者死刑。

【失火罪、过失决水罪、过失爆炸罪、过失投放危险物质罪、过失以危险方法危害公共安全罪】过失犯前款罪的，处三年以上七年以下有期徒刑；情节较轻的，处三年以下有期徒刑或者拘役。

（三）考点解读

1. 构成要件：实施放火、投放毒害性、放射性、传染病病原体等物质或者以其他危险方法危害公共安全的行为。

2. 行为具有危害公共安全的具体危险。

---

[1]　【答案】ABCD

3. 放火、投放危险物质、以其他危险方法致人重伤、死亡的、致重大财产毁损的，都只定本罪一罪——全部法与部分法的竞合。如果以杀人的直接故意放火烧死他人的，构成故意杀人罪与放火罪的想象竞合。

4. 不要求行为人主观上具有危害公共安全的直接故意。间接故意也可构成这些犯罪。

5. 法条适用。犯放火罪、决水罪、爆炸罪、投放危险物质罪、以危险方法危害公共安全罪，在尚未造成严重后果时，适用《刑法》第114条，处3年以上10年以下有期徒刑。犯这些罪，在致人重伤、死亡或者使公私财产遭受重大损失时，适用《刑法》第115条，处10年以上有期徒刑、无期徒刑或者死刑。

6. 行为已经符合《刑法》第114条的规定，但在实害结果尚未发生前，主动消除犯罪的影响，避免实害结果发生的，应当成立《刑法》第115条的中止犯。

7. 放火罪详解。

（1）放火罪的既遂。

放火罪是具体危险犯，行为人的放火行为使公共安全处于危险状态，则是犯罪既遂。危险状态的判断，一般是独立燃烧说，即当放火行为导致对象物在离开媒介物的情况下能够独立燃烧时，就认为是犯罪既遂。如果还没有将放火的对象物点燃或者刚刚点燃还未能脱离引火物独立燃烧，犯罪就终止了，则不能认为有危害公共安全的危险，构成放火罪的未遂。如果正要点火，对象物尚未点燃，即因行为人意志以外的原因而未能继续，如被人抓获，或者引火物刚被点着，即被大雨浇灭等，应认为是放火罪的未遂。放火行为后火灾是否实际发生、是否造成危害公共安全的严重后果，对确定放火罪的既遂与未遂没有影响。

（2）自损行为的认定。

自焚行为或者放火烧毁自己财物的行为足以危害公共安全的，也成立放火罪。

（3）放火罪的罪数。

行为人在实施杀人、抢劫等犯罪后为毁灭罪证，而用放火的方法烧毁现场的，应区分不同情况处理。

如果行为人消灭罪证的放火行为不足以危及公共安全的，按所犯的罪，如故意杀人罪处罚，不另以放火罪实行数罪并罚。

如果行为人消灭罪证的放火行为足以危及公共安全的，则应以放火罪与前行为构成的犯罪实行数罪并罚。

行为人在一个放火故意下实施一个放火行为，造成多种结果的，只能认定为一个放火罪。

（4）放火罪与失火罪的区别。

二者的主要区别在于责任形式不同，放火罪为故意，失火罪为过失。另外，放火罪的主体的年龄是14周岁以上，但失火罪的主体的年龄为16周岁以上。

（5）放火罪可以以不作为的方式实施。

【示例】仓库保管员甲在吸完烟后随手将烟头扔在地上，烟头将仓库一小块布料点燃。甲发现了这一事实，但其没有采取任何措施就将仓库的门锁上离开了仓库。结果，烟头继续燃烧，将仓库烧毁，损失30万元。甲的行为成立？[1]

A. 失火罪　　　　　　　　　　B. 放火罪

---

[1]【答案】B

C. 玩忽职守罪　　　　　　　　　　D. 不构成犯罪，是意外事件

【分析】甲在发现自己扔的烟头有造成公共安全危险的时候，有义务避免危险的发生，甲却没有采取任何措施，属于不作为的放火罪，也属于一般过失向故意转化的情形。

8. 投放危险物质罪。

投放危险物质罪是指故意投放毒害性、放射性、传染病病原体等物质，危害公共安全的行为（《刑法》第114、115 条）。

9. 以危险方法危害公共安全罪。

（1）以危险方法危害公共安全罪是指使用放火、爆炸、决水、投放危险物质**以外**的其他方法危害公共安全的行为。**这些方法必须与放火、爆炸、决水、投放危险物质具有相当性——本罪名是《刑法》第114、115 条的兜底条款。**

（2）**本罪行为人必须具有希望或者放任危害公共安全的结果的发生的心态。**

（3）凡是能评价为其他犯罪的，按照其他犯罪处理。例如，放火的，成立放火罪。盗窃公路上的窨井盖，危害公共安全的，成立破坏交通设施罪。但是盗窃公园绿地里的窨井盖的，如果危害公共安全，成立以危险方法危害公共安全罪。

（4）常见的以危险方法危害公共安全的行为：在大街上开车横冲直撞，或故意传播突发性传染病病原体，危害公共安全的；故意破坏矿井通风设备，危害公共安全的；酒后或者醉酒驾车，发生交通事故后，在逃逸中继续驾车冲撞，造成重大伤亡的；醉酒后驾驶机动车高度冒险驾驶，例如在高速公路上逆向行驶的，成立危险驾驶罪与以危险方法危害公共安全罪的想象竞合犯。

以危险方法危害公共安全罪这几年跃升为五星级考点。一定要重视本罪。

【经典真题】

下列哪些情形构成以危险方法危害公共安全罪？[1]（2007－2－58）

A. 投放虚假的爆炸性、毒害性、放射性、传染病病原体等物质，严重扰乱社会秩序的

B. 故意破坏正在使用的矿井下的通风设备的

C. 违反国家规定，向土地大量排放危险废物，造成重大环境污染事故，导致多人死亡的

D. 故意传播突发性传染病病原体，危害公共安全的

【考点】以危险方法危害公共安全罪的认定

【解题思路与常见错误分析】本罪是《刑法》第114、115 条规定的兜底条款，它适用于法律没有特殊规定的危害公共安全的行为。选项B、D都是故意危害公共安全的行为，法律又没有规定特殊罪名，因此构成本罪。选项A构成投放虚假危险物质罪，选项C构成污染环境罪。

【同类考点总结】以危险方法危害公共安全罪使用的方法必须与放火、爆炸、决水、投放危险物质具有相当性。而且，只有不能以其他罪名定罪的危害公共安全的行为才能认定为本罪。

---

〔1〕【答案】BD

二、破坏交通工具罪

（一）考点提炼

本罪的犯罪对象 { 正在使用中的交通工具
处于随时可使用状态的交通工具
处于不需要再检修就能使用的状态的交通工具

（二）相关法条

《刑法》

第一百一十六条　【破坏交通工具罪】破坏火车、汽车、电车、船只、航空器，足以使火车、汽车、电车、船只、航空器发生倾覆、毁坏危险，尚未造成严重后果的，处三年以上十年以下有期徒刑。

第一百一十九条　【破坏交通工具罪、破坏交通设施罪、破坏电力设备罪、破坏易燃易爆设备罪】破坏交通工具、交通设施、电力设备、燃气设备、易燃易爆设备，造成严重后果的，处十年以上有期徒刑、无期徒刑或者死刑。

（三）考点解读

破坏交通工具罪，是指故意破坏火车、汽车、电车、船只、航空器，足以使其发生倾覆、毁坏危险，危害公共安全的行为。

本罪的犯罪对象只限于正在使用中的火车、汽车、电车、船只或航空器，不包括三轮车、自行车、马车等非机动车和摩托车、拖拉机等机动车。但如果被破坏的拖拉机在某些偏远或者农村地区是被用作交通运输的工具，破坏拖拉机的行为足以危害交通运输安全的，则拖拉机也可以成为本罪的犯罪对象。破坏其他交通工具不足以危害公共安全的，如果造成的人员伤亡或者财产损失构成犯罪的，可以分别按故意杀人罪、故意伤害罪或者故意毁坏财物罪论处。

本罪的犯罪对象还必须是正在使用中的交通工具。**对"正在使用中"要进行实质理解。**只要交通工具涉及公共安全时，即能成为本罪的犯罪对象。以下交通工具都属于正在使用中的交通工具：

①正在使用中的交通工具：正在运行、航行中的交通工具。

②处于随时可使用状态的交通工具：停放在车库、路边、码头、机场上的已经投入交通运输，随时都可能开动的交通工具。如：李某将晚上停在车站内的某公共汽车的刹车系统完全破坏，李某的行为构成破坏交通工具罪。

③处于不需要再检修就能使用的状态的交通工具：如果破坏的是没有交付使用的，正在制造、维修或者储存中的交通工具，则不能构成本罪。故意破坏没有投入使用的交通工具造成财产损失的，可以按故意毁坏财物罪论处。

【示例】某飞机制造厂有一大片空地，用来放置新制造的飞机（包括半成品）。由于管理不善，经常有人在该地学习开车。甲在驾校学习时，即在该地学习开车。由于技术不熟练，甲误将油门当刹车，直接对着飞机开了过去。结果将刚制造好、尚未交付的飞机撞了一个大洞，造成直接经济损失130万元。甲构成犯罪吗？

【分析】由于该飞机尚未交付使用，因此不属于《刑法》上的交通工具，只是普通商品。甲的行为是过失毁坏财物。由于我国刑法仅处罚故意毁坏财物的行为，所以甲的行为不构成犯罪。甲仅需承担民事赔偿责任。

三、组织、领导、参加恐怖组织罪★★

(一) 考点提炼

一罪与数罪：组织、领导、参加该组织又实施其他犯罪，构成数罪的，要并罚

与组织、领导、参加黑社会性质组织罪的异同：组织的性质不同

(二) 相关法条

《刑法》

第一百二十条　【组织、领导、参加恐怖组织罪】组织、领导恐怖活动组织的，处十年以上有期徒刑或者无期徒刑，并处没收财产；积极参加的，处三年以上十年以下有期徒刑，并处罚金；其他参加的，处三年以下有期徒刑、拘役、管制或者剥夺政治权利，可以并处罚金。

犯前款罪并实施杀人、爆炸、绑架等犯罪的，依照数罪并罚的规定处罚。

(三) 考点解读

组织、领导、参加恐怖活动组织又利用该组织实施杀人、爆炸、绑架等犯罪的，依照数罪并罚的规定处罚，而不是按牵连犯的原则择一重罪处罚。

《刑法修正案（九）》对本罪进行了修改，增加了财产刑。其目的是要从经济上打击恐怖分子，降低他们再次犯罪的能力。

组织、领导、参加恐怖组织罪和组织、领导、参加黑社会性质组织罪都属于有组织犯罪，二者的主要区别是组织的性质不同。两罪在犯罪构成和定罪处罚方面有相似之处。在我国，法律明文规定仅有参加行为即可定罪的只有这两种犯罪组织。参加这两种犯罪组织后又实施其他犯罪的都要数罪并罚。

【示例】魏某受恐怖活动组织的指派潜入大陆进行恐怖活动，先后杀害 3 人，绑架 1 人。魏某的行为构成何种犯罪？[1]

A. 参加恐怖组织罪　　　　　　　　　B. 故意杀人罪

C. 绑架罪　　　　　　　　　　　　　D. 以危险方法危害公共安全罪

【分析】参加这两种犯罪组织后又实施其他犯罪的都要数罪并罚。

四、劫持航空器罪

(一) 考点提炼

本罪为行为犯

致人重伤、死亡或者使航空器遭受严重破坏的，处死刑

(二) 相关法条

《刑法》

第一百二十一条　【劫持航空器罪】以暴力、胁迫或者其他方法劫持航空器的，处十年以上有期徒刑或者无期徒刑；致人重伤、死亡或者使航空器遭受严重破坏的，处死刑。

(三) 考点解读

1. 劫持航空器罪是行为犯，只要行为人以暴力、胁迫或者其他方法实施了劫持航空器的行为，并将航空器置于自己的控制之下，即构成既遂。至于行为人的犯罪动机和目的是

---

〔1〕【答案】ABC

否达到、有没有造成危害结果，对犯罪既遂没有影响。

2. 劫持航空器罪的量刑。劫持航空器致人重伤、死亡（包括过失与故意）或者使航空器遭受严重破坏的，处死刑。这里规定的是绝对确定的法定刑。

我国刑法中现在只有这一处绝对确定的法定刑。绑架罪中的绝对确定的法定刑已被《刑法修正案（九）》取消。

五、盗窃、抢夺枪支、弹药、爆炸物、危险物质罪★★★★

（一）考点提炼

本罪与盗窃罪、抢夺罪、抢劫罪的区别：特别法与一般法

实施了盗窃、抢夺枪支、弹药、爆炸物、危险物质后又以此为手段实施其他犯罪的，数罪并罚

（二）相关法条

《刑法》

第一百二十七条　【盗窃、抢夺枪支、弹药、爆炸物、危险物质罪】盗窃、抢夺枪支、弹药、爆炸物的，或者盗窃、抢夺毒害性、放射性、传染病病原体等物质，危害公共安全的，处三年以上十年以下有期徒刑；情节严重的，处十年以上有期徒刑、无期徒刑或者死刑。

【抢劫枪支、弹药、爆炸物、危险物质罪】抢劫枪支、弹药、爆炸物的，或者抢劫毒害性、放射性、传染病病原体等物质，危害公共安全的，或者盗窃、抢夺国家机关、军警人员、民兵的枪支、弹药、爆炸物的，处十年以上有期徒刑、无期徒刑或者死刑。

司法解释：

最高人民法院《关于审理非法制造、买卖、运输枪支、弹药、爆炸物等刑事案件具体应用法律若干问题的解释》（法释〔2009〕18号）

（三）考点解读

1. 盗窃、抢夺枪支、弹药、爆炸物罪是抽象危险犯，即行为人有这些行为就构成犯罪。盗窃、抢夺危险物质罪是具体危险犯，只有危害公共安全的，才构成本罪。抢劫这些物品的，按照相同原则处理。

2. 本罪与盗窃罪、抢夺罪、抢劫罪的区别

本罪与盗窃罪、抢夺罪、抢劫罪是特别法条与一般法条的关系。

（1）以盗窃、抢夺枪支、弹药、爆炸物、危险物质为犯罪目的的，认定为这些犯罪。实施这些犯罪后，又非法持有犯罪所得的枪支、弹药、爆炸物、危险物质的，属于吸收犯，不另定罪。

（2）以非法占有普通公私财产为目的，实施盗窃、抢夺、抢劫行为，所窃取或者夺取的财物实际上夹杂有枪支、弹药或者爆炸物的，如果非法占有的财产数额较大的，只认定为盗窃罪或者抢夺、抢劫罪。枪支、弹药按照普通财产计算其价值。但是，如果行为人非法持有这些物品的，则另行成立非法持有枪支、弹药、爆炸物罪，与盗窃罪等数罪并罚。

3. 已经实施了抢劫枪支、弹药、爆炸物、危险物质行为后，又以所抢劫的枪支、弹药、爆炸物、危险物质为手段实施其他犯罪的，数罪并罚。

【示例】2014年10月5日晚，王某在某市火车站候车室，趁一旅客熟睡之际将其提包偷走。提包内有"五四"式手枪一支、人民币200元以及衣物等。王某将手枪存放在住在

山里的一个朋友处。在案件审理中，被告人王某只承认自己想盗窃财物，没料到提包里有手枪。关于本案，说法正确的是：[1]

A. 王某的行为构成盗窃枪支罪

B. 王某的行为构成盗窃罪和盗窃枪支罪，数罪并罚

C. 王某的行为仅构成盗窃罪

D. 王某的行为构成盗窃罪与非法持有枪支罪

【分析】要成立盗窃枪支罪必须要有盗窃枪支的故意，即明知是枪支而盗窃才构成盗窃枪支罪。在本案中，王某并未认识到提包内有枪支，因而主观上不存在盗窃枪支的故意，不成立该罪。

王某误盗枪支后，明知是枪支而持有，其行为成立非法持有枪支罪，对此应当与盗窃罪数罪并罚。因为非法持有枪支的行为不能被盗窃罪吸收。如果王某是以盗窃枪支的故意盗窃枪支并持有的，则只定盗窃枪支罪一罪。

六、非法持有、私藏枪支、弹药罪、非法出租、出借枪支罪★★

（一）考点提炼

非法持有、私藏枪支、弹药罪中"持有、私藏"的含义

非法出租、出借枪支罪中"出借"的含义

非法出租、出借枪支罪中对于不同枪支要求的犯罪构成要件不同

（二）相关法条

《刑法》

第一百二十八条　【非法持有、私藏枪支、弹药罪】违反枪支管理规定，非法持有、私藏枪支、弹药的，处三年以下有期徒刑、拘役或者管制；情节严重的，处三年以上七年以下有期徒刑。

【非法出租、出借枪支罪】依法配备公务用枪的人员，非法出租、出借枪支的，依照前款的规定处罚。

依法配置枪支的人员，非法出租、出借枪支，造成严重后果的，依照第一款的规定处罚。

单位犯第二款、第三款罪的，对单位判处罚金，并对其直接负责的主管人员和其他直接责任人员，依照第一款的规定处罚。

司法解释：

最高人民检察院《关于将公务用枪用作借债质押的行为如何适用法律问题的批复》（高检发释字〔1998〕4号）

（三）考点解读

1. 非法持有、私藏枪支、弹药罪。

根据司法解释的规定，"非法持有"是指不符合配备、配置枪支、弹药条件的人员，违反枪支管理法律、法规的规定，擅自持有枪支、弹药的行为。"私藏"是指依法配备、配置枪支、弹药的人员，在配备、配置枪支、弹药的条件消除后，违反枪支管理法律、法规的规定，私自藏匿所配备、配置的枪支、弹药且拒不交出的行为。非法持有和私藏的主要区

---

[1]【答案】D

别是主体不同。

2. 非法出租、出借枪支罪。

（1）非法出租、出借枪支罪是指依法配备公务用枪的人员，非法出租、出借枪支或者依法配置枪支的人员，非法出租、出借枪支，造成严重后果的行为。

（2）非法出租、出借枪支罪的主体有两类人，即依法配备公务用枪的人员和依法配置枪支的人员。相应地，构成本罪的构成要件也不同。前者是行为犯，后者是实害犯，必须造成严重后果才构成犯罪。依法配备公务用枪的人员，通常指国家司法人员、军警人员、公务人员等。这些枪支通常是军用或者制式枪支。其他依法配置枪支的人员或单位配置的枪支主要指体育运动员配备的射击运动用枪支、营业性射击场所、狩猎场所、牧民持有的枪支等。这些枪支通常是非军用的非制式枪支。

（3）最高人民检察院《关于将公务用枪用作借债质押的行为如何适用法律问题的批复》规定，依法配备公务用枪的人员，违反法律规定，将公务用枪用作借债质押物，使枪支处于非依法持枪人的控制、使用之下，严重危害公共安全，是《刑法》第128条第2款所规定的非法出借枪支行为的一种形式，应以非法出借枪支罪追究刑事责任；对接受枪支质押的人员，构成犯罪的，根据《刑法》第128条第1款的规定，应以非法持有枪支罪追究其刑事责任。

【示例】警察甲临时急需用钱，便找个体户乙借钱。乙同意借钱，但条件是要有物品质押。甲将公务用枪交给乙质押，乙借给甲5万元现金，借期1个月。1个月后，甲无力偿还借款，乙便向公安机关报案。甲、乙的行为属于下列哪个选项？[1]

A. 甲、乙均无罪

B. 甲触犯非法出借枪支罪、乙无罪

C. 甲无罪，乙触犯非法持有枪支罪

D. 甲触犯非法出借枪支罪，乙触犯非法持有枪支罪

【分析】甲属于依法配备公务用枪的人，只要将枪支非法借给他人就可以构成非法出借枪支罪。乙无权持有枪支而持有，构成非法持有枪支罪。

（4）明知他人将利用出租、出借的枪支从事某一犯罪活动而出租、出借的，是想象竞合犯。该行为既触犯本罪名，又属于他人所犯之罪的帮助行为，构成该罪共犯，应从一重罪处断。

【示例】警察甲明知朋友想杀人，还把枪借给朋友，朋友用该枪杀人。甲成立非法出借枪支罪与故意杀人罪（共犯）的想象竞合犯，择一重罪论处。

（5）行为人非法持有枪支后又非法出租、出借的，只能以非法持有枪支罪论处。因为，非法出租、出借枪支罪的主体不包括非法持有枪支者。

【经典真题】

关于危害公共安全罪的论述，下列哪些选项是正确的？[2]（2014-2-57）

A. 甲持有大量毒害性物质，乙持有大量放射性物质，甲用部分毒害性物质与乙交换了部分放射性物质。甲、乙的行为属于非法买卖危险物质

---

[1]【答案】D
[2]【答案】ABCD

B. 吸毒者甲用毒害性物质与贩毒者乙交换毒品。甲、乙的行为属于非法买卖危险物质，乙的行为另触犯贩卖毒品罪

C. 依法配备公务用枪的甲，将枪赠与他人。甲的行为构成非法出借枪支罪

D. 甲父去世前告诉甲"咱家院墙内埋着 5 支枪"，甲说"知道了"，但此后甲什么也没做。甲的行为构成非法持有枪支罪

【考点】非法买卖危险物质、贩卖毒品罪、非法出借枪支罪、非法持有枪支罪的认定

【解题思路与常见错误分析】选项 A：甲用部分毒害性物质与乙交换部分放射性物质，这种行为名为交换，实为买卖。故，甲、乙的行为属于非法买卖危险物质。选项 A 正确。

选项 B：这种行为也是名为交换，实为买卖。所以，甲、乙的行为属于非法买卖危险物质。乙还将毒品卖给了他人，所以说乙的行为另触犯贩卖毒品罪。选项 B 正确。

选项 C：依法配备公务用枪的甲，将枪赠与他人。虽然《刑法》只规定了非法出租、出借枪支罪，没有规定非法赠与枪支罪。但非法赠与枪支比出租、出借枪支危害性更大，更具有可罚性，所以应当将甲的赠与行为评价为出借行为，对甲以非法出借枪支罪定罪处罚。故，选项 C 正确。

选项 D：非法持有枪支罪可以由不作为构成。只要甲知道自家院墙内埋着枪支，即使此后他什么也没做，他也违反了不得持有枪支的法定义务，构成非法持有枪支罪。故，选项 D 正确。

【同类考点总结】近年有很多题目考查对法条的实质解释。"交换"可以被评价为"出售与购买"，"赠与"可以被评价为"永久出借"。因为它们都具有后者的本质属性。持有型犯罪都有不作为形式。违反法定不持有的义务即可构成本罪。

七、交通肇事罪 ★★★★★

(一) 考点提炼

交通肇事罪的主体：一般主体
- 机动车驾驶者、非机动车驾驶者、行人
- 单位主管人员、机动车辆所有人或者承包人

交通肇事逃逸的处理
- 仅有逃逸行为：适用 3 年至 7 年的法定刑
- 逃逸致人死亡的：适用 7 年至 15 年的法定刑
- 交通肇事后，特定人员指使肇事者逃逸的，以共犯论处
- 肇事逃逸过程中拖行被害人致死的，构成故意杀人罪

事故发生地点不同对认定罪名的影响：不同地点可能会构成不同的犯罪

交通肇事罪与故意杀人罪、故意伤害罪、以危险方法危害公共安全罪的区别

(二) 相关法条

《刑法》

第一百三十三条　【交通肇事罪】违反交通运输管理法规，因而发生重大事故，致人重伤、死亡或者使公私财产遭受重大损失的，处三年以下有期徒刑或者拘役；交通运输肇事后逃逸或者有其他特别恶劣情节的，处三年以上七年以下有期徒刑；因逃逸致人死亡的，处七年以上有期徒刑。

司法解释：

最高人民法院《关于审理交通肇事刑事案件具体应用法律若干问题的解释》（法释

〔2000〕33 号）

（三）考点解读

表 22　交通肇事罪的主要考点

构成要件	必须发生重大事故。
责任形式	行为人违反交通运输管理法规，对事故发生有刑法上的过失。
构罪要件	成立本罪通常需要致人死亡。在特殊情况下，仅重伤一人也可构成。 交通肇事致一人以上重伤，负事故全部或者主要责任，并具有下列情形之一的，以交通肇事罪定罪处罚： （一）酒后、吸食毒品后驾驶机动车辆的； （二）无驾驶资格驾驶机动车辆的； （三）明知是安全装置不全或者安全机件失灵的机动车辆而驾驶的； （四）明知是无牌证或者已报废的机动车辆而驾驶的； （五）严重超载驾驶的； （六）为逃避法律追究逃离事故现场的。
逃逸的定义	最高人民法院《关于审理交通肇事刑事案件具体应用法律若干问题的解释》第 5 条第 1 款规定："因逃逸致人死亡"，是指行为人在交通肇事后为逃避法律追究而逃跑，致使被害人因得不到救助而死亡的情形。
量刑	（1）死一人，不逃逸；（2）死一人，逃逸；（3）死二人以上，逃逸或者不逃逸； （4）死一人或以上，且是因逃逸致人死亡。
故意杀人罪、故意伤害罪	在交通肇事后为逃避追究，将被害人带离现场后隐匿或者遗弃，致使被害人无法得到救助而死亡或严重残疾的，应以故意杀人罪或故意伤害罪定罪处罚。前罪已经构成交通肇事罪的，数罪并罚。
本罪的共犯	交通肇事后，单位主管人员、机动车辆所有人、承包人或者乘车人指使肇事人逃逸，致使被害人因得不到救助而死亡的，以交通肇事罪的共犯论处——是就"逃逸"这个故意行为成立的共犯。特殊的主体；严重的后果。
犯罪主体的扩大	前述《司法解释》第 7 条规定：单位主管人员、机动车辆所有人或者机动车辆承包人指使、强令他人违章驾驶造成重大交通事故，具有本解释第 2 条规定情形之一的，以交通肇事罪定罪处罚。
事故发生的地点不同，认定的罪名也不同	在公共交通管理的范围内发生重大交通事故的，依照交通肇事罪处理。在公共交通管理的范围外，驾驶机动车或者使用其他交通工具致人死亡或者致使公共财产、他人财产遭受重大损失，构成犯罪的，分别按照重大责任事故罪、重大劳动安全事故罪、过失致人死亡罪等处理。
本罪与故意杀人罪、故意伤害罪、以危险方法危害公共安全罪的区别	交通肇事罪是过失犯罪。另外三罪均为故意犯罪。考生要善于根据试题的文字描述确定行为人的责任形式。例如，题目说："我要吓唬他一下"，这通常就是过失。题目说"开着车横冲直撞"，这通常就是间接故意，可能构成以危险方法危害公共安全罪。 最高人民法院《关于醉酒驾车犯罪法律适用问题的意见》（法发〔2009〕47 号）指出：刑法规定，醉酒的人犯罪，应当负刑事责任。行为人明知酒后驾车违法、醉酒驾车会危害公共安全，却无视法律醉酒驾车，特别是在肇事后继续驾车冲撞，造成重大伤亡，说明行为人主观上对持续发生的危害结果持放任态度，具有危害公共安全的故意。对此类醉酒驾车造成重大伤亡的，应依法以危险方法危害公共安全罪定罪。

【示例1】 车主甲雇佣乙为其开车自山西往北京运煤。途中乙发现刹车有问题，要求停下来修理。甲为了赶时间，仍要其继续赶路。结果在行驶300公里后，刹车失灵与其他车辆相撞，造成重大交通事故。关于本案，处理正确的是：[1]

　　A. 甲构成交通肇事罪　　　　　　　B. 乙构成交通肇事罪
　　C. 甲、乙构成交通肇事罪共犯　　　D. 乙构成交通肇事罪，甲不构成犯罪

【分析】 在发生交通事故后，车主指使司机逃逸，致人死亡的，才构成交通肇事罪的共犯。

【示例2】 汽车司机张某驾驶卡车违章超速行驶，将一在非机动车道内骑自行车带人的刘某、李某撞倒，致刘某当场死亡、李某重伤，张某立即停车将李某抬到自己的车上驶向医院抢救；途中张某突然停车，将伤者扔在偏僻地段驾车逃窜，致其因无人救助而死亡。应如何认定张某的行为？[2]

　　A. 交通肇事罪　　　　　　　　　　B. 故意杀人罪
　　C. 过失致人死亡罪　　　　　　　　D. 交通肇事罪和故意杀人罪两罪并罚

【分析】 张某将李某抛弃，致使李某因无人救助而死亡的行为单独构成故意杀人罪。

【示例3】 下列案件不构成交通肇事罪的是：[3]
　　A. 在某工厂大院内，驾驶机动车辆致人伤亡
　　B. 在某居民小区内驾驶汽车高速行驶，撞死2名行人
　　C. 行为人在建筑工地装运渣土时，机动车发生重大事故，撞死3人
　　D. 军车在军事演习中，违章行驶，撞毁另一军车，导致4人死亡

【分析】 这些案件都发生在非公共交通管理区。

【示例4】 甲驾车不小心将乙撞伤，甲逃逸。急救人员5分钟后赶到现场，乙因伤势过重被送医院后死亡。甲是否属于"因逃逸致人死亡"？

【分析】 不属于。甲虽然逃逸了，但急救人员及时将乙送到了医院。乙不属于"因甲的逃逸导致得不到救助而死亡"。因此，甲只能被认定为"逃逸"，而不能被认定为"因逃逸致人死亡"。

【经典真题】

乙（15周岁）在乡村公路驾驶机动车时过失将吴某撞成重伤。乙正要下车救人，坐在车上的甲（乙父）说："别下车！前面来了许多村民，下车会有麻烦。"乙便驾车逃走，吴某因流血过多而亡。关于本案，下列哪一选项是正确的？[4]（2014－2－13）

　　A. 因乙不成立交通肇事罪，甲也不成立交通肇事罪
　　B. 对甲应按交通肇事罪的间接正犯论处
　　C. 根据司法实践，对甲应以交通肇事罪论处
　　D. 根据刑法规定，甲、乙均不成立犯罪

【考点】 交通肇事罪、司法实践与刑法理论

――――――

[1]【答案】AB
[2]【答案】D
[3]【答案】ABCD
[4]【答案】C

【解题思路与常见错误分析】选项A、C：最高人民法院《关于审理交通肇事刑事案件具体应用法律若干问题的解释》第5条第2款规定："交通肇事后，单位主管人员、机动车辆所有人、承包人或者乘车人指使肇事人逃逸，致使被害人因得不到救助而死亡的，以交通肇事罪的共犯论处。"所以，根据司法实践，甲构成交通肇事罪。因此，选项A错误，选项C正确。

选项B：乙自己开车时过失将吴某撞成重伤，这个行为并非甲指使所致。所以，甲不是交通肇事罪的间接正犯。选项B错误。

选项D：根据《刑法》第133条的规定，本人交通肇事后因逃逸而致人死亡的行为是交通肇事罪的情节加重犯，不满16周岁的人不必为交通肇事罪负责。所以，根据刑法规定，乙的行为不构成犯罪。刑法是将过失交通肇事和故意逃逸综合规定为交通肇事罪一罪。如果单独评价，交通肇事后的逃逸行为实际上是不作为的故意犯罪。所以，甲教唆乙逃逸的实质是教唆他人进行不作为犯罪。由于甲教唆乙逃跑，放任吴某的死亡，所以甲是不作为的故意杀人罪的教唆犯，甲的行为构成犯罪。选项D错误。

【同类考点总结】我们在总则第八章"共同犯罪"里专门讲过这个题目。请参阅该题。

考生要注意：如果题目专门强调了"根据司法实践""根据司法解释"或者"根据刑法规定"，那么大家在选择答案时就要注意答题依据。

八、危险驾驶罪

（一）考点提炼★★★★★
本罪的具体表现形式
本罪与交通肇事罪的竞合
本罪与以危险方法危害公共安全罪的竞合

（二）相关法条
《刑法》

第一百三十三条之一 【危险驾驶罪】在道路上驾驶机动车，有下列情形之一的，处拘役，并处罚金：

（一）追逐竞驶，情节恶劣的；

（二）醉酒驾驶机动车的；

（三）从事校车业务或者旅客运输，严重超过额定乘员载客，或者严重超过规定时速行驶的；

（四）违反危险化学品安全管理规定运输危险化学品，危及公共安全的。

机动车所有人、管理人对前款第三项、第四项行为负有直接责任的，依照前款的规定处罚。

有前两款行为，同时构成其他犯罪的，依照处罚较重的规定定罪处罚。

司法解释：

最高人民法院、最高人民检察院、公安部《关于办理醉酒驾驶机动车刑事案件适用法律若干问题的意见》的通知（法发〔2013〕15号）

（三）考点解读

1. 本罪的具体表现形式。

本罪是《刑法修正案（八）》新增的犯罪，列为《刑法》第 133 条之 1。《刑法修正案（九）》又为本罪增加规定了两种行为方式。现在，危险驾驶罪包括四种行为：

（1）在道路上驾驶机动车追逐竞驶，情节恶劣的。

（2）在道路上醉酒驾驶机动车的。

（3）从事校车业务或者旅客运输，严重超过额定乘员载客，或者严重超过规定时速行驶的。

（4）违反危险化学品安全管理规定运输危险化学品，危及公共安全的。

由于本罪惩罚的是有这四种行为，但尚未造成严重后果的情况，因此法定刑很低："处拘役，并处罚金。"如果有这四种行为，同时构成其他犯罪的（如交通肇事罪），依照处罚较重的规定定罪处罚。

2. 司法解释对醉酒驾驶机动车刑事案件的相关规定。

（1）在道路上驾驶机动车，血液酒精含量达到 80 毫克/100 毫升以上的，属于醉酒驾驶机动车，依照《刑法》第 133 条之 1 第 1 款的规定，以危险驾驶罪定罪处罚。

上述规定的"道路"和"机动车"，适用《道路交通安全法》的有关规定。

（2）醉酒驾驶机动车，以暴力、威胁方法阻碍公安机关依法检查，又构成妨害公务罪等其他犯罪的，依照数罪并罚的规定处罚。

（3）血液酒精含量检验鉴定意见是认定犯罪嫌疑人是否醉酒的依据。犯罪嫌疑人经呼气酒精含量检验达到醉酒标准，在抽取血样之前脱逃的，可以以呼气酒精含量检验结果作为认定其醉酒的依据。

犯罪嫌疑人在公安机关依法检查时，为逃避法律追究，在呼气酒精含量检验或者抽取血样前又饮酒，经检验其血液酒精含量达到醉酒标准的，应当认定为醉酒。

3. 本罪与交通肇事罪、以危险方法危害公共安全罪的竞合。

危险驾驶罪（《刑法》第 133 条之一）规定："有前两款行为，同时构成其他犯罪的，依照处罚较重的规定定罪处罚。"

九、妨害安全驾驶罪

《刑法修正案（十一）》新增了妨害安全驾驶罪。

《刑法》

第一百三十三条之二　【妨害安全驾驶罪】对行驶中的公共交通工具的驾驶人员使用暴力或者抢控驾驶操纵装置，干扰公共交通工具正常行驶，危及公共安全的，处一年以下有期徒刑、拘役或者管制，并处或者单处罚金。

前款规定的驾驶人员在行驶的公共交通工具上擅离职守，与他人互殴或者殴打他人，危及公共安全的，依照前款的规定处罚。

有前两款行为，同时构成其他犯罪的，依照处罚较重的规定定罪处罚。

【分析】在这两罪的认定中要注意与以危险方法危害公共安全罪相区别。第 133 条之二规定的两种行为都是情节较轻的，没有发生严重后果的行为。如果有这两种行为，且情节很恶劣，比如导致发生交通事故、导致人员伤亡等，则同时构成以危险方法危害公共安全罪，择一重罪论处。从法定刑来看，以危险方法危害公共安全罪为重罪。

第三节　普通罪名

一、爆炸罪

爆炸罪是指故意引起爆炸物爆炸，危害公共安全的行为。

二、破坏交通设施罪★★

1. 破坏交通设施罪是指故意破坏轨道、桥梁、隧道、公路、机场、航道、灯塔、标志或者进行其他破坏活动，足以使火车、汽车、电车、船只、航空器发生倾覆、毁坏危险，危害公共安全的行为。

2. 破坏交通设施罪与破坏交通工具罪的界限。破坏交通设施往往会导致交通工具倾覆、毁坏的严重后果。破坏交通工具往往也会损毁交通设施。如何区分破坏交通设施罪和破坏交通工具罪，应当视破坏行为的直接指向而定。如果破坏行为直接指向的是正在使用中的交通设施，对交通设施的破坏间接造成了交通工具倾覆、毁坏的后果的，则应当以破坏交通设施罪论处。如果破坏行为直接指向的是正在使用中的交通工具，交通工具的倾覆、毁坏间接造成了交通设施损毁后果的，则应当以破坏交通工具罪论处。

【经典真题】

甲盗割正在使用中的铁路专用电话线，在构成犯罪的情况下，对甲应按照下列哪一选项处理？[1]（2006-2-10）

A. 破坏公用电信设施罪

B. 破坏交通设施罪

C. 盗窃罪与破坏交通设施罪中处罚较重的犯罪

D. 盗窃罪与破坏公用电信设施罪中处罚较重的犯罪

【考点】盗窃罪、破坏交通设施罪、想象竞合

【解题思路与常见错误分析】铁路专用电话线是铁路正常运行、安全运行的必要设施，属于交通设施。甲的行为是盗窃罪和本罪的想象竞合，应择一重罪论处。

【同类考点总结】题目专门提示该线路是"铁路"专用电话线，说明该线路是与铁路运行相关的线路。破坏这种线路就是破坏交通设施。

三、破坏电力设备罪

1. 本罪的犯罪对象：正在使用中的电力设备。即处于运行、应急等使用中的电力设备；已经通电使用，只是由于枯水季节或电力不足等原因暂停使用的电力设备；已经交付使用但尚未通电的电力设备。不包括尚未安装完毕，或者已经安装完毕但尚未交付使用的电力设备。

【示例】甲见村庄附近的灌溉专用电力线路在冬季暂未使用，便于某日晚偷割该输电线

---

[1] 【答案】C

500 多米（价值 2000 元），次日卖给非法收购者，得款 500 多元。对甲的行为应如何认定？[1]

　　A. 以盗窃罪定罪

　　B. 以破坏电力设备罪定罪

　　C. 以盗窃罪和破坏电力设备罪择一重罪定罪

　　D. 以以危险方法危害公共安全罪定罪

【分析】这种已经交付使用，但暂时未使用的电线也属于电力设备的一部分，因此甲的行为同时触犯盗窃罪和破坏电力设备罪。应当按照想象竞合犯，择一重罪论处。

2. 本罪中的电力设备不包括用于军事用途的电力设备，破坏用于军事用途的电力设备的，构成破坏军事设施、军事通信罪。

3. 破坏特定设备、设施犯罪与盗窃罪、故意毁坏财物罪的界限。

二者区别的关键在于犯罪行为是否危害公共安全。例如，行为人盗窃、毁坏的是正在使用中的交通工具的重要部件、设施，如刹车系统、方向控制系统等，足以使交通工具发生倾覆、毁坏危险，危害公共安全的，则构成破坏交通工具罪。如果盗窃所得数额较大，则同时构成盗窃罪和破坏交通工具罪，是典型的想象竞合犯；对此，应当从一重罪处罚。如果破坏行为不危害公共安全的，则不能以破坏交通工具罪论处。例如，盗窃汽车的备用轮胎、汽车上的座椅等，符合盗窃罪、故意毁坏财物罪构成要件的，应当按盗窃罪或者故意毁坏财物罪论处。窃取、破坏交通设施、电力设备、易燃易爆设备、广播电视公用电信设施的，采取相同的处理原则。

【示例】甲酒后将停放在停车场的 20 多辆车的玻璃砸毁，共造成 10 万元左右的损失。甲的行为构成何罪？[2]

　　A. 故意毁坏财物罪　　　　　　　　B. 破坏交通工具罪

　　C. 过失破坏交通工具罪　　　　　　D. 破坏交通设施罪

【分析】甲的行为没有危害公共安全。

四、破坏易燃易爆设备罪

破坏易燃易爆设备罪是指故意破坏燃气或者其他易燃易爆设备，危害公共安全的行为。

五、帮助恐怖活动罪、准备实施恐怖活动罪、宣扬恐怖主义、极端主义、煽动实施恐怖活动罪、利用极端主义破坏法律实施罪、强制穿戴宣扬恐怖主义、极端主义服饰、标志罪、非法持有宣扬恐怖主义、极端主义物品罪

《刑法》

第一百二十条之一　【帮助恐怖活动罪】资助恐怖活动组织、实施恐怖活动的个人的，或者资助恐怖活动培训的，处五年以下有期徒刑、拘役、管制或者剥夺政治权利，并处罚金；情节严重的，处五年以上有期徒刑，并处罚金或者没收财产。

为恐怖活动组织、实施恐怖活动或者恐怖活动培训招募、运送人员的，依照前款的规定处罚。

单位犯前两款罪的，对单位判处罚金，并对其直接负责的主管人员和其他直接责任人

---

〔1〕【答案】C

〔2〕【答案】A

员，依照第一款的规定处罚。

第一百二十条之二 【准备实施恐怖活动罪】有下列情形之一的，处五年以下有期徒刑、拘役、管制或者剥夺政治权利，并处罚金；情节严重的，处五年以上有期徒刑，并处罚金或者没收财产：

（一）为实施恐怖活动准备凶器、危险物品或者其他工具的；

（二）组织恐怖活动培训或者积极参加恐怖活动培训的；

（三）为实施恐怖活动与境外恐怖活动组织或者人员联络的；

（四）为实施恐怖活动进行策划或者其他准备的。

有前款行为，同时构成其他犯罪的，依照处罚较重的规定定罪处罚。

第一百二十条之三 【宣扬恐怖主义、极端主义、煽动实施恐怖活动罪】以制作、散发宣扬恐怖主义、极端主义的图书、音频视频资料或者其他物品，或者通过讲授、发布信息等方式宣扬恐怖主义、极端主义的，或者煽动实施恐怖活动的，处五年以下有期徒刑、拘役、管制或者剥夺政治权利，并处罚金；情节严重的，处五年以上有期徒刑，并处罚金或者没收财产。

第一百二十条之四 【利用极端主义破坏法律实施罪】利用极端主义煽动、胁迫群众破坏国家法律确立的婚姻、司法、教育、社会管理等制度实施的，处三年以下有期徒刑、拘役或者管制，并处罚金；情节严重的，处三年以上七年以下有期徒刑，并处罚金；情节特别严重的，处七年以上有期徒刑，并处罚金或者没收财产。

第一百二十条之五 【强制穿戴宣扬恐怖主义、极端主义服饰、标志罪】以暴力、胁迫等方式强制他人在公共场所穿着、佩戴宣扬恐怖主义、极端主义服饰、标志的，处三年以下有期徒刑、拘役或者管制，并处罚金。

第一百二十条之六 【非法持有宣扬恐怖主义、极端主义物品罪】明知是宣扬恐怖主义、极端主义的图书、音频视频资料或者其他物品而非法持有，情节严重的，处三年以下有期徒刑、拘役或者管制，并处或者单处罚金。

帮助恐怖活动罪是从原来的资助恐怖活动罪修改来的。后面的五个罪则是《刑法修正案（九)》新增的犯罪。其目的是对恐怖活动、极端活动"打早、打小"，把它们消灭在萌芽状态。所以，大量的预备行为被实行化，成为独立的犯罪。

六、劫持船只、汽车罪

劫持船只、汽车罪是指以暴力、胁迫或者其他方法劫持船只、汽车的行为。

【经典真题】

甲、乙等人佯装乘客登上长途车。甲用枪控制司机，令司机将车开到偏僻路段；乙等人用刀控制乘客，命乘客交出随身财物。一乘客反抗，被乙捅成重伤。财物到手下车时，甲打死司机。关于本案，下列哪些选项是正确的?[1]（2012 - 2 - 59）

A. 甲等人劫持汽车，构成劫持汽车罪

B. 甲等人构成抢劫罪，属于在公共交通工具上抢劫

C. 乙重伤乘客，无需以故意伤害罪另行追究刑事责任

---

[1]【答案】ABCD

D. 甲开枪打死司机，需以故意杀人罪另行追究刑事责任

【考点】劫持汽车罪、抢劫罪

【解题思路与常见错误分析】选项 A：甲用枪控制司机，令司机将车开到偏僻路段，这一行为构成劫持汽车罪。选项 A 正确。

选项 B：乙等人用刀控制乘客，命乘客交出随身财物，这一行为属于在公共交通工具上抢劫。选项 B 正确。

选项 C：一乘客反抗，被乙捅成重伤。抢劫致人重伤的，属于抢劫罪的结果加重犯，所以无需以故意伤害罪另行追究刑事责任。选项 C 也是正确的。

选项 D：财物到手下车时，甲打死司机。这属于在抢劫得手后又另起犯意的杀人行为，所以需以故意杀人罪另行追究刑事责任。选项 D 也是正确的。

【同类考点总结】本题难在选项 A 上。甲乙等人的行为当然是劫持汽车。问题是，这一行为是否属于抢劫罪的手段行为？是否需要数罪并罚？劫持汽车侵犯的法益（犯罪客体）是公共安全，这是抢劫罪无法包容的，所以应该成立两个独立的犯罪。但抢劫致人重伤、死亡则是法律明文规定可以被抢劫罪包容的犯罪。抢劫罪侵犯的法益（犯罪客体）包括人身权和财产权。

七、非法制造、买卖、运输、储存危险物质罪

非法制造、买卖、运输、储存危险物质罪是指违反国家有关危险物质的管理法规，非法制造、买卖、运输、储存毒害性、放射性、传染病病原体等物质，危害公共安全的行为。

八、丢失枪支不报罪

1. 丢失枪支不报罪是指依法配备公务用枪的人员，丢失枪支不及时报告，造成严重后果的行为。

2. 本罪是纯正的不作为犯。

3. 丢失枪支不报罪中的丢失枪支包括遗失、被盗、被抢等使枪支由于非正常原因脱离持枪人控制的情况。

【示例】某警察在其随身携带的枪支被盗后，担心会受到处分，一直没有向有关单位报告。半个月后，盗枪的犯罪分子用该枪抢劫了某银行。该警察的枪支不是丢失而是被盗的，但同样构成丢失枪支不报罪。

九、重大责任事故罪★★★

（一）考点提炼

主体：一般主体，为从事生产、作业的一切人员

构成要件：在生产、作业中违反有关安全管理的规定，发生重大伤亡事故或者造成其他严重后果

本罪与失火罪、过失爆炸罪的区别
- 发生的场合不同
  - 本罪：发生在生产、作业过程中
  - 失火罪、过失爆炸罪：发生在日常生活中
- 过失类型不同
  - 本罪：业务过失
  - 失火罪、过失爆炸罪：普通过失

本罪与本章的其他责任型事故犯罪：存在法条竞合的关系，系一般法和特别法的关系

（二）相关法条

《刑法》

第一百三十四条　【重大责任事故罪】 在生产、作业中违反有关安全管理的规定，因而发生重大伤亡事故或者造成其他严重后果的，处三年以下有期徒刑或者拘役；情节特别恶劣的，处三年以上七年以下有期徒刑。

【强令、组织他人违章冒险作业罪】强令他人违章冒险作业，或者明知存在重大事故隐患而不排除，仍冒险组织作业，因而发生重大伤亡事故或者造成其他严重后果的，处五年以下有期徒刑或者拘役；情节特别恶劣的，处五年以上有期徒刑。

司法解释：

最高人民法院、最高人民检察院《关于办理危害生产安全刑事案件适用法律若干问题的解释》（法释〔2015〕22号）

（三）考点解读

重大责任事故罪是指在生产、作业中违反有关安全管理的规定，因而发生重大伤亡事故或者造成其他严重后果的行为。

1. 本罪与强令违章、组织他人冒险作业罪的区别。《刑法修正案（六）》将以前的重大责任事故罪分解为重大责任事故罪和强令违章冒险作业罪。因此，强令他人违章冒险作业，因而发生重大伤亡事故或者造成其他严重后果的行为，应认定为强令违章冒险作业罪。"强令他人违章冒险作业"主要是指从事生产、施工、作业等工作的管理人员，明知自己的决定违反安全生产、作业的规章制度，可能会发生事故，却心怀侥幸，自认为不会出事，而强行命令他人违章作业的行为。"强令"，不能机械地理解为必须有说话态度强硬或者大声命令等外在表现，强令者也不一定必须在生产、作业现场，而应理解为"强令"者发出的信息内容所产生的影响，达到了使工人不得不违心继续生产、作业的心理强制程度。比如工人如果拒绝服从，会面临扣工资、被辞退等后果，使工人产生畏惧而不得不继续工作。

2. 本罪的犯罪主体：一般主体。《刑法修正案（六）》将本罪的犯罪主体从原来的企业、事业单位职工扩大到从事生产、作业的一切人员，把对安全事故负有责任的个体、包工头和无证从事生产、作业的人员都包括在内。

根据最高人民法院、最高人民检察院《关于办理危害生产安全刑事案件适用法律若干问题的解释》的规定，《刑法》第134条第1款规定的犯罪主体，包括对生产、作业负有组织、指挥或者管理职责的负责人、管理人员、实际控制人、投资人等人员，以及直接从事生产、作业的人员。

3. 本罪的构成要件：在生产、作业中违反有关安全管理的规定，发生重大伤亡事故或者造成其他严重后果。

4. 本罪与失火罪、过失爆炸罪的区别：本罪是在生产、作业活动中违反有关安全管理的规定造成严重后果，失火罪、过失爆炸罪是在日常生活中违反生活规则造成严重后果；前者是业务过失，后者是普通过失。

5. 本罪与本章的其他责任型事故犯罪，如危险物品肇事罪、重大安全事故罪、教育设施重大安全事故罪、消防责任事故罪等之间存在法条竞合关系。本罪是一般法，其他特种责任事故罪是特别法。在二者发生法条竞合时，根据特别法优先于普通法的原则处理。

最高人民法院、最高人民检察院《关于办理危害生产安全刑事案件适用法律若干问题的解释》（自2015年12月16日起施行）第16条规定："对于实施危害生产安全犯罪适用缓刑的犯罪分子，可以根据犯罪情况，禁止其在缓刑考验期限内从事与安全生产相关联的特定活动；对于被判处刑罚的犯罪分子，可以根据犯罪情况和预防再犯罪的需要，禁止其自刑罚执行完毕之日或者假释之日起三年至五年内从事与安全生产相关的职业。"

【经典真题】

甲在建筑工地开翻斗车。某夜，甲开车时未注意路况，当场将工友乙撞死、丙撞伤。甲背丙去医院，想到会坐牢，遂将丙弃至路沟后逃跑。丙不得救治而亡。关于本案，下列哪一选项是错误的?[1]（2013 - 2 - 12）

A. 甲违反交通运输管理法规，因而发生重大事故，致人死伤，触犯交通肇事罪

B. 甲在作业中违反安全管理规定，发生重大伤亡事故，触犯重大责任事故罪

C. 甲不构成交通肇事罪与重大责任事故罪的想象竞合犯

D. 甲为逃避法律责任，将丙带离事故现场后遗弃，致丙不得救治而亡，还触犯故意杀人罪

【考点】 交通肇事罪、重大责任事故罪、故意杀人罪的认定

【解题思路与常见错误分析】 交通肇事罪发生在实行公共交通管理的范围内。该罪的损害结果是由于行为人违反交通运输管理法规而导致的。重大责任事故罪发生在生产、作业中，该罪的损害结果是由于行为人违反生产、作业的安全管理法规而导致的。本案中，甲的行为发生在建筑工地，是由于开车时未注意路况而导致的。开翻斗车要注意路况，这是生产、作业的安全要求。所以，甲构成重大责任事故罪。

选项A：甲没有违反交通运输管理法规，因此不触犯交通肇事罪。故选项A错误。

选项B：前已分析，选项B正确。

选项C：本案中，甲并非同时构成交通肇事罪与重大责任事故罪，故选项C正确。

选项D：甲对丙有法定的救助义务。他在背丙去送医时，又将丙抛弃在路边，导致丙因得不到救助而死亡，这是不作为的故意杀人罪。故选项D正确。

【同类考点总结】（1）交通肇事罪和重大责任事故罪的主要区别在于发生的场合不同。（2）虽然法律和司法解释都没有规定在发生重大责任事故后，将伤者带离现场遗弃，使其不得救治而亡的构成故意杀人罪（交通肇事罪有此规定），但根据不作为犯罪的原理也能得出此规定。

十、危险物品肇事罪

危险物品肇事罪是指违反爆炸性、易燃性、放射性、毒害性、腐蚀性物品的管理规定，在生产、储存、运输、使用中发生重大事故，造成严重后果的行为。

【示例】 高某开办了一间生产烟花爆竹的工厂。因为生产场地狭小，他违反成品不能堆放于生产车间的规定，将成品堆放于生产车间。在生产作业中，多次由此发生事故，工人也多次反映车间的不安全因素，但都未引起高某的重视，仍然让工人继续生产。2014年12月10日，某工人在操作时不慎打出火花，引燃火药，继而引爆堆放的成品，引起巨大爆炸，致使在车间工作的10名工人死亡。高某的行为构成何罪?[2]

---

[1]【答案】A

[2]【答案】C

A. 重大责任事故罪
B. 重大劳动安全事故罪
C. 危险物品肇事罪
D. 过失爆炸罪

【分析】高某的行为是违反爆炸性、易燃性、放射性、毒害性、腐蚀性物品的管理规定，在生产、储存、运输、使用中发生重大事故，造成严重后果的行为，因此构成危险物品肇事罪。

十一、强令、组织他人违章冒险作业罪

强令、组织他人违章冒险作业罪是指强令他人违章冒险作业，或者明知存在重大事故隐患而不排除，仍冒险组织作业，因而发生重大伤亡事故或者造成其他严重后果的行为。

根据最高人民法院、最高人民检察院《关于办理危害生产安全刑事案件适用法律若干问题的解释》第 5 条的规定："明知存在事故隐患、继续作业存在危险，仍然违反有关安全管理的规定，实施下列行为之一的，应当认定为刑法第 134 条第 2 款规定的'强令他人违章冒险作业'：

（一）利用组织、指挥、管理职权，强制他人违章作业的；

（二）采取威逼、胁迫、恐吓等手段，强制他人违章作业的；

（三）故意掩盖事故隐患，组织他人违章作业的；

（四）其他强令他人违章作业的行为。"

十二、危险作业罪

《刑法修正案（十一）》新增了危险作业罪。该罪的立法意图在于刑法保护提前化、早期化。原来的生产事故类犯罪，基本上都立足于过失犯，都是在事故发生之后刑法才出面。但是，很多事故的发生，是因为在生产、作业过程当中，生产者无视生产、作业的特殊规范导致的。所以，《刑法修正案（十一）》专门将以下行为规定为犯罪。

《刑法》

第一百三十四条之一　【危险作业罪】在生产、作业中违反有关安全管理的规定，有下列情形之一，具有发生重大伤亡事故或者其他严重后果的现实危险的，处一年以下有期徒刑、拘役或者管制：

（一）关闭、破坏直接关系生产安全的监控、报警、防护、救生设备、设施，或者篡改、隐瞒、销毁其相关数据、信息的；

（二）因存在重大事故隐患被依法责令停产停业、停止施工、停止使用有关设备、设施、场所或者立即采取排除危险的整改措施，而拒不执行的；

（三）涉及安全生产的事项未经依法批准或者许可，擅自从事矿山开采、金属冶炼、建筑施工，以及危险物品生产、经营、储存等高度危险的生产作业活动的。

十三、不报、谎报安全事故罪★★

1. 不报、谎报安全事故罪是指在安全事故发生后，负有报告职责的人员不报或者谎报事故情况，贻误事故抢救，情节严重的行为。

2. 本罪的主体：特殊主体。本罪主体只能是对安全事故"负有报告职责的人员"。"安全事故"不仅限于生产经营单位发生的安全生产事故、大型群众性活动中发生的重大伤亡事故，还包括刑法分则第二章规定的所有与安全事故有关的犯罪，但第 129 条（丢失枪支

不报罪)、第 138 条(教育设施重大安全事故罪)除外,因为这两条已将不报告作为构成犯罪的条件之一。

3. 只有因为不报或者谎报事故情况,贻误事故抢救,情节严重的行为才能构成本罪。

根据前述司法解释第 10 条的规定:"在安全事故发生后,直接负责的主管人员和其他直接责任人员故意阻挠开展抢救,导致人员死亡或者重伤,或者为了逃避法律追究,对被害人进行隐藏、遗弃,致使被害人因无法得到救助而死亡或者重度残疾的,分别依照刑法第 232 条、第 234 条的规定,以故意杀人罪或者故意伤害罪定罪处罚。"

【示例】甲是某煤矿的法定代表人。该煤矿发生瓦斯突出事故,导致 6 名工人死亡。甲害怕如实报告会导致该矿被停产,就谎报死亡人数为 2 人。甲是否构成本罪?

【分析】不构成。甲的谎报行为并未贻误事故抢救。

第十八章
坏社会主义市场经济秩序罪

第一节　破坏社会主义市场经济秩序罪概述

> **导学**　本章是法考的重点章。本章是个大章，共规定了 100 多个犯罪。把这些犯罪分解到刑法规定的 8 节里，就不显得多了。考生甚至会觉得有些犯罪还应该掌握，但大纲都没要求。这就是分则学习中的"化整为零，章内比较"策略。本章犯罪绝大部分都考查得很浅显，大家掌握法条的规定即可。

一、概念

破坏社会主义市场经济秩序罪是指违反国家市场经济管理法规，破坏市场经济秩序，使社会主义市场经济秩序遭受严重损害的行为。

本章犯罪主要是以牟利为目的的非法经营行为。行为人一般都是市场经济主体，其犯罪目的是为了获得非法利润。

二、共同特征

1. 这类犯罪侵犯的客体（法益）是我国的市场经济秩序。
2. 犯罪主体既包括自然人，也包括单位。我国的单位犯罪主要集中在这一章。
3. 客观方面表现为实施非法经营行为，如生产、销售盗版书、生产、销售伪劣产品等。
4. 主观方面多由故意构成，并且一般具有非法获利的目的。

第二节　具体犯罪分述

一、生产、销售伪劣商品罪

（一）生产、销售伪劣产品罪，生产、销售、提供假药罪，生产、销售、提供劣药罪，妨害药品管理罪

▷ 相关法条

《刑法》

第一百四十条 【生产、销售伪劣产品罪】生产者、销售者在产品中掺杂、掺假，以

假充真，以次充好或者以不合格产品冒充合格产品，销售金额五万元以上不满二十万元的，处二年以下有期徒刑或者拘役，并处或者单处销售金额百分之五十以上二倍以下罚金；销售金额二十万元以上不满五十万元的，处二年以上七年以下有期徒刑，并处销售金额百分之五十以上二倍以下罚金；销售金额五十万元以上不满二百万元的，处七年以上有期徒刑，并处销售金额百分之五十以上二倍以下罚金；销售金额二百万元以上的，处十五年有期徒刑或者无期徒刑，并处销售金额百分之五十以上二倍以下罚金或者没收财产。

第一百四十一条　【生产、销售、提供假药罪】生产、销售假药的，处三年以下有期徒刑或者拘役，并处罚金；对人体健康造成严重危害或者有其他严重情节的，处三年以上十年以下有期徒刑，并处罚金；致人死亡或者有其他特别严重情节的，处十年以上有期徒刑、无期徒刑或者死刑，并处罚金或者没收财产。

药品使用单位的人员明知是假药而提供给他人使用的，依照前款的规定处罚。

第一百四十二条　【生产、销售、提供劣药罪】生产、销售劣药，对人体健康造成严重危害的，处三年以上十年以下有期徒刑，并处罚金；后果特别严重的，处十年以上有期徒刑或者无期徒刑，并处罚金或者没收财产。

药品使用单位的人员明知是劣药而提供给他人使用的，依照前款的规定处罚。

第一百四十二条之一　【妨害药品管理罪】违反药品管理法规，有下列情形之一，足以严重危害人体健康的，处三年以下有期徒刑或者拘役，并处或者单处罚金；对人体健康造成严重危害或者有其他严重情节的，处三年以上七年以下有期徒刑，并处罚金：

（一）生产、销售国务院药品监督管理部门禁止使用的药品的；

（二）未取得药品相关批准证明文件生产、进口药品或者明知是上述药品而销售的；

（三）药品申请注册中提供虚假的证明、数据、资料、样品或者采取其他欺骗手段的；

（四）编造生产、检验记录的。

有前款行为，同时又构成本法第一百四十一条、第一百四十二条规定之罪或者其他犯罪的，依照处罚较重的规定定罪处罚。

第一百四十九条　【对生产、销售伪劣商品行为的法条适用原则】生产、销售本节第一百四十一条至第一百四十八条所列产品，不构成各该条规定的犯罪，但是销售金额在五万元以上的，依照本节第一百四十条的规定定罪处罚。

生产、销售本节第一百四十一条至第一百四十八条所列产品，构成各该条规定的犯罪，同时又构成本节第一百四十条规定之罪的，依照处罚较重的规定定罪处罚。

✐ 考点解读

1. 生产、销售伪劣产品罪是指生产者、销售者在产品中掺杂、掺假、以假充真、以次充好或者以不合格产品冒充合格产品，销售金额达5万元以上的行为。

2. 生产、销售、提供假药罪是指生产者、销售者、药品使用单位的人员违反国家药品管理法规，生产、销售、提供假药的行为。

3. 生产、销售、提供劣药罪是指生产者、销售者、药品使用单位的人员明知是劣药而生产、销售、提供的行为。

表 23　生产、销售伪劣产品罪，生产、销售、提供假药罪，生产、销售、提供劣药罪，妨害药品管理罪

罪名	客观方面	主观方面	难点突破
1. 生产、销售伪劣产品罪★★★	生产者、销售者在产品中掺杂、掺假、以假充真、以次充好或者以不合格产品冒充合格产品，销售金额达 5 万元 以上的行为。	故意。	（1）数额犯。根据司法解释，生产伪劣产品数额达到 15 万元的，即使未来得及销售，仍然构成犯罪，按照本罪的未遂犯定罪处罚。（2）自产自销的，数额不重复计算。
本罪的犯罪客体	本罪侵犯的客体是国家对普通产品质量的管理制度。普通产品是指除刑法另有规定的药品、食品、医用器材、涉及人身和财产安全的电器等产品，农药、兽药、化肥、种子、化妆品等产品以外的产品。		
本罪的犯罪主体	本罪的犯罪主体为普通主体，包括伪劣产品的生产者和销售者，既可以是个人，也可以是单位。		
2. 生产、销售、提供假药罪，生产、销售、提供劣药罪	生产者、销售者、药品使用单位的人员违反药品管理法规，生产、销售、提供假药和劣药的行为。	故意	生产、销售、提供假药罪是抽象危险犯、生产、销售、提供劣药罪是实害犯。注意：2019 年修订的《药品管理法》对假药和劣药的概念所做的修订。
二罪的犯罪客体	此二罪的犯罪客体是国家对药品质量的管理制度和人民群众的身体健康。		
二罪的犯罪主体	此二罪的犯罪主体为普通主体，包括假劣药品的生产者和销售者、药品使用单位的人员，既可以是个人，也可以是单位。		
3. 妨害药品管理罪	违反药品管理法规，有法定情形，足以严重危害人体健康的行为。【强调】只有足以严重危害人体健康的行为才构成犯罪。所以，未经批准从国外进口疗效很好的药品，不构成本罪，也不构成走私普通货物、物品罪，因为药品是零关税。如果数额较大，情节严重，会被给予行政处罚。		
刑法第 149 条的特别规定	生产、销售本节第一百四十一条至第一百四十八条所列产品，不构成各该条规定的犯罪，但是销售金额在五万元以上的，依照本节第一百四十条的规定定罪处罚		

新的《药品管理法》对假药和劣药的定义。

第九十八条　禁止生产（包括配制，下同）、销售、使用假药、劣药。

有下列情形之一的，为假药：

（一）药品所含成份与国家药品标准规定的成份不符；

（二）以非药品冒充药品或者以他种药品冒充此种药品；

（三）变质的药品；

（四）药品所标明的适应症或者功能主治超出规定范围。

有下列情形之一的，为劣药：

（一）药品成份的含量不符合国家药品标准；

（二）被污染的药品；

（三）未标明或者更改有效期的药品；

（四）未注明或者更改产品批号的药品；

（五）超过有效期的药品；

（六）擅自添加防腐剂、辅料的药品；

（七）其他不符合药品标准的药品。

禁止未取得药品批准证明文件生产、进口药品；禁止使用未按照规定审评、审批的原料药、包装材料和容器生产药品。

说明：未取得批准文号进口外国药品的行为不再认定为销售假药罪。但是，根据刑法第142条之一的规定，这种行为如果足以严重危害人体健康的，构成妨害药品管理罪。

【经典真题】

乙生产、销售劣药，没有对人体健康造成严重危害，但销售金额超过了5万元。乙的行为成立生产、销售伪劣产品罪吗？[1]（本题原题为单选题，改编自2004－2－10）

（二）生产、销售有毒、有害食品罪、生产、销售不符合安全标准的食品罪

相关法条

《刑法》

第一百四十三条　【生产、销售不符合安全标准的食品罪】生产、销售不符合食品安全标准的食品，足以造成严重食物中毒事故或者其他严重食源性疾病的，处三年以下有期徒刑或者拘役，并处罚金；对人体健康造成严重危害或者有其他严重情节的，处三年以上七年以下有期徒刑，并处罚金；后果特别严重的，处七年以上有期徒刑或者无期徒刑，并处罚金或者没收财产。

第一百四十四条　【生产、销售有毒、有害食品罪】在生产、销售的食品中掺入有毒、有害的非食品原料的，或者销售明知掺有有毒、有害的非食品原料的食品的，处五年以下有期徒刑，并处罚金；对人体健康造成严重危害或者有其他严重情节的，处五年以上十年以下有期徒刑，并处罚金；致人死亡或者有其他特别严重情节的，依照本法第一百四十一条的规定处罚。

表24　生产、销售有毒、有害食品罪、生产、销售不符合安全标准的食品罪

1. 生产、销售有毒有害食品罪 2. 生产、销售不符合安全标准的食品罪	行为： 见罪名	主观： 故意。	（1）前罪：抽象危险犯；后罪：具体危险犯。（2）成立前罪必须在食品中添加有毒有害的**非食品**原料。（3）不要求生产者确知食品中的有害成分，知其有害即可。（4）在食用农产品的种植、养殖过程中添加、使用有毒、有害非食品原料的，如在猪饲料中添加瘦肉精的，构成生产、销售有毒有害食品罪。
最高人民法院、最高人民检察院《关于办理危害食品安全刑事案件适用法律若干问题的解释》			（1）婴幼儿食品中生长发育所需营养成分严重不符合食品安全标准的应当认定为刑法第143条规定的"足以造成严重食物中毒事故或者其他严重食源性疾病"。（2）生产、销售国家禁止生产、销售的食品添加剂、农药、兽药、食品包装容器、私设生猪屠宰厂（场）等**【周边产品】**的，通常认定为非法经营罪。

---

[1]【答案】正确。这就是刑法第149条的规定。

二、走私罪

走私普通货物、物品罪。★★★★

🔻 **相关法条**

《刑法》

第一百五十三条 【走私普通货物、物品罪】走私本法第一百五十一条、第一百五十二条、第三百四十七条规定以外的货物、物品的，根据情节轻重，分别依照下列规定处罚：

（一）走私货物、物品偷逃应缴税额较大或者一年内曾因走私被给予二次行政处罚后又走私的，处三年以下有期徒刑或者拘役，并处偷逃应缴税额一倍以上五倍以下罚金……

单位犯前款罪的，对单位判处罚金，并对其直接负责的主管人员和其他直接责任人员，处三年以下有期徒刑或者拘役；情节严重的，处三年以上十年以下有期徒刑；情节特别严重的，处十年以上有期徒刑……

📖✏️ **考点解读**

本罪是指违反海关法规，逃避海关监管，非法运输、携带、邮寄国家规定为独立犯罪的走私货物、物品以外的货物、物品进出境，偷逃应缴纳关税数额较大或者一年内曾因走私受到两次行政处罚后又走私的行为。

表25 走私普通货物、物品罪的犯罪构成

犯罪客体	本罪侵犯的客体是国家对普通货物、物品进出国（边）境的监督管理制度和关税征管制度。违反海关的监管、查验制度，偷逃应缴纳关税是走私普通货物、物品罪的特点。
客观方面	本罪的客观方面表现为行为人违反海关法规，逃避海关监管，走私普通货物、物品，偷逃数额较大的关税的行为。普通货物、物品，是指《刑法》第151条规定的武器、弹药、核材料、假币、文物、贵重金属、珍贵动物及其制品、珍稀植物及其制品以及其他国家禁止进出口的货物、物品，第152条规定的淫秽物品以及第347条规定的毒品以外的其他货物、物品。偷逃数额较大的关税，是指偷逃应缴税款10万元以上的行为。 下列行为也构成走私普通货物、物品罪：（1）未经海关许可并且未补缴应缴税额，擅自将批准进口的来料加工、来件装配、补偿贸易的原材料、零件、制成品、设备等保税货物，在境内销售牟利的；（2）未经海关许可并且未补缴应缴税额，擅自将特定减税、免税进口的货物、物品，在境内销售牟利的；（3）直接向走私人非法收购走私进口的其他货物、物品，数额较大的；（4）在内海、领海、界河、界湖运输、收购、贩卖国家限制进出口货物、物品，数额较大，没有合法证明的。
犯罪主体	普通主体，包括个人和单位。
主观方面	本罪的主观方面表现为故意，具有偷逃关税的目的。

续表

最高人民法院、最高人民检察院《关于办理走私刑事案件适用法律若干问题的解释》	（1）"珍贵动物"，包括珍贵的野生动物以及驯养繁殖的上述动物。 （2）一次走私多种违禁物品，均构成犯罪的，数罪并罚（行为人须对此具有直接故意或间接故意） （3）直接向走私人非法收购走私物品的，成立相应的走私犯罪。 （4）走私国家禁止或者限制进出口的仿真枪、管制刀具，构成犯罪的，按照走私国家禁止进出口的货物、物品罪定罪处罚。 （5）成立特殊走私犯罪，偷逃应缴税额，同时又构成走私普通货物、物品罪的，依照处罚较重的规定定罪处罚。

还需注意以下考点：

1. 本罪的规定是普通法条，其他走私罪的规定是特别法条。法条竞合时，其他法条优先适用。

2. 刑法有明文规定的走私罪包括：走私武器、弹药罪、走私核材料罪、走私假币罪、走私文物罪、走私贵重金属罪、走私珍贵动物罪、走私珍贵动物制品罪、走私国家禁止进出口的货物、物品罪、走私淫秽物品罪、走私废物罪。

3. 走私贵重金属罪、走私文物罪只惩罚出口行为，走私废物罪只惩罚进口行为。

4. 走私淫秽物品罪必须具有牟利或者传播目的。本罪是法定的目的犯。

5. 与走私罪犯通谋，为其提供贷款、资金、账号、发票、证明，或者为其提供运输、保管、邮寄或者其他方便的，以共犯论处。

6. 以暴力、威胁方法抗拒缉私的，以本罪和妨害公务罪数罪并罚。

7. 2014 年 9 月 9 日，最高人民法院、最高人民检察院发布《关于办理走私刑事案件适用法律若干问题的解释》。该解释第 16 条规定，自然人走私普通货物、物品偷逃应缴税额 10 万元、50 万元、250 万元分别为偷逃应缴税额较大、巨大、特别巨大的起点数额。

三、妨害对公司、企业的管理秩序罪

（一）非国家工作人员受贿罪、对非国家工作人员行贿罪

▽ **相关法条**

《刑法》

第一百六十三条 【非国家工作人员受贿罪】公司、企业或者其他单位的工作人员，利用职务上的便利，索取他人财物或者非法收受他人财物，为他人谋取利益，数额较大的，处三年以下有期徒刑或者拘役，并处罚金；数额巨大或者有其他严重情节的，处三年以上十年以下有期徒刑，并处罚金；数额特别巨大或者有其他特别严重情节的，处十年以上有期徒刑或者无期徒刑，并处罚金。

公司、企业或者其他单位的工作人员在经济往来中，利用职务上的便利，违反国家规定，收受各种名义的回扣、手续费，归个人所有的，依照前款的规定处罚。

国有公司、企业或者其他国有单位中从事公务的人员和国有公司、企业或者其他国有单位委派到非国有公司、企业以及其他单位从事公务的人员有前两款行为的，依照本法第三百八十五条、第三百八十六条的规定定罪处罚。

第一百六十四条 【对非国家工作人员行贿罪；对外国公职人员、国际公共组织官员

行贿罪】为谋取<u>不正当利益</u>，<u>给予公司、企业或者其他单位的工作人员以财物，数额较大</u>的，处三年以下有期徒刑或者拘役，并处罚金；数额巨大的，处三年以上十年以下有期徒刑，并处罚金。

为谋取不正当商业利益，给予外国公职人员或者国际公共组织官员以财物的，依照前款的规定处罚。

单位犯前两款罪的，对单位判处罚金，并对其直接负责的主管人员和其他直接责任人员，依照第一款的规定处罚。

行贿人在被追诉前主动交待行贿行为的，<u>可以减轻处罚或者免除处罚</u>。

📝 考点解读

1. 非国家工作人员受贿罪是指公司、企业或者其他单位的工作人员利用职务上的便利，索取他人财物或者非法收受他人财物，为他人谋取利益，数额较大的行为。

本罪中的"其他单位"，既包括事业单位、社会团体、村民委员会、居民委员会、村民小组等常设性的组织，也包括为组织体育赛事、文艺演出或者其他正当活动而成立的组委会、筹委会、工程承包队等非常设性的组织。

国家工作人员利用职务之便受贿的构成受贿罪而非本罪。

2. 对非国家工作人员行贿罪是指为谋取不正当利益，给予公司、企业或者其他单位的工作人员以财物，数额较大的行为。

为谋取不正当利益，对国家工作人员行贿的构成行贿罪而非本罪。

表26　非国家工作人员受贿罪、对非国家工作人员行贿罪

罪名	客观方面	主观方面	难点突破
1. 非国家工作人员受贿罪★★★★	行为：见罪名	故意。对非国家工作人员行贿必须具有谋取不正当利益的目的。	（1）行贿者必须是为了谋取不正当利益；（2）受贿者必须利用职务（职权）之便。受贿者帮助别人谋取正当利益的也成立犯罪；（3）前罪犯罪主体特殊；后罪犯罪对象特殊；（4）此二罪≠行贿罪和受贿罪；（5）行贿人在被追诉前主动交待行贿行为的，可以减轻处罚或者免除处罚。这是总则规定的自首的处罚原则和分则规定的自首的处罚原则的法条竞合，分则的规定为特别法。分则优先适用。
2. 对非国家工作人员行贿罪★★★★			
3. 以上二罪的犯罪客体	第1罪侵犯的客体是国家对非国有公司、企业、事业单位以及其他组织（统称非国有单位）的工作人员职务活动的管理制度。第2罪侵犯的是复杂客体，即非国有单位、组织的正常管理秩序和市场竞争秩序。行为人为谋取不正当利益而行贿，违背了诚实信用的市场经济原则。		
4. 以上二罪的犯罪主体	第1罪的犯罪主体为特殊主体，即非国家工作人员。请注意：这些人既包括非国有单位中的工作人员，也包括国有单位中的非国家工作人员。第2罪的犯罪主体为普通主体，既可以是国家工作人员，也可以是非国家工作人员。		

续表

罪名	客观方面	主观方面	难点突破
5. 非国家工作人员受贿罪的本质			受贿的本质是权钱交易。所以，无论是受贿罪还是非国家工作人员受贿罪，二者都是利用职务上的便利（通常是职权、权力）收人钱财。在法律、政策允许的范围内，通过自己的工作获取合理报酬，不属于利用职务上的便利收受贿赂。在正常的市场交易行为中，获取法律所允许的折扣、佣金是正当的业务行为，但违反国家规定，收受各种名义的回扣、手续费归个人所有的（通常是背着自己的单位收取的），应当以非国家工作人员受贿罪定罪处罚。
6. 医生开处方提成、教师卖教辅材料、校服提成的认定★★★			根据最高人民法院、最高人民检察院《关于办理商业贿赂刑事案件适用法律若干问题的意见》（4~9均来源于本司法解释），医疗机构中的国家工作人员，在药品、医疗器械、医用卫生材料等医药产品采购活动中，利用职务上的便利，索取销售方财物，或者非法收受销售方财物，为销售方谋取利益，构成犯罪的，以受贿罪定罪处罚。 医疗机构中的非国家工作人员，有前款行为，数额较大的，以非国家工作人员受贿罪定罪处罚。 医疗机构中的医务人员，利用开处方的职务便利，以各种名义非法收受药品、医疗器械、医用卫生材料等医药产品销售方财物，为医药产品销售方谋取利益，数额较大的，以非国家工作人员受贿罪定罪处罚。 学校及其他教育机构中的国家工作人员，在教材、教具、校服或者其他物品的采购等活动中，利用职务上的便利，索取销售方财物，或者非法收受销售方财物，为销售方谋取利益，构成犯罪的，以受贿罪定罪处罚。
			学校及其他教育机构中的非国家工作人员，有前款行为，数额较大的，以非国家工作人员受贿罪定罪处罚。 学校及其他教育机构中的教师，利用教学活动的职务便利，以各种名义非法收受教材、教具、校服或者其他物品销售方财物，为教材、教具、校服或者其他物品销售方谋取利益，数额较大的，以非国家工作人员受贿罪定罪处罚。 【总结】医院、学校的管理人员利用管理职权受贿的，根据身份认定罪名。教师、医生在教学、治疗中受贿的，无论其是否在国有单位，均按照非国家工作人员受贿罪认定。
7. 在评标、采购活动中受贿的认定★★★★★			依法组建的评标委员会、竞争性谈判采购中谈判小组、询价采购中询价小组的组成人员，在招标、政府采购等事项的评标或者采购活动中，索取他人财物或者非法收受他人财物，为他人谋取利益，数额较大的，以非国家工作人员受贿罪定罪处罚。 依法组建的评标委员会、竞争性谈判采购中谈判小组、询价采购中询价小组中国家机关或者其他国有单位的代表有前款行为的，以受贿罪定罪处罚。 【总结】国有单位的代表定受贿罪，反之则定非国家工作人员受贿罪。

续表

罪名	客观方面	主观方面	难点突破
8. 本罪的共犯★★★★★			非国家工作人员与国家工作人员通谋，共同收受他人财物，构成共同犯罪的：（1）利用国家工作人员的职务便利为他人谋取利益的，以受贿罪追究刑事责任。（2）利用非国家工作人员的职务便利为他人谋取利益的，以非国家工作人员受贿罪追究刑事责任。（3）分别利用各自的职务便利为他人谋取利益的，按照主犯的犯罪性质追究刑事责任，不能分清主从犯的，可以受贿罪追究刑事责任。
9. 财物的认定★★★★★			商业贿赂中的财物，既包括金钱和实物，也包括可以用金钱计算数额的财产性利益，如提供房屋装修、含有金额的会员卡、代币卡（券）、旅游费用等。具体数额以实际支付的资费为准。
10. 收受银行卡金额的认定★★★★★			收受银行卡的，不论受贿人是否实际取出或者消费，卡内的存款数额一般应全额认定为受贿数额。使用银行卡透支的，如果由给予银行卡的一方承担还款责任，透支数额也应当认定为受贿数额。
11. 不正当利益的认定★★★★★			在行贿犯罪中，"谋取不正当利益"，是指行贿人谋取违反法律、法规、规章或者政策规定的利益，或者要求对方违反法律、法规、规章、政策、行业规范的规定提供帮助或者方便条件。 在招标投标、政府采购等商业活动中，违背公平原则，给予相关人员财物以谋取竞争优势的，属于"谋取不正当利益"。

说明：这些具体情况的认定、重要名词的界定在受贿罪的认定中也是适用的。

> 国家工作人员有受贿行为的，构成受贿罪。我国没有"国家工作人员受贿罪"这个罪名。对国家工作人员行贿的，构成行贿罪。我国也没有"对国家工作人员行贿罪"这个罪名。

【示例】 关于贿赂犯罪的认定，下列哪些选项是正确的？[1]

A. 甲是公立高校普通任课教师，在学校委派其招生时，利用职务便利收受考生家长10万元。甲成立受贿罪

B. 乙是国有医院副院长，收受医药代表10万元，承诺为病人开处方时多开相关药品。乙成立非国家工作人员受贿罪

C. 丙是村委会主任，在村集体企业招投标过程中，利用职务收受他人财物10万元，为其谋利。丙成立非国家工作人员受贿罪

D. 丁为国有公司临时工，与本公司办理采购业务的副总经理相勾结，收受10万元回扣归二人所有。丁构成受贿罪

【分析】 选项A：甲虽然是公立高校普通任课教师，但他是在学校委派其招生时受贿的，甲此时是代表学校履行公务的国家工作人员。因此甲成立受贿罪而不是非国家工作人员受贿罪。选项A正确。

选项B：根据最高人民法院、最高人民检察院《关于办理商业贿赂刑事案件适用法律

---

〔1〕【答案】ABCD。

若干问题的意见》的规定，医疗机构中的医务人员利用开处方的职务便利收回扣的，以非国家工作人员受贿罪定罪处罚。乙虽然是国有医院副院长，但他收钱时承诺的是为病人开处方时多开相关药品。因此，乙是以医务人员的身份，利用开处方的职务便利受贿的。这种行为构成非国家工作人员受贿的。选项 B 正确。

选项 C：丙虽然是村委会主任，但他不是在协助人民政府从事行政管理工作时受贿的，而是在村集体企业招投标过程中受贿的。此时，丙的身份是非国家工作人员，成立非国家工作人员受贿罪。选项 C 正确。

选项 D：前述《意见》规定："十一、非国家工作人员与国家工作人员通谋，共同收受他人财物，构成共同犯罪的，根据双方利用职务便利的具体情形分别定罪追究刑事责任：（1）利用国家工作人员的职务便利为他人谋取利益的，以受贿罪追究刑事责任。（2）利用非国家工作人员的职务便利为他人谋取利益的，以非国家工作人员受贿罪追究刑事责任。（3）分别利用各自的职务便利为他人谋取利益的，按照主犯的犯罪性质追究刑事责任，不能分清主从犯的，可以受贿罪追究刑事责任。"丁为国有公司临时工，他与本公司办理采购业务的副总经理相勾结，收受 10 万元回扣归二人所有。在这个共同犯罪中，双方利用的是副总经理的职务便利，因此丁和副总经理共同构成受贿罪的共犯。选项 D 正确。

（二）非法经营同类营业罪、为亲友非法牟利罪、签订、履行合同失职被骗罪、徇私舞弊低价折股、出售国有资产罪

表 27　非法经营同类营业罪，亲友非法牟利罪，签订、履行合同失职被骗罪，徇私舞弊低价折股、出售国有资产罪

罪名	客观（违法）要件	主观（责任）要件	难点突破
1. 非法经营同类营业罪	行为：利用职务便利，自己经营或者为他人经营与其所任职公司、企业同类的营业，获取非法利益 主体：国有公司、企业的董事、经理	故意	（1）犯罪主体是特殊主体。（2）利用职务便利、获取非法利益的才成立本罪。（3）本公司和自己经营的公司、自己替人经营的公司是竞争关系，不是合作关系。
2. 为亲友非法牟利罪	行为：法律规定的 3 种特定行为 主体：国有公司、企事业单位的工作人员	故意	（1）犯罪主体是特殊主体。（2）利用职务便利、为亲友牟取非法利益的才成立本罪。（3）本公司和亲友的公司是合作关系，不是竞争关系。（4）和贪污罪竞合时，按照贪污罪论处。
3. 签订、履行合同失职被骗罪	行为：因为严重不负责任导致被诈骗，致使国家利益遭受重大损失 主体：国有公司、企业、事业单位直接负责的主管人员	过失	只有因为严重不负责任导致被诈骗，且给国家利益造成重大损失的才构成本罪。 本罪的犯罪主体不包括国家机关工作人员。这种主体有此行为的，构成国家机关工作人员签订、履行合同失职被骗罪。
4. 徇私舞弊低价折股、出售国有资产罪	行为：参见法条 主体：国有公司、企业或者其上级主管部门直接负责的主管人员	故意	本罪是职务犯罪，犯罪主体本人不能具有非法占有国有财产的目的。

四、破坏金融管理秩序罪

伪造货币罪、变造货币罪、持有、使用假币罪、骗取贷款、票据承兑、金融票证罪、非法吸收公众存款罪、妨害信用卡管理罪、窃取、收买、非法提供信用卡信息罪、内幕交易、泄露内幕信息罪、利用未公开信息交易罪、违法发放贷款罪、洗钱罪。

◇ 相关法条

《刑法》

第一百七十条 【伪造货币罪】伪造货币的，处三年以上十年以下有期徒刑，并处罚金；……

第一百七十三条 【变造货币罪】变造货币，数额较大的，处三年以下有期徒刑或者拘役，并处或者单处一万元以上十万元以下罚金……

第一百七十五条之一 【骗取贷款、票据承兑、金融票证罪】以欺骗手段取得银行或者其他金融机构贷款、票据承兑、信用证、保函等，给银行或者其他金融机构造成重大损失的，处三年以下有期徒刑或者拘役，并处或者单处罚金……

单位犯前款罪的，对单位判处罚金，并对其直接负责的主管人员和其他直接责任人员，依照前款的规定处罚。

第一百七十六条 【非法吸收公众存款罪】非法吸收公众存款或者变相吸收公众存款，扰乱金融秩序的，处三年以下有期徒刑或者拘役，并处或者单处罚金；数额巨大或者有其他严重情节的，处三年以上十年以下有期徒刑，并处罚金；数额特别巨大或者有其他特别严重情节的，处十年以上有期徒刑，并处罚金。

单位犯前款罪的，对单位判处罚金，并对其直接负责的主管人员和其他直接责任人员，依照前款的规定处罚。

有前两款行为，在提起公诉前积极退赃退赔，减少损害结果发生的，可以从轻或者减轻处罚。

第一百七十七条之一 【妨害信用卡管理罪、窃取、收买、非法提供信用卡信息罪】有下列情形之一，妨害信用卡管理的，处三年以下有期徒刑或者拘役，并处或者单处一万元以上十万元以下罚金……

（一）明知是伪造的信用卡而持有、运输的，或者明知是伪造的空白信用卡而持有、运输，数量较大的；

（二）非法持有他人信用卡，数量较大的；

（三）使用虚假的身份证明骗领信用卡的；

（四）出售、购买、为他人提供伪造的信用卡或者以虚假的身份证明骗领的信用卡的。

窃取、收买或者非法提供他人信用卡信息资料的，依照前款规定处罚。

银行或者其他金融机构的工作人员利用职务上的便利，犯第二款罪的，从重处罚。

第一百八十条 【内幕交易、泄露内幕信息罪、利用未公开信息交易罪】证券、期货交易内幕信息的知情人员或者非法获取证券、期货交易内幕信息的人员，在涉及证券的发行，证券、期货交易或者其他对证券、期货交易价格有重大影响的信息尚未公开前，买入或者卖出该证券，或者从事与该内幕信息有关的期货交易，或者泄露该信息，或者明示、暗示他人从事上述交易活动，情节严重的，处五年以下有期徒刑或者拘役，并处或者单处违法所得一倍以上五倍以下罚金……

单位犯前款罪的，对单位判处罚金，并对其直接负责的主管人员和其他直接责任人员，处五年以下有期徒刑或者拘役。

内幕信息、知情人员的范围，依照法律、行政法规的规定确定。……

第一百八十六条　【违法发放贷款罪】银行或者其他金融机构的工作人员违反国家规定发放贷款，数额巨大或者造成重大损失的，处五年以下有期徒刑或者拘役，并处一万元以上十万元以下罚金；数额特别巨大或者造成特别重大损失的，处五年以上有期徒刑，并处二万元以上二十万元以下罚金。

银行或者其他金融机构的工作人员违反国家规定，向关系人发放贷款的，依照前款的规定从重处罚。

单位犯前两款罪的，对单位判处罚金，并对其直接负责的主管人员和其他直接责任人员，依照前两款的规定处罚。

关系人的范围，依照《中华人民共和国商业银行法》和有关金融法规确定。

第一百九十一条　【洗钱罪】为掩饰、隐瞒毒品犯罪、黑社会性质的组织犯罪、恐怖活动犯罪、走私犯罪、贪污贿赂犯罪、破坏金融管理秩序犯罪、金融诈骗犯罪的所得及其产生的收益的来源和性质，有下列行为之一的，没收实施以上犯罪的所得及其产生的收益，处五年以下有期徒刑或者拘役，并处或者单处罚金；情节严重的，处五年以上十年以下有期徒刑，并处罚金：

（一）提供资金账户的；

（二）将财产转换为现金、金融票据、有价证券的；

（三）通过转账或者其他支付结算方式转移资金的；

（四）跨境转移资产的；

（五）以其他方法掩饰、隐瞒犯罪所得及其收益的来源和性质的。

单位犯前款罪的，对单位判处罚金，并对其直接负责的主管人员和其他直接责任人员，依照前款的规定处罚。

考点解读

（一）各罪分述

1. 伪造货币罪是指违反国家货币管理法规，仿照货币的形状、色彩、图案等特征，使用各种方法非法制造出外观上足以乱真的假货币，破坏货币的公共信用，破坏金融管理秩序的行为。

2. 使用假币罪是指明知是假币而使用的行为。该行为必须使得假币被置于流通领域。

3. 骗取贷款、票据承兑、金融票证罪是指以欺骗手段取得银行或者其他金融机构贷款、票据承兑、信用证、保函等，给银行或者其他金融机构造成重大损失的行为。根据《刑法修正案（十一）》的修改，在没有特别严重情节时，只有给银行或者其他金融机构造成重大损失的行为才构成犯罪。

4. 非法吸收公众存款罪是指违反国家金融管理法规，非法吸收公众存款或变相吸收公众存款，扰乱金融秩序的行为。

5. 妨害信用卡管理罪是指违反信用卡管理法律、法规的规定，妨害信用卡管理的行为。

6. 窃取、收买、非法提供信用卡信息罪是指违反信用卡管理法律、法规，窃取、收买、非法提供他人信用卡信息资料的行为。

7. 内幕交易、泄露内幕信息罪是指证券、期货交易内幕信息的知情人员或者非法获取证券、期货内幕信息的人员，在涉及证券、期货的发行、交易或者其他对证券、期货交易价格有重大影响的信息尚未公开前，买入或者卖出该证券，或者从事与该内幕信息有关的期货交易，或者泄露该信息，或者明示、暗示他人从事上述交易活动，情节严重的行为。

8. 利用未公开信息交易罪是指证券交易所、期货交易所、证券公司、期货经纪公司、基金管理公司、商业银行、保险公司等金融机构的从业人员以及有关监管部门或者行业协会的工作人员，利用因职务便利获取的内幕信息以外的其他未公开信息，违反规定，从事与该信息相关的证券、期货交易活动，或者明示、暗示他人从事相关交易活动，情节严重的行为。

9. 违法发放贷款罪是指银行或者其他金融机构的工作人员违反国家规定发放贷款，数额巨大或者造成重大损失的行为。单位也可构成本罪。

10. 洗钱罪是指明知是毒品犯罪、黑社会性质的组织犯罪、恐怖活动犯罪、走私犯罪、贪污贿赂犯罪、破坏金融管理秩序犯罪、金融诈骗犯罪的违法所得及其产生的收益，而采用掩饰、隐瞒其来源和性质的方法，从而使其"合法化"的行为。

表28　破坏金融管理秩序罪

罪名	客观方面	主观方面	难点突破
1. 伪造货币罪★★★	行为：见法条（罪名）。	故意	（1）无中生有、真假参半（有非原货币材料）、打碎重铸（失去同一性）均为伪造货币。（2）伪造货币并出售或者运输伪造的货币的，依照本罪定罪且从重处罚。
2. 变造货币罪★★★	行为：见法条。	故意	只能在原货币上动手脚，不能加非货币材料，还不能丧失与原货币的同一性。例如，给一百元钱上的毛主席的下巴上多点一颗痣（然后谎称是错版币诈骗他人钱财）。
3. 持有、使用假币罪	行为：见法条。	故意	使用假币者必须使得假币被置于流通领域，即"花掉"。用来交罚款，送人都算。但是单纯的"给你看看"不算。
4. 骗取贷款、票据承兑、金融票证罪★★★★	行为：见法条。	故意	本罪以非法使用为目的，贷款诈骗罪以非法占有为目的，给银行造成重大损失才构成犯罪。
5. 非法吸收公众存款罪★★★★★	行为：见法条。	故意	本罪是向公众募集资金；但无非法占有目的。集资诈骗罪也是向公众募集资金，但是以非法占有为目的。
6. 妨害信用卡管理罪；窃取、收买、非法提供信用卡信息罪★★★	行为：见法条。	故意	本罪的行为通常是为实施信用卡诈骗罪做准备工作的行为，本罪和信用卡诈骗罪构成牵连犯，择一重罪论处。

续表

罪名	客观方面	主观方面	难点突破
7. 内幕交易、泄露内幕信息罪★★	行为：见法条。	故意	证券经营活动中，涉及公司的经营、财务或者对该公司证券市场的价格有重大影响的尚未公开的信息，为内幕信息。例如，公司即将签订重大合同的信息、公司董事长被逮捕的信息。
8. 违法发放贷款罪	行为：见法条	故意	行为人在发放贷款时，对于自己的违法行为是明知的。
9. 洗钱罪★★★	为七类犯罪所得及其收益，掩饰、隐瞒其来源和性质。	故意	（1）上游犯罪仅限于七类犯罪（见法条）。（2）根据《刑法修正案（十一）》的修改，上游犯罪者本人自洗钱的也能构成本罪。（3）本罪与第312条是想象竞合关系。（4）各种帮助掩饰、隐瞒七类犯罪的赃款来源和性质的行为都属于洗钱行为。（5）不知道自己在为七类犯罪洗钱，以为自己在为七类犯罪以外的犯罪洗钱的，构成掩饰、隐瞒犯罪所得、犯罪所得收益罪。
以上犯罪的犯罪客体	所有的犯罪都侵犯金融管理秩序。第1、2、3两罪具体侵犯的是我国的货币管理制度。第7罪具体侵犯的是我国对证券、期货的管理制度。第9罪侵犯的是复杂客体，包括金融管理秩序和司法机关的正常活动。		
以上犯罪的犯罪主体	第7罪的犯罪主体为特殊主体。即证券、期货交易内幕信息的知情人员或者非法获取证券、期货交易内幕信息的人员。其余各罪的犯罪主体为普通主体。**请注意：洗钱罪的犯罪主体不能为从事上游犯罪者本人。**上游犯罪是指产生用于洗钱活动的犯罪收益的犯罪行为。例如，贪污罪、受贿罪等。		

（二）重点罪考点补充

1. 最高人民法院《关于审理非法集资刑事案件具体应用法律若干问题的解释》（2010年）、最高人民法院、最高人民检察院、公安部《关于办理非法集资刑事案件适用法律若干问题的意见》中的下述规定需要掌握。

（1）违反国家金融管理法律规定，向社会公众（包括单位和个人）吸收资金的行为，同时具备下列四个条件的，除刑法另有规定的以外，应当认定为刑法第一百七十六条规定的"非法吸收公众存款或者变相吸收公众存款"：

（一）未经有关部门依法批准或者借用合法经营的形式吸收资金；

（二）通过媒体、推介会、传单、手机短信等途径向社会公开宣传；

（三）承诺在一定期限内以货币、实物、股权等方式还本付息或者给付回报；

（四）向社会公众即社会不特定对象吸收资金。

未向社会公开宣传，在亲友或者单位内部针对特定对象吸收资金的，不属于非法吸收或者变相吸收公众存款。

（2）为他人向社会公众非法吸收资金提供帮助，从中收取代理费、好处费、返点费、佣金、提成等费用，构成非法集资共同犯罪的，应当依法追究刑事责任。

2. 最高人民法院、最高人民检察院《关于办理妨害信用卡管理刑事案件具体应用法律若干问题的解释》（2009年发布，2018年修正）中的下述规定需要掌握。

（1）违背他人意愿，使用其居民身份证、军官证、士兵证、港澳居民往来内地通行证、台湾居民来往大陆通行证、护照等身份证明申领信用卡的，或者使用伪造、变造的身份证明申领信用卡的，应当认定为《刑法》第177条之一第1款第3项规定的"使用虚假的身份证明骗领信用卡"。

（2）为信用卡申请人制作、提供虚假的财产状况、收入、职务等资信证明材料，涉及伪造、变造、买卖国家机关公文、证件、印章，或者涉及伪造公司、企业、事业单位、人民团体印章，应当追究刑事责任的，依照《刑法》第280条的规定，分别以伪造、变造、买卖国家机关公文、证件、印章罪和伪造公司、企业、事业单位、人民团体印章罪定罪处罚。

（3）承担资产评估、验资、验证、会计、审计、法律服务等职责的中介组织或其人员，为信用卡申请人提供虚假的财产状况、收入、职务等资信证明材料，应当追究刑事责任的，依照《刑法》第229条的规定，分别以提供虚假证明文件罪和出具证明文件重大失实罪定罪处罚。

（4）违反国家规定，使用销售点终端机具（POS机）等方法，以虚构交易、虚开价格、现金退货等方式向信用卡持卡人直接支付现金，情节严重的，应当依据《刑法》第225条的规定，以非法经营罪定罪处罚。

3. 最高人民法院《关于审理洗钱等刑事案件具体应用法律若干问题的解释》（2009年）的下述规定需要掌握。

（1）明知是犯罪所得及其产生的收益而予以掩饰、隐瞒，构成掩饰、隐瞒犯罪所得、犯罪所得收益罪，同时又构成洗钱罪或者包庇毒品犯罪分子罪以及窝藏、转移、隐瞒毒品、毒赃罪的，依照处罚较重的规定定罪处罚。

（2）洗钱罪中"以其他方法掩饰、隐瞒犯罪所得及其收益的来源和性质"主要指以下情况：通过典当、租赁、买卖、投资等方式，协助转移、转换犯罪所得及其收益的；通过与商场、饭店、娱乐场所等现金密集型场所的经营收入相混合的方式，协助转移、转换犯罪所得及其收益的；通过虚构交易、虚设债权债务、虚假担保、虚报收入等方式，协助将犯罪所得及其收益转换为"合法"财物的；通过买卖彩票、奖券等方式，协助转换犯罪所得及其收益的；通过赌博方式，协助将犯罪所得及其收益转换为赌博收益的；协助将犯罪所得及其收益携带、运输或者邮寄出入境的等。

（3）上游犯罪尚未依法裁判，但查证属实的，不影响掩饰、隐瞒犯罪所得、犯罪所得收益罪、洗钱罪、包庇毒品犯罪分子罪以及窝藏、转移、隐瞒毒品、毒赃罪的审判。上游犯罪事实可以确认，因行为人死亡等原因依法不予追究刑事责任的，不影响掩饰、隐瞒犯罪所得、犯罪所得收益罪、洗钱罪、包庇毒品犯罪分子罪以及窝藏、转移、隐瞒毒品、毒赃罪的认定。上游犯罪事实可以确认，依法以其他罪名定罪处罚的，不影响掩饰、隐瞒犯罪所得、犯罪所得收益罪、洗钱罪、包庇毒品犯罪分子罪以及窝藏、转移、隐瞒毒品、毒赃罪的认定。

4. 洗钱罪的上游犯罪是七类犯罪。毒品犯罪、黑社会性质的组织犯罪、恐怖活动犯罪、走私犯罪包括这四类犯罪里的所有犯罪。例如，贩卖毒品罪和制造毒品罪、非法持有毒品罪都包括。贪污贿赂犯罪包括整个刑法分则第八章"贪污贿赂罪"的内容。所以，挪用公款罪也包括在内。破坏金融管理秩序犯罪、金融诈骗犯罪包括刑法分则第三章第四节、第五节的全部犯罪。

【示例】

（一）选择题

1. 甲非法举办推介会，以支付 40% 的年息为条件，向 50 多名退休人员借款 300 多万元。甲后将这笔钱转借给乙，并约定收取 60% 的年息。不料乙携款潜逃，致甲无法归还借款，甲的行为应认定为（　　　）[1]

A. 非法经营罪　　　　　　　　　B. 非法吸收公众存款罪

C. 集资诈骗罪　　　　　　　　　D. 贷款诈骗罪

2. 下列行为中，可以认定为妨害信用卡管理罪的是（　　　）[2]

A. 拾得他人信用卡并使用的　　　B. 窃得他人信用卡并使用

C. 使用虚假的居民身份证骗领信用卡　　D. 使用以虚假居民身份证骗领的信用卡

3. 银行工作人员乙明知个体养殖户甲申请贷款时借用了他人的身份证，但为了完成贷款任务，仍然贷给甲 100 万元。由于遭遇"非洲猪瘟"疫情，甲养的猪均被扑杀。甲到期无法偿还贷款。甲构成骗取贷款罪吗？乙构成犯罪吗？[3]

（二）案例分析题

甲、乙、丙共同出资设立了一家有限责任公司，分别担任董事长、总经理和财务总监。

事实一：2010 年底，该公司因资金紧张面临经营危机。为此，甲、乙、丙专门就如何融资维持经营进行商议。依据商议，公司以丙伪造的虚假产权证明作担保，与一家银行签订借款合同，取得了 500 万元的贷款。2011 年春节之后，公司将其中的 400 万元资金投入经营，但经营状况依然没有好转。

事实二：2011 年 5 月，丙见公司经营状况难以维持，将剩余的 100 万元资金提现后潜逃。该公司因缺乏经营资金而倒闭，银行因此无法追回 500 万元贷款的本息。[4]

结合上述材料，请回答下列问题并说明理由：

（1）事实一所述行为构成何罪？

（2）事实二中丙携款潜逃的行为构成何罪？

五、金融诈骗罪

集资诈骗罪、贷款诈骗罪、信用卡诈骗罪，保险诈骗罪。

◆ **相关法条**

《刑法》

第一百九十二条　【集资诈骗罪】 以非法占有为目的，使用诈骗方法非法集资，数额

---

〔1〕**【答案】** B。甲没有非法占有目的。

〔2〕**【答案】** C。A、D 构成信用卡诈骗罪，B 构成盗窃罪。

〔3〕**【答案】** 甲不构成骗取贷款罪。因为他没有欺骗乙，乙对甲借用他人身份证是明知的。乙构成违法发放贷款罪。

〔4〕**【答案】** 事实一构成骗取贷款罪。犯罪主体为公司，甲、乙、丙为直接责任人员。因为该公司没有非法占有目的。事实二构成职务侵占罪。犯罪主体为丙个人。

较大的，……

第一百九十三条　【贷款诈骗罪】有下列情形之一，以非法占有为目的，诈骗银行或者其他金融机构的贷款，数额较大的，……

（一）编造引进资金、项目等虚假理由的；

（二）使用虚假的经济合同的；

（三）使用虚假的证明文件的；

（四）使用虚假的产权证明作担保或者超出抵押物价值重复担保的；

（五）以其他方法诈骗贷款的。

第一百九十六条　【信用卡诈骗罪】有下列情形之一，进行信用卡诈骗活动，数额较大的，……

（一）使用伪造的信用卡，或者使用以虚假的身份证明骗领的信用卡的；

（二）使用作废的信用卡的；

（三）冒用他人信用卡的；

（四）恶意透支的。

前款所称恶意透支，是指持卡人以非法占有为目的，超过规定限额或者规定期限透支，并且经发卡银行催收后仍不归还的行为。

盗窃信用卡并使用的，依照本法第二百六十四条的规定定罪处罚。

第一百九十八条　【保险诈骗罪】有下列情形之一，进行保险诈骗活动，数额较大的，……

（一）投保人故意虚构保险标的，骗取保险金的；

（二）投保人、被保险人或者受益人对发生的保险事故编造虚假的原因或者夸大损失的程度，骗取保险金的；

（三）投保人、被保险人或者受益人编造未曾发生的保险事故，骗取保险金的；

（四）投保人、被保险人故意造成财产损失的保险事故，骗取保险金的；

（五）投保人、受益人故意造成被保险人死亡、伤残或者疾病，骗取保险金的。

有前款第四项、第五项所列行为，同时构成其他犯罪的，依照数罪并罚的规定处罚。

单位犯第一款罪的，对单位判处罚金，并对其直接负责的主管人员和其他直接责任人员，处五年以下有期徒刑或者拘役；数额巨大或者有其他严重情节的，处五年以上十年以下有期徒刑；数额特别巨大或者有其他特别严重情节的，处十年以上有期徒刑。

保险事故的鉴定人、证明人、财产评估人故意提供虚假的证明文件，为他人诈骗提供条件的，以保险诈骗的共犯论处。

📘 考点解读

（一）各罪分述

1. 集资诈骗罪是指以非法占有为目的，使用诈骗方法非法集资，数额较大的行为。

2. 贷款诈骗罪是指以非法占有为目的，使用法定方法诈骗银行或者其他金融机构的贷款，数额较大的行为。

3. 信用卡诈骗罪是指以非法占有为目的，使用法定方法进行信用卡诈骗活动，数额较大的行为。

4. 保险诈骗罪是指违反保险法规，以非法占有为目的，进行保险诈骗活动，数额较大的行为。

表29　金融诈骗罪

罪名	客观方面	主观方面	难点突破
1. 集资诈骗罪★★★	行为：见法条	故意	向公众募集资金，以非法占有为目的。
2. 贷款诈骗罪★★★	行为：见法条	故意	诈骗金融机构贷款，以非法占有为目的。
3. 保险诈骗罪★★★	行为：见法条。主体为保险合同的当事人及受益人	故意	为了进行保险诈骗而故意毁坏被投保物品（如放火）、杀害、伤害被投保人的，数罪并罚。 本罪是诈骗罪的特殊法条，法条竞合时，适用特别法优先原则。
以上犯罪的犯罪客体	这四个犯罪侵犯的客体都是复杂客体，既包括相应的金融秩序，也包括他人的财产权。例如，保险诈骗罪侵犯的客体是国家的保险制度和保险人的财产权。		
以上犯罪的犯罪主体	第1、2罪的犯罪主体为普通主体。第3罪的犯罪主体为特殊主体，仅包括保险合同的投保人、被保险人或者受益人。		

表30　信用卡诈骗罪总结

犯罪对象	包括储蓄卡和信用卡。
盗窃信用卡（实体卡）并使用的	构成盗窃罪。数额为实际使用、消费的数额（下同）。 【说明】明知他人盗窃信用卡而与其共同使用的，构成盗窃罪共犯，反之则构成信用卡诈骗罪。
抢劫信用卡（实体卡）并使用的	构成抢劫罪。如果使用暴力、胁迫手段逼迫他人说出卡号、密码，当场使用网络转款的，仍然是抢劫罪。如果在事后使用他人卡号、密码的，以前面的抢劫罪和后面的犯罪（信用卡诈骗罪或者盗窃罪数罪并罚）。
抢夺信用卡、拾得信用卡、代为保管信用卡、骗得信用卡（均为实体卡）并使用的	构成信用卡诈骗罪。
窃取、收买、骗取或者以其他非法方式获取他人信用卡信息资料，并通过互联网、通讯终端等使用的	根据司法解释，这种行为构成信用卡诈骗罪。请注意：要将这种通过互联网使用的行为解释为直接利用卡号、密码使用的。比如，输入别人的银行卡和密码为自己在淘宝买的东西付款。
通过第三方平台使用的	（1）合法或者非法（如捡拾、盗窃等）他人手机后，未经允许，将其微信、支付宝中的余额转走的，因为不使用卡号、密码，所以构成盗窃罪。 （2）合法或者非法（如捡拾、盗窃等）他人手机后，未经允许，将其与微信、支付宝绑定的银行卡中的余额转走的，因为不使用卡号、密码，仍然构成盗窃罪。 （3）合法或者非法获得他人信用卡信息资料后，将其绑定在自己的微信、支付宝上使用的，虽然行为人在一开始使用了卡号、密码，但在使用"钱"时，仍然没有直接输入卡号、密码，因此仍然构成盗窃罪。 【总结】不能认为"钱"来源于信用卡，就一律认定为信用卡诈骗罪。只有在用钱时，直接使用了卡号、密码的，才构成信用卡诈骗罪。

（二）重点罪考点补充

1. 集资诈骗罪和非法吸收公众存款罪都必须向"公众"募集资金。

《最高人民法院关于审理非法集资刑事案件具体应用法律若干问题的解释》（2010年）第一条规定：

违反国家金融管理法律规定，向社会公众（包括单位和个人）吸收资金的行为，同时具备下列四个条件的，除刑法另有规定的以外，应当认定为刑法第一百七十六条规定的"非法吸收公众存款或者变相吸收公众存款"：

（1）未经有关部门依法批准或者借用合法经营的形式吸收资金；

（2）通过媒体、推介会、传单、手机短信等途径向社会公开宣传；

（3）承诺在一定期限内以货币、实物、股权等方式还本付息或者给付回报；

（4）向社会公众即社会不特定对象吸收资金。

未向社会公开宣传，在亲友或者单位内部针对特定对象吸收资金的，不属于非法吸收或者变相吸收公众存款。

2. 前述司法解释第四条规定：以下情况可以认定为集资诈骗罪的"以非法占有为目的"：

（1）集资后不用于生产经营活动或者用于生产经营活动与筹集资金规模明显不成比例，致使集资款不能返还的；

（2）肆意挥霍集资款，致使集资款不能返还的；

（3）携带集资款逃匿的；

（4）将集资款用于违法犯罪活动的；

（5）抽逃、转移资金、隐匿财产，逃避返还资金的；

（6）隐匿、销毁账目，或者搞假破产、假倒闭，逃避返还资金的；

（7）拒不交代资金去向，逃避返还资金的；

（8）其他可以认定非法占有目的的情形。

3. 最高人民法院、最高人民检察院《关于办理妨害信用卡管理刑事案件具体应用法律若干问题的解释》（2009年发布，2018年修正）中的下述规定需要掌握。

（1）刑法第一百九十六条第一款第（三）项所称"冒用他人信用卡"，包括以下情形：

（一）拾得他人信用卡并使用的；

（二）骗取他人信用卡并使用的；

（三）窃取、收买、骗取或者以其他非法方式获取他人信用卡信息资料，并通过互联网、通讯终端等使用的；

（四）其他冒用他人信用卡的情形。

（2）对非法占有目的的认定：

持卡人以非法占有为目的，超过规定限额或者规定期限透支，经发卡银行两次有效催收后超过三个月仍不归还的，应当认定为刑法第一百九十六条规定的"恶意透支"。

对于是否以非法占有为目的，应当综合持卡人信用记录、还款能力和意愿、申领和透支信用卡的状况、透支资金的用途、透支后的表现、未按规定还款的原因等情节作出判断。不得单纯依据持卡人未按规定还款的事实认定非法占有目的。

具有以下情形之一的，应当认定为刑法第一百九十六条第二款规定的"以非法占有为目的"，但有证据证明持卡人确实不具有非法占有目的的除外：

（一）明知没有还款能力而大量透支，无法归还的；

（二）使用虚假资信证明申领信用卡后透支，无法归还的；

（三）透支后通过逃匿、改变联系方式等手段，逃避银行催收的；

（四）抽逃、转移资金，隐匿财产，逃避还款的；

（五）使用透支的资金进行犯罪活动的；

（六）其他非法占有资金，拒不归还的情形。

（3）恶意透支的量刑标准（注意：仅适用于恶意透支的情形）

恶意透支，数额在五万元以上不满五十万元的，应当认定为刑法第一百九十六条规定的"数额较大"；数额在五十万元以上不满五百万元的，应当认定为刑法第一百九十六条规定的"数额巨大"；数额在五百万元以上的，应当认定为刑法第一百九十六条规定的"数额特别巨大"。

（4）违反国家规定，使用销售点终端机具（POS机）等方法，以虚构交易、虚开价格、现金退货等方式向信用卡持卡人直接支付现金，情节严重的，应当依据刑法第二百二十五条的规定，以非法经营罪定罪处罚。持卡人以非法占有为目的，采用上述方式恶意透支，应当追究刑事责任的，依照刑法第一百九十六条的规定，以信用卡诈骗罪定罪处罚。

此即使用信用卡"非法套现"。

> 本司法解释中规定的"冒用他人信用卡"的认定、"非法占有目的"的认定、"使用信用卡套现"的认定，是实践中的疑难问题，也是考试重点，请掌握。另外，在非法套现中，帮助他人套现者构成非法经营罪，但持卡人本人不一定构成犯罪。他只有构成恶意透支，才有可能构成信用卡诈骗罪。如果他套现后，在信用卡账单到期前及时偿还的，不构成犯罪。

【示例】

1. 甲盗取李某的身份证以及一张信用卡，对妻子乙谎称是在路上拾得。甲与乙根据身份证号码试出了信用卡密码，持卡消费共4万元。下列选项中，正确的是（　　　）[1]

A. 甲与乙构成盗窃罪

B. 甲与乙构成信用卡诈骗罪

C. 甲构成盗窃罪，乙构成信用卡诈骗罪

D. 甲构成信用卡诈骗罪，乙属于不当得利

2. 甲为自己的厂房投保后，指使他人放火烧毁厂房，结果殃及附近民房，之后骗取了保险金。对甲的行为（　　　）[2]

A. 应以放火罪论处

B. 应以放火罪和保险诈骗罪数罪并罚

C. 应以保险诈骗罪论处

D. 应按牵连犯理论以放火罪从重处罚

六、危害税收征管罪

逃税罪、抗税罪、虚开增值税专用发票、用于骗取出口退税、抵扣税款发票罪

---

〔1〕【答案】C。甲是盗窃信用卡并使用，所以是盗窃罪；而乙以为是捡来的，捡来的信用卡并使用是信用卡诈骗罪。

〔2〕【答案】B。这是法有明文规定，必须数罪并罚的犯罪。对于这种法律有规定的牵连犯，必须以法律的明文规定为准。

🔻 **相关法条**

《刑法》

第二百零一条 【逃税罪】纳税人采取欺骗、隐瞒手段进行虚假纳税申报或者不申报，逃避缴纳税款数额较大并且占应纳税额百分之十以上的，处三年以下有期徒刑或者拘役，并处罚金；数额巨大并且占应纳税额百分之三十以上的，处三年以上七年以下有期徒刑，并处罚金。

扣缴义务人采取前款所列手段，不缴或者少缴已扣、已收税款，数额较大的，依照前款的规定处罚。

对多次实施前两款行为，未经处理的，按照累计数额计算。

有第一款行为，经税务机关依法下达追缴通知后，补缴应纳税款，缴纳滞纳金，已受行政处罚的，不予追究刑事责任；但是，五年内因逃避缴纳税款受过刑事处罚或者被税务机关给予二次以上行政处罚的除外。

第二百零二条 【抗税罪】以暴力、威胁方法拒不缴纳税款的，处三年以下有期徒刑或者拘役，并处拒缴税款一倍以上五倍以下罚金；情节严重的，处三年以上七年以下有期徒刑，并处拒缴税款一倍以上五倍以下罚金。

第二百零五条 【虚开增值税专用发票、用于骗取出口退税、抵扣税款发票罪】虚开增值税专用发票或者虚开用于骗取出口退税、抵扣税款的其他发票的，处三年以下有期徒刑或者拘役，并处二万元以上二十万元以下罚金……

虚开增值税专用发票或者虚开用于骗取出口退税、抵扣税款的其他发票，是指有为他人虚开、为自己虚开、让他人为自己虚开、介绍他人虚开行为之一的。

📘 **考点解读**

1. 逃税罪是指纳税人采取欺骗、隐瞒手段进行虚假的纳税申报或者不申报，逃避缴纳税款数额较大并且占应纳税额10%以上或者扣缴义务人采取欺骗、隐瞒手段，不缴或少缴已扣、已收税款，数额较大的行为。

2. 抗税罪是指纳税人以暴力、威胁方法拒不缴纳税款的行为。

3. 虚开增值税专用发票、用于骗取出口退税、抵扣税款发票罪是指违反国家发票管理、增值税征管的法规，实施虚假开具增值税专用发票或者虚开用于骗取出口退税、抵扣税款的其他发票的行为。

表31　危害税收征管罪

罪名	客观方面	主观方面	难点突破
1. 逃税罪★★★★★ 行为：采取欺骗、隐瞒手段进行虚假纳税申报或者不申报，逃避缴纳税款数额较大并且占应纳税额百分之十以上	主体：纳税人、扣缴义务人。只有不缴纳或者少缴纳已扣、已收税款的扣缴义务人才可能构成本罪。 行为：见法条。	故意	有第一款行为，经税务机关依法下达追缴通知后，（1）补缴应纳税款，（2）缴纳滞纳金，（3）已受行政处罚的，不予追究刑事责任；但是，五年内因逃避缴纳税款受过刑事处罚或者被税务机关给予二次以上行政处罚的除外。

续表

罪名	客观方面	主观方面	难点突破
2. 抗税罪★★★	主体：纳税人。 行为：以暴力、威胁方法拒不缴纳税款的。	故意	本罪是作为和不作为的结合。在抗税中故意使用暴力致人重伤、死亡的，按照故意伤害罪、故意杀人罪定罪处罚。致人轻伤的，仍定本罪。
3. 虚开增值税专用发票、用于骗取出口退税、抵扣税款发票罪★★★	主体：普通主体。 行为：见法条。	故意	虚开这些特殊发票又骗取出口退税、逃税的，择一重罪论处。
以上三罪的犯罪客体	我国的税收征管制度。		
以上三罪的犯罪主体	普通主体。		

【示例】

1. 下列行为中，构成逃税罪的是（　　　）[1]

A. 甲采用暴力方法拒不缴纳税款 2 万元

B. 乙以逃避海关监管的方式偷逃海关关税 5 万元

C. 丙虚开增值税专用发票，造成国家税款流失 25 万元

D. 丁缴纳某批次货物税款 10 万元后，假报该批次货物出口，骗取出口退税 8 万元

2. 下列行为中，应以抗税罪定罪处罚的是（　　　）[2]

A. 企业负责人甲指使财务人员拒不进行纳税申报

B. 公司经理乙在税务人员来征缴税款时指使职工暴力抗拒，致该税务人员重伤

C. 公司财务人员丙在税务人员来征缴税款时将账簿隐藏起来，拒不交出

D. 企业负责人丁在税务人员来征缴税款时拒绝缴纳，并指使职工砸坏征税工作车辆

七、侵犯知识产权罪

假冒注册商标罪、销售假冒注册商标的商品罪、侵犯著作权罪、销售侵权复制品罪、侵犯商业秘密罪、为境外的机构、组织、人员窃取、刺探、收买、非法提供商业秘密罪。

▷ 相关法条

《刑法》

第二百一十三条　【假冒注册商标罪】未经注册商标所有人许可，在同一种商品、服务上使用与其注册商标相同的商标，情节严重的，处三年以下有期徒刑，并处或者单处罚金；情节特别严重的，处三年以上十年以下有期徒刑，并处罚金。

---

〔1〕【答案】D。A 构成抗税罪。B 不构成犯罪。新的司法解释认为偷逃关税 10 万元的才构成走私普通货物、物品罪。C 构成虚开增值税专用发票罪。该罪与逃税罪竞合，该罪为重罪。D 构成逃税罪。丁将已缴纳的税款骗回的行为的本质是不缴纳应该缴纳的税款，而不是诈骗国家的金钱。

〔2〕【答案】D。抗税罪必须使用暴力、威胁方式。A、C 没有使用暴力方式。B 将税务人员打成重伤，应当以故意伤害罪定罪处罚。

第二百一十四条 【销售假冒注册商标的商品罪】销售明知是假冒注册商标的商品，违法所得数额较大或者有其他严重情节的，处三年以下有期徒刑，并处或者单处罚金；违法所得数额巨大或者有其他特别严重情节的，处三年以上十年以下有期徒刑，并处罚金。

第二百一十七条 【侵犯著作权罪】以营利为目的，有下列侵犯著作权或者与著作权有关的权利的情形之一，违法所得数额较大或者有其他严重情节的，处三年以下有期徒刑，并处或者单处罚金；违法所得数额巨大或者有其他特别严重情节的，处三年以上十年以下有期徒刑，并处罚金：

（一）未经著作权人许可，复制发行、通过信息网络向公众传播其文字作品、音乐、美术、视听作品、计算机软件及法律、行政法规规定的其他作品的；

（二）出版他人享有专有出版权的图书的；

（三）未经录音录像制作者许可，复制发行、通过信息网络向公众传播其制作的录音录像的；

（四）未经表演者许可，复制发行录有其表演的录音录像制品，或者通过信息网络向公众传播其表演的；

（五）制作、出售假冒他人署名的美术作品的；

（六）未经著作权人或者与著作权有关的权利人许可，故意避开或者破坏权利人为其作品、录音录像制品等采取的保护著作权或者与著作权有关的权利的技术措施的。

第二百一十八条 【销售侵权复制品罪】以营利为目的，销售明知是本法第二百一十七条规定的侵权复制品，违法所得数额巨大或者有其他严重情节的，处五年以下有期徒刑，并处或者单处罚金。

第二百一十九条 【侵犯商业秘密罪】有下列侵犯商业秘密行为之一，情节严重的，处三年以下有期徒刑，并处或者单处罚金；情节特别严重的，处三年以上十年以下有期徒刑，并处罚金：

（一）以盗窃、贿赂、欺诈、胁迫、电子侵入或者其他不正当手段获取权利人的商业秘密的；

（二）披露、使用或者允许他人使用以前项手段获取的权利人的商业秘密的；

（三）违反保密义务或者违反权利人有关保守商业秘密的要求，披露、使用或者允许他人使用其所掌握的商业秘密的。

明知前款所列行为，获取、披露、使用或者允许他人使用该商业秘密的，以侵犯商业秘密论。

本条所称权利人，是指商业秘密的所有人和经商业秘密所有人许可的商业秘密使用人。

第二百一十九条之一 【为境外窃取、刺探、收买、非法提供商业秘密罪】为境外的机构、组织、人员窃取、刺探、收买、非法提供商业秘密的，处五年以下有期徒刑，并处或者单处罚金；情节严重的，处五年以上有期徒刑，并处罚金。

📐✂️**考点解读**

1. 假冒注册商标罪是指违反国家商标管理法规，未经商标所有人许可，在同一种商品、服务上使用与其注册商标相同的商标，情节严重的行为。

2. 销售假冒注册商标的商品罪是指销售明知是假冒注册商标的商品，违法所得数额较大或者有其他严重情节的行为。

3. 侵犯著作权罪是指以营利为目的，侵犯他人著作权或者与著作权有关的权利，违法所得数额较大或者有其他严重情节的行为。

4. 销售侵权复制品罪，是指以营利为目的，违反著作权管理法规，明知是侵权复制品而故意销售，违法所得数额巨大或者有其他严重情节的行为。

5. 侵犯商业秘密罪是指违反《反不正当竞争法》等规范商业秘密的法律规定，侵犯商业秘密，给商业秘密的权利人造成重大损失的行为。

6. 为境外窃取、刺探、收买、非法提供商业秘密罪是《刑法修正案（十一）》新增的犯罪。该罪的行为人是为境外的机构、组织、人员窃取、刺探、收买、非法提供商业秘密。如果是为境内的机构、组织、人员窃取、刺探、收买、非法提供商业秘密或者行为人不知道自己的服务对象是境外的机构、组织、人员的，按照侵犯商业秘密罪定罪。

表 32　侵犯知识产权罪

罪名	客观方面	主观方面	难点突破
1. 假冒注册商标罪 ★★★	行为：见法条。	故意	（1）假冒的是已经注册的商标。（2）基本相同，足以误导公众即可。（3）自产自销，只定本罪。
2. 销售假冒注册商标的商品罪	行为：见罪名。	故意	既销售他人制造的假冒注册商标的商品，又自产自销假冒注册商标的商品的，数罪并罚。
3. 侵犯著作权罪 ★★★	行为：见法条。	故意，以营利为目的（法定的目的犯）	（1）犯罪对象包括著作权和邻接权。（2）第五项行为可能同时触犯诈骗罪。诈骗数额特别巨大时，按照诈骗罪定罪处罚。（3）自产自销的只定本罪。
4. 销售侵权复制品罪 ★★	行为：销售。	故意	自产自销的，只定侵犯著作权罪。
5. 侵犯商业秘密罪 ★★★	行为：见法条。	故意	（1）犯罪对象为商业秘密。（2）用盗窃、贿赂、欺诈等非法方式获得商业秘密的，均定本罪。（3）合法获得，非法披露、非法许可他人使用的，也成立本罪。
6. 为境外的机构、组织、人员窃取、刺探、收买、非法提供商业秘密罪	行为：见法条	故意	行为人必须明知自己在为境外窃取、刺探、收买、非法提供商业秘密。

【示例】

下列给商业秘密权利人造成重大损失的行为中，构成侵犯商业秘密罪的有（　　　　）[1]

A. 以盗窃的方法获取他人商业秘密

B. 以贿买的手段获取他人商业秘密

C. 明知是他人盗窃来的商业秘密而收买

D. 违反保守商业秘密约定，披露他人商业秘密

---

〔1〕【答案】ABCD。参见法条。

八、扰乱市场秩序罪

合同诈骗罪、组织、领导传销活动罪、非法经营罪。

相关法条

《刑法》

第二百二十四条　【合同诈骗罪】有下列情形之一，以非法占有为目的，在签订、履行合同过程中，骗取对方当事人财物，数额较大的，……

（一）以虚构的单位或者冒用他人名义签订合同的；

（二）以伪造、变造、作废的票据或者其他虚假的产权证明作担保的；

（三）没有实际履行能力，以先履行小额合同或者部分履行合同的方法，诱骗对方当事人继续签订和履行合同的；

（四）收受对方当事人给付的货物、货款、预付款或者担保财产后逃匿的；

（五）以其他方法骗取对方当事人财物的。

第二百二十四条之一　【组织、领导传销活动罪】组织、领导以推销商品、提供服务等经营活动为名，要求参加者以缴纳费用或者购买商品、服务等方式获得加入资格，并按照一定顺序组成层级，直接或者间接以发展人员的数量作为计酬或者返利依据，引诱、胁迫参加者继续发展他人参加，骗取财物，扰乱经济社会秩序的传销活动的，处五年以下有期徒刑或者拘役，并处罚金；情节严重的，处五年以上有期徒刑，并处罚金。

第二百二十五条　【非法经营罪】违反国家规定，有下列非法经营行为之一，扰乱市场秩序，情节严重的……

（一）未经许可经营法律、行政法规规定的专营、专卖物品或者其他限制买卖的物品的；

（二）买卖进出口许可证、进出口原产地证明以及其他法律、行政法规规定的经营许可证或者批准文件的；

（三）未经国家有关主管部门批准非法经营证券、期货、保险业务的，或者非法从事资金支付结算业务的；

（四）其他严重扰乱市场秩序的非法经营行为。

第二百二十六条　【强迫交易罪】以暴力、威胁手段，实施下列行为之一，情节严重的，处三年以下有期徒刑或者拘役，并处或者单处罚金；情节特别严重的，处三年以上七年以下有期徒刑，并处罚金：

（一）强买强卖商品的；

（二）强迫他人提供或者接受服务的；

（三）强迫他人参与或者退出投标、拍卖的；

（四）强迫他人转让或者收购公司、企业的股份、债券或者其他资产的；

（五）强迫他人参与或者退出特定的经营活动的。

第二百二十九条　【提供虚假证明文件罪】承担资产评估、验资、验证、会计、审计、法律服务、保荐、安全评价、环境影响评价、环境监测等职责的中介组织的人员故意提供虚假证明文件，情节严重的，处五年以下有期徒刑或者拘役，并处罚金；有下列情形之一的，处五年以上十年以下有期徒刑，并处罚金：

（一）提供与证券发行相关的虚假的资产评估、会计、审计、法律服务、保荐等证明文件，情节特别严重的；

（二）提供与重大资产交易相关的虚假的资产评估、会计、审计等证明文件，情节特别严重的；

（三）在涉及公共安全的重大工程、项目中提供虚假的安全评价、环境影响评价等证明文件，致使公共财产、国家和人民利益遭受特别重大损失的。

有前款行为，同时索取他人财物或者非法收受他人财物构成犯罪的，依照处罚较重的规定定罪处罚。

第一款规定的人员，严重不负责任，出具的证明文件有重大失实，造成严重后果的，处三年以下有期徒刑或者拘役，并处或者单处罚金。

考点解读

（一）各罪分述

1. 合同诈骗罪是指以非法占有为目的，在签订、履行合同过程中，骗取对方当事人财物，数额较大的行为。

2. 组织、领导传销活动罪是指组织、领导以推销商品、提供服务等经营活动为名，要求参加者以缴纳费用或者购买商品、服务等方式获得加入资格，并按照一定顺序组成层级，直接或者间接以发展人员的数量作为计酬或者返利依据，引诱、胁迫参加者继续发展他人参加，骗取财物，扰乱社会经济秩序的传销活动的行为。

3. 非法经营罪是指违反国家规定，非法经营，扰乱市场秩序，情节严重的行为。

表33　扰乱市场秩序罪

罪名	客观方面	主观方面	难点突破
1. 合同诈骗罪★★★	行为：在签订、履行合同的过程中，实施诈骗行为。	故意	在整个签订、履行合同的过程中产生非法占有目的，并实施诈骗行为的，均可成立本罪。
合同诈骗罪的犯罪客体与犯罪主体	（1）犯罪客体：复杂客体，包括市场经济秩序和他人的财产权。（2）犯罪主体：普通主体。既包括自然人，也包括单位。		
2. 组织、领导传销活动罪★★★	行为：通过建立层级的方式，以发展人员的数量作为计酬或者返利依据的行为。	故意	本罪的本质是卖人而不是卖货物。如果确实通过销售的货物赚钱的，即使具有层级制度，也属于直销行为。正当的直销行为不构成犯罪。
组织、领导传销活动罪的犯罪客体与犯罪主体	（1）犯罪客体：复杂客体，包括市场经济秩序和他人的财产权。本罪被规定为是"骗取财物，扰乱经济社会秩序的"行为。（2）犯罪主体：普通主体。既包括自然人，也包括单位。		
3. 非法经营罪★★★★★	违反国家规定的非法经营行为。	故意	本罪是兜底罪名，法有明文规定的一律按照具体罪名定罪。如销售侵权复制品行为就不能认定为本罪。注意司法解释规定的各种非法经营行为。

续表

罪名	客观方面	主观方面	难点突破
非法经营罪的法益与犯罪主体	（1）法益：市场经济秩序。本罪不包括以非法占有为目的的诈骗行为。 （2）犯罪主体：普通主体。既包括自然人，也包括单位。		
4. 强迫交易罪	行为：强迫市场主体进行交易 本质：扰乱自愿、平等、公平、诚信的市场经济秩序。	故意	（1）交易的范围极为广泛。商品、服务、股权等的买卖都是交易。（2）强迫他人退出交易也触犯本罪。（3）使用暴力强迫交易，同时触犯其他罪名的，择一重罪。（4）以暴力、胁迫为手段，以商品交易为借口侵犯财产的，不构成强迫交易罪，成立抢劫、敲诈勒索等犯罪。
5. 提供虚假证明文件罪	行为：承担资产评估、验资、验证、会计、审计、法律服务、保荐、安全评价、环境影响评价、环境监测等职责的中介组织的人员故意提供虚假证明文件，情节严重的行为。	故意	《刑法修正案（十一）》扩大了本罪的犯罪主体——保荐、安全评价、环境影响评价、环境监测等职责的中介组织的人员。对于犯本罪又受贿的，将原来的法定刑升格变更为"有前款行为，同时索取他人财物或者非法收受他人财物构成犯罪的，依照处罚较重的规定定罪处罚"。

（二）重点罪考点补充

1. 非法经营罪与非法经营同类营业罪的界限。非法经营同类营业罪虽然也具有非法经营的特点，但是按照刑法的规定，非法经营同类营业罪只限于国有公司、企业的董事、经理利用职务之便实施为自己或者他人经营与自己所任公司、企业同类营业，获取非法利益，数额巨大的行为，侵犯的客体是国家对公司、企业的管理制度。

2. 最高人民法院的各种司法解释陆续规定了很多按照非法经营罪定罪的行为。我们给大家统一补充如下。

（1）在国家规定的交易场所以外非法买卖外汇，扰乱市场秩序，情节严重的。

（2）公司、企业或者其他单位，违反有关外贸代理业务的规定，采用非法手段，或者明知是伪造、变造的凭证、商业单据，为他人向外汇指定银行骗购外汇，数额在500万美元以上或者违法所得50万元人民币以上的。

（3）居间介绍骗购外汇100万美元以上或者违法所得10万元人民币以上的。

（4）违反国家规定，出版、印刷、复制、发行淫秽物品等以外的其他严重危害社会秩序和扰乱市场秩序的非法出版物，情节严重的。

（5）非法从事出版物的出版、印刷、复制、发行业务，严重扰乱市场秩序，情节特别严重，构成犯罪的。

（6）出版单位与他人事前通谋，向其出售、出租或者以其他形式转让该出版单位的名称、书号、刊号、版号，为他人非法经营提供便利的，对该出版单位应当以共犯论处。

（7）违反国家规定，擅自设置、使用无线电台（站），或者擅自占用频率，非法经营国际电信业务或者涉港澳台电信业务进行营利活动，同时构成非法经营罪和扰乱无线电通讯管理秩序罪的，依照处罚较重的规定定罪处罚。

（8）违反国家规定，采取租用国际专线、私设转接设备或者其他方法，擅自经营国际电信业务或者涉港澳台电信业务进行营利活动，扰乱电信市场管理秩序，情节严重的。

（9）未取得药品生产、经营许可证件和批准文号，非法生产、销售盐酸克仑特罗等禁止在饲料和动物饮用水中使用的药品，扰乱药品市场秩序，情节严重的。

（10）在生产、销售的饲料中添加盐酸克仑特罗等禁止在饲料和动物饮用水中使用的药品，或者销售明知是添加有该类药品的饲料，情节严重的。同时，鉴于这类行为还有可能构成生产、销售伪劣产品罪，生产、销售伪劣农药、兽药罪等其他犯罪，故，同时构成其他犯罪的，应当依照处罚较重的犯罪定罪处罚。

（11）使用盐酸克仑特罗等禁止在饲料和动物饮用水中使用的药品或者含有该类药品的饲料养殖供人食用的动物，或者销售明知是使用该类药品或者含有该类药品的饲料养殖的供人食用的动物的，以生产、销售有毒、有害食品罪追究刑事责任。

（12）明知是使用盐酸克仑特罗等禁止在饲料和动物饮用水中使用的药品或者含有该类药品的饲料养殖的供人食用的动物，而提供屠宰等加工服务，或者销售其制品的，以生产、销售有毒、有害食品罪追究刑事责任。

（13）违反国家在预防、控制突发传染病疫情等灾害期间有关市场经营、价格管理等规定，哄抬物价、牟取暴利，严重扰乱市场秩序，违法所得数额较大或者有其他严重情节的。

（14）对于违反国家规定，擅自设立互联网上网服务营业场所，或者擅自从事互联网上网服务经营活动，情节严重，构成犯罪的，以非法经营罪追究刑事责任。

（15）未经国家批准擅自发行、销售彩票，构成犯罪的，以非法经营罪定罪处罚。

（16）任何单位和个人经营证券业务，必须经证监会批准。未经批准的，属于非法经营证券业务，应予以取缔；涉嫌犯罪的，以非法经营罪追究刑事责任。对于中介机构非法代理买卖非上市公司股票，涉嫌犯罪的，以非法经营罪追究刑事责任；所代理的非上市公司涉嫌擅自发行股票，构成犯罪的，以擅自发行股票罪追究刑事责任。

（17）违反国家规定，使用销售点终端机具（POS机）等方法，以虚构交易、虚开价格、现金退货等方式向信用卡持卡人直接支付现金，情节严重的，以非法经营罪定罪处罚。

（18）违反国家烟草专卖管理法律法规，未经烟草专卖行政主管部门许可，无烟草专卖生产企业许可证、烟草专卖批发企业许可证、特种烟草专卖经营企业许可证、烟草专卖零售许可证等许可证明，非法经营烟草专卖品，情节严重的，以非法经营罪定罪处罚。

（19）违反国家规定，未经依法核准擅自发行基金份额募集基金，情节严重的，以非法经营罪定罪处罚。

（20）以提供给他人生产、销售食品为目的，违反国家规定，生产、销售国家禁止用于食品生产、销售的非食品原料，情节严重的，以非法经营罪定罪处罚。

（21）违反国家规定，私设生猪屠宰厂（场），从事生猪屠宰、销售等经营活动，情节严重的，以非法经营罪定罪处罚。实施前一行为，同时又构成生产、销售不符合安全标准的食品罪，生产、销售有毒、有害食品罪等其他犯罪的，依照处罚较重的规定定罪处罚。

（22）违反国家规定，以营利为目的，通过信息网络有偿提供删除信息服务，或者明知是虚假信息，通过信息网络有偿提供发布信息等服务，扰乱市场秩序，属于非法经营行为，情节严重的，以非法经营罪定罪处罚。

（23）非法生产、销售"伪基站"设备的，以非法经营罪追究刑事责任。非法生产、销售"伪基站"设备，经鉴定为专用间谍器材的，以非法生产、销售间谍专用器材罪追究刑事责任；同时构成非法经营罪的，以非法经营罪追究刑事责任。非法使用"伪基站"设备干扰公用电信网络信号，危害公共安全的，以破坏公用电信设施罪追究刑事责任；同时构成虚假广告罪、侵犯公民个人信息罪、破坏计算机信息系统罪、扰乱无线电通讯管理秩序罪的，依照处罚较重的规定追究刑事责任。除法律等另有规定外，利用"伪基站"设备实施诈骗等其他犯罪行为，同时构成破坏公用电信设施罪的，依照处罚较重的规定追究刑事责任。明知他人实施非法生产、销售"伪基站"设备，或者非法使用"伪基站"设备干扰公用电信网络信号等犯罪，为其提供资金、场所、技术、设备等帮助的，以共同犯罪论处。

（24）行为人出于医疗目的，违反有关药品管理的国家规定，非法贩卖麻醉药品或者精神药品，扰乱市场秩序，情节严重的，以非法经营罪定罪处罚。

（25）以提供给他人开设赌场为目的，违反国家规定，非法生产、销售具有退币、退分、退钢珠等赌博功能的电子游戏设施设备或者其专用软件，情节严重的，应当以非法经营罪定罪处罚。

（26）特别强调，这个司法解释是最新规定。根据这个规定，符合一定条件的放高利贷的行为（以前叫民间借贷）将被按照非法经营罪定罪处罚。这种放贷不是套路贷，就是正常的、不以非法占有为目的的放贷。当然，如果不仅是高利贷，而且是套路贷，同时触犯诈骗罪或者敲诈勒索罪等犯罪的，择一重罪处罚。

最高人民法院、最高人民检察院、公安部、司法部《关于办理非法放贷刑事案件若干问题的意见》

一、违反国家规定，未经监管部门批准，或者超越经营范围，以营利为目的，经常性地向社会不特定对象发放贷款，扰乱金融市场秩序，情节严重的，依照刑法第二百二十五条第（四）项的规定，以非法经营罪定罪处罚。

前款规定中的"经常性地向社会不特定对象发放贷款"，是指2年内向不特定多人（包括单位和个人）以借款或其他名义出借资金10次以上。

贷款到期后延长还款期限的，发放贷款次数按照1次计算。

二、以超过36%的实际年利率实施符合本意见第一条规定的非法放贷行为，具有下列情形之一的，属于刑法第二百二十五条规定的"情节严重"，但单次非法放贷行为实际年利率未超过36%的，定罪量刑时不得计入：

（一）个人非法放贷数额累计在200万元以上的，单位非法放贷数额累计在1000万元以上的；

（二）个人违法所得数额累计在80万元以上的，单位违法所得数额累计在400万元以上的；

（三）个人非法放贷对象累计在50人以上的，单位非法放贷对象累计在150人以上的；

（四）造成借款人或者其近亲属自杀、死亡或者精神失常等严重后果的。

具有下列情形之一的，属于刑法第二百二十五条规定的"情节特别严重"：

（一）个人非法放贷数额累计在1000万元以上的，单位非法放贷数额累计在5000万元以上的；

（二）个人违法所得数额累计在400万元以上的，单位违法所得数额累计在2000万元

以上的;

（三）个人非法放贷对象累计在 250 人以上的,单位非法放贷对象累计在 750 人以上的;

（四）造成多名借款人或者其近亲属自杀、死亡或者精神失常等特别严重后果的。

> 因为这部分可能会考查多选题,所以给大家总结了这么多。是不是有眼花缭乱的感觉? 不要急,慢慢看。很多规定是很有价值的。除了记住这些有明文规定的,还要特别注意:（10）构成非法经营罪,（11）、（12）构成生产、销售有毒、有害食品罪。即,造有毒饲料的构成非法经营罪,给猪、羊等喂有毒饲料的构成生产、销售有毒、有害食品罪。另外,再强调一遍:本罪是兜底罪名,法有明文规定的一律按照具体罪名定罪。

【示例】

1. 在情节严重的情况下,下列行为应认定为非法经营的有:[1]

A. 使用伪造的药品经营许可证,非法经营药品

B. 长期以暴力手段强迫他人向自己借款,赚取利息

C. 以营利为目的,长期通过网络有偿提供删除信息服务

D. 非法生产具备赌博功能的电子游戏机,供他人开设赌场

2. 下列行为中,应以非法经营罪（不考虑数额或者情节）定罪处罚的是:[2]

A. 甲在生产的饲料中添加"瘦肉精"

B. 乙私设转接设备,擅自经营国际电信业务

C. 丙组织多人出卖人体器官,并从中获取介绍费

D. 丁用 POS 机为他人刷信用卡套取现金,赚取手续费

---

[1]【答案】ACD。选项 B 构成强迫交易罪。选项 A 是法律规定的非法经营罪。选项 C、D 是司法解释规定的非法经营罪。

[2]【答案】ABD。A、B、D 都是司法解释明文规定的非法经营罪的行为。C 是组织出卖人体器官罪。注意:生产、销售有毒饲料、有毒饲料添加剂的,构成非法经营罪,生产、销售、养殖、屠宰含有这种有毒物质的食品的,如苹果、生猪、牛奶等,构成生产、销售有毒、有害食品罪。

第十九章
侵犯公民人身权利、民主权利罪

导学　　本章是重中之重。除个别犯罪外，本章的犯罪都是常见、多发犯罪。考试对本章罪名的考查都非常深入。本章还常常被用来考查总则的知识。因此，对本章的犯罪应予以充分重视。需要特别强调的是：其他犯罪转化为本章的故意杀人罪、故意伤害罪的情形是本章的一个重要考点。

第一节　重点罪名

一、故意杀人罪★★★★★

(一) 考点提炼

本罪的犯罪构成 {
本罪中的"人"：他人，自杀行为不构成犯罪
构成要件：非法剥夺他人生命的行为
手段有多种：如果以放火等方式危害到公共安全的，择一重罪
}

刑法分则中其他也定本罪的法条：第238、247、248、289、292条

对自杀行为的处理 {

组织、策划、煽动、教唆、帮助邪教组织人员自杀、自残的以本罪、故意伤害罪定罪处罚

相约自杀 {
都死亡的，不存在刑事责任问题
相约各方各自实施自杀，一方死亡，另一方未死的，未死一方也不负刑事责任
一方杀死对方，继而自杀未成或者放弃自杀的，构成本罪
}

引起他人自杀 {
正当行为引起他人自杀，不存在刑责
错误行为或者轻微违法行为引起他人自杀，也不成立犯罪
犯罪行为引起他人自杀死亡，但对自杀死亡结果不具有故意时，应按先前的犯罪行为定罪并从重处罚
}

受托杀人：构成本罪

}

(二) 相关法条

《刑法》

第二百三十二条　【故意杀人罪】故意杀人的，处死刑、无期徒刑或者十年以上有期徒刑；情节较轻的，处三年以上十年以下有期徒刑。

《刑法》第238条、第247条、第248条、第289条、第292条为转化为本罪的犯罪。

（三）考点解读

1. 故意杀人罪的犯罪构成。

（1）故意杀人罪中的"人"是指他人。

在我国，自杀行为不是犯罪。胎儿和尸体均不属于故意杀人罪的行为对象。毁坏尸体的行为，也不构成故意杀人罪，而可以构成侮辱尸体罪。误以尸体为活人而加以杀害的，属于对象不能犯，不成立犯罪。溺婴是一种故意杀人行为，应以故意杀人罪论处。

（2）本罪构成要件表现为非法剥夺他人生命的行为。杀人行为一般是作为，特殊情况下也可能是不作为。不作为行为构成犯罪以行为人对防止被害人的死亡负有法定义务为前提。这种责任或义务的形成，主要是基于身份、职务或者先前行为。

（3）本罪的责任形式是故意。既可以是直接故意，也可以是间接故意。

2. 本罪与放火、爆炸等罪的区别。

本罪通常不危害公共安全。如果用放火、爆炸的方式杀人，危害公共安全的，以故意杀人罪和放火、爆炸等罪择一重罪论处。通常危害公共安全的犯罪是重罪。如果行为人的目的是放火烧毁公共财产或者制造混乱，但是放火行为致人死亡的，直接认定为放火罪。

3. 其他罪向本罪的转化。

在认定本罪及故意伤害罪时，应注意刑法分则其他条文中按故意杀人罪、故意伤害罪处理的规定。具体的规定有：

（1）第 238 条：非法拘禁中使用暴力致人伤残、死亡的；

（2）第 247 条：刑讯逼供、暴力取证中，因刑讯逼供、暴力取证而致人伤残、死亡的；以故意伤害罪、故意杀人罪从重处罚；

（3）第 248 条：虐待被监管人中致人伤残、死亡的；

（4）第 289 条：聚众"打砸抢"中，致人伤残、死亡的；

（5）第 292 条：聚众斗殴中致人重伤、死亡的。

4. 对致人自杀行为的认定。

（1）组织、策划、煽动、教唆、帮助邪教组织人员自杀、自残的，以故意杀人罪、故意伤害罪定罪处罚。

（2）相约自杀的认定。如果相约双方都死亡的，不存在刑事责任问题；相约各方各自实施自杀，其中一方死亡，另一方未死的，未死一方也不负刑事责任；相约自杀，由其中一方杀死对方，继而自杀未成或者放弃自杀的，先杀死一方的应当认定为故意杀人罪。

（3）引起他人自杀的处理。

①正当行为引起他人自杀，不存在刑事责任问题；

②错误行为或者轻微违法行为引起他人自杀，也不成立犯罪；

③犯罪行为引起他人自杀死亡，但对自杀死亡结果不具有故意时，应按先前的犯罪行为定罪并从重处罚。如强奸导致被害人自杀的，只能认定为强奸罪，自杀的后果作为量刑的情节。

（4）受托杀人的处理。

相约自杀、安乐死、受托杀人如何认定是高频考点。

【经典真题】

关于故意杀人罪、故意伤害罪的判断，下列哪一选项是正确的？[1]（2014－2－15）

A. 甲的父亲乙身患绝症，痛苦不堪。甲根据乙的请求，给乙注射过量镇定剂致乙死亡。乙的同意是真实的，对甲的行为不应以故意杀人罪论处

B. 甲因口角，捅乙数刀，乙死亡。如甲不顾乙的死伤，则应按实际造成的死亡结果认定甲构成故意杀人罪，因为死亡与伤害结果都在甲的犯意之内

C. 甲谎称乙的女儿丙需要移植肾脏，让乙捐肾给丙。乙同意，但甲将乙的肾脏摘出后移植给丁。因乙同意捐献肾脏，甲的行为不成立故意伤害罪

D. 甲征得乙（17 周岁）的同意，将乙的左肾摘出，移植给乙崇拜的歌星。乙的同意有效，甲的行为不成立故意伤害罪

【考点】 故意杀人罪、故意伤害罪、被害人承诺的认定

【解题思路与常见错误分析】 本题名为考查故意杀人罪、故意伤害罪，实为考查被害人承诺。

我国《刑法》对生命实行特别保护，因此放弃生命的承诺是无效的。所以，即使乙的同意是真实的，对甲的行为也应以故意杀人罪论处。故 A 项错误。

题目已经限定了甲的主观心态是"不顾乙的死伤"，那么就应按实际造成的死亡结果认定甲构成故意杀人罪，因为死亡与伤害结果都在甲的犯意之内。故 B 项正确。

乙属于被欺骗而捐献肾脏。如果他知道自己的肾脏不是捐献给自己的女儿的，他是不会同意捐献肾脏的。因此这种承诺不是其真实的意思表示，是无效的承诺。甲的行为成立故意伤害罪。故 C 项错误。

根据《刑法》第 234 条之一的规定，乙不满 18 周岁，其对捐献器官的同意是无效的。甲的行为成立故意伤害罪。故 D 项错误。

【同类考点总结】 很多考生认为选项 B 说"甲因口角，捅乙数刀"，因此甲不可能具有杀害乙的故意。可是，题目明确说了"甲不顾乙的死伤"。我们回答问题要以题目给出的信息为依据。

很多考生认为选项 C 属于被害人承诺中的"基于错误的承诺"，因此仍然有效。这些考生举的例子是"妇女甲以为和国家公务员乙发生性行为后，乙就会将其丈夫从监狱假释出来，因此和乙发生了性行为。但是，乙并没有将甲的丈夫从监狱假释出来（乙本来也没打算这样做）。此时，甲的承诺仅是基于动机错误的承诺，因此不影响承诺的效力"。这种看法是错误的。在这个案例中，妇女甲承诺放弃自己的性权利是为了救助丈夫。如果其救助丈夫的重要目的无法实现，就难以认为其承诺有效。甲仍然是因为被欺骗而与乙发生性行为的，因此其承诺无效。如果乙确实实施了帮助甲的丈夫获得假释的行为，但未能成功，则甲的承诺应当是有效的。因为她不是因为被欺骗而做出的承诺。

---

[1]【答案】B

二、过失致人死亡罪★★★★★

（一）考点提炼

本罪与故意伤害（致死）罪
- 相同点：对死亡结果的发生出于过失
- 不同点：行为人是否具有伤害的故意
  - 本罪：无伤害故意，也无杀人故意
  - 后罪：只有伤害的故意

本罪与故意杀人罪
- 相同点：客观上都造成了他人死亡的后果
- 不同点
  - 行为人对发生他人死亡结果的认识程度不同
  - 行为人对发生他人死亡结果的态度不同

（二）相关法条

《刑法》

第二百三十三条　【过失致人死亡罪】过失致人死亡的，处三年以上七年以下有期徒刑；情节较轻的，处三年以下有期徒刑。本法另有规定的，依照规定。

（三）考点解读

1. 过失致人死亡罪与故意伤害（致死）罪的界限。

无论是故意伤害罪还是过失致人死亡罪，行为人对于死亡结果的发生均出于过失，两者区分的关键是要查明行为人是否有伤害的故意。故意伤害罪的行为人只有伤害的故意而无杀人的故意，而过失致人死亡罪既无杀人的故意，也无伤害的故意。行为人基于轻伤或者重伤他人的故意而过失地造成他人死亡的，以故意伤害（致死）罪论处；行为人并无伤害、杀害他人的故意而过失地造成他人死亡结果发生的，以过失致人死亡罪论处。没有伤害故意的一般殴打行为造成他人死亡的，行为人主观上有过失的，应当以过失致人死亡罪论处，没有过失的按意外事件处理。对于父母为教育子女而实施惩戒行为导致子女死亡、邻里之间由于民间纠纷一方殴打另一方造成死亡，以及轻微暴行致人死亡的案件，一般不能轻易地认定为故意伤害致死。

【示例】推人一把或者打人一拳，他人倒地因头部磕在石头或者其他硬物上而导致死亡的情况，由于行为人一般不具有伤害的故意和性质，所以认定为过失致人死亡罪。

> 请注意区分伤害行为与一般殴打行为。在都致人死亡时，前者可能构成故意伤害（致死）罪，后者可能构成过失致人死亡罪。一般殴打行为只有殴打的故意，而无伤害的故意。

2. 过失致人死亡罪与故意杀人罪的界限。

审判实践中，过于自信的过失致人死亡和间接故意杀人，在客观上都造成了他人死亡结果的发生，有时难以区分。两者的主要区别是：（1）行为人对他人死亡结果发生的认识程度不同。前者表现为行为人预见到自己的行为可能造成他人死亡结果的发生，行为人所认识的他人死亡结果发生的可能性较低；后者表现为行为人明知自己的行为可能造成他人死亡结果的发生，行为人所认识的他人死亡结果发生的可能性较高；（2）行为人对他人死亡结果发生的态度不同。前者表现为行为人轻信能够避免他人死亡结果的发生，他人死亡结果的发生违背了其本意；后者表现为行为人放任他人死亡结果的发生，危害结果的发生并不违背其本意，也就是说，行为人容忍他人死亡结果的发生。

3. 对过失致人重伤进而引起被害人死亡的，应直接定过失致人死亡罪，不能套用不作为故意伤害致死的模式，定过失伤害致人死亡。

4. 过失致人死亡罪的法条竞合。

实践中，很多犯罪都包含过失致人死亡的行为，例如交通肇事罪、重大责任事故罪等。《刑法》第 233 条明确规定："本法另有规定的，依照规定。"因此，在其他犯罪与本罪发生法条竞合时，应当按照特别法优先的原则处理。

【经典真题】

下列哪些行为不应认定为过失致人死亡罪？[1] （2006 - 2 - 56）

A. 甲遭受乙正在进行的不法侵害，在防卫过程中一棒将乙打倒，致乙脑部跌在一块石头上而死亡。法院认为甲的防卫行为明显超过必要限度造成了重大损害，应以防卫过当追究刑事责任

B. 甲对乙进行非法拘禁，在拘禁过程中，因长时间捆绑，致乙呼吸不畅窒息死亡

C. 甲因对女儿乙的恋爱对象丙不满意，阻止乙、丙正常交往，乙对此十分不满，并偷偷与丙登记结婚，甲获知后对乙进行打骂，逼其离婚。乙、丙不从，遂相约自杀而亡

D. 甲结婚以后，对丈夫与其前妻所生之子乙十分不满，采取冻饿等方式进行虐待，后又发展到打骂，致乙多处伤口腐烂，乙因未能及时救治而不幸身亡

【考点】 过失致人死亡罪及相关犯罪的认定

【解题思路与常见错误分析】选项 A 中，防卫过当不是一个罪名，要根据具体情况认定为相应的犯罪。本案的情形认定为过失致人死亡罪较为妥当。B 为非法拘禁罪。C 为暴力干涉婚姻自由罪。D 为虐待罪。

【同类考点总结】在其他犯罪与过失致人死亡罪发生法条竞合时，应当按照特别法优先的原则处理。

三、故意伤害罪 ★★★★★

（一）考点提炼

构成要件
- 对象：他人身体
- 实施了伤害行为：可以是作为，也可以是不作为
- 必须具有非法性
  - 体育比赛中规则所允许的伤害不成立本罪
  - 基于他人承诺伤害他人身体的行为，是否定罪要具体分析

责任要件
- 判断伤害的故意应从犯罪的起因、手段等综合进行判断
- 通常情况下，行为人对自己的伤害行为会造成被害人何种程度的伤害，事先不一定有明确认识

本罪与故意杀人罪：故意内容不同

罪数
- 仅定其他罪：伤害行为属于其他罪的法定手段
- 不数罪并罚：行为人多次伤害他人或者伤害多人的

[1]【答案】BCD

（二）相关法条

《刑法》

第二百三十四条　【故意伤害罪】故意伤害他人身体的，处三年以下有期徒刑、拘役或者管制。

犯前款罪，致人重伤的，处三年以上十年以下有期徒刑；致人死亡或者以特别残忍手段致人重伤造成严重残疾的，处十年以上有期徒刑、无期徒刑或者死刑。本法另有规定的，依照规定。

《刑法》第238条、第247条、第248条、第289条、第292条、第333条为转化为本罪的犯罪。

司法解释：

《最高人民法院关于对故意伤害、盗窃等严重破坏社会秩序的犯罪分子能否附加剥夺政治权利问题的批复》

《最高人民法院、最高人民检察院关于办理组织、利用邪教组织破坏法律实施等刑事案件适用法律若干问题的解释》

（三）考点解读

1. 构成要件。

（1）行为对象是他人身体。

伤害自己身体的不成立故意犯罪，但是自伤行为侵犯了社会利益而触犯了刑法规范时，可以构成犯罪。例如，军人为了逃避军事义务，在战时自伤身体的，应按《刑法》第434条战时自伤罪的规定追究刑事责任。毁坏尸体的行为，不成立故意伤害罪，伤害胎儿身体的，不构成故意伤害罪。

（2）实施了伤害行为。

伤害，一般是指非法损害他人身体健康的行为。伤害的具体含义在理论上有侵害身体完整性说和造成身体机能障碍说及造成生理机能的障碍以及身体外形的重大变化说。原则上应认为，只要侵害了他人生理机能，即使没有损害他人身体完整性，也属于伤害。

伤害行为可以是作为和不作为，可以是有形的和无形的。有形的伤害行为如使用暴力殴打、行凶等方法致使他人受到伤害；无形的如故意以性行为等方式使他人染上性病、欺骗被害人服用毒药而造成生理机能损伤、以胁迫等方法使被害人精神严重失常等。

伤害行为的结果多种多样，如内伤、外伤、肉体伤害、精神伤害（故意伤害致人精神失常等）等。根据我国《刑法》的规定，伤害结果的程度分为轻伤、重伤与伤害致死。这三种情况直接反映伤害行为的罪行轻重，因而对量刑起重要影响作用。

这里的精神伤害是指通过故意伤害行为直接致使他人患上精神疾病。

（3）伤害行为必须具有违法性。

①体育比赛中规则所允许的伤害不成立故意伤害罪。

②基于他人承诺伤害他人身体的行为，是否成立故意伤害罪？对此应具体分析。

首先，对于承诺者为了保护另一重大法益而自愿进行的承诺，一般不认定为犯罪。例如甲自愿、合法将自己的部分肝脏捐献给自己的儿子乙，就不能将为其动手术的医生认定为故意伤害罪；

其次，在单纯伤害而没有保护另一重大法益的情形下，虽然得到被害者承诺，但造成了有生命危险的重伤的，宜认定为故意伤害罪。例如甲乙打赌，甲说自己胆子超大。乙问："你敢不敢让我把你的腿锯下来？"甲说："没问题，小菜一碟。"于是，乙锯掉了甲的腿。

甲经过抢救，勉强活了下来。此时，对乙的行为就宜认定为故意伤害罪；

再次，对基于被害者承诺造成轻伤的，不应当认定为故意伤害罪。自愿的互相斗殴是得到承诺的互相伤害。如果仅造成一方或者双方轻伤的，不认定为犯罪。

> "得到承诺的故意伤害如何认定"是考生觉得不好把握的问题。注意区分这三种情形来认定。不过，如果考试题目没有特别强调造成重伤，那么得到承诺的伤害行为一般不定罪。

2. 责任形式。

要构成本罪必须具有伤害的故意。

（1）伤害的故意不能等同于殴打的故意。仅具有殴打的意图，只是希望或者放任造成被害人暂时的肉体疼痛或者轻微的神经刺激，则不能认定有伤害的故意。是伤害的故意还是殴打的故意，要从犯罪的起因，犯罪的手段、工具，打击部位和强度，犯罪人犯罪前后的表现，犯罪人与被害人之间的关系等案件事实，全面分析、综合判断。

（2）在通常情况下，行为人对自己的伤害行为会给被害人造成何种程度的伤害，事先不一定有明确认识。因此，如果实际造成轻伤结果的，就按轻伤处理；实际造成重伤结果的，就按重伤处理。因为，无论是造成重伤还是轻伤，都包括在行为人主观故意之内。

3. 本罪与故意杀人罪的界限，特别是故意伤害致死与故意杀人既遂、故意伤害与杀人未遂之间的区别。

在杀人故意心理支配下，客观上实施了杀人行为的，应当认定为故意杀人罪；在伤害故意心理支配下，客观上实施了伤害行为的，应当认定为故意伤害罪。

行为人主观上是否具有杀人或者伤害的故意，要通过考察客观事实来认定，必须查明犯罪的起因、经过和结果，犯罪的手段、工具，打击部位和强度，犯罪的时间、地点、环境与条件，犯罪人犯罪前后的表现，犯罪人与被害人之间的关系等案件事实，全面分析、综合判断。例如，行为人持枪瞄准被害人的心脏开枪，无论行为人怎样否定其杀人故意，都会被认定为故意杀人罪。行为人使用木棒，在完全可以打击被害人头部等要害部位的场合，却选择打击被害人背部、腿部的，即使行为人承认有杀人故意的，也不能认定为故意杀人罪。当然，如果打击背部、腿部是事出有因，如被害人躲闪等，又有其他客观事实证明行为人具有杀人故意，当然可以认定为故意杀人罪。所以，应当综合考虑主客观方面的全部事实，正确区分故意杀人罪与故意伤害罪。

对于经常发生的无故寻衅，不计后果，动辄用刀子捅人的突发性案件，行为人的犯罪故意内容往往是不确定的，犯罪行为无论是造成轻伤害、重伤害还是死亡结果，均在行为人的故意之中，因此应以行为实际造成的结果定罪，造成轻伤或者重伤结果的，以（直接）故意伤害论处，造成死亡结果发生的，以（间接）故意杀人罪论处。

4. 犯罪形态。

故意伤害致人轻伤的，不存在犯罪未遂问题。行为人主观上只想造成轻伤结果，而实际上未造成轻伤结果的，不以犯罪论处。重伤意图非常明显，且已经着手实行重伤行为，由于意志以外的原因没有得逞的，按故意伤害致人重伤未遂处理。如果只造成轻伤的，按故意伤害（轻伤）罪处理。

5. 伤害致死的认定。

这是典型的结果加重犯。故意伤害没有致人死亡的，不得认定为故意伤害致死的未遂犯。故意伤害致死要求伤害行为是故意的，但对于致死的结果是过失，即对他人死亡的结果具有预见可能性，并且要求伤害行为与死亡结果之间具有直接因果关系。

> 故意伤害致死惩罚的是对伤害行为有故意，但对死亡结果只有过失的行为。如果对死亡结果有故意，就是故意杀人行为了。

6. 故意伤害罪的罪数。

（1）当伤害行为属于其他罪的法定手段时，不得认定为数罪，而应认定为其他罪。刑法中很多罪名，如妨害公务罪、非法拘禁罪、抗税罪，其犯罪构成中包含了故意伤害造成轻伤的情形，对于这些罪，故意伤害造成轻伤的行为是其犯罪构成的一部分，不再单独认定为故意伤害罪。

（2）行为人多次伤害他人或者伤害多人的，不能数罪并罚。对于伤害的结果，应以其中最重的一种结果来确定量刑幅度，其他的伤害结果作为量刑情节考虑。量刑时，也不能将多个轻伤结果上升为重伤，不能将多个轻微伤上升为轻伤。

（3）在其他犯罪中的伤害行为如果达到重伤、死亡的程度，能够转化为故意伤害罪（法律拟制）。但这种转化以法律明文规定为限。

《刑法》第238条、第247条、第248条、第289条、第292条、第333条都可以转化为本罪。

【示例1】甲是警察。他刑讯逼供致人重伤。根据《刑法》第247条的规定，甲构成故意伤害罪。

【示例2】乙是无业人员。他抢劫致人重伤。根据《刑法》第263条的规定，乙仍然构成抢劫罪。

【示例3】下列说法正确的是：[1]

A. 甲为了报复乙，故意于某日晚上将自己装扮成鬼神的模样，潜入乙的卧室，并惊醒乙。乙醒后见状，精神受到强烈刺激，以致精神严重失常。甲的行为成立故意伤害罪

B. 甲明知患有性病，为报复乙，故意与乙发生性关系，使乙也染上严重的性病。甲的行为成立传播性病罪

C. 甲在一个月内，多次殴打他人，每一次的结果都是轻微伤。对甲的行为可以以故意伤害罪定罪处罚

D. 甲为向乙索要赌债，而将乙非法拘禁，并且在拘禁过程中多次对乙进行殴打，造成乙轻伤。甲的行为应认定为故意伤害罪

【分析】A正确。故意伤害包括这种直接给他人造成精神损害的情形。B也是故意伤害罪。C不构成故意伤害罪，可以定寻衅滋事罪。D仍然是非法拘禁罪。只有在非法拘禁中使用暴力致人伤残的才定故意伤害罪。伤残一般是指重伤。

【示例4】甲望子成龙心切，因为儿子乙不听话，就用皮带抽打儿子。没想到，才打了两下，儿子就倒地昏迷，经抢救无效死亡。甲成立何罪？

【分析】由于甲没有伤害的故意，对这种情形一般应认定为过失致人死亡罪。

【经典真题】

下列哪一行为不应以故意伤害罪论处？[2]（2012－2－16）

A. 监狱监管人员吊打被监管人，致其骨折

---

〔1〕【答案】A
〔2〕【答案】D

B. 非法拘禁被害人，大力反扭被害人胳膊，致其胳膊折断

C. 经本人同意，摘取 17 周岁少年的肾脏 1 只，支付少年 5 万元补偿费

D. 黑社会成员因违反帮规，在其同意之下，被截断 1 截小指头

【考点】法律拟制、转化犯、组织出卖人体器官罪、被害人承诺

【解题思路与常见错误分析】选项 A，《刑法》第 248 条规定，监狱、拘留所、看守所等监管机构的监管人员对被监管人进行殴打或者体罚虐待，致人伤残、死亡的，依照故意伤害罪、故意杀人罪的规定定罪从重处罚。此处属于"致人伤残"，应认定为故意伤害罪。

选项 B，《刑法》第 238 条规定，非法拘禁他人，使用暴力手段致人伤残的，按照故意伤害罪定罪处罚。

这两项都是法律的特别规定。由于其不要求必须具备故意伤害罪的"故意"，所以学者认为这是法律的拟制规定。理论上也把这两种情形称为转化犯。

选项 C，本项考查《刑法修正案（八）》新增的组织出卖人体器官罪。根据法条，如果被害人对本项情形不具有承诺资格（即无权承诺），组织出卖者构成故意伤害罪。如果被害人年满 18 周岁，则取得承诺资格，组织出卖者不构成故意伤害罪，构成组织出卖人体器官罪。

选项 D，黑社会性质组织在被害人同意的情况下，截断其 1 截小指头。这属于轻伤，因此属于被害人有权承诺的范围，不构成犯罪。

【同类考点总结】很多考生认为选项 B 中"大力反扭被害人胳膊，致其胳膊折断"不一定属于故意犯罪。他们认为这完全可能是过失致人重伤。如果不是故意犯罪，则不能构成故意伤害罪。这一看法是错误的。根据《刑法》第 238 条的规定，只要"使用暴力致人伤残、死亡的"，即依照本法第 234 条（故意伤害罪）、第 232 条（故意杀人罪）的规定定罪处罚。法条在此并未要求必须使用暴力"故意"致人伤残、死亡。所以刑法理论上认为这里的规定是一种特别的法律拟制，即无论有无故意，只要"使用暴力致人伤残、死亡的"，即依照故意伤害罪、故意杀人罪的规定定罪处罚。选项 A 与此同理。

四、强奸罪★★★

（一）考点提炼

构成要件
- 对已满 14 岁妇女：方式有暴力、胁迫或者其他手段，如醉酒、药物麻醉等
- 对幼女及精神病患者或者严重程度的痴呆者：不论意愿，不论采取的手段，只要与之发生性关系，均构成本罪
- 与间歇性精神病人，在其精神正常的时候经其同意发生性关系：不构成犯罪

轮奸：两男以上在同一时间对同一女性实行强奸

责任形式：故意，如果奸淫幼女的，必须明知对方是幼女或可能是幼女

刑法分则中某些条文对强奸行为的具体处理规定
- 定本罪
  - 收买被拐卖的妇女强行与之发生性关系的
  - 利用职权、从属关系，以胁迫手段奸淫现役军人的妻子
- 定拐卖妇女罪：拐卖妇女中奸淫被拐卖的妇女的

其他知识点
- 行为人利用其与被害妇女之间特定的关系，迫使其就范的都构成本罪
- 利用职权胁迫妇女与之发生性关系的，成立本罪
- 第一次强奸，后通奸的，不以本罪论
- 先通奸，后强奸的，以本罪论

强奸致使被害人重伤、死亡
- 仅定本罪：没有另起犯意，而是强奸行为本身直接导致被害人伤亡
- 数罪并罚：强奸过程中另起犯意，造成被害人伤亡

（二）相关法条

《刑法》

第二百三十六条 【强奸罪】以暴力、胁迫或者其他手段强奸妇女的，处三年以上十年以下有期徒刑。

奸淫不满十四周岁的幼女的，以强奸论，从重处罚。

强奸妇女、奸淫幼女，有下列情形之一的，处十年以上有期徒刑、无期徒刑或者死刑：

（一）强奸妇女、奸淫幼女情节恶劣的；

（二）强奸妇女、奸淫幼女多人的；

（三）在公共场所当众强奸妇女、奸淫幼女的；

（四）二人以上轮奸的；

（五）奸淫不满十周岁的幼女或者造成幼女伤害的；

（六）致使被害人重伤、死亡或者造成其他严重后果的。

《刑法》第 241 条、第 259 条、第 300 条部分内容包含强奸罪。

司法解释：

最高人民法院、最高人民检察院、公安部、司法部印发《关于依法惩治性侵害未成年人犯罪的意见》的通知

（三）考点解读

1. 强奸罪的构成要件。

（1）强奸罪在客观方面表现为以暴力、胁迫或者其他手段强奸妇女的行为或者与不满 14 周岁的幼女发生性交的行为。性交行为违背妇女意志是强奸罪的本质特征。违背妇女意志，即指性交当时未取得妇女的同意。但一般应当排除丈夫违背妻子意志强行与妻子性交的情形。不过，在司法实践中，也有将丈夫极为恶劣的强迫妻子性交的行为认定为强奸罪的判例。

（2）强奸罪的行为方式。

强奸罪的行为方式包括暴力、胁迫或者其他手段三种。

① "暴力手段"，是指犯罪分子直接对被害妇女采用殴打、捆绑、卡脖子、按倒等危害人身安全或者人身自由，使妇女不能抗拒的手段。

② "胁迫手段"，是指犯罪分子对被害妇女威胁、恐吓，达到精神上的强制的手段。如以将行凶报复、揭发隐私、加害亲属等相威胁；利用迷信进行恐吓、欺骗；利用教养关系、从属关系、职权以及孤立无援的环境条件，进行挟制、迫害等，迫使妇女忍辱屈从，不敢抗拒。

③其他手段是指利用暴力、胁迫以外的，使被害妇女不知抗拒或者无法抗拒的手段。例如，利用妇女患重病、熟睡之机，进行奸淫；以醉酒、药物麻醉；以及利用或者假冒治病，利用催眠术使妇女不知反抗等方法对妇女进行奸淫。

（3）强奸幼女的行为方式。

在奸淫幼女的情况下，由于幼女无法正确表达意志，不论幼女是否愿意，不论采取什么手段，只要与幼女发生性交，都构成强奸罪。

> 奸淫幼女罪已取消，奸淫幼女的行为按强奸罪处理，但奸淫幼女的行为与强奸 14 周岁以上妇女的行为在行为方式上仍存在区别，应注意掌握。

（4）轮奸的认定。

轮奸是一种严重的强奸形式。根据法律的规定，轮奸不是一个单独的罪名，而是适用

加重法定刑的情节。轮奸是二男以上在同一时间对同一妇女实行强奸，并且要有共同强奸的故意，即使其中一人因意志以外的原因未得逞的，仍然属于轮奸，且既遂。

2. 强奸罪的责任形式。

我国刑法一直坚持主客观相一致的定罪原则，因此，在奸淫幼女的犯罪行为上也不允许客观归罪，要求行为人在主观上必须有故意。故意是认识因素与意志因素的统一。在强奸罪中，认识内容包括奸淫对象是不满14周岁的幼女，奸淫幼女的结果是损害幼女的身心健康，等等。幼女的法定年龄是一个关键问题，行为人对此必须有认识，或者明知女方一定是幼女，或者明知女方可能是幼女，或者不管女方是否是幼女，在此基础上决意实施奸淫行为的，就具备强奸罪的责任形式。幼女早熟，身材高大，且虚报年龄，行为人在不知道也不可能知道其为幼女的情况下，经幼女同意发生性交的，不能认定为强奸罪。因为行为人并不明知对方是幼女，缺乏强奸罪的故意。如果对此认定为强奸罪，则有客观归罪之嫌。

> 对于犯罪对象为14周岁以上、精神正常的女性：违背本人意志发生性行为才认定为强奸罪。对于犯罪对象为幼女、精神病患者或者重度痴呆者：只要行为人对犯罪对象的年龄或者精神状况有认识，不论犯罪对象是否愿意，都定强奸罪。只要认识到被害人可能是幼女的，即属于"明知"被害人是幼女。

2013年，最高人民法院、最高人民检察院、公安部、司法部联合发布的《关于依法惩治性侵害未成年人犯罪的意见》（以下简称《意见》）对此也作了明确的规定。

《意见》第19条第1款首先明确，知道或者应当知道对方是不满14周岁的幼女，而实施奸淫等性侵害行为的，应当认定行为人"明知"对方是幼女。这是认定奸淫幼女等性侵害犯罪主观明知问题的总原则。

第19条第2款、第3款以幼女年龄是否达到12周岁为标准，对如何认定"明知"，分别予以指导和规范。第2款规定，对于不满12周岁的被害人实施奸淫等性侵害行为的，应当认定行为人"明知"对方是幼女。即使被害人身体发育、言谈举止等呈早熟特征，行为人亦辩称其误认被害人已满14周岁，也不应采信其辩解。如此规定主要考虑：经过对大量审结案例进行统计分析，并广泛征求各方意见，12周岁以下幼女基本都处在接受小学教育阶段，社会关系简单，外在幼女特征相对较为明显；即使极个别幼女身体发育早于同龄人，但一般人从其言谈举止、生活作息规律等其他方面通常也足以观察其可能是幼女，而且从对幼女进行特殊保护的立场考虑，也不应存在争议。故《意见》将对不满12周岁的被害人实施奸淫等性侵害行为，规定为"应当"认定行为人"明知"对方是幼女。

考虑到已满12周岁不满14周岁年龄段的幼女，其身心发育特点与已满十四周岁的未成年少女较为接近，《意见》第19条第3款规定，从被害人身体发育状况、言谈举止、衣着特征、生活作息规律等观察可能是幼女，而实施奸淫等性侵害行为的，也应当认定行为人"明知"对方是幼女。

3. 刑法分则中某些条文对强奸行为的具体处理规定。

（1）收买被拐卖的妇女强行与其发生性关系的，以强奸罪论处；

（2）拐卖妇女的犯罪分子奸淫被拐卖的妇女的，以拐卖妇女罪定罪处罚，不定为强奸罪；

（3）利用职权、从属关系，以胁迫手段奸淫现役军人的妻子的，定强奸罪。

4. 认定强奸罪应注意的几个问题。

（1）有教养关系、从属关系和利用职权与妇女发生性行为的，不能都视为强奸。

①行为人利用其与被害妇女之间特定的关系，迫使就范，如养（生）父以虐待、克扣生活费迫使养（生）女容忍其奸淫的构成强奸罪。

②利用职权与妇女发生性关系并不一定都成立强奸罪。利用职权进行胁迫，违背妇女意志与妇女发生性关系的，成立强奸罪。男女双方相互利用，各有所图，女方以肉体作为换取私利的条件，从而发生性关系的，属于通奸行为，不按强奸处理。区别的关键在于男方是否利用职权进行胁迫。

③对已满十四周岁不满十六周岁的未成年女性负有监护、收养、看护、教育、医疗等特殊职责的人员，与该未成年女性发生性关系的，处三年以下有期徒刑；情节恶劣的，处三年以上十年以下有期徒刑。有此行为，同时又构成强奸罪的，依照处罚较重的规定定罪处罚。

（2）强奸与通奸的区别与联系。注意第一次强奸，后通奸的，不以强奸罪处理。先通奸，后强奸的，按强奸罪处理。

（3）强奸与求奸未成的区别与联系。求奸者主观上准备与妇女通奸，不具有强行奸淫的决意；客观上往往表现为口头提出要求，或者以行为进行挑逗，甚至拥抱猥亵，拉扯其衣服。一旦妇女表示拒绝，就停止自己的行为，而不使用暴力、胁迫等手段强行与妇女发生性关系。不能将求奸过程中的拉扯行为认定为强奸中的暴力手段。

5. 强奸发生被害人重伤、死亡的处理。

强奸"致人重伤、死亡"，是指因强奸妇女、奸淫幼女导致被害人性器官严重损伤，或者造成其他严重伤害，甚至当场死亡或者经治疗无效死亡的。对于强奸犯出于报复、灭口等动机，在实施强奸的过程中，杀死或者伤害被害妇女、幼女的，应分别定为强奸罪、故意杀人罪或者故意伤害罪，数罪并罚。

> 对此应该理解为，如果在强奸过程中另起伤害或者杀人的犯意并实施了相应的行为，则按数罪并罚处理；如果没有另起犯意，而是强奸行为本身直接导致被害人伤亡的，就按强奸罪一罪处理。这符合一罪与数罪认定的基本原理，即在另起犯意的情况下，除非法律有特别规定，一般都认定为数罪并罚。

【示例1】某原反贪局侦查员张某在审理周某贪污案时，明知周某有受贿40万元的犯罪事实，却故意将案件材料销毁，帮助周某逃避惩罚。周某获释后，张某多次以此为要挟，将周某奸污。对张某的行为应如何认定？[1]

A. 按照徇私枉法罪和强奸罪择一重罪处罚

B. 按照徇私枉法罪和强奸罪实行数罪并罚

C. 按照伪证罪和强奸罪数罪并罚

D. 按照滥用职权罪定罪处罚

【分析】张某的行为是两个独立的行为，应实行数罪并罚。

【示例2】下列说法不正确的是：[2]

A. 甲男某日在路上遇到同学乙女，邀其到家中坐坐，然后提出跳舞。甲以为乙对其有意思，乘势将乙推倒在床上，意欲与其发生性关系。乙将甲从身上推开，并斥责甲。甲立即放弃，并向乙道歉。甲的行为构成强奸罪（未遂）

---

[1]【答案】B

[2]【答案】ACD

B. 甲与乙长期通奸，后甲决定中断通奸关系，不再和乙来往。但乙坚决不肯，仍然先后三次采用暴力手段，强行与甲发生性关系。乙的行为构成强奸罪

C. 高某与女青年张某相识后，两人多次发生了性关系。后来经鉴定，张某一直患有精神病，不具有辨认自己行为的能力，但高某在这之前一直不知道。高某的行为成立强奸罪

D. 李某在拐卖某妇女的过程中，又奸淫了该妇女，李某的行为成立拐卖妇女罪和强奸罪，并实行数罪并罚

【分析】 A属于求奸不成即主动放弃的，不构成强奸罪。D仅构成拐卖妇女罪一罪。

【示例3】甲乘邻居乙（女，29岁）一人在家之机，闯进乙家，锁上房门，提出和乙发生性关系。乙不同意，甲即把乙从里间门口推倒在里间床上，按住乙的双手，骑在乙的身上。乙在反抗中抓撕甲的脖子，甲卡住乙的脖子，使乙无法反抗，然后把乙的裤子扒到臀部以下，欲行强奸。乙急中生智，说："俺丈夫马上要回来"，并看了一下手表。甲闻听，就罢手起身，向乙赔礼后走掉。关于甲的行为，说法不正确的是：[1]

A. 强奸罪（未遂）　　　　　　　B. 强制猥亵罪（既遂）

C. 强奸罪（中止）　　　　　　　D. 强奸罪（预备）

【分析】 甲的行为构成强奸罪，在着手犯罪以后，由于意志以外的原因而被迫停止犯罪，属于犯罪未遂。

【示例4】张某于一日深夜，蒙面对邻居高某使用暴力并将其奸淫，后怕高某认出自己，又将高某杀死。对张某的行为：[2]

A. 按照强奸罪和故意杀人罪数罪并罚

B. 按照强奸罪和故意杀人罪择一重罪处断

C. 按照故意杀人罪处罚

D. 按照强奸罪定罪处罚

【分析】 在强奸后杀人灭口的，应以强奸罪与故意杀人罪实行数罪并罚，这与抢劫后杀人灭口的处理相同。

五、负有照护职责人员性侵罪

（一）相关法条

《刑法》

第二百三十六条之一　【负有照护职责人员性侵罪】对已满十四周岁不满十六周岁的未成年女性负有监护、收养、看护、教育、医疗等特殊职责的人员，与该未成年女性发生性关系的，处三年以下有期徒刑；情节恶劣的，处三年以上十年以下有期徒刑。

有前款行为，同时又构成本法第二百三十六条规定之罪的，依照处罚较重的规定定罪处罚。

（二）考点解读

本罪为《刑法修正案（十一）》新增的犯罪。本罪是利用优势地位与未成年女性发生性关系的行为。基于对未成年女性的特别保护，刑法规定了本罪。在本罪中，未成年女性是自愿与这些人发生性关系的。但是，由于这些人具有特殊地位，未成年女性可能基于崇

---

〔1〕【答案】BCD

〔2〕【答案】A

拜、懦弱等原因而与其发生性关系。这些人对未成年女性负有特殊职责，却利用其优势地位引诱未成年女性与其发生性关系，确实应当予以惩罚。

犯本罪，同时又构成本法第二百三十六条规定之罪的，依照处罚较重的规定定罪处罚。

六、强制猥亵、侮辱罪

（一）相关法条

《刑法》

第二百三十七条　【强制猥亵、侮辱罪】以暴力、胁迫或者其他方法强制猥亵他人或者侮辱妇女的，处五年以下有期徒刑或者拘役。

聚众或者在公共场所当众犯前款罪的，或者有其他恶劣情节的，处五年以上有期徒刑。

（二）考点解读

强制猥亵、侮辱罪是指以暴力、胁迫或者其他方法强制猥亵他人或者侮辱妇女的行为。

> 《刑法修正案（九）》将本罪中强制猥亵行为的犯罪对象从妇女扩大到"他人"，即包括男性。由于猥亵男女在方式上有所不同，所以本书分成两部分来讲。

1. 强制猥亵、侮辱妇女的行为。

（1）犯罪目的是以损害女性的羞耻心、性的自决权的方式来侮辱妇女，但不具有强奸的目的。本罪的行为人通常具有寻求性的满足和下流无耻的精神刺激的目的，但并不绝对。只要有以损害妇女性的羞耻心、性的自决权的方式来猥亵、侮辱妇女为目的的，都能成立本罪。

【示例】甲的妻子乙与人通奸，被甲发现。甲很气愤，就将乙的衣服脱光，持刀强迫乙在大街上赤裸行走长达一小时。甲的行为能否成立强制侮辱罪？

【分析】甲虽然没有追求性刺激的目的，但其行为确实损害了乙的性的羞耻心、性的自决权，所以甲的行为能够成立强制侮辱罪。

（2）侮辱妇女时，行为对象必须是已满 14 周岁的妇女，不包括男性和儿童。行为人故意杀害被害妇女后，再针对尸体实施猥亵、侮辱行为的，应认定为故意杀人罪和侮辱尸体罪，实行数罪并罚。

（3）必须是使用了暴力、胁迫或者其他使妇女不能反抗、不敢反抗、不知反抗的方法。即对本罪中的暴力、胁迫或者其他方法，应当与强奸罪客观方面的暴力、胁迫或者其他方法作相同的解释。

（4）必须是实施了猥亵、侮辱行为。猥亵妇女就是指针对妇女实施的，能够刺激、兴奋、满足行为人或者第三人性欲，损害善良风俗，违反良好性道德观念，且不属于奸淫的行为。通常表现为抠摸、吸吮、强吻、搂抱、鸡奸、兽奸、手淫等。

强制猥亵行为不以公然实施为前提，即使在非公开场合，也可以成立。另外，猥亵行为具有相对性。在不同的猥亵罪中，猥亵行为的范围并不相同。强制猥亵妇女与猥亵幼女的行为，只能是性交以外的行为。但是，猥亵幼男的行为则包括性交行为。即已满 16 周岁的妇女与幼男发生性交的，构成猥亵儿童罪。

侮辱妇女，是指以各种淫秽下流的语言或者动作伤害妇女性的羞耻心且不属于奸淫的行为。如追逐、堵截妇女；多次偷剪妇女的发辫、衣服，向妇女身上泼洒腐蚀物，涂抹污物，故意向妇女显露生殖器或者用生殖器顶擦妇女身体等。侮辱行为也不以公然实施为前提。

猥亵与侮辱一般都具有刺激或者满足性欲需要的内容，二者并无本质区别。有些行为既是猥亵行为又是侮辱行为，如向妇女显露生殖器，用生殖器顶擦妇女身体等。对于犯罪对象是儿童的，更不能区分猥亵与侮辱行为。否则会造成两种后果：一是猥亵儿童的是犯罪行为，而侮辱儿童的不是犯罪；二是猥亵儿童的是猥亵儿童罪，侮辱儿童的成立侮辱罪。这两种结果都不合理。

2. 强制猥亵男性的行为。

对于男性，本罪只惩罚强制猥亵男性的行为，不惩罚强制侮辱男性的行为。对于与性无关的强制侮辱男性的行为，刑法在侮辱罪作了统一的规定。此处的猥亵行为是指与性相关的，侵害男性性的羞耻心、性的自主权的行为。

《刑法修正案（九）》作此规定，主要是因为，近年来，在我国各地都出现了男性被男性或者被女性"强奸"（男性被强迫与他人发生性行为）的案例。由于强奸罪明确规定其犯罪对象仅为女性，导致男性被强奸的案件无法立案。然而，男性也具有性的羞耻心、性的自主权，损害男性这种权益的，也应当构成犯罪。本次刑法修改，立法者没有响应专家的呼声，将强奸罪的犯罪对象修改为他人，而是将强制猥亵妇女罪的犯罪对象扩大为男性。立法者这样做的理由，可能是考虑到男性被强奸的危害性和女性被强奸的危害性并不相同。因此，强迫男性发生性行为的构成强制猥亵罪。

不以发生性行为为目的的强制猥亵男性也构成强制猥亵罪。本罪的犯罪主体包括男性和女性。

【示例1】张某，男，62岁。张某因为不满镇政府领导迟迟不解决自己的问题，就到镇政府办公的院子里公然辱骂镇领导王某。镇政府工作人员甲（男，22岁）见领导很生气，就主动帮领导"出气"。他到镇政府的旱厕里包了一包大粪，将大粪抹到张某的嘴角、衣服上。甲构成强制猥亵他人罪吗？

【分析】不构成。甲的行为没有侵犯张某性的羞耻心、性的自主权。甲的行为构成侮辱罪。

【示例2】甲是同性恋，他将男性乙灌醉后，强行与乙进行了肛交。甲构成犯罪吗？如果乙只有12岁，甲也明知呢？

【分析】（1）甲构成强制猥亵罪。（2）如果甲明知乙只有12岁，还对乙进行性侵的，甲构成猥亵儿童罪。

【示例3】甲女暗恋乙男很久。某日，她听说乙男即将出国。想到乙男出国后，就再也无缘相见，甲女很是痛心。她从网上买了一包催情药，将药下在酒里，然后邀请乙男来喝酒。乙男在药力的作用下，在不自愿的情况下与甲女发生了性行为。事后，乙男立即报警。甲女构成犯罪吗？

【分析】甲女构成强制猥亵罪。

3. 强制侮辱罪与侮辱罪的区别。

一般认为，侮辱罪主观上是为了败坏他人名誉，并要求公然性。强制侮辱罪是为了满足性刺激，但也有不同情形。所以，行为人只要在侵犯名誉权的同时，又侵犯了被害人性的自决权、性的羞耻心的，就应当按强制侮辱罪定罪处罚，因为，强制侮辱罪的法定刑比侮辱罪重。

4. 强奸罪（未遂）与强制猥亵、侮辱罪（犯罪对象为女性）的区别。

强奸罪也可能使用暴力、胁迫手段，所以区别二罪的关键是主观故意。司法实践中，强制猥亵妇女往往是强奸的先前行为，前者被后者吸收。但是，在有些案件中，行为人明显具有强制猥亵妇女和强奸两个犯罪的主观故意和客观行为，则应当实行数罪并罚。

5. 强制猥亵罪的加重处罚情节。

根据《刑法》第237条的规定，强制猥亵他人、侮辱妇女的处5年以下有期徒刑或者拘役；聚众或者在公共场所当众犯前罪的，或者有其他恶劣情节的，处5年以上有期徒刑。

七、猥亵儿童罪

（一）相关法条

《刑法》

第二百三十七条第三款　猥亵儿童的，处五年以下有期徒刑；有下列情形之一的，处五年以上有期徒刑：

（一）猥亵儿童多人或者多次的；

（二）聚众猥亵儿童的，或者在公共场所当众猥亵儿童，情节恶劣的；

（三）造成儿童伤害或者其他严重后果的；

（四）猥亵手段恶劣或者有其他恶劣情节的。

（二）考点解读

为了加强对未成年人的保护，《刑法修正案（十一）》对本罪进行了完善，赋予其独立的法定刑，详细规定了本罪的加重情节。

【示例】 甲于某日晚上潜入单独在家的妇女乙家。甲使用暴力准备强奸乙，乙极力反抗。乙后来害怕自己的反抗会导致被杀，就提出可以让甲对自己进行猥亵。甲停止了暴力行为，对乙进行了猥亵。后离开乙家逃离。关于本案，正确的是：[1]

A. 甲的行为成立强奸罪中止

B. 甲的行为成立强奸罪未遂

C. 由于甲是在得到被害人乙的承诺后对乙实施了猥亵，所以，其猥亵行为不构成犯罪

D. 对于甲的行为应按强奸罪和强制猥亵妇女罪，从一重罪处罚

【分析】 甲停止强奸的行为成立犯罪中止。乙同意甲对其进行猥亵，不能阻止甲的行为构成犯罪。对甲的强奸行为和强制猥亵行为应当实行数罪并罚。

表34　强制猥亵、侮辱罪的各种情形

强行与14周岁以上的女性发生性行为的	强奸罪
强行与不满14周岁的女童发生性行为的	强奸罪
强行与14周岁以上的男性发生性行为的	强制猥亵罪
强行与不满14周岁的男童发生性行为的	猥亵儿童罪
强行猥亵14周岁以上的女性的	强制猥亵罪
强行猥亵不满14周岁的女童的	猥亵儿童罪

---

[1] 【答案】A

续表

强行猥亵 14 周岁以上的男性的	强制猥亵罪
强行猥亵不满 14 周岁的男童的	猥亵儿童罪
强制侮辱 14 周岁以上的妇女的	强制侮辱罪
强制侮辱 14 周岁以上的男性的（不使用猥亵方法）	侮辱罪
强制侮辱儿童的（不使用猥亵方法）	侮辱罪

八、非法拘禁罪 ★★★★★

（一）考点提炼

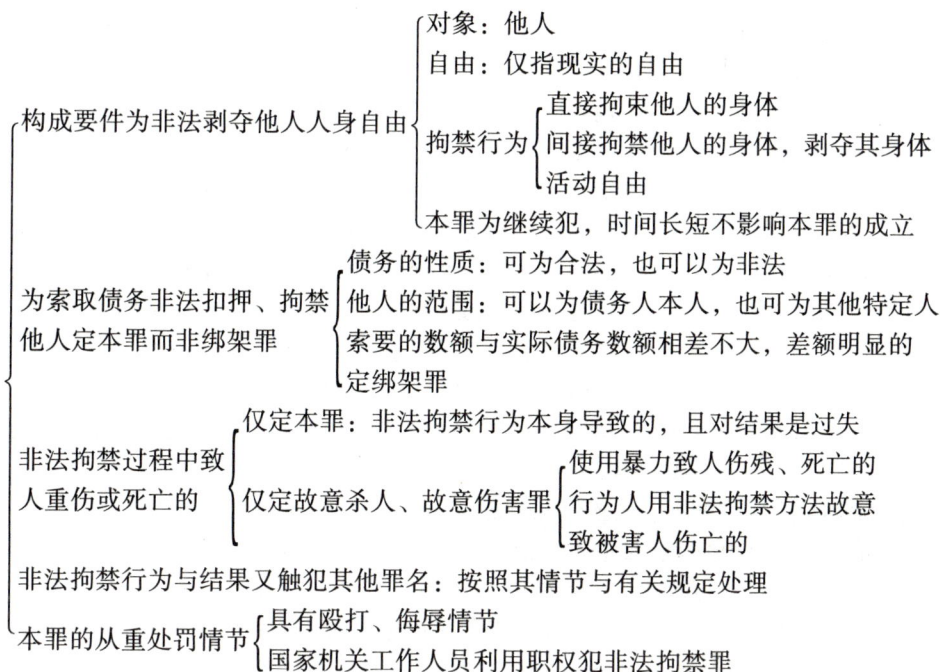

（二）相关法条

《刑法》

第二百三十八条　【非法拘禁罪】非法拘禁他人或者以其他方法非法剥夺他人人身自由的，处三年以下有期徒刑、拘役、管制或者剥夺政治权利。具有殴打、侮辱情节的，从重处罚。

犯前款罪，致人重伤的，处三年以上十年以下有期徒刑；致人死亡的，处十年以上有期徒刑。使用暴力致人伤残、死亡的，依照本法第二百三十四条、第二百三十二条的规定定罪处罚。

为索取债务非法扣押、拘禁他人的，依照前两款的规定处罚。

国家机关工作人员利用职权犯前三款罪的，依照前三款的规定从重处罚。

司法解释：

最高人民法院《关于对为索取法律不予保护的债务非法拘禁他人行为如何定罪问题的解释》

（三）考点解读

非法拘禁罪是指非法拘禁他人或者以其他方法非法剥夺他人人身自由的行为。

1. 本罪的构成要件。

本罪的构成要件是非法剥夺他人人身自由的行为。

（1）行为对象：他人。没有限制，可以是守法公民，也可以是犯有错误或者有一般违法行为的人，还可以是犯罪嫌疑人、被告人等，但必须是具有身体活动自由的人。身体活动自由只要具有基于意识从事身体活动的能力即可，不要求具有刑法上的辨认控制能力与民法上的法律行为能力，故能够行走的幼儿、精神病患者、醉酒的人都可以成为本罪的对象。

（2）自由仅指现实的自由，不包括可能的自由。人身自由是意志自由与行动自由的统一。非法拘禁罪侵犯的不是单纯的意志自由，而是个人意志下的行动自由。

【示例】将已经入睡的人反锁在房间，待其醒来前又将锁打开的，不成立本罪。如果行为对象没有认识到自己被剥夺自由的事实，就表明行为没有妨害其意思活动，因而没有侵犯其人身自由，即本罪的对象必须认识到自己被剥夺自由的事实。

（3）拘禁行为。非法剥夺自由行为包括两类：一是直接拘束他人的身体，剥夺其身体活动自由，如捆绑他人四肢，使用手铐拘束他人双手；另一类是间接拘束他人的身体，剥夺其身体活动自由，即将他人监禁于一定场所，使其不能或者明显难以离开、逃出。如非法逮捕、拘留、监禁、扣押、绑架、办封闭式学习班、隔离审查等。剥夺人身自由的方法可以是有形的，也可以是无形的。例如，将妇女洗澡时的换洗衣服拿走，使其不敢走出浴室，就是无形的方法。此外，无论是采用暴力、胁迫方法拘禁他人，还是利用他人的恐惧心理予以拘禁，如使被害人进入货车车厢后高速行驶，使之不敢轻易下车，都不影响本罪的成立。使用欺诈方法剥夺他人自由，也可以成立非法拘禁罪。

（4）非法拘禁罪是继续犯，时间长短原则上不影响本罪的成立，只影响量刑。但时间过短的拘禁行为，不能认定为本罪。

2. 为索取债务非法扣押、拘禁他人的处理。

为索取债务非法扣押、拘禁他人的，构成非法拘禁罪，不构成绑架罪。

（1）债务的范围：包括合法债务和非法债务。

最高人民法院《关于对为索取法律不予保护的债务非法拘禁他人行为如何定罪问题的解释》规定，行为人为索取高利贷、赌债等法律不予保护的债务，非法扣押、拘禁他人的，依照非法拘禁罪定罪处罚。

债务主要是指双方都承认的债务，单方主张的债务必须要存在相应的事实根据，而不能主张无根据的债务。至于债务是否已经过有关机关和人员的确认不影响犯罪的成立。

（2）他人的范围。立法中的他人没有明确限定为债务人本人。包括债务人本人和与债务人有共同财产关系、抚养、扶养等关系的第三者。如果随意绑架无关人员，仍有可能构成绑架罪。

（3）索要的数额与实际的债务数额不相符的问题。

如果行为人索要的钱财没有超出被害人所欠的债务的范围，或者二者之间差额不大，就不能以绑架罪定罪处罚。只有行为人索要的钱财明显大于被害人所欠的债务，行为的性质已经超出为索取债务而非法限制他人人身自由的范围，实质上成为以非法拘禁、扣押人质为手段勒索他人钱财时，才能以绑架罪定罪处罚。至于行为人索要的钱财与被害人所欠债务的差额究竟多大，才以绑架罪定罪处罚，现行刑法和有关司法解释没有明确规定。实践中，一般应当综合考虑被告人实际索要钱物的绝对数额是否巨大；索要超出债务本身的钱物数额与债务本身的数额差额是否巨大；情节是否恶劣等，依法认定。

此乃超高频考点。

3. 非法拘禁导致被害人重伤或者死亡的处理。

根据导致被害人重伤或者死亡的原因不同，处理结果也不同。主要有以下三种情形：

（1）按结果加重犯处理。

非法拘禁致人重伤、死亡，是指非法拘禁行为本身导致被害人重伤、死亡。对于结果只能是出于过失。如：甲在非法拘禁乙的过程中，由于捆绑乙的绳索过紧，致使乙后来窒息死亡。甲对乙死亡的结果在主观上属于过失，应当认定为非法拘禁致人死亡。

（2）按故意伤害罪、故意杀人罪处理。

使用暴力致人伤残、死亡的，按故意伤害罪、故意杀人罪处理，不实行数罪并罚。注意，一定是要使用了暴力故意致人伤残、死亡的，才发生转化。

使用暴力致人伤残、死亡是指在非法拘禁中使用超出拘禁行为所必需的范围的暴力致人伤残、死亡的。此时应当认定为故意伤害罪或者故意杀人罪。

> 这也是超高频考点。由于法律仅规定"使用暴力致人伤残、死亡"，未要求行为人具有伤害、杀害故意，所以只要是"使用暴力致人伤残、死亡"的，即使行为人无伤害、杀害故意，也要认定为故意伤害罪、故意杀人罪。从这个角度讲，本规定是法律拟制。

（3）行为人用非法拘禁方法故意使被害人因冻饿等原因而死亡、受伤的，属于牵连犯，按故意伤害、故意杀人罪处理。

（4）非法拘禁行为与结果又触犯其他罪名的，应按照其情节与有关规定处理。例如，以非法绑架、扣留他人的方法勒索财物的，成立绑架罪；以出卖为目的绑架妇女的，构成拐卖妇女罪；收买被拐卖的妇女、儿童后，又非法剥夺其人身自由的，实行数罪并罚。

4. 本罪的从重处罚情节。

（1）非法拘禁中具有殴打、侮辱情节的，从重处罚。

（2）国家机关工作人员利用职权犯非法拘禁罪或者因非法拘禁而转化成的故意伤害、故意杀人罪的，从重处罚。

> 虽然行为人有殴打、暴力侮辱情节，但如果适用第2款"使用暴力致人伤残、死亡时"，就不再适用"具有殴打、侮辱情节的，从重处罚"这个量刑情节了，避免把同一个殴打情节重复评价两次。

【经典真题】

《刑法》第二百三十八条第一款与第二款分别规定："非法拘禁他人或者以其他方法非法剥夺他人人身自由的，处三年以下有期徒刑、拘役、管制或者剥夺政治权利。具有殴打、侮辱情节的，从重处罚。""犯前款罪，致人重伤的，处三年以上十年以下有期徒刑；致人死亡的，处十年以上有期徒刑。使用暴力致人伤残、死亡的，依照本法第二百三十四条、第二百三十二条的规定定罪处罚。"关于该条款的理解，下列哪些选项是正确的？[1]（2011-2-60）

A. 第一款所称"殴打、侮辱"属于法定量刑情节

---

[1]【答案】ABD

B. 第二款所称"犯前款罪，致人重伤"属于结果加重犯

C. 非法拘禁致人重伤并具有侮辱情节的，适用第二款的规定，侮辱情节不再是法定的从重处罚情节

D. 第二款规定的"使用暴力致人伤残、死亡"，是指非法拘禁行为之外的暴力致人伤残、死亡

【考点】对非法拘禁罪法条的理解

【解题思路与常见错误分析】法定量刑情节是刑法明文规定的量刑情节，所以选项A正确。

结果加重犯是指刑法对重结果规定了升格的法定刑，所以选项B正确。

"具有殴打、侮辱情节的，从重处罚"是基本规定，所以可以适用于第2款。故，犯前款罪，致人重伤的，侮辱情节仍然是法定的从重处罚情节。所以选项C的说法错误。

非法拘禁致人重伤、死亡，是指非法拘禁行为本身致被害人重伤、死亡，此时仍定非法拘禁罪，是结果加重犯。使用暴力致人伤残、死亡是指在非法拘禁中使用超出拘禁行为所必需的范围的暴力致人伤残、死亡。此时应当认定为故意伤害罪或者故意杀人罪。所以选项D正确。

【同类考点总结】（1）"具有殴打、侮辱情节的，从重处罚"是基本规定，所以可以适用于第2款。（2）使用暴力致人伤残、死亡是指在非法拘禁中使用超出拘禁行为所必需的范围的暴力致人伤残、死亡的情形。

【经典真题】

甲为要回30万元赌债，将乙扣押，但2天后乙仍无还款意思。甲等5人将乙押到一处山崖上，对乙说："3天内让你家人送钱来，如今天不答应，就摔死你。"乙勉强说只有能力还5万元。甲刚说完"一分都不能少"，乙便跳崖。众人慌忙下山找乙，发现乙已坠亡。关于甲的行为定性，下列哪些选项是错误的?[1]（2014-2-59）

A. 属于绑架致使被绑架人死亡

B. 属于抢劫致人死亡

C. 属于不作为的故意杀人

D. 成立非法拘禁，但不属于非法拘禁致人死亡

【考点】非法拘禁罪及相关犯罪的认定

【解题思路与常见错误分析】要成立绑架罪、抢劫罪，行为人都必须具有非法占有目的。本案中，甲索要的是自己的赌债，赌债也是债务。所以，甲的行为不可能成立抢劫罪或者绑架罪。故选项A、B错误。

甲对乙说："如今天不答应就摔死你"，这只是一句恐吓人的话。题目并没有说甲如何继续逼迫乙跳崖。相反，题目说："甲刚说完'一分都不能少'，乙便跳崖。众人慌忙下山找乙"，这说明甲并无杀乙之心。而且，甲的行为也不是不作为。故选项C错误。

甲为索债而扣押乙，其行为构成非法拘禁罪。非法拘禁致人重伤、死亡，是指非法拘禁行为本身致被害人重伤、死亡（结果加重犯）。重伤、死亡结果与非法拘禁行为之间必须

----

[1] 【答案】ABC

具有直接的因果关系（直接性要件）。行为人在实施基本行为之后或之时，被害人因自杀、自残、自身过失等造成死亡、伤残结果的，因缺乏直接性要件，不能认定为结果加重犯。

按照常理，债权人索债时刚说完"一分都不能少"，债务人就立即跳崖是非常异常的行为。这是乙自行选择的死亡，因此甲的非法拘禁行为和乙的死亡之间并无直接因果关系。甲不必对乙的死亡负责。故选项 D 正确。

【同类考点总结】很多考生认为甲说了"今天不答应就摔死你"，因此认为甲应当对乙的死亡负责。但是，对于索债时说了狠话的，不能轻易认定为逼迫自杀。还有很多考生认为，行为人索取法律不予保护的债务可能成立绑架罪。这一观点是错误的，直接违背前述司法解释的规定。

九、绑架罪★★★★★

（一）考点提炼

构成要件
- 方法
  - 暴力、胁迫、麻醉
  - 偷盗、欺骗：针对缺乏或者丧失行动能力的被害人
  - 拐骗：以勒索财物为目的，从婴幼儿的监护人手中拐骗婴幼儿
  - 并将其扣为人质勒索财物
- 勒索对象：被绑架人之外的第三人，包括单位和国家
- 行为方式包括勒索财物或者提出其他不法要求
- 主体：16 周岁以上（有杀人行为的，14 周岁以上）
- 责任要件：直接故意，且具有勒索财物或者满足其他不法要求的目的
- 既遂和未遂的标准：是否实际控制被绑架人
- 共犯：甲完成绑架行为后，乙参加进来，与甲共同实施勒索行为，两人成立承继的共同犯罪
- 特殊情况的认定
  - 本罪和强奸罪两罪：绑架过程中有强奸行为的
  - 本罪和盗窃罪两罪：杀害被绑架人后又取走财物的
  - 本罪和故意杀人罪两罪：在绑架过程中，杀死被绑架人之外的人
  - 择一重罪：绑架过程中又当场劫取被害人随身携带的财物的，以绑架罪和抢劫罪择一重罪
- 杀害被绑架人或者故意伤害被绑架人，致人重伤、死亡的处理：定绑架罪，处无期徒刑或者死刑

（二）相关法条

《刑法》

第二百三十九条 【绑架罪】以勒索财物为目的绑架他人的，或者绑架他人作为人质的，处十年以上有期徒刑或者无期徒刑，并处罚金或者没收财产；情节较轻的，处五年以上十年以下有期徒刑，并处罚金。

犯前款罪，杀害被绑架人的，或者故意伤害被绑架人，致人重伤、死亡的，处无期徒刑或者死刑，并处没收财产。

以勒索财物为目的偷盗婴幼儿的，依照前两款的规定处罚。

（三）考点解读

绑架罪是指利用被绑架人的近亲属或者其他人对被绑架人安危的担心，以勒索财物或

者满足其他不法要求为目的，使用暴力、胁迫或者其他方法劫持或者以实力控制他人的行为。

1. 绑架罪的犯罪构成。

（1）构成要件。

①表现为使用暴力、胁迫或者其他方法劫持或者以实力控制他人，即绑架的单一行为。有人认为该罪在客观方面应是复合行为，即由绑架行为与勒索财物或者提出不法要求行为两部分组成。这主要是对以勒索财物为目的，在绑架罪构成要件中的地位和属性存在不同理解，即勒索财物是否属于绑架罪的一个行为组成部分造成的。根据法条的规定，勒索财物是对绑架罪主观目的的表述。这个目的在实践中只要能够充分证明即可，并不要求有相应对等的实际行为。因此，绑架罪在客观方面只要存在绑架行为即可。

②绑架的方法：主要包括是暴力、胁迫、麻醉，但不限于这三种方法。绑架行为的实质是使被害人处于行为人或者第三者的实力支配之下。如行为人为勒索财物，采用欺骗方法将被害人骗至某处，趁机将其扣押作为人质的，也属于绑架。胁迫的内容也不限于暴力。其他方法不是指任意的方法，而是以勒索财物为目的，施加于被害人人身，从而使之失去反抗能力的方法。

对于缺乏或者丧失行动能力的被害人，行为人采取偷盗、欺骗等方法使其处于行为人或者第三人实力控制支配下的，也可以成立绑架罪。如以勒索财物为目的，偷盗婴幼儿的，成立绑架罪。婴幼儿是指6周岁以下的儿童。

以勒索财物为目的，从婴幼儿的监护人手中拐骗婴幼儿，然后将其扣为人质向其亲属勒索财物的，应以绑架罪处理。

③人质是否发生空间的转移不影响绑架行为的成立。

④向被绑架人以外的第三人包括单位和国家，勒索财物或者提出不法要求。直接向被绑架人本人索取财物的"绑架"行为构成抢劫罪。

（2）主体：16周岁以上。已满14周岁，不满16周岁的人实施绑架行为并故意杀害被绑架人的，应认定为故意杀人罪。

（3）责任形式：直接故意并具有勒索财物或者满足其他不法要求的目的。至于这种目的是否实现，对犯罪的成立没有影响。

> 只要行为人具有绑架勒索的目的，即使实力控制人质后不提出勒索要求，或者未及提出勒索要求就被抓获，也成立绑架罪，且属于犯罪既遂。反之，如果绑架他人是为了直接向被绑架人索取财物，则应认定为抢劫罪。

需要研究的问题：行为人出于其他目的、动机以实力支配他人后，才产生勒索财物意图或者提出其他不法要求意图，并进而勒索财物或者提出其他不法要求的，是否认定为绑架罪？只要在行为人勒索财物或者提出不法要求时，被害人仍处于行为人控制之下的，就可以认定为绑架罪。

2. 本罪的既遂与未遂。

绑架罪的既遂标准是行为人实施的绑架行为是否实际控制被绑架人。至于行为人是否实际提出勒索财物或者其他不法要求，是否实际得到财物或者实现其他不法要求，是否杀害人质、伤害人质、释放人质等，对既遂都没有影响。

此乃超高频考点。

3. 共同犯罪。

在一人完成绑架行为之后，另一人参加进来，与前一人共同实施勒索行为的，在这种情况下，二人的行为成立承继的共同犯罪。

4. 本罪与抢劫罪的区别。

向被绑架人本人索要财物的，构成抢劫罪。

5. 本罪与非法拘禁罪的区别。

本罪索要的钱财是不该要的钱财，不是债务。"勒赎"的本质是敲诈。

6. 几种特殊情况的认定：

（1）行为人出于其他目的将被害人杀害后，又另起犯意，谎称被害人被绑架，进而提出勒索财物的要求。由于后行为同时触犯敲诈勒索罪和诈骗罪，所以对这种行为应以故意杀人罪和敲诈勒索罪或者诈骗罪数罪并罚。

（2）在绑架过程中有强奸行为、故意伤害致人轻伤行为的，数罪并罚。

（3）收买被拐卖妇女、儿童后，另起犯意，以暴力、胁迫手段对其进行实力控制，进而向其近亲属或者有关人员勒索财物或者提出其他不法要求的，成立绑架罪。原收买行为应单独定罪，与绑架罪数罪并罚。

（4）绑架过程中又当场劫取被害人随身携带财物的，同时触犯绑架罪和抢劫罪两罪，应择一重罪定罪处罚。

（5）杀害被绑架人后又取走财物的，应认定为绑架罪与盗窃罪，实行数罪并罚。

（6）绑架过程中，杀死被绑架人之外的人，应以绑架罪与故意杀人罪实行数罪并罚。

7. 致使被绑架人死亡或者杀害被绑架人的，按照不同情况分别处理（详见绑架罪考点简表）。

致使被绑架人死亡是指在实施绑架过程中，因绑架、虐待等行为过失造成被绑架人死亡的情况。

考生要注意：原《刑法》规定，绑架致使被绑架人死亡或者杀害被绑架的人均以绑架罪定罪，处死刑。这一规定已被修改。《刑法修正案（九）》取消了致使被绑架人死亡的处死刑的规定。《刑法修正案（九）》对杀害被绑架人的，规定了无期徒刑和死刑两种刑罚及并处没收财产。

8. 在绑架中故意伤害被绑架人的：如果是为了绑架而故意伤害被绑架人，无论是致人轻伤还是重伤、死亡的，按照本罪和故意伤害罪择一重罪。在完成绑架后，又故意伤害被绑架人致人轻伤的，应当以绑架罪和故意伤害罪数罪并罚；致人重伤、死亡的，仍定本罪，处无期徒刑、死刑。

由于本部分考点众多，为了方便大家理解，我们再给大家一份绑架罪考点简表。

表35 绑架罪考点简表

犯罪目的	不要求必须以勒索财物为目的，为了其他目的绑架他人作为人质的也构成本罪。绑架者必须具有利用他人对被绑架人安危的忧虑满足自己不法要求的目的。但这种目的不要求现实化。★★★★★
犯罪主体	16周岁以上。但是，已满14周岁、未满16周岁的未成年人绑架他人并杀害被绑架人的，也要承担刑事责任——故意杀人罪。

续表

犯罪的实质	绑架的实质是使被害人处于行为人或者第三人的实力支配下。被害人是否必须离开原来的生活场所？否。
偷盗婴幼儿的认定	以勒索财物为目的偷盗婴幼儿的，也定本罪。但以出卖为目的偷盗婴幼儿的则定拐卖儿童罪。
犯罪的既遂	本罪以完成绑架行为为既遂。★★★★★勒索财物的目的只是对绑架行为的说明，并不要求行为人具有勒索财物的行为。
与非法拘禁罪的区别	索要的财物的性质——有无非法占有他人财物的目的。
与抢劫罪的区别	向谁要钱。
假绑架真勒索的	此时并无人质的生命安全受到威胁，定敲诈勒索罪（与诈骗罪构成竞合）。
罪数	1. 致使被绑架人死亡：（1）绑架行为本身过失导致被绑架人死亡的，以过失致人死亡罪和本罪择一重罪；（2）其他过失行为导致被绑架人死亡的（如行为人吸烟的烟头导致失火的），数罪并罚。 绑架后，必然引起警方解救，正常的解救行为造成被绑架人死亡的，仍然属于绑架致使被绑架人死亡；但如果是警方自己判断失误的，则行为人无需对死亡结果负责。 2. 绑架中杀害被绑架人：在绑架行为持续过程中（从着手到放人），基于任何动机，故意杀害被绑架人的，都只定绑架罪一罪。 3. 绑架后有故意伤害（致人轻伤）、强制猥亵、侮辱、强奸等行为的，数罪并罚。 绑架后有故意伤害，致人重伤、死亡的行为的，仍定绑架罪，处无期徒刑或死刑。

【经典真题】

甲持刀将乙逼入山中，让乙通知其母送钱赎人。乙担心其母心脏病发作，遂谎称开车撞人，需付五万元治疗费，其母信以为真。关于甲的行为性质，下列哪一选项是正确的？[1]（2010－2－16）

　　A. 非法拘禁罪　　　　B. 绑架罪　　　C. 抢劫罪　　　D. 诈骗罪

【考点】绑架罪的认定

【解题思路与常见错误分析】甲的行为不属于索要债务的行为，因此首先可以排除非法拘禁罪。乙对其母进行了欺骗，这不是甲对乙的欺骗，因此也可以排除诈骗罪。

　　本题真正有争议的是甲的行为构成抢劫罪还是绑架罪。题目说"甲持刀将乙逼入山中，让乙通知其母送钱赎人"，这两句话表明甲具有明确的绑架勒索的意图。既然如此，甲控制人质乙之后，绑架行为就已经既遂了。即使甲不提出勒索要求，他都构成绑架罪。本案中，甲提出了勒索要求，他要求乙通知其母送钱赎人。乙为了怕刺激母亲，向其母谎称开车撞人，得到了5万元钱。乙要钱的方式并不影响甲的绑架既遂。所以，甲构成绑架罪。

---

〔1〕【答案】B

【同类考点总结】 行为人在实施控制人质行为时所持的犯罪故意内容是区分绑架罪、抢劫罪与非法拘禁罪的关键。

十、拐卖妇女、儿童罪★★★★

（一）考点提炼

构成要件：拐卖妇女、儿童的行为，拐卖已满14周岁的男子的行为不构成本罪

本罪为选择性罪名

出卖自己子女或者亲属的处理
- 营利目的：定本罪
- 没有营利目的：不成立本罪，但对于出卖亲生子女，确属情节恶劣的，按遗弃罪处理

借收养名义拐卖儿童的以及出卖捡拾的儿童的，定本罪

既遂与未遂的认定：本罪为行为犯。只要实施了本罪的犯罪行为，就成立本罪

只定本罪，不数罪并罚的：在拐卖妇女过程中奸淫被拐卖的妇女或者诱骗、强迫被拐卖的妇女卖淫或者将被拐卖的妇女卖给他人迫使其卖淫

本罪的加重情节及故意杀人罪和故意伤害罪
- 本罪加重情节：因拐卖的行为造成重伤、死亡或者其他严重后果的情节
- 以本罪与故意杀人罪或者故意伤害罪并罚的：对被拐卖的妇女、儿童故意杀害或进行伤害的

（二）相关法条

《刑法》

第二百四十条 【拐卖妇女、儿童罪】拐卖妇女、儿童的，处五年以上十年以下有期徒刑，并处罚金；有下列情形之一的，处十年以上有期徒刑或者无期徒刑，并处罚金或者没收财产；情节特别严重的，处死刑，并处没收财产：

（一）拐卖妇女、儿童集团的首要分子；

（二）拐卖妇女、儿童三人以上的；

（三）奸淫被拐卖的妇女的；

（四）诱骗、强迫被拐卖的妇女卖淫或者将被拐卖的妇女卖给他人迫使其卖淫的；

（五）以出卖为目的，使用暴力、胁迫或者麻醉方法绑架妇女、儿童的；

（六）以出卖为目的，偷盗婴幼儿的；

（七）造成被拐卖的妇女、儿童或者其亲属重伤、死亡或者其他严重后果的；

（八）将妇女、儿童卖往境外的。

拐卖妇女、儿童是指以出卖为目的，有拐骗、绑架、收买、贩卖、接送、中转妇女、儿童的行为之一的。

司法解释：

最高人民法院《关于审理拐卖妇女案件适用法律有关问题的解释》

最高人民检察院法律政策研究室《关于以出卖为目的的倒卖外国妇女的行为是否构成拐卖妇女罪的答复》

最高人民法院、最高人民检察院、公安部、司法部印发《关于依法惩治拐卖妇女儿童犯罪的意见》的通知

（三）考点解读

1. 构成要件。

拐卖妇女、儿童罪的客观行为表现为拐卖妇女、儿童的行为，即拐骗、绑架、收买、贩卖、接送或者中转年满 14 周岁的妇女或者未满 14 周岁的儿童的行为。拐卖已满 14 周岁的男子的行为，不构成本罪，符合其他犯罪构成的，可以按其他犯罪处理。

拐卖从字面上理解是既实施了拐又实施了卖的行为才构成拐卖，但实际上，拐卖是两个可以独立的行为，也就是只要实施了拐、卖这两种行为中之一的，就可以成立本罪。所以，《刑法》第 240 条第 2 款规定，拐卖妇女、儿童是指以出卖为目的，有拐骗、绑架、收买、贩卖、接送、中转妇女、儿童的行为之一的。根据这一规定，只要实施了上述六种行为方式之一的，就可以成立拐卖妇女、儿童罪。

实施这六种行为方式之一的，就属于拐卖妇女、儿童罪的实行犯。

2. 既拐卖妇女又拐卖儿童的处理。

本罪是一个选择性罪名，只要实施上述一种行为的，就构成本罪，同时实施上述几种行为的，或者既拐卖妇女，又拐卖儿童的，也只构成一个罪，不实行数罪并罚。

3. 出卖自己子女或者亲属的行为的处理。

根据是否具有营利目的区别对待。没有营利目的而出卖亲生子女的，不成立拐卖儿童罪。但对于出卖亲生子女确属情节恶劣的，可按遗弃罪处理；以营利为目的，出卖不满 14 周岁子女，情节恶劣的，应以拐卖儿童罪追究刑事责任。出卖 14 周岁以上女性亲属或者其他不满 14 周岁亲属的，以拐卖妇女、儿童罪追究刑事责任。

4. 借收养名义拐卖儿童的，以及出卖捡拾的儿童的处理。

对这两种情形均以拐卖妇女、儿童罪追究刑事责任。对这种情况按拐卖儿童罪追究刑事责任，有些人可能不理解。其实，这是出于对拐卖妇女、儿童罪的误解。从罪名上看，行为人必须既要有拐的行为，还要有卖的行为，才成立拐卖妇女、儿童罪，实际上只要行为人实施了拐和卖当中的任何一种行为，就可以成立该罪。出卖拾捡儿童，没有拐的行为，但有卖的行为，所以也成立拐卖儿童罪。

为收养而拐骗儿童，以后又将该儿童出卖的，以拐卖儿童罪定罪处罚。

5. 本罪的既遂与未遂。

拐卖儿童罪是行为犯，只要实施了拐骗、绑架、收买、贩卖、接送、中转这六种行为中的任何一种行为，就成立拐卖儿童罪的既遂，而不论犯罪目的是否实现。

6. 有关拐卖妇女、儿童罪定罪量刑的具体规定。

（1）在拐卖妇女过程中奸淫被拐卖的妇女或者诱骗、强迫被拐卖的妇女卖淫或者将被拐卖的妇女卖给他人迫使其卖淫的，只定为拐卖妇女罪，不实行数罪并罚。

这里的"奸淫被拐卖的妇女的"，是指拐卖妇女的犯罪分子在拐卖过程中，与被害妇女发生性关系的行为。不论行为人是否使用了暴力或者胁迫手段，也不论被害妇女是否有反抗行为，都应当按照该项规定处罚。注意，这里的奸淫不一定是强奸行为。在使用暴力、胁迫手段强奸被拐卖妇女的情况下，也不另定强奸罪。

此乃超高频考点。

（2）《刑法》第 240 条第 1 款第 7 项中的"造成被拐卖的妇女、儿童或者其亲属重伤、死亡或者其他严重后果的"，是指由于犯罪分子拐卖妇女、儿童的行为，直接、间接造成被拐卖的妇女、儿童或者其亲属重伤、死亡或者其他严重后果的。例如，由于犯罪分子采取拘禁、捆绑、虐待等手段，致使被害人重伤、死亡或者造成其他严重后果的；由于犯罪分子的拐卖行为以及拐卖中的侮辱、殴打等行为引起的被害人或者其亲属自杀、精神失常或者其他严重后果的，等等。

对被拐卖的妇女、儿童进行故意杀害、伤害的，应当以故意杀人罪或者故意伤害罪与拐卖妇女、儿童罪实行并罚。

【经典真题】

甲在拐卖妇女乙的过程中，多次强制猥亵乙。对甲应如何处理？[1]（2010-2-61）

【考点】 拐卖妇女中又强制猥亵妇女的认定

【解题思路与常见错误分析】很多考生认为，既然《刑法》规定了有强奸行为的不另定罪，那么有猥亵行为的更加不另定罪。这一观点是错误的，违反了罪刑法定原则。既然《刑法》没有规定强制猥亵行为不另定罪，那就要数罪并罚。

【同类考点总结】本题的法理是，《刑法》规定拐卖妇女罪中有强奸行为不数罪并罚，但是法定刑要升格，最低都要判10年以上有期徒刑。那么如果将强制猥亵妇女罪不另定罪，怎么量刑呢？如果法定刑升格，显然违反了罪刑法定原则。因为这就相当于将"奸淫"解释为"包括强制猥亵"，这是对被告人不利的类推解释，是不允许的。如果法定刑不升格，也是错误的。因为普通的拐卖妇女行为并不能包括强制猥亵行为。所以，对这二罪只能数罪并罚。

十一、收买被拐卖的妇女、儿童罪★★★

（一）相关法条

《刑法》

第二百四十一条 【收买被拐卖的妇女、儿童罪】收买被拐卖的妇女、儿童的，处三年以下有期徒刑、拘役或者管制。

收买被拐卖的妇女，强行与其发生性关系的，依照本法第二百三十六条的规定定罪处罚。

收买被拐卖的妇女、儿童，非法剥夺、限制其人身自由或者有伤害、侮辱等犯罪行为的，依照本法的有关规定定罪处罚。

收买被拐卖的妇女、儿童，并有第二款、第三款规定的犯罪行为的，依照数罪并罚的规定处罚。

收买被拐卖的妇女、儿童又出卖的，依照本法第二百四十条的规定定罪处罚。

收买被拐卖的妇女、儿童，对被买儿童没有虐待行为，不阻碍对其进行解救的，可以从轻处罚；按照被买妇女的意愿，不阻碍其返回原居住地的，可以从轻或者减轻处罚。

（二）考点解读

1. 在收买被拐卖妇女、儿童的过程中，又有非法剥夺、限制其人身自由或者有伤害、侮辱、强行与其发生性关系行为的，数罪并罚。

---

〔1〕【答案】甲对乙的强制猥亵行为不是刑法规定的强奸行为，因此不能被包容在拐卖妇女罪中，而应数罪并罚。

这是超高频考点。

2. 收买被拐卖的妇女、儿童又出卖的，依照拐卖妇女、儿童罪定罪处罚。

3.《刑法修正案（九）》将本条第6款修改为："收买被拐卖的妇女、儿童，对被买儿童没有虐待行为，不阻碍对其进行解救的，可以从轻处罚；按照被买妇女的意愿，不阻碍其返回原居住地的，可以从轻或者减轻处罚。"即，对收买人一律定罪。原来的"可以不追究刑事责任"被取消了。

【经典真题】

甲花4万元收买被拐卖妇女周某作智障儿子的妻子，周某不从，伺机逃走。甲为避免人财两空，以3万元将周某出卖。（事实一）

乙收买周某，欲与周某成为夫妻，周某不从，乙多次暴力强行与周某发生性关系。（事实二）。

请回答下述问题。（2011－2－88、89）

1. 关于事实一的定性，下列选项正确的是：[1]

A. 甲行为应以收买被拐卖的妇女罪与拐卖妇女罪实行并罚

B. 甲虽然实施了收买与拐卖二个行为，但由于二个行为具有牵连关系，对甲仅以拐卖妇女罪论处

C. 甲虽然实施了收买与拐卖二个行为，但根据《刑法》的特别规定，对甲仅以拐卖妇女罪论处

D. 由于收买与拐卖行为侵犯的客体相同，而且拐卖妇女罪的法定刑较重，对甲行为仅以拐卖妇女罪论处，也能做到罪刑相适应

【考点】拐卖妇女罪、收买被拐卖的妇女罪的认定

【解题思路与常见错误分析】本题是刑法的明文规定。《刑法》第241条第5款规定："收买被拐卖的妇女、儿童又出卖的，依照本法第240条的规定定罪处罚。"其立法理由即为选项D。

甲的两个行为之间并不存在"为了……而……"的牵连关系，他是另起犯意的，所以二罪之间不是牵连犯。但对甲这种情况，由于有了法律的明文规定，所以不数罪并罚。

故，选项A、B错误，选项C、D正确。

【同类考点总结】拐卖妇女、儿童罪和收买被拐卖妇女、儿童罪一直是考试重点。其考点集中在哪些犯罪行为需要数罪并罚，哪些犯罪行为仅以拐卖妇女、儿童罪一罪定罪即可。对此要准确记忆。

2. 关于事实二的定性，下列选项错误的是：[2]

A. 乙行为成立收买被拐卖的妇女罪与强奸罪，应当实行并罚

B. 乙行为仅成立收买被拐卖的妇女罪，因乙将周某当作妻子，故周某不能成为乙的强奸对象

C. 乙行为仅成立收买被拐卖的妇女罪，因乙将周某当作妻子，故缺乏强奸罪的故意

---

[1]【答案】CD

[2]【答案】BCD

D. 乙行为仅成立强奸罪，因乙收买周某就是为了使周某成为妻子，故收买行为是强奸罪的预备行为

【考点】 收买被拐卖的妇女罪及相关犯罪的认定

【解题思路与常见错误分析】 本题也是《刑法》的明文规定。

根据《刑法》第 241 条第 2 款、第 4 款的规定，对乙应当以收买被拐卖的妇女罪与强奸罪数罪并罚。

选项 B、C 说"因为乙将周某当作妻子，所以不能构成强奸罪"，这是错误的。不能成为强奸罪犯罪对象的"妻子"应当是合法的妻子。周某并不是乙合法的妻子，而是他买来的被害人。

选项 D 说"收买行为是强奸罪的预备行为"，显然也是错误的。收买被拐卖妇女不可能成为强奸罪的预备行为。这是一个独立的犯罪。

【同类考点总结】 （1）是否成立强奸罪不是由行为人的看法决定的，而是由法律决定的。（2）与拐卖妇女、儿童罪不同，在收买被拐卖的妇女、儿童罪中，有各种牵连犯罪行为的，都要数罪并罚。这是因为本罪法定刑较低，不能包容这些犯罪。

十二、诬告陷害罪 ★★★

（一）考点提炼

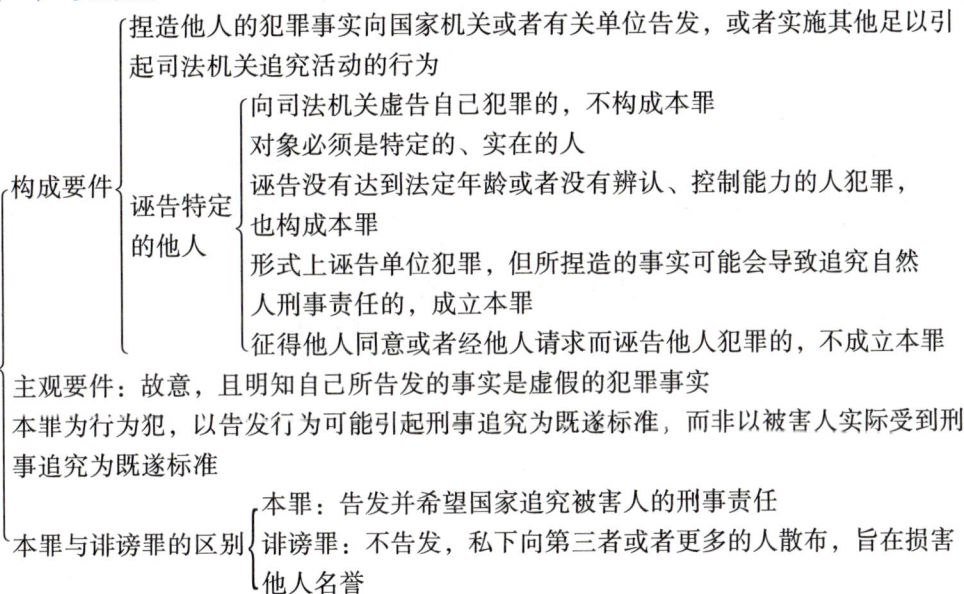

（二）相关法条

《刑法》

第二百四十三条 【诬告陷害罪】捏造事实诬告陷害他人，意图使他人受刑事追究，情节严重的，处三年以下有期徒刑、拘役或者管制；造成严重后果的，处三年以上十年以下有期徒刑。

国家机关工作人员犯前款罪的，从重处罚。

不是有意诬陷，而是错告，或者检举失实的，不适用前两款的规定。

（三）考点解读

1. 诬告陷害罪的概念与法益。

诬告陷害罪，是指故意向公安、司法机关或有关国家机关告发捏造的犯罪事实，意图使他人受刑事追究，情节严重的行为。

我国刑法将诬告陷害罪置于侵犯公民人身权利、民主权利罪一章中，这说明刑法规定本罪是为了保护公民的人身权利；刑法没有将本罪规定在刑法分则第六章第二节的"妨害司法罪"中，说明立法者规定本罪不是为了保护司法活动。据此，诬告陷害行为必须具有侵犯他人人身权利的性质，否则不成立该罪。

2. 构成要件。

（1）捏造他人的犯罪事实。即无中生有、栽赃陷害、借题发挥，将杜撰的或者第三人的犯罪事实强加于被害人。捏造的犯罪事实只要足以引起司法机关追究被害人的刑事责任即可，不要求捏造详细情节，更不要求捏造虚假犯罪事实的证据。可以是捏造全部事实，也可以是部分事实，如被害人犯有其他某种罪，而行为人为了加重其罪责，又对其捏造其他犯罪事实。捏造一般违法事实，不成立本罪，但有可能成立诽谤罪。

行为人捏造某一事实，并自认为是犯罪事实，实际上是非犯罪事实的，如通奸行为的，不构成犯罪。

（2）必须向国家机关或者有关单位告发，或者实施其他足以引起司法机关的追究活动的行为。国家机关不限于司法机关。有关单位包括党政机关、被害人所在的单位、基层组织、新闻媒体等。告发方式多种多样，如口头、书面、署名、匿名、直接、间接等。栽赃陷害而足以引起司法机关对被害人追究的，也是一种变相的告发行为。

（3）必须诬告特定的他人。

①向司法机关虚告自己犯罪的，不构成本罪。

②所诬告的对象应当是特定的、实在的人。特定对象并不要求行为人指名道姓，只要告发的内容足以使司法机关确认对象就可以。至于被诬告的对象是否是守法公民不影响本罪的成立。

③诬告没有达到法定年龄或者没有辨认、控制能力的人犯罪，也构成诬告陷害罪。

④形式上诬告单位犯罪，但所捏造的事实导致可能追究自然人刑事责任的，也成立本罪。

由于《刑法》规定本罪是为了保护公民的人身权利，所以征得他人同意或者经他人请求而诬告他人犯罪的，不成立诬告陷害罪。

3. 责任形式。

本罪的责任形式为故意。除故意外，本罪还需要特定目的。

（1）行为人明知自己所告发的是虚假的犯罪事实，明知诬告陷害行为会发生侵犯他人人身权利的结果，并且希望或者放任这种结果的发生。为了防止不当地限制公民的告发权，应当要求行为人明知自己所告发的确实是虚假的犯罪事实。因此，当行为人估计某人实施了犯罪行为，认识到所告发的犯罪事实仅具有可能性时而予以告发的，不宜认定为本罪。由于不处罚过失诬告行为，所以，错告或检举失实的，不成立犯罪。

（2）行为人必须具有使他人受到刑事追究的目的（意图），但不要求将该目的作为其行为的唯一目的或者主要目的，只要行为人存在该目的即可。"意图使他人受刑事追究"，不等同于意图使他人受刑罚处罚。行为人虽然明知自己的诬告行为不可能使他人受刑罚处罚，但明知自己的行为会使他人被刑事拘留、逮捕等，意图使他人成为犯罪嫌疑人而被立案侦查的，也应认定为"意图使他人受刑事追究"。

> 行为人具有诬告陷害的故意，但所告发的事实偶然符合客观事实的，不构成本罪。例如，张三诬告李四杀了人，没想到李四竟然真的杀了人。张三的诬告行为就不成立诬告陷害罪——该行为没有社会危害性。

4. 本罪的既遂。

本罪是行为犯。以告发行为可能引起刑事追究为既遂标准，而不是以被害人是否实际受到刑事追究为标准。具体地说，捏造后告发的，不管以口头还是书面形式，必须在国家机关或者有关组织接到诬告材料后为既遂；伪造证据故意栽赃陷害的，必须以国家机关或者有关组织发现栽赃证据为既遂。

此为高频考点。

5. 诬告陷害罪与诽谤罪的区别。

如果行为人虽然捏造他人犯罪的事实，但并不告发，而是向第三人或者更多的人散布，旨在损害他人名誉，则构成诽谤罪。

6. 一罪与数罪。

在诬告陷害过程中可能会实施伪证行为，诬告也具有诽谤的性质。如果诬告行为同时触犯这些犯罪的，按照想象竞合犯择一重罪论处。

7. 本罪的处罚。

国家机关工作人员犯本罪的，从重处罚。

【经典真题】

下列哪种情形构成诬告陷害罪？[1]（2007－2－13）

A. 甲为了得到提拔，便捏造同事曹某包养情人并匿名举报，使曹某失去晋升机会

B. 乙捏造"文某明知王某是实施恐怖活动的人而向其提供资金"的事实，并向公安部门举报

C. 丙捏造同事贾某受贿 10 万元的事实，并写成 500 份传单在县城的大街小巷张贴

D. 丁匿名举报单位领导王某贪污救灾款 50 万元。事后查明，王某只贪污了救灾款 5000 元

【考点】诬告陷害罪的认定

【解题思路与常见错误分析】A 捏造的不是犯罪事实。C 捏造的是犯罪事实，但没有向有权机关告发，属于诽谤。D 属于检举失实，不构成本罪。

【同类考点总结】诬告陷害罪的构成要件是高频考点。主客观构成要件缺一不可。

---

〔1〕【答案】B

十三、侮辱罪、诽谤罪 ★ ★ ★

（一）考点提炼

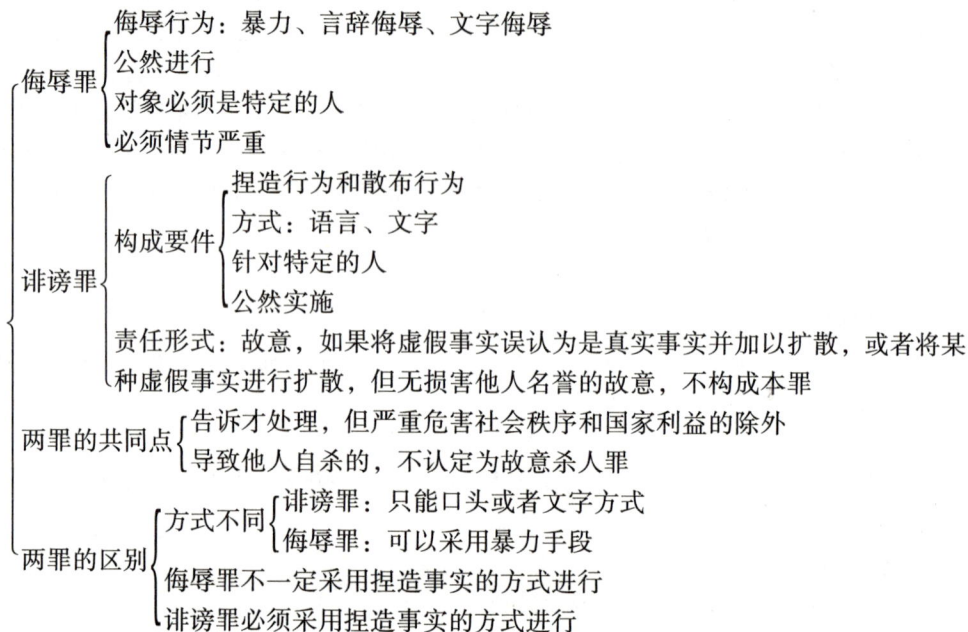

（二）相关法条

《刑法》

第二百四十六条　【侮辱罪】【诽谤罪】以暴力或者其他方法公然侮辱他人或者捏造事实诽谤他人，情节严重的，处三年以下有期徒刑、拘役、管制或者剥夺政治权利。

前款罪，告诉的才处理，但是严重危害社会秩序和国家利益的除外。

通过信息网络实施第一款规定的行为，被害人向人民法院告诉，但提供证据确有困难的，人民法院可以要求公安机关提供协助。

司法解释：

最高人民法院、最高人民检察院《关于办理利用信息网络实施诽谤等刑事案件适用法律若干问题的解释》

（三）考点解读

1. 侮辱罪的概念。

侮辱罪是指使用暴力或者其他方法，公然败坏他人名誉，情节严重的行为。

2. 侮辱罪的构成要件。

侮辱罪的构成要件是使用暴力或者其他方法，公然败坏他人名誉。

（1）必须有侮辱行为。侮辱方式有三种：

①暴力。不是指杀人、伤害、殴打，而是指使用强力败坏他人名誉，如扒光衣裤、当众羞辱、使用强力迫使他人做难堪的动作等。

②言辞侮辱，即使用言语对被害人进行戏弄、诋毁、漫骂，使其当众出丑等。

③文字侮辱，即书写、张贴、传阅有损他人名誉的大字报、小字报、漫画、标语等。

（2）必须公然进行侮辱。公然就是采用不特定或者多数人可能知悉的方式对他人进行侮辱。并不要求被害人一定在场。如果仅仅对着被害人进行侮辱，没有第三者在场，也不可能被第三者知悉，不构成本罪。另一方面，只要不特定人或者多数人可能知悉，即使现实上没有知悉，也不影响本罪的成立。

（3）侮辱的对象必须是特定的人。可以是一人，也可以是数人，但必须是具体的，可以被确认的。在大庭广众之下进行无特定对象的谩骂，不构成本罪。死者不能成为本罪的对象，但如果行为人表面上侮辱死者，但实际上是侮辱死者家属的，应认定为侮辱罪。法人不能成为本罪的对象。

（4）只有情节严重的侮辱行为才构成侮辱罪。如手段恶劣的、后果严重的、多次实施侮辱行为的等。

3. 诽谤罪。

诽谤罪是指捏造并散布某种事实，足以败坏他人名誉，情节严重的行为。

（1）诽谤罪的构成要件。

诽谤罪的构成要件是捏造并散布某种事实。

①捏造事实。即无中生有、凭空捏造虚假事实。

所捏造的事实，是有损对他人的社会评价、具有某种程度的具体内容的事实。如果行为人散布的是有损他人名誉的真实事实，不构成诽谤罪。如果仅是单纯的捏造行为，不构成诽谤罪。如虽然捏造了某种事实，但只是让其停留在自己所感知的范围内，如在日记中，并不能使他人感知，不构成诽谤罪。至于捏造的事实在别人看来是否可信及可信的程度不影响诽谤的性质。

②散布行为。就捏造和散布的关系来说，散布起决定作用。需要指出，一般的诽谤，都有捏造和诽谤行为，但有时没有捏造行为，也可以成立诽谤罪。如听到别人的谎言，明知其不实而加以散布的，也可以成立诽谤罪。

③捏造和散布的方式：语言、文字。

④必须针对特定的人进行诽谤。可以是一人，也可以是数人。诽谤时没有指明被害人的姓名，但能推知出具体的被害人的，可以成立本罪。例如，为泄愤在小说中塑造主人公时，故意将主人公的诸多特征写得与被害人基本相同，同时虚构有损被害人人格、名誉的情节进行诽谤。

⑤是否要求公然实施？诽谤必须有散布所捏造的事实的行为，因而不可能不公然实施。如果行为人采用匿名信的方式捏造事实损害他人名誉，不足以传播开来的，不构成本罪。如果行为人乘无人之机采用张贴广告的方式进行诽谤，只要诽谤的内容能为不特定的公众所知，就是公然的诽谤。

> 理解诽谤的公然性，不能从捏造或者传播虚假事实的某个动作去理解，而要看行为的结果是否可能会使所捏造的事实为不特定的人所知。

（2）责任形式。

主观上是故意。如果将虚假事实误认为是真实事实加以扩散，或者将某种虚假事实进行扩散但无损他人名誉的故意，不构成本罪。

4. 侮辱罪与诽谤罪的区别。

（1）方式不同。诽谤罪只能采用口头与文字方式，侮辱罪可以采用暴力方式。

（2）侮辱罪不一定用捏造事实的方法进行，可以用真实的事实实施侮辱行为。如以贬低性语言将他人的婚外性行为公然宣扬，是侮辱。而故意捏造他人有婚外性行为的虚假事实并加以散布的，属于诽谤。诽谤的事实必须是可能存在的事实。

【示例】乙律师经常找人辩论、吵架。甲律师说乙律师"惯于撕咬他人"。这是侮辱还是诽谤？

【分析】乙律师不可能是狗，也不可能"撕咬他人"，所以这一行为不是捏造事实进行诽谤的行为。在通常语境中，"撕咬"一词是用于狗的，而把人当成狗是对人的贬低性评价，所以这一行为是侮辱行为。

5. 侮辱罪与诽谤罪的共性问题。

（1）利用互联网侮辱他人或者捏造事实诽谤他人的，构成侮辱罪、诽谤罪；

（2）侮辱罪、诽谤罪都是告诉才处理，但严重危害社会秩序和国家利益的除外；

（3）侮辱、诽谤他人导致他人自杀的，不构成故意杀人罪，仍然构成侮辱、诽谤罪，而且不是结果加重犯。因为，刑法对侮辱、诽谤他人导致他人自杀的结果没有规定重一档的法定刑，侮辱、诽谤罪只有一档法定刑，所以不可能成立结果加重犯。

6. 最高人民法院、最高人民检察院《关于办理利用信息网络实施诽谤等刑事案件适用法律若干问题的解释》

这个解释的要义是网络不是法外之地，利用信息网络实施诽谤、寻衅滋事、敲诈勒索、非法经营等行为，情节严重的，同样可以构成犯罪。

需要注意以下规定：

1. 明知是捏造的损害他人名誉的事实，在信息网络上散布，情节恶劣的，以"捏造事实诽谤他人"论。

2. 利用信息网络诽谤他人，具有下列情形之一的，应当认定为刑法第二百四十六条第一款规定的"情节严重"：

（一）同一诽谤信息实际被点击、浏览次数达到五千次以上，或者被转发次数达到五百次以上的；

（二）造成被害人或者其近亲属精神失常、自残、自杀等严重后果的；

（三）二年内曾因诽谤受过行政处罚，又诽谤他人的；

（四）其他情节严重的情形。

3. 利用信息网络辱骂、恐吓他人，情节恶劣，破坏社会秩序的，依照刑法第二百九十三条第一款第（二）项的规定，以寻衅滋事罪定罪处罚。

编造虚假信息，或者明知是编造的虚假信息，在信息网络上散布，或者组织、指使人员在信息网络上散布，起哄闹事，造成公共秩序严重混乱的，依照刑法第二百九十三条第一款第（四）项的规定，以寻衅滋事罪定罪处罚。

4. 以在信息网络上发布、删除等方式处理网络信息为由，威胁、要挟他人，索取公私财物，数额较大，或者多次实施上述行为的，依照刑法第二百七十四条的规定，以敲诈勒索罪定罪处罚。

5. 违反国家规定，以营利为目的，通过信息网络有偿提供删除信息服务，或者明知是虚假信息，通过信息网络有偿提供发布信息等服务，扰乱市场秩序，具有下列情形之一的，属于非法经营行为"情节严重"，依照刑法第二百二十五条第（四）项的规定，以非法经营罪定罪处罚：

（一）个人非法经营数额在五万元以上，或者违法所得数额在二万元以上的；

（二）单位非法经营数额在十五万元以上，或者违法所得数额在五万元以上的。

实施前款规定的行为，数额达到前款规定的数额五倍以上的，应当认定为刑法第二百二十五条规定的"情节特别严重"。

6. 明知他人利用信息网络实施诽谤、寻衅滋事、敲诈勒索、非法经营等犯罪，为其提供资金、场所、技术支持等帮助的，以共同犯罪论处。

7. 利用信息网络实施诽谤、寻衅滋事、敲诈勒索、非法经营犯罪，同时又构成刑法第二百二十一条规定的损害商业信誉、商品声誉罪，第二百七十八条规定的煽动暴力抗拒法律实施罪，第二百九十一条之一规定的编造、故意传播虚假恐怖信息罪等犯罪的，依照处罚较重的规定定罪处罚。

8. 本解释所称信息网络，包括以计算机、电视机、固定电话机、移动电话机等电子设备为终端的计算机互联网、广播电视网、固定通信网、移动通信网等信息网络，以及向公众开放的局域网络。

十四、刑讯逼供罪、暴力取证罪★★★

（一）相关法条

《刑法》

第二百四十七条 【刑讯逼供罪】【暴力取证罪】司法工作人员对犯罪嫌疑人、被告人实行刑讯逼供或者使用暴力逼取证人证言的，处三年以下有期徒刑或者拘役。致人伤残、死亡的，依照本法第二百三十四条、第二百三十二条的规定定罪从重处罚。

（二）考点解读

1. 刑讯逼供罪。

（1）概念。

刑讯逼供罪是指司法工作人员对犯罪嫌疑人、被告人实行刑讯逼供的行为。

（2）主体。

本罪主体是特殊主体，即国家司法工作人员，包括负有侦查、检察、审判、监管职责的工作人员。未受公安机关正式录用，受委托履行侦查、监管职责的人员或者合同制民警，也可成为本罪主体。治安联防队员不能成为本罪的主体。其他人员伙同司法工作人员刑讯逼供时，构成共犯。

非司法工作人员私设公堂，非法审讯，对他人捆绑、逼供、拷打，可以构成非法拘禁罪、故意伤害罪，但不构成刑讯逼供罪。

（3）刑讯的对象。

刑讯的对象包括犯罪嫌疑人、被告人，不包括罪犯。但如果罪犯在服刑期间，因涉嫌其他犯罪而被作为犯罪嫌疑人时，则可以成为本罪的对象。犯罪嫌疑人、被告人的行为实际上是否构成犯罪，不影响本罪的成立。

> 如果将被害人作为犯罪嫌疑人进行刑讯逼供，构成本罪。如果将其作为证人而刑讯逼供，则构成暴力取证罪。

2. 暴力取证罪。

暴力取证罪是指司法工作人员使用暴力逼取证人证言的行为。犯罪对象是犯罪嫌疑人、被告人以外的人员。司法工作人员对于不知道案件情况的人或者虽然知道案件情况但拒绝作证的人，使用暴力逼取证言的，也属于暴力取证行为。"证人"包括被害人。使用暴力逼取被害人陈述的，也构成本罪。

3. 刑讯逼供罪、暴力取证罪的转化（法律拟制）。

（1）行为人的行为具备刑讯逼供罪、暴力取证罪的基本犯罪构成，而且致人伤残、死亡的，依照故意伤害罪、故意杀人罪从重处罚。

> 之所以说本处存在法律拟制是因为，根据法律规定，只要是刑讯逼供、暴力取证致人伤残、死亡的，无论刑讯者、取证者有无伤害、杀人故意，都按照故意伤害罪、故意杀人罪从重处罚——超高频考点。

（2）这里的"伤残"应理解为重伤与残疾，不包括轻伤在内。刑讯逼供致人死亡的，是指由于暴力摧残或者其他虐待行为，致使被害人当场死亡或者经抢救无效后死亡。

（3）刑讯逼供导致被害人自杀、自残的，不能认定为刑讯逼供致人死亡、伤残。

【示例1】警察甲刑讯逼供致人死亡，但辩称无杀人之心，经查，也确无杀人的故意的。应如何定罪？

【分析】依法按照故意杀人罪定罪即可。

【示例2】乙女在"发廊"卖淫时被抓获。甲、丙两位警察使用暴力殴打乙，要求乙"交代"其老板丁涉嫌组织卖淫的事实。乙坚决不肯交代。甲、丙继续殴打乙，结果导致乙当场昏迷，送医后抢救无效而死亡。经查，乙原本有心脏功能障碍，本次殴打导致其全身多脏器衰竭而死亡。对甲、丙应当以刑讯逼供罪、暴力取证罪还是故意杀人罪追究刑事责任？

【分析】甲、丙的行为是殴打证人的行为，因此不成立刑讯逼供罪。甲、丙在暴力取证过程中，由于暴力行为直接致人死亡，应当认定为故意杀人罪。甲、丙有无杀人故意不影响定罪。

十五、暴力干涉婚姻自由罪

（一）相关法条

《刑法》

第二百五十七条　【暴力干涉婚姻自由罪】以暴力干涉他人婚姻自由的，处二年以下有期徒刑或者拘役。

犯前款罪，致使被害人死亡的，处二年以上七年以下有期徒刑。

第一款罪，告诉的才处理。

（二）考点解读

1. 暴力干涉婚姻自由罪是指以暴力干涉他人婚姻自由的行为。

2. 部分暴力干涉婚姻自由罪是告诉才处理的犯罪。

3. 暴力干涉他人婚姻自由致使被害人死亡的认定和处理：过失导致被害人死亡以及因暴力干涉婚姻自由而直接引起被害人自杀身亡的，应认定为暴力干涉他人婚姻自由致使被害人死亡，属于结果加重犯，并且转化为公诉罪。

十六、重婚罪

（一）相关法条

《刑法》

第二百五十八条　【重婚罪】有配偶而重婚的，或者明知他人有配偶而与之结婚的，处二年以下有期徒刑或者拘役。

（二）考点解读

1. 重婚罪是指有配偶而重婚的，或者明知他人有配偶而与之结婚的行为。

2. 重婚罪中的婚姻包括以夫妻名义同居，但不被法律认可的情形。

【示例】甲 2005 年与乙结婚。从 2007 年开始，甲在婚姻关系存续期间，与丙长期在外地买房同居，并育有一子。甲构成重婚罪。

3. 主体包括两种人：一是重婚者，即有配偶而且未解除婚姻关系，又与他人结婚的人。二是相婚者，即明知对方有配偶而与之结婚的人。相婚者本人并没有重婚，但他/她明知对方有配偶而与之结婚，也构成重婚罪。

十七、遗弃罪★★★

（一）相关法条

《刑法》

第二百六十一条　【遗弃罪】对于年老、年幼、患病或者其他没有独立生活能力的人，负有扶养义务而拒绝扶养，情节恶劣的，处五年以下有期徒刑、拘役或者管制。

（二）考点解读

1. 遗弃罪是指对于年老、年幼、患病或者其他没有独立生活能力的人，负有扶养义务而拒绝扶养，情节恶劣的行为。此义务不限于家庭成员之间。例如敬老院的管理者对其管理的老人也有扶养义务。

2. 遗弃罪不是告诉才处理的犯罪，也不存在结果加重犯的情形。

3. 遗弃罪与故意杀人罪的区别。

重点考查生命所面临的危险是否紧迫，生命对作为义务的依赖程度，行为人履行义务的难易程度，行为是否会立即导致他人死亡等因素。

> 扶养义务不限于家庭成员之间。如果遗弃行为使被遗弃者有现实的生命危险的，应当认定为故意杀人罪。

【示例】行为人对婴幼儿或者没有独立生活能力的老人不予扶养甚至转移、抛弃到室外、荒山野岭和抛弃到火车站候车室在认定上有何不同？

【分析】对婴幼儿或者没有独立生活能力的老人不予扶养甚至转移、抛弃到室外、荒山野岭的，这种遗弃行为使被遗弃者有现实的生命危险，应当认定为故意杀人罪。抛弃到火车站候车室的，该行为没有致人死亡的现实危险性，应当认定为遗弃罪。

第二节　普通罪名

一、组织出卖人体器官罪★★★

（一）相关法条

《刑法》

第二百三十四条之一　【组织出卖人体器官罪】组织他人出卖人体器官的，处五年以下有期徒刑，并处罚金；情节严重的，处五年以上有期徒刑，并处罚金或者没收财产。

未经本人同意摘取其器官，或者摘取不满 18 周岁的人的器官，或者强迫、欺骗他人捐献器官的，依照本法第二百三十四条、第二百三十二条的规定定罪处罚。

违背本人生前意愿摘取其尸体器官，或者本人生前未表示同意，违反国家规定，违背其近亲属意愿摘取其尸体器官的，依照本法第三百零二条的规定定罪处罚。

（二）考点解读

1. 本罪是《刑法修正案（八）》新增的犯罪。本罪是指组织他人出卖人体器官的行为。所谓组织，是指采用劝说、利用等手段，安排他人出卖人体器官。被组织的对象必须是年满 18 周岁的人且本人同意摘取其器官。

> 年满 18 周岁的本人同意是本罪必备的成立条件。

2. 未经本人同意摘取其器官，或者摘取不满 18 周岁的人的器官，或者强迫、欺骗他人捐献器官的，依照故意伤害罪、故意杀人罪的规定定罪处罚。

3. 违背本人生前意愿摘取其尸体器官，或者本人生前未表示同意，违反国家规定，违背其近亲属意愿摘取其尸体器官的，依照盗窃、侮辱尸体罪定罪处罚。

【经典真题】

关于故意伤害罪与组织出卖人体器官罪，下列哪一选项是正确的？[1]（2011 - 2 - 14）

A. 非法经营尸体器官买卖的，成立组织出卖人体器官罪

B. 医生明知是未成年人，虽征得其同意而摘取其器官的，成立故意伤害罪

C. 组织他人出卖人体器官并不从中牟利的，不成立组织出卖人体器官罪

D. 组织者出卖一个肾脏获 15 万元，欺骗提供者说只卖了 5 万元的，应认定为故意伤害罪

【考点】故意伤害罪与组织出卖人体器官罪的认定

【解题思路与常见错误分析】选项 A 成立盗窃、侮辱尸体罪。选项 B 成立故意伤害罪。

本罪不要求"以牟利为目的"，选项 C 仍然成立组织出卖人体器官罪。选项 D 是错误的。组织出卖人体器官的行为成立故意伤害罪还是成立组织出卖人体器官罪与有无这种欺骗行为无关。

【同类考点总结】对于本罪，记住三点：（1）提供者不同意提供或者虽然同意提供但是不满 18 周岁的，组织者成立故意伤害罪或者故意杀人罪；（2）提供者自愿提供且年满 18 周岁的，组织者成立组织出卖人体器官罪；（3）犯罪对象是尸体的器官的，成立盗窃、侮辱尸体罪。

二、过失致人重伤罪★★

过失致人重伤罪是指过失伤害他人身体，致人重伤的行为。

1. 与故意伤害罪的区分。本罪的责任形式是过失。

2. 刑法其他条款对过失致人重伤的结果单独规定了其他罪名的，按其他罪名认定，不认定为过失致人重伤罪。

我国没有过失致人轻伤罪。过失致人轻伤的，不构成犯罪。

三、猥亵儿童罪★★

猥亵儿童罪是指对不满 14 周岁的儿童实施猥亵的行为。注意本罪与强奸罪、强制猥亵

---

[1]【答案】B

罪的区别。可参阅强制猥亵、侮辱罪。

四、强迫劳动罪

1. 强迫劳动罪是指以暴力、威胁或者限制人身自由的方法强迫他人劳动的行为。

《刑法修正案（八）》将原犯罪主体"用人单位"删除。本罪现在既可由自然人构成，也可由单位构成。

2. 如果采取剥夺职工人身自由的方法强迫职工劳动，同时触犯非法拘禁罪，应该按照想象竞合犯择一重罪处罚。

3. 本罪的法定最高刑现在为10年有期徒刑，所以可以包容强迫劳动致人重伤的行为。

4. 明知他人实施强迫劳动行为，为其招募、运送人员或者有其他协助强迫他人劳动行为的，依照强迫劳动罪的规定处罚。这是《刑法修正案（八）》新增的规定。

五、雇用童工从事危重劳动罪★★

1. 雇用童工从事危重劳动罪是指违反劳动管理法规，雇用未满16周岁的未成年人从事超强度体力劳动的，或者从事高空、井下作业的，或者在爆炸性、易燃性、放射性、毒害性等危险环境下从事劳动，情节严重的行为。

2. 一罪与数罪。

（1）非法雇用童工，符合本罪构成要件，同时违反劳动管理法规，以限制人身自由方法强迫其劳动，情节严重的，应当实行数罪并罚。

（2）雇用童工从事危重劳动，同时另行造成事故，构成犯罪的，应当数罪并罚。

此乃高频考点。

【经典真题】

关于侵犯人身权利犯罪的说法，下列哪些选项是错误的？[1]（2008－2－61）

A. 私营矿主甲以限制人身自由的方法强迫农民工从事危重矿井作业，并雇用打手对农民工进行殴打，致多人伤残。甲的行为构成非法拘禁罪与故意伤害罪，应当实行并罚

B. 砖窑主乙长期非法雇佣多名不满16周岁的未成年人从事超强度体力劳动，并严重忽视生产作业安全，致使一名未成年人因堆砌的成品砖倒塌而被砸死。对乙的行为应以雇用童工从事危重劳动罪从重处罚

C. 丙以介绍高薪工作的名义从外地将多名成年男性农民工骗至砖窑主王某的砖窑场，以每人1000元的价格卖给王某从事强迫劳动。由于《刑法》仅规定了拐卖妇女、儿童罪，所以，对于丙的行为，无法以犯罪论处

D. 拘留所的监管人员对被监管人进行体罚虐待，致人死亡的，以故意杀人罪论处，不实行数罪并罚

【考点】强迫劳动罪、虐待被监管人罪的认定

【解题思路与常见错误分析】甲的行为不成立非法拘禁罪，因为非法拘禁罪要求剥夺他人人身自由，但甲只实施了限制人身自由的行为。故甲的行为成立强迫劳动罪与故意伤

_____

〔1〕【答案】ABC

害罪，数罪并罚。故 A 选项说法错误。

甲的行为不但构成雇用童工从事危重劳动罪，而且构成重大责任事故罪。后罪不是雇用童工的结果，而是严重忽视生产安全的结果，因此应数罪并罚。《刑法》对此也有明文规定。故 B 选项错误。

丙明知王某要强迫劳动，仍以介绍高薪工作的名义将这些男性骗来，卖给王某，其构成强迫劳动罪的共犯。故 C 选项错误。

根据《刑法》第 248 条的规定，对被监管人进行体罚虐待，致人死亡的，以故意杀人罪论处，不实行数罪并罚。故 D 选项正确。

【同类考点总结】请注意选项 C。明知他人从事某种犯罪仍然予以帮助的，构成共同犯罪。

六、非法搜查罪

1. 非法搜查罪是指非法搜查他人身体、住宅的行为。

2. 司法工作人员滥用职权，犯非法搜查罪的，从重处罚。

七、非法侵入住宅罪★★★

1. 非法侵入住宅罪是指非法侵入他人住宅的行为。误入他人住宅后，经要求退出而拒不退出的，仍然成立本罪。

2. 非法侵入住宅常常与其他犯罪结合在一起。例如，非法侵入他人住宅后，进行盗窃、强奸、杀人等犯罪活动。在这种情况下，非法侵入住宅只是为了实现另一犯罪目的，也可以说是实施其他犯罪的必经步骤。这是吸收犯。因此，对行为人只按照其打算实施的主要罪行定罪量刑，不数罪并罚。通常只是对那些非法侵入住宅，严重妨碍了他人的居住与生活安宁，而又不构成其他犯罪的，才以非法侵入住宅罪论处。

3. 司法工作人员滥用职权，犯非法侵入住宅罪的，从重处罚。

八、虐待被监管人罪★★

1. 虐待被监管人罪是指监狱、拘留所、看守所等监管机构的监管人员对被监管人进行殴打或者体罚虐待，情节严重的行为。

2. 本罪主体是监狱、拘留所、看守所等监管机构的监管人员。

3. 被监管人是指依法被限制人身自由的人，包括罪犯、犯罪嫌疑人、被行政拘留或者司法拘留人员以及其他依法被监管的人员。

4. 注意虐待被监管人罪转化为故意杀人罪和故意伤害罪的条件：致被监管人重伤、死亡的。

刑讯逼供罪、暴力取证罪、虐待被监管人罪在致人重伤、死亡时都转化为故意伤害、故意杀人罪。

5. 监管人员指使被监管人殴打或者体罚虐待其他被监管人的处理。

被监管人殴打其他被监管人员，属于破坏监管秩序罪的犯罪行为。监管人员指使被监管人殴打、体罚或者虐待其他被监管人，本来是一种教唆行为，与被教唆的被监管人共同构成破坏监管秩序罪，但本条已经作了特殊规定，即监管人员指使被监管人殴打或者体罚虐待其他被监管人的，按照虐待被监管人罪处理。这属于刑法分则的特别规定。对于被指使者，还是按照破坏监管秩序罪定罪。

> 如果被监管人将其他被监管人打成重伤、死亡的，无论有无监管人员指使，对打人者都认定为故意伤害罪或者故意杀人罪。

九、侵犯通信自由罪

侵犯通信自由罪，是指隐匿、毁弃或者非法开拆他人信件，侵犯公民通信自由权利，情节严重的行为。本罪中的信件包括电子邮件，但不包括单位之间的公函（可以构成毁灭国家机关公文罪或者故意泄露国家秘密罪）。

非法开拆信件，情节严重，并从中窃取少量财物的，按照本罪从重处罚。窃取数额较大财物的，按照盗窃罪从重处罚。窃取汇票、汇款支票，冒名取款的，依照侵犯通信自由罪和（票据）诈骗罪数罪并罚。

十、私自开拆、隐匿、毁弃邮件、电报罪

私自开拆、隐匿、毁弃邮件、电报罪是指邮政工作人员私自开拆或者隐匿、毁弃邮件、电报的行为。本罪主体是邮政工作人员。如果是非邮政工作人员，则构成侵犯通信自由罪。成立本罪不要求行为人利用职务之便（当然可以利用职务之便）。私自开拆、隐匿、毁弃邮件、电报而窃取财物的，依照盗窃罪定罪并从重处罚。

> 犯本罪而窃取财物的，依照盗窃罪定罪并从重处罚。丢弃退回的邮件的，也可以成立本罪。

十一、侵犯公民个人信息罪★★★★

本罪是《刑法修正案（八）》新增，《刑法修正案（九）》又修改的犯罪。随着网络诈骗案、电信诈骗案的高发，本罪变得越来越重要。

《刑法》

第二百五十三条之一 【侵犯公民个人信息罪】违反国家有关规定，向他人出售或者提供公民个人信息，情节严重的，处三年以下有期徒刑或者拘役，并处或者单处罚金；情节特别严重的，处三年以上七年以下有期徒刑，并处罚金。

违反国家有关规定，将在履行职责或者提供服务过程中获得的公民个人信息，出售或者提供给他人的，依照前款的规定从重处罚。

窃取或者以其他方法非法获取公民个人信息的，依照第一款的规定处罚。

单位犯前三款罪的，对单位判处罚金，并对其直接负责的主管人员和其他直接责任人员，依照各该款的规定处罚。

司法解释

最高人民法院、最高人民检察院《关于办理侵犯公民个人信息刑事案件适用法律若干问题的解释》【法释〔2017〕10号】

根据法律规定，违反国家有关规定，向他人出售或者提供公民个人信息，情节严重的；窃取或者以其他方法非法获取公民个人信息的，均可构成本罪。单位也可成为本罪的犯罪主体。

【经典真题】

下列哪些行为构成侵犯公民个人信息罪（不考虑情节）？（2017－2－59）[1]

A. 甲长期用高倍望远镜偷窥邻居的日常生活

B. 乙将单位数据库中病人的姓名、血型、DNA 等资料，卖给某生物制药公司

C. 丙将捡到的几本通讯簿在网上卖给他人，通讯簿被他人用于电信诈骗犯罪

D. 丁将收藏的多封50年代的信封（上有收件人姓名、单位或住址等信息）高价转让他人

【考点】 侵犯公民个人信息罪

【解析】 选项A："两高"《关于办理侵犯公民个人信息刑事案件适用法律若干问题的解释》第1条规定：刑法第253条之1规定的"公民个人信息"，是指以电子或者其他方式记录的能够单独或者与其他信息结合识别特定自然人身份或者反映特定自然人活动情况的各种信息，包括姓名、身份证件号码、通信通讯联系方式、住址、账号密码、财产状况、行踪轨迹等。甲长期用高倍望远镜偷窥邻居的日常生活，但其并未将这些信息记录下来，其也未向他人出售或者提供这些信息。所以，甲的行为不构成本罪。选项A不当选。

选项B：前述司法解释第3条第2款规定："未经被收集者同意，将合法收集的公民个人信息向他人提供的，属于刑法第253条之1规定的'提供公民个人信息'，但是经过处理无法识别特定个人且不能复原的除外。"乙将单位数据库中病人的姓名、血型、DNA等资料，卖给某生物制药公司。其行为构成本罪。选项B当选。

选项C：前述司法解释第5条第1款规定："非法获取、出售或者提供公民个人信息，具有下列情形之一的，应当认定为刑法第二百五十三条之一规定的'情节严重'：（一）出售或者提供行踪轨迹信息，被他人用于犯罪的。"丙将捡到的几本通讯簿在网上卖给他人，通讯簿被他人用于电信诈骗犯罪。丙的行为构成本罪。选项C当选。

选项D：丁将收藏的多封50年代的信封（上有收件人姓名、单位或住址等信息）高价转让他人。这些信封距今已经60多年，丁是以出售"收藏品"的目的出售这些信封的，他没有利用出售信封上的信息来牟利的目的，购买信封者也不是为了获得信封上面的信息去进行犯罪或其他活动的。所以丁的行为不构成本罪。选项D不当选。

【同类考点总结】 只有违反国家有关规定，向他人出售或者提供公民个人信息、非法获取公民个人信息，情节严重的才构成本罪。

十二、破坏军婚罪★★

破坏军婚罪是指明知是现役军人的配偶而与之同居或者结婚的行为。

破坏军婚罪的构成要件只包括同居和结婚两种方式，与现役军人的配偶通奸的，不成立本罪。利用职权、从属关系，以胁迫手段奸淫现役军人的妻子的，以强奸罪论处。

破坏军婚罪和重婚罪的区别：两罪最主要的区别是破坏军婚罪包括结婚和同居两种行为，而重婚罪只包括结婚的行为。

---

[1]【答案】BC

十三、虐待罪★★

(一) 相关法条

《刑法》

第二百六十条　**【虐待罪】**虐待家庭成员，情节恶劣的，处二年以下有期徒刑、拘役或者管制。

犯前款罪，致使被害人重伤、死亡的，处二年以上七年以下有期徒刑。

第一款罪，告诉的才处理，但被害人没有能力告诉，或者因受到强制、威吓无法告诉的除外。

(二) 考点解读

1. 虐待罪是虐待家庭成员，情节恶劣的行为。

2. 构成要件。

（1）客观行为表现为对共同生活的家庭成员经常以打骂、捆绑、冻饿、有病不给治、强迫超体力劳作、限制自由等方式，从肉体上或者精神上加以摧残、折磨的行为。

（2）虐待行为必须具有经常性、一贯性。

（3）行为的方式可以是作为，也可以是不作为，但不可能是纯粹的不作为。单纯的有病不给治疗、不提供饮食的行为，构成遗弃罪。

3. 犯罪主体。

本罪的犯罪主体是共同生活的家庭成员，即存在亲属关系或者收养关系的家庭成员。实践中出现的虐待不能评价为事实上的家庭成员的家庭雇员如保姆，或者保育人员虐待其照顾的老人、婴、幼儿，情节严重的都不构成虐待罪，但可以构成故意伤害罪或者虐待被监护人、看护人罪。

4. 本罪与故意伤害罪、故意杀人罪的界限。

（1）行为人有意地造成被害人伤害或者死亡的，不成立虐待罪，而是构成故意伤害罪或者故意杀人罪。

（2）虐待致人重伤、死亡，是指由于被害人经常受虐待逐渐造成身体的严重损伤或者导致死亡，或者由于被害人不堪忍受虐待而自杀、自伤，造成死亡或者重伤。

> 在情节恶劣的经常性虐待过程中，其中一次产生伤害或者杀人故意，而实施伤害或者杀人行为的，则构成虐待罪与故意伤害罪或者故意杀人罪，数罪并罚。

十四、虐待被监护人、看护人罪

(一) 相关法条

《刑法》

第二百六十条之一　**【虐待被监护人、看护人罪】**"对未成年人、老年人、患病的人、残疾人等负有监护、看护职责的人虐待被监护、看护的人，情节恶劣的，处三年以下有期徒刑或者拘役。

单位犯前款罪的，对单位判处罚金，并对其直接负责的主管人员和其他直接责任人员，依照前款的规定处罚。

有第一款行为，同时构成其他犯罪的，依照处罚较重的规定定罪处罚。"

（二）考点解读

我国原有的虐待罪的犯罪主体仅限于家庭成员。该条无法惩罚实践中出现的对未成年人、老年人、患病的人、残疾人等负有监护、看护职责的人虐待被监护、看护的人，情节恶劣的行为。所以，《刑法修正案（九）》新增了虐待被监护人、看护人罪。

本条同时规定，有前款行为，同时构成其他犯罪的，依照处罚较重的规定定罪处罚。这是因为，有些虐待行为令人发指，达到了故意伤害，甚至故意杀人的程度。如果仅按照本罪来处理，会显得罚不当罪，罪刑不均衡。据此，对于看护人、监护人有虐待行为，同时构成其他犯罪的，依照处罚较重的规定定罪处罚。

【示例】甲是寄宿制幼儿园老师。甲长期虐待幼儿园的 3 岁幼儿乙。某日，乙因为生病而哭闹。甲竟然用烧热的熨斗在乙的背部、腿部烙了好几下，导致乙深度烫伤，达到重伤的程度。应如何认定甲的行为？

【分析】甲用熨斗烫伤乙的行为同时构成虐待被监护人、看护人罪和故意伤害罪，应当择一重罪论处。如果甲前面的虐待行为也很严重，已经构成虐待被监护人、看护人罪的，则应当对甲以虐待被监护人、看护人罪和故意伤害罪数罪并罚。

十五、组织未成年人进行违反治安管理活动罪

本罪是指组织未成年人进行盗窃、诈骗、抢夺、敲诈勒索等违反治安管理活动的行为。本罪不要求未成年人的客观行为符合犯罪的构成要件。主观方面表现为故意，要求行为人明知被组织者为未成年人。

> 如果组织未成年人所实施的行为符合犯罪的构成要件，则可能会认定组织者为盗窃、诈骗等罪的间接正犯。

第二十章 侵犯财产罪

导学

本章的重要性是怎么强调都不过分的。抢劫罪、盗窃罪、抢夺罪、诈骗罪、侵占罪、敲诈勒索罪是六个“每个毛孔都滴着分数”的超级重点罪。本章的绝大部分犯罪都需要“精读”。在复习本章时，一定要结合历年考题进行复习。

第一节 侵犯财产罪概述

【知识点结构】

- 概述
  - 侵犯财产罪的法益
  - 刑法上的财物的认定
  - 非法占有目的的认定
    - 利用意思
    - 排除意思
  - 死者的占有
- 财产犯罪的分类
  - 取得型犯罪
    - 转移占有的犯罪
      - 违反被害人意志的犯罪
        - 平和型：盗窃罪
        - 暴力型：抢劫罪、抢夺罪
      - 利用被害人瑕疵意志的犯罪
        - 欺骗型：诈骗罪
        - 胁迫型：敲诈勒索罪
    - 不转移占有的犯罪
      - 具有不法占有目的的犯罪
        - 侵占罪
        - 职务侵占罪
      - 不具有不法占有目的的犯罪
        - 挪用资金罪
        - 挪用特定款物罪
  - 毁弃型犯罪：故意毁坏财物罪、破坏生产经营罪
  - 拒绝支付型犯罪：拒不支付劳动报酬罪
- 相似犯罪的辨析：抢劫罪与抢夺罪的区别、抢夺罪与盗窃罪的区别、盗窃罪与诈骗罪的区别、盗窃罪与侵占罪的区别

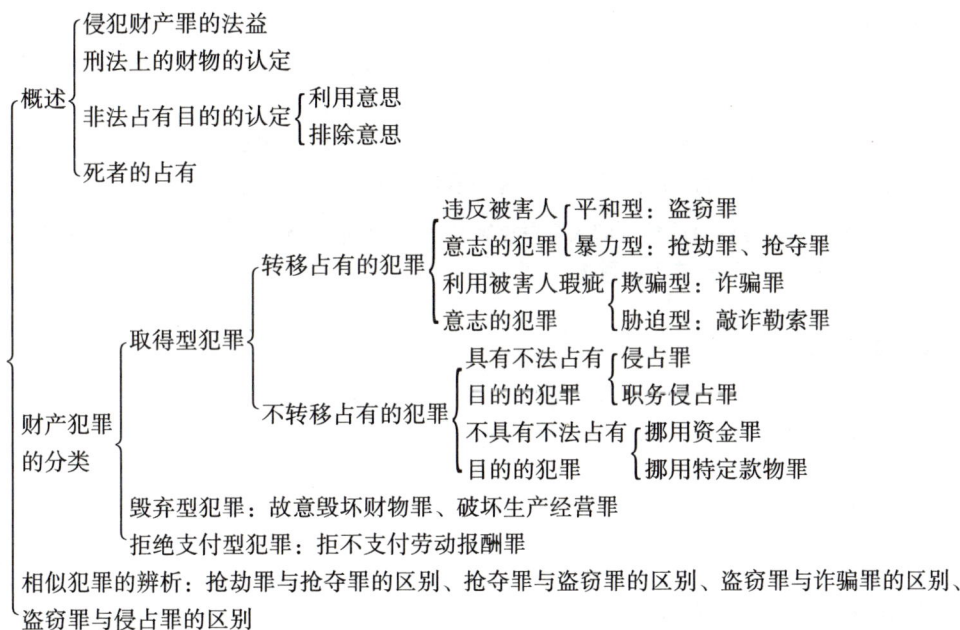

一、侵犯财产罪的概念与构成要件★★★★

侵犯财产罪（财产犯罪）是指以非法占有为目的，非法取得公私财物，或者挪用单位财物，故意毁坏公私财物以及拒不支付劳动报酬的行为。

（一）侵犯财产罪的法益

财产犯的法益首先是财产所有权及其他本权，其次是需要通过法定程序改变现状（恢复应有状态）的占有；但在非法占有的情况下，相对于本权者恢复权利的行为而言，该占有不是财产犯的法益。

1. 侵犯财产罪的法益首先是财产所有权及其他本权，即各种合法占有。例如，承租房屋的人对所承租的房屋也具有合法的财产权。

2. 对于非法占有，刑法也保护。最高人民法院印发《关于抢劫、抢夺刑事案件适用法律若干问题的意见》的通知第 7 条规定："以毒品、假币、淫秽物品等违禁品为对象，实施抢劫的，以抢劫罪定罪；抢劫赌资、犯罪所得的赃款赃物的，以抢劫罪定罪"。

3. 如果本权者来恢复原状时，非法占有则不再被保护。例如，甲盗窃了乙的手机，如果乙自己将它再从甲处偷回来，就不构成犯罪。

（二）侵犯财产罪的构成要件

1. 行为对象：侵犯财产罪的对象是财产。

（1）财物。财物不仅包括有体物，也包括无体物。例如电力、热力等。网上虚拟财产也能成为财产罪的犯罪对象。

（2）财产性利益，也可以成为财产罪的犯罪对象。

（3）违禁品也能够成为刑法上的财物，即成为财产犯罪的犯罪对象。例如盗窃他人非法持有的毒品的，也能够构成盗窃罪。

（4）人的身体本身不是财物。但是，从人的身体分离出来的、具有财产价值的部分，仍然可以成为财产犯罪的犯罪对象。

（5）债权凭证能否作为刑法上的财物，要具体问题具体分析。如果一经丧失，就丧失了该凭证所记载的财产，如无记名式国库券，或者无记名式提货单，这种债权凭证就是财物。因为一旦丧失，其记载的财产也就丧失了。但是，如果丧失这种债券凭证，并不丧失财产的话，例如银行的借记卡、存单等，这种债权凭证就不是财物。

> 一切具有价值与管理可能性（即人可以控制的）的有体物、无体物与财产性利益都能成为刑法上财产犯罪的对象，即刑法上的财物。

【经典真题】

甲欠乙十万元久不归还，乙反复催讨。某日，甲持凶器闯入乙家，殴打乙致其重伤，迫乙交出十万元欠条并在已备好的还款收条上签字。关于甲的行为性质，下列哪一选项是正确的？[1]（2010 - 2 - 17）

A. 故意伤害罪　　　B. 抢劫罪　　　C. 非法侵入住宅罪　　　D. 抢夺罪

【考点】抢劫罪的犯罪对象

【解题思路与常见错误分析】本案就是抢劫财产性利益的情形。

【同类考点总结】财产性利益可以成为各种财产犯罪的对象。诈骗社会保障待遇的，如失业保险、工伤待遇等，也能构成诈骗罪。

---

[1]【答案】B

2. 行为。

侵犯财产罪包括广义的取得行为、毁坏行为与不履行债务（不支付劳动报酬）行为。取得行为分为两类：一是通过各种方式使他人的财产（包括公共财产与他人所有的财产）转变为自己的财产；二是暂时非法占有、使用他人财产（挪用）。毁坏也包括两种行为，一是直接使财产丧失或者减少使用价值的行为；二是通过使生产资料的使用价值丧失或者减少来破坏生产经营。不履行债务是指拒不支付劳动报酬的行为。

3. 结果。

原则上，给他人造成经济利益损失的，可以认定为财产损害。但是，一方面，无效债权的丧失不能视为财产损失，所以，采取欺骗行为使妓女免收嫖资的，不成立诈骗罪；另一方面，即使提供了相当对价，但如果没有实现被害人的交换目的仍应认定为财产损失。例如，甲没有肝病，乙欺骗甲说甲患了肝病，即使乙用正常的价格将肝病药卖给甲，乙仍然成立诈骗罪。

（三）侵犯财产罪的责任要件

1. 侵犯财产罪只能由故意构成。

毁坏财物的犯罪，要求行为人明知自己的行为会发生使他人财物丧失或者减少使用价值的结果，并且希望或者放任这种结果的发生。挪用型犯罪以外的取得财物的犯罪，除要求故意外，还要求行为人具有非法占有的目的。例如盗窃罪、诈骗罪、抢劫罪都要求具有非法占有目的。

2. 如何理解"以非法占有为目的"？

非法占有目的，是指排除权利人占有，将他人的财物作为自己的所有物进行支配，并遵从财物可能具有的用途进行利用、处分的意思。

非法占有目的由"排除意思"与"利用意思"构成，前者重视的是法的侧面，后者重视的是经济的侧面，二者的机能不同。排除意思：将不值得科处刑罚的盗用、骗用行为排除在犯罪之外。利用意思：将单纯毁坏、隐匿财物的行为排除在盗窃罪、诈骗罪等取得型犯罪之外。

对于利用意思，要从以下四方面掌握：

首先，利用意思不限于遵从财物的经济用途进行利用、处分。例如，男性基于癖好窃取女士内衣的，虽然不是基于遵从内衣的经济用途进行利用、处分的意思，但不排除行为人具有利用意思，仍然成立盗窃罪。

其次，利用意思不限于遵从财物的本来用途进行利用、处分。例如，为了燃柴取暖而窃取他人家具的，仍然具有利用意思。再如，骗取他人钢材作为废品卖给废品回收公司的，存在利用意思，依然成立诈骗罪。

再次，一般来说，凡是以单纯毁坏、隐匿意思以外的意思而取得他人财物的，都可能评价为具有遵从财物可能具有的用法进行利用、处分的意思。例如，骗取他人的名画用于自己观赏的，具有利用意思，构成诈骗罪。但是，如果在具有毁坏、隐匿的意思的同时还具有其他动机，而该动机不能评价为具有遵从财物可能具有的用法进行利用、处分的意思时，不能认定具有利用意思。例如，杀人犯甲在杀害乙后，为了防止司法机关发现被害人的身份，而将乙随身携带的钱包、证件等取走后扔入海中。虽然甲取走乙财物的行为不只是单纯地毁坏、隐匿，而是具有防止司法机关发现被害人身份的意思，但该意思不能被评价为遵从财物可能具有的用法进行利用、处分的意思，所以，甲不具有利用意思，不成立盗窃罪、侵占罪。反之，如果在具有毁坏、隐匿的意思的同时还具有其他动机，而且该动机能够评价为遵从财物可能具有的用法进行利用、处分的意思时，则宜认定具有利用意思。例如，"丙取走与自己所珍藏之高价邮票相同但属于丁所有之邮票，并加以毁弃，而使自己所有之邮票成为世界上唯一之邮票，以提高其交易价格等。"由于丙不只是单纯毁坏他人邮票，而且具有利用他人邮票价值的意思，应肯定其具有利用意思。

最后，以毁坏的意思取得他人财物后，没有毁坏财物而是单纯予以放置的，成立故意毁坏财物罪，因为该行为导致被害人丧失了财物的效用。以毁坏的意思取得他人财物后，又利用该财物的，则成立侵占罪。

还要注意：非法占有的目的，既包括使行为人自己非法占有为目的，也包括使第三者（包括单位）非法占有为目的。

> 是否具有非法占有目的是认定<u>大部分</u>财产犯罪非常重要的条件，大家一定要掌握。一般来说，凡是以单纯毁坏、隐匿意思<u>以外</u>的意思而取得他人财物的，都可能评价为具有遵从财物可能具有的用法进行利用、处分的意思。

【经典真题】

甲对乙使用暴力，欲将其打残。乙慌忙掏出手机准备报警，甲一把夺过手机装进裤袋并将乙打成重伤。甲在离开现场五公里后，把乙价值7000元的手机扔进水沟。甲的行为构成何罪？[1]（2009-2-17）

A. 故意伤害罪、盗窃罪　　　　　B. 故意伤害罪、抢劫罪

C. 故意伤害罪、抢夺罪　　　　　D. 故意伤害罪、故意毁坏财物罪

【考点】故意伤害罪、故意毁坏财物罪的认定

【解题思路与常见错误分析】由于甲没有非法占有手机的目的，所以构成故意毁坏财物罪。甲属于另起犯意，故应和故意伤害罪数罪并罚，正确答案为D。

【同类考点总结】题目明确表达出甲对乙的手机没有非法占有的意思，那么就不能认定为抢劫罪。

【经典真题】

下列哪些选项的行为人具有非法占有目的？[2]（2011-2-61）

A. 男性基于癖好入户窃取女士内衣

B. 为了燃柴取暖而窃取他人木质家具

C. 骗取他人钢材后作为废品卖给废品回收公司

D. 杀人后为避免公安机关识别被害人身份，将被害人钱包等物丢弃

【考点】非法占有目的的认定

【解题思路与常见错误分析】根据前述理论分析可知，选项A、B、C都具有非法占有目的，选项D则不具有。

――――――――――――

[1]【答案】D
[2]【答案】ABC

【同类考点总结】即使没有遵从财物的典型用法进行利用、处分的意思，只要行为人具有直接获得利益、享受利益的意思，即使利用了财物的例外用途，也应认定具有利用意思。

此题没有考到排除意思，但排除意思也需要掌握。

二、侵犯财产罪的类型

划分标准	分类		示例
行为人是否取得财产	取得罪	夺取罪：指违反被害人意志取得财产的犯罪	盗窃罪、抢劫罪
		交付罪：指被害人基于瑕疵而同意交付财产的犯罪	诈骗罪、敲诈勒索罪
	毁弃罪		故意毁坏财物罪
新增犯罪	不履行债务罪		拒不支付劳动报酬罪

第二节　重点罪名

一、抢劫罪 ★★★★★

（一）考点提炼

法益：双重法益。既侵犯公私财产权利，又侵犯公民人身权利

对象
- 动产。不动产不能成为本罪的对象
- 他人非法占有的财物也可以成为本罪的对象
- 债权凭证在一定条件下可以成为本罪的对象
- 部分违禁品可以成为本罪的对象，如果刑法对违禁品定罪另有规定的，依规定办理
- 赌资、犯罪所得的赃款赃物可以成为本罪的对象
- 近亲属的财物在一定条件下可以成为本罪的对象
- 信用卡可以成为本罪的对象
- 抢劫机动车的定性
  - 仅定抢劫罪：抢劫机动车作为犯罪工具去抢劫其他财物或者抢劫其他财物后抢劫机动车作为逃跑工具使用
  - 数罪并罚：抢劫机动车辆后进行其他犯罪，如盗窃、故意杀人

构成要件
- 暴力
  - 对象：人，不包括物。此为本罪和抢夺罪的区别
  - 程度：足以危及被害人身体健康或者生命安全，致使被害人不能反抗或者不敢反抗
- 胁迫
  - 内容的暴力性
  - 实施的当场性
  - 多是赤裸裸的语言或者动作，也可以通过潜在的语言或者动作实施
- 其他方法：看该手段是否已使被害人丧失了控制自己财物的能力，丧失了抗拒他人劫取自己财物的意志自由和行动自由
- 暴力、胁迫或者其他方法必须是在非法占有财物时当场使用
- 财物可以从被害人手中夺取，也包括被害人主动交出
- "当场"：从整体上看行为并无间断的，即使延续时间较长，也应当认定为当场强行劫取财物
- 手段行为和目的行为之间必须存在因果关系

责任要件：故意，通过暴力等手段强行非法占有他人财物的故意。例外的情况：
- 聚众"打砸抢"中，损坏公私财物，没有不法所有的目的，对首要分子也定本罪
- 已满 14 周岁，不满 16 周岁的，不适用转化型抢劫的规定

（二）本罪与其他犯罪的区别与联系

1. 本罪与绑架罪。

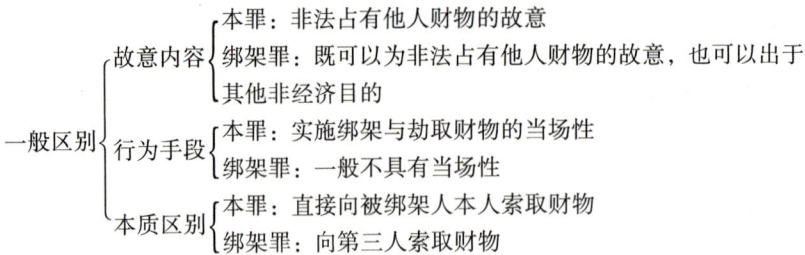

一般区别
{
　故意内容
　{
　　本罪：非法占有他人财物的故意
　　绑架罪：既可以为非法占有他人财物的故意，也可以出于其他非经济目的
　}
　行为手段
　{
　　本罪：实施绑架与劫取财物的当场性
　　绑架罪：一般不具有当场性
　}
　本质区别
　{
　　本罪：直接向被绑架人本人索取财物
　　绑架罪：向第三人索取财物
　}
}

2. 本罪与敲诈勒索罪。

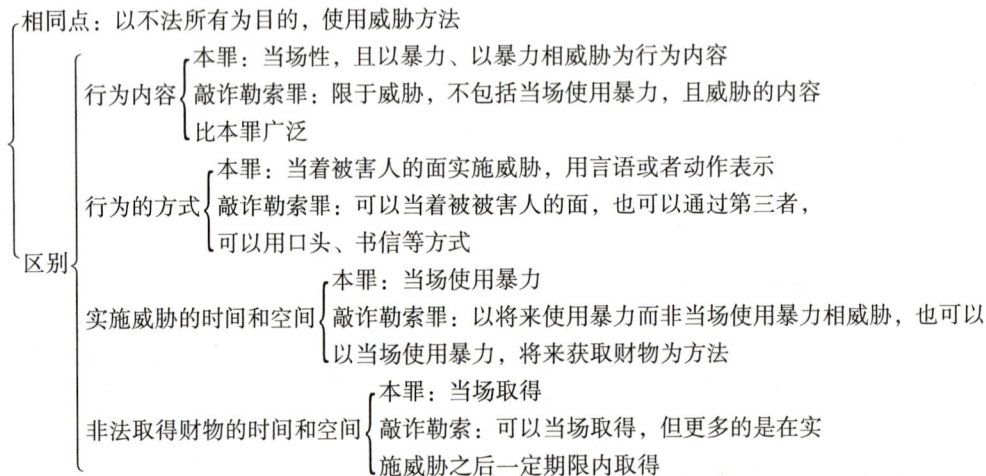

{
　相同点：以不法所有为目的，使用威胁方法
　区别
　{
　　行为内容
　　{
　　　本罪：当场性，且以暴力、以暴力相威胁为行为内容
　　　敲诈勒索罪：限于威胁，不包括当场使用暴力，且威胁的内容比本罪广泛
　　}
　　行为的方式
　　{
　　　本罪：当着被害人的面实施威胁，用言语或者动作表示
　　　敲诈勒索罪：可以当着被被害人的面，也可以通过第三者，可以用口头、书信等方式
　　}
　　实施威胁的时间和空间
　　{
　　　本罪：当场使用暴力
　　　敲诈勒索罪：以将来使用暴力而非当场使用暴力相威胁，也可以以当场使用暴力，将来获取财物为方法
　　}
　　非法取得财物的时间和空间
　　{
　　　本罪：当场取得
　　　敲诈勒索：可以当场取得，但更多的是在实施威胁之后一定期限内取得
　　}
　}
}

3. 本罪与寻衅滋事罪。

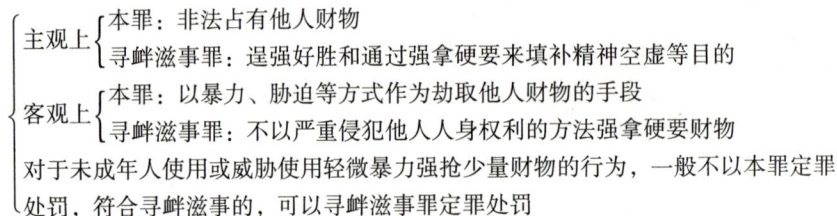

{
　主观上
　{
　　本罪：非法占有他人财物
　　寻衅滋事罪：逞强好胜和通过强拿硬要来填补精神空虚等目的
　}
　客观上
　{
　　本罪：以暴力、胁迫等方式作为劫取他人财物的手段
　　寻衅滋事罪：不以严重侵犯他人人身权利的方法强拿硬要财物
　}
　对于未成年人使用或威胁使用轻微暴力强抢少量财物的行为，一般不以本罪定罪处罚，符合寻衅滋事的，可以寻衅滋事罪定罪处罚
}

4. 本罪与故意杀人罪。

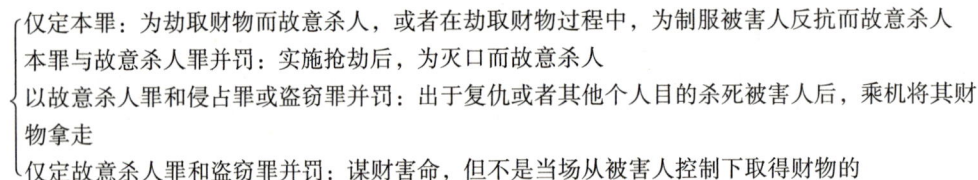

{
　仅定本罪：为劫取财物而故意杀人，或者在劫取财物过程中，为制服被害人反抗而故意杀人
　本罪与故意杀人罪并罚：实施抢劫后，为灭口而故意杀人
　以故意杀人罪和侵占罪或盗窃罪并罚：出于复仇或者其他个人目的杀死被害人后，乘机将其财物拿走
　仅定故意杀人罪和盗窃罪并罚：谋财害命，但不是当场从被害人控制下取得财物的
}

5. 转化型（拟制型）抢劫罪。

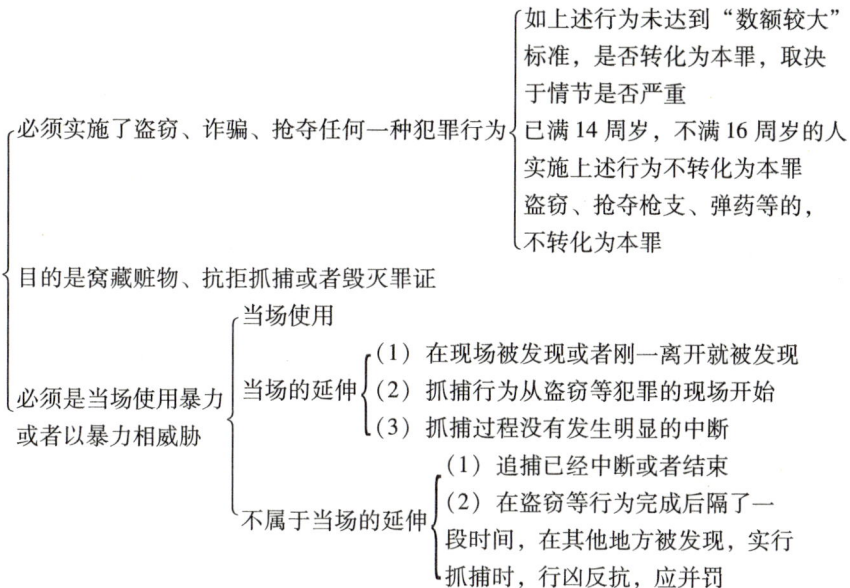

必须实施了盗窃、诈骗、抢夺任何一种犯罪行为
- 如上述行为未达到"数额较大"标准，是否转化为本罪，取决于情节是否严重
- 已满14周岁，不满16周岁的人实施上述行为不转化为本罪
- 盗窃、抢夺枪支、弹药等的，不转化为本罪

目的是窝藏赃物、抗拒抓捕或者毁灭罪证

必须是当场使用暴力或者以暴力相威胁
- 当场使用
- 当场的延伸
  - （1）在现场被发现或者刚一离开就被发现
  - （2）抓捕行为从盗窃等犯罪的现场开始
  - （3）抓捕过程没有发生明显的中断
- 不属于当场的延伸
  - （1）追捕已经中断或者结束
  - （2）在盗窃等行为完成后隔了一段时间，在其他地方被发现，实行抓捕时，行凶反抗，应并罚

（三）相关法条

《刑法》

第二百六十三条　【抢劫罪】以暴力、胁迫或者其他方法抢劫公私财物的，处三年以上十年以下有期徒刑，并处罚金；有下列情形之一的，处十年以上有期徒刑、无期徒刑或者死刑，并处罚金或者没收财产：

（一）入户抢劫的；

（二）在公共交通工具上抢劫的；

（三）抢劫银行或者其他金融机构的；

（四）多次抢劫或者抢劫数额巨大的；

（五）抢劫致人重伤、死亡的；

（六）冒充军警人员抢劫的；

（七）持枪抢劫的；

（八）抢劫军用物资或者抢险、救灾、救济物资的。

第二百六十七条　【抢夺罪】抢夺公私财物，数额较大的，或者多次抢夺的，处三年以下有期徒刑、拘役或者管制，并处或者单处罚金；数额巨大或者有其他严重情节的，处三年以上十年以下有期徒刑，并处罚金；数额特别巨大或者有其他特别严重情节的，处十年以上有期徒刑或者无期徒刑，并处罚金或者没收财产。

【依照抢劫罪处理】携带凶器抢夺的，依照本法第二百六十三条的规定定罪处罚。

第二百六十九条　【拟制的抢劫罪】犯盗窃、诈骗、抢夺罪，为窝藏赃物、抗拒抓捕或者毁灭罪证而当场使用暴力或者以暴力相威胁的，依照本法第二百六十三条的规定定罪处罚。

第二百八十九条　【对聚众打砸抢的处理】聚众"打砸抢"，致人伤残、死亡的，依照本法第二百三十四条（故意伤害罪）、第二百三十二条（故意杀人罪）的规定定罪处罚。毁坏或者抢走公私财物的，除判令退赔外，对首要分子，依照本法第二百六十三条的规定定罪处罚。

司法解释：

1. 最高人民法院《关于审理抢劫案件具体应用法律若干问题的解释》

2. 最高人民法院印发《关于审理抢劫、抢夺刑事案件适用法律若干问题的意见》的通知

3. 最高人民法院关于印发《关于审理抢劫刑事案件适用法律若干问题的指导意见》的通知

（四）考点解读

1. 抢劫罪的犯罪构成。

（1）法益：复杂客体。既侵犯公私财产权利，又侵犯公民人身权利。这对于认定抢劫罪的既遂和未遂有重要意义。

（2）对象：动产。不动产不能成为本罪的对象。他人非法占有的财物也能成为本罪的对象。要注意以下问题：

①债权凭证在一定条件下也能成为抢劫罪的对象。即行为人与被害人之间存在债权债务关系，行为人抢劫债权凭证的目的是为了消灭债权债务。

②抢劫特定财物行为的定性。

A. 违禁品。

违禁品能否成为本罪的对象，关键要看刑法是否已经专门规定了抢劫相关违禁品的犯罪，如已规定，则不能成为本罪的对象。如刑法规定了抢劫枪支、弹药、爆炸物、危险物质罪。如未规定，就可以成为本罪的对象。最高人民法院《关于审理抢劫、抢夺刑事案件适用法律若干问题的意见》（以下简称《两抢意见》）第7条规定，以毒品、假币、淫秽物品等违禁品为对象，实施抢劫的，以抢劫罪定罪；抢劫的违禁品数量作为量刑情节予以考虑。抢劫违禁品后又以违禁品实施其他犯罪的，应以抢劫罪与具体实施的其他犯罪实行数罪并罚（不论是否成立牵连犯关系）。

B. 赌资、赃款赃物。

抢劫赌资、犯罪所得的赃款赃物的，以抢劫罪定罪。但行为人仅以其所输赌资或所赢赌债为抢劫对象，一般不以抢劫罪定罪处罚。构成其他犯罪的（如故意伤害罪），依照刑法的相关规定处罚。

C. 近亲属或者家庭成员的财产。

《两抢意见》第7条规定，为个人使用，以暴力、胁迫等手段取得家庭成员或近亲属财产的，一般不以抢劫罪定罪处罚，构成其他犯罪的，依照刑法的相关规定处理；教唆或者伙同他人采取暴力、胁迫等手段劫取家庭成员或近亲属财产的，可以抢劫罪定罪处罚。

D. 信用卡。

抢劫信用卡，无论是否使用都认定为抢劫罪。抢劫信用卡后使用、消费的行为虽然具有一定的诈骗性质，但并非独立的诈骗罪，而是为使抢劫的财产凭证转化为实际财物的行为，应视为事后不可罚行为。所以，抢劫信用卡并使用的，不构成信用卡诈骗罪，也不构成抢劫罪与信用卡诈骗罪的牵连犯。

但是否使用对抢劫罪数额的认定关系密切。根据《两抢意见》的规定，抢劫信用卡后使用、消费的，其实际使用、消费的数额为抢劫数额；抢劫信用卡后未实际使用、消费的，不计数额，根据情节轻重量刑。所抢信用卡数额巨大，但未实际使用、消费或者实际使用、消费的数额未达到巨大标准的，不适用"抢劫数额巨大"的法定刑。

E. 机动车。

　　为抢劫其他财物，劫取机动车辆当作犯罪工具或者逃跑工具使用的，被劫取机动车辆的价值计入抢劫数额；为实施抢劫以外的其他犯罪劫取机动车辆的，以抢劫罪和实施的其他犯罪实行数罪并罚。

　　（3）客观行为。

　　抢劫罪在客观方面是复合行为，即由手段行为与目的行为组成。具体表现为行为人对公私财物的所有人、保管人、看护人或者持有人当场使用暴力、胁迫或者其他方法（手段行为），强行劫取公私财物的行为（目的行为）。关键是要理解"暴力、胁迫或者其他方法"的含义。

　　①对"暴力"的理解。

　　A. 暴力的对象。

　　必须是针对人实施，不包括对物实施。这是抢劫罪与抢夺罪的关键区别。抢夺行为是直接对物使用暴力（对物暴力），并不是直接对被害人行使暴力。行为人实施抢夺行为时，被害人来不及抗拒，而不是被暴力压制不能抗拒。

　　暴力通常针对财物所有人、保管人、看护人或者持有人实施，有时也可能针对在场的上述人的亲友。注意暴力的对象不限于财物的直接持有者，对有权处分财物的人以及其他妨碍劫取财物的人使用暴力的，也不影响抢劫罪的成立。但要求一定是为了劫财而使用暴力。

　　B. 暴力的程度。

　　抢劫罪中的暴力手段必须达到一定程度，即达到足以危及被害人身体健康或者生命安全，致使被害人不能反抗或者不敢反抗的程度。

　　常见的暴力手段有：殴打、伤害、捆绑、禁闭等。如果以不足以抑制对方反抗的轻微暴力取得他人财物的，不能认定为抢劫罪中的暴力，而应认定为其他犯罪。

　　②对"胁迫"的理解。

　　胁迫，是指行为人对被害人以立即实施暴力相威胁，实行精神强制，使被害人不敢反抗；如果以将来实施暴力相威胁的，以及以当场立即损毁名誉等非暴力内容进行威胁的，不成立抢劫罪。抢劫罪的胁迫行为有三个特征：

　　第一，胁迫内容的暴力性；

　　第二，胁迫行为实施的当场性。即胁迫是面对被害人直接发出的，如果胁迫不是当场面对被害人实施的，而是借助给被害人写信、让第三人向被害人转达等方式间接实施的，则属于敲诈勒索罪的犯罪手段；

　　第三，胁迫内容付诸实施的当场性。即行为人以如不答应其非法占有财物的要求就要当场实施某种暴力相威胁。

　　抢劫罪必须具备"两个当场"——当场胁迫或施加暴力，当场夺取财物。

　　胁迫行为多是赤裸裸的语言或者动作，但也可以通过潜在威胁的语言或者动作来实施。实践中发生的行为人多人拦路围困他人，动手搜身，强取财物，但并未使用暴力，也未以明确的语言动作实施暴力威胁的案件，应认为这种案件的多人围困行为本身就表明了如果不答应取财要求就当场实施暴力的胁迫意图，构成抢劫罪。

　　③对"其他方法"的理解。

　　其他方法，是指行为人实施暴力、胁迫方法以外的其他使被害人不知反抗或不能反抗的方法。是否属于抢劫罪中的其他方法，关键是看该手段是否已使被害人丧失了控制自己财物的能力，丧失了抗拒他人劫取自己财物的意志自由和行动自由。例如，用药物麻醉、用酒灌醉、使用催眠术或用毒药毒昏等，致使被害人处于不知反抗或不能反抗的状态。

> 需要特别注意的是，被害人处于不知反抗或不能反抗的状态必须是行为人故意造成的。如果行为人仅仅利用被害人熟睡、酣醉、昏迷等状态而秘密窃取财物的，应以盗窃罪论处。对于利用财物的所有人或者保管人在屋内并且趁其不备之机或者将被害人骗进屋内，将屋门锁上、拧住、堵住，在财物所有人或者保管人知晓的情况下，非法拿走在屋外的财物的，也应认定为抢劫罪。

【经典真题】

甲、乙、丙、丁共谋诱骗黄某参赌。四人先约黄某到酒店吃饭，甲借机将安眠药放入黄某酒中，想在打牌时趁黄某不清醒合伙赢黄某的钱。但因甲投放的药品剂量偏大，饭后刚开牌局黄某就沉沉睡去，四人趁机将黄某的钱包掏空后离去。上述四人的行为构成何罪?[1]（2009 - 2 - 19）

　A. 赌博罪　　　　　　B. 抢劫罪　　　　　　C. 盗窃罪　　　　　　D. 诈骗罪

【考点】 抢劫罪的认定

【解题思路与常见错误分析】 黄某睡着的状态是四人造成的，四人又利用黄某的这种状态趁机拿钱，其行为构成抢劫罪。

【同类考点总结】 利用他人不能反抗的状态获取财物时，如果这个状态是取财者专门造成的，取财者构成抢劫罪。如果这个状态是其他人造成的，取财者只是利用这种状态，取财者构成盗窃罪。

④暴力、胁迫或者其他方法，都必须是在非法占有财物时当场使用，才能构成抢劫罪。如果行为人到现场后，由于主客观情况的变化，没有使用暴力、胁迫或其他方法，就顺利地获取了财物，不能以抢劫罪论处，而应以实际取得财物的方法来定罪，其抢劫预备行为被吸收，不单独定罪。如果犯罪分子还未着手实施其预谋的犯罪行为就被查获，或者刚一着手就被发现并制止而未得逞，应以犯罪的预备行为或者未遂行为的性质定罪。

当场夺取财物包括从被害人手中夺取，也包括被害人被迫交出。

⑤当场取得财物中"当场"的理解。

对当场取得财物中"当场"的理解不能过于狭窄，暴力、胁迫手段或者其他方法与取得财物之间虽持续一定时间，也不属于同一场所，但从整体上看行为并无间断的，也应认定为当场强行劫取财物。

【示例】 甲用枪威逼在家的乙去单位给自己拿钱，尽管威胁实施的场所和取得财物的场所有一定距离，仍是抢劫罪。

⑥抢劫罪中的手段行为与目的行为之间必须要有因果关系。

暴力、胁迫或者其他方法与强行劫取财物之间要有因果关系，行为人使用暴力、胁迫等手段的目的必须是为了劫取财物。如果行为人不是基于强行劫取他人财物的目的而实施暴力等行为，在实施暴力行为后又见钱起意非法占有他人财物的，则该行为一般构成盗窃罪或者抢夺罪。这也表明强行劫取的目的必须是在暴力行为实施之前或者之中产生，才构成抢劫罪，如果非法占有他人财物的目的是在暴力实施之后才产生，则一般不构成抢劫罪，

---

〔1〕**【答案】** B

而是构成其他的犯罪。掌握这一点，对于正确认定同时存在杀人、伤害、强奸和取财行为究竟定何罪具有关键的意义。

因此，《两抢意见》规定，行为人实施伤害、强奸等犯罪行为，在被害人失去知觉或者没有发觉的情形下，以及实施故意杀人犯罪行为之后，临时起意拿走他人财物的，应以此前所实施的具体犯罪与盗窃罪实行数罪并罚。

行为人实施伤害、强奸等犯罪行为，在被害人未失去知觉时，利用被害人不能反抗、不敢反抗的处境，临时起意劫取其财物的，应以此前所实施的具体犯罪与抢劫罪实行数罪并罚。司法解释的这一规定，在刑法理论上是有争议的。因为，在这样的场合下，行为人的暴力行为既作为伤害、强奸行为中犯罪构成的一部分，又作为抢劫罪中犯罪构成的一部分，也就是一个行为，在两个犯罪构成中都是要件之一，这违反了禁止对同一个行为进行重复评价的原则。但司法解释既然这样规定了，就应当作为考试答题的依据。这一规定，可以理解为行为人在实施伤害、强奸等犯罪行为后，利用这一犯罪行为的余势而实施了强行非法占有他人财物的行为。

（4）责任形式。

①故意内容。

抢劫罪在主观方面具有非法占有他人财物的目的。但应注意，不应将非法占有他人财物的目的作为抢劫罪故意的全部内容。抢劫罪故意的完整表述是：通过暴力等手段强行非法占有他人财物的故意。

例外的情况是，在实行聚众"打砸抢"过程中，毁坏公私财物的，即使没有不法占有的目的，对首要分子也要以抢劫罪认定（参见《刑法》第289条）。

②因为借贷或者其他财产纠纷而强行扣押对方财物，或者强行索还借款、自己的物品的行为，不具备非法占有他人财物的目的，不成立抢劫罪。《两抢意见》规定，行为人为索取债务，使用暴力、暴力威胁等手段的，一般不以抢劫罪定罪处罚。构成故意伤害等其他犯罪的，依照故意伤害罪等规定处罚。

③强行劫取财物的目的一般产生于暴力行为之前或者之中。

2. 对未成年人强行索要他人财物行为的认定。

最高人民法院《关于审理未成年人刑事案件具体应用法律若干问题的解释》第7条规定："已满十四周岁不满十六周岁的人使用轻微暴力或者威胁，强行索要其他未成年人随身携带的生活、学习用品或者钱财数量不大，且未造成被害人轻微伤以上或者不敢正常到校学习、生活等危害后果的，不认为是犯罪。

已满十六周岁不满十八周岁的人具有前款规定情形的，一般也不认为是犯罪。"

3. 抢劫罪与其他犯罪的区别与联系。

（1）抢劫罪与绑架罪的区别。

①《两抢意见》第9条规定，绑架罪是侵害他人人身自由权利的犯罪，其与抢劫罪的区别在于：第一，主观方面不尽相同。抢劫罪中，行为人一般出于非法占有他人财物的故意而实施抢劫行为；绑架罪中，行为人既可能为勒索他人财物而实施绑架行为，也可能出于其他非经济目的实施绑架行为。第二，行为手段不尽相同。抢劫罪表现为行为人劫取财物一般应在同一时间、同一地点，具有"当场性"；绑架罪表现为行为人以杀害、伤害等方式向被绑架人的亲属或其他人或单位发出威胁，索取赎金或提出其他非法要求，劫取财物一般不具有"当场性"。

②根据上述规定，如果两罪的主观目的不同，则两罪容易区分。考试往往考的是，在犯罪目的上都是出于非法占有他人财物的情况，如何区分两罪。此时，可以从以下两个方面区分两罪：

A. 在一般情况下，抢劫罪涉及两方当事人（抢劫的人和被抢劫的人），绑架罪涉及三方当事人（绑匪、人质和交付财物的第三人）。抢劫罪是直接逼迫被绑架人交付财物，而不是向第三者勒索财物；绑架罪只能是向被绑架人的近亲属或者其他有关人员勒索财物。

> 行为人使用暴力、胁迫手段非法扣押被害人或者迫使被害人离开日常生活处所后，仍然向该被害人本人勒索财物的，只能认定为抢劫罪，不应认定为绑架罪。

B. 如果暴力的对象与交付财物的人不是同一人时，从以下两个方面区分两罪：

第一，抢劫罪一般具有两个当场，而绑架罪获取财物一般不具有当场性。因此，当场对甲使用暴力，让在场的乙当场交付财物的，则是抢劫罪；如果让不在场的乙限期交付财物的，则是绑架罪；

第二，行为人勒索的对象到底是谁？如果行为人"绑架"被害人，就是为了直接勒索被害人本人，被害人为了脱身，而不得不想办法筹钱"赎"自己的，即使被害人向第三人要钱了，也成立抢劫罪。反之，如果行为人"绑架"被害人是为了以被害人为人质勒索其他人，即使由于被害人撒谎，第三人不知道被害人被绑架的，仍然成立绑架罪。例如，2010年真题考了这样一道题：甲持刀将乙逼入山中，让乙通知其母送钱赎人。乙担心其母心脏病发作，遂谎称开车撞人，需付五万元治疗费，其母信以为真。甲构成何罪？（2010 - 2 - 16）本案中，其母虽然不知道乙被绑架，但甲绑架乙的目的就是以之为人质勒索其母，所以甲构成绑架罪。

因此，确定行为人到底是要直接勒索被害人还是要以其为人质勒索其他人是区分抢劫罪与绑架罪的关键。

（2）抢劫罪与敲诈勒索罪的区别。

相同点：都是以不法所有为目的，都可以使用威胁方法。

主要区别是：

①行为内容不同。抢劫罪以当场实施暴力、以暴力相威胁为行为内容。敲诈勒索罪则仅限于威胁，不包括当场使用暴力。而且威胁的内容比抢劫罪广泛，除了以使用暴力相威胁外，还包括使用其他的方式如毁坏财物、揭发隐私等相威胁。

②实施行为的方式不同。抢劫罪的威胁是当着被害人的面实施的，一般是以言语或者动作来表示。敲诈勒索罪的威胁，可以是当着被害人的面，也可以是通过第三者来实现，可以利用口头、书信等方式来表达。

③实现威胁的时间和空间不同。如果以使用暴力相威胁，敲诈勒索罪是以将来使用暴力，而抢劫罪是当场使用暴力相威胁。

④非法取得财物的时间和空间不同。抢劫罪必须是当场取得财物；敲诈勒索罪取得财物可以是当时当地，但更多的是在实施威胁之后一定期限内取得。

（3）抢劫罪与寻衅滋事罪的界限。

《两抢意见》第9条规定，寻衅滋事罪是严重扰乱社会秩序的犯罪，行为人实施寻衅滋事的行为时，客观上也可能表现为强拿硬要公私财物的特征。这种强拿硬要的行为与抢劫罪的区别在于：前者行为人主观上还具有逞强好胜和通过强拿硬要来填补其精神空虚等目的，后者行为人一般只具有非法占有他人财物的目的；前者行为人客观上一般不以严重侵犯他人人身权利的方法强拿硬要财物，而后者行为人则以暴力、胁迫等方式作为劫取他人财物的手段。司法实践中，对于未成年人使用或威胁使用轻微暴力强抢少量财物的行为，一般不宜以抢劫罪定罪处罚。其行为符合寻衅滋事罪特征的，可以寻衅滋事罪定罪处罚。

不过，强拿硬要达到抢劫罪的标准的，应当认定为抢劫罪。

最高人民法院《关于审理未成年人刑事案件具体应用法律若干问题的解释》第8条规定："已满十六周岁不满十八周岁的人出于以大欺小、以强凌弱或者寻求精神刺激，随意殴打其他未成年人、多次对其他未成年人强拿硬要或者任意损毁公私财物，扰乱学校及其他公共场所秩序，情节严重的，以寻衅滋事罪定罪处罚。"

（4）抢劫罪与强迫交易罪的区别。

《两抢意见》第9条规定："从事正常商品买卖、交易或者劳动服务的人，以暴力、胁迫手段迫使他人交出与合理价钱、费用相差不大的钱物，情节严重的，以强迫交易罪定罪处罚；以非法占有为目的，以买卖、交易、服务为幌子采用暴力、胁迫手段迫使他人交出与合理价钱、费用相差悬殊的钱物的，以抢劫罪定罪处刑。在具体认定时，既要考虑超出合理价钱、费用的绝对数额，还要考虑超出合理价钱、费用的比例，加以综合判断。"

（5）抢劫罪与招摇撞骗罪的区别。

《两抢意见》第9条规定："行为人冒充正在执行公务的人民警察'抓赌''抓嫖'，没收赌资或者罚款的行为，构成犯罪的，以招摇撞骗罪从重处罚；在实施上述行为中使用暴力或者暴力威胁的，以抢劫罪定罪处罚。行为人冒充治安联防队员'抓赌''抓嫖'、没收赌资或者罚款的行为，构成犯罪的，以敲诈勒索罪定罪处罚；在实施上述行为中使用暴力或者暴力威胁的，以抢劫罪定罪处罚。"

（6）抢劫罪与故意杀人罪的区别。

①行为人为劫取财物而预谋故意杀人，或者在劫取财物过程中，为制服被害人反抗而故意杀人的，以抢劫罪定罪处罚；

②行为人实施抢劫后，为灭口而故意杀人的，以抢劫罪和故意杀人罪定罪，数罪并罚；

③如果出于复仇或者其他个人目的而杀死被害人后，乘机将其财物拿走的，不以抢劫罪论处，而是构成两个独立的犯罪，即故意杀人罪和盗窃罪，数罪并罚；

④谋财害命，但不是当场从被害人控制之下取得财物的，而是将来获取财物或者财产性利益。这种情况通常属于基于贪财动机而实施的故意杀人行为，应当认定为故意杀人罪。例如：为了争夺遗产而杀害其他继承人的；为了赖掉债务而杀害债权人的；为了骗取保险金而杀人的，都应认定为故意杀人罪。

《两抢意见》十分重要，请掌握其具体内容。

4. 《刑法》第269条规定的拟制型抢劫罪的理解。

这几乎是每年必考的内容，十分重要。这部分题目难度一般较大，要深入全面地掌握知识点才能回答正确。这一规定通常被称为转化型抢劫，但其准确名称应该是拟制抢劫。因为这种抢劫和普通抢劫并不相同。我把它称为"倒过来的抢劫"，即先获得财物，再使用暴力。

《刑法》第269条规定："犯盗窃、诈骗、抢夺罪，为窝藏赃物、抗拒抓捕或者毁灭罪证而当场使用暴力或者以暴力相威胁的，依照本法第二百六十三条的规定定罪处罚。"

适用这一规定必须同时具备以下三个条件，我把它简称为3312：3个犯罪，3个目的，

1 个当场，2 种方式（使用暴力或以暴力相威胁）。

（1）行为人必须实施了盗窃、诈骗、抢夺任何一种犯罪行为，这是适用本条的前提。尽管刑法条文表述的是犯盗窃、诈骗、抢夺罪，但并不意味着行为事实上已经构成盗窃、诈骗、抢夺罪（即达到数额较大），也不意味着行为人实施的盗窃、诈骗、抢夺罪已经既遂，而是意味着行为人有盗窃、诈骗、抢夺的犯罪故意与行为即可以发生转化。

但应注意以下两点：

①盗窃、诈骗、抢夺行为，未达到"数额较大"标准，是否转化为抢劫罪，取决于情节是否严重。这表明，盗窃、诈骗、抢夺行为未遂的，是否转化为抢劫罪，也取决于情节是否严重。

根据《两抢意见》第 5 条的规定，行为人实施盗窃、诈骗、抢夺行为，未达到"数额较大"，为窝藏赃物、抗拒抓捕或者毁灭罪证当场使用暴力或者以暴力相威胁，情节较轻、危害不大的，一般不以犯罪论处；但具有下列情节之一的，可依照刑法第二百六十九条的规定，以抢劫罪定罪处罚：

A. 盗窃、诈骗、抢夺接近"数额较大"标准的；

B. 入户或在公共交通工具上盗窃、诈骗、抢夺后在户外或交通工具外实施上述行为的；

C. 使用暴力致人轻微伤以上后果的；

D. 使用凶器或以凶器相威胁的；

E. 具有其他严重情节的。

2016 年，最高人民法院印发了《关于审理抢劫刑事案件适用法律若干问题的指导意见》（以下简称《抢劫意见》）。该意见规定：（1）对于以摆脱的方式逃脱抓捕，暴力强度较小，未造成轻伤以上后果的，可不认定为"使用暴力"，不以抢劫罪论处。（2）入户或者在公共交通工具上盗窃、诈骗、抢夺后，为了窝藏赃物、抗拒抓捕或者毁灭罪证，在户内或者公共交通工具上当场使用暴力或者以暴力相威胁的，构成"入户抢劫"或者"在公共交通工具上抢劫"。

②已满十四周岁不满十六周岁的人盗窃、诈骗、抢夺他人财物的，不转化为抢劫罪。

最高人民法院《关于审理未成年人刑事案件具体应用法律若干问题的解释》第 10 条规定："已满十四周岁不满十六周岁的人盗窃、诈骗、抢夺他人财物，为窝藏赃物、抗拒抓捕或者毁灭罪证，当场使用暴力，故意伤害致人重伤或者死亡，或者故意杀人的，应当分别以故意伤害罪或者故意杀人罪定罪处罚。

已满十六周岁不满十八周岁的人犯盗窃、诈骗、抢夺罪，为窝藏赃物、抗拒抓捕或者毁灭罪证而当场使用暴力或者以暴力相威胁的，应当依照刑法第二百六十九条的规定定罪处罚；情节轻微的，可不以抢劫罪定罪处罚。"

盗窃、抢夺枪支、弹药等而构成盗窃、抢夺枪支、弹药罪的，可能转化为抢劫枪支、弹药罪。

（2）行为人的目的是为了窝藏赃物、抗拒抓捕或者毁灭罪证。

①对"窝藏赃物、抗拒抓捕、毁灭罪证"的理解。

必须是在盗窃、抢夺、诈骗行为被发现后，出于窝藏赃物、抗拒抓捕、毁灭罪证的目的，使用暴力或者以暴力相威胁的才发生转化。

A. 窝藏赃物是指行为人把已经非法取得的财物即赃物护住，不让被害人或者其他人夺回去，而不是指作案得逞后把赃物放在自己或者他人家中隐藏起来。

B. 抗拒抓捕是指使用暴力抗拒公安机关或者任何公民，特别是失主对其的抓捕、扭送，而不是逮捕。

C. 毁灭罪证是毁坏、消灭在现场遗留的犯罪证据。

②出于这三种目的之外的行为如何认定？

如果出于其他目的，不能构成转化型抢劫罪。这有两种情况：

A. 直接定抢劫罪。这是指行为人在盗窃、诈骗、抢夺过程中，非法占有财物之前，被人发现或者发现现场有人或者遇到了反抗等阻力，不是出于窝藏赃物、抗拒抓捕、毁灭罪证的目的，而是出于临时转变的强行非法占有财物的目的，当场以暴力或者以暴力相威胁手段来非法夺取财物的，属于犯意转化，完全符合典型抢劫罪的构成要件，不能认定为拟制型的抢劫罪，也无需以盗窃罪未遂和抢劫罪数罪并罚，而应适用吸收犯的处罚原则，即既遂行为吸收未遂行为，重罪吸收轻罪，以抢劫罪定罪处罚。这也是高频考点。

B. 应认定为盗窃罪、诈骗罪、抢夺罪与故意杀人或者故意伤害罪，数罪并罚。

这是指行为人在实施盗窃、诈骗、抢夺行为后，不是出于窝藏赃物、抗拒抓捕或者毁灭罪证的目的，而是出于灭口、报复等其他动机杀害、伤害他人的情况。

（3）行为人必须是当场使用暴力或者以暴力相威胁。

①对"当场"的理解。

当场包括两种情况：一是犯罪分子在实施盗窃等犯罪的现场使用暴力；二是当场的延伸。很显然，前一种情况不会成为考试的考点，后一种情况是考试的常考点。通常的考法是盗窃等犯罪的场所与暴力或者以暴力相威胁的场所不在同一时间、地点，而是发生了时空的延续和转移，这时让考生判断是否属于当场的延伸。

> 成立当场的延伸，必须同时具备三个条件：一是在盗窃等犯罪行为的现场被发现或者刚一离开现场就被人发现；二是抓捕行为从盗窃等犯罪的现场开始；三是抓捕过程没有发生明显的中断。即使行为人在被抓捕过程中乘机藏匿于一隐蔽处或者混入人群，暂时脱离了追捕人的视线，但是，追捕人立即进行搜索，并发现行为人的，仍应视为当场。即，当盗窃等犯罪的场所与暴力或者以暴力相威胁的场所不在同一时间、地点的情况下，如果二者之间在时空上具有紧密的连续性和关联性，则可以认定为当场的延伸。在此，可以借鉴国际法中毗连区紧追权制度的含义。

如果：A. 当时追捕已经中断或者结束，如行为人在被追捕中藏匿于汽车或者拦截汽车迅速逃跑，追捕人无法发现行为人，不得不停止追捕行动，在事后（包括在通缉过程中）被发现进行抓捕的；B. 在盗窃、诈骗、抢夺犯罪完成以后隔了一段时间，在其他地方被发现，当对其抓捕时，犯罪分子行凶抗拒的，不适用本条。其暴力行为构成犯罪的，应数罪并罚。

行为人不是基于非法占有他人财物的目的而实施暴力等行为，在实施暴力行为后又见钱起意非法占有他人财物的，则构成盗窃罪或者抢夺罪。

②对"暴力"的理解。

这里的暴力不是一般意义上的暴力，而是达到一定程度的暴力或相当明显的暴力威胁。这种拟制的抢劫既然是"倒过来的抢劫"，那么它的暴力程度就应当和正常的抢劫的暴力程度一样。抢劫罪是一个重罪，所以在认定抢劫罪时一定要注意行为的社会危害性是否与其严重的法定刑相适应。不能认为只要行为人使用了暴力，不问暴力的严重程度，一律成立抢劫罪。考试中，对暴力的考查，不会是那种很明显、典型的暴力，而是有一定模糊性的暴力。是否成立暴力，可以从以下三方面判断：

A. 是否使用了某种工具，该种工具是事先准备的，还是就地取材；

B. 工具是否具有一定的杀伤力，是否足以危害人身安全；

C. 是否对被害人造成了一定的伤害后果，如果行为人的行为直接导致被害人轻微伤以上后果的，一般就可以认定为暴力。

以下两种情况一般不能视为暴力，而仍然以原来的犯罪论处：

A. 情节不严重、危害不大；

B. 没有明显的伤害意图，只是为了挣脱抓捕而徒手冲撞他人、推倒抓捕人等。

【经典真题】

案情：甲与余某有一面之交，知其孤身一人。某日凌晨，甲携匕首到余家盗窃，物色一段时间后，未发现可盗财物。此时，熟睡中的余某偶然大动作翻身，且口中念念有词。甲怕被余某认出，用匕首刺死余某，仓皇逃离。应如何认定甲的行为？（2013－4－2）

【考点】 盗窃罪、抢劫罪、故意杀人罪的认定

【解题思路与常见错误分析】 甲携带凶器盗窃、入户盗窃，应当成立盗窃罪。如暴力行为不是作为压制财物占有人反抗的手段而使用的，只能视情况单独定罪。在盗窃过程中，为窝藏赃物、抗拒抓捕、毁灭罪证而使用暴力的，才能定抢劫罪。甲并非出于上述目的，因而不应认定为抢劫罪。在本案中，被害人并未发现罪犯的盗窃行为，并未反抗；甲也未在杀害被害人后再取得财物，故对甲的行为应以盗窃罪和故意杀人罪并罚，不能对甲定抢劫罪。

【同类考点总结】 抢劫的实质是压制人的反抗，那么盗窃、诈骗、抢夺行为要转化为抢劫行为，被害人（或其他人）必须发现了被盗窃、诈骗、抢夺的事实，并因此和行为人发生冲突，例如反抗盗窃、抓捕行为人等。此时，盗窃、诈骗、抢夺行为才能转化为抢劫行为。如果前罪并未被发现，或者使用暴力不是发生在当场的，都不构成转化型抢劫罪。

（4）行为的对象必须是财物的所有人、看护人或者意图阻止财产犯罪的人员。

【经典真题】

1. 下列哪一选项构成抢劫致人重伤？（2020年卷一回忆版）[1]

A. 赵某犯盗窃罪被当场发现后逃跑，被害人紧追不舍，赵某跨越栏杆时过失导致栏杆倒下，砸中被害人致其重伤

B. 钱某犯抢夺罪被当场发现后立即逃跑，被害人追赶钱某时摔倒在地造成重伤

C. 孙某犯盗窃罪时被马某发现，马某在犹豫是否要报警时，孙某担心被马某抓捕而对其实施暴力，造成马某重伤

D. 李某犯抢夺罪后为抗拒抓捕逃跑，逃跑时猛推刚好挡道的行人致行人倒地重伤

【考点】 转化型抢劫中抢劫致人重伤的认定

【解题思路与常见错误分析】 在转化型抢劫中致人重伤的，也成立抢劫致人重伤。

选项 A 是犯罪分子过失导致栏杆倒下，砸中被害人；选项 B 是被害人自己摔倒在地，

_____

〔1〕【答案】C

都不符合犯罪嫌疑人"使用暴力或以暴力相威胁"的条件，不构成抢劫致人重伤。对于赵某，以盗窃罪和过失致人重伤罪数罪并罚。对于钱某，由于被害人是自行摔倒的，钱某无需负责，所以对钱某以抢夺罪一罪定罪处罚。

转化型抢劫罪的犯罪对象为财物的所有人、看护人或者意图阻止财产犯罪的人员。

选项 C 中，孙某对马某实施暴力的原因是担心被马某抓捕，马某确实也正在犹豫是否要报警，所以马某不是无关的第三人。孙某的行为属于为了抗拒抓捕而对抓捕者使用暴力，构成抢劫致人重伤。

选项 D 中，行人只是刚好挡着李某逃跑之路的无关的第三人，不是试图阻止李某逃跑的人，所以李某的行为不构成抢劫致人重伤。对李某应当按照抢夺罪和故意伤害罪数罪并罚。

2.【基本案情】赵某到王某家入户盗窃，窃得一台电脑。赵某离开王家下楼时，误以为李某是回家的王某，为了窝藏赃物、抗拒抓捕，将李某打成轻伤。事实上，李某只是来楼里贴小广告的，对赵某盗窃的事实并不知情。

【问题】

认定赵某成立事后转化的抢劫罪的理由有哪些？认定赵某成立盗窃罪和故意伤害罪的理由有哪些？（2021 年主观题第二题节选）

【参考答案】

本案的问题的实质是在第三者并没有妨碍行为人的任何目的，是行为人误以为第三者要夺回财物或者实施抓捕，而对第三者实施暴力或者以暴力相威胁的应当如何处理？换言之，虽然存在主观的关联性，但并无客观的关联性，是否成立事后抢劫罪？

所谓主观的关联性是指行为人主观上具有窝藏赃物、抗拒抓捕的目的，所谓客观上的关联性是指行为人的暴力行为或者暴力胁迫行为确实有助于行为人窝藏赃物、抗拒抓捕。

本案中，李某只是个发小广告的，赵某殴打李某对其逃走或者窝藏赃物在客观上毫无帮助。所以赵某的行为具有主观上的关联性，不具有客观上的关联性。

1. 赵某成立事后转化的抢劫罪。

这是肯定说的观点。该说认为，因为刑法第 269 条是一个法律拟制，该条并没有要求行为人对第三者实施暴力或者以暴力相威胁的行为与其窝藏赃物、抗拒抓捕行为具有客观上的关联性。因此，赵某的行为构成转化的抢劫罪。

2. 赵某成立盗窃罪和故意伤害罪。

这是否定说的观点。该说认为，事后抢劫也是抢劫，如果强调事后抢劫与普通抢劫的同质性，则应当要求客观的关联性。即，只有行为人实施的暴力行为或者暴力胁迫行为确实有助于其逃走或者窝藏赃物的，才能认为该行为构成事后转化的抢劫罪。本案中，赵某殴打李某对其逃走或者窝藏赃物显然毫无帮助，所以不构成转化的抢劫罪，只构成盗窃罪和故意伤害罪。对二罪实行数罪并罚即可。

5. 转化型的共同抢劫罪（以盗窃转化为抢劫为例）。

这需要与共同犯罪结合起来掌握。

考试中，此类题目通常是这样的：甲、乙二人共谋盗窃，甲望风，乙盗窃。乙在盗窃过程中，被人发现而当场使用暴力，此时，甲、乙是否构成转化型的共同抢劫罪？

是否成立共同抢劫罪，核心问题是看双方对暴力或者以暴力相威胁的行为是否有共同的故意。共同盗窃人若对当场实施暴力或者暴力相威胁没有共同故意的，就不构成转化型抢劫罪的共同犯罪。这种共同故意可以是在盗窃之前就形成，也可以是在实施暴力或者暴力相威胁的过程中形成，但不能是暴力实施之后形成的。

> 共同犯罪中犯意联络的形成时间必须是在行为之前或者行为之中，而不能是事后，不能以事后的赞同来倒推行为人具有犯意联络。

【示例】（1）甲乙共谋盗窃，甲实施，乙望风。因为被失主发现狂追，甲落荒而逃。乙见状"奋勇上前"，将失主绊倒在地后，使劲踢打失主。甲在旁边一边说"使劲打"，一边奚落失主："就凭你，也想斗过我兄弟？"失主被打得脾脏破裂，摘除。

（2）甲乙共谋盗窃，甲实施，乙望风。因为被失主发现狂追，甲落荒而逃。乙见状"奋勇上前"，将失主绊倒在地后，使劲踢打失主。甲逃出 500 米后，看到失主已经倒地不能起来了，就又跑回来了。回来后，甲奚落失主："活该！就凭你，也想斗过我兄弟？"失主被打得脾脏破裂，摘除。

这两个案件的处理可有不同？

【分析】这两个案件是不一样的。在案例 1 中，甲乙共同转化为抢劫罪，因为二人有转化的共同故意和行为。注意：使用言语助威也是行为。

在案例 2 中，乙转化为抢劫罪，甲不转化。因为甲没有转化的故意和行为。事后的赞同不是共同犯罪。

6.《刑法》第 267 条第 2 款规定的拟制型抢劫的认定。

《刑法》第 267 条第 2 款规定："携带凶器抢夺的，依照本法第二百六十三条的规定定罪处罚。"最高人民法院《关于审理抢劫案件具体应用法律若干问题的解释》第 6 条规定，刑法第 267 条第 2 款规定的"携带凶器抢夺"，是指行为人随身携带枪支、爆炸物、管制刀具等国家禁止个人携带的器械进行抢夺或者为了实施犯罪而携带其他器械进行抢夺的行为。

对于上述规定，应当从以下几个方面理解：

（1）对于枪支、爆炸物、管制刀具等国家禁止个人携带的器械，只要在抢夺时，行为人携带这些器械，就可以认定为携带凶器抢夺，并按抢劫罪处理（携带的原因不论）。但对于其他器械，必须是为了犯罪而携带，才按本规定处理。为了犯罪包括为了抢夺犯罪或者其他犯罪。行为人为了防身等非犯罪目的而携带其他器械的，后来基于突发故意实施抢夺的，不能成立本款所规定的转化型抢劫罪。

> 凶器包括性质上的凶器和用法上的凶器。前者如枪支、匕首，后者如砖头、石头、斧头。其他器械就是指后者。

（2）对"携带凶器"的理解。

①不要求行为人显示凶器（将凶器暴露在身体外部），也不要求行为人向被害人暗示自己携带着凶器。如果行为人使用、显示或者暗示自己所携带的凶器而强取他人财物，则完全符合抢劫罪的构成要件，应直接适用《刑法》第 263 条的规定；行为人在携带凶器而又没有使用凶器的情况下抢夺他人财物的，才应适用《刑法》第 267 条第 2 款的规定。简单说：显露了凶器就是普通抢劫了。

②携带是一种现实上的支配，具有随时使用的可能性，否则，不能认定为携带凶器抢夺。例如，民工外出打工时，将菜刀放在棉被中捆好后背在背后；实施抢夺时，被警察抓获；警察查看棉被时发现了菜刀。对此，不能认定为携带凶器抢夺。

【示例】让随从者实施这些行为的，也属于携带凶器。例如，甲让乙手持凶器与自己同行，即使由甲亲手抢夺丙的财物，也应认定甲的行为是携带凶器抢夺（以乙在现场为前提，但不以乙与甲具有共同故意为前提）。

③所谓没有使用凶器，应包括两种情况：一是没有针对被害人使用凶器实施暴力；二是没有使用凶器进行胁迫。如果行为人携带凶器并直接针对财物使用凶器进而抢夺的，则仍应适用《刑法》第267条第2款。

【示例】甲随身携带一把锋利的匕首。他看到乙背的背包很值钱，忍不住动了邪念。他从背后凑到乙跟前，用匕首将背包带猛地割断，抓着背包就跑了。甲成立抢劫还是抢夺？

【答案】甲这种情况就属于携带凶器并直接针对财物使用凶器进而抢夺的，则仍应适用《刑法》第267条第2款。即，甲的行为仍然是抢夺行为，但属于携带凶器抢夺，因此最终认定为抢劫罪。

针对财物还是针对人实施暴力，是抢劫行为与抢夺行为的关键区分要素。

（3）行为人携带凶器抢夺后，在逃跑过程中为窝藏赃物、抗拒抓捕或者毁灭罪证而当场使用暴力或者以暴力相威胁的，适用《刑法》第267条第2款的规定定罪处罚。

7. 抢劫罪的类型总结。

表36　抢劫罪的类型

类型		行为方式
普通抢劫（第263条）		以暴力、胁迫或者其他方法抢劫
法律拟制型抢劫	携带凶器抢夺（第267条）	抢夺
	事后抢劫（第269条）	使用暴力或者以暴力相威胁
	聚众"打砸抢"（首要分子）（第289条）	毁坏公私财物
注意规定型抢劫	聚众"打砸抢"（首要分子）（第289条）	抢走公私财物
转化型抢劫（引用的法条应为第263条）	行为人实施盗窃时，被被害人发觉，行为人进而实施抢劫	与普通抢劫的方式相同
	行为人实施抢夺时，被害人对财物不放手，行为人进而实施抢劫	与普通抢劫的方式相同

8. 抢劫罪的既遂与未遂。

（1）《两抢意见》第10条规定："抢劫罪侵犯的是复杂客体，既侵犯财产权利又侵犯人身权利，具备劫取财物或者造成他人轻伤以上后果两者之一的，均属抢劫既遂；既未劫取财物，又未造成他人人身伤害后果的，属抢劫未遂。"

据此，《刑法》第263条规定的八种处罚情节中除"抢劫致人重伤、死亡的"这一结果加重情节之外，其余七种处罚情节同样存在既遂、未遂问题，其中属抢劫未遂的，应当根据《刑法》关于加重情节的法定刑规定，结合未遂犯的处理原则量刑。只要抢劫致人重伤、死亡的，无论是否抢到财物，都是犯罪既遂。

（2）抢劫致人重伤、死亡的结果加重情节，不存在未遂的情况，只存在是否成立重伤、死亡的情节。行为人意图致人重伤、死亡，但实际没有发生重伤、死亡结果的，不能适用抢劫致人重伤、死亡的结果加重情节。

（3）拟制型抢劫与普通抢劫的既遂、未遂标准一样。

9. 对抢劫罪八种加重量刑情节的认定。

最高人民法院《关于审理抢劫案件具体应用法律若干问题的解释》和《两抢意见》对抢劫罪八种加重情节的解释的基本精神是通过限制解释的方法，适当紧缩"入户抢劫"等加重情节的认定范围，解决司法实践中出现的量刑失衡的问题。避免司法实践中仅仅因为实际危害程度一般的抢劫罪（即没有造成重伤、死亡、财物重大损失后果的抢劫犯罪）发生在"户"内或者"公共交通工具"上等原因，就一律判处十年以上有期徒刑的违背罪刑相当的情形。

（1）"入户抢劫"的认定。

立法理由：因为这种情形对社会治安危害性极大，使公民生活没有安全感，这种情形也很容易导致故意杀人、故意伤害等。

①对"户"的理解。

"户"在这里是指住所，其特征表现为供他人家庭（而不是工作）生活和与外界相对隔离两个方面，前者为功能特征，后者为场所特征。"户"包括封闭的院落、牧民的帐篷、渔民作为家庭生活场所的渔船、为生活租用的房屋等。一般情况下，集体宿舍、旅店宾馆、临时搭建工棚、单位的办公楼、学校、公共娱乐场所等不应认定为"户"，但在特定情况下，如果确实具有上述两个特征的，也可以认定为"户"。

"户"的两个特征中，功能特征的认定是难点。

要根据实施抢劫行为时，某场所的用途来确定该场所是否是"户"。

城镇中有些房屋白天当商店使用，作为对外营业的场所，晚上作为家庭住房。要根据行为人实施抢劫行为时房屋的用途来确定犯罪场所的性质。如果白天对外营业期间抢劫，不能认定为入户。如果晚上关门以后进行抢劫，不再是营业的场所了，是家庭生活的场所，这时，就应当认定为入户抢劫。

户与室不同。室是指房间，至于是否为家庭生活居住的房间不论。

②入户不能仅理解为进入住宅房间或者室内。对于抢劫独门独院的居民住宅的，只要行为人进入了住宅院内，即应视为入户。但如果是一个很大的院落，里面住了很多户人家，行为人仅进入大院内的，就不能算入户抢劫。

对于共同犯罪而言，如果二人对入户抢劫有共谋的，即使只有一个人进入户内，所有的共同犯罪人都适用入户抢劫的情节。

③"入户"目的必须具有非法性。

入户与在户不同。入户目的的非法性，体现了这种犯罪严重的社会危害性和行为人的主观恶性。

最高法2016年发布的《抢劫意见》指出："认定'入户抢劫'，要注重审查行为人'入户'的目的，将'入户抢劫'与'在户内抢劫'区别开来。以侵害户内人员的人身、财产为目的，入户后实施抢劫，包括入户实施盗窃、诈骗等犯罪而转化为抢劫的，应当认定为'入户抢劫'。因访友办事等原因经户内人员允许入户后，临时起意实施抢劫，或者临时起意实施盗窃、诈骗等犯罪而转化为抢劫的，不应认定为'入户抢劫'。"

④行为发生的场所：暴力或者暴力胁迫行为必须发生在户内。

户内场所的封闭性使得暴力、胁迫等行为对被害人的人身具有更大的危险性和更严重的社会危害性。所以，入户实施盗窃被发现，行为人为窝藏赃物、抗拒抓捕或者毁灭罪证而当场使用暴力或者以暴力相威胁的，如果暴力或者暴力胁迫行为发生在户内，可以认定为"入户抢劫"；如果发生在户外，不能认定为"入户抢劫"。

⑤对于入户诈骗、抢夺而当场使用暴力或者以暴力相威胁的，如何认定为入户抢劫，司法解释没有明确规定。一般认为与入户盗窃转化为入户抢劫的条件相同。

【经典真题】

甲深夜进入小超市，持枪胁迫正在椅子上睡觉的店员乙交出现金，乙说"钱在收款机里，只有购买商品才能打开收款机"。甲掏出 100 元钱给乙说"给你，随便买什么"。乙打开收款机，交出所有现金，甲一把抓跑。事实上，乙给甲的现金只有 88 元，甲"亏了"12元。关于本案，下列哪一说法是正确的？[1]（2013－2－8）

　A. 甲进入的虽是小超市，但乙已在椅子上睡觉，甲属于入户抢劫

　B. 只要持枪抢劫，即使分文未取，也构成抢劫既遂

　C. 对于持枪抢劫，不需要区分既遂与未遂，直接依照分则条文规定的法定刑量刑即可

　D. 甲虽"亏了"12 元，未能获利，但不属于因意志以外的原因未得逞，构成抢劫罪既遂

【考点】抢劫罪及犯罪形态的认定

【解题思路与常见错误分析】甲进入的是小超市，不是他人用于家庭生活的场所，因此不属于入户抢劫。故选项 A 错误。

《刑法》第 263 条规定，抢劫罪的基本法定刑为 3 年以上 10 年以下。有八种情节的，法定刑升格为 10 年以上至死刑。这八种情节被称为加重量刑情节。持枪抢劫即是八种中的一种。很多考生认为如果行为人具有加重量刑情节，那么无论具体犯罪情形如何都构成犯罪既遂。这种观点并不正确。根据《两抢意见》的规定，抢劫罪以抢劫到财物或者致人轻伤以上为犯罪既遂，因此，对于加重的量刑情节，也存在犯罪未遂。例如，甲虽然持枪抢劫，但如果既没有抢劫到财物，也没有致人轻伤以上，则仍然为犯罪未遂。故选项 B 错误。

对于持枪抢劫，同样需要区分既遂与未遂。对于犯罪未遂的，应当根据刑法关于加重情节的法定刑规定，结合未遂犯的处理原则量刑。故选项 C 错误。

甲的抢劫已经既遂。甲付出的 100 元属于甲为了实施抢劫（打开收款机）而付出的"成本"。不能因为甲"亏"了 12 元，就认为甲抢劫未遂。故选项 D 正确。

【同类考点总结】本题的难点在于情节加重犯的犯罪形态。考生应当注意：情节加重犯存在未遂形态。《刑法》第 263 条（抢劫罪）规定的八种处罚情节中除"抢劫致人重伤、死亡的"这一结果加重情节之外，其余七种处罚情节同样存在既遂、未遂问题，其中属抢劫未遂的，应当根据刑法关于加重情节的法定刑规定，结合未遂犯的处理原则量刑。

类似的例子还有："在公共场所当众强奸妇女的"属于强奸罪的加重量刑情节。如果在公众场所试图当众强奸妇女，已经将被害人的裤子强行脱掉，但由于路人的及时阻止而使得强奸未能既遂的，同样构成强奸罪的未遂。

（2）"在公共交通工具上抢劫"的认定。

立法理由：主要是为了打击车匪路霸。公共交通工具上承载的旅客具有不特定多数的

---

[1]【答案】D

特点，这也是在公共交通工具上抢劫，其社会危害性大于普通抢劫罪的根本原因。

①公共交通工具的认定，需同时具备三个条件：

A. 种类：各种公共汽车，大、中型出租车、火车、船只、飞机等，不包括小型出租车。

B. 功能：从事旅客运输。一般认为不包括学校和单位的班车。

C. 状态：正在运营中，即车上除了司机和售票员，还要有乘客。

在未运营中的大、中型公共交通工具上针对司售、乘务人员抢劫的，不属于"在公共交通工具上抢劫"。因为，此时公共交通工具尚未营运，其侵害的对象是特定的个人，与普通抢劫罪没有本质的区别。

【示例】甲驾驶大客车，和售票员乙一起从停车场赶往长途汽车站，准备从事运营。在途中，丙将车拦截，并上车持刀将甲和乙的财物抢劫一空。丙的行为不属于在公共交通工具上抢劫。

②在公共交通工具上抢劫的方式包括两种。

在公共交通工具上抢劫是指针对在公共交通工具上的人员及其所载财物实施的抢劫，不是指抢劫公共交通工具本身。

根据《抢劫意见》的规定，对于虽不具有商业营运执照，但实际从事旅客运输的大、中型交通工具，可认定为"公共交通工具"。接送职工的单位班车、接送师生的校车等大、中型交通工具，视为"公共交通工具"。"在公共交通工具上抢劫"，既包括在处于运营状态的公共交通工具上对旅客及司售、乘务人员实施抢劫，也包括拦截运营途中的公共交通工具对旅客及司售、乘务人员实施抢劫，但不包括在未运营的公共交通工具上针对司售、乘务人员实施抢劫。以暴力、胁迫或者麻醉等手段对公共交通工具上的特定人员实施抢劫的，一般应认定为"在公共交通工具上抢劫"。

③在公共交通工具上抢劫也适用拟制型抢劫的规定。

（3）"抢劫银行或者其他金融机构"的认定。

含义：是指抢劫银行或者其他金融机构的经营资金、有价证券和客户的资金等。抢劫正在使用中的银行或者其他金融机构的运钞车的，视为"抢劫银行或者其他金融机构"。抢劫银行或者其他金融机构的办公用品的则不属于"抢劫银行或者其他金融机构"。

注意：抢劫银行与在银行抢劫不同。在银行抢劫前来办理业务的客户资金的，属于普通抢劫。

（4）"多次抢劫或者抢劫数额巨大"的认定。

立法理由：强调通过多次抢劫行为反映出来的行为人的惯犯属性和对社会公共安全的严重破坏。

①次数要求：《两抢意见》第3条规定，"多次抢劫"是指抢劫三次以上。

②前提：行为人实施的每一次抢劫行为均已构成犯罪，但不要求必须是既遂。

③次数的认定：《两抢意见》第3条规定，对于"多次"的认定，应以行为人实施的每一次抢劫行为均已构成犯罪为前提，综合考虑犯罪故意的产生、犯罪行为实施的时间、地点等因素，客观分析、认定。对于行为人基于一个犯意实施犯罪的，如在同一地点同时对在场的多人实施抢劫的；或基于同一犯意在同一地点实施连续抢劫犯罪的，如在同一地点连续地对途经此地的多人进行抢劫的；或在一次犯罪中对一栋居民楼房中的几户居民连续实施入户抢劫的，一般应认定为一次犯罪。

《抢劫意见》指出：认定"抢劫数额巨大"，参照各地认定盗窃罪数额巨大的标准执行。抢劫数额以实际抢劫到的财物数额为依据。对以数额巨大的财物为明确目标，由于意志以外的原因，未能抢到财物或实际抢得的财物数额不大的，应同时认定"抢劫数额巨大"和犯罪未遂的情节，根据刑法有关规定，结合未遂犯的处理原则量刑。根据《两抢意见》第6条第1款规定，抢劫信用卡后使用、消费的，以行为人实际使用、消费的数额为抢劫数额。由于行为人意志以外的原因无法实际使用、消费的部分，虽不计入抢劫数额，但应作为量刑情节考虑。通过银行转账或者电子支付、手机银行等支付平台获取抢劫财物的，以行为人实际获取的财物为抢劫数额。

说明：各地的盗窃"数额巨大"的标准一般为5万元~8万元。

> 再次强调：根据这两个《意见》，抢劫信用卡后使用、消费的，无论在哪里使用，也无论对机器还是对人使用，均只认定为抢劫罪一罪。

（5）"抢劫致人重伤、死亡"的认定。

抢劫致人重伤、死亡既包括行为人的暴力等行为过失致人重伤、死亡，也包括故意致人重伤或者死亡。

只要是抢劫罪的任何组成行为导致重伤、死亡的，就都属于抢劫致人重伤、死亡。在拟制型抢劫中，暴力等行为导致抓捕者等人重伤、死亡的，也应认定为抢劫致人重伤、死亡。

（6）"冒充军警人员"抢劫的认定。

含义：非军警冒充军人或者警察抢劫。不包括冒充与自己身份相同的高级职务人员抢劫，如士兵冒充军官抢劫。

真正的军警人员显示军警人员身份进行抢劫的，是否属于"冒充"？这是理论上有争议的问题。从立法本意和本词的通常含义来看，应该是不包括的。张明楷教授认为："冒充包括假冒与充当"，所以真正的军警人员显示军警人员身份进行抢劫的，也应适用本量刑情节。[1]

《抢劫意见》指出：军警人员利用自身的真实身份实施抢劫的，不认定为"冒充军警人员抢劫"，应依法从重处罚。

（7）"持枪抢劫"的认定。

立法精神：着眼于枪支的杀伤力和对人身安全的巨大危险性、威胁性，而不是只着眼于行为人所持工具对被害人的威胁作用。

①"枪支"的概念和范围：适用《中华人民共和国枪支管理法》的规定。因此，持假枪、因部件损坏已经无法使用的废枪进行抢劫的，不适用"持枪抢劫"的量刑情节。

②构成要件：使用枪支或者向被害人显示（包括口头表示）持有、佩带的枪支进行抢劫。也就是必须让枪支实际发挥了作用。行为人携带枪支，但没有使用或者向被害人显示持有、佩带的枪支，或者行为人并未实际持有枪支，但口头上表示有枪的，不适用本规定。

（8）"抢劫军用物资或者抢险、救灾、救济物资"的认定。

军用物资不包括警用物资。行为人必须明知自己抢劫的是军用物资或者抢险、救灾、救济物资，才能适用本加重情节。

【示例1】甲、乙二人合谋盗窃。二人商定，由甲进入丙家盗窃，乙在外望风。甲刚翻墙跳入丙家的院子，就被丙发现。在丙抓捕甲的过程中，甲为抗拒抓捕，捡起地上的石头将丙砸昏。乙听到响声后，也翻墙进入院子，对着已经倒在地上的丙说："活该。"之后，

---

〔1〕 张明楷：《刑法学》（第五版），法律出版社2016年第5版，第994页。

二人一起立即逃走，丙重伤。关于本案，说法正确的是：[1]

    A. 甲、乙二人构成抢劫罪的共同犯罪

    B. 由于甲的盗窃行为未遂，没有构成盗窃罪，所以，不能转化为抢劫罪

    C. 乙是盗窃罪的从犯

    D. 乙的行为是盗窃罪未遂

【分析】本案中，甲、乙二人合谋的是盗窃犯罪。在盗窃过程中，甲超出了原先故意的范围，单独转化为抢劫罪。乙是甲的转化抢劫行为实施完毕后，才进院，其对甲的行为表示赞同，不能由此推定其与甲在转化抢劫这一点上存在共同故意，所以，不构成共同犯罪。甲与乙在盗窃罪的范围内成立共同犯罪。在盗窃罪中，乙是从犯，甲是主犯。

【示例2】甲、乙伙同丙携带镰刀在公路上乘道路堵车之机，欲共同对被堵车辆行窃。乙、丙二人登上被堵的卡车，将车上的袋装白糖往下扔，甲负责在下边搬运。后车主丁发现三人的盗窃行为，就下车抓住丙，丙为脱身用镰刀将车主丁砍成轻伤。同时，乙也捡起石头威胁丁。丁见此情形，立即驾车离开现场。当时，甲正在距离现场几十米远的地方搬运赃物。关于本案，说法正确的是：[2]

    A. 甲、乙、丙三人构成抢劫罪的共同犯罪

    B. 甲、乙、丙三人构成盗窃罪的共同犯罪

    C. 乙、丙二人构成抢劫罪的共同犯罪

    D. 甲构成盗窃罪

【分析】甲、乙、丙三人共谋盗窃，构成盗窃罪的共同犯罪。在盗窃过程中，乙、丙为脱身而对丁使用暴力，转化为抢劫罪，并且，成立共同犯罪。而此时，甲在距离现场几十米远的地方搬运赃物，既没有赶到现场对被害人使用暴力，也没有对乙、丙使用暴力、以暴力相威胁的行为表示认同的意思表示。因此，在对被害人使用暴力和以暴力相威胁这个关键环节上，甲没有与乙、丙之间形成共同故意，也无共同行为，所以，甲不转化为抢劫罪。

【经典真题】

郑某等人多次预谋通过爆炸抢劫银行运钞车。为方便跟踪运钞车，郑某等人于2012年4月6日杀害一车主，将其面包车开走（事实一）。后郑某等人制作了爆炸装置，并多次开面包车跟踪某银行运钞车，了解运钞车到某储蓄所收款的情况。郑某等人摸清运钞车情况后，于同年6月8日将面包车推下山崖（事实二）。同年6月11日，郑某等人将放有爆炸装置的自行车停于储蓄所门前。当运钞车停在该所门前，押款人员下车提押款时（当时附近没有行人），郑某遥控引爆爆炸装置，致2人死亡4人重伤（均为运钞人员），运钞车中的230万元人民币被劫走（事实三）。

请回答86～87题。（2014－2－86～2014－2－87）

86. 关于事实一（假定具有非法占有目的），下列选项正确的是：[3]

    A. 抢劫致人死亡包括以非法占有为目的的故意杀害他人后立即劫取财物的情形

    B. 如认为抢劫致人死亡仅限于过失致人死亡，则对事实一只能认定为故意杀人罪与盗

---

[1]【答案】CD

[2]【答案】BCD

[3]【答案】ABCD

窃罪（如否认死者占有，则成立侵占罪），实行并罚

C. 事实一同时触犯故意杀人罪与抢劫罪

D. 事实一虽是为抢劫运钞车服务的，但依然成立独立的犯罪，应适用"抢劫致人死亡"的规定

【考点】抢劫罪、盗窃罪、故意杀人罪的认定

【解题思路与常见错误分析】抢劫罪中的"抢劫致人死亡"既包括为劫财而故意杀害他人，也包括为劫财而过失致人死亡。事实一这种为了劫财而故意杀害物主的行为属于抢劫致人死亡。如果认为抢劫致人死亡仅限于过失致人死亡，那么事实一就不能被认定为抢劫罪，只能被分别认定为故意杀人罪与盗窃罪了。所以，选项A、B均正确。

事实一是抢劫行为，但这一抢劫行为包含了一个明确的故意杀人行为，所以，事实一同时触犯故意杀人罪与抢劫罪，选项C正确。

选项D：事实一虽是为抢劫运钞车服务的，但二者之间不具有通常的牵连性。所以，这一抢劫行为独立于后面的抢劫行为，应该认定为独立的犯罪，并适用"抢劫致人死亡"的规定。选项D正确。

【同类考点总结】很多考生觉得只要法条使用了"致人死亡"，那么就仅包含过失致人死亡。这一看法并不准确。要根据不同犯罪的具体构成要件，具体分析"致人死亡"是否包含"故意致人死亡"。例如，原来的绑架罪明确规定"犯前款罪，致使被绑架人死亡或者杀害被绑架人的，处死刑，并处没收财产。"那么这里的"致使被绑架人死亡"就仅包含过失致人死亡。但抢劫罪、聚众斗殴罪没有分别规定过失致人死亡和故意致人死亡，那么这两罪中的"致人死亡"都包含故意和过失致人死亡。

87. 关于事实二的判断，下列选项正确的是：[1]

A. 非法占有目的包括排除意思与利用意思

B. 对抢劫罪中的非法占有目的应与盗窃罪中的非法占有目的作相同理解

C. 郑某等人在利用面包车后毁坏面包车的行为，不影响非法占有目的的认定

D. 郑某等人事后毁坏面包车的行为属于不可罚的事后行为

【考点】非法占有目的、不可罚的事后行为的认定

【解题思路与常见错误分析】非法占有目的，是指排除权利人，将他人的财物作为自己的所有物进行支配，并遵从财物可能具有的用途进行利用、处分的意思。非法占有目的由"排除意思"与"利用意思"构成。排除意思重视的是法的侧面。强调排除意思是为了将不值得科处刑罚的盗用、骗用行为排除在犯罪之外。利用意思重视的是经济的侧面。强调利用意思是为了将单独毁坏、隐匿财物的行为排除在盗窃罪、诈骗罪之外。故选项A正确。

抢劫罪和盗窃罪都是财产犯罪，都以非法占有为目的。因此，对抢劫罪中的非法占有目的应与盗窃罪中的非法占有目的作相同理解，这样才能做到法条之间的协调一致。故选项B正确。

郑某等人虽然在利用面包车后毁坏了面包车，但不能由此推定其前面的抢劫行为没有非法占有目的。故选项C正确。

事后行为是指在状态犯的场合，利用该犯罪行为的结果的行为。例如：盗窃后销赃、

_____

[1]【答案】ABCD

抢劫后毁坏赃物等。事后行为是否另行成立其他犯罪，取决于事后行为有无侵犯新的法益、是否缺乏期待可能性。不可罚的事后行为是指由于可以被综合评价在该状态犯中，故没有必要另认定为其他犯罪的行为。盗窃毒品后销售的，由于侵犯了新的法益，因此要按照盗窃罪和贩卖毒品罪数罪并罚。但抢劫面包车后又毁坏的，由于没有对面包车的原主人造成新的损失，因此没有侵犯新的法益，所以郑某等人事后毁坏面包车的行为属于不可罚的事后行为。故选项 D 正确。

【同类考点总结】请注意判断怎样的事后行为具有可罚性，怎样的事后行为不具有可罚性。

二、抢夺罪★★★

（一）考点提炼

本罪的构成要件
- 直接对财物实施暴力
- 夺取的行为是公开进行的，当着财物所有人、占有人的面夺取
- 常为乘人不备，但不绝对
- 主要行为方式
  - 直接从财物所有人或者保管人手中或者身上用力夺取财物
  - 拿起被害人放在身边的财物就跑
  - 趁火车、汽车等交通工具开动时夺取

本罪的认定

- 本罪与抢劫罪的区别
  - 本罪：出其不意直接夺取财物，不直接针对人身使用暴力
  - 抢劫罪：对被害人使用暴力、胁迫或者以其他方法排除其反抗
- 徒步抢夺过程中造成被害人重伤、死亡
  - 在抢夺中导致他人重伤的、导致他人自杀的，应当认定为抢夺罪中的"其他严重情节"。在抢夺中导致他人死亡的，应当认定为抢夺罪中的"其他特别严重情节"
- 驾驶机动车、非机动车夺取他人财物
  - 一般定本罪，从重处罚
  - 定抢劫罪
    - 逼挤、撞击或强行逼倒他人以排除他人反抗，乘机夺取财物
    - 因被害人不放手而采取强拉硬拽方法夺取财物
    - 行为人明知该手段会造成他人伤亡后果仍为之，而造成他人轻伤以上后果的

（二）相关法条

《刑法》

第二百六十七条　【抢夺罪】抢夺公私财物，数额较大的，或者多次抢夺的，处三年以下有期徒刑、拘役或者管制，并处或者单处罚金；数额巨大或者有其他严重情节的，处三年以上十年以下有期徒刑，并处罚金；数额特别巨大或者有其他特别严重情节的，处十年以上有期徒刑或者无期徒刑，并处罚金或者没收财产。

【依照抢劫罪处理】携带凶器抢夺的，依照本法第二百六十三条的规定定罪处罚。

司法解释：

1. 最高人民法院《关于审理抢劫案件具体应用法律若干问题的解释》。

2. 最高人民法院印发《关于审理抢劫、抢夺刑事案件适用法律若干问题的意见》的通知。

3. 最高人民法院、最高人民检察院《关于办理抢夺刑事案件适用法律若干问题的解释》（2013 年）。

（三）考点解读

1. 抢夺罪构成犯罪的标准。

最高人民法院、最高人民检察院《关于办理抢夺刑事案件适用法律若干问题的解释》第1条规定：抢夺公私财物价值一千元至三千元以上、三万元至八万元以上、二十万元至四十万元以上的，应当分别认定为刑法第二百六十七条规定的"数额较大""数额巨大""数额特别巨大"。各省、自治区、直辖市高级人民法院、人民检察院可以根据本地区经济发展状况，并考虑社会治安状况，在前款规定的数额幅度内，确定本地区执行的具体数额标准，报最高人民法院、最高人民检察院批准。根据《刑法修正案（九）》的规定，多次抢夺的，不需要具备数额较大的条件，即可构成犯罪。

2. 抢夺罪的构成要件。

（1）抢夺行为是直接夺取财物的行为，即直接对财物实施暴力。

（2）公然夺取，即夺取财物的行为是公开进行的。

公然性是相对于财物所有人、占有人而言的，即当着他们的面夺取财物。公然的含义不应理解为仅限于在公共场所或者当着众人进行，而应理解为是在财物所有人或者保管人在场的情况下，当着财物所有人或者保管人的面或者可以使其立即发觉的方法夺取财物。

> 如果行为人在非法取得财物时，自认为被害人或者财物保管人没有发现，实际上被害人或者保管人已经发现，只不过没有作出表示时，不成立抢夺罪，而成立盗窃罪。

如果犯罪人开始是盗窃行为，当盗窃事实被被害人所知悉，犯罪人意识到这一情况但无视这一情况，公开地、明目张胆地完成对他人财产的侵占，则构成抢夺罪。

（3）乘人不备是抢夺罪在客观方面常见的特点，但不是抢夺罪犯罪构成的必要要件。在被害人已经有所防备的情况下，行为人仍然直接夺取财物的，同样构成抢夺罪。

（4）主要行为方式：一是直接从财物所有人或者保管人手中或者身上用力夺走财物；二是拿起被害人放在身边的财物就跑；三是趁火车、汽车等交通工具开动时夺取他人的财物（这时被害人无法反抗，但这种无法反抗的状态不是行为人自己造成的）。

3. 抢夺罪与抢劫罪的区别。

抢夺罪中的"抢"与抢劫罪中的"抢"含义不同。

抢劫罪中的"抢"是在对他人使用暴力、胁迫或者其他方法，使其不敢、不能反抗或者不知反抗的情况下实施的，而抢夺罪中的"抢"是出其不意地直接夺取他人财物而不直接对人身使用暴力。公然夺取是指当着财物所有人、保管人、看护人、持有人的面或者在上述被害人可以立即发现的情况下，乘其不备，公开夺取财物，行为人在夺取财物时并没有对人使用暴力和以暴力相威胁。

4. 徒步抢夺过程中造成被害人重伤、死亡的处理。

根据最高人民法院、最高人民检察院《关于办理抢夺刑事案件适用法律若干问题的解释》第2、3、4条的规定，在抢夺中导致他人轻伤或者精神失常等严重后果的，"数额较大"的标准按照普通标准的50%确定。在抢夺中导致他人重伤的、导致他人自杀的，应当认定为抢夺罪中的"其他严重情节"。在抢夺中导致他人死亡的，应当认定为抢夺罪中的"其他特别严重情节"。即，在抢夺中致人轻伤、重伤、死亡的，都只认定为抢夺罪一罪。造成他人轻伤的，降低对"数额较大"的要求，造成他人重伤、死亡的，法定刑分别升格。造成他人自杀的，其法定刑与造成他人重伤的相当。升格后的法定刑比过失致人重伤罪和过失致人死亡罪要高。因此"两高"这样规定并不违反想象竞合犯择一重罪论处的原理。

5. 驾驶机动车、非机动车夺取他人财物行为的定性。

最高人民法院、最高人民检察院《关于办理抢夺刑事案件适用法律若干问题的解释》第 6 条规定："驾驶机动车、非机动车夺取他人财物，具有下列情形之一的，应当以抢劫罪定罪处罚：（1）夺取他人财物时因被害人不放手而强行夺取的；（2）驾驶车辆逼挤、撞击或者强行逼倒他人夺取财物的；（3）明知会致人伤亡仍然强行夺取并放任造成财物持有人轻伤以上后果的。"据此，第一，如果没有导致被害人轻伤以上后果的，如只造成轻微伤或者没有造成伤害，则不能适用这一规定。第二，对伤亡结果必须是可以预见或者明知可能会发生。如果结果的发生是意外事件，则不能按抢劫罪定罪处罚。

司法解释之所以区分徒步抢夺和利用机动车、非机动车抢夺，是因为这两种行为对被害人人身安全的危害程度不同。徒步抢夺造成被害人重伤、死亡的可能性比较小，行为人对这种结果一般是过失；而利用机动车、非机动车抢夺，由于机动车、非机动车的快速性，这种行为造成被害人重伤、死亡的可能性比较大，行为人对这种结果一般是放任，是间接故意。行为人为了非法占有他人财物，又故意侵犯被害人人身权利的，符合抢劫罪的构成。

> 在抢夺中，因被害人不放手而强拉硬拽的，即有第二次拉拽行为的，无论是否造成被害人伤亡，均可成立抢劫罪。理论上对此的解释是此时由对物暴力变成了对人暴力。

【示例】甲见有老人在街上独自行走，就冲上前去抢过老人的包就跑，但因用力过猛，将老人带倒在地，并撞在一尖石上。老人因流血过多抢救无效死亡。对甲的行为应如何处理？[1]

A. 按照抢夺罪定罪处罚
B. 按照过失致人死亡罪定罪处罚
C. 按照抢夺罪与过失致人重伤罪两罪并罚
D. 按照抢夺罪和过失致人死亡罪两罪中处罚较重的罪定罪处罚

【分析】根据最高人民法院、最高人民检察院《关于办理抢夺刑事案件适用法律若干问题的解释》第 4 条的规定，抢夺公私财物，导致他人死亡的，应当认定为刑法第二百六十七条规定的"其他特别严重情节"。即，按照抢夺罪定罪，但是法定刑升格。

【经典真题】

甲驾驶大卡车在高速上行驶 1000 公里，到了收费站时，紧随前车。由于前车安装了ETC，没有人工收费员，甲跟在前车后面，在栏杆未落下时冲出收费站。关于甲的行为，以下说法正确的是：（2021 年试卷一单选）[2]

A. 甲构成诈骗罪
B. 甲构成抢夺罪
C. 甲构成盗窃罪
D. 甲的行为是恶意逃债行为，不构成犯罪

【考点】盗窃罪、诈骗罪、抢夺罪

---

[1]【答案】A
[2]【答案】D

【解题思路与常见错误分析】 由于收费站的工作人员没有受骗，也没有因为受骗而处分财物，所以甲的行为不构成诈骗罪。选项 A 错误。

甲的行为不是强行夺取财物的行为，所以不构成抢夺罪。要构成抢夺罪，行为人必须对财物使用了非和平手段，这种手段还应当是可能危及人身安全的手段。选项 B 错误。

甲也没有通过自己的行为将收费站的财产或者财产性利益转给自己占有，甲即使逃走了，收费站仍然可以对甲主张债权。由于没有财产占有的转移，所以甲不构成盗窃罪。选项 C 错误。

有人认为这种行为属于寻衅滋事罪中的"强拿硬要"，但是本案中甲显然没有强拿硬要的行为，他只是利用收费站抬杆和落杆的时间差偷偷溜出去了。所以甲也不构成寻衅滋事罪。

甲的行为就是违反了其和高速公路订立的收费合同（甲进入高速公路，就默认自己要交高速通行费），恶意逃避缴纳费用的逃债行为，不构成犯罪。选项 D 正确。

【同类考点总结】 考生应当认识到，刑法分则第五章（侵犯财产罪）并没有穷尽所有侵犯财产的行为。并不是导致被害人丧失财产或者利益减少的任何行为都构成财产罪。只有当行为符合刑法规定的构成要件行为时，才可能成立财产罪。

三、盗窃罪 ★★★★★

（一）考点提炼

本罪的犯罪对象

可以成为盗窃对象的
- （1）行为人在法律上占有的财物而事实上由他人合法占有时
- （2）自己合法所有但被他人合法占有的财物
- （3）信用卡
- （4）增值税专用发票或者可以用于骗取出口退税、抵扣税款的其他发票
- （5）违禁品和赃款、赃物
- （6）电力、煤气、天然气、电信码号、上网账号、密码等
- （7）无形财物
- （8）财产凭证、债权凭证

不能成为盗窃罪对象的：不动产、遗弃物、遗忘物、埋藏物

构成要件：违反被害人的意志，将他人占有的财物和平转移为自己或第三者占有

责任要件：故意，认识到是他人占有的财物

定盗窃罪的一些情形
- （1）盗窃信用卡并使用的
- （2）盗窃增值税发票或者可以用于骗取出口退税、抵扣税款的其他发票的
- （3）邮政工作人员私自开拆或者隐匿、毁弃邮件、电报，而窃取财物的
- （4）以牟利为目的，盗接他人通信线路、复制他人电信码号或者明知是盗接、复制的电信设备、设施而使用的
- （5）将电信卡非法充值后使用，造成电信资费损失数额较大的
- （6）盗用他人公共信息网络上网账号、密码上网，造成他人电信资费损失数额较大的

既遂与未遂：通说是控制说。根据财物的性质、体积、形状、占有状态等进行判断

（二）相关法条

《刑法》

第二百六十四条 【盗窃罪】盗窃公私财物，数额较大的，或者多次盗窃、入户盗窃、携带凶器盗窃、扒窃的，处三年以下有期徒刑、拘役或者管制，并处或者单处罚金；数额巨大或者有其他严重情节的，处三年以上十年以下有期徒刑，并处罚金；数额特别巨大或者有其他特别严重情节的，处十年以上有期徒刑或者无期徒刑，并处罚金或者没收财产。

第二百六十五条 【盗窃罪】以牟利为目的，盗接他人通信线路、复制他人电信码号或者明知是盗接、复制的电信设备、设施而使用的，依照本法第二百六十四条的规定定罪处罚。

司法解释：

最高人民法院、最高人民检察院《关于办理盗窃刑事案件适用法律若干问题的解释》（2013年）（以下简称《盗窃罪司法解释》）

（三）**考点解读**

1. 盗窃罪的犯罪对象。

盗窃的本质是违反被害人的意志，将他人占有的财物和平转移为自己或第三者（包括单位）占有。所以，盗窃罪的对象必须是他人占有（控制）的财物。

（1）行为人在法律上占有的财物即使事实上由他人占有时，仍然可以成为盗窃罪的对象。

【示例】 甲持有某种提单，因而在法律上占有了提单所记载的货物；但当该货物事实上由乙合法占有时，甲窃取该货物，仍然成立盗窃罪。

（2）自己合法所有但被他人合法占有的财物也可以成为本罪的对象。

对没有所有权的财物，他人基于占有、控制之事实，负有保管和归还财物的义务。如果在占有期间财物丢失或毁损，占有人依法应负赔偿责任。因此，即使他人对某物没有所有权，但该物在其占有、控制期间，该物在法律上仍然被认为是占有人的财物。

> 本人所有的财物在他人合法占有、控制期间，能够成为本人盗窃的对象。但这并不意味着行为人秘密窃取他人占有的自己的财物的行为都构成盗窃罪。

是否构成盗窃罪，要结合行为人的主观目的而定。如果行为人秘密窃取他人保管之下的本人财物，是为了借此向他人索取赔偿，这说明行为人具有非法占有目的，应以盗窃罪论处。相反，如果行为人秘密窃取他人保管之下的本人财物，只是为了与他人开个玩笑或逃避处罚，或者不愿将自己的财物继续置于他人占有、控制之下，并无借此索赔之意的，因其主观上没有非法占有的故意，不以盗窃罪论处。构成其他犯罪的，按其他犯罪处理。

（3）信用卡。

《刑法》第196条第3款规定，盗窃信用卡并使用的，以盗窃罪定罪处罚。信用卡只是一种信用凭证，本身不是货币。占有信用卡并不等于直接占有财产所有权。为了通过信用卡获利，行为人在盗窃信用卡以后，往往还要冒名使用，才能使象征性财产权利转化为财产所有权，并根据使用次数和数额来最终确定非法占有财产数额的大小。因此，盗窃信用卡骗取财物的行为与盗窃印鉴齐全的银行空白支票骗取财物的行为相类似，应以盗窃罪论处，而不能认定为信用卡诈骗罪，也不能认定为信用卡诈骗罪与盗窃罪的牵连犯。

（4）增值税专用发票或者可以用于骗取出口退税、抵扣税款的其他发票。

《刑法》第210条第1款规定，盗窃增值税专用发票或者可以用于骗取出口退税、抵扣税款的其他发票的，依照盗窃罪定罪处罚。

（5）违禁品和赃款、赃物。

除《刑法》有特别规定的外，如《刑法》规定的盗窃枪支、弹药、爆炸物罪，其他违禁品如毒品可以成为盗窃罪的对象。由于违禁品禁止流通，非法流通虽有一定的价额，但法律上并不认可这种价额。所以，司法解释规定，盗窃违禁品，按盗窃罪处理的，不计数额，根据情节轻重量刑。

赃款、赃物同样可以成为盗窃罪的对象。盗窃违禁品后又以违禁品实施其他犯罪的，以盗窃罪与具体实施的其他犯罪实行数罪并罚。

（6）电力、煤气、天然气，电信码号、上网账号、密码等无形物也可以成为盗窃罪的对象。

最高人民法院《关于审理扰乱电信市场管理秩序案件具体应用法律若干问题的解释》第7条规定，将电信卡非法充值后使用，造成电信资费损失数额较大的，以盗窃罪定罪处罚。第8条规定，盗用他人公共信息网络上网账号、密码上网，造成他人电信资费损失数额较大的，以盗窃罪定罪处罚。《盗窃罪司法解释》规定：明知是盗接他人通信线路、复制他人电信码号的电信设备、设施而使用的，盗接他人通信线路、复制他人电信码号出售的，都构成盗窃罪。

（7）财产凭证。

财产凭证包括有价支付凭证、有价证券、有价票证。它们的基本特征是：都是一种财产凭证，都表示一定财产性利益，但又不同于货币。这些财产凭证作为盗窃罪对象，具有其特殊性。

根据《盗窃罪司法解释》第5条的规定，盗窃有价支付凭证、有价证券、有价票证的，按照下列方法认定盗窃数额：①盗窃不记名、不挂失的有价支付凭证、有价证券、有价票证的，应当按票面数额和盗窃时应得的孳息、奖金或者奖品等可得收益一并计算盗窃数额；②盗窃记名的有价支付凭证、有价证券、有价票证，已经兑现的，按照兑现部分的财物价值计算盗窃数额；没有兑现，但失主无法通过挂失、补领、补办手续等方式避免损失的，按照给失主造成的实际损失计算盗窃数额。

行为人取得记名、可挂失的财产凭证后，仍然只是存在领取款物的可能性，而没有必然性。失主尚可以采取挂失等其他措施阻止行为人最终取得款物。因此，此时犯罪尚未既遂。

（8）不能作为盗窃罪对象的几种财物。

不动产、遗弃物、遗忘物、埋藏物不能成为盗窃罪对象。这里只对遗弃物进行重点讲解。遗忘物、埋藏物的问题在侵占罪中再讲。

遗弃物就是财物所有人丢弃的物品，是无主物。遗弃物不能成为盗窃罪的对象。由于遗弃物是确实被失主抛弃的物品，所以，无论行为人主观上是否明知该物品为遗弃物，捡拾、"盗窃"该遗弃物的都不成立盗窃罪。

> 如果某种物品虽然在客观上为遗弃物，但行为人并不知其为遗弃物，从而实施了"盗窃"行为的，因为没有侵犯盗窃罪的法益，所以不构成犯罪。如果某种物品客观上不是遗弃物，但行为人误认为是遗弃物而予以"捡拾"的，不成立盗窃罪。如果在失主索要时拒不退还的，可能成立侵占罪。

2. 盗窃罪的构成要件。

本罪在客观方面表现为盗窃公私财物,数额较大的,或者多次盗窃、入户盗窃、携带凶器盗窃、扒窃的行为。

(1)对"盗窃"的理解。

窃取是指违反被害人的意志,将他人占有的财物转移为自己或第三者(包括单位)占有。窃取行为虽然通常具有秘密性,其原本含义也是秘密窃取,但如果将盗窃限定为秘密窃取,则必然存在处罚上的空隙,造成不公正现象。因此,不应当将盗窃行为限于秘密窃取,应当承认公开窃取行为也构成盗窃罪。

①对"秘密窃取"的理解。

所谓秘密窃取,是指犯罪分子采取自认为不会被财物所有人、管理人、持有人发觉的方法,将公私财物据为己有。盗窃罪的秘密窃取具有两个明显特征:

首先是主观性。即自认为是秘密的,自认为没有被财物所有人、保管人发现。掩耳盗铃也是盗窃。秘密窃取并不是指只有在财物所有人、管理人、持有人没有发现的情况下才是秘密。如果财物所有人、管理人、持有人已经发现,但出于其他原因如害怕而没有表示出发现,行为人自认为没有被发现而窃取财物的,也成立盗窃罪。

其次是相对性。相对于财物所有人、保管人是秘密的。至于是否被其他人发现,则不影响秘密窃取的性质。因此,这并不排除盗窃罪也可能在光天化日之下实施或者被其他人发现。

②何为"公开盗窃"。

公开盗窃是指利用他人不能反抗的情形公开、和平获取他人财物的行为。公开盗窃和抢夺、抢劫的不同在于不使用暴力,公开盗窃和诈骗的不同在于不采取欺骗被害人的方式。

【示例】行为人进入他人住宅后,明知卧床不起或者胆小的占有者盯着自己,但依然搬走他人的电视机。或者,明知停车场管理者看守着他人的自行车,仍然偷走自行车。此时,行为人既不采取暴力或者胁迫手段压制受害者的反抗(受害者也没有反抗),也不怕别人知道自己的盗窃行为。但是,由于行为人获得财物的手段仍然是和平的,这种行为仍然是盗窃行为。

【经典真题】

乙是开黑摩的的,甲搭乘乙的摩托车去某地。到了一处山路崎岖的地方,乙不敢开,乙下车,由甲开过去。乙一直用眼睛紧盯着甲和摩托车。但是,甲开过崎岖路段后,开着摩托车扬长而去,乙无法追上,甲逃脱。甲的行为构成何罪?(2018年试卷一回忆版)[1]

甲潜入他人房间欲盗窃,忽见床上坐起一老妪,哀求其不要拿她的东西。甲不理睬而继续翻找,拿走一条银项链(价值400元)。关于本案的分析,下列哪些选项是正确的?[2](2013-2-60)

A. 甲并未采取足以压制老妪反抗的方法取得财物,不构成抢劫罪

----

〔1〕 甲的行为是公开盗窃行为,构成盗窃罪。如果题目说"可以在盗窃罪与抢夺罪中选择一个罪名定罪",也是对的。这是因为公开盗窃并没有成为通说,很多专家还是认为这种行为应该被认定为抢夺罪。因此题目有时候会说:"构成盗窃罪或者抢夺罪"。这是一种妥协的说法。但是,如果题目说,如果认为抢夺罪必须有有形的暴力行为,则本罪不构成抢夺罪,构成盗窃罪。那么,这句话也是对的。所以,做这种题,还要看题目给定的前提是什么。

〔2〕【答案】ABCD

B. 如认为区分盗窃罪与抢夺罪的关键在于是秘密取得财物还是公然取得财物，则甲的行为属于抢夺行为；如甲作案时携带了凶器，则对甲应以抢劫罪论处

C. 如采取 B 选项的观点，因甲作案时未携带凶器，也未秘密窃取财物，又不符合抢夺罪"数额较大"的要件，无法以侵犯财产罪追究甲的刑事责任

D. 如认为盗窃行为并不限于秘密窃取，则甲的行为属于入户盗窃，可按盗窃罪追究甲的刑事责任

【考点】公开盗窃的认定

【分析】本案即为公开窃取行为。根据前文的分析，本题的四个选项都是正确的。

【同类考点总结】 本题实际上是从四个方面论述了承认公开盗窃的必要性。只有承认公开盗窃，才不会存在处罚漏洞。

（2）盗窃罪的五种方式。

根据《刑法修正案（八）》的规定，以下五种情形都成立盗窃罪：

①盗窃公私财物，数额较大的；

②多次盗窃的；

③入户盗窃的；

④携带凶器盗窃的；

⑤扒窃的。

多次盗窃的、入户盗窃的、携带凶器盗窃的、扒窃的都不要求数额较大。"扒窃的"不要求携带凶器。只要是扒窃行为，无论是否携带凶器，都成立盗窃罪。法条中的"携带凶器"仅仅修饰"盗窃的"。这是因为这四种盗窃行为有很大的社会危害性，有这四种盗窃行为的人通常也具有较大的人身危险性。所以刑法对这四种行为不再要求数额。

考生一定要注意盗窃罪构成要件的变化。盗窃罪的入罪门槛有了大幅度降低。

（3）对专有名词的解释。

《盗窃罪司法解释》第 3 条规定：

二年内盗窃三次以上的，应当认定为"多次盗窃"。

非法进入供他人家庭生活，与外界相对隔离的住所盗窃的，应当认定为"入户盗窃"。

携带枪支、爆炸物、管制刀具等国家禁止个人携带的器械盗窃，或者为了实施违法犯罪携带其他足以危害他人人身安全的器械盗窃的，应当认定为"携带凶器盗窃"。

在公共场所或者公共交通工具上盗窃他人随身携带的财物的，应当认定为"扒窃"。

请注意：扒窃的对象是他人"随身"携带的财物，而不是"贴身"携带的财物。所谓贴身财物即他人衣服口袋内体积较小的财物。

【经典真题】

关于盗窃罪的理解，下列哪一选项是正确的？[1]（2011 - 2 - 16）

A. 扒窃成立盗窃罪的，以携带凶器为前提

B. 扒窃仅限于窃取他人衣服口袋内体积较小的财物

C. 扒窃时无论窃取数额大小，即使窃得一张白纸，也成立盗窃罪既遂

---

〔1〕【答案】D

D. 入户盗窃成立盗窃罪的，既不要求数额较大，也不要求多次盗窃

【考点】盗窃罪的认定

【解题思路与常见错误分析】本题主要考查《刑法修正案（八）》对盗窃罪的新规定。根据新规定，扒窃成立盗窃罪的，不以携带凶器为前提。故，选项 A 错误。

根据前文分析，扒窃并非"仅限于窃取他人衣服口袋内体积较小的财物"。选项 B 错误。

由于刑法对"多次盗窃、入户盗窃、携带凶器盗窃、扒窃的"没有规定犯罪数额，所以实践中有人认为"扒窃时即使窃得一张白纸也成立盗窃罪既遂"。这种观点是不正确的。虽然刑法没有规定犯罪数额，但是盗窃一张白纸仍然不具有处罚的必要性，应当认定为盗窃罪未遂。选项 C 是错误的。

入户盗窃的，既不要求多次盗窃，也不要求数额较大。选项 D 是正确的。

【同类考点总结】请注意盗窃罪的五种具体方式。另外，犯罪的成立和犯罪的既遂是两个不同层面的概念。成立犯罪不等于犯罪既遂。例如甲故意杀害乙，但由于未打中，乙并未死亡。甲仍然成立故意杀人罪，但只能认定为犯罪未遂。由于刑法对扒窃行为没有规定犯罪数额，因此可以认为只要有扒窃行为，就成立盗窃罪。但是，仅仅窃得一张白纸这样价值极其低廉的财物的，还是应当认定为犯罪未遂。这样才能罪刑相当。

3. 责任形式。

（1）盗窃罪在主观方面是故意，并且具有非法占有公私财物的目的。

只要认识到是他人的财物，不要求对财物具体价值的明知，就可以认定具有盗窃罪的故意。但是，如果财物的客观价值与行为人的认识相去甚远，财物的价值超过了行为人的预料和一般人的预料，行为人对超出预见的后果不应当承担盗窃罪的刑事责任。例如，甲贪小便宜，将他人在外晾晒的棉袄偷走，却不知棉袄内缝有 5000 元钱。失主报案后，棉袄被公安人员从甲处追回，里面的 5000 元分文未动。甲的行为不构成盗窃罪。这样定罪体现了主客观相一致原则。

（2）盗窃罪的故意内容不仅表现为行为人具有非法占有他人财物的犯罪目的，而且还体现在行为人有意识地选择了"窃取"的手段来实现这种犯罪目的。

4. 非法占有和毁坏的认定及区分。

一般情况下，非法占有财物与故意毁坏财物在认定上不存在困难。但行为人先控制财物然后又予以毁坏的，则不易区分。刑法意义上的"非法占有"行为与"非法毁坏"行为具有一定的相似性，客观上两者都非法排斥了权利人对财物的占有、使用、收益、处分的权利，侵害了他人财物的所有权。两者的根本区别在于行为人主观目的的不同，前者是非法占有的目的，后者是毁坏的目的。

非法占有的目的是指排除权利人的控制，将他人财物作为自己的所有物，对之进行利用或者处分的目的，这里的处分不包括单纯的毁坏。刑法上的"非法占有"首先表现为行为人对他人财物在物理意义上的实际控制；其次，行为人控制的目的在于对财物进行利用和处分，以实现财物的价值或取得相应的利益。"非法毁坏"中，行为人出于毁坏财物的目的实际控制他人财物后予以毁损或毁灭。虽然行为人也实际控制了他人财物，排除了权利人合法占有财物的可能性，但其控制该财物的目的并不是依照财物的可能用途利用和处分，而是使财物的价值降低或灭失。因此，行为人是否遵从财物的可能用途进行利用和处分，

以实现财物的价值或取得相应的利益，是区分非法"占有"与"毁坏"的重要标准。

司法实践中，对于此类行为应区分不同的情况，依照主客观相一致的原则进行分析、认定。对于有证据证明行为人以毁损或毁坏为目的而实施的非法取得他人财物的行为，符合故意毁坏财物罪构成要件的，应以故意毁坏财物罪定罪处罚；对于行为人不以毁坏为目的实际控制了他人财物的，一般均可以认定其具有利用和处分财物的目的，符合职务侵占、贪污或盗窃、诈骗等犯罪构成要件的，应以相应的罪名定罪处罚。

【示例】甲为了毁坏乙的电视机，从乙家偷出其电视机，然后将其从8楼楼道的窗户里扔到地上。电视机被毁坏。甲成立何罪？

【分析】甲虽然有盗窃行为，但盗窃不是为了利用，而是为了毁坏，所以甲成立故意毁坏财物罪。

> 行为人是否遵从财物可能的用途进行利用和处分，以实现财物的价值或取得相应的利益，是区分非法"占有"与"毁坏"的重要标准。

【经典真题】

下列行为中，属于盗窃的是：（2019回忆版）[1]

A. 小明将共享单车放置在自家门口，便于自己使用

B. 小林将上锁的共享单车，偷偷运到村里，供村民扫码使用

C. 小胡将共享单车停到自家院里，供自己扫码使用

D. 小张将共享单车原有的车锁破坏，用自己的锁将共享单车锁上，供自己使用

【解题思路与常见错误分析】只有D选项中，行为人的行为完全排除了原主人（即单车公司）对自己的车辆的占有和使用权。选项C是不道德的行为，可能减少单车公司的收入，但其并没有改变单车的所有权。说明：本题是回忆版，可能和原题不一致。

【同类考点总结】只有彻底破坏了原财物占有者对财物的占有的，才能构成盗窃罪。

5. 盗窃罪的数额计算。

（1）司法解释的规定。

关联法条

《盗窃罪司法解释》

第四条　盗窃的数额，按照下列方法认定：

（一）被盗财物有有效价格证明的，根据有效价格证明认定；无有效价格证明，或者根据价格证明认定盗窃数额明显不合理的，应当按照有关规定委托估价机构估价；

（二）盗窃外币的，按照盗窃时中国外汇交易中心或者中国人民银行授权机构公布的人民币对该货币的中间价折合成人民币计算；中国外汇交易中心或者中国人民银行授权机构未公布汇率中间价的外币，按照盗窃时境内银行人民币对该货币的中间价折算成人民币，或者该货币在境内银行、国际外汇市场对美元汇率，与人民币对美元汇率中间价进行套算；

（三）盗窃电力、燃气、自来水等财物，盗窃数量能够查实的，按照查实的数量计算盗窃数额；盗窃数量无法查实的，以盗窃前六个月月均正常用量减去盗窃后计量仪表显示的月均用量推算盗窃数额；盗窃前正常使用不足六个月的，按照正常使用期间的月均用量减

---

[1]【答案】D

去盗窃后计量仪表显示的月均用量推算盗窃数额；

（四）明知是盗接他人通信线路、复制他人电信码号的电信设备、设施而使用的，按照合法用户为其支付的费用认定盗窃数额；无法直接确认的，以合法用户的电信设备、设施被盗接、复制后的月缴费额减去被盗接、复制前六个月的月均电话费推算盗窃数额；合法用户使用电信设备、设施不足六个月的，按照实际使用的月均电话费推算盗窃数额；

（五）盗接他人通信线路、复制他人电信码号出售的，按照销赃数额认定盗窃数额。

盗窃行为给失主造成的损失大于盗窃数额的，损失数额可以作为量刑情节考虑。

第五条 盗窃有价支付凭证、有价证券、有价票证的，按照下列方法认定盗窃数额：

（一）盗窃不记名、不挂失的有价支付凭证、有价证券、有价票证的，应当按照票面数额和盗窃时应得的孳息、奖金或者奖品等可得收益一并计算盗窃数额；

（二）盗窃记名的有价支付凭证、有价证券、有价票证，已经兑现的，按照兑现部分的财物价值计算盗窃数额；没有兑现，但失主无法通过挂失、补领、补办手续等方式避免损失的，按照给失主造成的实际损失计算盗窃数额。

（2）盗窃罪共同犯罪数额的认定。

对犯罪集团的首要分子，应当按照集团盗窃的总数额处罚。其他共同犯罪人对其所参与实施的共同盗窃的总数额（不是分赃数额）承担刑事责任。

6. 盗窃罪的既遂标准。

对盗窃罪既遂标准争议较大，主要有失控说、控制说、失控与控制双重标准说。目前的通说是控制说。根据控制说，只要行为人取得（控制）了财物，就是盗窃既遂。但是，不能将取得理解为行为人转移了财物的场所，更不能将取得理解为行为人藏匿了财物，而应理解为行为人事实上占有了财物。

> 一般来说，只要被害人丧失了对财物的控制，就应认定行为人取得了财物。在认定盗窃罪既遂与未遂时，还必须根据财物的性质、形状、体积、被害人对财物的占有状态等进行判断。如在商店柜台盗窃小件商品时，一般以行为人将财物在手中拿稳或放入衣兜、提包中或夹在腋下等为既遂，而不以走出店堂为必要；但对于体积很大的财物而言，只有将该财物搬出商店才能认定为既遂。

【示例】（1）甲以非法占有为目的，从火车上将他人财物扔到偏僻的轨道旁，打算下车后再捡回该财物。但他后来发现，该财物已被他人捡走。甲是否构成盗窃罪既遂？

（2）甲去乙家盗窃，窃得钻石戒指。她即将出门时，发现失主正在开门。甲立即将戒指藏在失主房内的隐蔽之处。失主开门后虽然发现了甲，但因为从其身上没有找到财物，也只好将其放走。失主后来也没能找到该戒指。甲是否构成盗窃罪既遂？

【分析】这两种情况都构成盗窃罪既遂。一般来说，只要被害人丧失了对财物的控制，就应认定行为人取得了财物。至于行为人最终是否得到了财物不影响对既遂的认定。

盗窃未遂，情节严重的，也应当追究刑事责任。《盗窃罪司法解释》第12条规定：

盗窃未遂，具有下列情形之一的，应当依法追究刑事责任：（一）以数额巨大的财物为盗窃目标的；（二）以珍贵文物为盗窃目标的；（三）其他情节严重的情形。盗窃既有既遂，又有未遂，分别达到不同量刑幅度的，依照处罚较重的规定处罚；达到同一量刑幅度的，以盗窃罪既遂处罚。

7. 盗窃罪已经废除死刑。

以前规定"盗窃金融机构，数额特别巨大的"和"盗窃珍贵文物，情节严重的"可以判处死刑。《刑法修正案（八）》废除了盗窃罪的死刑。现在盗窃罪最高刑只有无期徒刑。请将此作为法科学生的基础法律知识而不是法考的知识点掌握。

8. 在实施盗窃犯罪行为中又有其他犯罪行为的处理。

关联法条

《盗窃罪司法解释》

第十条 偷开他人机动车的，按照下列规定处理：

（一）偷开机动车，导致车辆丢失的，以盗窃罪定罪处罚；

（二）为盗窃其他财物，偷开机动车作为犯罪工具使用后非法占有车辆，或者将车辆遗弃导致丢失的，被盗车辆的价值计入盗窃数额；

（三）为实施其他犯罪，偷开机动车作为犯罪工具使用后非法占有车辆，或者将车辆遗弃导致丢失的，以盗窃罪和其他犯罪数罪并罚；将车辆送回未造成丢失的，按照其所实施的其他犯罪从重处罚。

第十一条 盗窃公私财物并造成财物损毁的，按照下列规定处理：

（一）采用破坏性手段盗窃公私财物，造成其他财物损毁的，以盗窃罪从重处罚；同时构成盗窃罪和其他犯罪的，择一重罪从重处罚；

（二）实施盗窃犯罪后，为掩盖罪行或者报复等，故意毁坏其他财物构成犯罪的，以盗窃罪和构成的其他犯罪数罪并罚；

（三）盗窃行为未构成犯罪，但损毁财物构成其他犯罪的，以其他犯罪定罪处罚。

9. 单位盗窃的处理。

关联法条

《盗窃罪司法解释》

第十三条 单位组织、指使盗窃，符合刑法第二百六十四条及本解释有关规定的，以盗窃罪追究组织者、指使者、直接实施者的刑事责任。

10. 本罪与诈骗罪、侵占罪的区分。

盗窃罪的犯罪对象是他人占有的物；侵占罪的犯罪对象则是无主物或者自己占有的物。

诈骗罪的行为人必须实施诈骗行为，且使得被害人基于诈骗行为而处分财物。

【示例1】 2010年10月5日，被告人甲驾驶与乙共同购买的价值9万元的桑塔纳轿车进行非法营运，轿车被苍南县灵溪交通管理所查扣，存放在三联汽车修理厂停车场。后甲、乙于10日晚，进入三联汽车修理厂停车场，换掉被链条锁住的轿车轮胎，乘停车场门卫熟睡之机打开自动铁门，将自己的轿车开走，并卖得3万元。2011年1月8日，被告人甲、乙以该车被盗为由，向灵溪交通管理所申请赔偿。经多次协商，获赔12万元。甲、乙的行为构成：[1]

A. 盗窃罪　　　　B. 诈骗罪　　　　C. 敲诈勒索罪　　　D. 不构成犯罪

【分析】 本案中，汽车能够重新回到甲、乙手中，是因为甲、乙的盗窃行为而不是诈骗交通管理所的行为。所以，本案是盗窃而非诈骗。

【示例2】 下列哪些说法是错误的？[2]

A. 甲盗窃乙的存折后，假冒乙的名义从银行取出存折中的5万元存款。甲的行为构成盗窃罪与诈骗罪

---

[1]【答案】A

[2]【答案】AD

B. 甲盗窃了乙的 200g 海洛因，因本人不吸毒，就将海洛因转卖给丙。甲的行为构成盗窃罪和贩卖毒品罪

C. 甲盗窃了一把手枪，以 20 万元的价格转卖给乙。甲的行为构成盗窃罪和非法买卖枪支罪

D. 甲盗窃了乙的一块名表，以 2 万元的价格转卖给丙，甲的行为构成盗窃罪和掩饰、隐瞒犯罪所得罪

【分析】A 项，甲盗窃存折后，冒名取款的行为不另定诈骗罪，这是一种不可罚之事后行为。B 项，甲盗窃海洛因后贩卖海洛因的行为另构成贩卖毒品罪，因为该行为侵犯了新的法益。C 项，甲盗窃枪支后又出卖的行为单独构成非法买卖枪支罪，因为该行为侵犯了新的法益。D 项，甲盗窃名表后的销售行为不构成掩饰、隐瞒犯罪所得罪，因为没有侵犯新的法益。

强调：如果利用前犯罪的结果的行为又侵犯了新的法益，则数罪并罚。

【经典真题】

某地突发百年未遇的冰雪灾害，乙离开自己的住宅躲避自然灾害。两天后，大雪压垮了乙的房屋，家中财物散落一地。灾后最先返回的邻居甲路过乙家时，将乙垮塌房屋中的 2 万元现金拿走。关于甲行为的定性，下列哪一选项是正确的？[1]（2008－2－16）

A. 构成盗窃罪　　　　　　B. 构成侵占罪
C. 构成抢夺罪　　　　　　D. 仅成立民法上的不当得利，不构成犯罪

【考点】盗窃罪与侵占罪的区别

【解题思路与常见错误分析】根据社会一般观念，这 2 万元仍然由乙占有。甲拿走的是有主物，所以构成盗窃罪。

【同类考点总结】盗窃罪的犯罪对象是他人占有的物；侵占罪的犯罪对象则是无主物或者自己占有的物。

____

[1]【答案】A

四、诈骗罪 ★★★★★

（一）考点提炼

基本构造：行为人以非法占有为目的实施欺诈行为→被骗人产生错误认识→被骗人基于错误认识处分财产→行为人取得财物→被害人受到财产上的损害

构成要件 {
　诈骗行为 {
　　虚构事实骗取财物
　　隐瞒真相骗取财物
　}
　行为人获得财产 {
　　积极财产的增加
　　消极财产的减少
　}
}

特殊类型的诈骗 {
　三角诈骗：被害人和被骗人不是同一人的情况
　赌博诈骗 {
　　设置圈套，诱骗他人参赌，但在赌博过程中没有欺诈行为，应认定为赌博罪
　　设置圈套，诱骗他人参赌，但在赌博过程中有欺诈行为，应认定为诈骗罪
　}
　诉讼欺诈：用捏造事实、伪造证据等方法骗取法院民事裁判，占有他人财物
　电信诈骗：以虚假、冒用的身份证件办理入网手续并使用移动电话
}

几个具体问题 {
　既遂与未遂：以是否获取财物为标准。诈骗未遂，情节严重的，以本罪定罪处罚
　多次诈骗：应将案发前已经归还的数额扣除，按实际未归还的数额认定
　法条竞合的处理：适用特别法优于普通法原则
}

本罪与盗窃罪的区别：被害人是否基于认识错误而处分财产，处分行为的有无是关键

（二）相关法条

《刑法》

第二百六十六条 【诈骗罪】诈骗公私财物，数额较大的，处三年以下有期徒刑、拘役或者管制，并处或者单处罚金；数额巨大或者有其他严重情节的，处三年以上十年以下有期徒刑，并处罚金；数额特别巨大或者有其他特别严重情节的，处十年以上有期徒刑或者无期徒刑，并处罚金或者没收财产。本法另有规定的，依照规定。

司法解释：

最高人民法院、最高人民检察院《关于办理诈骗刑事案件具体应用法律若干问题的解释》

（三）考点解读

1. 诈骗罪的犯罪构成。

（1）诈骗罪的行为模式。

诈骗罪有自己独特的行为模式：

①虚构事实式：**行为人以非法占有为目的实施欺诈行为→被骗人产生错误认识→被骗人基于错误认识而处分财产→行为人取得财产→被害人受到财产上的损害（此时才既遂）**。

如果从精神病人、幼儿处骗取财物的，成立盗窃罪。如果被骗人无处分权，骗人者成立盗窃罪的间接正犯。

②隐瞒真相式：**被骗人自行陷入错误认识→行为人明知其陷入错误认识而不告知→被骗人基于错误认识而处分财产→行为人取得财产→被害人受到财产上的损害（此时才既遂）**。

（2）构成要件。

①诈骗行为分两种情形：虚构事实骗取财物；隐瞒真相骗取财物。

欺诈行为可以是作为，也可以是不作为，如有告知某种事实的义务，但不履行这种义务，使对方陷入错误认识或者继续陷入错误认识，行为人利用这种认识错误取得财产，也是欺诈行为。所谓不作为的诈骗，就是隐瞒真相式的诈骗。在这种诈骗中，被害人首先产生了错误认识，行为人明知其产生了错误认识，却不告知其真相，甚至还采取进一步的行为加深其错误认识。这种行为的实质也是使被害人产生错误认识，也构成诈骗。

【经典真题】

甲将一只壶的壶底落款"民國叁年"磨去，放在自己的古玩店里出卖。某日，钱某看到这只壶，误以为是明代文物。甲见钱某询问，谎称此壶确为明代古董，钱某信以为真，按明代文物交款买走。又一日，顾客李某看上一幅标价很高的赝品，以为名家亲笔，但又心存怀疑。甲遂拿出虚假证据，证明该画为名家亲笔。李某以高价买走赝品。请回答第 1 ~ 2 题（2011 - 2 - 86 ~ 87）。

（1）关于甲对钱某是否成立诈骗罪，下列选项错误的是：[1]

A. 甲的行为完全符合诈骗罪的犯罪构成，成立诈骗罪

B. 钱某自己有过错，甲不成立诈骗罪

C. 钱某已误以为是明代古董，甲没有诈骗钱某

D. 古玩投资有风险，古玩买卖无诈骗，甲不成立诈骗罪

【考点】隐瞒真相式的诈骗

【解题思路与常见错误分析】本案中，虽然钱某自己"打眼了（看走眼了）"，将民国的壶当成了明代文物，但是，如果没有"甲见钱某询问，谎称此壶确为明代古董"的行为，钱某仍然不会上当。所以，在诈骗中，即使受骗者在判断上有一定的错误，也不妨碍欺骗行为的成立。故，选项 B、C、D 都是错误的。

【同类考点总结】隐瞒真相式的诈骗也是诈骗。

（2）关于甲对李某是否成立诈骗罪，下列选项正确的是：[2]

A. 甲的行为完全符合诈骗罪的犯罪构成，成立诈骗罪

B. 标价高不是诈骗行为，虚假证据证明该画为名家亲笔则是诈骗行为

C. 李某已有认识错误，甲强化其认识错误的行为不是诈骗行为

D. 甲拿出虚假证据的行为与结果之间没有因果关系，甲仅成立诈骗未遂

【考点】隐瞒真相式的诈骗

【解题思路与常见错误分析】本题与前道题是一样的，都是隐瞒真相式的诈骗。如果没有"甲遂拿出虚假证据，证明该画为名家亲笔"的行为，顾客也不会上当的。

【同类考点总结】这两道题目为了增加题目的典型性，都增加了骗子又拿出新的证据巩固被害人的错误认识的情节。实际上，即使骗子没有拿出新的证据，其开始隐瞒真相的行为也构成诈骗罪。只有出售者确实不知情时，其最初标高价的行为才不构成犯罪。

②被骗人要基于错误认识而处分财物。

③行为人获得财产。这表现为两种情况：一是积极财产的增加，二是消极财产的减少，

_____

[1]【答案】BCD

[2]【答案】AB

如免除行为人的债务。使用伪造、变造、盗窃的武装部队车辆号牌，骗免养路费、通行费等各种规费，数额较大的，依照诈骗罪定罪处罚。所以，骗免债务也是诈骗。

（3）责任形式。

责任形式为故意。行为人明知自己的诈骗行为会造成他人的财产损失，仍然实施诈骗行为。行为人还必须具有非法占有的目的。

2. 几种特殊类型的诈骗。

（1）三角诈骗。

通常的诈骗行为只有被害人与诈骗人，被害人因为被欺骗而产生错误认识，自己处分自己的财产。在这种情况下，被害人与被骗人是同一人。但诈骗罪也存在被害人与被骗人不是同一人的情况。

【示例】甲上班后，其保姆丙在家。乙敲门后欺骗保姆说，甲突然要出差，委托乙来将甲的笔记本电脑带给甲。丙信以为真，将笔记本电脑交给乙。甲是被害人，丙是被骗人。此即成立三角诈骗。在三角诈骗中，被害人与被骗人虽然不是同一人，但被骗人事实上具有处分被害人财产的权限，或者处于可以处分被害人财产的地位，所以对方的行为也成立诈骗罪。

（2）赌博诈骗。

有两种情况：一是设置圈套，诱骗他人参与赌博，但在赌博过程中没有欺骗行为，即只在使他人参与赌博这一点上有欺骗行为，符合赌博罪构成要件的，构成赌博罪；二是在赌博过程中有欺骗行为，即以赌博为圈套，操纵输赢，骗取财物的，如果骗取财物数额较大的，构成诈骗罪。

（3）诉讼欺诈。

诉讼欺诈就是恶意通过捏造事实、伪造证据等方法骗取法院民事裁判，占有他人财物的情形。诉讼欺诈也是一种三角诈骗。被害人（通常是被告）虽然没有被骗，但他无力改变法官的看法。而法官是受到原告的欺骗后，有权处分被告的财产的人。所以诉讼诈骗的行为人成立诈骗罪。

（4）电信诈骗。

最高人民法院《关于审理扰乱电信市场管理秩序案件具体应用法律若干问题的解释》第9条规定，以虚假、冒用的身份证件办理入网手续并使用移动电话，造成电信资费损失数额较大的，以诈骗罪定罪处罚。注意：如果直接将电信充值卡非法充值后使用的，成立盗窃罪。

3. 诈骗罪的既遂。

诈骗罪的既遂以获取财物为标准。诈骗未遂，情节严重的，以诈骗罪定罪处罚。

4. 多次诈骗的数额计算。

对于多次进行诈骗，并以后次诈骗财物归还前次诈骗财物的，在计算诈骗数额时，应当将案发前已经归还的数额扣除，按实际未归还的数额认定。

注意：多次挪用公款，并拆东墙补西墙的，也按上述规定计算犯罪数额。

5. 诈骗罪的法条竞合。

我国刑法分则第三章规定的、以欺骗方法破坏社会主义市场经济秩序的犯罪主要有：集资诈骗罪（《刑法》第192条）、贷款诈骗罪（《刑法》第193条）、票据诈骗罪（《刑法》第194条第1款）、金融凭证诈骗罪（《刑法》第194条第2款）、信用证诈骗罪（《刑法》第195条）、信用卡诈骗罪（《刑法》第196条）、有价证券诈骗罪（《刑法》第197

条）、保险诈骗罪（《刑法》第 198 条）、骗取出口退税罪（《刑法》第 204 条第 1 款）、合同诈骗罪（《刑法》第 224 条）等。这十种新型的诈骗犯罪是从原诈骗罪中分离出来的，与诈骗罪形成特殊与一般的法条竞合关系。法条竞合关系的适用原则有特别规定优于普通规定和重法优于轻法两种形式。但在诈骗罪与这些犯罪产生法条竞合时，只能适用特别规定优于普通规定这一原则。因为，规定诈骗罪的《刑法》第 266 条明文规定："本法另有规定的，依照规定。"这意味着对这种法条竞合关系只能采取特别法条优于普通法条的原则，即诈骗行为符合其他条文规定的，应依照其他条文规定处理。

6. 诈骗罪与盗窃罪的区别。

> 从历年试题看，诈骗罪与盗窃罪的区别是超高频考点。在犯罪过程中采取了欺骗手段的，不一定都构成诈骗罪。二者的关键区别是被害人是否基于认识错误而处分财产。处分行为的有无，划定了诈骗罪与盗窃罪的界限。被害人有处分财产行为时是诈骗罪；被害人没有处分财产行为时是盗窃罪。

正确理解和认定"处分行为"，是区分盗窃罪与诈骗罪的关键。

诈骗罪中的处分财产与民法上的处分财产不同。此处的处分行为并不要求受骗者将财物的所有权处分给行为人，所以不要求受骗者具有转移所有权的意思。

诈骗罪中处分财产的本质是将被害人的财产转移给行为人占有，由行为人或第三者事实上控制、支配该财产。所以，这里的处分也不能等同于交付。交付行为不一定都是处分财产的行为，如营业员将衣服交给顾客试穿，就不是处分行为。

处分行为应当同时具备以下几个条件。只要不符合其中一个条件，就认为不存在处分行为，不成立诈骗罪。

（1）具有处分的意思能力。从无行为能力人如幼儿、高度精神病患者手中骗取财物或者从限制行为能力人处骗取该限制行为能力人无权处分的财产时，由于受害人不能正确表达自己的意思，其主观上缺乏处分意思，所以，行为人的行为不成立诈骗罪，而应当认定为盗窃罪。

（2）主观上对处分财物的真实情况有认识。对处分财物的真实情况是否有认识是判断有无处分意思的客观基础。诈骗罪中的被骗是指被害人在处分原因方面受到欺骗，产生错误认识，而不是指对财物的真实情况产生错误认识。注意，这里所指的财物或者利益应是指行为人意图骗取的财物或者利益，而不是泛指一切财物或者利益。

什么是"对处分财物的真实情况有认识"在理论上是有争议的。请看下题。

【经典真题】

王某组织某黑社会性质组织，刘某、林某、丁某积极参加。一日，王某、刘某在某酒店就餐，消费 3000 元。在王某结账时，收银员吴某偷偷调整了 POS 机上的数额，故意将 3000 元餐费改成 30000 元，交给王某结账。王某果然认错，支付了 30000 元。（2018 年主观题试卷一回忆版）。关于吴某的行为定性，有几种处理意见？须说明理由。

【答案及解析】（解析1）关于吴某的行为定性，有两种处理意见。

没有明确的处分意识，仅有自愿的转移财产行为是否能构成诈骗罪，在理论上有不同观点。

①根据处分意识不要说，吴某的行为构成诈骗罪。本案中，王某在支付餐费时，虽然没有意识到自己实际支付的是 30000 元，而不是 3000 元，但其确实自愿支付了该笔金额。如果认为构成诈骗罪只需要有自愿的转移财产的行为，而不需要有明确的处分财产的意识，

则吴某的行为构成诈骗罪。

②根据处分意识必要说，吴某的行为构成盗窃罪。王某在支付餐费时，并没有认识到自己支付的是30000元，他并没有处分30000元给饭店的意识，所以他是在自己不知情的情况下，被吴某盗走了27000元。所以，吴某的行为构成盗窃罪。

（解析2）成立诈骗罪都需要具备处分意识，但处分意识到底是对具体的金额、物品的处分意识（严格的处分意识），还是对性质相同的金钱、一类物品的处分意识（缓和的处分意识）在理论上是有争议的。

①如果认为要成立诈骗罪，被害人必须对处分的财物具有完全的意识，在本案中即必须认识到自己支付了30000元，则本案中王某没有处分意识，吴某构成盗窃罪。

②反之，如果认为被害人只要认识到自己在处分财产，不要求认识到具体处分了什么，处分了多少，则本案中王某具有处分意识，吴某的行为构成诈骗罪。

如何理解"处分意思"是诈骗罪的高阶考点、疑难考点，请考生结合本题深入掌握。

（3）财物交付人有处分权限或者地位。

在受骗人与被害人不是同一人的情况下，只要受骗人事实上具有处分被害人财产的权限，或者处于可以处分被害人财产的地位，对方的行为也成立诈骗罪。一方面，如果受骗人不具有处分财产的权限与地位，就不能认定其转移财产的行为属于诈骗罪的处分行为；另一方面，如果受骗人没有处分财产的权限与地位，行为人的行为便完全符合盗窃罪间接正犯的特征。

判断受害人是否具有这种权限或地位，应通过考察受害人是否是被害人财物的辅助占有者，受害人转移财物的行为（排除被骗的因素）是否得到社会一般观念的认可，受害人是否经常为被害人转移财产等因素作出判断。

（4）被骗人具有处分的意思。

被骗人的交付行为是否有处分的意思。这需要从两个方面判断：

一方面，要根据社会的一般观念判断。即在当时的情况下，社会的一般观念是否认为受骗人已经将财产转移给行为人或第三者进行事实上的支配或控制。注意：不是单纯转移给行为人或者第三者，而是转移给行为人或第三者进行事实上的支配或控制。

另一方面，受骗人是否具有将财产转移给行为人或第三者支配或控制的意思。

> 受害人是否具有处分被害人财产的权限或地位是区分诈骗罪与盗窃罪间接正犯的关键。被骗人的交付行为有无处分的意思也是区分盗窃罪与诈骗罪的关键。常见的貌似诈骗、实为盗窃的形式有三种：（1）狸猫换太子，即调包；（2）调虎离山，即将财物的占有者骗开，然后窃取其财物；（3）假名托姓，即冒充自己是财物的主人，将财物"卖给"他人。

【示例】①A假装在商场购买西服，售货员B让其试穿西服，A穿上西服后声称去照镜子，待B接待其他顾客时，A趁机溜走。A成立何罪？

【分析】A显然不成立诈骗罪，只成立盗窃罪。因为尽管B受骗了，但他并没有因为受骗而将西服转移给A占有的处分行为与处分意思。

②倘若A穿上西服后，向B说："我买西服需征得妻子的同意，我将身份证押在这里，如妻子同意，我明天来交钱；如妻子不同意，我明天还回西服。"B同意A将西服穿回家，但A使用的是假身份证，次日根本没有送钱或西服给B。A成立何罪？

【分析】A的行为成立诈骗罪。因为B允许A将西服穿回家，实际上已将西服转移给A支配与控制，这种处分行为又是因为受骗所致，所以，符合诈骗罪的特征。

③甲与乙通过网上聊天后，约在某咖啡厅见面。见面聊了几句后，甲声称忘了带手机，于是借乙的手机打电话。甲接过手机后（有时被害人的手机可能就放在桌上）装着打电话的模样，接着声称信号不好而走出门外，趁机逃走。这种行为如何认定？

【分析】这种行为也不能认定为诈骗，只能认定为盗窃罪。因为乙虽然受骗了，但他并没有因此而产生将手机转移给甲支配与控制的处分行为与处分意思。在当时的情况下，即使乙将手机递给甲，根据社会的一般观念，乙仍然支配和控制着手机，即甲没有占有手机。甲取得手机的支配与控制完全是后来的盗窃行为所致。如果说甲的行为成立诈骗罪，则意味着甲接到手机时便成立诈骗既遂；即使甲打完电话后将手机还给乙，也属于诈骗既遂后的返还行为。这恐怕难以被人接受。

【经典真题】

1. 甲、乙、丙等人经预谋后，从淘宝网店购买某品牌的最新款手机30部。收到手机后，拆下新主板，换上旧主板。然后利用"七天无理由退货规则"将手机退还网店，并获得店铺的全额退款。关于甲等三人的刑事责任，以下说法正确的是：[1]（2020年卷一单选题）

A. 就手机主板构成盗窃罪　　　　　B. 就退货款构成盗窃罪

C. 就手机主板构成诈骗罪　　　　　D. 就退货款构成诈骗罪

【考点】诈骗罪与盗窃罪的区别

【解题思路与常见错误分析】甲等人在付款购买了手机后，这些手机就属于他们的财产了。他们拆开自己的手机，换掉新的主板并不构成对自己的手机的盗窃。他们换掉手机的新主板，再假装是新机退货的行为的实质是将坏的手机当成好的手机卖给店家，所以这是诈骗行为。"退货"的实质是顾客将手机卖给网店，但是根据"七天无理由退货规则"，网店必须买回这批手机。所以，甲等人的行为是用坏的手机欺骗老板，诈骗老板的退货款的行为。故，他们就退货款构成诈骗罪。选项D正确。

【同类考点总结】甲等人虽然有"调包"行为，但其对手机主板进行"调包"时，这些手机主板已经处于他们的占有之下。所以他们的行为不构成盗窃罪。他们诈骗的也不是手机主板，而是老板因为认识错误返还给他们的整个手机的退货款。

2. 关于诈骗罪的理解和认定，下列哪些选项是错误的？[2]（2013-2-61）

A. 甲曾借给好友乙1万元。乙还款时未要回借条。一年后，甲故意拿借条要乙还款。乙明知但碍于情面，又给甲1万元。甲虽获得1万元，但不能认定为诈骗既遂

B. 甲发现乙出国后其房屋无人居住，便伪造房产证，将该房租给丙住了一年，收取租金2万元。甲的行为构成诈骗罪

C. 甲请客（餐费1万元）后，发现未带钱，便向餐厅经理谎称送走客人后再付款。经理信以为真，甲趁机逃走。不管怎样理解处分意识，对甲的行为都应以诈骗罪论处

D. 乙花2万元向甲购买假币，后发现是一堆白纸。由于购买假币的行为是违法的，乙不是诈骗罪的受害人，甲不成立诈骗罪

---

〔1〕【答案】D

〔2〕【答案】BCD

【考点】诈骗罪的认定

【解题思路与常见错误分析】选项A：只有被骗人由于陷入错误认识而将自己的财产处分给行为人时，诈骗罪才既遂。本案中，甲虽然获得了财物，但乙并没有陷入错误认识，甲的诈骗已经被乙识破。乙是因为不好意思拆穿甲，才给甲钱的。所以，甲获得的钱并非诈骗所得，其犯罪为未遂形态。故，选项A是正确的。

选项B：甲将乙的房屋出租给丙，并未获得乙的同意，乙也不知情。因此，本案中不存在乙因为陷入认识错误而处分的情形，故甲这种行为是盗窃行为，不是诈骗行为。问题是，甲是否对丙成立诈骗罪？毫无疑问，甲欺骗了丙。但是，丙交付了租金，住了房子。所以，丙并无财产损失。因此，甲对丙也不成立诈骗罪。故，选项B是错误的。

选项C：受骗者处分财产时必须有处分意识，即认识到自己将某种财产转移给行为人或第三者占有，但不要求对财产的数量、价格等具有完全的认识。如果认为处分意识只能是这种明确的意识，那么在本案中，由于被害人并没有因此而免除行为人的债务，即没有处分行为，故对该行为难以认定为诈骗罪。但是，如果对处分意思作更为缓和的理解，则有可能认定被害人具有处分意识与处分行为，进而肯定该行为成立诈骗罪，诈骗对象不是食物，而是财产性利益，即餐费。"更为缓和的理解"是指认为处分意识不仅包括这种明确的处分意识，还包括同意暂缓支付的意思表示。那么本案中，甲"谎称送走客人后再付款，经理信以为真"，即经理同意其送走客人后再付款。经理这种行为就是同意暂缓支付的处分行为。如果照此理解，甲就构成诈骗罪。因此，选项C是错误的。

选项D：在刑法中，"黑吃黑"也是构成犯罪的。尽管乙是购买假币，但甲诈骗了乙2万元则是事实。故，甲仍然成立诈骗罪，选项D是错误的。

【同类考点总结】本题学术性相当强，普通考生很难全部答对。如何理解诈骗罪中的"处分"一直都是考试重点，考生对此须充分重视。选项B考查在所有人、占有人不知情的情况下假冒所有人、占有人，骗卖、骗出租其财产的行为如何认定。正确分析本项的关键是理解成立诈骗罪必须要欺骗所有人、占有人，使其因陷入认识错误而处分财物。本项和盗窃了财物然后假冒主人销赃的行为在本质上是一样的，所以成立盗窃罪。

选项C是新考点，考查的是细致的学术理论。该题的核心是对处分意识的理解。甲欺骗经理，说自己"送完客人就回来付款"，经理同意其稍后来付款。此时，也可以认为经理作出了处分的意思表示。那么，甲就构成诈骗罪了。不过，通说认为经理的这种意思表示不是处分，因为经理并没有允许甲不付款。

五、侵占罪 ★★★★★

（一）考点提炼

犯罪对象 { 普通侵占：代为保管的他人财物，可为不动产、无形财产
脱离占有物：遗忘物、埋藏物

构成要件 { 非法占有行为
数额较大并且拒不退还或者拒不交出

本罪和盗窃罪的区别 {
　非法占有目的产生的时间 { 本罪：在合法占有后才产生非法占有的目的
　　　　　　　　　　　　　盗窃罪：占有之前就产生了非法占有的目的
　占有的认定 { 本罪：将自己占有的他人的财物或者脱离他人占有的他人的财物转移为自己所有
　　　　　　　盗窃罪：将他人占有的财物转移为自己或者第三人占有
　占有的判断 {
　　只要是在他人的事实支配领域内的财物，即使他人没有现实地握有或监视，也属于他人占有
　　虽然处于他人支配领域之外，但存在可以推知由他人事实上支配的状态时，也属于他人占有的财物
　　即使原占有者丧失了占有，但该财物转移为建筑物的管理者或者第三者占有时，也应认定为他人占有的财物
}

本罪与诈骗罪的区别 { 本罪：非法占有的目的是合法占有财物之后才产生的
诈骗罪：非法占有的目的是在实际占有财物之前就产生了

（二）相关法条

《刑法》

第二百七十条　【侵占罪】将代为保管的他人财物非法占为己有，数额较大，拒不退还的，处二年以下有期徒刑、拘役或者罚金；数额巨大或者有其他严重情节的，处二年以上五年以下有期徒刑，并处罚金。

将他人的遗忘物或者埋藏物非法占为己有，数额较大，拒不交出的，依照前款的规定处罚。

本条罪，告诉的才处理。

（三）考点解读

侵占罪是指将代为保管的他人财物非法占为己有，数额较大，拒不退还的行为；或者将他人的遗忘物或者埋藏物非法占为己有，数额较大，拒不交出的行为。

因此，侵占罪实际上可以分为两种类型：一是普通侵占（将代为保管的他人财物非法占为己有，数额较大，拒不退还）；二是侵占脱离占有物（将他人的遗忘物或者埋藏物非法占为己有，数额较大，拒不交出）。

1. 侵占罪的犯罪对象。

（1）普通侵占的犯罪对象：代为保管的他人财物。

"保管"是一种事实上的支配或者控制；"代为"说明行为人不享有所有权。因此，应将代为保管理解为刑法上的占有。代为保管可以简单地理解为是一种委托管理关系。委托关系不一定要有成文的合同，根据日常生活规则，事实上存在委托关系即可。

委托关系发生的原因多种多样，主要有：

①基于委托关系而占有。委托事项是各式各样的，例如委托代为保管、委托代购、代

买某种物品、委托代为转交、转送某种物品、委托代为接受、委托代为邮寄。

②基于租赁关系而占有。

③基于担保关系而占有。担保包括质权和留置权。

④基于借用关系而占有。注意，不包括借贷关系。

在消费借贷合同中，持有人从所有人处取得种类物（如货币）进行消费，消费意味着不是替所有人保管种类物，而是消费自己的钱。所有人只能通过债权请求权而不是物权请求权主张自己的财产权利，所以，这种拒绝返还种类物的行为属于民事法律关系范畴。

⑤基于无因管理而占有。

⑥基于不当得利而占有。

普通侵占犯罪对象中需要注意的两个问题：

①普通侵占犯罪对象中的财物可以包括不动产、无形财产（如技术秘密、技术资料等）。

②行为人所占有的财物，必须是他人所有的财物，对自己所有的财物不可能成立侵占罪。

（2）侵占脱离占有物的犯罪对象。

侵占脱离占有物的犯罪对象包括遗忘物和埋藏物。

①遗忘物是指不是出于占有人或者所有人之本意，偶然丧失占有的动产。

遗忘物的"丧失控制"，是指由于行为人的遗忘，而使财物处于完全丧失控制的状态，而不是一般的疏于看管。如果是遗忘在他人有权控制的范围内的财物，行为人乘人不备将其秘密窃为己有，应以盗窃罪论处。即遗忘物不仅是指本人由于遗忘而丧失了对财物的控制，而且由于遗忘在一般场所，因而处于一种无人控制状态。如果遗忘在特定场所，虽然本人丧失了对财物的控制，但特定场所中的他人具有对财物的控制义务，因而仍然不能视为遗忘物。

一般认为，不应区分遗忘物与遗失物。刑法上的遗忘物包含遗失物。但遗忘物不包括遗弃物。遗弃物是指基于自己的意思而抛弃的物品。

只有明知是遗忘物或者根据当时的具体情况，有充分的理由相信是遗忘物而占有的，才可能构成侵占罪。如果明知不是遗忘物，而是他人一时疏于管理的物而占有的，不构成侵占罪，而构成盗窃罪等其他犯罪。

②埋藏物是指埋藏于某地方，不归行为人所有的财物。

如果是他人有意埋藏于地下的财物，则属于他人占有的财物，而非埋藏物。行为人不法取得的，成立盗窃罪；如果行为人不知道有所有人，则属于事实认识错误，虽不成立盗窃罪，但成立侵占罪。

以非法占有为目的，挖掘地下文物的，不构成侵占罪，而构成盗窃罪；如果出于其他目的，对地面进行挖掘，偶然发现埋藏于地下的文物，并占为己有，拒不交出的，构成侵占罪。

2. 侵占罪的客观行为。

侵占罪的客观行为是：合法持有，非法侵占。即，行为人将自己暂时占有的财物非法变成自己所有的财物。

（1）侵占罪客观上必须有非法侵占行为。

侵占，是将自己暂时占有的他人财物不法转变为自己所有的财物。侵占的方式包括非法处分和非法转移所有权。非法处分是指将他人之物作为本人之物而加以处置。包括法律上的处分和事实上的处分。

①法律上的处分包括行为人通过抵押、买卖等法律形式将他人财物予以处置。

②事实上的处分是指行为人将他人财物加以消费或者隐藏。

非法转移所有权：将本人持有的他人财物转归己有。

（2）数额较大并且拒不退还或者拒不交出。

拒不退还或者拒不交出的主要形式：公然拒绝；拒不承认；擅自处分（致使实际无法交还）。

拒不退还或者拒不交出是不是侵占罪的一个要件，理论上有争议。应当认为是侵占罪的一个要件。侵占行为的特点，是以行为人合法持有他人财物为前提，即其实施侵占行为之时，他人财物已处在其控制之中。因此，有时行为人是否实施了侵占行为，不通过行为人的拒不退还行为难以确定。例如，甲代乙保管一件珍贵文物，数月之后，甲思想发生变化，决意不再退还，打算乙若来索取，就谎称被盗。在乙来索取之前，是否可以认为甲已经将该件文物非法占为己有？显然难以认定。只有当乙索取时，甲谎称被盗，拒不退还，才能认定甲实施了非法占有的行为。但是，如果甲已经将文物卖掉，将非法所得据为己有，即已经对他人的财物实施了处分行为，应认定其实施了非法占有行为。但是，如果在乙索取时，其并不拒绝退还，而是设法将原物找回，退还乙，对甲也不能以侵占罪论处。

在做题时，应注意：如果题目中没有明确交代行为人侵占财物后是否返还，而行为人的行为又符合侵占罪的其他条件的，应当认定为侵占罪。

3. 侵占罪与盗窃罪的区别。

侵占罪与盗窃罪的区别是法考中的难点和重点，是超高频考点。

（1）非法占有目的产生的时间不同。盗窃罪是在占有财物之前就产生了非法占有的目的；而侵占罪是在合法占有财物之后才产生非法所有的目的。

（2）作为犯罪对象的财物是否脱离占有以及由谁占有不同。盗窃罪的基本特征，是违反被害人的意志，将他人占有的财物和平转移为自己或者第三者占有。而侵占罪的基本特征，是将自己占有的他人财物转移为自己所有，或者将脱离了占有的他人财产（遗忘物、埋藏物）转移为自己所有。因此，区分盗窃罪与侵占罪的关键，在于判断作为犯罪对象的财物是否脱离占有以及由谁占有。

【示例】被告人王某于1998年3月7日手持一张信用卡到自动取款机上取款，卡上存有500元人民币，王某欲取300元。在取款时由于操作失误多加了一个零，取300元变成取3000元。没想到，自动取款机并未因操作失误而拒付，而是果然吐出3000元，这使王某大为意外。王某出于好奇，又操作一遍，结果自动取款机又吐出3000元。此时，王某已经知道自动取款机出现故障，但出于贪心，王某又先后从自动取款机取出人民币2万元，占为己有。王某的行为构成：[1]

A. 侵占罪　　　　B. 诈骗罪　　　　C. 盗窃罪　　　　D. 不构成犯罪

【分析】王某第一次获得的3000元人民币，是操作失误所致，具有不当得利性质。但是，后来他明知自动取款机发生故障，还多次取款，这是利用自动取款机的故障进行盗窃的行为，数额较大，其行为已经构成盗窃罪。

---

[1]【答案】C

4. 刑法上的"占有"的认定。

占有是指事实上的支配，不仅包括物理支配范围内的支配，而且包括社会观念上可以推知财物的支配人的状态。事实上的占有一般不会发生认定的困难，容易发生混淆的是社会观念上的占有。社会观念上的占有可以从如下几个方面判断：

（1）只要是在他人的事实支配领域内的财物，即使他人没有现实地掌握或监视，也属于他人占有。例如，他人住宅内、车内的财物，即使他人完全忘记其存在，也属于他人占有的财物。

（2）虽然处于他人支配领域之外，但存在可以推知由他人事实上支配的状态时，也属于他人占有的财物。例如，他人门前停放的自行车，即使没有上锁，也应认为由他人占有。再如，挂在他人门上、窗户上的任何财物，都由他人占有。

（3）即使原占有者丧失了占有，但当该财物转移为建筑物的管理者或者第三者占有时，也应认定为他人占有的财物。例如，乘客遗忘在出租车内的财物，属于出租车司机占有。虽然相对于乘客而言属于遗忘物，但相对于出租车司机而言，则是其占有的财物。旅客遗忘在旅馆房间的财物，属于旅馆管理者占有，而不是遗忘物。所以，第三者从出租车内取走该财物的行为，应认定为盗窃罪。

（4）在判断财物由谁占有、是否为遗忘物时，还要通过考察财物的形状、体积、价值、通常的存放状态等，得出合理结论。例如，一辆新轿车，一般来说，无论停放在何处，也无论是否锁门，都不能认定为遗忘物，而应认定为他人占有的财物。一辆停在马路边的自行车，即使没有上锁，一般也应认定为他人占有的财物，不能认定为遗忘物。而马路上的一个钱包，一般会被认为是遗忘物。但如果钱包所有者就在旁边注视着钱包，则仍然由所有者占有。

（5）当数人共同管理某种财物，而且存在上下主从关系时，下位者是否也占有该财物？例如，私营商店的店主与店员共同管理商店的财物，店员是否占有商店的财物？应当认为，在这种情况下，刑法上的占有通常属于上位者（店主），而不属于下位者（店员）。即使下位者事实上掌握财物，或者事实上支配财物，也只不过是单纯的监视者或者占有辅助者。因此，下位者基于不法所有的目的取走财物的，成立盗窃罪。

【示例】丙到某装饰城购买价值2万元的装修材料，委托三轮车夫田某代为运输。田某骑三轮车在前面走，丙骑自行车跟在后面。在经过一路口时，田某见丙被警察拦住检查自行车证，即悄悄将装修材料拉走倒卖，获款4000元。请分析田某的行为的性质。

【分析】田某的行为成立盗窃罪。由于物主丙一直骑车跟在物后面，意味着财物仍在物主丙控制之下。车夫田某将仍处在他人控制之下的财物拉走，不成立侵占，而成立盗窃罪或者抢夺罪。本题中，田某是悄悄溜走的，故成立盗窃罪。如果田某是当着丙的面，公然将装修材料拉走的，成立抢夺罪。

财物与主人短暂分离，但主人仍在附近的，主人仍然占有其财物。

【经典真题】

关于侵占罪的认定（不考虑数额），下列哪些选项是错误的？[1]（2011-2-62）
A. 甲将他人停放在车棚内未上锁的自行车骑走卖掉。甲行为构成侵占罪

[1]【答案】ABCD

B. 乙下车取自己行李时将后备厢内乘客遗忘的行李箱一并拿走变卖。乙行为构成侵占罪

C. 丙在某大学食堂将学生用于占座的手机拿走卖掉。丙行为成立侵占罪

D. 丁受托为外出邻居看房，将邻居锁在柜里的手提电脑拿走变卖。丁行为成立侵占罪

【考点】刑法中"占有"的认定

【解题思路与常见错误分析】选项 A 和选项 C 属于前文分析（2）中"可以推知他人事实支配的状态"，属于他人占有的财物，甲、丙的行为成立盗窃罪。选项 B 属于（3）中"原所有者（乘客）虽然丧失了占有，但是财物已经转移为车辆司机占有"，仍然属于他人占有的财物，因此乙的行为也成立盗窃罪。选项 D 属于（1）中"在他人的事实支配领域内的财物"，也属于他人占有的财物，丁也成立盗窃罪。

【同类考点总结】考试中喜欢考的不是事实上的占有，而是社会观念上的占有。要结合历年真题充分掌握这种占有。我们可以这样简单理解：凡是明知道物品不是主人遗忘的，或者即使是遗忘的，但已经转归某个具体的第三人占有的，即具有明确的盗窃故意的，都构成盗窃罪而不是侵占罪。当然，这是通常情况。特殊情况下，还可能有例外。

【经典真题】

不计数额，下列哪一选项构成侵占罪？[1]（2012－2－18）

A. 甲是个体干洗店老板，洗衣时发现衣袋内有钱，将钱藏匿

B. 乙受公司委托外出收取货款，隐匿收取的部分货款

C. 丙下飞机时发现乘客钱包掉在座位底下，捡起钱包离去

D. 丁是宾馆前台服务员，客人将礼品存于前台让朋友自取。丁见久无人取，私吞礼品

【考点】占有的认定、侵占罪的认定

【考点点拨】侵占罪的本质特征是将自己已经占有的财物非法变成自己所有。

选项 A：甲受委托为他人洗衣服，就占有了整件衣服。此时其将衣袋内的钱拿走藏匿，就属于侵占"委托物"，因此成立侵占罪。

选项 B：乙是受公司委托外出收取货款的，此时其隐匿的部分货款是公司的业务收入，因此构成职务侵占罪。

选项 C：飞机是相对封闭的场所，其他乘客的钱包在掉落后转归航空公司占有。丙窃取这个钱包就是对航空公司占有权的侵犯，构成盗窃罪。

选项 D：该财物是特别声明或者故意放置在特定场所的财物。根据社会的一般观念，在其他客人来领取财物之前，该财物由放置者占有。丁的行为是窃取了他人占有的财物，成立盗窃罪。

【同类考点总结】衣服口袋内的钱不是封缄物，这和锁着的行李箱内的财物不一样。衣服口袋并没有缝起来。这也不是包装物。衣服的原主人也没有把这些钱独立包装，而是直接放在衣服口袋里。所以，此时占有衣服也就占有了衣服口袋内的钱。那么，侵占这些钱就成立侵占罪。飞机是相对封闭的。飞机上的乘客并不是像公共汽车一样不断上上下下的，而是统一上，统一下。乘客下了飞机后，马上有人上来打扫卫生，准备下一班的飞行。所以，这种钱包被认为很快转移给飞机所属的航空公司占有。那么，这种钱包就是"有主"的，捡拾这种钱包就构成盗窃罪。

---

[1]【答案】A

5. 死者的占有。

死者的占有是刑法理论上迄今仍有争议的问题。很多考生没有细致地研究过这个问题，所以觉得很难。

关于这一问题，目前在考试中采用的观点大致如下：

（1）如果是为劫财而杀人，然后取财的，将前后行为统一评价为一个抢劫罪。

（2）不承认死者的占有。取得死者财物的行为通常构成侵占罪，尤其是与死亡原因无关的第三人取得死者财物的，成立侵占罪。

（3）如果取财者就是故意伤害、故意杀人、交通肇事等的行为人，而且是在实施故意伤害导致被害人死亡、故意杀害被害人、交通肇事引起被害人死亡之后，立即起意，从被害人尸体上夺取财物的，承认死者生前的占有继续存在从而肯定占有，得出取得财物的行为人构成盗窃罪的结论。

注意： 这并不是肯定死者的占有，而是肯定死者生前的占有继续存在。（3）看起来和（2）有些矛盾，如此解释行为人取得被害人财物的定性问题，与传统的占有概念并不完全一致，但是这种结论能够得到公众认同。在这个意义上，刑法要保护的是一种得到社会一般观念认同的占有（周光权教授语）。（3）和现行的司法解释也是一致的。

（4）如果取财者是致被害人死亡的行为人，但其取财行为发生在被害人死亡较长一段时间后，例如行为人杀害被害人 1 年之后，怀疑其随身携带有价值高昂的财物，而挖坟掘墓取得死者随身财物的，成立侵占罪。

【经典真题】

陈某为求职，要求制作假证的李某为其定制一份本科文凭。双方因价格发生争执，陈某恼羞成怒，长时间勒住李某脖子，致其窒息身亡。陈某将李某尸体拖入树林，准备逃跑时忽然想到李某身有财物，遂拿走李某手机、现金等物，价值 1 万余元。对陈某取财的行为可能存在哪几种处理意见（包括结论与基本理由）？（2011 年试卷四第 2 题节选）

【答案】 本题就是关于死者的占有的。司法部的答案如下：对本行为主要存在两种处理意见：其一，如认为死者仍然占有其财物的，本行为成立盗窃罪；其二，如认为死者不可占有其财物的，本行为成立侵占罪。

死者的占有是刑法理论上迄今仍有争议的问题，所以本题没有给出"正确"的处理意见，而是给出了两种不同的处理意见。这样的题目有利于培养考生独立思考的精神，值得嘉许。

由于盗窃罪的犯罪对象只能是他人占有的财物，所以如果承认死者李某仍然占有自己的财物，陈某的行为就成立盗窃罪。如果认为死者不能占有自己的财物，那么陈某的行为就成立侵占罪，因为侵占罪侵占的是"脱离占有物"。

需要说明的是：根据 2005 年最高人民法院《关于审理抢劫、抢夺刑事案件适用法律若干问题的意见》第 8 条的规定，这种行为属于"行为人实施伤害、强奸等犯罪行为，在被害人失去知觉或者没有发觉的情形下，以及实施故意杀人犯罪行为之后，临时起意拿走他人财物的"，"应以此前所实施的具体犯罪与盗窃罪实行数罪并罚"。故，根据司法解释，陈某本行为应当构成盗窃罪。

6. 侵占罪与诈骗罪的区别。

两罪区别的关键是非法占有目的的产生时间不同。诈骗罪的非法占有目的在实际占有财物之前就已经产生，占有行为本身就是非法的。侵占罪的非法占有目的是合法占有财物之后才产生的。具体来讲，行为人出于不法所有的目的，以虚构事实诱骗被害人，使其将财物交付给行为人"代为保管"，进而非法占为己有的，成立诈骗罪。行为人合法占有他人财物后，将该财物非法占为己有，在被害人请求返还时，虚构财物被盗等虚假理由，使被害人免除行为人的返还义务的，成立侵占罪。

【经典真题】

欣欣在高某的金店选购了一条项链，高某趁欣欣接电话之际，将为其进行礼品包装的项链调换成款式相同的劣等品（两条项链差价约 3000 元）。欣欣回家后很快发现项链被"调包"，即返回该店要求退还，高某以发票与实物不符为由拒不退换。关于高某的行为，下列哪些说法是错误的？[1]（2009 - 2 - 59）

　　A. 构成盗窃罪　　　　　　　　　　B. 构成诈骗罪
　　C. 构成侵占罪　　　　　　　　　　D. 不构成犯罪，属民事纠纷

【考点】盗窃罪与诈骗罪、侵占罪的区别

【解题思路与常见错误分析】高某的行为不属于侵占罪。侵占罪要求先占有财物（通常是合法占有），然后才产生非法据为己有的故意。本案中高某并没有占有欣欣的项链。本案构成盗窃罪而不是诈骗罪的原因是高某是趁欣欣接电话之际，将为其进行礼品包装的项链调换的。因此，欣欣并不知道自己的项链被调换。这相当于我们过去说的调包计，但是是反过来的，是商店店主调顾客的包。这种行为的实质还是趁人不备时将别人的东西调包，因此仍然构成盗窃罪。

【同类考点总结】调包计是典型的貌似诈骗，实为盗窃的行为。

六、职务侵占罪★★★

职务侵占罪是指公司、企业或者其他单位的工作人员，利用职务上的便利，将本单位财物非法占为己有，数额较大的行为。

本罪与贪污罪的区别。

（1）主体要件不同。本罪的主体是公司、企业或者其他单位的人员。各种公司、企业中的不具有国家工作人员身份的职工都可成为本罪的主体。贪污罪的主体则只限于国家工作人员，既包括在国有公司、企业或者其他公司、企业中行使管理职权，并具有国家工作人员身份的人员，也包括受国有公司、国有企业委派或者聘请，作为国有公司、国有企业代表，在中外合资、合作、股份制公司、企业等非国有单位中，行使管理职权，并具有国家工作人员身份的人员。

（2）犯罪行为不同。本罪是利用职务上的便利，侵占本单位财物的行为。而贪污罪是利用职务上的便利侵吞、盗窃、骗取公共财物的行为。本罪的行为人利用的必须是单位确实授予自己的职权。

（3）犯罪对象不同。本罪的对象必须是自己职权范围内或者工作范围内的本单位的财物。它既可能是公共财物，也可能是私有财物。而贪污罪的犯罪对象则只能是公共财物。

---

[1]【答案】BCD

【经典真题】

甲销售公司的司机徐某负责把货物运送到乙公司之后，乙公司就将货款当面交付甲公司的司机带回交给甲公司的老板。后来，徐某从甲公司辞职了，甲公司遂聘请 A 为新的司机。但甲公司老板对新司机 A 不太放心，就对 A 说："你把货物运到乙公司之后，就不要带货款回来了，我让乙公司直接把货款汇到咱们公司的账户来。"但甲公司的老板忘了和乙公司的老板说明这一情况。A 将货物运到乙公司后，就主动和乙公司的老板说："我们老板让我把货款带回去。"由于以前一直是这样操作的，乙公司老板信以为真，将 8 万元货款交给了 A，A 拿到这 8 万元之后逃跑。后案发。关于 A 的行为，下列说法正确的是：（2018 年回忆版）[1]

A. 行为人的行为构成诈骗罪，其骗取的财物并不在本单位的保管之下，不成立职务侵占罪

B. 行为人的行为成立诈骗罪，其并没有利用职务上的便利，不成立职务侵占罪

C. 行为人的行为成立职务侵占罪，其最终是损害了单位的利益

D. 行为人的行为成立职务侵占罪，其利用了职务上的便利

【考点】 诈骗罪、职务侵占罪的认定

【解题思路与常见错误分析】 所谓职务上的便利，是指自己的职权上的便利。本案中，单位领导并未授予 A 收取货款的权力，因此 A 没有收取货款的职权，A 收取了货款就不是利用"职务之便"。A 骗取的财物是在乙公司保管之下的，并不是 A 占有、管理的本单位财物，所以 A 也没有占有本单位财物。因此，A 的行为不构成职务侵占罪，构成诈骗罪。

本案的麻烦之处在于 A 的行为在民法上构成"表见代理"，乙公司能够主张自己已经把货款给与了甲公司，甲公司最终要承担货款损失。但是，民法上的民事责任承担和刑法上的定罪是两个不同的行为。不能因为甲公司最终要承担货款损失就将乙的行为认定为职务侵占罪。

【同类考点总结】 构成职务侵占罪必须同时具备两个要件：（1）利用职务上的便利；（2）侵占的是本单位中由自己经营、保管的单位财产。

【经典真题】

快递公司员工在公司分拣货物的传送带上将其他工作人员负责的区域的一件货物拿走，放在自己的送货车上，然后在没人的地方拆开包裹，拿走里面的东西。不考虑金额，该行为构成何罪？[2]（2018 年试卷一回忆版）

下列哪些行为应以职务侵占罪论处？[3]（2008 - 2 - 63）

A. 甲系某村民小组的组长，利用职务上的便利，将村民小组集体财产非法据为己有，数额达到 5 万元

B. 乙为村委会主任，利用协助乡政府管理和发放救灾款物之机，将 5 万元救灾款非法

---

[1] 【答案】AB

[2] 该行为构成盗窃罪，而不是职务侵占罪。因为，偷拿者并不是利用自己的职务便利（职权上管理、占有的便利）拿走该货物的。

[3] 【答案】ACD

据为己有

C. 丙是某国有控股公司部门经理，利用职务上的便利，将本单位的 5 万元公款非法据为己有

D. 丁与某私营企业的部门经理李某内外勾结，利用李某职务上的便利，共同将该单位的 5 万元资金非法据为己有

【考点】贪污罪与职务侵占罪的区别

【解题思路与常见错误分析】选项 B 为贪污罪。根据全国人大常委会的立法解释，村民委员会等村基层组织人员协助人民政府从事下列行政管理工作，属于《刑法》第 93 条第 2 款规定的"其他依照法律从事公务的人员"：（1）救灾、抢险、防汛、优抚、扶贫、移民、救济款物的管理；（2）社会捐助公益事业款物的管理；（3）国有土地的经营和管理；（4）土地征用补偿费用的管理；（5）代征、代缴税款；（6）有关计划生育、户籍、征兵工作；（7）协助人民政府从事的其他行政管理工作。村民委员会等村基层组织人员从事前款规定的公务，利用职务上的便利，非法占有公共财物、挪用公款、索取他人财物或者非法收受他人财物，构成犯罪的，适用《刑法》第 382 条和第 383 条贪污罪、第 384 条挪用公款罪、第 385 条和第 386 条受贿罪的规定。

国有控股公司不是国有公司。其工作人员，除了受国有企业委派，代表国有企业行使管理职权且具有国家工作人员身份的以外，都不是国家工作人员。

【同类考点总结】村基层组织的成员的身份是考试的重要考点。其身份是可变的。考生要注意在哪些情况下其身份属于国家工作人员。国有控股公司的性质也很重要。

【经典真题】

甲系私营速递公司卸货员，主要任务是将公司收取的货物从汽车上卸下，再按送达地重新装车。某晚，乘公司监督人员上厕所之机，甲将客户托运的一台价值一万元的摄像机夹带出公司大院，藏在门外沟渠里，并伪造被盗现场。关于甲的行为，下列哪一选项是正确的？[1]（2009－2－18）

A. 诈骗罪　　　　B. 职务侵占罪　　　　C. 盗窃罪　　　　D. 侵占罪

【考点】盗窃罪与职务侵占罪的区别

【解题思路与常见错误分析】本题的焦点在于甲是否利用了职务便利？职务侵占罪利用的是管理的权力。甲只是搬运工，是"苦力"，其卸货是在他人监督之下卸的，所以他并无"职务之便"。甲的窃取构成盗窃罪。

【同类考点总结】同样是窃取行为，利用自己的职权之便窃取的，成立贪污罪或者职务侵占罪。利用自己的工作之便，如能够接近财物等窃取的，成立盗窃罪。

---

〔1〕【答案】C

七、敲诈勒索罪 ★★★

（一）考点提炼

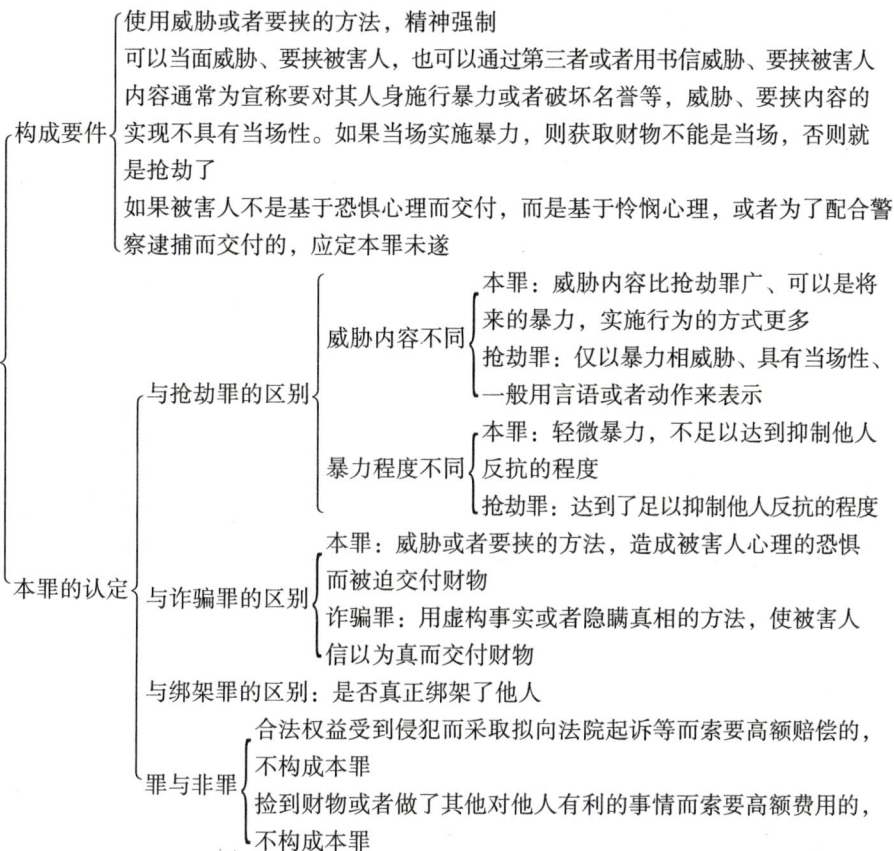

（二）相关法条

《刑法》

第二百七十四条 【敲诈勒索罪】敲诈勒索公私财物，数额较大或者多次敲诈勒索的，处三年以下有期徒刑、拘役或者管制，并处或者单处罚金；数额巨大或者有其他严重情节的，处三年以上十年以下有期徒刑，并处罚金；数额特别巨大或者有其他特别严重情节的，处十年以上有期徒刑，并处罚金。

（三）考点解读

1. 敲诈勒索罪的犯罪构成。

敲诈勒索罪，是指以非法占有为目的，对公私财物的所有人、管理人实施威胁或者要挟，强行索取数额较大的公私财物或者多次强行索取公私财物的行为。

本罪在客观方面表现为对公私财物的所有人、管理人实施威胁或者要挟，迫使其当场或者限期交出数额较大的公私财物，或者多次强行索取公私财物的行为。

根据《刑法修正案（八）》，成立敲诈勒索罪不要求必须达到数额较大。数额未达到较大的标准，但是多次敲诈勒索的也能成立本罪。

（1）使用威胁和要挟的方法，即精神强制的方法。以此方法使被害人在心理上产生恐惧或压力，然后向被害人强行索取财物。注意：威胁行为只要足以使他人产生恐惧心理即可，不要求现实上使他人产生了恐惧心理。

（2）威胁、要挟的方法多种多样，可以是面对被害人直接使用，也可以是通过第三者或者用书信等方式发出；可以是明示，也可以是暗示；可以使用语言文字，也可以使用动作手势，还可以使用没有达到抢劫程度的轻微暴力。

（3）威胁、要挟的内容通常有：以将对被害人及其亲友的人身实施暴力相威胁；以将贬损被害人人格、名誉相威胁；以将毁坏被害人贵重财物相威胁；以揭发被害人的隐私相威胁、要挟；以栽赃陷害相威胁、要挟等。

> 威胁内容的实现自身不必具有违法性，如行为人知道他人的犯罪事实，向司法机关告发是合法的，但行为人以向司法机关告发进行威胁索取财物的，也成立敲诈勒索罪。

（4）一般来说，威胁、要挟的内容的实现不具有当场性，而是扬言在以后某个时间付诸实施。至于行为人取得财物的时间，可以是当场，也可以是在其规定的限期以内。

（5）如果行为人为了追回自己合法的债务而对债务人使用了威胁手段，由于其不具有非法占有的目的，不能构成本罪。

（6）注意区分既遂与未遂。不能将行为人得到了财物的情况一律视为既遂。如果被害人不是基于恐惧心理交付财物，而是基于怜悯心理提供财物，或者为了配合警察逮捕行为人而按约定时间与地点交付财物的，应认定为敲诈勒索罪未遂。

2. 罪与非罪的界限。

（1）行为人因自身的合法权益受到侵犯而采取拟向法院起诉、向有关机关、组织投诉而索要高额赔偿。对这种情况，虽然司法实践中有按敲诈勒索罪处理的个案，但一般认为，行为人的这种做法仅仅是维护权利的行为不当，而不构成敲诈勒索罪。

（2）行为人捡到财物或者做了某种对他人有益的事情，而以此为由向他人索要高额费用。对这种情况，一般认为不构成敲诈勒索罪。

3. 敲诈勒索罪与抢劫罪的区别。

相同点：都是以不法所有为目的，不仅都可以使用威胁方法，而且敲诈勒索罪也可能包含轻微的暴力行为。

主要区别有两点：

（1）威胁内容不同。抢劫罪的威胁是以立即使用暴力相威胁；敲诈勒索罪的威胁与此有三点不同：一是威胁的内容比抢劫罪广泛，除了以使用暴力相威胁外，还包括其他的如毁坏财物、揭发隐私等相威胁；二是如果以使用暴力相威胁，是以将来使用暴力，而不是当场使用暴力；三是实施行为的方式不同。抢劫罪的威胁是当着被害人的面实施的，一般是以言语或者动作来表示。敲诈勒索罪的威胁，可以是当着被害人的面，也可以是通过第三者来实现，可以利用口头、书信等方式来表示。

（2）抢劫罪中的暴力达到了足以抑制他人反抗的程度；敲诈勒索罪的暴力是轻微的暴力。以不足以抑制对方反抗的轻微暴力胁迫取得他人财物的，应认定为敲诈勒索罪。

4. 敲诈勒索罪与诈骗罪的区别及竞合。

主要区别在于有无欺骗行为。敲诈勒索罪是以威胁、要挟的方法，造成被害人心理上的恐惧从而迫使被害人向行为人交出财物；诈骗罪则是用虚构事实或隐瞒事实真相的欺诈手段，使被害人信以为真，从而交出财物。

　　在虚构事实敲诈他人的场合，有可能构成敲诈勒索罪与诈骗罪的想象竞合。以前的观点不认为这种因为受骗而被迫交付财物的行为成立诈骗罪。这几年的考试题目则认为这种行为也能成立诈骗罪。不过，大多数情况下，诈骗罪的被害人仍然是自愿交付财物的。

【经典真题】

　　陈某为求职，要求制作假证的李某为其定制一份本科文凭。双方因价格发生争执，陈某恼羞成怒，长时间勒住李某脖子，致其窒息身亡。陈某将李某尸体拖入树林，准备逃跑时忽然想到李某身有财物，遂拿走李某手机、现金等物，价值 1 万余元。陈某在手机中查到李某丈夫赵某手机号，以李某被绑架为名，发短信要求赵某交 20 万元"安全费"。由于赵某及时报案，陈某未得逞。请问陈某发短信要求赵某交 20 万元"安全费"的行为应如何认定？（2011 年试卷四第 2 题节选）

　　【分析】陈某此行为成立敲诈勒索罪（未遂）与诈骗罪（未遂）的竞合。因为陈某的行为同时符合二罪的犯罪构成，属于想象竞合。陈某对赵某实行威胁，意图索取财物未果，构成敲诈勒索罪（未遂）；陈某隐瞒李某死亡的事实，意图骗取财物未果，构成诈骗罪（未遂）。由于只有一个行为，故从一重罪论处。

　　陈某前面的行为成立故意杀人罪，其后来又获取死者随身财物的行为成立盗窃罪。关于这个知识点，请参阅侵占罪中对"死者的占有"知识点的解析。

【经典真题】

　　赵某与钱某因钱财发生矛盾。6 月 26 日，赵某将钱某约至某大桥西侧泵房后，二人发生争执。赵某顿生杀意，突然勒钱某的颈部、捂钱某的口鼻，致钱某昏迷。赵某以为钱某已死亡，便将钱某"尸体"负重扔入河中。

　　6 月 28 日凌晨，赵某将恐吓信置于钱某家门口，谎称钱某被绑架，让钱某之妻孙某（某国有企业出纳）拿 20 万元到某大桥赎人，如报警将杀死钱某。孙某不敢报警，但手中只有 3 万元，于是在上班之前从本单位保险柜拿出 17 万元，急忙将 20 万元送至某大桥处。赵某蒙面接收 20 万元后，声称 2 小时后孙某即可见到丈夫。（1）赵某致钱某昏迷又将其扔入河中的行为应如何认定？（2）赵某勒索孙某的行为应如何认定？（2010 年试卷四第 2 题节选）

　　【分析】（1）应当认为，第一行为与结果之间的因果关系并未中断，而且客观发生的结果与行为人意欲发生的结果完全一致，故应肯定赵某的行为成立故意杀人既遂。

　　（2）赵某向孙某勒索 20 万元的行为是敲诈勒索罪与诈骗罪的想象竞合犯。一方面，赵某实施了胁迫行为，孙某产生了恐惧心理，并交付了财物。所以，赵某的行为触犯了敲诈勒索罪。另一方面，钱某已经死亡，赵某的行为具有欺骗性质，孙某产生了认识错误；如果孙某知道真相就不会受骗、不会将 20 万元交付给赵某。因此，赵某的行为也触犯了诈骗罪。但是，由于只有一个行为，故成立想象竞合犯，从一重罪论处。

　　5. 敲诈勒索罪与绑架罪的区别。

　　绑架罪中包括了向被绑架人的近亲属及其他人勒索财物的情况，它与敲诈勒索罪的关键区别是是否实际上控制了他人。

【经典真题】

　　丁在道路上飙车，情节恶劣。丁离开现场后，找到无业人员王某，要其假冒飙车者去

公安机关投案。（事实五）

王某虽无替丁顶罪的意思，但仍要丁给其 5 万元酬劳，否则不答应丁的要求，丁只好付钱。王某第二天用该款购买 100g 海洛因藏在家中，用于自己吸食。5 天后，丁被司法机关抓获。（事实六）

关于事实六的定性，下列选项错误的是：[1]（2013 - 2 - 91）

A. 王某乘人之危索要财物，构成敲诈勒索罪

B. 丁基于不法原因给付 5 万元，故王某不构成诈骗罪

C. 王某购买毒品的数量大，为对方贩卖毒品起到了帮助作用，构成贩卖毒品罪的共犯

D. 王某将毒品藏在家中的行为，不构成窝藏毒品罪

【考点】诈骗罪、敲诈勒索罪、对合犯的认定

【解题思路与常见错误分析】选项 A：丁请求王某去为自己顶罪，王某说："不给我钱我就不去"。王某索要的是自己的"劳动报酬"。王某并没有"以恶害相通告"，从而使丁某产生恐惧心理并因此处分自己的财产。所以，王某的行为不构成敲诈勒索罪。选项 A 错误。

选项 B：对于这种基于不法原因给付财物的，只要被害人是由于陷入了错误认识而处分财产的，就仍然成立诈骗罪。例如购买假币被骗的，行为人同样成立诈骗罪。所以选项 B 错误。

选项 C：王某这种行为在刑法理论上被称为对合犯，即只有存在二人相对的行为才能完成犯罪。例如贩卖毒品和购买毒品，行贿和受贿。对合犯并非都构成共同犯罪。只有刑法规定同时处罚对合双方的，双方才构成共同犯罪（必要的共同犯罪）。例如，刑法同时处罚行贿罪和受贿罪，那么行贿者（构成行贿罪的）和受贿者就成立共同犯罪。

刑法仅规定了贩卖毒品罪，没有规定购买毒品罪，那么王某这种为了吸食而购买毒品的行为和贩卖毒品的行为就不成立共同犯罪，不能认为王某是对方的帮助犯。帮助犯是指二人以上共同去实施同一个犯罪的情况。所以，选项 C 错误。

选项 D：根据《刑法》第 349 条的规定，窝藏、转移、隐瞒毒品、毒赃罪是指为犯罪分子窝藏、转移、隐瞒毒品或者犯罪所得的财物的行为。王某是隐藏自己购买的毒品，所以不构成窝藏毒品罪，构成非法持有毒品罪。

【同类考点总结】本题难度较大。但是，紧紧抓住每个犯罪的犯罪构成，用犯罪构成理论来分析每个行为的性质，本题还是可以全部回答正确的。还请注意：对合犯是必要共同犯罪的一种，和任意共同犯罪不同。

八、故意毁坏财物罪 ★★★

故意毁坏财物罪是故意毁坏公私财物，数额较大或者有其他严重情节的行为。

本罪的主要考点是对毁坏的理解。本罪中的毁坏采用一般的效用侵害说，即有损物的效用的一切行为，不限于从物理上变更或者消灭财物的形体。如将他人池塘中的鱼放走，将他人的戒指扔入海中等行为都属于毁坏。

本罪在责任形式上不得具有非法占有的目的。

---

[1]【答案】ABC

第三节　普通罪名

一、挪用资金罪★★★

挪用资金罪是指公司、企业或者其他单位的工作人员，利用职务上的便利，挪用本单位资金归个人使用或者借贷给他人，数额较大、超过三个月未还，或者虽未超过三个月，但数额较大、进行营利活动的，或者进行非法活动的行为。

本罪的犯罪主体为非国家工作人员，挪用的资金也是非国有单位的资金。挪用和侵占不同。挪用侵犯的只是资金的使用权，不包括所有权。即，行为人虽然挪用了资金，但还是打算归还的。

> 请注意区分本罪与挪用公款罪。此为高频考点。

二、挪用特定款物罪

挪用特定款物罪是指违反特定款物专用的财经管理制度，挪用国家用于救灾、抢险、防汛、优抚、扶贫、移民、救济款物，情节严重，致使国家和人民群众利益遭受重大损害的行为。

三、拒不支付劳动报酬罪★★

（一）相关法条

《刑法》

第二百七十六条之一　【拒不支付劳动报酬罪】 以转移财产、逃匿等方法逃避支付劳动者的劳动报酬或者有能力支付而不支付劳动者的劳动报酬，数额较大，经政府有关部门责令支付仍不支付的，处三年以下有期徒刑或者拘役，并处或者单处罚金；造成严重后果的，处三年以上七年以下有期徒刑，并处罚金。

单位犯前款罪的，对单位判处罚金，并对其直接负责的主管人员和其他直接责任人员，依照前款的规定处罚。

有前两款行为，尚未造成严重后果，在提起公诉前支付劳动者的劳动报酬，并依法承担相应赔偿责任的，可以减轻或者免除处罚。

（二）考点解读

本罪是《刑法修正案（八）》新增的犯罪。它是指以转移财产、逃匿等方法逃避支付劳动者的劳动报酬或者有能力支付而不支付劳动者的劳动报酬，数额较大，经政府有关部门责令支付仍不支付的行为。

要成立本罪必须故意不支付劳动报酬且"数额较大，经政府有关部门责令支付仍不支付"。本罪既有单位犯罪，也有自然人犯罪。如果拒绝支付行为尚未造成严重后果，在提起公诉前支付劳动者的劳动报酬，并依法承担相应赔偿责任的，可以减轻或者免除处罚。

> 只有在提起公诉前支付劳动者的劳动报酬，并依法承担相应赔偿责任的，才可以减轻或者免除处罚。

第二十一章
妨害社会管理秩序罪

第一节　妨害社会管理秩序罪概述

> **导学**
>
> 　　本章也是很大的一章，但可考之处并不多。本章考题相对简单，对本章犯罪的复习以法条为主，大家掌握重点罪名的罪状即可。

一、概念

本类罪是妨害国家机关对社会的管理活动，破坏社会正常秩序，情节严重的行为。

二、共同特征

1. 侵犯的客体是国家机关对社会的管理秩序。
2. 客观方面表现为妨害国家机关对社会依法实行管理活动，破坏社会正常秩序，情节严重的行为。
3. 犯罪主体多为自然人，且一般主体占多数，少数罪由特殊主体构成，极个别罪还可由单位构成。
4. 主观方面大多数表现为故意，个别犯罪可由过失构成。

第二节　具体罪名分述

一、扰乱公共秩序罪

（一）妨害公务罪、袭警罪 ★★★★
▽ 相关法条

第二百七十七条　【妨害公务罪】以**暴力**、**威胁**方法阻碍**国家机关工作人员依法**执行职务的，处三年以下有期徒刑、拘役、管制或者罚金。

以暴力、威胁方法阻碍全国人民代表大会和地方各级人民代表大会代表依法执行代表职务的，依照前款的规定处罚。

在自然灾害和突发事件中，以暴力、威胁方法阻碍红十字会工作人员依法履行职责的，依照第一款的规定处罚。

故意阻碍国家安全机关、公安机关依法执行国家安全工作任务，未使用暴力、威胁方法，造成严重后果的，依照第一款的规定处罚。

【袭警罪】暴力袭击正在依法执行职务的人民警察的，处三年以下有期徒刑、拘役或者管制；使用枪支、管制刀具，或者以驾驶机动车撞击等手段，严重危及其人身安全的，处三年以上七年以下有期徒刑。

考点解读

本条第五款为《刑法修正案（十一）》新修改条款，妨害公务罪是指以暴力、威胁方法阻碍国家机关工作人员依法执行职务，阻碍人民代表大会代表依法执行代表职务，阻碍红十字会工作人员依法履行职责的行为，或者故意阻碍国家安全机关、公安机关依法执行国家安全工作任务，未使用暴力、威胁方法，造成严重后果的行为。

表37　妨害公务罪的认定

犯罪客体	国家对社会的正常管理秩序。
犯罪主体	一般主体。
"国家机关工作人员"的界定	"国家机关工作人员"，是指在中国各级立法机关、监察机关、行政机关、司法机关中从事公务的人员。从我国的政治现实出发，国家机关工作人员还包括在中国共产党的各级机关、中国人民政治协商会议的各级机关中从事公务的人员。另外，根据最高人民检察院2000年4月24日《关于以暴力、威胁方法阻碍事业编制人员依法执行行政执法职务是否可对侵害人以妨害公务罪论处的批复》，对于以暴力、威胁方法阻碍国有事业单位人员依照法律、行政法规的规定执行行政执法职务的，或者以暴力、威胁方法阻碍国家机关中受委托从事行政执法活动的事业编制人员执行行政执法职务的，对侵害人以妨害公务罪追究刑事责任。
"公务"的界定	公务必须是实质上和形式上都合法的公务行为。以暴力、威胁方法阻止非法的公务行为的（如警察实施刑讯逼供），不构成本罪。
客观方面	妨害四种公务均可成立本罪。妨害第四种不需要使用暴力、威胁方法。
主观方面	有妨害公务的故意。如果没有，则不能成立本罪。
法条竞合	妨害公务罪的特例：抗税罪、聚众阻碍解救被收买的妇女、儿童罪等。特别法优先适用。
本罪的想象竞合	故意造成执行公务人员重伤、死亡的，应以故意伤害罪、故意杀人罪论处。
袭警罪	暴力袭警，单独成罪，法定刑提高——《刑法修正案（十一）》新增犯罪。

（二）招摇撞骗罪 ★★★

相关法条

第二百七十九条　【招摇撞骗罪】冒充国家机关工作人员招摇撞骗的，……

冒充人民警察招摇撞骗的，依照前款的规定从重处罚。

✌ 考点解读

招摇撞骗罪是指以谋取非法利益为目的，冒充国家机关工作人员进行招摇撞骗的行为。

本罪侵犯的客体（法益）是国家机关的信用。客观方面表现为冒充国家机关工作人员谋取非法利益的行为。犯罪主体为一般主体。主观方面为故意，行为人具有谋取非法利益的目的。

行为人必须冒充国家机关工作人员招摇撞骗。冒充军人招摇撞骗的成立冒充军人招摇撞骗罪（《刑法》第 372 条）。冒充其他国有单位（如北京大学）、私有单位等单位的工作人员招摇撞骗的，不构成本罪。行为人骗取他人财物，构成诈骗罪的，按照诈骗罪定罪处罚。

根据司法解释，本罪与诈骗罪竞合时择一重罪论处。

【示例】

甲冒充公安干警，将正在赌博的张某等四人用手铐铐住，拿走其赌资及随身携带的财物 2 万余元。甲的行为应认定为（　　　）[1]

A. 诈骗罪　　　　　　　　　　　　B. 抢劫罪

C. 招摇撞骗罪　　　　　　　　　　D. 敲诈勒索罪

【分析】 最高人民法院《关于审理抢劫、抢夺刑事案件适用法律若干问题的意见》（法发〔2005〕8 号）规定："行为人冒充正在执行公务的人民警察'抓赌''抓嫖'，没收赌资或者罚款的行为，构成犯罪的，以招摇撞骗罪从重处罚；在实施上述行为中使用暴力或者暴力威胁的，以抢劫罪定罪处罚。行为人冒充治安联防队员'抓赌''抓嫖'、没收赌资或者罚款的行为，构成犯罪的，以敲诈勒索罪定罪处罚；在实施上述行为中使用暴力或者暴力威胁的，以抢劫罪定罪处罚。"甲使用了暴力，故不再认定为招摇撞骗罪，而认定为抢劫罪。

（三）伪造、变造、买卖国家机关公文、证件、印章罪

⟁ 相关法条

第二百八十条　【伪造、变造、买卖国家机关公文、证件、印章罪】伪造、变造、买卖或者盗窃、抢夺、毁灭国家机关的公文、证件、印章的，处三年以下有期徒刑、拘役、管制或者剥夺政治权利，并处罚金；情节严重的，处三年以上十年以下有期徒刑，并处罚金……

✌ 考点解读

伪造、变造、买卖国家机关公文、证件、印章罪，是指伪造、变造、买卖国家机关的公文、证件、印章的行为。本罪是选择性罪名，行为人只要实施了伪造、变造、买卖三种行为之一，只要伪造、变造、买卖的是国家机关的公文、证件、印章三种对象之一，即构成犯罪。

本罪通常是其他犯罪的手段行为（如诈骗罪）。如果前后两个行为均构成犯罪的，按照牵连犯的原理择一重罪论处。

---

〔1〕【答案】B。

（四）伪造、变造、买卖身份证件罪 ★★★★★

相关法条

第二百八十条（第三款） 【伪造、变造、买卖身份证件罪】伪造、变造、买卖居民身份证、护照、社会保障卡、驾驶证等依法可以用于证明身份的证件的，处三年以下有期徒刑、拘役、管制或者剥夺政治权利，并处罚金；情节严重的，处三年以上七年以下有期徒刑，并处罚金。

考点解读

伪造、变造、买卖身份证件罪是指伪造、变造、买卖居民身份证、护照、社会保障卡、驾驶证等依法可以用于证明身份的证件的行为。

本罪侵害的客体是身份证件的公信力以及国家的身份证件管理制度。本罪的客观方面表现为伪造、变造、买卖居民身份证、护照、社会保障卡、驾驶证等依法可以用于证明身份的证件的行为。伪造、变造身份证件的行为与伪造、变造国家机关证件罪之间存在法条竞合关系，本罪为特别法，优先适用。

本罪的犯罪主体是一般主体。本罪的主观方面是故意。

本罪是《刑法修正案（九）》修改的犯罪。本罪将伪造、变造、买卖各种身份证件的行为都规定为犯罪。

> 购买这些身份证件的（包含真假证件，如王某非法购买李某的真身份证）也构成犯罪。

要注意本罪与使用虚假身份证件、盗用身份证件罪的区别。后者是指在依照国家规定应当提供身份证明的活动中，使用伪造、变造的或者盗用他人的居民身份证、护照、社会保障卡、驾驶证等依法可以用于证明身份的证件，情节严重的行为。

实施本罪同时构成其他犯罪的，依照处罚较重的规定定罪处罚。例如，伪造身份证件实施诈骗的，以本罪和诈骗罪择一重罪定罪处罚

（五）使用虚假身份证件、盗用身份证件罪 ★★★★★

相关法条

第二百八十条之一 【使用虚假身份证件、盗用身份证件罪】在依照国家规定应当提供身份证明的活动中，使用伪造、变造的或者盗用他人的居民身份证、护照、社会保障卡、驾驶证等依法可以用于证明身份的证件，情节严重的，处拘役或者管制，并处或者单处罚金。

有前款行为，同时构成其他犯罪的，依照处罚较重的规定定罪处罚。

考点解读

使用虚假身份证件、盗用身份证件罪是指在依照国家规定应当提供身份证明的活动中，使用伪造、变造的或者盗用他人的居民身份证、护照、社会保障卡、驾驶证等依法可以用于证明身份的证件，情节严重的行为。本罪是《刑法修正案（九）》新增的犯罪。在《刑法修正案（九）》施行以前，使用虚假身份证件、盗用身份证件并不构成犯罪。

本罪侵害的客体是国家的身份证件管理制度。本罪的客观方面表现为在依照国家规定应当提供身份证明的活动中，使用伪造、变造的或者盗用他人的居民身份证、护照、社会保障卡、驾驶证等依法可以用于证明身份的证件，情节严重的行为。实施本罪行为同时构成其他犯罪的，从一重罪处罚。例如，使用伪造、变造的社会保障卡或者盗用他人的社会保障卡骗取社会保险金的，同时触犯了本罪与诈骗罪，应当适用诈骗罪的法定刑。本罪的

主体是一般主体。本罪的主观方面是故意。

注意：有这些行为，同时构成其他犯罪的，依照处罚较重的规定定罪处罚。

（六）冒名顶替罪

相关法条

第二百八十条之二　【冒名顶替罪】盗用、冒用他人身份，顶替他人取得的高等学历教育入学资格、公务员录用资格、就业安置待遇的，处三年以下有期徒刑、拘役或者管制，并处罚金。

组织、指使他人实施前款行为的，依照前款的规定从重处罚。

国家工作人员有前两款行为，又构成其他犯罪的，依照数罪并罚的规定处罚。

考点解读

这些行为是能影响他人一生的行为。所以，《刑法修正案（十一）》将其规定为犯罪。本罪的行为仅限于盗用、冒用这三种身份。

（七）非法获取国家秘密罪

相关法条

第二百八十二条　【非法获取国家秘密罪】以窃取、刺探、收买方法，非法获取国家秘密的，处三年以下有期徒刑、拘役、管制或者剥夺政治权利；情节严重的，处三年以上七年以下有期徒刑……

考点解读

非法获取国家秘密罪是指以窃取、刺探、收买的方法，非法取得国家秘密的行为。

本罪侵害的客体是国家的保密制度。本罪的客观方面表现为以窃取、刺探、收买的方法，非法获取国家秘密。行为对象是国家秘密，国家秘密分为国家绝密、国家机密、国家秘密三个等级，无论行为人以非法手段获取哪一级国家秘密，都构成本罪。行为手段包括窃取、刺探、收买三种方式。窃取，是指通过盗窃文件等方式取得国家秘密；刺探，是指使用探听、侦察、搜集、骗取等方式获取国家秘密；收买，是指以金钱、物质或其他利益换取国家秘密。行为人窃取、刺探、收买国家秘密后提供给境外的机构、组织或个人的，应以为境外窃取、刺探、收买、非法提供国家秘密罪论处。本罪的主体是一般主体。本罪的主观方面是故意。

国家秘密是指涉及国家利益的秘密。商业秘密不涉及国家利益，非法获取商业秘密的构成侵犯商业秘密罪。

本罪与间谍罪、为境外窃取、刺探、收买国家秘密罪的界限：如果行为人是因为参加间谍组织或者接受间谍组织的任务，而为间谍组织窃取、刺探、收买国家秘密的，应以间谍罪定罪处罚；如果行为人为间谍组织窃取、刺探、收买了国家秘密，但其本人不明知对方是间谍组织的，仍应以为境外窃取、刺探、收买国家秘密罪定罪处罚；如果行为人窃取、刺探、收买国家秘密是为境外间谍机构以外的机构、组织或者个人而实施的，则应以为境外窃取、刺探、收买国家秘密罪定罪处罚。

（八）组织考试作弊罪、非法出售、提供试题、答案罪、代替考试罪★★★★★

相关法条

第二百八十四条之一　【组织考试作弊罪；非法出售、提供试题、答案罪；代替考试罪】在法律规定的国家考试中，**组织作弊的**，处三年以下有期徒刑或者拘役，并处或者单处罚金；情节严重的，处三年以上七年以下有期徒刑，并处罚金。

为他人实施前款犯罪提供作弊器材或者其他帮助的，依照前款的规定处罚。

为实施考试作弊行为，**向他人非法出售或者提供第一款规定的考试的试题、答案的**，依照第一款的规定处罚。

代替他人或者让他人代替自己参加第一款规定的考试的，处拘役或者管制，并处或者单处罚金。

司法解释：

最高人民法院、最高人民检察院《关于办理组织考试作弊等刑事案件适用法律若干问题的解释》（法释〔2019〕13号）

考点解读

组织考试作弊罪，是指在法律规定的国家考试中，组织作弊或者为他人实施前款犯罪提供作弊器材或者其他帮助的行为。

应区别本罪与非法出售、提供试题、答案罪。

非法出售、提供试题、答案罪是指在法律规定的国家考试中，为实施考试作弊行为，向他人非法出售或者提供这类考试的试题、答案的行为。

代替考试罪，是指代替他人或者让他人代替自己参加法律规定的国家考试的行为。

这三个犯罪侵犯的客体都是我国对法律规定的国家考试的管理制度。犯罪主体均为一般主体，主观方面均为故意。犯罪客观方面详见法条规定。

在法律规定的国家考试中组织考试作弊的、非法出售、提供试题答案的、代替考试的都构成犯罪。这些考试必须是法律规定的国家考试。在各城市举办的驾照考试中替考的，也构成犯罪。因为驾照考试虽然在各个城市举办，但它是法律规定的国家考试。研究生入学考试当然也是法律规定的国家考试。在高校组织的期末考试中代替考试的，不构成本罪。

根据《关于办理组织考试作弊等刑事案件适用法律若干问题的解释》第一条的规定，刑法第284条之一规定的"法律规定的国家考试"，仅限于全国人民代表大会及其常务委员会制定的法律所规定的考试。

根据有关法律规定，下列考试属于"法律规定的国家考试"：

（一）普通高等学校招生考试、研究生招生考试、高等教育自学考试、成人高等学校招生考试等国家教育考试；

（二）中央和地方公务员录用考试；

（三）国家统一法律职业资格考试、国家教师资格考试、注册会计师全国统一考试、会计专业技术资格考试、资产评估师资格考试、医师资格考试、执业药师职业资格考试、注册建筑师考试、建造师执业资格考试等专业技术资格考试；

（四）其他依照法律由中央或者地方主管部门以及行业组织的国家考试。

前款规定的考试涉及的特殊类型招生、特殊技能测试、面试等考试，属于"法律规定的国家考试"。

【示例】2016年4月，甲利用乙提供的作弊器材，安排大学生丙在地方公务员考试中代替自己参加考试。但丙考试成绩不佳，甲未能进入复试。关于本案，下列哪些选项是正

确的？（2016 - 2 - 60）[1]

A. 甲组织他人考试作弊，应以组织考试作弊罪论处

B. 乙为他人考试作弊提供作弊器材，应按组织考试作弊罪论处

C. 丙考试成绩虽不佳，仍构成代替考试罪

D. 甲让丙代替自己参加考试，构成代替考试罪

【分析】选项 A：甲没有组织他人进行考试作弊，仅仅是为了自己的考试进行作弊，所以甲不构成组织考试作弊罪。选项 A 错误。选项 B：为他人实施组织考试作弊行为提供作弊器材或者其他帮助的，依照组织考试作弊罪处罚。乙没有为他人的组织考试作弊行为提供作弊器材，因此不能按照组织考试作弊罪论处。乙的行为不构成犯罪。选项 B 错误。选项 C、D：代替考试罪是行为犯。只要有代替他人或者让他人代替自己参加法律规定的国家考试的行为的，即构成本罪。因此，甲和丙都构成代替考试罪。选项 C、D 均正确。

（九）拒不履行信息网络安全管理义务罪 ★★★

▷ 相关法条

第二百八十六条之一　【拒不履行信息网络安全管理义务罪】网络服务提供者不履行法律、行政法规规定的信息网络安全管理义务，经监管部门责令采取改正措施而拒不改正，有下列情形之一的，处三年以下有期徒刑、拘役或者管制，并处或者单处罚金：

（一）致使违法信息大量传播的；

（二）致使用户信息泄露，造成严重后果的；

（三）致使刑事案件证据灭失，情节严重的；

（四）有其他严重情节的。

单位犯前款罪的，对单位判处罚金，并对其直接负责的主管人员和其他直接责任人员，依照前款的规定处罚。

有前两款行为，同时构成其他犯罪的，依照处罚较重的规定定罪处罚。

▟ 考点解读

拒不履行信息网络安全管理义务罪是指网络服务提供者不履行法律、行政法规规定的信息网络安全管理义务，经监管部门责令采取改正措施而拒不改正，有法定情形的行为。本罪的主体包括自然人和单位。例如，某网站明知道某个帖子的内容是谣言，监管部门也要求其采取措施制止该帖子继续传播，该网站仍然拒不改正，导致该谣言大量传播的。

法定情形的行为包括：（1）致使违法信息大量传播的；（2）致使用户信息泄露，造成严重后果的；（3）致使刑事案件证据灭失，情节严重的；（4）有其他严重情节的。

网络服务提供者有这些行为，只有经监管部门责令采取改正措施而拒不改正的才构成犯罪。

有前两款行为，同时构成其他犯罪的，依照处罚较重的规定定罪处罚。

（十）帮助信息网络犯罪活动罪

▷ 相关法条

第二百八十七条之二　【帮助信息网络犯罪活动罪】明知他人利用信息网络实施犯罪，

---

[1]【答案】CD

为其犯罪提供互联网接入、服务器托管、网络存储、通讯传输等技术支持，或者提供广告推广、支付结算等帮助，情节严重的，处三年以下有期徒刑或者拘役，并处或者单处罚金。

单位犯前款罪的，对单位判处罚金，并对其直接负责的主管人员和其他直接责任人员，依照第一款的规定处罚。

有前两款行为，同时构成其他犯罪的，依照处罚较重的规定定罪处罚。

📘✍️ 考点解读

帮助信息网络犯罪活动罪，是指明知他人利用信息网络实施犯罪，为其犯罪提供互联网接入、服务器托管、网络存储、通信传输等技术支持，或者提供广告推广、支付结算等帮助，情节严重的行为。

（1）即使被帮助者未能被追究刑事责任，这些帮助者同样可以构成犯罪。

（2）如果帮助者和被帮助者有共同犯罪的故意，则构成共同犯罪。例如，甲要利用网络平台进行集资诈骗，乙在明知甲要进行集资诈骗的情况下，仍然为其提供服务器托管服务，二人构成集资诈骗的共同犯罪。对乙以本罪和集资诈骗罪择一重罪论处。

（3）犯本罪，同时构成其他犯罪的，依照处罚较重的规定定罪处罚。

2019 年 10 月 21 日，最高人民法院、最高人民检察院联合发布《关于办理非法利用信息网络、帮助信息网络犯罪活动等刑事案件适用法律若干问题的解释》（以下称《解释》），自 2019 年 11 月 1 日起施行。《解释》明确了拒不履行信息网络安全管理义务罪、非法利用信息网络罪和帮助信息网络犯罪活动罪的定罪量刑标准和有关法律适用问题，对于依法惩治相关网络违法犯罪活动，保障网络安全，维护人民群众合法权益，建设天朗气清、生态良好的网络空间，将发挥积极作用。考生们可以了解一下具体的入罪标准。

（十一）投放虚假危险物质罪、编造、故意传播虚假恐怖信息罪★★

🔷 相关法条

第二百九十一条之一 【投放虚假危险物质罪；编造、故意传播虚假恐怖信息罪】投放虚假的爆炸性、毒害性、放射性、传染病病原体等物质，或者编造爆炸威胁、生化威胁、放射威胁等恐怖信息，或者明知是编造的恐怖信息而故意传播，严重扰乱社会秩序的，处五年以下有期徒刑、拘役或者管制；造成严重后果的，处五年以上有期徒刑。

📘✍️ 考点解读

投放虚假危险物质罪，是指行为人故意投放虚假的爆炸性、毒害性、放射性、传染病病原体等物质，严重扰乱社会秩序的行为。

编造、故意传播虚假恐怖信息罪是指行为人编造或者放任传播爆炸威胁、生化威胁、放射威胁等恐怖信息，或者明知是他人编造的恐怖信息而故意传播，严重扰乱社会秩序的行为。

这两个犯罪的犯罪客体都是社会的管理秩序，而不是公共安全。这是因为这两个犯罪投放、编造的是虚假危险物质或者虚假恐怖信息，因此其行为不危害公共安全，但会给社会秩序造成混乱，例如造成人们的恐慌，造成对人群的疏散，造成飞机被迫返航（谎称飞机上有炸弹）等。

在认定这两个犯罪时，要注意它们和投放危险物质罪的界限。投放危险物质罪是投放真实的危险物质，所以是危害公共安全的。

根据司法解释，本罪中的"虚假恐怖信息"，是指以发生爆炸威胁、生化威胁、放射威胁、劫持航空器威胁、重大灾情、重大疫情等严重威胁公共安全的事件为内容，可能引起社会恐慌或者公共安全危机的不真实信息。

本罪的"严重扰乱社会秩序"包括如下情形：

（1）致使机场、车站、码头、商场、影剧院、运动场馆等人员密集场所秩序混乱，或者采取紧急疏散措施的；

（2）影响航空器、列车、船舶等大型客运交通工具正常运行的；

（3）致使国家机关、学校、医院、厂矿企业等单位的工作、生产、经营、教学、科研等活动中断的；

（4）造成行政村或者社区居民生活秩序严重混乱的；

（5）致使公安、武警、消防、卫生检疫等职能部门采取紧急应对措施的；

（6）其他严重扰乱社会秩序的。

编造、故意传播虚假恐怖信息，严重扰乱社会秩序，同时又构成其他犯罪的，择一重罪处罚。

【示例】 甲给某机场打电话，宣称该机场刚刚起飞的一架飞机上有炸弹。飞机被迫返航，全体乘客下机检查。在折腾了四小时后，该消息被证明是虚假信息。甲也被查找到。甲交代打该电话就是因为无聊。甲构成何罪？

【分析】 这就是编造虚假恐怖信息罪。

（十二）高空抛物罪

◥ 相关法条

刑法第二百九十一条之二　**【高空抛物罪】** 从建筑物或者其他高空抛掷物品，情节严重的，处一年以下有期徒刑、拘役或者管制，并处或者单处罚金。

有前款行为，同时构成其他犯罪的，依照处罚较重的规定定罪处罚。

◢ 考点解读

1. 构成本罪不需要危害公共安全。刑法在增设高空抛物罪时，将其置于"妨害社会管理秩序"一章，说明高空抛物罪是妨害社会管理秩序的犯罪，并不需要危害公共安全。所以，高空抛物行为即使不危害公共安全，也构成犯罪。

2. 高空的认定。从法条使用"建筑物"这个词来看，从建筑物二层抛掷物品的，就可以认定为高空抛物。大体而言，"高空"的高度只要达到或者接近3米即可。这是因为，首先，这个高度就是通常的建筑物二楼的高度，其次，从这个高度抛物已经可以致人受伤、死亡或者毁坏财物了。所以，从二楼抛下厨余垃圾，也属于高空抛物。

需要说明的是，如果行为人从地面抛掷物品，使物品从高空坠落的，不属于高空抛物。

3. 不危害公共安全的高空抛物行为不能认定为以危险方法危害公共安全罪。在《刑法修正案（十一）》通过前，最高人民法院在2019年发布了《关于依法妥善审理高空抛物、坠物案件的意见》，该《意见》规定：故意从高空抛弃物品，尚未造成严重后果，但足以危害公共安全的，依照刑法第一百一十四条规定的以危险方法危害公共安全罪定罪处罚；致人重伤、死亡或者使公私财产遭受重大损失的，依照刑法第一百一十五条第一款（造成严重后果）的规定处罚。为伤害、杀害特定人员实施上述行为的，依照故意伤害罪、故意杀人罪定罪处罚。

该司法解释虽然要求"足以危害公共安全的"，但在司法实践中，很多不危害公共安全的行为也被按照以危险方法危害公共安全罪定罪处罚了。在《刑法修正案（十一）》通过后，如果高空抛物行为不危害公共安全的，只能构成高空抛物罪。如果同时致人重伤、死亡的，由于高空抛物者对其抛物行为可能会致人死亡或伤害是持间接故意的心态的，因此同时触犯故意杀人罪、故意伤害罪，以故意杀人罪、故意伤害罪论处，因为这两罪是重罪。

4. 犯本罪，同时构成其他犯罪的，依照处罚较重的规定定罪处罚。例如，从高空抛掷正在燃烧的煤球，引起火灾的，按照放火罪定罪处罚，因为行为人对引发火灾存在间接故意。

5. 如果犯罪行为发生在"刑修十一"生效前，但是审判发生在"刑修十一"生效后的，按照本罪定罪处罚，因为本罪是轻罪。

【经典真题】

2021 年 2 月 28 日晚上 11 点半，甲从 3 楼厨房向楼下扔了 3 袋厨余垃圾，正好砸在自家车上，砸坏了自己的车。下列说法正确的是：[1]（2021 年试卷一单选）

A. 甲的行为发生在《刑法修正案（十一）》实施之前，甲不成立以危险方法危害公共安全罪，根据从旧兼从轻原则，甲无罪

B. 三楼不构成高空，即使甲的行为发生在《刑法修正案（十一）》实施之后，甲也不构成高空抛物罪

C. 甲的垃圾砸在自家车上，没有危害公共安全，即使甲的行为发生在《刑法修正案（十一）》实施之后，甲也不构成高空抛物罪

D. 甲的行为发生在《刑法修正案（十一）》实施之前，甲成立以危险方法危害公共安全罪，根据从旧兼从轻原则，对甲应以高空抛物罪定罪处罚

【考点】高空抛物罪、刑法的时间效力

【解题思路与常见错误分析】从法条使用"建筑物"这个词来看，从建筑物二层抛掷物品的，就可以认定为高空抛物。大体而言，"高空"的高度只要达到或者接近 3 米即可。这是因为，首先，这个高度就是通常的建筑物二楼的高度，其次，从这个高度抛物已经可以致人受伤、死亡或者毁坏财物了。所以，三楼属于高空。从三楼抛下厨余垃圾，也属于高空抛物。

需要说明的是，如果行为人从地面抛掷物品，使物品从高空坠落的，不属于高空抛物。

根据前述司法解释，甲在 2021 年 2 月 28 日十一点半从高空抛下厨余垃圾是构成以危险方法危害公共安全罪的。所以选项 A 错误。

三楼属于高空，所以选项 B 错误。

构成高空抛物罪并不需要危害公共安全。所以，甲的行为如果发生在《刑法修正案（十一）》实施之后，即使不危害公共安全，也构成高空抛物罪。选项 C 也是错误的。

综上，只有选项 D 是正确的。

（十三）聚众斗殴罪 ★★★★

◈ 相关法条

第二百九十二条 【聚众斗殴罪】聚众斗殴的，对首要分子和其他积极参加的，处三

---

[1]【答案】D

年以下有期徒刑、拘役或者管制；有下列情形之一的，对首要分子和其他积极参加的，处三年以上十年以下有期徒刑：

（一）多次聚众斗殴的；

（二）聚众斗殴人数多，规模大，社会影响恶劣的；

（三）在公共场所或者交通要道聚众斗殴，造成社会秩序严重混乱的；

（四）持械聚众斗殴的。

聚众斗殴，致人重伤、死亡的，依照本法第二百三十四条、第二百三十二条的规定定罪处罚。

考点解读

聚众斗殴罪是指多人聚众斗殴，破坏公共秩序的行为。

1. 本罪的犯罪客体是社会公共秩序。构成本罪只要求侵犯公共秩序，不要求给斗殴者造成人身伤害。

2. 本罪在客观方面表现为聚集三人以上进行斗殴的行为。本罪是必要的共同犯罪。

首先，成立聚众斗殴罪虽然需要多人参与，但不要求斗殴的双方都必须达到 3 人以上；其次，聚众斗殴可以分解为"聚众斗"与"聚众殴"，前者是指双方相互攻击对方的身体，后者是指多人的一方单纯攻击对方身体；再次，聚众斗殴要求有首要分子，但不要求双方都有首要分子，斗殴一方的首要分子约定与对方斗殴的，也不影响本罪的成立。

3. 本罪的主体是一般主体，但刑法仅处罚其中的首要分子和积极参加者，而不处罚一般参加者。

4. 本罪的主观方面是故意。行为人具有聚众斗殴的故意即可，其是否具有争抢地盘等流氓心理在所不问。

5. 在聚众斗殴中致人轻伤和重伤定罪不同。根据刑法的明文规定，聚众斗殴致人重伤、死亡的，应分别认定为故意伤害罪、故意杀人罪。

【辨析】聚众斗殴中，部分人致人重伤、死亡，是否对所有人都按照故意伤害（致人重伤）罪、故意杀人罪定罪处罚?[1]

（十四）寻衅滋事罪 ★★★

相关法条

第二百九十三条　【寻衅滋事罪】有下列寻衅滋事行为之一，破坏社会秩序的，处五年以下有期徒刑、拘役或者管制：

（一）随意殴打他人，情节恶劣的；

（二）追逐、拦截、辱骂、恐吓他人，情节恶劣的；

（三）强拿硬要或者任意损毁、占用公私财物，情节严重的；

（四）在公共场所起哄闹事，造成公共场所秩序严重混乱的。

纠集他人多次实施前款行为，严重破坏社会秩序的，处五年以上十年以下有期徒刑，可以并处罚金。

考点解读

寻衅滋事罪是指行为人为寻求刺激、发泄情绪、逞强耍横等，无事生非，进行扰乱破

---

〔1〕只对首要分子、指挥者和直接致人重伤、死亡的人员按照故意伤害罪、故意杀人罪定罪处罚。

坏，情节恶劣的行为。

1. 本罪的犯罪客体是社会公共秩序。本罪的犯罪主体是一般主体。主观方面是故意。

2. 本罪的行为方式有四种：（1）随意殴打他人，情节恶劣的；（2）追逐、拦截、辱骂、恐吓他人，情节恶劣的；（3）强拿硬要或者任意损毁、占用公私财物，情节严重的；（4）在公共场所起哄闹事，造成公共场所秩序严重混乱的。

在车站、码头、机场、医院、商场、公园、影剧院、展览会、运动场或者其他公共场所起哄闹事，应当根据公共场所的性质、公共活动的重要程度、公共场所的人数、起哄闹事的时间、公共场所受影响的范围和程度等因素，综合判断是否"造成公共场所秩序严重混乱"。

3. 本罪的实质是一些尚不构成特定犯罪，但情节恶劣，值得进行刑事处罚的行为。因此，寻衅滋事构成更严重的犯罪的，按照重罪定罪处罚。例如随意殴打他人，致人重伤的，按照故意伤害罪定罪处罚。

4. 在认定寻衅滋事罪时，要注意区分罪与非罪的界限。区分的关键在于寻衅滋事的情节是否达到了恶劣的程度，情节恶劣的，构成寻衅滋事罪。

根据"两高"《关于办理寻衅滋事刑事案件适用法律若干问题的解释》，行为人因日常生活中的偶发矛盾纠纷，借故生非，实施《刑法》第 293 条规定的行为的，应当认定为"寻衅滋事"，但矛盾系由被害人故意引发或者被害人对矛盾激化负有主要责任的除外。

行为人因婚恋、家庭、邻里、债务等纠纷，实施殴打、辱骂、恐吓他人或者损毁、占用他人财物等行为的，一般不认定为"寻衅滋事"，但经有关部门批评制止或者处理处罚后，继续实施前列行为，破坏社会秩序的除外。

要注意区分寻衅滋事罪与故意伤害罪的界限。因寻衅滋事而致人轻伤的，以寻衅滋事罪定罪处罚；致人重伤或者死亡的，则应当以故意伤害罪或者故意杀人罪定罪处罚。还要注意区分寻衅滋事罪与抢劫罪的界限。前者是为了达到自己称王称霸的逞强目的，而后者则是出于非法占有公私财物的目的。还要注意区分寻衅滋事罪与聚众扰乱社会秩序罪、聚众扰乱公共场所秩序、交通秩序罪的界限。

5. 最高人民法院、最高人民检察院《关于办理寻衅滋事刑事案件适用法律若干问题的解释》的相关规定。

第一条：行为人为寻求刺激、发泄情绪、逞强耍横等，无事生非，实施《刑法》第293 条规定的行为的，应当认定为"寻衅滋事"。行为人因日常生活中的偶发矛盾纠纷，借故生非，实施《刑法》第 293 条规定的行为的，应当认定为"寻衅滋事"，但矛盾系由被害人故意引发或者被害人对矛盾激化负有主要责任的除外。行为人因婚恋、家庭、邻里、债务等纠纷，实施殴打、辱骂、恐吓他人或者损毁、占用他人财物等行为的，一般不认定为"寻衅滋事"，但经有关部门批评制止或者处理处罚后，继续实施前列行为，破坏社会秩序的除外。

【示例】下列选项中，应认定为寻衅滋事罪的是：[1]

A. 因宅基地纠纷将邻居家电视机砸毁

B. 因感情纠纷随意殴打路人情节恶劣

C. 因债务纠纷率众人拿走债务人财物

---

〔1〕【答案】B。

D. 因医患纠纷将主治医生困在办公室

【分析】根据前述司法解释的规定，对于因为各种民事纠纷而引起的一方强拿硬要对方财物、故意毁坏对方财物、限制对方人身自由等行为，一般不认定为"寻衅滋事"。选项A、C、D都属于"行为人因婚恋、家庭、邻里、债务等纠纷，实施殴打、辱骂、恐吓他人或者损毁、占用他人财物等行为的"情况，不能认定为寻衅滋事罪。选项B虽然是由感情纠纷引发，但殴打的是无辜的路人，其目的是发泄情绪，所以这属于"借故生非"，应当认定为寻衅滋事罪。

（十五）催收非法债务罪

相关法条

刑法第二百九十三条之一 　【催收非法债务罪】有下列情形之一，催收高利放贷等产生的非法债务，情节严重的，处三年以下有期徒刑、拘役或者管制，并处或者单处罚金：

（一）使用暴力、胁迫方法的；

（二）限制他人人身自由或者侵入他人住宅的；

（三）恐吓、跟踪、骚扰他人的。

考点解读

本条是《刑法修正案（十一）》新增的犯罪。本罪的行为是非法讨债行为，行为人催收的债务仅限于非法债务。

（十六）组织、领导、参加黑社会性质组织罪 ★★★

相关法条

第二百九十四条 　【组织、领导、参加黑社会性质组织罪；入境发展黑社会组织罪；包庇、纵容黑社会性质组织罪】组织、领导黑社会性质的组织的，处七年以上有期徒刑，并处没收财产；积极参加的，处三年以上七年以下有期徒刑，可以并处罚金或者没收财产；其他参加的，处三年以下有期徒刑、拘役、管制或者剥夺政治权利，可以并处罚金。

境外的黑社会组织的人员到中华人民共和国境内发展组织成员的，处三年以上十年以下有期徒刑。

国家机关工作人员包庇黑社会性质的组织，或者纵容黑社会性质的组织进行违法犯罪活动的，处五年以下有期徒刑；情节严重的，处五年以上有期徒刑。

犯前三款罪又有其他犯罪行为的，依照数罪并罚的规定处罚。

黑社会性质的组织应当同时具备以下特征：

（一）形成较稳定的犯罪组织，人数较多，有明确的组织者、领导者，骨干成员基本固定；

（二）有组织地通过违法犯罪活动或者其他手段获取经济利益，具有一定的经济实力，以支持该组织的活动；

（三）以暴力、威胁或者其他手段，有组织地多次进行违法犯罪活动，为非作恶，欺压、残害群众；

（四）通过实施违法犯罪活动，或者利用国家工作人员的包庇或者纵容，称霸一方，在一定区域或者行业内，形成非法控制或者重大影响，严重破坏经济、社会生活秩序。

📘📝 **考点解读**

组织、领导、参加黑社会性质组织罪是指组织、领导或者参加黑社会性质组织的行为。

（1）本罪的犯罪客体是社会公共秩序。本罪客观方面表现为组织、领导、参加黑社会性质组织的行为。本罪的主体是一般主体。本罪的主观方面是故意。

（2）黑社会性质组织应当同时具备四个特征。组织严密；有经济实力；以暴力、威胁为后盾；有保护伞或者通过自身犯罪不断壮大。参见法条第5款。

（3）要注意黑社会性质组织与其他犯罪集团的界限。不具有前述四个特征的，不能认定为黑社会性质组织。

（4）行为人由于上当受骗而参加了黑社会性质组织，知道真相后主动退出的，不应当认定为组织、领导、参加黑社会性质组织罪。

（5）组织、领导、参加黑社会性质组织即构成本罪。犯本罪又有其他犯罪行为的，数罪并罚。

（6）法条第3款包庇、纵容黑社会性质组织罪的主体必须为国家机关工作人员，本罪不同于包庇罪。

（7）本类罪的累犯、缓刑禁止、限制减刑、假释禁止、洗钱罪问题。请参见总则相关法条。

（8）最高人民法院、最高人民检察院、公安部、司法部《关于办理实施"软暴力"的刑事案件若干问题的意见》（2019年4月9日印发）

一、"软暴力"是指行为人为谋取不法利益或形成非法影响，对他人或者在有关场所进行滋扰、纠缠、哄闹、聚众造势等，足以使他人产生恐惧、恐慌进而形成心理强制，或者足以影响、限制人身自由、危及人身财产安全，影响正常生活、工作、生产、经营的违法犯罪手段。

二、"软暴力"违法犯罪手段通常的表现形式有：

（一）侵犯人身权利、民主权利、财产权利的手段，包括但不限于跟踪贴靠、扬言传播疾病、揭发隐私、恶意举报、诬告陷害、破坏、霸占财物等；

（二）扰乱正常生活、工作、生产、经营秩序的手段，包括但不限于非法侵入他人住宅、破坏生活设施、设置生活障碍、贴报喷字、拉挂横幅、燃放鞭炮、播放哀乐、摆放花圈、泼洒污物、断水断电、堵门阻工，以及通过驱赶从业人员、派驻人员据守等方式直接或间接地控制厂房、办公区、经营场所等；

（三）扰乱社会秩序的手段，包括但不限于摆场架势示威、聚众哄闹滋扰、拦路闹事等；

（四）其他符合本意见第一条规定的"软暴力"手段。

通过信息网络或者通讯工具实施，符合本意见第一条规定的违法犯罪手段，应当认定为"软暴力"。

三、行为人实施"软暴力"，具有下列情形之一，可以认定为足以使他人产生恐惧、恐慌进而形成心理强制或者足以影响、限制人身自由、危及人身财产安全或者影响正常生活、工作、生产、经营：

（一）黑恶势力实施的；

（二）以黑恶势力名义实施的；

（三）曾因组织、领导、参加黑社会性质组织、恶势力犯罪集团、恶势力以及因强迫交易、非法拘禁、敲诈勒索、聚众斗殴、寻衅滋事等犯罪受过刑事处罚后又实施的；

（四）携带凶器实施的；

（五）有组织地实施的或者足以使他人认为暴力、威胁具有现实可能性的；

（六）其他足以使他人产生恐惧、恐慌进而形成心理强制或者足以影响、限制人身自由、危及人身财产安全或者影响正常生活、工作、生产、经营的情形。

由多人实施的，编造或明示暴力违法犯罪经历进行恐吓的，或者以自报组织、头目名号、统一着装、显露纹身、特殊标识以及其他明示、暗示方式，足以使他人感知相关行为的有组织性的，应当认定为"以黑恶势力名义实施"。

由多人实施的，只要有部分行为人符合本条第一款第（一）项至第（四）项所列情形的，该项即成立。

虽然具体实施"软暴力"的行为人不符合本条第一款第（一）项、第（三）项所列情形，但雇佣者、指使者或者纠集者符合的，该项成立。

四、"软暴力"手段属于《刑法》第二百九十四条第五款第（三）项"黑社会性质组织行为特征"以及《指导意见》第14条"恶势力"概念中的"其他手段"。

五、采用"软暴力"手段，使他人产生心理恐惧或者形成心理强制，分别属于《刑法》第二百二十六条规定的"威胁"、《刑法》第二百九十三条第一款第（二）项规定的"恐吓"，同时符合其他犯罪构成要件的，应当分别以强迫交易罪、寻衅滋事罪定罪处罚。

《关于办理寻衅滋事刑事案件适用法律若干问题的解释》第二条至第四条中的"多次"一般应当理解为二年内实施寻衅滋事行为三次以上。三次以上寻衅滋事行为既包括同一类别的行为，也包括不同类别的行为；既包括未受行政处罚的行为，也包括已受行政处罚的行为。

六、有组织地多次短时间非法拘禁他人的，应当认定为《刑法》第二百三十八条规定的"以其他方法非法剥夺他人人身自由"。非法拘禁他人三次以上、每次持续时间在四小时以上，或者非法拘禁他人累计时间在十二小时以上的，应当以非法拘禁罪定罪处罚。

七、以"软暴力"手段非法进入或者滞留他人住宅的，应当认定为《刑法》第二百四十五条规定的"非法侵入他人住宅"，同时符合其他犯罪构成要件的，应当以非法侵入住宅罪定罪处罚。

八、以非法占有为目的，采用"软暴力"手段强行索取公私财物，同时符合《刑法》第二百七十四条规定的其他犯罪构成要件的，应当以敲诈勒索罪定罪处罚。

《关于办理敲诈勒索刑事案件适用法律若干问题的解释》第三条中"二年内敲诈勒索三次以上"，包括已受行政处罚的行为。

九、采用"软暴力"手段，同时构成两种以上犯罪的，依法按照处罚较重的犯罪定罪处罚，法律另有规定的除外。

（十七）侵害英雄烈士名誉、荣誉罪

相关法条

刑法第二百九十九条之一　【侵害英雄烈士名誉、荣誉罪】侮辱、诽谤或者以其他方式侵害英雄烈士的名誉、荣誉，损害社会公共利益，情节严重的，处三年以下有期徒刑、拘役、管制或者剥夺政治权利。

考点解读

本罪侵犯的法益是社会公共利益，行为方式是以侮辱、诽谤或者以其他方式侵害英雄

烈士的名誉、荣誉。

（十八）盗窃、侮辱、故意毁坏尸体、尸骨、骨灰罪 ★★★

相关法条

第三百零二条　【盗窃、侮辱、故意毁坏尸体、尸骨、骨灰罪】盗窃、侮辱、故意毁坏尸体、尸骨、骨灰的，处三年以下有期徒刑、拘役或者管制。

考点解读

盗窃、侮辱、故意毁坏尸体、尸骨、骨灰罪是指盗窃、侮辱、故意毁坏尸体、尸骨、骨灰的行为。

本罪侵害的客体是社会善良风俗和死者的名誉。本罪的客观方面表现为盗窃、侮辱、故意毁坏尸体、尸骨、骨灰的行为。本罪的主体是一般主体。本罪的主观方面是故意。

尸体、尸骨、骨灰既不是财产，也不是活人，所以盗窃、侮辱、故意毁坏尸体、尸骨、骨灰的，不构成盗窃罪或者侮辱罪，需要单独定罪。

（十九）赌博罪、开设赌场罪、组织参与国（境）外赌博罪 ★★★

说明：新增一个罪名，组织参与国（境）外赌博罪。

相关法条

第三百零三条　【赌博罪；开设赌场罪；组织参与国（境）外赌博罪】以营利为目的，聚众赌博或者以赌博为业的，处三年以下有期徒刑、拘役或者管制，并处罚金。

开设赌场的，处五年以下有期徒刑、拘役或者管制，并处罚金；情节严重的，处五年以上十年以下有期徒刑，并处罚金。

组织中华人民共和国公民参与国（境）外赌博，数额巨大或者有其他严重情节的，依照前款的规定处罚。

考点解读

赌博罪，是指以营利为目的，聚众赌博或者以赌博为业的行为。

开设赌场罪是开设赌场的行为。《刑法修正案（六）》将开设赌场的行为从原来的赌博罪中独立出来，设立了单独的开设赌场罪，其法定刑也提高到十年有期徒刑。

组织参与国（境）外赌博罪是指组织中华人民共和国公民参与国（境）外赌博，数额巨大或者有其他严重情节的行为。

赌博罪、开设赌场罪、组织参与国（境）外赌博罪侵害的客体均为良好的社会风尚。

表38　赌博罪、开设赌场罪的认定

犯罪主体	赌博罪的主体由两种人构成：一是"赌头"，即聚众赌博的组织者；二是以赌博为业的人，即"赌棍"。一般参与赌博者可以给予治安处罚，但不构成犯罪。
主观方面	构成赌博罪在主观上必须具有营利目的，这是它同一般娱乐活动的区别。
罪与非罪	不以营利为目的，进行带有少量财物输赢的娱乐活动，以及提供棋牌室等娱乐场所，只收取正常的场所和服务费用的经营行为等，不以赌博论处。
抢劫赌资行为的认定	根据司法解释，赌徒抢劫他人赌资的成立抢劫罪。但如果仅以自己所输赢的钱为犯罪对象的，不认定为抢劫罪。

续表

开设赌场罪的认定	以下行为属于"开设赌场"：以营利为目的，（1）在计算机网络上建立赌博网站的；（2）为赌博网站担任代理，接受投注的；（3）建立赌博网站并提供给他人组织赌博的；（4）参与赌博网站利润分成的等。
开设赌场罪的共犯	明知他人实施赌博犯罪活动，而为其提供资金、计算机网络、通信、费用结算等直接帮助的，以赌博罪的共犯论处。
与相关犯罪的区别	（1）未经国家批准擅自发行、销售彩票，构成犯罪的，以非法经营罪定罪处罚。（2）通过赌博或者为国家工作人员赌博提供资金的形式实施行贿、受贿行为的，应按照贿赂犯罪定罪处罚。

二、妨害司法罪

（一）伪证罪 ★★★

▷ 相关法条

第三百零五条　【伪证罪】在刑事诉讼中，证人、鉴定人、记录人、翻译人对与案件有重要关系的情节，故意作虚假证明、鉴定、记录、翻译，意图陷害他人或者隐匿罪证的，……

✎ 考点解读

伪证罪是指在刑事诉讼中，证人、鉴定人、记录人、翻译人对与案件有重要关系的情节，故意作虚假证明、鉴定、记录、翻译，意图陷害他人或者隐匿罪证的行为。

表39　伪证罪的认定

犯罪客体	本罪侵害的客体是刑事诉讼的客观公正性。
犯罪客观方面	对与案件有重要关系的情节，故意作虚假证明、鉴定、记录、翻译，意图陷害他人或者隐匿罪证的行为。
犯罪主体	只限于证人、鉴定人、记录人、翻译人。
犯罪发生范围	仅限于在刑事诉讼中。
主观方面	本罪是法定的目的犯。行为人并非为了陷害他人或者隐匿罪证，而是由于证人记忆错误或者鉴定人、记录人、翻译人水平不高，或者是由于粗心大意而发生错误的，不是伪证罪。
与包庇罪的界限	二者存在想象竞合。行为人作伪证的目的如果是为了隐匿罪证，其可能同时触犯伪证罪和包庇罪，择一重罪论处。
与诬告陷害罪的界限	二者在行为对象、行为方式、犯罪主体、行为内容以及行为实施时间等方面都有明显差别。诬告陷害罪是在刑事诉讼开始前发生的，诬告陷害正是刑事诉讼得以发生的原因。伪证罪是在刑事诉讼开始后，在刑事诉讼过程中发生的。

【示例】甲、乙均为17周岁，二人是同学。甲邀请乙来自己家玩并住宿。乙却在第二天中午偷拿了甲的母亲钱包里的800元钱，然后离去，电话关机。甲和父母商议后，向公

安机关报案称，乙偷了母亲10800元。在公安机关抓获了乙之后，甲与其父母仍然坚持说乙偷了他们10800元。他们后来承认是有加重乙的责任，让乙坐牢的想法。甲及其父母构成何罪？

【分析】甲及其父母这种行为就构成诬告陷害罪。乙盗窃800元，本来是不构成犯罪的。正是由于他们的诬告，才导致乙被抓获，并差点被追究刑事责任。

（二）虚假诉讼罪 ★★★

◆ 相关法条

第三百零七条之一　【虚假诉讼罪】以捏造的事实提起民事诉讼，妨害司法秩序或者严重侵害他人合法权益的，处三年以下有期徒刑、拘役或者管制，并处或者单处罚金；情节严重的，处三年以上七年以下有期徒刑，并处罚金。

单位犯前款罪的，对单位判处罚金，并对其直接负责的主管人员和其他直接责任人员，依照前款的规定处罚。

有第一款行为，非法占有他人财产或者逃避合法债务，又构成其他犯罪的，依照处罚较重的规定定罪从重处罚。

司法工作人员利用职权，与他人共同实施前三款行为的，从重处罚；同时构成其他犯罪的，依照处罚较重的规定定罪从重处罚。

◆ 考点解读

本罪是以捏造的事实提起民事诉讼，妨害司法秩序或者严重侵害他人合法权益的行为。

表40　虚假诉讼罪的认定

犯罪客体	本罪侵害的客体是正常的司法秩序和他人的合法权益。
犯罪客观方面	以捏造的事实提起民事诉讼，妨害司法秩序或者严重侵害他人合法权益的行为。
犯罪主体	一般主体，包括自然人和单位。
犯罪主观方面	故意。
犯罪发生范围	仅限于提起虚假民事诉讼。
想象竞合	据《刑法》第307条之一第3款的规定，犯本罪，非法占有他人财产或者逃避合法债务，又构成其他犯罪的，依照处罚较重的规定定罪从重处罚。
本罪的共犯	司法工作人员利用职权，与他人共同实施前述行为的，从重处罚；同时构成其他犯罪的，依照处罚较重的规定定罪从重处罚。

【示例】甲为了在离婚时少给妻子分财产，和朋友乙串通好，由乙将甲告到法院，要求甲偿还虚构的借款320万元。甲在法庭上承认债务，并表示愿意用一套房产和100万现金抵债。这就是虚假诉讼。

在原告与法官串通，合谋获得被告财产时，或者原告与被告串通，合谋欺骗法官时，如何认定各行为人的行为的性质呢？请看下题。

【经典真题】

《刑法修正案（九）》增设了虚假诉讼罪。

①普通公民甲没有与案件审理法官乙串通，提起虚假诉讼，骗取他人财物，乙受骗作

出错误判决，甲构成虚假诉讼罪与诈骗罪的想象竞合

②普通公民甲与案件审理法官乙串通，提起虚假诉讼，骗取他人财物，乙枉法裁决，甲、乙均构成诈骗罪

③普通公民甲没有与案件审理法官乙串通，提起虚假诉讼，骗取他人财物，乙受骗作出错误判决，甲、乙均构成诈骗罪

④普通公民甲没有与案件审理法官乙串通，提起虚假诉讼，骗取他人财物，乙明知甲捏造证据，仍枉法裁决，甲构成虚假诉讼罪，不能构成诈骗罪

下列哪一选项是正确的?[1]（2021年试卷一单选）

A.①②③④ 均正确
B.①②③ 正确，④错误
C.①正确，②③④错误
D.①④正确，②③错误

【考点】虚假诉讼罪

【解题思路与常见错误分析】刑法第307条之1规定：以捏造的事实提起民事诉讼，妨害司法秩序或者严重侵害他人合法权益的，处三年以下有期徒刑、拘役或者管制，并处或者单处罚金；情节严重的，处三年以上七年以下有期徒刑，并处罚金。单位犯前款罪的，对单位判处罚金，并对其直接负责的主管人员和其他直接责任人员，依照前款的规定处罚。有第一款行为，非法占有他人财产或者逃避合法债务，又构成其他犯罪的，依照处罚较重的规定定罪从重处罚。司法工作人员利用职权，与他人共同实施前三款行为的，从重处罚；同时构成其他犯罪的，依照处罚较重的规定定罪从重处罚。

因此，原告捏造事实，提起虚假的民事诉讼的，其行为可能只妨害司法秩序，也可能同时侵害他人的合法权益。例如甲、乙二人为了规避房屋限购政策，将房屋买卖谎称为欠债合同，由房屋的买受方向法院提起诉讼，要求卖方还债。卖方自愿用拟出售的住房还债。买受方根据法院的判决或者调解书即可过户（大部分地方政府都规定依据司法文书过户的不受限购政策的限制）。这种行为就不侵害他人的合法权益，只妨害司法秩序。

如果乙并不欠甲的钱，但是甲捏造了假的乙的借条，将乙告到法院，要求乙"还债"。这种行为就既妨害司法秩序，又同时侵害他人的合法权益。此时，甲的这种行为就是三角诈骗，即通过诈骗法官来使得法官做出错误的判决，达到自己非法占有乙的财产的目的。这时，甲就同时构成虚假诉讼罪和诈骗罪。由于甲只有一个行为，因此应认定为想象竞合，从一重罪论处。

本题主要讨论的是：（1）如果原告欺骗了法官，法官也没发现被欺骗的，双方如何认定？（2）如果原告没有欺骗法官，双方是串通的，双方如何认定？（3）原告以为自己欺骗了法官，但法官并没有被欺骗，但是法官仍然故意作出错误判决的，双方如何认定？

关于第一个问题，因为法官是原告诈骗的对象，所以在这种情况下，原告既构成虚假诉讼罪，又构成诈骗罪，法官不构成犯罪。

关于第二个问题，如果原告和法官串通了，法官就不可能被骗。此时，原告不能构成诈骗罪。但是他们又确实共谋获得了被告的财物。此时，应当认定原告和法官构成盗窃罪的共犯。二人还同时触犯虚假诉讼罪和民事枉法裁判罪。关于民事枉法裁判罪，原告是教唆犯，法官是实行犯。

关于第三个问题，由于法官没有被骗，所以原告的行为不能构成诈骗罪，只能构成盗

---

[1]【答案】D

窃罪（同时触犯虚假诉讼罪）。法官和原告没有共谋，即他识破了原告的阴谋，但仍然帮助原告获得被告的财物，此时法官构成原告盗窃罪的片面共犯。法官自己还构成民事枉法裁判罪。

需要强调的是：因为法官是被诈骗的对象，所以他任何时候都不能构成诈骗罪。

综上，只有选项 D 是正确的。

【同类考点总结】只有法官是被诈骗的对象时，原告的行为才可能同时触犯虚假诉讼罪和诈骗罪。如果法官是知情的，原告不可能构成诈骗罪，但有可能构成盗窃罪，法官还可能构成原告盗窃罪的共同犯罪。

（三）扰乱法庭秩序罪

相关法条

第三百零九条 **【扰乱法庭秩序罪】**有下列扰乱法庭秩序情形之一的，处三年以下有期徒刑、拘役、管制或者罚金：

（一）聚众哄闹、冲击法庭的；

（二）殴打司法工作人员或者诉讼参与人的；

（三）侮辱、诽谤、威胁司法工作人员或者诉讼参与人，不听法庭制止，严重扰乱法庭秩序的；

（四）有毁坏法庭设施，抢夺、损毁诉讼文书、证据等扰乱法庭秩序行为，情节严重的。

考点解读

扰乱法庭秩序罪，是指以法定方式实施扰乱法庭秩序的行为。

表 41　扰乱法庭秩序罪的认定

犯罪客体	本罪侵害的客体是正常的司法秩序。
犯罪客观方面	（1）聚众哄闹、冲击法庭的；（2）殴打司法工作人员或者诉讼参与人的；（3）侮辱、诽谤、威胁司法工作人员或者诉讼参与人，不听法庭制止，严重扰乱法庭秩序的；（4）有毁坏法庭设施，抢夺、损毁诉讼文书、证据等扰乱法庭秩序行为，情节严重的。
犯罪主体	一般主体。
犯罪主观方面	故意。

（四）窝藏、包庇罪 ★★★

相关法条

第三百一十条 **【窝藏、包庇罪】**明知是犯罪的人而为其提供隐藏处所、财物，帮助其逃匿或者作假证明包庇的，……

犯前款罪，事前通谋的，以共同犯罪论处。

考点解读

窝藏罪，是指明知是犯罪的人而为其提供隐藏处所、财物，帮助其逃匿的行为；包庇罪，是指明知是犯罪的人而作假证明包庇的行为。

表42　窝藏、包庇罪的认定

(1) 犯罪客体	刑事司法秩序，具体来讲，是刑事司法作用。即行为因对犯罪者提供庇护，对发挥司法作用有实际的阻碍。
(2) 犯罪客观方面	窝藏行为和包庇行为。
(3) 犯罪主体	一般主体。
(4) 犯罪主观方面	故意。
(5) 窝藏、包庇的对象	"犯罪的人"，即已经实施犯罪的人。这些人包括尚未判决的犯罪嫌疑人和刑罚尚未执行完毕的罪犯。虽然尚未被警方立案侦查，但确实实施了犯罪行为的人，也可以成为本罪的犯罪对象。 根据《刑法》第362条的规定，旅馆业、饮食服务业、文化娱乐业、出租汽车等单位的人员，在公安机关查处卖淫、嫖娼活动时，为违法犯罪分子通风报信，情节严重的，以本罪定罪处罚。
(6) 窝藏行为	窝藏是指为犯罪分子提供隐藏处所、财物等，帮助其逃匿的行为。
(7) 包庇行为	包庇是指作假证明，以掩盖犯罪人的罪行的行为，如假冒证人提供虚假的证人证言。行为人为了使犯罪人逃匿或者不被发现，而自己冒充犯罪人的行为，也构成包庇罪。行为人冒充犯罪嫌疑人将追捕人员引开的，构成窝藏罪。
(8) 特殊的包庇行为	①包庇走私、贩卖、运输、制造毒品的犯罪分子时，不认定为包庇罪，认定为《刑法》第349条的包庇毒品犯罪分子罪。 ②国家机关工作人员包庇黑社会性质组织的犯罪分子，不认定为包庇罪，认定为《刑法》第294条第3款的包庇黑社会性质组织罪。
(9) 共犯	犯本罪，事前通谋的，以共同犯罪论处。
(10) 上游犯罪者本人指使他人窝藏、包庇自己的	不构成犯罪，因为无期待可能性。即，不能期待一个人犯罪后主动去投案自首。

（五）掩饰、隐瞒犯罪所得、犯罪所得收益罪 ★★★★

🔻 相关法条

第三百一十二条 【掩饰、隐瞒犯罪所得、犯罪所得收益罪】明知是犯罪所得及其产生的收益而予以窝藏、转移、收购、代为销售或者以其他方法掩饰、隐瞒的，……

📖 考点解读

掩饰、隐瞒犯罪所得、犯罪所得收益罪是指明知是犯罪所得及其产生的收益而予以窝藏、转移、收购、代为销售或者以其他方法掩饰、隐瞒的行为。

表 43　掩饰、隐瞒犯罪所得、犯罪所得收益罪的认定

（1）犯罪客体	司法秩序，具体来讲，是国家对犯罪所得、犯罪所得收益的司法追查权。
（2）客观方面	本罪的行为方式多种多样，其本质都一样——对犯罪所得及其收益予以掩饰、隐瞒。例如，甲明知乙的汽车是盗窃所得，仍然帮助其将汽车的颜色从红色改为黑色。甲构成本罪。 根据最高人民法院 2021 年 4 月 13 日《关于审理掩饰、隐瞒犯罪所得、犯罪所得收益刑事案件适用法律若干问题的解释》第 10 条的规定，通过犯罪直接得到的赃款、赃物，应当认定为"犯罪所得"。上游犯罪的行为人对犯罪所得进行处理后得到的孳息、租金等，应当认定为"犯罪所得产生的收益"。 **请注意：犯罪所得和用于犯罪的物品应当加以区别。对本犯为实施犯罪而使**用的工具或者其他财物（如伪造的货币、制造的毒品、行贿所用的财物、赌资等）应予追缴、没收，但它们并非本罪对象。
（3）犯罪主体	一般主体。
（4）主观方面	故意。行为人必须明知是犯罪所得及其产生的收益而予以掩饰、隐瞒。
（5）罪名的认定	本罪属于选择性罪名。行为人只要实施了其中一种行为即可构成本罪。如果行为人同时实施了多个行为的，如窝藏后又转移、销赃的，也只定一罪，而非数罪。这里的"收购"包括买赃自用。但是，行为人出于贪图便宜的心理，购买少量赃物的，不应当认定为犯罪。
（6）本罪与共同犯罪的界限	事先有无通谋。
（7）行为人将自己犯罪所得赃物予以窝藏、转移或者销售的认定	如果不侵犯新的法益的，不另定罪。例如，盗窃名表后正常销赃的，只认定为盗窃罪一罪。但是，如果窝藏赃物行为、销赃行为侵犯新的法益的，数罪并罚。例如，盗窃价值 4000 元的普通手表后，冒充名表，以 10 万元的高价售出，欺骗他人的，以盗窃罪和诈骗罪数罪并罚。盗窃毒品后又出售的，以盗窃罪和贩卖毒品罪数罪并罚，盗窃毒品后又非法持有的，以盗窃罪和非法持有毒品罪数罪并罚。
（8）本罪的法条竞合	窝藏、转移、隐瞒走私、贩卖、运输、制造的毒品的，以窝藏、转移、隐瞒毒品罪定罪，不再定本罪。这是本罪的特别法条。
（9）上游犯罪和本犯的概念	上游犯罪是指获得犯罪所得及其收益的犯罪，犯此罪的人即为本犯。例如，乙盗窃了汽车，甲明知乙的汽车是盗窃所得，仍然帮助其将汽车的颜色从红色改为黑色。盗窃罪即为上游犯罪，乙即为本犯。 **请注意：本罪也可以成为上游犯罪**。即对于掩饰、隐瞒犯罪所得及其收益所取得的财物，还可以再成立掩饰、隐瞒犯罪所得、犯罪所得收益罪。例如，甲收购了丙盗窃的原油后，将原油交给知情的乙加工成柴油后再出售给他人。甲就丙的盗窃所得（原油）成立掩饰、隐瞒犯罪所得罪；乙就甲掩饰、隐瞒犯罪所得罪而取得的财物（原油）成立掩饰、隐瞒犯罪所得罪。

客观方面详解：

窝藏，是指隐藏、保管等使司法机关不能或难以发现赃物的行为。

转移，是指改变赃物的存放地的行为。转移赃物应达到足以妨害司法机关追缴赃物的程度。

收购，是指收买不特定的赃物或购买大量赃物的行为。对于购买特定的少量赃物自用的，不宜认定为犯罪，但对购买他人犯罪所得的机动车等重大财物的，应认定为收购赃物。

代为销售，是指替本犯有偿转让赃物的行为。对于在本犯与购买人之间进行斡旋的，也应认定为代为销售赃物。

其他方法，是指窝藏、转移、收购、代为销售以外的任何能够使司法机关难以发现赃物或难以分辨赃物性质的行为。根据前述《赃物案件解释》第 10 条的规定，明知是犯罪所得及其产生的收益而采取窝藏、转移、收购、代为销售以外的方法，如居间介绍买卖，收受，持有，使用，加工，提供资金账户，协助将财物转换为现金、金融票据、有价证券，协助将资金转移、汇往境外等，均应当认定为"其他方法"。

（六）拒不执行判决、裁定罪 ★ ★ ★

相关法条

第三百一十三条　【拒不执行判决、裁定罪】对人民法院的判决、裁定有能力执行而拒不执行，情节严重的，处三年以下有期徒刑、拘役或者罚金；情节特别严重的，处三年以上七年以下有期徒刑，并处罚金。

单位犯前款罪的，对单位判处罚金，并对其直接负责的主管人员和其他直接责任人员，依照前款的规定处罚。

考点解读

拒不执行判决、裁定罪是指对人民法院的判决、裁定有能力执行而拒不执行，情节严重的行为。本罪的犯罪主体包括被执行人、协助执行义务人、担保人等负有执行义务的人。

本罪侵害的客体是人民法院已经发生法律效力的判决、裁定的权威性。本罪的客观方面表现为对人民法院已经生效的判决或裁定有能力执行而拒不执行，情节严重的行为。本罪的主体是一般主体，包括自然人和单位。本罪的主观方面只能是故意，即明知是人民法院已经生效的判决、裁定且有能力执行而拒不执行。

表 44　拒不执行判决、裁定罪的认定

(1) "人民法院的判决、裁定"的含义	根据司法解释，"人民法院的判决、裁定"，是指人民法院依法作出的具有执行内容并已发生法律效力的判决、裁定。人民法院为依法执行支付令、生效的调解书、仲裁裁决、公证债权文书等所作的裁定属于该条规定的裁定。
(2) 罪与非罪的界限	区分的关键在于两点，一是看行为人是否属于有能力执行而拒不执行，二是看是否达到情节严重的程度。

续表

(3)"拒不执行判决、裁定"的行为的认定	各种有能力执行而拒不执行，情节严重的行为都属于"拒不执行判决、裁定"的行为。比较典型的如：①被执行人隐藏、转移、故意毁损财产或者无偿转让财产、以明显不合理的低价转让财产，致使判决、裁定无法执行的；②担保人或者被执行人隐藏、转移、故意毁损或者转让已向人民法院提供担保的财产，致使判决、裁定无法执行的；③协助执行义务人接到人民法院协助执行通知书后，拒不协助执行，致使判决、裁定无法执行的；④被执行人、担保人、协助执行义务人与国家机关工作人员通谋，利用国家机关工作人员的职权妨害执行，致使判决、裁定无法执行的。
(4)本罪的共犯的认定	国家机关工作人员帮助执行义务人拒不执行判决、裁定的，以拒不执行判决、裁定罪的共犯追究刑事责任。
(5)本罪的想象竞合犯的处理	①国家机关工作人员收受贿赂或者滥用职权，有拒不执行判决、裁定行为的，同时又构成刑法其他罪名的，依照处罚较重的规定定罪处罚。②因使用暴力方法拒不执行判决、裁定造成执行人员重伤或者死亡的，应当以故意伤害罪或者故意杀人罪定罪处罚。

（七）脱逃罪

相关法条

第三百一十六条 【脱逃罪】依法被关押的罪犯、被告人、犯罪嫌疑人脱逃的，处五年以下有期徒刑或者拘役……

考点解读

脱逃罪是指依法被关押的罪犯、被告人、犯罪嫌疑人逃脱司法机关的羁押和监管的行为。

（1）本罪侵害的客体是司法机关对罪犯、被告人、犯罪嫌疑人的监管秩序和监管活动。

（2）本罪的客观方面表现为从关押场所或者押解途中脱逃的行为。在押解途中逃跑的，也构成本罪。

（3）本罪的犯罪主体是特殊主体，即依法被逮捕、关押的罪犯、被告人、犯罪嫌疑人。包括判决尚未确定的人员（未决犯）和判决已经确定，正在服刑的人员（已决犯）。

下述人员不能成为本罪的犯罪主体，这些人逃脱相关机关（公安机关、社区矫正机关等）的监督的，不构成本罪。

①被行政拘留的人员；②被司法机关采用拘传、取保候审、监视居住等强制措施的被告人、犯罪嫌疑人；③被判处管制、宣告缓刑或者已经假释的已决犯。

（4）本罪的主观方面是故意。

（5）脱逃罪是行为犯，只要脱离监管人员的控制，即为犯罪既遂。

（6）如果行为人确实无罪，明显是被错误关押的，不宜认定为脱逃罪（但是，这种行为可是高风险哦。因为行为人脱逃时，负责监管的武警战士可不知道他是否是被错误关押的，如果武警战士击毙行为人，也是合法的）。

（7）在脱逃过程中因使用暴力造成重伤、死亡结果的行为性质认定。行为人在脱逃过程中使用暴力致人重伤、死亡的，是牵连犯，应当以故意伤害罪、故意杀人罪定罪处罚。如果在成功脱逃后，又打死、打伤追捕人员的，应当以脱逃罪与故意杀人罪或者故意伤害罪数罪并罚。

【示例】

1. 乙放在办公室的 1 万元现金被丙窃取。为了报复丙，乙向公安机关谎称被盗现金数额为 5 万元。乙的同事甲在接受公安机关讯问时，按照乙的唆使证明被盗数额为 5 万元。甲的行为应认定为 (　　　) [1]

　　A. 伪证罪　　　　　　　　　　B. 诬告陷害罪

　　C. 包庇罪　　　　　　　　　　D. 报复陷害罪

2. 甲因抢劫被公安机关追捕，逃至朋友乙家，对乙说："公安要抓我，想在你这里躲几天。"乙遂收留甲在家。乙的行为构成 (　　　) [2]

　　A. 窝藏、包庇罪　　　　　　　B. 包庇罪

　　C. 窝藏罪　　　　　　　　　　D. 妨害公务罪

3. 下列行为中，应按伪证罪定罪处罚的是 (　　　) [3]

　　A. 甲捏造事实，向公安机关检举余某奸淫幼女

　　B. 乙担任被告人文某的辩护人，伪造证据，意图使文某逃避刑事处罚

　　C. 丙在进行遗嘱真伪鉴定时，故意作出虚假鉴定结论，造成法院错判

　　D. 丁在为犯罪嫌疑人申某作哑语翻译时，故意进行错误翻译，致申某无罪释放

三、危害公共卫生罪

(一) 妨害传染病防治罪

▽ **相关法条**

第三百三十条　【妨害传染病防治罪】违反传染病防治法的规定，有下列情形之一，引起甲类传染病以及依法确定采取甲类传染病预防、控制措施的传染病传播或者有传播严重危险的，处三年以下有期徒刑或者拘役；后果特别严重的，处三年以上七年以下有期徒刑：

(一) 供水单位供应的饮用水不符合国家规定的卫生标准的；

(二) 拒绝按照疾病预防控制机构提出的卫生要求，对传染病病原体污染的污水、污物、场所和物品进行消毒处理的；

(三) 准许或者纵容传染病病人、病原携带者和疑似传染病病人从事国务院卫生行政部门规定禁止从事的易使该传染病扩散的工作的；

(四) 出售、运输疫区中被传染病病原体污染或者可能被传染病病原体污染的物品，未进行消毒处理的；

(五) 拒绝执行县级以上人民政府、疾病预防控制机构依照传染病防治法提出的预防、

---

[1] 【答案】A。甲属于刑事诉讼中的证人。

[2] 【答案】C。窝藏犯罪嫌疑人的行为构成窝藏罪。为了包庇他人，在刑事诉讼中作假证明的行为构成包庇罪。

[3] 【答案】D。A 为诬告陷害罪。B 为辩护人伪造证据罪、C 不构成犯罪。C 发生在民事诉讼中。D 构成本罪，属于翻译人员故意作虚假翻译的行为。

控制措施的。

单位犯前款罪的，对单位判处罚金，并对其直接负责的主管人员和其他直接责任人员，依照前款的规定处罚。

甲类传染病的范围，依照《中华人民共和国传染病防治法》和国务院有关规定确定。

考点解读

本罪是过失犯罪，但是属于过失危险犯，引起甲类传染病以及依法确定采取甲类传染病预防、控制措施的传染病传播或者有传播严重危险的即构成犯罪。

（二）非法采集人类遗传资源、走私人类遗传资源材料罪

相关法条

第三百三十四条之一　【非法采集人类遗传资源、走私人类遗传资源材料罪】违反国家有关规定，非法采集我国人类遗传资源或者非法运送、邮寄、携带我国人类遗传资源材料出境，危害公众健康或者社会公共利益，情节严重的，处三年以下有期徒刑、拘役或者管制，并处或者单处罚金；情节特别严重的，处三年以上七年以下有期徒刑，并处罚金。

考点解读

本罪是《刑法修正案（十一）》新增的犯罪。为了保护我国的人类遗传资源，刑法新增了本罪。

（三）医疗事故罪、非法行医罪★★★★

相关法条

第三百三十五条　【医疗事故罪】医务人员由于严重不负责任，造成就诊人死亡或者严重损害就诊人身体健康的，处三年以下有期徒刑或者拘役。

第三百三十六条　【非法行医罪】未取得医生执业资格的人非法行医，情节严重的，处三年以下有期徒刑、拘役或者管制，并处或者单处罚金；严重损害就诊人身体健康的，处三年以上十年以下有期徒刑，并处罚金；造成就诊人死亡的，处十年以上有期徒刑，并处罚金。

考点解读

医疗事故罪是指医务人员由于严重不负责任，造成就诊人死亡或者严重损害就诊人身体健康的行为。

本罪侵害的客体是医疗管理秩序及就诊人的生命健康。

非法行医罪是指未取得行医资格的人非法行医，情节严重的行为。

本罪侵害的客体是国家对医疗从业人员的管理秩序及就诊人的生命健康。

根据最高人民法院《关于审理非法行医刑事案件具体应用法律若干问题的解释》第1条的规定，"未取得医生执业资格的人非法行医"的情形包括：（1）未取得或者以非法手段取得医师资格从事医疗活动的；（2）被依法吊销医师执业证书期间从事医疗活动的；（3）未取得乡村医生执业证书，从事乡村医疗活动的；（4）家庭接生员实施家庭接生以外的医疗行为的。

在认定非法行医罪时，要注意区分罪与非罪的界限。区分的关键在于情节是否达到了严重程度。所谓情节严重是指，多次被取缔后仍然非法行医的、非法行医获利巨大的、从事危险性较大的医疗活动的，等等。本罪中"严重损害就诊人身体健康"的情形包括：

（1）造成就诊人中度以上残疾、器官组织损伤导致严重功能障碍的；（2）造成三名以上就诊人轻度残疾、器官组织损伤导致一般功能障碍的。

表 45　医疗事故罪与非法行医罪的认定

	医疗事故罪	非法行医罪
犯罪主体	特殊主体，必须是医务人员，即直接从事诊疗护理事务的人员，包括医疗单位中的医生、护士、药剂人员，以及经主管部门批准开业的个体行医人员。由于诊疗护理工作是群体性的活动，构成医疗事故罪的行为人，还可以包括从事医疗管理、后勤服务等人员，如救护车司机由于不履行或不认真履行其义务而造成就诊人死亡或者严重损害就诊人身体健康的严重后果的，也可构成本罪。	不具有医师执业资格的人。通过了执业医师资格考试，但没有合法执业的人也能构成本罪。例如，个人未取得《医疗机构执业许可证》开办医疗机构的，也属于非法行医。
客观方面	医务人员在医疗中严重不负责任。本罪是实害犯，只有造成就诊人死亡、伤残的才构成犯罪。	无证执业。要求情节严重，但不要求造成就诊人死亡、伤残。如果造成严重后果，法定刑升格。
主观方面	过失。	故意。
医疗事故罪与非法进行节育手术罪的界限	前者发生在正常的医疗过程中，而后者的行为则是非法的。	

（四）非法植入基因编辑、克隆胚胎罪

相关法条

第三百三十六条之一　【非法植入基因编辑、克隆胚胎罪】将基因编辑、克隆的人类胚胎植入人体或者动物体内，或者将基因编辑、克隆的动物胚胎植入人体内，情节严重的，处三年以下有期徒刑或者拘役，并处罚金；情节特别严重的，处三年以上七年以下有期徒刑，并处罚金。

考点解读

本罪是《刑法修正案（十一）》新增的犯罪。为了打击非法实施基因编辑的行为，刑法新增了本罪。

四、破坏环境资源保护罪

（一）污染环境罪★★★

相关法条

第三百三十八条　【污染环境罪】违反国家规定，排放、倾倒或者处置有放射性的废物、含传染病病原体的废物、有毒物质或者其他有害物质，严重污染环境的，处三年以下有期徒刑或者拘役，并处或者单处罚金；情节严重的，处三年以上七年以下有期徒刑，并处罚金；有下列情形之一的，处七年以上有期徒刑，并处罚金：

（一）在饮用水水源保护区、自然保护地核心保护区等依法确定的重点保护区域排放、倾倒、处置有放射性的废物、含传染病病原体的废物、有毒物质，情节特别严重的；

（二）向国家确定的重要江河、湖泊水域排放、倾倒、处置有放射性的废物、含传染病病原体的废物、有毒物质，情节特别严重的；

（三）致使大量永久基本农田基本功能丧失或者遭受永久性破坏的；

（四）致使多人重伤、严重疾病，或者致人严重残疾、死亡的。

有前款行为，同时构成其他犯罪的，依照处罚较重的规定定罪处罚。

考点解读

污染环境罪是指违反国家规定，排放、倾倒或者处置有放射性的废物、含传染病病原体的废物、有毒物质或者其他有害物质，严重污染环境的行为。《刑法修正案（十一）》提高了本罪的法定刑。

本罪侵害的客体是环境资源及国家对环境资源的保护管理制度。本罪的客观方面表现为违反《环境保护法》等法律法规，排放、倾倒或者处置有放射性的废物、含传染病病原体的废物、有毒物质或者其他有害物质，严重污染环境的行为。本罪的主体是一般主体，包括自然人和单位。本罪的主观方面是故意。

本罪原来是过失犯罪，罪名为重大环境污染事故罪。《刑法修正案（八）》将其修改为故意犯罪，只要有严重的故意排放有害物质的行为即构成犯罪，不再要求造成环境污染事故。

根据司法解释，以下行为都属于"严重污染环境"。

（1）在饮用水水源一级保护区、自然保护区核心区排放、倾倒、处置有放射性的废物、含传染病病原体的废物、有毒物质的；（2）非法排放、倾倒、处置危险废物3吨以上的；（3）非法排放含重金属、持久性有机污染物等严重危害环境、损害人体健康的污染物超过国家污染物排放标准或者省、自治区、直辖市人民政府根据法律授权制定的污染物排放标准3倍以上的；（4）私设暗管或者利用渗井、渗坑、裂隙、溶洞等排放、倾倒、处置有放射性的废物、含传染病病原体的废物、有毒物质的；（5）2年内曾因违反国家规定，排放、倾倒、处置有放射性的废物、含传染病病原体的废物、有毒物质受过两次以上行政处罚，又实施前列行为的；（6）致使乡镇以上集中式饮用水水源取水中断12小时以上的；（7）致使基本农田、防护林地、特种用途林地5亩以上，其他农用地10亩以上，其他土地20亩以上基本功能丧失或者遭受永久性破坏的；（8）致使森林或者其他林木死亡50立方米以上，或者幼树死亡2 500株以上的；（9）致使公私财产损失30万元以上的；（10）致使疏散、转移群众5 000人以上的；（11）致使30人以上中毒的；（12）致使3人以上轻伤、轻度残疾或者器官组织损伤导致一般功能障碍的；（13）致使1人以上重伤、中度残疾或者器官组织损伤导致严重功能障碍的，以及其他严重污染环境的情形。

行为人明知他人无经营许可证或者超出经营许可范围，向其提供或者委托其收集、贮存、利用、处置危险废物，严重污染环境的，以污染环境罪的共同犯罪论处。

> 考生不用背诵这些数字。根据这些数字得出一个结论：本罪是故意犯罪，有严重的排放有害物质的行为即构成犯罪即可。

本罪与牵连犯罪的认定、处罚：★★★

（1）实施本罪行为，又使用暴力、威胁方法妨害执法人员执法，构成妨害公务罪的，以污染环境罪与妨害公务罪数罪并罚。

（2）违反国家规定，排放、倾倒、处置含有毒害性、放射性、传染病病原体等物质的污染物，同时构成污染环境罪、非法处置进口的固体废物罪、投放危险物质罪等犯罪的，依照处罚较重的犯罪定罪处罚。

（二）危害珍贵、濒危野生动物罪、非法狩猎罪、非法猎捕、收购、运输、出售陆生野生动物罪

▽ **相关法条**

第三百四十一条　【危害珍贵、濒危野生动物罪；非法狩猎罪；非法猎捕、收购、运输、出售陆生野生动物罪】非法猎捕、杀害国家重点保护的珍贵、濒危野生动物的，或者非法收购、运输、出售国家重点保护的珍贵、濒危野生动物及其制品的，处五年以下有期徒刑或者拘役，并处罚金；情节严重的，处五年以上十年以下有期徒刑，并处罚金；情节特别严重的，处十年以上有期徒刑，并处罚金或者没收财产。

违反狩猎法规，在禁猎区、禁猎期或者使用禁用的工具、方法进行狩猎，破坏野生动物资源，情节严重的，处三年以下有期徒刑、拘役、管制或者罚金。

违反野生动物保护管理法规，以食用为目的非法猎捕、收购、运输、出售第一款规定以外的在野外环境自然生长繁殖的陆生野生动物，情节严重的，依照前款的规定处罚。

✍ **考点解读**

故意伤害珍贵、濒危野生动物的，应以故意毁坏财物罪论处；非法猎捕、杀害珍贵、濒危野生动物行为同时触犯盗窃罪的，属于想象竞合犯，应从一重罪论处；使用爆炸、投毒等危险方法非法猎捕、杀害珍贵、濒危野生动物，同时构成爆炸罪、投放危险物质罪的，依照处罚较重的规定定罪处罚；非法猎捕、杀害珍贵、濒危野生动物，又以暴力、威胁方法抗拒查处，构成妨害公务等犯罪的，依照数罪并罚的规定处罚。

《刑法修正案（十一）》将违反野生动物保护管理法规，以食用为目的非法猎捕、收购、运输、出售非珍贵、濒危的在野外环境自然生长繁殖的陆生野生动物，情节严重的行为规定为犯罪。

（三）盗伐林木罪、滥伐林木罪

▽ **相关法条**

第三百四十五条　盗伐森林或者其他林木，数量较大的，……
违反森林法的规定，滥伐森林或者其他林木，数量较大的……

✍ **考点解读**　盗伐：伐别人的林木（未经允许）；滥伐：伐自己的林木，或者经过允许伐别人的林木（但都未经过林业管理部门允许）。盗窃：别人已伐倒的森林中的树木，或者是零星树木。根据司法解释，盗伐者必须具有非法占有的目的。

五、走私、贩卖、运输、制造毒品罪

（一）走私、贩卖、运输、制造毒品罪 ★★★

▽ **相关法条**

第三百四十七条　【走私、贩卖、运输、制造毒品罪】走私、贩卖、运输、制造毒品，无论数量多少，都应当追究刑事责任，予以刑事处罚。

走私、贩卖、运输、制造毒品，有下列情形之一的，处十五年有期徒刑、无期徒刑或者死刑，并处没收财产：

（一）走私、贩卖、运输、制造鸦片一千克以上、海洛因或者甲基苯丙胺五十克以上或者其他毒品数量大的；

（二）走私、贩卖、运输、制造毒品集团的首要分子；

（三）武装掩护走私、贩卖、运输、制造毒品的；

（四）以暴力抗拒检查、拘留、逮捕，情节严重的；

（五）参与有组织的国际贩毒活动的。

走私、贩卖、运输、制造鸦片二百克以上不满一千克、海洛因或者甲基苯丙胺十克以上不满五十克或者其他毒品数量较大的，处七年以上有期徒刑，并处罚金。

走私、贩卖、运输、制造鸦片不满二百克、海洛因或者甲基苯丙胺不满十克或者其他少量毒品的，处三年以下有期徒刑、拘役或者管制，并处罚金；情节严重的，处三年以上七年以下有期徒刑，并处罚金。

单位犯第二款、第三款、第四款罪的，对单位判处罚金，并对其直接负责的主管人员和其他直接责任人员，依照各该款的规定处罚。

利用、教唆未成年人走私、贩卖、运输、制造毒品，或者向未成年人出售毒品的，从重处罚。

对多次走私、贩卖、运输、制造毒品，未经处理的，毒品数量累计计算。

✍ 考点解读

走私、贩卖、运输、制造毒品罪是指明知是毒品而故意实施走私、贩卖、运输、制造的行为。本罪侵害的客体是国家的毒品监管制度以及公众健康。本罪的客观方面表现为走私、贩卖、运输、制造毒品的行为。本罪的主体是一般主体，可以是自然人，也可以是单位。根据《刑法》第17条第2款的规定，已满14周岁不满16周岁的人贩卖毒品的，应当负刑事责任。本罪的主观方面是故意，即明知是毒品而走私、贩卖、运输或者制造。因过失而实施本罪行为的，不能构成本罪，如不知道是毒品，受人委托，认为是其他物品而帮助其携带的，携带人无罪，委托者构成本罪。

（1）本罪是行为犯，只要行为人实施了上述行为之一，就构成犯罪。

（2）贩卖毒品罪的主体是年满14周岁的自然人。

（3）本罪不要求以牟利为目的，也不要求毒品的来源必须非法。

（4）走私、贩卖、运输、非法持有毒品犯罪，要求行为人主观上明知行为对象是毒品。"明知"是指行为人知道或者应当知道所实施的行为是走私、贩卖、运输、非法持有毒品行为。根据司法解释，具有下列情形之一，并且犯罪嫌疑人、被告人不能作出合理解释的，可以认定其"应当知道"，但有证据证明确属被蒙骗的除外：

①执法人员在口岸、机场、车站、港口和其他检查站检查时，要求行为人申报为他人携带的物品和其他疑似毒品物，并告知其法律责任，而行为人未如实申报，在其所携带的物品内查获毒品的；

②以伪报、藏匿、伪装等蒙蔽手段逃避海关、边防等检查，在其携带、运输、邮寄的物品中查获毒品的；

③执法人员检查时，有逃跑、丢弃携带物品或逃避、抗拒检查等行为，在其携带或丢弃的物品中查获毒品的；

④在体内或者贴身隐秘处藏匿毒品的；

⑤为获取不同寻常的高额或不等值的报酬而携带、运输毒品的；

⑥采用高度隐蔽的方式携带、运输毒品的；

⑦采用高度隐蔽的方式交接毒品，明显违背合法物品惯常交接方式的；

⑧其他有证据足以证明行为人应当知道的。

（5）走私、贩卖、运输、制造毒品，无论数量多少，都应当追究刑事责任。但是，如果确属《刑法》第13条规定的"情节显著轻微危害不大的"，不认为是犯罪。毒品的数量以查证属实的走私、贩卖、运输、制造的数量计算，不以纯度计算。

（6）本罪与诈骗罪的区别：如果行为人故意以非毒品冒充真毒品或者明知是假毒品而贩卖牟利的，应定诈骗罪。如果行为人并不知道是假毒品而当作真毒品贩卖牟利的，不构成贩卖毒品罪。

（7）以暴力抗拒检查、拘留、逮捕，情节严重的，只认定为本罪，不再认定为妨害公务罪。根据最新司法解释，使用暴力抗拒检查、拘留、逮捕，致使公务人员重伤，死亡的，也只认定为本罪一罪。

（8）本罪的既遂。四种行为的既遂各不相同。

①走私毒品罪的既遂与未遂。对于陆路输入毒品应当以逾越国境线，使毒品进入国内领域的时刻为既遂标准。对于海路、空路输入，应当以装载毒品的船舶到达本国港口或航空器到达本国领土内时为既遂，否则为未遂。对于输出毒品，则反之，以离开本国国境为既遂。

②贩卖毒品罪的既遂与未遂。贩卖毒品以毒品实际上转移给买方为既遂，转移毒品后行为人是否已经获取了利益，并不影响既遂的成立。毒品实际上没有转移时，即使已经达成转移的协议，或者行为人已经获得了利益，也不能认定为既遂。

③运输毒品罪的既遂与未遂。行为人为了运输而开始搬运毒品时，是运输毒品罪的着手；由于行为人意志以外的原因未能使毒品离开原处或者说未能转移毒品存放地的，属于未遂；运输毒品行为使毒品离开原处或者转移了存放地的，则为既遂。

④制造毒品罪的既遂与未遂。制造毒品罪应以实际上制造出毒品为既遂，至于所制造出来的毒品数量多少、纯度高低等，都不影响既遂的成立。

【示例】甲将毒品装入避孕套内，吞入腹中。在进入海关时未申报，被海关工作人员查出。甲辩称自己不知道自己吞入的是毒品。司法机关会认定甲"不明知"自己运输的是毒品吗？

【分析】不会。这就属于能够被推定"知道"自己运输的是毒品的行为。

（二）非法持有毒品罪 ★★★

▷ **相关法条**

第三百四十八条 【非法持有毒品罪】非法持有鸦片一千克以上、海洛因或者甲基苯丙胺五十克以上或者其他毒品数量大的，……

📘 **考点解读**

非法持有毒品罪是指违反国家毒品管理法规，非法持有毒品且数量较大的行为。

1. 本罪的客体是国家对毒品的管理秩序。

2. 本罪的客观方面表现为非法持有毒品且数量较大的行为。所谓持有毒品是指对毒品的事实上的支配，至于毒品的来源、存放场所，均不影响本罪的成立。非法持有毒品须达到数量较大才构成犯罪。

3. 本罪的主体是一般主体。

4. 本罪的主观方面是故意，即行为人明知是毒品而非法持有。

在认定非法持有毒品罪时，要注意区分非法持有毒品罪与走私、贩卖、运输、制造毒品罪的界限。行为人的持有毒品行为是为了走私、贩卖、运输、制造的，应当以走私、贩卖、运输、制造毒品罪定罪处罚。如果只有持有毒品的行为而没有走私、贩卖、运输、制造毒品行为的（或者现有证据无法证实的），应当以非法持有毒品罪定罪处罚。

六、组织、强迫、引诱、容留、介绍卖淫罪

（一）组织卖淫罪、协助组织卖淫罪、强迫卖淫罪 ★★★★★

相关法条

第三百五十八条 【组织卖淫罪；强迫卖淫罪；协助组织卖淫罪】组织、强迫他人卖淫的，处五年以上十年以下有期徒刑，并处罚金；情节严重的，处十年以上有期徒刑或者无期徒刑，并处罚金或者没收财产。

组织、强迫未成年人卖淫的，依照前款的规定从重处罚。

犯前两款罪，并有杀害、伤害、强奸、绑架等犯罪行为的，依照数罪并罚的规定处罚。

为组织卖淫的人招募、运送人员或者有其他协助组织他人卖淫行为的，处五年以下有期徒刑，并处罚金；情节严重的，处五年以上十年以下有期徒刑，并处罚金。

考点解读

组织卖淫罪是指以招募、雇佣、纠集、强迫、引诱、容留等手段，控制多人从事卖淫的行为。

协助组织卖淫罪是指为组织卖淫的人招募、运送人员或者实施其他协助组织他人卖淫行为的行为。

组织卖淫罪和协助组织卖淫罪侵害的客体是社会治安管理秩序和良好的社会风尚。

强迫卖淫罪是指以暴力、胁迫或者其他方法，强行逼迫他人进行性交易的行为。本罪侵害的客体是社会治安管理秩序和他人的人身自由权利。

（1）卖淫，是指以营利为目的，满足不特定对方（不限于异性）的性欲的行为。故，本罪的犯罪对象包括男性、女性。组织、强迫男性卖淫的，也成立本罪。

（2）强迫未成年人（包括男孩）卖淫的，从重处罚。

（3）在认定组织卖淫罪时，要注意该罪中的罪数形态问题。组织者对所组织的卖淫者有强迫、引诱、容留、介绍卖淫行为的，不是数罪，仍然只构成组织卖淫罪一罪。

（4）在认定强迫卖淫罪的时候应当注意以下几个问题：一是注意与组织卖淫罪的界限，强迫卖淫罪的对象应是不愿意从事卖淫活动的人，且可以是一个人，而组织卖淫罪的对象应为愿意卖淫的人，且限于多人；在客观方面，强迫卖淫罪表现为使用暴力、胁迫或者其他强制方法，迫使他人卖淫，而组织卖淫罪则表现为招募、雇佣、引诱、容留等方法，使卖淫者在组织者的控制、策划、指挥下有组织地从事卖淫活动。二是注意与强奸罪的界限，强迫卖淫罪的对象可以是女性，也可以是男性，而强奸罪的对象只能是女性；强迫卖淫罪的目的是逼迫他人从事卖淫活动，而强奸罪的目的则是强行奸淫女性。

（5）犯前两罪，并有杀害、伤害、强奸、绑架等犯罪行为的，依照数罪并罚的规定

处罚。

（6）协助组织他人卖淫的，本为帮助犯，但刑法规定单独定罪处罚——帮助犯正犯化。

> 《刑法修正案（九）》对本罪作了重要修改。原来的法条规定"强奸后迫使卖淫的、造成被强迫卖淫的人重伤、死亡的"是本罪的加重处罚情节，不另定罪。现在则规定要数罪并罚，这是因为《刑法修正案（九）》取消了本罪的死刑。

（二）传播性病罪

▽ 相关法条

第三百六十条　【传播性病罪】明知自己患有梅毒、淋病等严重性病卖淫、嫖娼的，处五年以下有期徒刑、拘役或者管制，并处罚金。

✍ 考点解读

本罪是指明知自己患有梅毒、淋病等严重性病而卖淫、嫖娼的行为。卖淫嫖娼行为一般不构成犯罪，但有这种情形的，构成犯罪。

本罪侵害的客体是国民的身体健康和社会管理秩序。

本罪在客观上表现为行为人患有严重的性病而卖淫、嫖娼的行为。

首先，行为人必须患有严重性病。严重性病，是指严重的性传染病，或称性传播疾病，其主要的传染途径是性交。严重性病包括梅毒、淋病、软性下疳、性病性淋巴肉芽肿、腹股沟肉芽肿、性病疣以及艾滋病等。

其次，行为人必须实施了卖淫、嫖娼行为。不管行为人是卖淫还是嫖娼，只要具有其中的一种行为，即可构成本罪。本罪为行为犯，只要严重性病患者实施了卖淫、嫖娼的行为，即使客观上没有将性病传染给他人，也可构成本罪。

本罪的主体是特殊主体，即严重性病患者。

本罪的主观方面是故意，明知自己患有严重性病依然进行卖淫或者嫖娼，但不要求行为人主观上具有将自己的性病传染给他人的意图。

请注意本罪与故意伤害罪的关系。

如果行为人为了伤害他人，以卖淫、嫖娼为手段，意在使他人染上严重性病，且客观上造成了伤害结果的，则应当以故意伤害罪论处。

如果行为人明知他人患有严重性病而组织、强迫或引诱、容留、介绍他人卖淫的，除了符合组织卖淫罪、强迫卖淫罪与引诱、容留、介绍卖淫罪的构成要件外，还构成传播性病罪的教唆犯或帮助犯。这种情况属于想象竞合犯，应从一重罪处罚。

七、制作、贩卖、传播淫秽物品罪

（一）制作、复制、出版、贩卖、传播淫秽物品牟利罪 ★★

▽ 相关法条

第三百六十三条　【制作、复制、出版、贩卖、传播淫秽物品牟利罪】以牟利为目的，制作、复制、出版、贩卖、传播淫秽物品的，……

✍ 考点解读

制作、复制、出版、贩卖、传播淫秽物品牟利罪是指以牟利为目的，制作、复制、出版、贩卖、传播淫秽物品的行为。

1. 本罪侵害的客体是国家文化市场管理制度和良好的社会风尚。

2. 本罪在客观方面表现为制作、复制、出版、贩卖、传播淫秽物品牟利的行为。

3. 本罪的主体是一般主体，可以是自然人，也可以是单位。

4. 本罪的主观方面是故意，并且具有牟利的目的。本罪是法定的目的犯。

5. 在本罪中，"淫秽"是规范性构成要件要素，即需要进行价值判断才能确定其内涵的构成要件要素。对"淫秽"和"物品"的理解都要与时代相一致。例如，在过去，描写男女接吻的书籍即为淫秽书刊。在现代，则不认为其是淫秽书刊。在过去，淫秽物品只有书籍、图画、雕刻等。在现代，网络上的淫秽视频文件也是淫秽物品。

所谓淫秽物品，根据刑法和有关司法解释的规定，是指具体描绘性行为或者露骨宣扬色情的淫秽性的书刊、影片、录像带、录音带、图片及其他淫秽物品，包括具体描绘性行为或者宣扬色情的淫秽性的视频文件、音频文件、电子刊物、短信息等互联网、移动通讯终端电子信息和声讯台语音信息。

有关人体生理、医学的科学著作及信息不是淫秽物品，包含色情内容的有艺术价值的文学、艺术作品不视为淫秽物品。

6. 在认定制作、复制、出版、贩卖、传播淫秽物品牟利罪时，要注意其与走私淫秽物品罪的界限，行为人直接从走私分子手上购买淫秽物品加以贩卖，或者在我国的内海、领海、界河、界湖贩卖淫秽物品的，应以走私淫秽物品罪定罪处罚。

（二）传播淫秽物品罪 ★★

▷ **相关法条**

第三百六十四条 【传播淫秽物品罪】传播淫秽的书刊、影片、音像、图片或者其他淫秽物品，情节严重的，处二年以下有期徒刑、拘役或者管制。

✐ **考点解读**

传播淫秽物品罪是指不以牟利为目的，传播淫秽的书刊、影片、音像、图片或者其他淫秽物品，情节严重的行为。

本罪侵害的客体是国家文化市场管理制度和良好的社会风尚。本罪的客观方面表现为通过播放、陈列等方式使淫秽物品被不特定多数人感知以及通过出借、赠送等方式散布、流传淫秽物品，情节严重的行为。本罪的主体是一般主体，包括自然人和单位。本罪的主观方面是故意，不以牟利为目的。如果行为人以牟利为目的传播淫秽物品的，则构成传播淫秽物品牟利罪。

本罪中的淫秽物品的范围与制作、复制、出版、贩卖、传播淫秽物品牟利罪中的淫秽物品范围相同。

第二十二章
危害国防利益罪

> **导学**　本章内容很少考到，基本可以不看。本章的一个特点是，本章罪与前面几章中的很多罪名是特殊与一般的关系，按照特别法优于一般法的原则处理即可。

第一节　重点罪名

一、阻碍军人执行职务罪

阻碍军人执行职务罪是指以暴力、威胁方法阻碍军人依法执行职务的行为。

本罪与妨害公务罪是法条竞合的关系，按照特别法优先的原则处理。

二、破坏武器装备、军事设施、军事通信罪

破坏武器装备、军事设施、军事通信罪是指破坏武器装备、军事设施、军事通信的行为。战时犯本罪的从重处罚。

【示例】村民张某，为了筹集结婚费用，动起了盗窃国防通信线路的念头，先后三次用钢丝钳等工具，偷剪该线路电缆2000余米，价值2万元，销赃后得赃款3000元，致使该线路中断通信三个多小时。对张某应以何罪定罪处罚？[1]

A. 盗窃罪　　　　　　　　　　　B. 破坏公用通信设备罪

C. 破坏军事通信罪　　　　　　　D. 故意毁坏财物罪

【分析】本题涉及想象竞合与法条竞合的问题。张某盗窃数额巨大的国防通信线路的电缆，同时触犯盗窃罪和破坏公用通信设备罪，属于想象竞合犯，应从一重罪处罚。从本题的介绍来看，破坏公用通信设备罪是重罪。

国防通信线路属于军事通信的范畴，破坏这种线路的，构成破坏军事通信罪。本罪和破坏公用通信设备罪之间是法条竞合的关系。根据特别法优先的原则认定为破坏军事通信罪。

---

[1] 【答案】C

第二节　普通罪名

一、冒充军人招摇撞骗罪★★

冒充军人招摇撞骗罪是指为谋取非法利益，假冒军人的身份或职称，进行诈骗，损害武装部队的威信及其正常活动的行为。

本罪是招摇撞骗罪的特别法条。根据特别法优先的原则，本行为不再成立招摇撞骗罪。

二、盗窃、抢夺武装部队公文、证件、印章罪

盗窃、抢夺武装部队公文、证件、印章罪是指盗窃或抢夺武装部队公文、证件、印章的行为。

本罪是盗窃、抢夺国家机关公文、证件、印章罪的特别法条。根据特别法优先的原则，本行为不再成立盗窃、抢夺国家机关公文、证件、印章罪。

第二十三章
贪污贿赂罪

　　本章是重点章。每年必有题目。不过，考点通常集中在几个重点罪名上。贪污罪、挪用公款罪、受贿罪、行贿罪、利用影响力受贿罪是每年必考的考点。对贪污罪适用终身监禁的条件，对有影响力的人行贿罪的构成要件是 2016 年新增的考点。

第一节　重点罪名

一、贪污罪★★★★★

（一）考点提炼

主体 { 国家工作人员 / 受委托管理、经营国有财产的人员（此为与受贿罪、挪用公款罪的主体的不同点）

构成要件：利用职务之便侵吞公共财产，具体表现为利用主管、保管、经营、经手等便利条件侵吞公共财产

犯罪对象：公共财产，特殊情况 { 仅限于国有财产：受委托管理时 / 国有或非国有财物：受委派时

行为方式：五种

既遂与未遂的认定：实际控制财物。行为人控制财物后，是否实际消费财物，不影响贪污罪既遂的认定

共同犯罪的认定 {
非国家工作人员教唆、帮助本罪主体利用职务上的便利贪污的，以本罪共犯论
非国家工作人员与国家工作人员勾结，利用国家工作人员职务上的便利贪污的，以本罪共犯论
公司企业或者其他单位中，不具有国家工作人员身份者与国家工作人员勾结，利用各自职务便利，共同将本单位财物非法占为己有的，以主犯的性质定罪
}

（二）相关法条

《刑法》

第九十三条　【国家工作人员】本法所称国家工作人员，是指国家机关中从事公务的人员。国有公司、企业、事业单位、人民团体中从事公务的人员和国家机关、国有公司、企

业、事业单位委派到非国有公司、企业、事业单位、社会团体从事公务的人员，以及其他依照法律从事公务的人员，以国家工作人员论。

第三百八十二条 【贪污罪】国家工作人员利用职务上的便利，侵吞、窃取、骗取或者以其他手段非法占有公共财物的，是贪污罪。

受国家机关、国有公司、企业、事业单位、人民团体委托管理、经营国有财产的人员，利用职务上的便利，侵吞、窃取、骗取或者以其他手段非法占有国有财物的，以贪污论。

与前两款所列人员勾结，伙同贪污的，以共犯论处。

第三百八十三条 【贪污罪的处罚规定】对犯贪污罪的，根据情节轻重，分别依照下列规定处罚：

（一）贪污数额较大或者有其他较重情节的，处三年以下有期徒刑或者拘役，并处罚金。

（二）贪污数额巨大或者有其他严重情节的，处三年以上十年以下有期徒刑，并处罚金或者没收财产。

（三）贪污数额特别巨大或者有其他特别严重情节的，处十年以上有期徒刑或者无期徒刑，并处罚金或者没收财产；数额特别巨大，并使国家和人民利益遭受特别重大损失的，处无期徒刑或者死刑，并处没收财产。

对多次贪污未经处理的，按照累计贪污数额处罚。

犯第一款罪，在提起公诉前如实供述自己罪行、真诚悔罪、积极退赃，避免、减少损害结果的发生，有第一项规定情形的，可以从轻、减轻或者免除处罚；有第二项、第三项规定情形的，可以从轻处罚。

犯第一款罪，有第三项规定情形被判处死刑缓期执行的，人民法院根据犯罪情节等情况可以同时决定在其死刑缓期执行二年期满依法减为无期徒刑后，终身监禁，不得减刑、假释。

立法解释、司法解释：

全国人民代表大会常务委员会《关于〈中华人民共和国刑法〉第九十三条第二款的解释》。

最高人民法院《关于审理贪污、职务侵占案件如何认定共同犯罪几个问题的解释》。

最高人民法院、最高人民检察院《关于办理贪污贿赂刑事案件适用法律若干问题的解释》

（三）考点解读

贪污罪，是指国家工作人员利用职务上的便利，侵吞、窃取、骗取或者以其他手段，非法占有公共财物的行为。

1. 本罪的法益。

本罪的法益是双重法益。既包括公共财产的所有权，也包括国家工作人员职务行为的廉洁性。

2. 贪污罪的主体。

本罪是特殊主体。包括以下两种人：

（1）国家工作人员。具体范围根据前文的分析确定。

（2）受委托管理、经营国有财产的人员。

根据《刑法》第382条第2款的规定，受国家机关、国有公司、企业、事业单位、人民团体委托管理、经营国有财产的人员，可以成为本罪的主体。受托管理、经营国有财产是指因承包、租赁、临时聘用等而管理、经营的国有财产。

《刑法》第 382 条第 2 款的规定是特别规定。因此，贪污罪的犯罪主体与受贿罪、挪用公款罪等本章其他罪都有不同，即贪污罪的主体包括《刑法》第 382 条第 2 款规定的人员，而受贿罪、挪用公款罪的主体都不包括这些人员。

> 受委托从事公务人员与受委派从事公务人员不同。委托是平等主体之间的一种民事法律关系，受委托人员不仅在被委托之前不是国家工作人员，在被委托之后也不是国家工作人员。委派是一种行政法律关系。受委派人员，无论在被委派之前是否是国家工作人员，在被委派之后都成为国家工作人员。

3. "利用职务之便"的认定。

本罪必须利用职务之便实施。利用职务之便，是指利用职务范围内的权力和地位形成的有利条件，具体表现为主管、保管、经营、经手等便利条件。利用与职务无关，仅因工作关系熟悉作案环境、凭工作人员身份便于接近作案目标等便利条件，不属于利用职务之便。

4. 本罪的犯罪对象。

贪污罪的犯罪对象原则上为公共财产。但有两点要注意：一是当行为人是受国家机关、国有公司等国有单位的委托而管理、经营国有财产的人员时，贪污罪的对象仅为国有财产；二是非公共财产也可以成为本罪对象，即当行为人是国家机关、国有公司、企业、事业单位委派到非国有公司、企业、事业单位、社会团体从事公务的人员时，犯罪对象可能不属于公共财产。

5. 本罪的行为方式。

贪污罪的行为方式有五种：侵吞；窃取；骗取；国家工作人员在国内公务活动或者对外交往中接受礼物，依照国家规定应当交公而不交公；其他手段，如挪用公款后携款逃跑，将公共财物非法占为己有等。

6. 本罪的犯罪形态。

贪污罪是一种以非法占有为目的的财产性职务犯罪，与盗窃、诈骗、抢夺等侵犯财产罪一样，应当以行为人是否实际控制财物作为区分贪污罪既遂与未遂的标准。对于行为人利用职务上的便利，实施了虚假平账等贪污行为，但公共财物尚未实际转移，或者尚未被行为人控制就被查获的，应当认定为贪污未遂。行为人控制公共财物后，是否将财物从法律上据为己有或者实际用掉，不影响贪污罪既遂的认定。

【示例】甲、乙是国有公司的董事长和会计。二人合谋将本公司小金库（即未入公司大账，但确为公款的钱）中的 100 万元私分，并存入各自的私人银行账户。一年后，因为被人举报，在纪委找二人谈话后，二人将该款退回。法院认定甲、乙成立贪污罪中止。你觉得法院的认定正确吗？为什么？

【分析】法院的认定显然是错误的。甲、乙将公款存入各自的私人银行账户时，贪污罪已经既遂。

7. 本罪与诈骗罪、盗窃罪、侵占罪的区别。

贪污行为包括侵吞、窃取、骗取行为。行为人利用手里的权力侵吞、窃取、骗取公共财产的，构成贪污罪。行为人不利用手里的权力侵吞、窃取、骗取公共财产的，可能构成侵占罪、盗窃罪、诈骗罪等罪。

【经典真题】

甲和乙是国有企业的财务科的会计和出纳。甲、乙分别保管保险柜的钥匙和密码，下列选项正确的是：（2019 回忆版）[1]

A. 甲利用自己掌管的钥匙，并猜中密码取得保险柜中的现金，属于利用职务之便侵吞公共财物

B. 乙利用自己掌管的密码和私自配制的钥匙取得保险柜中的现金，属于利用职务之便窃取公共财物

C. 乙骗走甲的钥匙，结合自己掌管的密码，取走保险柜中的现金，属于利用职务之便骗取公共财物

D. 甲、乙共谋使用钥匙和密码，或共同破坏保险柜而取走财物的，属于利用职务之便侵吞公共财物

【考点】 贪污罪

【解题思路与常见错误分析】 本罪考查贪污罪的行为方式"侵吞、窃取、骗取"的认定。甲、乙分别使用了钥匙和密码，都是利用了自己的职务之便。但是，由于财物是二人共同占有的，一人背着另一人获得财物的，是侵犯共同占有的盗窃行为。只有二人合谋共同占有该财物的，才是"侵吞"该财物。所以，选项 A、B、C 都是窃取公共财物，只有选项 D 才是"侵吞"了共同占有的财物。

【同类考点总结】 本题考查得很细致。"窃取"的对象只能是他人占有的或者自己和他人共同占有的财物。一个人对自己完全占有的财物不能成立盗窃罪，也不能"窃取"。

8. 本罪与职务侵占罪、挪用公款罪的区别。

本罪是国家工作人员的职务侵占行为。职务侵占罪是非国家工作人员的职务侵占行为。

本罪是贪污公共财产，即将公共财产利用职务之便非法据为己有。挪用公款是挪用公款和特定的公物，行为人并不想获得公款和特定公物的所有权。

9. 共同犯罪的认定。

分三种情况：

（1）非国家工作人员教唆、帮助国家工作人员和受委托管理、经营国有财产的人员利用职务上的便利贪污公共财物的，以贪污罪的共犯论处。

（2）非国家工作人员与国家工作人员勾结，利用国家工作人员的职务便利，共同侵吞、窃取、骗取或者以其他手段非法占有公共财物的，以贪污罪共犯论处。

（3）公司、企业或者其他单位中，不具有国家工作人员身份的人与国家工作人员勾结，分别利用各自的职务便利，共同将本单位财物非法占为己有的，按照主犯的犯罪性质定罪。各共同犯罪人在共同犯罪中的地位、作用相当，难以区分主从犯的，可以依贪污罪定罪处罚。

在司法实践中，区分主从犯有困难的，一般按照以下原则处理：①根据行为人职务高低确定主从犯，职务高的视为主犯。②行为人职务相同的，根据行为人的职权与被占有财物的关系确定主从犯，行为人的职权与被占有财物联系更密切的，该行为人视为主犯。

---

[1] 【答案】D

10. 本罪的处罚。★★★★

（1）量刑标准不再唯数额论。

《刑法修正案（九）》改变了原来在贪污罪的量刑中量刑标准唯数额论的规定。根据新规定，量刑的标准包括数额或者情节。例如，"贪污数额较大或者有其他较重情节的，处三年以下有期徒刑或者拘役，并处罚金"。

（2）贪污罪、受贿罪最新量刑标准。

2016 年 4 月，最高人民法院、最高人民检察院发布了《关于办理贪污贿赂刑事案件适用法律若干问题的解释》（以下简称《贪污贿赂解释》）。根据本解释，贪污罪、受贿罪构成犯罪的数额大幅度提升。以下是具体规定：

第一条　贪污或者受贿数额在三万元以上不满二十万元的，应当认定为刑法第三百八十三条第一款规定的"数额较大"，依法判处三年以下有期徒刑或者拘役，并处罚金。

贪污数额在一万元以上不满三万元，具有下列情形之一的，应当认定为刑法第三百八十三条第一款规定的"其他较重情节"，依法判处三年以下有期徒刑或者拘役，并处罚金：

（一）贪污救灾、抢险、防汛、优抚、扶贫、移民、救济、防疫、社会捐助等特定款物的；

（二）曾因贪污、受贿、挪用公款受过党纪、行政处分的；

（三）曾因故意犯罪受过刑事追究的；

（四）赃款赃物用于非法活动的；

（五）拒不交待赃款赃物去向或者拒不配合追缴工作，致使无法追缴的；

（六）造成恶劣影响或者其他严重后果的。

受贿数额在一万元以上不满三万元，具有前款第二项至第六项规定的情形之一，或者具有下列情形之一的，应当认定为刑法第三百八十三条第一款规定的"其他较重情节"，依法判处三年以下有期徒刑或者拘役，并处罚金：

（一）多次索贿的；

（二）为他人谋取不正当利益，致使公共财产、国家和人民利益遭受损失的；

（三）为他人谋取职务提拔、调整的。

第二条　贪污或者受贿数额在二十万元以上不满三百万元的，应当认定为刑法第三百八十三条第一款规定的"数额巨大"，依法判处三年以上十年以下有期徒刑，并处罚金或者没收财产。

贪污数额在十万元以上不满二十万元，具有本解释第一条第二款规定的情形之一的，应当认定为刑法第三百八十三条第一款规定的"其他严重情节"，依法判处三年以上十年以下有期徒刑，并处罚金或者没收财产。

受贿数额在十万元以上不满二十万元，具有本解释第一条第三款规定的情形之一的，应当认定为刑法第三百八十三条第一款规定的"其他严重情节"，依法判处三年以上十年以下有期徒刑，并处罚金或者没收财产。

第三条　贪污或者受贿数额在三百万元以上的，应当认定为刑法第三百八十三条第一款规定的"数额特别巨大"，依法判处十年以上有期徒刑、无期徒刑或者死刑，并处罚金或者没收财产。

贪污数额在一百五十万元以上不满三百万元，具有本解释第一条第二款规定的情形之一的，应当认定为刑法第三百八十三条第一款规定的"其他特别严重情节"，依法判处十年以上有期徒刑、无期徒刑或者死刑，并处罚金或者没收财产。

受贿数额在一百五十万元以上不满三百万元，具有本解释第一条第三款规定的情形之一的，应当认定为刑法第三百八十三条第一款规定的"其他特别严重情节"，依法判处十年以上有期徒刑、无期徒刑或者死刑，并处罚金或者没收财产。

> 考生要掌握三万、二十万、三百万这三个数字，还要记住各自对应的 3 年以下，3～10 年，10 年至死刑的量刑标准。因为这几个数字涉及贪污罪和受贿罪的定罪标准和追诉时效。

由于提高了贪污罪、受贿罪的定罪量刑标准，该司法解释相应提高了职务侵占罪、挪用公款罪、行贿罪、利用影响力受贿罪等相关犯罪的定罪量刑标准。不过考生不必掌握这些具体数额。

（3）被判处死缓的，可以被同时判处终身监禁，不得减刑、假释。

根据新规定，犯贪污罪被判处死刑缓期执行的，人民法院根据犯罪情节等情况可以同时决定在其死刑缓期执行二年期满依法减为无期徒刑后，终身监禁，不得减刑、假释。

注意：

A. 不仅适用于贪污罪，也适用于受贿罪。因为贪污罪和受贿罪的量刑标准相同。

B. 只适用于被判处死刑缓期执行的罪犯。

C. 是否适用终身监禁是由法官在宣判时就决定的。如果在宣判时，法官觉得仅仅判处罪犯普通死刑缓期执行尚不能做到罪刑相适应，则可以决定对罪犯同时适用"终身监禁"。

"终身监禁"的实质是代替死刑的立即执行。犯罪情节极其严重，本该被判处死刑立即执行的贪污罪罪犯和受贿罪罪犯以后就可以被判处死刑缓期执行加终身监禁了。

【经典真题】

国有 A 公司总经理甲发现 A 公司将从 B 公司购进的货物转手卖给某公司时，A 公司即可赚取 300 万元。甲便让其妻乙注册成立 C 公司，并利用其特殊身份，让 B 公司与 A 公司解除合同后，再将货物卖给 C 公司。C 公司由此获得 300 万元利润。关于甲的行为定性，下列哪一选项是正确的？[1]（2013－2－20）

A. 贪污罪

B. 为亲友非法牟利罪

C. 诈骗罪

D. 非法经营同类营业罪

注意： 本题的详细解析在第二十章第二节"为亲友非法牟利罪"处。

---

[1]　【答案】A

二、挪用公款罪★★★★★

（一）考点提炼

"归个人使用"的含义
- 给自己、其他自然人使用
- 以个人名义将公款给其他单位使用
- 个人决定以单位名义将公款供其他单位使用，谋取个人利益

构成要件
- 归个人使用，进行非法活动的
- 数额较大，归个人进行营利活动的
- 进行其他活动，数额较大，超过三个月未还的

挪用公款数额的计算
- 只计算本金，不计算利息
- 多次挪用的，按案发时实际未还的数额计算

挪用的对象：公款，如果是用于救灾、抢险、防汛、优抚、扶贫、移民、救济的，则包括钱款和物资

数罪并罚
- 因挪用公款索取、收受贿赂构成犯罪的
- 挪用公款进行非法活动构成其他犯罪的

挪用公款罪共同犯罪的认定：公款使用人或第三人与挪用人共谋，指使或者参与策划取得挪用款的，为本罪的共犯

（二）相关法条

《刑法》

第三百八十四条　【挪用公款罪】国家工作人员利用职务上的便利，挪用公款归个人使用，进行非法活动的，或者挪用公款数额较大、进行营利活动的，或者挪用公款数额较大、超过三个月未还的，是挪用公款罪，处五年以下有期徒刑或者拘役；情节严重的，处五年以上有期徒刑。挪用公款数额巨大不退还的，处十年以上有期徒刑或者无期徒刑。

挪用用于救灾、抢险、防汛、优抚、扶贫、移民、救济款物归个人使用的，从重处罚。

刑法第九十三条、第一百八十五条、第二百七十二条、第二百七十三条也有相关内容。

立法解释

全国人民代表大会常务委员会《关于〈中华人民共和国刑法〉第三百八十四条第一款的解释》。

司法解释

最高人民法院《关于审理挪用公款案件具体应用法律若干问题的解释》。

最高人民法院、最高人民检察院《关于办理贪污贿赂刑事案件适用法律若干问题的解释》。

（三）考点解读

挪用公款罪是指国家工作人员利用职务上的便利，挪用公款归个人使用，进行非法活动的，或者挪用公款数额较大、进行营利活动的，或者挪用公款数额较大、超过三个月未还的行为。

1. 挪用公款"归个人使用"的认定。

挪用公款罪中的"归个人使用"，司法解释与立法解释的规定不同，应该以立法解释为准。

全国人民代表大会常务委员会《关于〈中华人民共和国刑法〉第三百八十四条第一款的解释》规定，有下列情形之一的，属于挪用公款"归个人使用"：

（1）将公款供本人、亲友或者其他自然人使用的。

（2）以个人名义将公款供其他单位使用的。

（3）个人决定以单位名义将公款供其他单位使用，谋取个人利益的。

> 根据立法解释的规定，将公款给其他自然人使用的，属于归个人使用，是否以个人名义或者谋取个人利益不论；以个人名义将公款供其他单位使用的，属于归个人使用，是否谋取个人利益不论；以单位名义将公款供其他单位使用的，只有个人决定而且谋取个人利益的，才属于归个人使用。这里单位的性质没有限制，包括私有公司、企业，国有、集体公司、企业。

单位之间的资金拆借、经单位领导集体研究决定将公款给个人使用，虽是一种违法行为，但并不构成挪用公款罪。个人决定以单位名义将公款供其他单位使用，如果不是谋取个人利益，也不构成挪用公款罪。单位负责人为了单位的利益，决定将公款给个人使用的，不以挪用公款罪定罪处罚。上述行为致使单位遭受重大损失，构成其他犯罪的，依照刑法的有关规定对责任人员定罪处罚。

2. 对"使用"的认定。

能否将挪用公款罪的"归个人使用"理解为必须是个人已经实际使用了公款？从本罪的罪状来看，"挪用"中已经包含了"使用"的内容，之所以进一步规定"归个人使用"，目的在于将其与非个人使用相区别，从而界定挪用公款罪与非罪。它所解决的不是是否实际使用的问题，而是解决公款使用权的归属。因此，对"归个人使用"应作广义上的理解，既包括客观上实际使用，也包括正在准备使用或者没有使用。"归个人使用"是行为人主观上的追求，因此，是否已经归个人实际使用并不影响挪用公款罪的成立，也不影响挪用公款罪的既遂。挪用公款后尚未投入实际使用的同样可以构成挪用公款罪既遂。

3. 挪用公款后用途不同，犯罪的构成要件不同——超高频考点。

《刑法》第384条规定，国家工作人员利用职务上的便利，挪用公款归个人使用，进行非法活动的，或者挪用公款数额较大、进行营利活动的，或者挪用公款数额较大、超过三个月未还的，是挪用公款罪。据此：

（1）挪用公款进行非法活动的，一经挪用即构成犯罪。

挪用公款进行非法活动即挪用公款进行走私、嫖娼、赌博、非法经营等违法犯罪活动。这种情况下不受挪用时间和挪用数额的限制，一经挪用即构成犯罪。

挪用公款进行犯罪活动，又构成其他罪的，以挪用公款罪和其他罪进行数罪并罚。明知他人用于非法活动，仍借给其使用的，视为归个人使用进行非法活动；如果不知他人用于非法活动而借给其使用的，视为归个人使用，即属于第三种情况。

（2）挪用公款进行营利活动的，数额较大才构成犯罪。

进行营利活动通常是指进行经商、炒股等合法经营性活动。至于经营性活动是否获利，不影响本罪的成立。挪用公款进行营利活动的，不受挪用时间的限制，但要求数额较大才构成犯罪。

挪用公款存入银行、用于集资、购买股票、国债等，属于挪用公款进行营利活动。所获取的利息、收益等违法所得，应当追缴，但不计入挪用公款的数额。

挪用公款给他人使用，不知道使用人用公款进行营利活动，数额较大、超过三个月未还的，构成挪用公款罪；明知使用人用于营利活动，应当认定为挪用人挪用公款进行营利活动。

（3）挪用公款进行其他活动的，数额较大且超过三个月未还的，才构成挪用公款罪。

挪用公款进行其他活动是指挪用公款进行合法且非营利性的活动，如给孩子交学费，给女朋友买情人节礼物（如钻戒）等。这种挪用要求数额较大且超过三个月未还的才构成挪用公款罪。

> 值得强调的是，在挪用公款给他人或者其他单位使用的情况下，本人认识的用途与他人或者其他单位实际用途不一致时，应以本人的认识作为认定是否成立犯罪的根据。

4. 挪用公款的构罪数额。

《贪污贿赂解释》规定：

第五条：挪用公款归个人使用，进行非法活动，数额在三万元以上的，应当依照刑法第三百八十四条的规定以挪用公款罪追究刑事责任；数额在三百万元以上的，应当认定为刑法第三百八十四条第一款规定的"数额巨大"。……

第六条：挪用公款归个人使用，进行营利活动或者超过三个月未还，数额在五万元以上的，应当认定为刑法第三百八十四条第一款规定的"数额较大"；数额在五百万元以上的，应当认定为刑法第三百八十四条第一款规定的"数额巨大"。……

5. 挪用公款数额的计算。

（1）在计算挪用公款的数额时，挪用公款（包括银行存款）后至案发前，被挪用公款所生利息，不作为挪用公款的数额计算，但应作为行为人的非法所得，连同其挪用的公款一并依法追缴。

（2）行为人多次挪用公款，并以后次挪用的公款归还前次挪用的公款，犯罪数额按案发时实际未还的数额计算。

6. 本罪的犯罪对象。

（1）挪用的对象主要是公款，但也包括用于救灾、抢险、防汛、优抚、扶贫、移民、救济的款物。

挪用普通公物归个人使用的，不以挪用公款罪论处。构成其他犯罪的，依照刑法的相关规定定罪处罚。挪用用于救灾、抢险、防汛、优抚、扶贫、移民、救济这七种特定款物归个人使用的，以挪用公款罪论处。挪用这七种特定款物用于本单位的公共用途的可以构成挪用特定款物罪。

> 挪用普通公物的，不构成挪用公款罪。

（2）挪用的对象还包括国库券、股票、债券、失业保险基金和下岗职工基本生活保障资金。

7. 罪数。

（1）因挪用公款索取、收受贿赂构成犯罪的，数罪并罚。

（2）挪用公款进行非法活动构成其他犯罪的，数罪并罚。

8. 共同犯罪的认定。

（1）挪用公款给他人使用，使用人与挪用人共谋，指使或者参与策划取得挪用款的，以挪用公款罪的共犯定罪处罚。使用人以外的其他人指使或者参与策划取得挪用款的，也应以共同犯罪定罪处罚。

（2）如果仅仅明知是挪用的公款而仍然使用的，不按共同犯罪处理。如果使用人只是单纯提出借用公款的，也不得认定为挪用公款罪的共犯。

9. 《全国法院审理经济犯罪案件工作座谈会纪要》对挪用公款罪的相关规定。

（1）国有单位领导利用职务上的便利指令具有法人资格的下级单位将公款供个人使用的，属于挪用公款行为，构成犯罪的，应以挪用公款罪定罪处罚。

（2）挪用金融凭证、有价证券用于质押，使公款处于风险之中，与挪用公款为他人提供担保没有实质的区别，符合刑法关于挪用公款罪规定的，以挪用公款罪定罪处罚。挪用公款数额以实际或者可能承担的风险数额认定。

（3）挪用公款归还个人欠款行为性质的认定。

挪用公款归还个人欠款的，应当根据产生欠款的原因分别认定属于挪用公款的何种情形。归还个人进行非法活动或者进行营利活动产生的欠款，应当认定为挪用公款进行非法活动或者进行营利活动。

（4）挪用公款用于注册公司、企业行为性质的认定。

申报注册资本是为进行生产经营活动作准备，属于成立公司、企业进行营利活动的组成部分。因此，挪用公款归个人用于公司、企业注册资本验资证明的，应当认定为挪用公款进行营利活动。

10. 本罪转化为贪污罪的认定——超高频考点。

挪用公款罪与贪污罪的主要区别在于行为人主观上是否具有非法占有公款的目的。挪用公款是否转化为贪污，应当按照主客观相一致的原则，具体判断和认定行为人主观上是否具有非法占有公款的目的。在司法实践中，具有以下情形之一的，可以认定行为人具有非法占有公款的目的：

（1）根据最高人民法院《关于审理挪用公款案件具体应用法律若干问题的解释》第6条的规定，行为人"携带挪用的公款潜逃的"，对其携带挪用的公款部分，以贪污罪定罪处罚。

（2）行为人挪用公款后采取虚假发票平账、销毁有关账目等手段，使所挪用的公款已难以在单位财务账目上反映出来，且没有归还行为的，应当以贪污罪定罪处罚。

（3）行为人截取单位收入不入账，非法占有，使所占有的公款难以在单位财务账目上反映出来，且没有归还行为的，应当以贪污罪定罪处罚。

（4）有证据证明行为人有能力归还所挪用的公款而拒不归还，并隐瞒挪用的公款去向的，应当以贪污罪定罪处罚。

如果挪用公款因客观原因而不能退还的，不能认定为贪污罪。简单来讲，如果行为人的行为已经显示出其具有非法占有（所有）公款的目的，则构成贪污罪。

对于"平账"也要具体分析。只有真正使得公款从账上看起来也无需收回的"平账"行为（比如自己挪用公款5万元，然后用会务费发票"平账"）才构成贪污罪。如果"平账"行为只是使公款从一种应收款变成了另一种应收款的，仍然应当认定为挪用公款行为。

【示例】2015年10月，某国有银行国际部主任甲利用主管业务便利，将本单位公款300万借给张某公司使用。2016年4月甲被调离岗位。2016年11月该银行建立电子对账系统，甲为掩盖借300万元给他人使用的事实，制作了金额为50万美元的虚假信用证贴现贷款材料，将该300万元掩饰为银行贷给A公司的信用证贴现贷款。2016年11月，该银行发现信用证材料不全，询问甲，甲承认上述事实。甲的行为构成何罪？

【分析】甲构成挪用公款罪。甲借300万元给张某公司使用的行为构成挪用公款罪，无须赘述。甲为了掩盖甲挪用公款的事实，将被挪用的公款制作成虚假的信用证贴现贷款（即谎称该笔钱作为贷款被放出去了），但是该笔款项在账上仍然存在（由个人挪用变成了对企业的信用贷款）。本案也正是因此案发的。这种掩盖方式并不能使公款从账上消失，即没有虚假平账，所以，甲的行为仍然构成挪用公款罪，不构成贪污罪。

11. 贪污罪、挪用公款罪、职务侵占罪、挪用资金罪、挪用特定款物罪辨析。

表 46　五罪辨析

罪名	共同特征	主体身份	侵犯法益	挪（贪污）归谁用
贪污罪	利用职务便利	国家工作人员、受委托管理、经营国有财产的人员	廉洁、公共财物的所有权	个人
挪用公款罪	利用职务便利	国家工作人员	廉洁、公款（含个别公物）的使用权	个人
职务侵占罪	利用职务便利	非国家工作人员	单位财物的所有权	个人
挪用资金罪	利用职务便利	非国家工作人员	单位财物的使用权	个人
挪用特定款物罪	利用权力便利	国家和非国家工作人员均可。本罪是纯正的单位犯罪	对特定款物专款专用的财经管理制度	单位（在单位内部改变用途）

【示例】下列成立挪用公款共同犯罪的是：[1]

A. 甲明知乙挪用了公款 30 万元，仍然使用

B. 甲明知乙没钱还是向乙借钱，乙遂挪用公款 30 万元借给甲

C. 乙用挪用的公款 30 万元与甲合伙做生意

D. 甲唆使乙挪用公款 30 万元

【分析】只是使用公款，而没有参与、策划挪用行为的不构成挪用公款的共犯。

【经典真题】

6 月 28 日凌晨，赵某将恐吓信置于钱某家门口，谎称钱某被绑架，让钱某之妻孙某（某国有企业出纳）拿 20 万元到某大桥赎人，如报警将杀死钱某。孙某不敢报警，但手中只有 3 万元，于是在上班之前从本单位保险柜拿出 17 万元，急忙将 20 万元送至某大桥处。赵某蒙面接收 20 万元后，声称 2 小时后孙某即可见到丈夫。28 日下午，钱某的尸体被人发现（经鉴定，钱某系溺水死亡）。赵某觉得罪行迟早会败露，于 29 日向公安机关投案，如实交待了上述全部犯罪事实，并将勒索的 20 万元交给公安人员（公安人员将 20 万元退还孙某，孙某于 8 月 3 日将 17 万元还给公司）。公安人员李某听了赵某的交待后随口说了一句"你罪行不轻啊"，赵某担心被判死刑，逃跑至外地。在被通缉的过程中，赵某身患重病无钱治疗，向当地公安机关投案，再次如实交待了自己的全部罪行。请问，孙某的行为构成挪用公款罪吗？[2]（2010 - 4 - 2）

【考点】挪用公款罪的认定

---

〔1〕【答案】D

〔2〕【答案】孙某的行为虽然属于挪用公款，但不成立挪用公款罪。因为孙某虽然将公款挪用给个人使用，但并没有超过三个月未还。

【解题思路与常见错误分析】孙某拿了公款后，并未涂改账目，说明她没有贪污公款的故意。她挪用公款是为了解救丈夫，这既不属于进行非法活动，也不属于进行营利活动。那么可能构成犯罪的要件就是挪用公款数额较大且超过三个月未还，孙某挪用公款虽然数额较大，但在三个月内归还单位了。所以，孙某的行为不构成挪用公款罪。

【同类考点总结】挪用公款的用途影响定罪是本罪非常重要的考点，一定要准确掌握。

三、受贿罪★★★★★

（一）考点提炼

法益：国家工作人员职务行为的不可收买性

构成要件

利用职务上的便利
- 直接利用本人职务范围内的权力和地位
- 利用本人职权或者地位形成的便利条件，通过其他国家工作人员职务上的行为，为请托人谋取不正当利益

行为对象是他人财物：包括无形的可以用金钱计量的物质性利益

为他人谋取利益：只要有承诺、实施和实现三个行为中的一个行为，就具备了此要件

方式：五种，即索贿、被动受贿、斡旋受贿（必须具备谋取不正当利益的要件）、经济受贿和在职时为请托人谋利，离职后收受财物

既遂：以行为人是否实际控制财物作为标志，但是收取财物后及时上交或者退还的，不是受贿

共同受贿犯
- 非国家工作人员与国家工作人员勾结伙同受贿的，以本罪定罪
- 国家工作人员的近亲属向国家工作人员代为转达请托事项，收受请托人财物并告知该国家工作人员的，近亲属为共犯
- 国家工作人员明知近亲属收受了他人财物，仍按其要求利用职权为他人谋取利益的，两者为本罪共犯
- 特定关系人之外的人与国家工作人员通谋，由国家工作人员利用职务上的便利为请托人谋利，收受财物后双方共同占有的，两者为共犯
- 国家工作人员利用职务上的便利为他人谋取利益，并指定他人将有关财物给予特定关系人的，两者为本罪共犯

本罪与敲诈勒索罪的界限：是否利用了自己职务上的便利

本罪与诈骗罪的界限：国家工作人员利用职务上的便利收受请托人财物后，作出虚假承诺的，构成受贿罪

各种变相受贿行为：各种变相受贿，本质都是权钱交易

（二）相关法条

《刑法》

第三百八十五条 【受贿罪】国家工作人员利用职务上的便利，索取他人财物的，或者非法收受他人财物，为他人谋取利益的，是受贿罪。

国家工作人员在经济往来中，违反国家规定，收受各种名义的回扣、手续费，归个人所有的，以受贿论处。

第三百八十八条 【斡旋受贿】国家工作人员利用本人职权或者地位形成的便利条件，通过其他国家工作人员职务上的行为，为请托人谋取不正当利益，索取请托人财物或者收受请托人财物的，以受贿论处。

刑法第九十三条、第一百六十三条、第一百八十四条、第三百八十六条、第三百八十七条、第三百八十八条之一也有相关内容。

司法解释：

最高人民法院《关于对贪污、受贿、挪用公款犯罪分子依法正确适用缓刑的若干规定》。

最高人民法院《关于国家工作人员利用职务上的便利为他人谋取利益离退休后收受财物行为如何处理问题的批复》。

最高人民法院、最高人民检察院《关于办理受贿刑事案件适用法律若干问题的意见》。

最高人民法院、最高人民检察院《关于办理贪污贿赂刑事案件适用法律若干问题的解释》。

(三) 考点解读

受贿罪是指国家工作人员利用职务上的便利，索取他人财物，或者非法收受他人财物，为他人谋取利益的行为。

1. 本罪的法益是国家工作人员职务行为的不可收买性。

2. 本罪的构成要件是利用职务上的便利，索取他人财物，或者非法收受他人财物，为他人谋取利益的行为。

(1)"利用职务上的便利"的认定。

"利用职务上的便利"是指行为人直接利用本人职务范围内的权力和地位，即利用本人职务上的主管、分管、经管、承办、处理、决定某种公务的职权及其所形成的便利条件。这种直接利用本人职务范围内的权力，实际上是利用自己所掌握的某种国家权力对他人利益形成的制约作用。这里的"利用"，可以是积极利用，即依职权当为而为，或是不当为而为。例如，质量监督机关为不合格产品发放合格证。也可以是消极利用，即依职权当为而不为的情形。例如，公安机关依职权应当查处娱乐场所的"黄""赌""毒"等违法犯罪现象而不予查处。

根据《刑法》第388条的规定，国家工作人员利用本人职权或者地位形成的便利条件，通过其他国家工作人员职务上的行为，为请托人谋取不正当利益的，也属于"利用职务上的便利"，属于间接"利用职务上的便利"。

(2) 受贿的内容是财物。

这里的财物应当作适当的扩大解释，不仅指有形的可以用金钱计量的钱物，也包括无形的，但可以用金钱计量的物质性利益，如债权的设立、债务的免除以及其他形式的物质性利益，但不包括诸如提升职务、迁移户口、升学就业、提供女色等非物质性不正当利益。

(3)"为他人谋取利益"的认定。

为他人谋取利益包括承诺、实施和实现三个阶段的行为。只要具有其中一个阶段的行为，就具备了为他人谋取利益的要件。如国家工作人员收受他人财物时，根据他人提出的具体请托事项，承诺为他人谋取利益。承诺为他人谋取利益的承诺可以是明示，也可以是暗示。明知他人有具体请托事项而收受其财物的，视为承诺为他人谋取利益（即暗示）。当他人主动行贿后并提出为其谋取利益的要求后，国家工作人员虽没有明确答复予以办理，但只要不予拒绝，就应当认定为是一种暗示的承诺。

《贪污贿赂解释》第13条规定：具有下列情形之一的，应当认定为"为他人谋取利益"，构成犯罪的，应当依照刑法关于受贿犯罪的规定定罪处罚：

(一) 实际或者承诺为他人谋取利益的；

(二) 明知他人有具体请托事项的；

（三）履职时未被请托，但事后基于该履职事由收受他人财物的。

国家工作人员索取、收受具有上下级关系的下属或者具有行政管理关系的被管理人员的财物价值三万元以上，可能影响职权行使的，视为承诺为他人谋取利益。

（4）五种行为方式：索贿、被动受贿、斡旋受贿、经济受贿和离退休、离职人员的事后受贿。

```
索贿────────────────────────────→    受
收受钱财 + 为他人谋取利益───────────→    贿
斡旋受贿 + 收受钱财 + 为他人谋取不正当利益─→  罪
```

①索贿。

索贿构成犯罪的，并不以为他人谋取利益为必要条件。这一点不同于《刑法》第163条的非国家工作人员受贿罪中的索贿和单位受贿中的索贿。为他人谋取利益都是构成后两罪的必备要件。

②被动受贿。

> 索贿或者收受贿赂，并不限于行为人将贿赂直接据为己有，还包括使请托人向第三人提供贿赂。例如，丙有求于国家工作人员甲的职务行为，甲便要求或者暗示丙向乙提供财物，乙接受。甲成立受贿罪。乙如果与甲有事先通谋，则成立受贿罪的共犯。

这种形式要有为他人谋取利益的要件，才构成受贿罪。至于行为人是为他人谋取正当利益还是不正当利益，是合法利益还是非法利益，不影响本罪的成立。

③斡旋受贿。

对于非国家工作人员受贿罪，法律没有规定斡旋受贿的形式，所以斡旋受贿这种行为方式只存在于受贿罪中。斡旋受贿行为构成受贿罪的情况，有两个特点：

第一，客观方面表现为行为人利用本人职权或者地位形成的便利条件，通过其他国家工作人员职务上的行为，而不是直接利用自己职务范围内的权力。

《刑法》第388条规定的"利用本人职权或者地位形成的便利条件"，是指行为人与被其利用的国家工作人员之间在职务上虽然没有隶属、制约关系，但是行为人利用了因本人的职权或者地位对其他国家工作人员所形成的政治、经济等方面的影响或者制约关系，如单位内不同部门的国家工作人员之间、上下级单位没有职务上隶属、制约关系的国家工作人员之间、有工作联系的不同单位的国家工作人员之间等。

注意：实践中，行为人利用了自己国家工作人员的身份即可认定为"利用本人职权或者地位形成的便利条件"。

应当注意，如果行为人利用本人与其他国家工作人员之间的亲友关系，则不属于"利用职务上的便利"。例如，子女通过其父母的职务行为，为请托人谋取利益，收受财物的，便不能以受贿罪论处。

第二，为请托人谋取的是不正当利益。

这里的"不正当利益"，是指依照有关法律、法规、规章制度或政策，请托人不应当得到的利益，包括合法利益（可能程序违规）和非法利益。如果行为人利用本人职权或者地位形成的便利条件，通过其他国家工作人员职务上的行为为请托人谋取正当利益，从中索取或者收受请托人财物的，则不能以受贿论处。

④经济受贿：国家工作人员在经济往来中，违反国家规定，收受各种名义的回扣、手

续费，归个人所有的，以受贿论处。

⑤关于在职时为请托人谋利，离职后收受财物问题。

这包括两种情况：

第一，国家工作人员利用职务上的便利为请托人谋取利益之前或者之后，约定在其离职后收受请托人财物，并在离职后收受的，以受贿论处。

注意：必须事先约定。如果没有事先约定，在离退休（离职）后，无论是收受财物还是索取财物，都不能成立受贿罪。

第二，国家工作人员利用职务上的便利为请托人谋取利益，离职前后连续收受请托人财物的，离职前后收受部分均应计入受贿数额。

这种情形中，作为一个受贿的连续行为，将基于同一事由于离职后继续收受的财物计入受贿数额，符合连续犯的一般理论。

【示例1】甲请求国家工作人员乙帮忙为其非法减免税款。乙利用自己曾和丙在共同下乡插队中形成的朋友关系，使丙为甲减免了税款。甲为此送给乙3万元。乙的行为是否成立受贿罪？

【分析】乙没有利用自己职权或者地位形成的便利条件，而是利用生活中形成的朋友关系，通过其他国家工作人员职务上的行为，为请托人谋取不正当利益，收受请托人财物，不构成受贿罪。但乙可以构成《刑法修正案（七）》增设的利用影响力受贿罪。

【示例2】乙的妻子在乡村小学教书，乙试图通过关系将其妻调往县城，就请县公安局长胡某给教育局长黄某打招呼，果然事成。事后，乙给胡某2万元钱，胡将其中1万元给黄某，剩余部分自己收下。乙、黄某、胡某的行为应当如何认定？

【分析】黄某构成受贿罪；胡某的行为属于斡旋受贿，构成受贿罪；乙为谋取不正当利益而行贿，构成行贿罪。

3. 受贿罪的既遂。

受贿罪是一种以非法占有为目的的财产性职务犯罪，与盗窃、诈骗、抢夺等侵犯财产罪一样，应当以行为人是否实际控制财物作为区分受贿罪既遂与未遂的标准。在贿赂财物为有价证券、购物卡、银行卡等时，只要行为人实际控制了有价证券、购物卡、银行卡，就应认定为犯罪既遂。即使行为人未实际使用、支取有价证券、购物卡、银行卡，也不影响犯罪既遂的成立。收了钱以后因为事情没办成又将钱退还行贿人的，也是受贿的既遂——除了及时上交的，收了贿赂即为既遂。

4. 共同犯罪的认定。

（1）根据刑法关于共同犯罪的规定，非国家工作人员与国家工作人员勾结伙同受贿的，应当以受贿罪的共犯追究刑事责任。非国家工作人员是否构成受贿罪共犯，取决于双方有无共同受贿的故意和行为。

（2）国家工作人员的近亲属向国家工作人员代为转达请托事项，收受请托人财物并告知该国家工作人员；或者国家工作人员明知其近亲属收受了他人财物，仍按照近亲属的要求利用职权为他人谋取利益的，对该国家工作人员应认定为受贿罪，其近亲属以受贿罪共犯论处。

注意：近亲属明知是贿赂而共享的行为，不能构成受贿罪的共犯。如果其家属不但知情不举，而且积极地将赃物隐匿家中或者转移至秘密场所，并将有关受贿的单据、发票等证据予以销毁的，可以构成洗钱罪、掩饰、隐瞒犯罪所得、犯罪所得收益罪或者帮助毁灭证据罪。

《关于办理受贿刑事案件适用法律若干问题的意见》将近亲属扩大到特定关系人。该意见规定，国家工作人员利用职务上的便利为请托人谋取利益，授意请托人以本意见所列形式，将有关财物给予特定关系人的，以受贿论处。特定关系人与国家工作人员通谋，共同实施前述行为的，对特定关系人以受贿罪的共犯论处。

根据这个意见结合法理可以得出结论：特定关系人与国家工作人员通谋，由国家工作人员利用职务便利为他人谋取利益，由特定关系人接受财物（不限于以本意见的形式接受财物），即使双方没有共同占有财物，但由于双方存在特定关系，也构成受贿罪的共同犯罪。

（3）特定关系人以外的其他人与国家工作人员通谋，由国家工作人员利用职务上的便利为请托人谋取利益，收受请托人财物后双方共同占有的，以受贿罪的共犯论处。

（4）国家工作人员利用职务上的便利为他人谋取利益，并指定他人将有关财物给予特定关系人，构成犯罪的，应以受贿罪定罪处罚。

（5）《贪污贿赂解释》第16条（第2款）规定：**特定关系人索取、收受他人财物，国家工作人员知道后未退还或者上交的，应当认定国家工作人员具有受贿故意。**

5. "及时上交"的处理。

根据《关于办理受贿刑事案件适用法律若干问题的意见》第9条的规定，国家工作人员收受请托人财物后及时退还或者上交的，不是受贿。国家工作人员受贿后，因自身或者与其受贿有关联的人、事被查处，为掩饰犯罪而退还或者上交的，不影响认定受贿罪。

有同学问：何时上交算及时？对此没有明确的规定，只能具体案件具体分析。

注意：这一规定突破了犯罪既遂的理论，是一个特别规定。注意本规定对其他犯罪的认定不适用。

6. 受贿罪与敲诈勒索罪的界限。

区别的关键在于是否利用了职务之便。国家工作人员利用职务上的便利，勒索有求于己的人的财物，属于索贿行为。国家工作人员以要挟、威胁的方式勒索他人财物，但并没有利用职务之便的，应以敲诈勒索罪论处。国家工作人员主动以打击报复相要挟，要求对方提供财物的，成立敲诈勒索罪。

在别人有求于国家工作人员的职务行为时，国家工作人员收受财物后，作出虚假承诺的（即不打算为他人谋取利益的），仍然成立受贿罪。

7. 因为受贿被判处死刑缓期执行的，可以同时被判处终身监禁。

8. 最高人民法院、最高人民检察院《关于办理受贿刑事案件适用法律若干问题的意见》。

（1）关于以交易形式收受贿赂问题。

国家工作人员利用职务上的便利为请托人谋取利益，以下列交易形式收受请托人财物的，以受贿论处：

①以明显低于市场的价格向请托人购买房屋、汽车等物品的。

②以明显高于市场的价格向请托人出售房屋、汽车等物品的。

③以其他交易形式非法收受请托人财物的。

受贿数额按照交易时当地市场价格与实际支付价格的差额计算。

前款所列市场价格包括商品经营者事先设定的不针对特定人的最低优惠价格。根据商品经营者事先设定的各种优惠交易条件，以优惠价格购买商品的，不属于受贿。

（2）关于收受干股问题。

干股是指未出资而获得的股份。国家工作人员利用职务上的便利为请托人谋取利益，收受请托人提供的干股的，以受贿论处。进行了股权转让登记，或者相关证据证明股份发生了实际转让的，受贿数额按转让行为时股份价值计算，所分红利按受贿孳息处理。股份未实际转让，以股份分红名义获取利益的，实际获利数额应当认定为受贿数额。

（3）关于以开办公司等合作投资名义收受贿赂问题。

国家工作人员利用职务上的便利为请托人谋取利益，由请托人出资，"合作"开办公司或者进行其他"合作"投资的，以受贿论处。受贿数额为请托人给国家工作人员的出资额。

国家工作人员利用职务上的便利为请托人谋取利益，以合作开办公司或者其他合作投资的名义获取"利润"，没有实际出资和参与管理、经营的，以受贿论处。

（4）关于以委托请托人投资证券、期货或者其他委托理财的名义收受贿赂问题。

国家工作人员利用职务上的便利为请托人谋取利益，以委托请托人投资证券、期货或者其他委托理财的名义，未实际出资而获取"收益"，或者虽然实际出资，但获取"收益"明显高于出资应得收益的，以受贿论处。受贿数额，前一情形，以"收益"额计算；后一情形，以"收益"额与出资应得收益额的差额计算。

（5）关于以赌博形式收受贿赂的认定问题。

国家工作人员利用职务上的便利为请托人谋取利益，通过赌博方式收受请托人财物的，构成受贿。

实践中应注意区分贿赂与赌博活动、娱乐活动的界限。具体认定时，主要应当结合以下因素进行判断：①赌博的背景、场合、时间、次数；②赌资来源；③其他赌博参与者有无事先通谋；④输赢钱物的具体情况和金额大小。

（6）关于特定关系人"挂名"领取薪酬问题。

国家工作人员利用职务上的便利为请托人谋取利益，要求或者接受请托人以给特定关系人安排工作为名，使特定关系人不实际工作却获取所谓薪酬的，以受贿论处。

（7）关于由特定关系人收受贿赂问题。

国家工作人员利用职务上的便利为请托人谋取利益，授意请托人以本意见所列形式，将有关财物给予特定关系人的，以受贿论处。

特定关系人与国家工作人员通谋，共同实施前款行为的，对特定关系人以受贿罪的共犯论处。特定关系人以外的其他人与国家工作人员通谋，由国家工作人员利用职务上的便利为请托人谋取利益，收受请托人财物后双方共同占有的，以受贿罪的共犯论处。

（8）关于收受贿赂物品未办理权属变更问题。

国家工作人员利用职务上的便利为请托人谋取利益，收受请托人房屋、汽车等物品，未变更权属登记或者借用他人名义办理权属变更登记的，不影响受贿的认定。

认定以房屋、汽车等物品为对象的受贿，应注意与借用的区分。具体认定时，除双方交代或者书面协议之外，主要应当结合以下因素进行判断：①有无借用的合理事由；②是否实际使用；③借用时间的长短；④有无归还的条件；⑤有无归还的意思表示及行为。

（9）关于收受财物后退还或者上交问题。

国家工作人员收受请托人财物后及时退还或者上交的，不是受贿。

国家工作人员受贿后，因自身或者与其受贿有关联的人、事被查处，为掩饰犯罪而退还或者上交的，不影响认定受贿罪。

（10）关于在职时为请托人谋利，离职后收受财物问题。

国家工作人员利用职务上的便利为请托人谋取利益之前或者之后，约定在其离职后收受请托人财物，并在离职后收受的，以受贿论处。

国家工作人员利用职务上的便利为请托人谋取利益，离职前后连续收受请托人财物的，离职前后收受部分均应计入受贿数额。

（11）关于"特定关系人"的范围。

本意见所称"特定关系人"，是指与国家工作人员有近亲属、情妇（夫）以及其他共同利益关系的人。

（12）关于正确贯彻宽严相济刑事政策的问题。

依照本意见办理受贿刑事案件，要根据刑法关于受贿罪的有关规定和受贿罪权钱交易的本质特征，准确区分罪与非罪、此罪与彼罪的界限，惩处少数，教育多数。在从严惩处受贿犯罪的同时，对于具有自首、立功等情节的，依法从轻、减轻或者免除处罚。

简单说，各种变相受贿都是受贿。只要满足权钱交易的本质的行为都是受贿。

9.《贪污贿赂解释》规定：**国家工作人员出于贪污、受贿的故意，非法占有公共财物、收受他人财物之后，将赃款赃物用于单位公务支出或者社会捐赠的，不影响贪污罪、受贿罪的认定，但量刑时可以酌情考虑。**因此，将贪污、受贿赃款赃物用于公务或者社会捐赠的，不影响犯罪认定。

10. 受贿罪的罪数

《贪污贿赂解释》规定：国家工作人员受贿犯罪，同时滥用职权损害国家人民利益的，除刑法另有规定的一律实行数罪并罚。

【经典真题】

案情：国有化工厂车间主任甲与副厂长乙（均为国家工作人员）共谋，在车间的某贵重零件仍能使用时，利用职务之便，制造该零件报废、需向五金厂（非国有企业）购买的假象（该零件价格26万元），以便非法占有货款。甲将实情告知五金厂负责人丙，叮嘱丙接到订单后，只向化工厂寄出供货单、发票而不需要实际供货，等五金厂收到化工厂的货款后，丙再将26万元货款汇至乙的个人账户。

丙为使五金厂能长期向化工厂供货，便提前将五金厂的26万元现金汇至乙的个人账户。乙随即让事后知情的妻子丁去银行取出26万元现金，并让丁将其中的13万元送给甲。3天后，化工厂会计准备按照乙的指示将26万元汇给五金厂时，因有人举报而未汇出。甲、乙见事情败露，主动向检察院投案，如实交待了上述罪行，并将26万元上交检察院。

此外，甲还向检察院揭发乙的其他犯罪事实：乙利用职务之便，长期以明显高于市场的价格向其远房亲戚戊经营的原料公司采购商品，使化工厂损失近300万元；戊为了使乙长期关照原料公司，让乙的妻子丁未出资却享有原料公司10%的股份（乙、丁均知情），虽未进行股权转让登记，但已分给红利58万元，每次分红都是丁去原料公司领取现金。

问题：请分析甲、乙、丙、丁、戊的刑事责任（包括犯罪性质、犯罪形态、共同犯罪、数罪并罚与法定量刑情节），须答出相应理由。（2014-4-2）

【考点】贪污罪、受贿罪、为亲友非法牟利罪、挪用资金罪、掩饰、隐瞒犯罪所得罪、行贿罪、自首、立功、共同犯罪、数罪并罚的认定

【解题思路与常见错误分析】甲、乙利用职务上便利实施了贪污行为，虽然客观上获得了 26 万元，构成贪污罪，但该 26 万元不是化工厂的财产，没有给化工厂造成实际损失；甲、乙也不可能贪污五金厂的财物，所以，对甲、乙的贪污行为只能认定为贪污未遂。甲、乙犯贪污罪后自首，可以从轻或者减轻处罚。甲揭发了乙为亲友非法牟利罪与受贿罪的犯罪事实，构成立功，可以从轻或者减轻处罚。

乙长期以明显高于市场的价格向其远房亲戚戊经营的原料公司采购商品，使化工厂损失近 300 万元的行为构成为亲友非法牟利罪。乙以妻子丁的名义在原料公司享有 10% 的股份分得红利 58 万元的行为，符合受贿罪的构成要件，成立受贿罪。对于为亲友非法牟利罪与受贿罪以及上述贪污罪，应当实行数罪并罚。

丙将五金厂的 26 万元挪用出来汇给乙的个人账户，不是为了个人使用，也不是为了谋取个人利益，不能认定为挪用资金罪。但是，丙明知甲、乙二人实施贪污行为，客观上也帮助甲、乙实施了贪污行为，所以，丙构成贪污罪的共犯（从犯）。

丁将 26 万元取出的行为，不构成掩饰、隐瞒犯罪所得罪，因为该 26 万元不是贪污犯罪所得，也不是其他犯罪所得。丁也不成立贪污罪的共犯，因为丁取出 26 万元时该 26 万元不是贪污犯罪所得。丁将其中的 13 万元送给甲，既不是帮助分赃，也不是行贿，因而不成立犯罪。丁对自己名义的干股知情，并领取贿赂款，构成受贿罪的共犯（从犯）。

戊作为回报让乙的妻子丁未出资却享有原料公司 10% 的股份，虽未进行股权转让登记，但让丁分得红利 58 万元的行为，是为了谋取不正当利益，构成行贿罪。

【同类考点总结】（1）甲、乙的行为是否构成贪污罪既遂？贪污行为贪污的必须是公共财产，通常是本单位的财产。甲、乙拿到的是五金厂的钱，化工厂的钱尚未划出时，二人即被举报。因此，甲、乙的贪污显然没有既遂。

（2）丙是否构成贪污罪共犯？这其实是一个常识。丙明知他人要贪污而提供帮助，当然构成贪污罪共犯。考生们对此问题主要是漏答，而不是错答。这提醒我们，对于这种要求自行分析各人的刑事责任的题目，在回答时一定要细心，要逐句分析，逐句回答。

（3）丁将 26 万元取出的行为，是否构成犯罪？其实，很多考生并不认为丁构成掩饰、隐瞒犯罪所得罪，他们认为丁构成贪污罪的共犯。因为在丁去取钱时，贪污行为并未结束。但是，丁并没有参与前面的贪污行为。她只是去把已经打入丈夫个人账户的 26 万元取出来。即，她的行为仅仅是取了一笔钱。由于这笔钱不是犯罪所得，丁的行为也就不构成犯罪。

四、行贿罪★★★

（一）相关法条

《刑法》

第三百八十九条　【行贿罪】为谋取不正当利益，给予国家工作人员以财物的，是行贿罪。

在经济往来中，违反国家规定，给予国家工作人员以财物，数额较大的，或者违反国家规定，给予国家工作人员以各种名义的回扣、手续费的，以行贿论处。

因被勒索给予国家工作人员以财物，没有获得不正当利益的，不是行贿。

第三百九十条　【行贿罪的处罚规定】对犯行贿罪的，处五年以下有期徒刑或者拘役，并处罚金；因行贿谋取不正当利益，情节严重的，或者使国家利益遭受重大损失的，处五年以上十年以下有期徒刑，并处罚金；情节特别严重的，或者使国家利益遭受特别重大损失的，处十年以上有期徒刑或者无期徒刑，并处罚金或者没收财产。

行贿人在被追诉前主动交待行贿行为的，可以从轻或者减轻处罚。其中，犯罪较轻的，对侦破重大案件起关键作用的，或者有重大立功表现的，可以减轻或者免除处罚。

(二) 考点解读

行贿罪是指为谋取不正当利益，给予国家工作人员以财物的行为。

在经济往来中，违反国家规定，给予国家工作人员以财物，数额较大的，或者违反国家规定，给予国家工作人员以各种名义的回扣、手续费的，以行贿论处。

因被勒索给予国家工作人员以财物，没有获得不正当利益的，不是行贿。

1. 必须是为谋取不正当利益而行贿。

行贿人必须是为谋取不正当利益而行贿才构成犯罪。如谋取的是正当利益，则不构成行贿罪，但受贿人可以构成受贿罪，因此，行贿罪与受贿罪之间并非一一对应的关系。二者也不是共同犯罪。

2. "不正当利益"的含义。

1999 年 3 月 4 日最高人民法院、最高人民检察院《关于在办理受贿犯罪大要案的同时要严肃查处严重行贿犯罪分子的通知》中规定，"谋取不正当利益"是指谋取违反法律、法规、国家政策和国务院各部门规章规定的利益，以及要求国家工作人员或者有关单位提供违反法律、法规、国家政策和国务院各部门规章规定的帮助或者方便条件。根据这一规定，不正当利益包括两种情况：一是利益本身不符合国家法律、法规、政策、规章的规定，即利益本身不正当。二是提供违反法律、法规、国家政策和国务院各部门规章规定的帮助或者方便条件，也就是说国家工作人员为请托人谋取利益的手段不正当，利益本身可能是正当的。

> 这种通过不正当手段获得的"正当利益"仍然是刑法上的"不正当利益"。例如，王某符合被保送北京大学的资格，但因为名额不足，他还要和其他同学竞争来获得最终的名额。其父母为了保证王某获得保送而向校长行贿，这仍然是为了谋取不正当利益而行贿，成立行贿罪。
>
> 不正当利益的一个明显特征是，这种利益是一种不确定利益，要求国家工作人员违反规定才能为其谋取。

3. 行贿人在被追诉前主动交待行贿行为的，可以从轻、减轻处罚或者免除处罚。

《刑法》第 390 条第 2 款的规定与总则中的自首规定存在法条竞合，对于法条竞合，应当根据特别条款优先适用的原则，适用刑法分则的规定。

《刑法修正案 (九)》对原来的规定进行了修改。行贿人在被追诉前主动交待行贿行为的，不是通常减轻处罚或者免除处罚，而是通常从轻或者减轻处罚。有特殊情况时才可以免除处罚。新规定如下：

"行贿人在被追诉前主动交待行贿行为的，可以从轻或者减轻处罚。其中，犯罪较轻的，对侦破重大案件起关键作用的，或者有重大立功表现的，可以减轻或者免除处罚。"

《刑法修正案 (九)》还为本罪增设了罚金刑。

第二节　普通罪名

一、单位受贿罪

单位受贿罪是指国家机关、国有公司、企业、事业单位、人民团体，索取、非法收受他人财物，为他人谋取利益，情节严重的行为。只有国有单位才能构成本罪。

1. 主体是国家机关、国有公司、企业、事业单位、人民团体。

2. 单位受贿，无论是索贿还是被动受贿，为他人谋取利益都是构成犯罪的必备要件。

3. 国家机关、国有公司、企业、事业单位、人民团体在经济往来中，在账外暗中收受各种名义的回扣、手续费的，构成单位受贿罪。

二、利用影响力受贿罪★★★★★

此为《刑法修正案（七）》所规定的新罪名。

本罪包括三种行为：

1. 国家工作人员的近亲属或者其他与该国家工作人员关系密切的人，通过该国家工作人员职务上的行为，或者利用该国家工作人员职权或者地位形成的便利条件，通过其他国家工作人员职务上的行为，为请托人谋取不正当利益，索取请托人财物或者收受请托人财物，数额较大或者有其他较重情节的行为。

2. 离职的国家工作人员，利用其原职权或者地位形成的便利条件实施上述行为。

3. 离职的国家工作人员的近亲属以及其他与其关系密切的人，利用该离职的国家工作人员原职权或者地位形成的便利条件实施上述行为。

> 本罪的实质是这些人利用国家工作人员的职权为请托人办事，但瞒着国家工作人员自己收钱。本罪的主体可以是国家工作人员，但不能是利用自己的职务之便的国家工作人员。被利用的国家工作人员可能构成渎职罪。《刑法修正案（九）》为本罪设立了对应的行贿犯罪。
>
> 需要强调的是：本罪有三种行为方式，三种行为方式构成犯罪的条件并不相同。在第一种行为方式中，由于本罪属于贿赂罪，而贿赂罪的法益是职务行为的不可收买性，所以只有当国家工作人员至少许诺了为请托人谋取不正当利益时才存在职务行为与财产的交换性，才能认定为贿赂罪。换言之，如果国家工作人员的近亲属或者其他与国家工作人员关系密切的人索取或者收受了请托人的财物，但没有要求国家工作人员为请托人谋取不正当利益，或者虽然要求国家工作人员为请托人谋取不正当利益，但国家工作人员并不许诺，由于不存在职务行为与财物的交换性，不能认定为贿赂罪。如果行为符合诈骗、敲诈勒索、侵占等侵犯财产的犯罪构成，可以认定为侵犯财产罪。
>
> 在第二种和第三种行为方式中，只要离职的国家工作人员知情并许诺为请托人谋取不正当利益即可成立犯罪。因为这两类利用影响力受贿罪表现为财物与离职的国家工作人员的原职权或地位的交换关系。

【示例】甲是市教育局局长，其妻子乙是市国家税务局的副局长。乙背着甲收了丙20万元，然后告诉甲，丙曾经对自己有恩，请甲帮助丙的儿子到某市级重点中学读书。甲照办了。应如何认定甲、乙、丙的行为？

【分析】甲没有受贿，其不构成受贿罪。甲的行为也没有给国家造成重大损失，也不构成滥用职权罪。乙构成利用影响力受贿罪。乙不是利用自己的职务便利受贿的，因此不构成受贿罪。

按照原来的刑法规定，丙的行为不构成犯罪。因为他不是对国家工作人员行贿，也不是对有职权的非国家工作人员行贿。现在，丙则构成对有影响力的人行贿罪（参见下文）。

【经典真题】

根据《刑法》有关规定，下列哪些说法是正确的？[1]（2009－2－64）

A. 甲系某国企总经理之妻，甲让其夫借故辞退企业财务主管，而以好友陈某取而代之，陈某赠甲一辆价值12万元的轿车。甲构成犯罪

B. 乙系已离职的国家工作人员，请接任处长为缺少资质条件的李某办理了公司登记，收取李某10万元。乙构成犯罪

C. 丙系某国家机关官员之子，利用其父管理之便，请其父下属将不合条件的某企业列入政府采购范围，收受该企业5万元。丙构成犯罪

D. 丁系国家工作人员，在主管土地拍卖工作时向一家房地产公司通报了重要情况，使其如愿获得黄金地块。丁退休后，该公司为表示感谢，自作主张送与丁价值5万元的按摩床。丁构成犯罪

【考点】利用影响力受贿罪的认定

【解题思路与常见错误分析】选项A、B、C都是利用影响力受贿罪。这个罪的特点是，这些人利用国家工作人员的权力为请托自己的人办事情，自己受贿，国家工作人员对此并不知情。所以，只有这些人构成犯罪，国家工作人员并不构成受贿罪。选项C还考了一个考点：不直接利用国家工作人员的职权，利用其职权形成的便利条件的，也构成本罪。丙并没有直接利用其父亲的职权，而是利用了其父亲的影响力，这也构成利用影响力受贿罪。

选项D中，丁不构成犯罪。因为根据司法解释，国家工作人员在任时帮人办事，离退休后收钱的，必须具备与请托人"事先约定"退休后受贿的条件。本案中，丁与请托人并无此约定，按摩床是请托人自行送来的。因此，丁不构成受贿罪。

【同类考点总结】如果国家工作人员与亲友、情妇、秘书等通谋，由"身边人"出面收钱，他在背后办事的，二人都构成受贿罪。只有国家工作人员不知情的，其"身边人"才可能构成利用影响力受贿罪。

《贪污贿赂解释》第16条规定："国家工作人员出于贪污、受贿的故意，非法占有公共财物、收受他人财物之后，将赃款赃物用于单位公务支出或者社会捐赠的，不影响贪污罪、受贿罪的认定，但量刑时可以酌情考虑。特定关系人索取、收受他人财物，国家工作人员知道后未退还或者上交的，应当认定国家工作人员具有受贿故意。"

请特别注意本条规定。特定关系人索取、收受他人财物，国家工作人员知道后未退还或者上交的，国家工作人员与特定关系人构成受贿罪的共同犯罪。对于特定关系人，不再认定为利用影响力受贿罪。

[1]【答案】ABC

三、对有影响力的人行贿罪 ★★★

《刑法修正案（九）》新增了一个犯罪——对有影响力的人行贿罪。本罪是"利用影响力受贿罪"的对应犯罪。向这些能够利用自己对国家工作人员的影响力受贿的人行贿的人构成本罪。本罪的被行贿人包括"国家工作人员的近亲属或者其他与该国家工作人员关系密切的人、离职的国家工作人员或者其近亲属以及其他与其关系密切的人"。

《刑法》第 390 条之一：

为谋取不正当利益，向国家工作人员的近亲属或者其他与该国家工作人员关系密切的人，或者向离职的国家工作人员或者其近亲属以及其他与其关系密切的人行贿的，处三年以下有期徒刑或者拘役，并处罚金；情节严重的，或者使国家利益遭受重大损失的，处三年以上七年以下有期徒刑，并处罚金；情节特别严重的，或者使国家利益遭受特别重大损失的，处七年以上十年以下有期徒刑，并处罚金。

单位犯前款罪的，对单位判处罚金，并对其直接负责的主管人员和其他直接责任人员，处三年以下有期徒刑或者拘役，并处罚金。

四、介绍贿赂罪

介绍贿赂罪是指向国家工作人员介绍贿赂，情节严重的行为。

介绍贿赂人在被追诉前主动交待介绍贿赂行为的，可以减轻处罚或者免除处罚。

五、巨额财产来源不明罪

巨额财产来源不明罪是指国家工作人员的财产或者支出明显超过合法收入且差额巨大，而本人不能说明其来源合法的行为。

1. 行为人拥有巨额财产，但不能说明合法来源，对此，应认定为本罪。

2. 国家工作人员拥有明显超过合法收入的财产或支出，但能够查明财产来源的合法性，不构成本罪。如果能够查明财产确系贪污、受贿等犯罪所得，应以贪污罪、受贿罪等犯罪追究刑事责任。

3. 行为人拥有巨额财产，不能说明合法来源，司法机关认定为本罪，但在后来的办案过程中，查清了该巨额财产的来源。如果来源是合法的，原来的认定仍然必须维持，因为在当时，其巨额财产确实是来源不明的；如果来源是非法的，则按非法来源的性质再次定罪，也不能推翻原来的认定。

六、私分国有资产罪 ★★

私分国有资产罪是指国家机关、国有公司、企业、事业单位、人民团体，违反国家规定，以单位名义将国有资产集体私分给个人，数额较大的行为。

本罪和共同贪污的区别在于本罪是以单位名义进行的犯罪，私分行为在单位内部一般是公开的。共同贪污则是少数人的个人行为，在单位内部一般也是不公开的。

【经典真题】

案情：徐某系某市国有黄河商贸公司的经理，顾某系该公司的副经理。2005 年，黄河商贸公司进行产权制度改革，将国有公司改制为管理层控股的股份有限公司。其中，徐某、顾某及其他 15 名干部职工分别占 40%、30%、30% 股份。在改制过程中，国有资产管理部门委托某资产评估所对黄河商贸公司的资产进行评估，资产评估所指派周某具体参与评估。在评估时，徐某与顾某明知在公司的应付款账户中有 100 万元系上一年度为少交利润而虚设的，经徐某与顾某以及公司其他领导班子成员商量，决定予以隐瞒，转入改制后的公司，按照股份分配给个人。当周某发现了该 100 万元应付款的问题时，公司领导班子决定以辛苦费的名义，从公司的其他公款中取出 1 万元送给周某。周某收下该款后，出具了隐瞒该 100 万元虚假的应付款的评估报告。随后，国有资产管理部门经研究批准了公司的改制方案。在尚未办理产权过户手续时，徐某等人因被举报而案发。(2008 - 4 - 2)

问题：(1) 徐某与顾某构成贪污罪还是私分国有资产罪？为什么？

(2) 徐某与顾某的犯罪数额如何计算？为什么？

(3) 徐某与顾某的犯罪属于既遂还是未遂？为什么？

(4) 给周某送的 1 万元是单位行贿还是个人行贿？为什么？

(5) 周某的行为是否以非国家工作人员受贿罪与提供虚假证明文件罪实行数罪并罚？为什么？

(6) 周某是否构成徐某与顾某的共犯？为什么？

【考点】贪污罪、私分国有资产罪、对非国家工作人员行贿罪、提供虚假证明文件罪、共同犯罪的认定、犯罪数额的计算

【解题思路与常见错误分析】(1) 徐某与顾某构成贪污罪，而不构成私分国有资产罪。本案不符合以单位名义集体私分的特征，而是采取隐瞒的方式将公款予以非法占有，符合贪污罪的特征。

(2) 徐某与顾某应对 100 万元的贪污总数额负责，而不是只对个人所得部分负责；此外，用于行贿的 1 万元也应计入贪污数额。

(3) 徐某与顾某贪污 100 万元属于未遂，因为公司产权尚未过户，但贪污 1 万元属于既遂。

(4) 给周某送的 1 万元属于个人行贿，因为不是为单位谋取不正当利益。

(5) 对周某不应以提供虚假证明文件罪与非国家工作人员受贿罪实行并罚。这是因为《刑法》第229条规定："承担资产评估、验资、验证、会计、审计、法律服务、保荐、安全评价、环境影响评价、环境监测等职责的中介组织的人员故意提供虚假证明文件，情节严重的，处五年以下有期徒刑或者拘役，并处罚金。……有前款行为，同时索取他人财物或者非法收受他人财物构成犯罪的，依照处罚较重的规定定罪处罚。"故应当依据处罚较重的规定定罪处罚。

(6) 周某构成徐某与顾某犯罪的共犯，属于提供虚假证明文件罪与贪污共犯的想象竞合。

【同类考点总结】请注意本罪的所有考点：①贪污罪与私分国有资产罪的区别；②贪污罪的既遂；③单位犯罪的认定；④包容犯的处理；⑤共同犯罪的认定；⑥共同犯罪的犯罪数额的认定；⑦想象竞合的认定。

第二十四章

渎职罪

> **导学**　　本章不是重点章。但是，与司法活动相关的几个罪名经常被考查。本章的主要考点是受贿又渎职的应当如何定罪处罚。对此要明确，除了因受贿而犯《刑法》第399条之罪的是择一重罪论处外，其他受贿又渎职的都要数罪并罚。

第一节　概　述

一、渎职犯罪的主体

渎职犯罪的主体是国家机关工作人员。

全国人民代表大会常务委员会《关于〈中华人民共和国刑法〉第九章渎职罪主体适用问题的解释》规定，在依照法律、法规规定行使国家行政管理职权的组织中从事公务的人员，或者在受国家机关委托代表国家机关行使职权的组织中从事公务的人员，或者虽未列入国家机关人员编制但在国家机关中从事公务的人员，在代表国家机关行使职权时，有渎职行为，构成犯罪的，依照刑法关于渎职罪的规定追究刑事责任。

> 立法解释对渎职犯罪的主体作了扩大解释。其核心是：无论行为人本来身份是什么，只要是在代表国家机关行使职权时，有渎职行为，构成犯罪的，都应该依照刑法关于渎职罪的规定追究刑事责任。

【示例】下列可以成为渎职罪主体的是：[1]

A. 税务机关中从事税务征收管理但未列入国家机关人员编制的人员

B. 受某市税务机关委托进行本市私营、个体企业税务检查的该市注册会计师协会的秘书长

C. 被某市卫生局抽调执行食品卫生监督管理任务的个体执业医生

D. 某国有企业从事质量检验的质检科科长

二、"徇私"的认定

根据《全国法院审理经济犯罪案件工作座谈会纪要》的规定，徇私舞弊型渎职犯罪的"徇私"应理解为徇个人私情、私利。国家机关工作人员为了本单位的利益，实施滥用职

---

[1]　【答案】ABC

权、玩忽职守行为，构成犯罪的，依照刑法第三百九十七条第一款的规定定罪处罚。

第二节 重点罪名

一、滥用职权罪、玩忽职守罪 ★★★

（一）相关法条

《刑法》

第三百九十七条 【滥用职权罪；玩忽职守罪】国家机关工作人员滥用职权或者玩忽职守，致使公共财产、国家和人民利益遭受重大损失的，处三年以下有期徒刑或者拘役；情节特别严重的，处三年以上七年以下有期徒刑。本法另有规定的，依照规定。

国家机关工作人员徇私舞弊，犯前款罪的，处五年以下有期徒刑或者拘役；情节特别严重的，处五年以上十年以下有期徒刑。本法另有规定的，依照规定。

（二）考点解读

滥用职权罪，是指国家机关工作人员滥用职权，致使公共财产、国家和人民利益遭受重大损失的行为。本罪是故意犯罪。

玩忽职守罪，是指国家机关工作人员玩忽职守，致使公共财产、国家和人民利益遭受重大损失的行为。本罪是过失犯罪。

1. 滥用职权的行为主要表现为以下几种情况：一是超越职权；二是玩弄职权；三是故意不履行应当履行的职责；四是以权谋私、假公济私，不正确地履行职责。

2. 玩忽职守罪的行为主要表现为行为人严重不负责任，工作中草率马虎，不履行或者不正确履行公职。

玩忽职守行为造成的重大损失当时没有发生，而是玩忽职守行为之后一定时间发生的，应从危害结果发生之日起计算玩忽职守罪的追诉期限。

3. 滥用职权罪与本章其他特殊的滥用职权犯罪竞合时的处理。

除滥用职权罪外，刑法典另有规定的特定的滥用职权（徇私舞弊）的犯罪还有很多，例如《刑法》第399条之徇私枉法罪、民事、行政枉法裁判罪；第400条之私放在押人员罪；第401条之徇私舞弊减刑、假释、暂予监外执行罪；第402条之徇私舞弊不移交刑事案件罪；第404条之徇私舞弊不征、少征税款罪等。

本罪与上列其他具有滥用职权性质的犯罪是一般与特别的法条竞合关系。行为人的行为既触犯《刑法》第397条的规定，又触犯其他特殊条款的规定的，按照特别规定定罪处罚。

4. 玩忽职守罪与本章其他特殊的玩忽职守犯罪竞合时的处理。

《刑法》在第397条规定了玩忽职守罪，又在第400条第2款、第406条、第408条、第408条之一，第409条、第412条第2款、第413条第2款、第419条规定了八种具体的玩忽职守的犯罪。这些法条与《刑法》第397条之间的关系也是法条竞合关系，同样按照特别法优先的原则处理。

> 刑法第397条对此有明文规定："本法另有规定的，依照规定。"

二、徇私枉法罪、民事、行政枉法裁判罪 ★★★★

(一) 相关法条

《刑法》

第三百九十九条　【徇私枉法罪；民事、行政枉法裁判罪；执行判决、裁定失职罪；执行判决、裁定滥用职权罪】司法工作人员徇私枉法、徇情枉法，对明知是无罪的人而使他受追诉、对明知是有罪的人而故意包庇不使他受追诉，或者在刑事审判活动中故意违背事实和法律作枉法裁判的，处五年以下有期徒刑或者拘役；情节严重的，处五年以上十年以下有期徒刑；情节特别严重的，处十年以上有期徒刑。

在民事、行政审判活动中故意违背事实和法律作枉法裁判，情节严重的，处五年以下有期徒刑或者拘役；情节特别严重的，处五年以上十年以下有期徒刑。

在执行判决、裁定活动中，严重不负责任或者滥用职权，不依法采取诉讼保全措施、不履行法定执行职责，或者违法采取诉讼保全措施、强制执行措施，致使当事人或者其他人的利益遭受重大损失的，处五年以下有期徒刑或者拘役；致使当事人或者其他人的利益遭受特别重大损失的，处五年以上十年以下有期徒刑。

司法工作人员收受贿赂，有前三款行为的，同时又构成本法第三百八十五条规定之罪的，依照处罚较重的规定定罪处罚。

(二) 考点解读

1. 徇私枉法罪是指司法工作人员徇私枉法、徇情枉法，对明知是无罪的人而使他受追诉、对明知是有罪的人而故意包庇不使他受追诉，或者在刑事审判活动中故意违背事实和法律作枉法裁判的行为。

2. 徇私枉法罪的犯罪构成。

本罪在客观上表现为两种起因，四种行为。

(1) 两种起因。

一是徇私，即为了谋取个人利益而枉法，主要表现为为贪图钱财而枉法；二是徇情，即出于私情而枉法，主要表现为出于照顾私人关系或感情，袒护亲友或者泄愤报复而枉法。

(2) 四种行为。

①对明知是无罪的人而使他受追诉。

这是指对没有实施危害社会行为，或者根据刑法第13条规定，情节显著轻微危害不大不认为是犯罪以及其他依照刑法规定不负刑事责任的人，采取伪造、隐匿、毁灭证据或者其他隐瞒事实、违背法律的手段，以追究刑事责任为目的进行立案、侦查（含采取强制措施）、起诉、审判等追诉活动。

【示例】行为人明知他人无罪，而将其作为逃犯在网上通缉的，成立本罪。对于明知是无罪的人，采取不立案、不报捕，但予以关押的手段，待被害人"交待"后再立案的，应当认定为本罪。

②明知是有罪的人而故意包庇不使他受追诉。

这是指对有确凿事实证明其为实施犯罪的人，采取伪造、隐匿、毁灭证据或者其他隐瞒事实、违背法律的手段，故意包庇使其不受立案、侦查（含采取强制措施）、起诉或者审判。故意包庇不使其受追诉的犯罪事实，既可以是全部犯罪事实，也可以是部分犯罪事实或情节。

③在立案后，故意违背事实和法律，应该采取强制措施而不采取强制措施，或者虽然采取强制措施，但无正当理由中断侦查或者超过法定期限不采取任何措施，以及违法撤销、变更强制措施。

④在刑事审判活动中故意违背事实和法律作枉法裁判。

这是指故意枉法进行判决、裁定，使有罪判无罪，使无罪判有罪、使此罪判彼罪或者重罪轻判、轻罪重判。

3. 此罪与彼罪。

（1）本罪与帮助毁灭、伪造证据罪、伪证罪的区别。

本罪与后两罪的主要区别在于是否利用司法职务之便。这三罪的主体也不相同。本罪的主体限于司法工作人员；帮助毁灭、伪造证据罪的主体无限制，伪证罪的主体为证人、鉴定人、翻译人和记录人。

在徇私枉法过程中，利用职权毁灭、伪造证据，应按照想象竞合犯的原则，择一重罪处罚。

（2）本罪与诬告陷害罪的区别。

徇私枉法罪中的故意使无罪的人受追诉的行为，与诬告陷害罪有相似之处。主要区别在于：

①徇私枉法罪的主体必须是司法工作人员；而诬告陷害罪的主体没有限制。

②徇私枉法罪中的使无罪的人受追诉，表现为直接追诉无罪的人；而诬告陷害罪是利用司法机关追诉无罪的人。

③徇私枉法罪一般是利用承办刑事案件的便利条件徇私枉法；诬告陷害罪是捏造犯罪事实向有关机关告发。

（3）本罪与包庇罪的区别。

徇私枉法罪中的包庇有罪的人使其不受追诉的行为与包庇罪有相似之处。主要区别在于：

①本罪是利用司法职务之便包庇有罪的人使其不受追诉；包庇罪是通过向司法机关作假证明包庇犯罪人。

②本罪主体必须是司法工作人员；而包庇罪不要求是司法工作人员。

③本罪发生在侦查、起诉、审判过程中；包庇罪则没有限制。

4. 民事、行政枉法裁判罪是指司法工作人员徇私枉法、徇情枉法，在民事、行政审判活动中故意违背事实和法律作枉法裁判，情节严重的行为。

5. 因为受贿而犯第399条之罪的处理。

根据《刑法》第399条第4款的规定，司法工作人员收受贿赂，有前三款行为的，同时又构成本法第三百八十五条规定之罪的，依照处罚较重的规定定罪处罚。

> 《刑法》第399条第4款的规定属于特别规定。对于其他渎职又受贿的犯罪，应按照数罪并罚的原则处理——超高频考点。

【经典真题】

关于徇私枉法罪，下列哪些选项是正确的？[1]（2009－2－65）

---

[1]【答案】ACD

A. 甲（警察）与犯罪嫌疑人陈某曾是好友，在对陈某采取监视居住期间，故意对其放任不管，导致陈某逃匿，司法机关无法对其追诉。甲成立徇私枉法罪

B. 乙（法官）为报复被告人赵某对自己的出言不逊，故意在刑事附带民事判决中加大赵某对被害人的赔偿数额，致使赵某多付 10 万元。乙不成立徇私枉法罪

C. 丙（鉴定人）在收取犯罪嫌疑人盛某的钱财后，将被害人的伤情由重伤改为轻伤，导致盛某轻判。丙不成立徇私枉法罪

D. 丁（法官）为打击被告人程某，将对程某不起诉的理由从"证据不足，指控犯罪不能成立"擅自改为"可以免除刑罚"。丁成立徇私枉法罪

【考点】徇私枉法罪的认定

【解题思路与常见错误分析】选项 A：甲在对陈某采取监视居住期间，应该依法进行监视，而故意对其放任不管，导致陈某逃匿，司法机关无法对其追诉。这种行为符合"司法工作人员徇私枉法、徇情枉法……对明知是有罪的人而故意包庇不使他受追诉"的规定，因此甲成立徇私枉法罪。

最高人民检察院《关于渎职侵权犯罪案件立案标准的规定》之（五）徇私枉法案（第 399 条第 1 款）的第 4 项对此还有更明确的规定："在立案后，采取伪造、隐匿、毁灭证据或者其他隐瞒事实、违反法律的手段，应当采取强制措施而不采取强制措施，或者虽然采取强制措施，但中断侦查或者超过法定期限不采取任何措施，实际放任不管，以及违法撤销、变更强制措施，致使犯罪嫌疑人、被告人实际脱离司法机关侦控的"，应当以徇私枉法罪立案追究刑事责任。据此，本案中的甲构成徇私枉法罪。

选项 B：乙的枉法裁判虽然是针对刑事附带民事判决的民事部分的，但这种审判仍然是刑事审判，因此乙构成徇私枉法罪。

选项 C：丙是鉴定人，因此其行为构成伪证罪。

选项 D：构成徇私枉法罪。"证据不足，指控犯罪不能成立"的判决和"可以免除刑罚"的判决虽然都不判处被告刑罚，但在定性上是完全不同的。前者是不构成犯罪，后者是定罪免刑。因此，丁的行为显然是枉法裁判。

【同类考点总结】徇私枉法的具体表现形式千奇百怪，但其本质都一样：徇私枉法、徇情枉法，对明知是无罪的人而使他受追诉、对明知是有罪的人而故意包庇使他不受追诉，或者在刑事审判活动中故意违背事实和法律作枉法裁判的。考试喜欢考查的是各种不典型的徇私枉法行为。在分析这些不典型的行为的性质时，唯一的判断标准就是该罪的犯罪构成。

三、私放在押人员罪★★

（一）相关法条

《刑法》

第四百条 【私放在押人员罪；失职致使在押人员脱逃罪】司法工作人员私放在押的犯罪嫌疑人、被告人或者罪犯的，处五年以下有期徒刑或者拘役；情节严重的，处五年以上十年以下有期徒刑；情节特别严重的，处十年以上有期徒刑。

司法工作人员由于严重不负责任，致使在押的犯罪嫌疑人、被告人或者罪犯脱逃，造成严重后果的，处三年以下有期徒刑或者拘役；造成特别严重后果的，处三年以上十年以下有期徒刑。

（二）考点解读

私放在押人员罪是指司法工作人员私放在押的犯罪嫌疑人、被告人或者罪犯的行为。

1. 私放在押人员罪的犯罪对象是在押的犯罪嫌疑人、被告人或者罪犯，不包括被行政拘留、司法拘留的人。

2. 本罪主体包括司法工作人员、未被公安机关正式录用受委托履行监管职责的人员、受委派承担了监管职责的狱医。

3. 私放在押人员罪在客观方面表现为利用职务上的便利，私自将被关押的犯罪嫌疑人、被告人或罪犯放走的行为。具体包括：

（1）私自将在押的犯罪嫌疑人、被告人、罪犯放走，或者授意、指使、强迫他人将在押的犯罪嫌疑人、被告人、罪犯放走的。

（2）伪造、变造有关法律文书，以使在押的犯罪嫌疑人、被告人、罪犯脱逃的。

（3）为在押的犯罪嫌疑人、被告人、罪犯通风报信、提供条件，帮助其脱逃的。

（4）其他私放行为。

4. 本罪与脱逃罪的区别。

本罪的成立要求行为人利用了职务便利或者职权，如果行为人没有利用职务便利或职权，而是利用自己熟悉监所地理环境等条件，帮助犯罪嫌疑人、被告人、罪犯脱逃的，应以脱逃罪的共犯论处，而不能以本罪论处。

5. 司法工作人员利用职务上的便利，徇私枉法，对明知是有罪的人而故意包庇不使他受追诉或者故意宣告无罪，致使罪犯被放走的，应认定为徇私枉法罪。

【经典真题】

甲花四万元收买被拐卖妇女周某做智障儿子的妻子，周某不从，伺机逃走。甲为避免人财两空，以三万元将周某出卖。（事实一）

乙收买周某，欲与周某成为夫妻，周某不从，乙多次暴力强行与周某发生性关系。（事实二）

不久，周某谎称怀孕要去医院检查，乙信以为真，周某乘机逃走向公安机关报案。警察丙带人先后抓获了甲、乙。讯问中，乙仅承认收买周某，拒不承认强行与周某发生性关系。丙恼羞成怒，当场将乙的一只胳膊打成重伤。乙大声呻吟，丙以为其伴装受伤不予理睬。（事实三）

深夜，丙上厕所，让门卫丁（临时工）帮忙看管乙。乙发现丁是老乡，请求丁放人。丁说："行，但你以后如被抓住，一定要说是自己逃走的。"乙答应后逃走，丁未阻拦。（事实四）。

（2）关于事实四，下列选项错误的是：[1]（2011－2－91）

A. 乙构成脱逃罪，丁不构成犯罪

B. 乙构成脱逃罪，丁构成私放在押人员罪

C. 乙离开讯问室征得了丁的同意，不构成脱逃罪，丁构成私放在押人员罪

D. 乙与丁均不构成犯罪

【考点】 私放在押人员罪、脱逃罪的认定

---

[1]【答案】ABCD

【解题思路与常见错误分析】乙无疑构成脱逃罪。丁不构成私放在押人员罪，因为他不具有司法工作人员的身份。丁与乙构成脱逃罪的共犯。

很多考生认为丁构成私放在押人员罪，因为丁接受了委托。但是，丁接受的是警察丙个人的临时委托，而不是公安机关的正式委托。所以，丁不能成为本罪的主体。丁这种"受委托"的情形和警察要上厕所，临时委托马路边的一个人"你替我看几分钟啊"，是一样的。所以，丁成立脱逃罪的共犯，而非私放在押人员罪。

【同类考点总结】私放在押人员罪的主体是司法工作人员。实务中，有些司法机关的职员帮助犯罪分子脱逃，能否构成私放在押人员罪，关键是看其是否属于司法工作人员。

四、徇私舞弊不征、少征税款罪

（一）相关法条

《刑法》

第四百零四条　【徇私舞弊不征、少征税款罪】税务机关的工作人员徇私舞弊，不征或者少征应征税款，致使国家税收遭受重大损失的，处五年以下有期徒刑或者拘役；造成特别重大损失的，处五年以上有期徒刑。

（二）考点解读

徇私舞弊不征、少征税款罪，是指税务机关工作人员徇私舞弊，不征、少征应征税款，致使国家税收遭受重大损失的行为。

五、食品、药品监管渎职罪

相关法条

第四百零八条之一　【食品、药品监管渎职罪】负有食品药品安全监督管理职责的国家机关工作人员，滥用职权或者玩忽职守，有下列情形之一，造成严重后果或者有其他严重情节的，处五年以下有期徒刑或者拘役；造成特别严重后果或者有其他特别严重情节的，处五年以上十年以下有期徒刑：

（一）瞒报、谎报食品安全事故、药品安全事件的；

（二）对发现的严重食品药品安全违法行为未按规定查处的；

（三）在药品和特殊食品审批审评过程中，对不符合条件的申请准予许可的；

（四）依法应当移交司法机关追究刑事责任不移交的；

（五）有其他滥用职权或者玩忽职守行为的。

徇私舞弊犯前款罪的，从重处罚。

考点解读

本罪既包括故意犯罪，也包括过失犯罪。《刑法修正案（十一）》扩大了本罪的犯罪主体，包括了负有药品安全监督管理职责的国家机关工作人员。

第三节　普通罪名

一、故意泄露国家秘密罪

故意泄露国家秘密罪是指违反保守国家秘密法的规定，故意泄露国家秘密，情节严重的行为。

1. 非国家机关工作人员也可以构成本罪，这是渎职类犯罪中的特例。

2. 故意泄露国家秘密罪与为境外窃取、刺探、收买、非法提供国家秘密罪的区别。

区别的关键在于泄露的对象不同：故意泄露国家秘密罪不要求泄露国家秘密给特定对象；而后者则必须是为境外的机构、组织、人员窃取、刺探、收买、非法提供国家秘密。

二、执行判决、裁定失职罪；执行判决、裁定滥用职权罪

执行判决、裁定失职罪，是指司法工作人员在执行判决、裁定活动中，严重不负责任，不依法采取诉讼保全措施、不履行法定执行职责，致使当事人或者其他人的利益遭受重大损失的行为。

执行判决、裁定滥用职权罪，是指在执行判决、裁定活动中，滥用职权，不依法采取诉讼保全措施、不履行法定执行职责，或者违法采取诉讼保全措施、强制执行措施，致使当事人或者其他人的利益遭受重大损失的行为。

根据《刑法》第 399 条第 4 款的规定，司法工作人员贪赃枉法，同时又构成受贿罪的，依照处罚较重的规定定罪处罚。因此，对司法工作人员贪赃而犯执行判决、裁定失职罪、执行判决、裁定滥用职权罪和受贿罪的，应择一重罪定罪判刑，不实行数罪并罚。

三、失职致使在押人员脱逃罪

失职致使在押人员脱逃罪是指司法工作人员由于严重不负责任，不履行或者不认真履行职责，致使在押的犯罪嫌疑人、被告人、罪犯脱逃，造成严重后果的行为。

四、徇私舞弊减刑、假释、暂予监外执行罪

徇私舞弊减刑、假释、暂予监外执行罪是指司法工作人员徇私舞弊，对不符合减刑、假释、暂予监外执行条件的罪犯，予以减刑、假释或者暂予监外执行的行为。

五、国家机关工作人员签订、履行合同失职被骗罪

国家机关工作人员签订、履行合同失职被骗罪，是指国家机关工作人员在签订、履行合同过程中，因严重不负责任被诈骗，致使国家利益遭受重大损失的行为。

本罪的主体只能是国家机关工作人员，主观方面只能是过失。

六、放纵走私罪

放纵走私罪是指海关工作人员徇私舞弊，放纵走私，情节严重的行为。

1. 对于海关工作人员故意放纵走私，不依法征收关税的，认定为放纵走私罪，而不是

徇私舞弊不征、少征税款罪。

> 海关工作人员在办理走私案件中，发现行为构成走私罪，应当移交司法机关追究刑事责任而不移交，也不按海关法作出处理的，认定为放纵走私罪。如果按海关法作出处理的，应认定为徇私舞弊不移交刑事案件罪。

2. 2002 年最高人民法院、最高检、海关总署《关于印发办理走私刑事案件适用法律若干问题的意见》第 16 条规定，依照刑法第四百一十一条的规定，负有特定监管义务的海关工作人员徇私舞弊，利用职权，放任、纵容走私犯罪行为，情节严重的，构成放纵走私罪。放纵走私行为，一般是消极的不作为。

3. 海关工作人员事前与走私罪行为人通谋，为走私犯罪提供方便的，应当认定为走私罪的共犯，而不能认定为放纵走私罪。

4. 海关工作人员收受贿赂又放纵走私的，应以受贿罪和放纵走私罪数罪并罚。

七、不解救被拐卖、绑架妇女、儿童罪

不解救被拐卖、绑架妇女、儿童罪，是指对被拐卖、绑架的妇女、儿童负有解救职责的国家机关工作人员，接到被拐卖、绑架的妇女、儿童及其家属的解救要求或者接到其他人的举报，而对被拐卖、绑架的妇女、儿童不进行解救，造成严重后果的行为。

八、帮助犯罪分子逃避处罚罪 ★★

帮助犯罪分子逃避处罚罪是指有查禁犯罪活动职责的国家机关工作人员，向犯罪分子通风报信、提供便利，帮助犯罪分子逃避处罚的行为。

本罪和窝藏罪是特别法与一般法的关系，按照特别法优先的原则，本行为不再成立窝藏罪。

第二十五章
军人违反职责罪

导学 本章是非重点章。可以不看。

第一节 概 述

一、军人的范围

本章中的军人包括：中国人民解放军的现役军官、文职干部、士兵及具有军籍的学员和中国人民武装警察部队的现役警官、文职干部、士兵及具有军籍的学员以及文职人员、执行军事任务的预备役人员和其他人员。

二、战时的含义

战时，是指国家宣布进入战争状态、部队受领作战任务或者遭敌突然袭击时。

部队执行戒严任务或者处置突发性暴力事件时，以战时论。

战时在刑法分则第十章"军人违反职责罪"的意义主要有两个方面：一是战时是某些犯罪构成的必备要件，如战时自伤罪；二是战时是某些犯罪的法定量刑情节，如阻碍执行军事任务罪，规定了战时从重处罚。

三、战时缓刑

在战时，对被判处3年以下有期徒刑没有现实危险宣告缓刑的犯罪军人，允许其戴罪立功，确有立功表现时，可以撤销原判刑罚，不以犯罪论处。

注意：战时缓刑与普通缓刑在法律后果上不同。

第二节 重点罪名

一、为境外窃取、刺探、收买、非法提供军事秘密罪

为境外窃取、刺探、收买、非法提供军事秘密罪，是指为境外的机构、组织、人员窃取、刺探、收买、非法提供军事秘密的行为。

注意：本罪的犯罪主体必须是军人，犯罪对象必须是军事秘密。

二、战时自伤罪

战时自伤罪是指战时自伤身体，逃避军事义务的行为。

> 本罪经常被用来考查"自损行为"。由于损害了国家利益，这种自损行为仍然构成犯罪。

第三节　普通罪名

一、投降罪

投降罪是指在战场上贪生怕死，自动放下武器投降敌人的行为。

二、盗窃、抢夺武器装备、军用物资罪

军用枪支、弹药、爆炸物是武器装备或者军用物资，军人盗窃、抢夺枪支、弹药、爆炸物的，仍然定盗窃、抢夺武器装备、军用物资罪，只不过是按盗窃、抢夺枪支、弹药、爆炸物罪量刑。因为《刑法》第 438 条规定，盗窃、抢夺枪支、弹药、爆炸物的，依照本法第一百二十七条的规定处罚。注意是按照《刑法》第 127 条"处罚"而不是"定罪处罚"。所以，罪名还是本罪名。